『메시지』는 당신을 위한 성경입니다

성경을 처음 읽는 사람이나 너무 오랫동안 읽어 왔기에 성경이 너무 익숙해서 오히려 낯선 사람들, 성경을 공부하려는 사람이나 홀로 말씀을 깊게 묵상하고픈 사람들, 말씀을 전하는 설교자나 성경을 가르치는 주일학교 교사, 성경을 한번 읽어 봐야겠다는 마음을 갖고 있는 구도자나 믿지 않는 친구들⋯⋯『메시지』는 바로 당신을 위한 성경입니다.

복 있는 사람

오직 하나님 말씀에 사로잡혀 밤낮 성경말씀 곱씹는 그대!
에덴에 다시 심긴 나무, 달마다 신선한 과실 맺고 잎사귀 하나 지는 일 없이,
늘 꽃 만발한 나무라네.(시편 1:2-3, 메시지)

저는 『메시지』의 출판을 정말 오랫동안 기다려 왔습니다. 1996년도 안식년에 저는 리젠트 칼리지에 머물면서 저자도 만나고 그의 저서들도 접하게 되었습니다. 그때 『메시지』를 소개받고 읽으며 얼마나 좋아했는지 모릅니다. 그리고 그때부터 저는 한국어판의 간행을 기다려 왔습니다. 벌써 15년이나 되었네요. 이 책의 출간을 진심으로 기뻐하며 추천합니다. 여러분 모두 성경처럼 옆에 두고 읽어 보십시오. 은혜가 되고 영감이 떠오를 것입니다.

정주채 목사 향상교회

성경은 하나님에 대하여 어디서도 얻을 수 없는 살아 있는 정보를 가득 담고 있는 세상에서 가장 소중한 책이지만, 성경 원어가 모국어가 아닌 모든 사람에게 늘 쉽지 않은 책이기도 하다. 유진 피터슨은 문화와 시간의 벽을 뛰어넘어 그 소중한 의미를 밝혀 주는 번역과 의역 작업을 통해 우리를 성경 말씀에 더 가까이 나아가게 만든다. 한국인에 의한 한국판 『메시지』가 나올 때까지, 이 책은 우리 모두에게 축복의 보고가 될 것이다.

김형국 목사 나들목교회

『메시지』는 변함없는 진리의 말씀을, 지금 이 시대의 평범하고 일상적인 단어들에 담아 생동감 있게 전해 줍니다. 성경의 원문에 충실한 바른 번역이 살아 있는 언어로 더욱 빛을 발하는 『메시지』는, 성경을 처음 읽는 사람이든 오랫동안 상고해 온 사람이든, 누구에게나 깊이 파고드는 생명력 있는 진리의 귀한 통로가 될 것입니다. 이 시대의 젊은이와 미래를 이끌어 갈 다음 세대에게 생명을 살리는 도구로 크게 쓰일 것입니다.

오정현 목사 사랑의교회

유진 피터슨의 『메시지』는 이미 영어권 독자에게는 '뉴욕타임스'처럼 매일 읽을 수 있는 책으로 자리 잡았다. 그러나 『메시지』는 단순히 사건에 대한 기사를 읽고 아는 것에 그치지 않고 '거룩한 독서', '영적 독서' 렉티오 디비나(lectio divina) 전통이 해온 것처럼 읽고, 묵상하고, 기도하고, 일상의 구체적 삶에서 말씀을 삶으로 살아 내도록 배려한다. 따라서 오늘도 여전히 살아 계셔서 말씀하시는 하나님이 성경을 통해서 말씀하시고 계신 것을 『메시지』를 통해서 체험하게 될 것이고 읽는 이들이 성경을 더욱더 사랑하게 될 것이라 믿고 진심으로 추천한다.

강영안 미국 칼빈신학대학원 철학신학 교수, 서강대학교 철학과 명예교수

나는 『메시지』 출간으로, 한반도에 사는 남과 북의 사람들이 성경이 읽고 이해할 수 있는 책이라는 것을 알게 되리라고 확신한다. 유진 피터슨은 보통 사람들의 일상 언어로 성경을 번역했지만 학문적인 엄밀성도 갖춰, 젊은 사람이나 나이 든 사람, 성경을 공부해 온 사람이나 성경을 한 번도 읽은 적 없는 사람 모두에게, 하나님의 말씀이 "살아 있는" 말씀이 되게 했다. 하나님께서 『메시지』를 사용하셔서, 이 땅 한반도가 그분의 살아 있는 말씀으로 가득 채워지기를 기도한다.

오대원 예수전도단 설립자

포스트모던 시대에 교회가 유념해야 하는 사실은 매체가 메시지가 된다는 점입니다. 교회가 간직해 온 가장 소중하고 핵심적인 매체는 하나님의 말씀인 성경인데, 그간 다양한 번역이 나오기는 했지만 아직도 개역이나 개역개정에 대해 많은 사람들이 어렵다는 반응을 보이고 있습니다. 이처럼 한국교회의 매체는 여전히 어렵고 접근하기 불편한 것이 사실입니다. 성경이라는 매체가 '교회는 어려운 곳'이라는 메시지를 전한다면 안타까운 일입니다. 유진 피터슨의 『메시지』는 이미 영어권에서는 폭발적인 반응을 일으킨 바 있습니다. 이 『메시지』가 우리나라의 독자들에게도 전해지게 되어 기쁘게 생각합니다. 바라기는 『메시지』가 우리와 함께하시는 임마누엘의 하나님을 대면하는 새로운 매체가 되어, 교회의 문호가 모든 사람에게 활짝 열려 있다는 메시지도 함께 전달되기를 기대합니다.

김중안 전 한국기독학생회 IVF 대표

"말씀이 육신이 되어……." 육신이 된 말씀은 역사의 분기점마다 새 세상을 창조하는 영감과 통찰, 그리고 힘의 원천이었다. 위대한 개혁의 시대에는 일상의 언어, 보통 사람의 말로 생생하게 살아 펄떡이는 말씀이 있었다. 위클리프의 성경이, 루터의 성경이, 암울했던 일제 강점기에는 개역성경이, 그리고 이제 우리에게는 『메시지』가 주어졌다. 주님께서는 우리 시대 또 어떤 역사를 시작하실 것인가?

이윤복 전 죠이선교회 대표

원어의 운율과 숙어적인 의미를 살리면서도 편안하게 빠져서 읽을 수 있는 『메시지』를 우리말로 읽을 수 있게 됨을 환영한다. 우리말로 옮기면서 운율과 어감이 다소 달라졌지만, 성경을 살아 있는 메시지로 듣고자 하는 이들의 보조성경으로 흔쾌히 권하련다.

권영석 전 학원복음화협의회 상임대표

기독교는 창조주 하나님께서 친히 속내를 드러내신 계시의 종교다. 성경은 영원한 하나님의 진리를 제한된 사람의 언어로 담아낸 책으로, 평범한 사람이 이해하도록 배려하신 하나님의 커뮤니케이션이다. 그러나 역사상 수많은 번역이 난삽하거나 고전적 표현을 고집함으로써 성경의 메시지로부터 일반인을 격리시키는 오류를 범하곤 했다. 개역성경도 긴 시간이 흐르면서 현대인이 쉽게 읽기 어려운 책이 되고 말았다. 유진 피터슨의 『메시지』가 우리말로 번역된 것을 보니 오랜 가뭄에 단비같이 반가운 소식이다. 이 탁월한 '성경 옆의 성경'을 통해, 하나님의 말씀이 독자의 삶에 친숙하고 풍성하게 되살아나는 축복이 있기를 바란다.

정민영 국제 위클리프 성경번역선교회 부대표

개역성경, 솔직히 좀 어려운 게 사실이지만 다들 쓰니까 어쩔 수 없이 들고 다녀야 했다. 다른 현대어 성경, 좀 밋밋하고 아쉬운 구석이 많아 영어 성경 보듯 가끔 참고만 했다. 유진 피터슨의 『메시지』 성경, 오랜만에 앉은자리에서 책 읽듯이 쭉 읽고 묵상하고 싶게 만드는 성경이다. 못 믿겠으면 지금 당장 로마서 12장 1-2절을 찾아 읽어 보라!

서재석 Young2080 대표

『메시지』 성경의 출간은 오랫동안 기다려 왔던 일입니다. 왜냐하면 성경을 오늘날의 언어로 이해할 수 있는 탁월한 성경이기 때문입니다. 『메시지』를 통해 많은 사람들이 성경의 진수를 오늘의 생각과 언어 그리고 정서로 이해할 수 있었으면 좋겠습니다. 성경을 손에 잡히는 언어로 이해하고 묵상하기에 가장 훌륭한 도구가 될 것입니다.

한철호 미션파트너스 상임대표

말씀에 목마른 사람들이 있습니다. 말씀 없이는 단 한 순간도 살아갈 수 없는 사람들입니다. 저는 컴패션 현지에서 가난 속에서 몸부림치며 하나님 말씀 붙들고 일어나는 수많은 어린이와 부모들을 만납니다. 그들과 만나면, 말씀의 능력 앞에 엎드릴 수밖에 없습니다. 그 말씀에 가장 좋은 친구가 되는 『메시지』를 통해 말씀의 살아 있음을 더욱 깊이 경험하게 되기를 바랍니다.

서정인 국제어린이양육기구 한국컴패션 대표

『메시지』는 평소에 늘 곁에 두고 읽고 싶은 성경입니다. 마침내 본문 전체가 번역되다니, 얼마나 기쁜지요! 유진 피터슨은 많은 책에서 일상의 영성을 강조하는데, 우리의 구체적인 삶 가운데 함께하시는 하나님을 깨닫고 만나는 데 『메시지』가 많은 도움을 주리라 믿습니다. 『메시지』를 읽고 잠잠히 묵상하는 가운데, 수천 년 전 살았던 성경 속 인물들이 지금 우리 곁에서 이야기하는 듯한 놀라운 경험을 하게 될 것입니다.

문애란 G&M 글로벌문화재단 대표

『메시지』는 이 시대의 언어로 성경 속 그 시절을 물 흐르듯 자연스럽게 만나게 합니다. 『메시지』를 통해 더 많은 이들이 우리를 향한 하나님의 계획하심과 일하심을 생생하게 느끼기를, 나아가 예수님을 알지 못하는 이들 역시 지금 이 순간에도 살아 역사하시는 하나님을 뜨겁게 맞이하기를 소망합니다.

김경란 전 KBS 아나운서

『메시지』 성경의 뛰어난 가독성은, 하나님의 말씀인 성경이 이렇게 빨리 읽히고 이렇게 쉽게 이해되어도 괜찮나, 하는 생각이 들어 문득 독서를 멈출 정도이다. 그렇지만 성경이 왜 잘 안 읽히고 이해되기 어려운 책이어야 한단 말인가. 일상의 언어와 시대의 문장에 담겨 우리를 찾아온 새로운 버전의 이 성경은 하나님의 말씀이 얼마나 친근하고 가까운지를 새삼 상기시킨다. 말씀이 그분의 임재의 현장임을 믿는다. 『메시지』 성경의 생생하고 과감한 현대적 표현을 통해 우리는 어제와 마찬가지로 오늘도 동일하게 활동하시는 성령의 역동적인 운행을 경험하며 놀란다.

이승우 소설가, 조선대학교 문예창작학과 교수

『메시지』가 다른 쉬운 번역 성경과 차별되는 독특함은, 번역과 의역을 넘나드는 그 문학성 때문이다. 『메시지』는 딱딱한 성경의 이야기성(narrative)을 멋지게 되살려 낸, 이 시대를 사는 그리스도인들에게 참 반가운 선물이다. 『메시지』는 피터슨의 학문적인 토대 위에서 30여 년간의 목회 사역과 그의 문학적 소양이 빚어낸 역작이다. 하지만 역설적으로 『메시지』는 유진 피터슨의 책이 아니다. 그는 창작자가 아니라 통역자이기 때문이다. 하나님이 말씀하시고, 피터슨 목사는 알아듣기 쉬운 언어로 그 말씀을 전하는 또 한 명의 도구일 뿐이다. 이 지혜로운 동네 목사님이 준비해 주신 말씀이 우리 안에서 살아 내지도록 하는 것만이 그 은혜에 보답하는 길이리라.

고(故) 안수현 『그 청년 바보의사』 저자

제가 이스라엘에서 10년간 사역하면서 누린 최고의 복은, 이스라엘의 역사·지리·문화에 대한 폭넓은 이해를 통해 성경을 역사 드라마처럼 익사이팅하게 읽을 수 있게 되었다는 점입니다. 유진 피터슨의 『메시지』 또한 성경 속 이야기를 눈앞에서 움직이듯이 생생히 전달해 주어 성경을 더욱 친근하고 입체적으로 이해하도록 돕습니다. 이 책을 통해, 풍성하고 벗어날 수 없는 성경의 매력에 푹 빠져 보시기 바랍니다.

류모세 『열린다 성경』 저자

『메시지』는 유진 피터슨의 35년간의 목회 경험과 신학 교수로서의 전문성이 집약된 '읽는 성경'이다. 학자적 엄밀성뿐 아니라 공역 성경이 줄 수 없는 친근함과 정겨움이 넘쳐나는 이 책은, 기독교인과 일반인 모두에게 성경을 더욱 가까이하는 계기를 제공한다.

「국민일보」

『메시지』는 마치 다리와도 같다. 성경과 사람들 사이에 다리를 놓아 우리로 하여금 바로 일상에서 말씀하시는 것 같은 생생한 어조로 진리를 듣게 해준다.

하덕규 CCM 아티스트

유진 피터슨은 일상과 사람과 영성을 따로 보지 않았습니다. 『메시지』에는 뭇 백성을 향한 애끓는 사랑과 그분을 향한 한결같은 장인 정신이 살아 있습니다. 예수가 사람이 되어 오신 사랑과 연민을 그는 『메시지』를 통해 실천했습니다.

홍순관 CCM 아티스트

『메시지』의 출간을 독자의 한 사람으로 기다리고 있었습니다. 따뜻하고 친절한 저자의 배려가 글 한 구절 한 구절에 담겨져 있는 듯합니다. 덕분에 쉽게 펼쳐 보지 못했던 성경의 구석구석을 『메시지』와 함께 여행할 수 있어 읽는 내내 가슴 설레고, 인생이라는 여행길에 걸음걸음 흥겨움을 줍니다. 고맙습니다. 좋은 책을 만나게 해주셔서…….

조수아 CCM 아티스트

하나님은 인간의 언어를 사용하여 우리의 수준으로 말씀하셨다. 신약성경이 코이네(평범한) 그리스어로 쓰여진 것도 바로 그 맥락일 것이다. 『메시지』는 누구나 이해할 수 있는 일상의 언어로 우리에게 말씀하신 그 놀라운 성육신의 은혜를 고스란히 담아내고 있다.

조준모 CCM 아티스트, 한동대학교 국제어문학부 교수

일상을 사는 일과 말씀을 읽고 그 말씀을 일상 속에 해석하고 또한 비추어 내는 일은 늘 어려운 숙제 같습니다. 여기 이 책이 그 여정 가운데 도움이 되지 않을까 싶습니다.

한웅재 CCM 아티스트

『메시지』 역사서 감수자

『메시지』는 목회자의 마음으로 번역된 성경이다. 독자에게 하나님의 마음을 전달하려는 간절한 목자의 마음이 문체와 어조 속에 잘 반영되어 있다. 유진 피터슨은 자신이 목회하는 교회의 회중의 눈높이에 맞춰, 현대인의 접근을 어렵게 만드는 성경의 구절들을 일상의 언어로 탁월하게 번역해 냈다.
김회권 교수 숭실대학교 구약학

종교개혁의 중요한 공헌 가운데 하나는, 신부들의 전유물처럼 여겨진 라틴어로 된 성경을 각 나라말로 번역하여 평신도들이 직접 성경을 읽게 함으로써 성경 중심의 신앙을 세운 것이다. 한국에서는 예배용으로 사용되는 개역성경의 전통이 있고 최근에 다양한 성경이 보급되었지만, 여전히 신앙인들이 쉽게 성경을 읽기에는 장애물들이 있는 실정이다. 이러한 상황에서, 성경 옆의 성경 『메시지』는 성경이 신앙인들에게 더 가까이 다가가게 만드는 역할을 한다는 면에서 반갑지 않을 수 없다. 나 자신도 감수를 하면서 쉬운 일상의 말로 번역된 성경의 이야기가 통전적으로 다가오는 편안함을 느낄 수 있었다. 『메시지』가 한국어를 사용하는 신앙인들에게 성경의 오묘한 세계로 들어가는 친절한 친구가 되기를 소망한다.
배정훈 교수 장로회신학대학교 구약학

구약성경을 통독할 때 얻을 수 있는 가장 실제적인 유익은 이스라엘 역사에 대한 큰 그림을 얻는 것이다. 많은 사람들이 이런 목적을 가지고 구약성경을 통독하려 하지만, 난해한 문체나 지리한 부분들에 막혀 포기하는 경우가 많다. 가나안 정복부터 페르시아 시대까지의 이스라엘 역사를 집중적으로 다룬 『메시지』 역사서는, 역동적이며 현대적인 번역으로 역사서를 읽는 재미를 한층 증대시킨다. 『메시지』 역사서는 구속사의 큰 그림을 파악하려는 사람들에게 가장 효과적인 통독용 구약성경이 될 것이다. 비교적 단시간 내에 의미 있는 구약성경 통독을 원한다면 『메시지』 성경으로 지금 시작해 보는 것은 어떨까?
김구원 교수 개신대학원대학교 구약학

『메시지』의 미덕은 두 가지다. 무엇보다 성경을 막힘없이 읽을 수 있게 해준다. 하나님의 거대한 이야기를 만들었던 소소한 일상 속에서 사람들이 웃고 떠들고 화내고 슬퍼하던 소리를 생생히 듣는다. 그들와 함께했던 하나님의 일하심을 또렷하게 본다. 이것이 『메시지』의 잘 알려진 첫 번째 미덕이다. 그런데 『메시지』의 두 번째 미덕은 첫 번째 미덕과는 반대의 성격을 띤다. 『메시지』는 종종 성경을 읽는 걸음을 멈추게 한다. 하나님의 말씀이 잘 들리지 않는 이유 중 하나는 우리가 그 말씀에 너무 "익숙해져" 있기 때문이다. 익숙한 말은 더 이상 들리지 않는다. 더 이상 설레지도 않는다. 그런데 『메시지』는 하나님의 말씀을 낯설게 한다. 이런 말씀이 성경에 있었단 말인가? 말씀을 낯설게 하기, 이것이 『메시지』의 두 번째 미덕이다. 이런 낯섦이 정말로 성경이 무엇을 말하고 있는지 다시금 꼼꼼히 살펴보는 계기가 된다면, 『메시지』는 '성경 옆의 성경'이라는 소임을 성공적으로 수행한 것이다. 『메시지』를 통해 하나님 말씀을 가슴 설레며 읽게 되는 것, 그 하늘의 복을 모든 독자들이 누릴 수 있기를 바란다.

전성민 교수 밴쿠버 기독교세계관대학원 원장

유진 피터슨의 『메시지』를 우리말로 읽는다는 것은 커다란 감동입니다. 히브리어와 그리스어로 기록된 성경의 말씀이 무슨 뜻인지를 오늘날 우리들의 글말로 새롭게 듣게 하기 때문입니다. 성경의 세계와 오늘 우리 사이에는 커다란 시간적·공간적·문화적 거리가 있습니다. 유진 피터슨의 『메시지』는 이 거리를 단숨에 건너뛰게 해줍니다. 그때 선포되었던 말씀을 오늘 우리에게 선포되는 말씀으로 듣게 할 뿐만 아니라 그 뜻이 무엇인지를 정확하게 깨닫게 해줍니다. 어렵게만 느껴지던 성경의 구절이 '아! 그런 뜻이었구나' 하면서 우리에게 다가오는 경험을 하게 됩니다. 그런 점에서 유진 피터슨의 『메시지』는 '뜻으로 푼 성경'이라고 말할 수 있습니다. 그가 풀어 놓은 말씀의 향연에 참여할 때, 독자들은 하나님의 말씀을 "종일 작은 소리로 읊조리는"(시 119:97) 시인의 고백을 공유하게 됩니다.

왕대일 교수 감리교신학대학교 구약학

『메시지』는 내가 아는 성경의 최근 번역본 중에 가장 역동적인 성경이다. 『메시지』는 아이들도 이해할 수 있는 성경이다. 성경을 많이 읽어 온 사람은 이 『메시지』를 통해 예수님의 말씀을 전혀 새로운 눈으로 보게 될 것이다.

빌리 그레이엄

『메시지』는 하나님 말씀을 교인들에게 전하려고 했던 피터슨의 목회 경험에서 나온 책이다. 『메시지』를 통해 가장 큰 유익을 얻을 사람은, 성경을 읽어도 이해가 되지 않아 성경을 덮어 버린 사람이다. 또한 깊이 생각하며 진리를 추구하지만 아직 말씀을 받아들일 준비가 되어 있지 않은 사람이다. 놀랍게도 『메시지』는, 일상적인 언어로 저들에게 강렬하게 다가가서 살아 있는 말씀이 된다.

달라스 윌라드 『하나님의 모략』 저자

『메시지』는 성경 본래의 목소리를 생생한 언어로 전해 주는 성경이다. 강력하게 추천한다.

리처드 포스터 『영적 훈련과 성장』 저자

학자적 엄밀성과 생생한 표현이 잘 어우러진 유진 피터슨의 『메시지』는, 다양한 성경 번역본 가운데 단연 돋보이고 뛰어난 성경이다. 성경 원문의 논리적 흐름과 활력적인 정서, 함축된 의미들이 탁월하게 되살아난다.

제임스 I. 패커 『하나님을 아는 지식』 저자

『메시지』는 오늘날 살아 있는 일상의 언어로 말하는 성경이다. 유진 피터슨의 탁월한 언어 감각은 『메시지』만의 고유한 특징이다.

고든 피 리젠트 칼리지 신약학 교수

우리는 전 교인과 함께 『메시지』를 읽었고, 지금도 계속해서 읽고 있다.

릭 워렌 새들백교회 담임목사

나는 『메시지』에서 단어를 읽을 뿐 아니라, 단어 뒤에서 말하는 소리까지도 듣게 된다. 『메시지』는 우리 눈에 읽히고 귀로도 들려서, 성경 속으로 들어가는 문을 활짝 열어 준다.

마이클 카드 CCM 아티스트

피터슨 목사님, 안녕하세요? 저는 그룹 U2의 싱어인 보노입니다. 성경 본문을 이렇게 멋지게 번역하신 그 수고에 대해서 저와 저희 밴드가 감사의 마음을 전하고 싶습니다. 정말이지 너무 훌륭합니다. 그동안 많은 훌륭한 번역들이 있었지만 제 자신의 언어 그대로 이야기해 주는 이런 성경은 처음이었어요. 10년이라는 시간, 참 긴 시간이죠. 이젠 좀 쉬셔야죠? 안녕히.
보노 록그룹 U2 리드싱어

『메시지』는 한 번 손에 들면 놓을 수 없는 책이다. 다음에 어떤 내용이 있을지 궁금해서 계속해서 읽게 되고, 읽다 보면 끊임없이 놀라게 된다. 『메시지』의 신선한 관점과 형식은 예수님에 관한 사실들을 단번에 읽어 내는 경험을 가져다줄 것이다.
에이미 그랜트 CCM 아티스트

성경의 이야기를 새롭고 신선하게 보는 눈을 열어 준 이 책을 처음 만난 것이 아주 오래전 일인 것 같다. 이제 『메시지』를 읽고 싶어 하는 저 수많은 사람들의 명단에 내 이름이 올라 있다. 『메시지』는 내게 너무도 소중한 친구이다.
맥스 루케이도 『예수님처럼』 저자

유진 피터슨 덕분에 이 시대 모든 이들이 성경을 흥미롭고 강력하고 감미롭고 날카롭고 설득력 있고 통렬하고 인간적이고 현대적이고 따뜻하고 극적으로 읽을 수 있게 되었다.
월터 왱어린 『오직 나와 내 집은』 저자

나는 『메시지』의 한 구절을 읽고, 다시 읽고 생각한다. '아, 이것이 그런 뜻이었구나!' 피터슨은 우리에게 평생의 선물을 주었다.
레베카 피펏 『빛으로 소금으로』 저자

놀랍다! 나는 항상 『메시지』를 가지고 다닌다. 『메시지』는 어디를 가든 꺼내 보고 싶은 보화다.
조니 에릭슨 타다 『하나님의 눈물』 저자

『메시지』는 나를 사로잡아 놀랍도록 살아 있게 한다. 『메시지』는 경이와 흥분, 인간의 진정한 언어와 감정으로 가득 차 있다.
프레드릭 뷰크너 『하나님을 향한 여정』 저자

『메시지』를 주신 하나님께 감사드린다. 유진 피터슨은 『메시지』를 통해 교회가 성경을 새롭게 읽을 수 있게 해주었다.
『크리스채너티 투데이』

『메시지』 구약 원서 감수자

로버트 L. 허버드 Jr. | 노스 파크 신학교 구약학 교수
리처드 E. 에버벡 | 트리니티 복음주의 신학교 구약학 교수
피터 E. 엔즈 | 이스턴 대학교 구약학 교수
듀안 A. 개럿 | 남침례 신학교 구약학 교수
프레스콧 H. 윌리엄스 Jr. | 전 오스틴 장로교 신학교 구약학 교수
브라이언 E. 베이어 | 컬럼비아 인터내셔널 대학교 인문대 교수
레이머 E. 쿠퍼 | 크리스웰 칼리지 구약학 교수
도널드 R. 글렌 | 댈러스 신학교 구약학 명예교수
폴 R. 하우스 | 비슨 신학교 구약학 교수
V. 필립스 롱 | 리젠트 칼리지 구약학 교수
트렘퍼 롱맨 3세 | 웨스트몬트 칼리지 구약학 교수
존 N. 오스월트 | 애즈베리 신학교 구약학 교수
리처드 L. 프랫 Jr. | 리폼드 신학교 구약학 교수
존 H. 월튼 | 휘튼 칼리지 구약학 교수
마빈 R. 윌슨 | 고든 칼리지 구약학 교수

『메시지』 역사서 한국어판 작업에 도움을 준 이들

번역

김순현 | 여수 갈릴리교회 담임목사, 번역가(『메시지』『안식』『디트리히 본회퍼』 등 다수)

윤종석 | 전문 번역가(『메시지』『예수님처럼』『하나님의 모략』『놀라운 하나님의 은혜』 등 다수)

이종태 | 장로회신학대학교 초빙교수, 번역가(『메시지』『순전한 기독교』『다윗: 현실에 뿌리박은 영성』
　　　　등 다수)

책임 감수

김회권 | 숭실대학교 기독교학과 교수, 『청년설교 시리즈』『하나님 나라 신학 강해 시리즈』 저자

신학 감수

김구원 | 개신대학원대학교 구약학 교수

배정훈 | 장로회신학대학교 구약학 교수

왕대일 | 감리교신학대학교 구약학 교수

전성민 | 밴쿠버 기독교세계관대학원 원장

영문 감수

이종태 | 장로회신학대학교 초빙교수, 번역가(『메시지』『순전한 기독교』『다윗: 현실에 뿌리박은 영성』
　　　　등 다수)

편집 및 독자 감수

『메시지』 한국어판이 약 10년에 걸쳐 완간되기까지, 복 있는 사람 출판사에서 오랫동안 수고해 온 멤버
들과 개교회 목회자, 선교단체 간사, 신학생들 그리고 무명의 독자들의 날카롭고도 애정어린 편집 및
감수의 손길이 『메시지』 곳곳에 배어 있다.

메시지 | 역사서

2012년 7월 30일 초판 1쇄 발행
2017년 4월 26일 양장판 1쇄 발행
2022년 6월 27일 양장판 7쇄 발행

지은이 유진 피터슨
옮긴이 김순현 윤종석 이종태
감수자 김회권
펴낸이 박종현

(주) 복 있는 사람
주소 서울특별시 마포구 연남동 246-21(성미산로23길 26-6)
전화 02-723-7183(편집), 7734(영업·마케팅) 팩스 02-723-7184
이메일 hismessage@naver.com
등록 1998년 1월 19일 제1-2280호

ISBN 978-89-6360-205-9 04230
      978-89-6360-217-2 04230 (세트)

이 도서의 국립중앙도서관 출판예정도서목록(CIP)은 서지정보유통지원시스템 홈페이지(http://seoji.nl.go.kr)와
국가자료공동목록시스템(http://www.nl.go.kr/kolisnet)에서 이용하실 수 있습니다. (CIP 제어번호: 2016028618)

메시지 | 역사서

THE MESSAGE
The Old Testament History Books

Eugene H. Peterson

일상의 언어로 쓰여진 성경 옆의 성경

역사서

유진 피터슨

복 있는 사람

차례

일러두기

- 유진 피터슨의 『메시지』 영어 원문을 번역하면서, 한국 교회의 실정과 환경을 고려하여 『메시지』 한글 번역본의 극히 일부분을 의역하거나 문장과 용어를 바꾸었다.
- 유진 피터슨은 『메시지』 영어 원문에서, 유일무이한 하나님의 인격적 이름을 주(LORD) 대신에 대 문자 GOD로 번역했다. 따라서 『메시지』 한국어판은 많은 논의와 신학 감수를 거쳐, 원저자의 의 도를 반영해 '주'(LORD) 대신에 강조체 '**하나님**'(GOD)으로 표기했다.
- 『메시지』 한국어판의 도량형(길이, 무게, 부피)은 『메시지』 영어 원문을 기초로 하여, 오늘날 우리나라에 서 일반적으로 통용되는 단위로 환산해 표기했다.
- 지명, 인명은 대한성서공회에서 발행한 「개역개정」 「새번역」 성경의 원칙을 따랐다.

한국의 독자에게

한국의 많은 친구들이 하나님의 말씀, 이 귀한 성경 말씀을 오늘의 언어로 된 새로운 번역으로 읽게 된다니 기쁘기 그지없습니다.

하나님의 말씀—하나님은 말씀하시고, 언어를 사용하십니다—은 세상과 우리 안에서 벌어지는 모든 일, 글자 그대로 모든 일의 기초입니다. 성경의 첫 페이지에는 "하나님께서 말씀하셨다"가 아홉 번이나 나옵니다. 하나님이 말씀하시면, 일이 생겨납니다. 우리가 존재하게 됩니다. 성경은 하나님이 말씀하실 때 생겨나거나 존재하게 되는 일들의 이야기입니다. 그 이야기는 우리가 자녀와 부모 간에, 친구와 이웃들과 이야기할 때 사용하는 언어와 똑같은 언어로 말하고 기록되었습니다. 그러므로 하나님의 백성이, 하나님이 누구시며 그분이 무슨 일을 하시는지를 계시해 주는 말씀을 읽는 데 계속해서 열심을 내는 것은 놀랄 일이 아닙니다. 참으로 놀라운 사실은, 하나님의 백성인 우리가 모든 것을 포괄하는 그 거대한 창조와 구원의 이야기에 등장하고, 그 이야기에 참여하고 있으며, 그 이야기를 살아 낸다는 것입니다.

여러분이 이 책을 펴서 읽는 동안, 기독교 신앙과 모든 삶의 핵심에 자리한 그 거대한 대화 속으로 들어가기를, 하나님이 말씀하시고 여러분이 응답하는 대화 속으로 들어가기를 간절히 바랍니다.

유진 피터슨

『메시지』를 읽는 독자에게

『메시지』에 독특한 점이 있다면, 현직 목사가 그 본문을 다듬었기 때문일 것이다. 나는 성경의 메시지를 내가 섬기는 사람들의 삶 속에 들여놓는 것을 내게 주어진 일차적 책임으로 받아들이고 성인 인생의 대부분을 살아왔다. 강단과 교단, 가정 성경공부와 산상수련회에서 그 일을 했고, 병원과 양로원에서 대화하면서, 주방에서 커피를 마시고 바닷가를 거닐면서 그 일을 했다. 『메시지』는 40년간의 목회 사역이라는 토양에서 자라난 열매다.

인간의 삶을 만들고 변화시키는 하나님의 말씀은, 내가 『메시지』 작업을 하는 동안 정말로 사람들의 삶을 만들고 변화시켰다. 우리 교회와 공동체라는 토양에 심겨진 말씀의 씨앗은, 싹을 틔우고 자라서 열매를 맺었다. 현재의 『메시지』를 작업할 무렵에는, 내가 수확기의 과수원을 누비며 무성한 가지에서 잘 영근 사과며 복숭아며 자두를 따고 있다는 기분이 들곤 했다. 놀랍게도 성경에는, 내가 목회하는 성도며 죄인인 사람들이 살아 낼 수 없는 말씀, 이 나라와 문화 속에서 진리로 확증되지 않는 말씀이 단 한 페이지도 없었다.

내가 처음부터 목사였던 것은 아니다. 원래 나는 교사의 길에 들어서서, 몇 년간 신학교에서 성경 원어인 히브리어와 그리스어를 가르쳤다. 남은 평생을 교수와 학자로 가르치고 집필하고 연구하며 살겠거니 생각했었다. 그러다 갑자기 직업을 바꾸어 교회 목회를 맡게 되었다.

뛰어들고 보니, 교회는 전혀 다른 세계였다. 제일 먼저 눈에 띈 차이는, 아무도 성경에 별로 관심이 없어 보인다는 점이었다. 얼마 전까지만 해도, 사람들은 내게 돈을 내면서까지 성경을 가르쳐 달라고 했는데 말이다. 내가 새로 섬기게 된 사람들 중 다수는, 사실 성경에 대해 아무것도 몰랐다. 성경을 읽은 적도 없었고, 배우려는 마음조차 없었다. 성경을 몇 년씩 읽어 온 사람들도 많았지만, 그들에게 성경은 너무 익숙해서 무미건조하고 진부한 말로 전락해 있었다. 그들은 지루함을 느낀 나머지 성경을 제쳐 둔 상태였다. 그 양쪽 사이에 있는 사람은 많지 않았다. 내가 가장 중요하게 여긴 일은, 성경 말씀을 그 사람들의 머리와 가슴 속에 들여놓아서, 성경의 메시지가 그들의 삶이 되게 하는 것이었다. 그러나 거기에 관심을 갖는 사람은 거의 없었다. 신문과 잡지, 영화와 소설이 그들 입맛에 더 맞았다.

결국 나는, 바로 그 사람들에게 성경의 메시지를 듣게—정말로 듣게—해 주는 일을 내 평생의 본분으로 삼게 되었다. 그것이야말로 확실히 나를 위해 예비된 일이었다.

나는 성경의 세계와 오늘의 세계라는 두 언어 세계에 살고 있었다. 나는 언제나 그 두 세계가 같은 세계인 줄 알았다. 그러나 사람들은 그렇게 보지 않았다. 나는 어쩔 수 없이 "번역가"(당시에는 그런 표현을 쓰지 않았지만)가 되었다. 날마다 그 두 세계의 접경에 서서, 하나님이 우리를 창조하시고 구원하시고 치유하시고 복 주시고 심판하시고 다스리실 때 쓰시는 성경의 언어를, 우리가 잡담하고 이야기하고 길을 알려 주고 사업하고 노래 부르고 자녀에게 말할 때 쓰는 오늘의 언어로 옮긴 것이다.

그렇게 하는 동안, 성경의 원어—강력하고 생생한 히브리어와 그리스어—는 끊임없이 내 설교의 물밑에서 작용했다. 성경의 원어는 단어와 문장을 힘 있고 예리하게 해주고, 내가 섬기는 사람들의 상상력을 넓혀 주었다. 그래서 오늘의 언어 속에서 성경의 언어를 듣고, 성경의 언어 속에서 오늘의 언어를 들을 수 있게 해주었다.

나는 30년간 한 교회에서 그 일을 했다. 그러던 어느 날(1990년 4월 30일 이었다), 한 편집자가 내게 편지를 보내 왔다. 그동안 내가 목사로서 해온 일의 연장선에서 새로운 성경 번역본을 집필해 달라는 청탁의 편지였다. 나는 수락했다. 그 후 10년은 수확기였다. 그 열매가 바로『메시지』다.

『메시지』는 읽는 성경이다. 기존의 탁월한 주석성경을 대체하기 위한 것이 아니다. 내 취지는 간단하다. (일찍이 우리 교회와 공동체에서도 그랬듯이) 성경이 충분히 읽을 수 있는 책이라는 사실을 모르는 사람들에게 성경을 읽게 해주고, 성경에 관심을 잃은 지 오래된 사람들에게 성경을 다시 읽게 해주는 것이다. 그렇다고 굳이 내용을 쉽게 하지는 않았다. 성경에는 이해하기 어려운 부분도 많이 있다. 그래서 『메시지』를 읽다 보면, 더 깊은 연구에 도움이 될 주석성경을 구하는 일이 조만간 중요하게 여겨질 것이다. 그때까지는, 일상을 살기 위해 읽으라. 읽으면서 이렇게 기도하라. "하나님, 말씀하신 대로 내게 이루어지기를 원합니다."

유진 피터슨

『메시지』 머리말

읽는 것이 먼저다. 일단 성경을 읽는 것이 중요하다. 읽다 보면, 어느새 우리는 새로운 말의 세계에 들어가 대화를 나누게 된다. 하나님께서 시작과 끝을 쥐고 계신 그 대화에 우리도 참여하고 있음을 곧 알게 된다. 이것은 우리가 예상치 못한 일이다. 하지만 어느 시대를 막론하고 성경을 읽는 사람들은, 성경이 우리에 관해서 기록된 책일 뿐 아니라 우리를 향해 기록된 책이라는 사실을 알고 있었다. 성경 속에서 우리는 대화의 참여자가 된다. 그 대화를 통해, 하나님은 말씀으로 우리를 만드시고 복 주시고 가르치시고 인도하시고 용서하시고 구원하신다.

　우리는 이런 일에 익숙하지 못하다. 반면에, 설명이나 지시나 감동이나 즐거움을 주는 책을 읽는 데는 익숙하다. 하지만 성경은 다르다. 성경은 계시의 세계다. 하나님은 바로 우리 같은 사람들—하나님 형상대로 지음받은 남녀들—에게, 그분이 일하시는 방식과 우리가 살고 있는 세계의 실상을 계시해 주신다. 동시에 하나님은 우리를 이끌어 그분의 일하시는 삶에 동참하도록 초청하고 명령하신다. 우리 시대의 가장 중요한 일은 하나님께서 (하늘에서와 같이) 이 땅에 사랑과 정의의 위대한 통치를 세우시는 것이다. 우리가 그 일의 주체임을, 우리는 서서히 (혹은 갑자기) 깨닫는다. '계시'란 우리 스스로는 알아내지 못할 일, 짐작하지도 못할 내용을 읽고 있다는 뜻이다. 성경의 독특성은 바로 계시에 있다.

　『메시지』 성경도, 일단 읽고 귀 기울여 듣는 것이 중요하다. 공부할 시간은 나중에 얼마든지 있을 것이다. 우선은 그냥 읽는 것이 중요하다. 서두르지 말고 생각하면서 읽어야 한다. 성경의 이야기와 노래, 기도와 대화, 설교와 환상이 우리를 보다 큰 세계로 초청하는 방식을 느낄 수 있어야 한다. 하나님께서는 그 큰 세계에 계시면서 우리 눈에 보이는 모든 것에 개입하신다. 이 땅에 산다는 것─그냥 왔다 가는 것이 아니라 정말로 산다는 것─의 의미를 일깨워 주신다. 읽다 보면, 우리는 "알아듣기" 시작한다. 읽으면 읽을수록, 더욱 그렇다. 우리는 하나님과 대화를 나누고 있다. 우리에게 가장 중요한 사안들에 관해서 어느새 듣고 대답하고 있다. 우리는 누구인가, 어디서 와서 어디로 가는가, 무엇이 우리를 움직이는가, 우리가 사는 세계와 공동체의 원리는 무엇인가, 무엇보다도 우리 가운데 계시면서 우리 힘으로 할 수 없는 일들을 대신 해주시는 하나님의 신기한 사랑에 관해 대화하게 된다.

성경을 읽으면서 우리는, 이 세상에 더 큰 의미가 있음을 알게 된다. 인간이라는 존재에도, 보이는 세계에도, 보이지 않는 세계에도 더 큰 의미가 있다. 모든 것에 더 큰 의미가 있다! 그리고 그 의미는 하나님과 관계가 있다.

많은 사람들에게 성경은 새로운 책, 전혀 다른 종류의 책이다. 성경은 우리가 읽는 책이지만, 우리를 읽는 책이기도 하다. 우리는 뭔가 얻어 낼 수 있는 책을 찾아 읽는 데 익숙하다. 이를테면, 유용한 정보나 기운을 북돋아 주는 감동적인 이야기, 온갖 일의 방법론, 비오는 날 시간을 때울 오락물, 더 행복한 삶으로 이끌어 줄 지혜 같은 것을 찾는다. 성경 읽기에도 그런 유익이 있을 수 있고, 실제로 있기도 하다. 하지만 하나님께서 우리에게 성경을 주신 본래 목적은, 단순히 우리를 초청하시기 위해서다. 하나님의 세계와 하나님의 말씀을 내 집처럼 느끼도록, 하나님이 말씀하시는 방식과 우리가 삶으로 그분께 응답하는 방식에 익숙해지도록 하려는 것이다.

❧

성경을 읽다 보면, 몇 가지 놀라운 일이 있다. 가장 놀랄 만한 일은, 성경은 일단 펼쳐서 읽어 보면 참으로 다가가기 쉬운 책이라는 점이다. 성경은 사실 누구나 읽고 이해할 수 있는 책이다. 두어 세대마다 새로운 번역본이 나오는 이유는, 성경의 언어를 우리가 현재 쓰는 일상어, 성경이 맨 처음 기록된 바로 그 언어로 유지하기 위해서다. 똑똑하지 않은 사람, 교육을 많이 받지 못한 사람도 성경을 이해할 수 있다. 성경은 우리가 시장과 놀이터와 저녁식탁에서 흔히 듣는 단어와 문장들로 기록되었기 때문이다. 성경이 워낙 유명하고 높여지다 보니, 반드시 전문가들이 설명하고 해석해 주어야 한다고 생각하는 사람들이 많다. 물론 설명이 필요한 부분도 있다. 하지만 성경에 기록된 말을 처음 들은 사람들은 평범한 노동자 계층이었다. 성경을 영어로 옮긴 초기의 최고 번역가 중 한 사람인 윌리엄 틴데일이 한 말이 있다. 그는 "쟁기로 밭을 가는 소년"이 읽을 수 있도록 성경을 번역하고 있다고 말했다.

교육을 많이 받은 아프리카인 어거스틴은 나중에 역사상 가장 영향력 있는 성경 교사가 되었지만, 성경을 처음 읽었을 때는 큰 반감을 가졌다. 문학적으로 세련되고 깔끔한 책을 극찬했던 그가 보기에, 성경은 평범하고 시시한 사람들의 투박하고 촌스러운 이야기로 가득했던 것이다. 그가 읽은 라틴어역 성경에는 속어와 은어가 수두룩했다. 많은 등장인물이 "속되고" 예수는 평범해 보여서, 그는 성경을 한 번 보고는 경멸하며 내던졌다. 그러나 하나님은 세련된 지성인의 몸을 입고 오지 않으셨고, 그분의 고상한 세계를 터득하도록 우리에게 수준 높은 지식인 문화를 가르치지도 않으셨다. 어거스틴은 세월이 흐른 뒤에야 그것을 깨달았다. 하나님이 우리를 구원하기 위해 유대인 종의 모습으로 인간의 삶에 들어오셨다는 것을 알게 되면서부터, 그는 감사하고 믿는 마음으로 성경을 읽기 시작했다.

성경을 읽어도 세상이 "더 나아지지" 않는다며 놀라는 사람들도 있다. 성경의 세계는 결코 여행사의 안내 책자에 나오는 그런 이상적인 세계가 아니다. 하나님께서 이 세계 속에서 일하시고 사랑하시고 구원하시지만, 그렇다고 해서 고난과 불의와 악이 말끔히 사라지지는 않는다. 그렇게 간단한 문제가 아니다. 하나님은 죄로 물든 우리의 본성과 역사 속에서 끈기 있고 깊이 있게 일하시지만, 종종 은밀하게 일하신다. 이 세계는 깔끔하고 단정한 곳이 못되며, 우리가 모든 일을 통제할 수 있다는 보장도 없다. 이런 현실에 익숙해져야 한다. 어디에나 신비가 있다. 성경이 우리에게 제시하는 세계는, 우리의 직업을 계획하여 미래를 보장받을 수 있는 세계, 인과법칙에 따라 움직이는 예측 가능한 세계가 아니다. 모든 일이 우리의 미숙한 바람대로 이루어지는 꿈의 세계도 아니다. 고통과 가난과 학대가 있다. 그 앞에서 우리는 분 개하여 "어떻게 이러실 수 있습니까!" 하고 부르짖는다. 대다수 사람들의 경우, 우리의 꿈의 세계가 성경이 제시하는 실제 세계로 바뀌기까지, 길고 긴 세월이 걸린다. 그 실제 세계는 은혜와 자비, 희생과 사랑, 자유와 기쁨의 세계다. 하나님께 구원받은 세계다.

놀라운 사실이 하나 더 있다. 성경은 우리의 기분을 맞추려고 하지 않는다는 것이다. 성경은 더 쉬운 삶을 약속하는 어떤 것도 우리에게 팔려고 하지 않는다. 성경은 우리가 흔히 생각하는 형통이나 쾌락이나 짜릿한 모험의 비결을 내놓지 않는다. 성경을 읽으면서 뚜렷이 부각되는 실체는, 하나님께서 구원을 위해 사랑으로 행하시는 일이다. 우리와, 우리가 하는 모든 일이 그 하나님의 일에 포함되어 있다. 이것은 죄와 문화 속에서 위축되고 너저분해진 우리가 상상하던 것과는 사뭇 다르다. 성경을 읽는 것은, 여러 우상을 소개하는 우편주문용 카탈로그에서 우상 하나를 골라서 우리의 환상을 채우는 것이 아니다. 성경은 하나님께서 말씀으로 만물과 우리를 창조하시는 것에서 시작한다. 그리고 하나님께서 우리 각 사람과의 복잡한 관계 속으로 들어오셔서, 우리를 도우시고 복 주시고 가르치시고 훈련하시고 책망하시고 징계하시고 사랑하시고 구원하시는 이야기를 들려준다. 이것은 현실 도피가 아니라, 오히려 더 큰 현실 속으로 뛰어드는 것이다. 희생이 따르지만, 시종 훨씬 더 나은 삶으로 말이다.

❧

하나님은 이 가운데 어느 것도 우리에게 강요하지 않으신다. 하나님의 말씀은 인격적인 부름이기 때문에, 초청하고 명령하고 도전하고 책망하고 심판하고 위로하고 지도하지만, 절대로 강요하지는 않는다. 결코 억지로 시키지 않는다. 대화에 참여해서 응답할 자유와 여지가 우리에게 주어져 있다. 무엇보다도 성경은 하나님의 일과 언어에 동참하도록 우리를 초청하는 책이다.

읽으면서 우리는, 말씀을 읽는 일과 말씀대로 사는 삶이 연관되어 있음을 알게 된다. 성경의 모든 말씀은 삶으로 살아 낼 수 있다. 많은 사람들이 발견하듯이, 성경을 읽으면서 가장 중요한 질문은 '이것이 무슨 의미인가'가 아니라 '어떻게 이대로 살 수 있는가'이다. 그래서 우리는 성경을 비인격적으로 읽지 않고 인격적으로 읽는다. 우리의 참 자아로 살기 위해서 읽는다. 그저 생활수준을 높이는 데 유용한 정보를 얻기 위해 읽는 것이 아니다. 성경 읽기는 하나님의 음성을 듣고 순종하기 위한 방편이지, 종교 자료를 수집해서 우리 스스로 신이 되기 위한 수단이 아니다.

지금부터 당신은 성경의 이야기를 듣게 될 것이다. 그 이야기들은 당신을 자신에게 몰입된 상태에서 이끌어 내어, 세상의 구원을 이루고 계신 하나님의 드넓은 자유 속으로 데려갈 것이다. 거기서 만나게 될 단어와 문장들이, 당신을 비수처럼 찔러 아름다움과 희망에 눈뜨게 할 것이다. 그것이 당신을 참된 삶과 연결해 줄 것이다.

그 메시지에 꼭 응답하기 바란다.

감수의 글

구약성경이 그리스도인의 정경으로 영접된 이래 2천 년 교회사 내내 구약성경은 여러 가지 이유로 경원시되어 왔다. 구약성경은 히말라야 산맥같이 험준하고 사하라 사막처럼 지루한 여로 같다. 구약성경은 일단 너무 길고 복잡하며, 우원(迂遠)한 옛날 이야기들로 가득 차 있다. 의미 없어 보이는 장황한 지명 및 인명 목록과 너무 자세한 제사 규정, 성막과 성전 건축 규정들은 독자들의 인내를 과도하게 요구한다. 구약성경으로 가는 길을 막는 장애물은 여기서 그치지 않는다. 현대인의 평등 정서에 반하는 선민사상과 인종학살과 같은 수준의 야만적 전쟁과 폭력 이야기, 간음과 근친상간 등 반인륜적인 범죄 이야기 등, 구약성경에는 오늘날의 인권의식과 윤리의식에 손상을 가하는 이야기들이 적지 않다. 과연 이런 역사와 이야기 속에서 어떻게 거룩하신 하나님의 현존을 발견할 수 있을까? 남녀차별, 노예제, 일부다처제를 버젓이 긍정하는 것처럼 보이는 구약성경의 구절들 외에도 자기의를 앞세워 복수혈전을 요청하고 원수 파멸을 노골적으로 간구하는 시편 기도문들은 또 어찌할 것인가? 이런 이유 때문에 많은 그리스도인들이 구약성경과 신약성경 사이의 연속성을 찾는 데 어려움을 겪는다. 그들에게 구약성경은 인류에게 영생을 주시기 위해 독생자를 주시기까지 자신을 희생하신 하나님의 끝없는 죄인 사랑, 의인과 악인 모두에게 비를 주시는 그 하나님의 보편적인 사랑을 보여주지 않는 것처럼 보인다.

『메시지』의 저자인 유진 피터슨은 이렇게 아득히 멀어져 버린 구약성경과 현대 독자 사이의 간격을 메우기 위해 생동감 넘치는 현대어로 된 성경을 내놓았다. 그것은 일차적으로 목회자의 마음으로 번역된 성경이다. 독자에게 하나님의 마음을 전달하려는 간절한 목자의 마음이 그 문체와 어조 속에 잘 반영되어 있다. 유진 피터슨은 자신이 목회하는 교회 회중의 눈높이에 맞춰 현대인의 접근을 어렵게 만드는 구약성경의 구절들을 일상 언어로 번역한다. 험산 준령과 울퉁불퉁한 사막 여로를 곧게 펴서 독자들이 구약성경에서 전개되는 하나님의 구원 드라마를 속도감 있게 읽고 음미하도록 평탄 작업을 시도한다.

여호수아서부터 에스더서까지 구약의 **역사서**는 이스라엘 민족의 가나안 정착부터 가나안 땅 상실까지, 그리고 이후 포로생활에서 귀환까지 약 천 년간의 통사(通史)를 다룬다. 십계명과 모세의 부대율법을 준수하는 데 실패하여 심판받는 이스라엘 백성 이야기다. 이 열두 권의 역사서에는 여호수아서와 에스더서를 제외하고는 하나님의 극적이고 강권적인 구원을 경험하는 장면보다는 심판과 저주를 받아 깨어지는 장면이 훨씬 많다.

여호수아서에서 이스라엘은 열두 지파 통일체로서 움직이며, 그 결과 여호수아의 지휘 아래 가나안 땅을 사실상 거의 차지한 듯이 보인다. 일사불란한 여호수아의 영도력 아래 이스라엘은 야웨 하나님의 명령에 순종하는 공동체였고 그래서 가나안 정복전쟁은 승승장구였다. 그러나 여호수아 사후 사사시대에 접어들어 이스라엘은 분열되고 서로 대립하는 지파들로 변질되었다. 사사기는 분열되고 파편화된 이스라엘 지파들이 가나안 토착부족들과 각개전투를 벌이다가 패배와 쇠락을 거듭하는 과정을 다룬다. 그 분위기와 정황상 여호수아서와 모든 면에서 대조를 이루는 사사기는, 이상적인 통치자의 부재시 이스라엘 열두 지파는 무정부상황에서 쇠락과 패배를 거듭해갈 수밖에 없다는 진실을 증언한다.

이런 사사시대의 말기에, 이스라엘 가문을 믿음으로 일으킨 한 이방 여인의 분투가 있다. 성경에서 다윗을 처음으로 언급하는 **룻기**는 다윗의 증조모의 영적 활약상과 분투를 그린다. 룻은 이방인들이 마치 이스라엘의 숙적처럼 여겨지던 사사시대 말기에 이스라엘인 남편의 아내로 들어와 시어머니 나오미와 함께 남편 가문의 기업을 되찾아 다윗 왕의 조상이 된다. 여호수아서와 사사기를 지배하는 가나안 인근 부족과의 전쟁이 혈과 육의 전쟁이 아니라 신앙과 불신앙의 전쟁임을 간접적으로 보여주는 일화인 셈이다.

사무엘상하는 사사시대의 마지막 예언자 사무엘의 향도 아래 시작되는 이스라엘 왕정의 시련과 성공 이야기다. 이름은 사무엘서지만 실제 내용의 대부분은 이스라엘 역사에 등장했던 왕정시대의 선구자들인 사울과 다윗의 이야기다. 좀 더 구체적으로 말하면, 이스라엘의 유력자들이 뽑은 사울의 '예언자 위협적이고 군중 기반형 왕정'보다는, 하나님께서 친히 기름부어 세우신 다윗의 '예언자 존중적이고 하나님 말씀 기반형 왕정'이 하나님께서 이스라엘과 유다를 위해 세우신 정통적이고 영속적인 왕정임을 주창하는 역사서다. 사무엘서는 예언자 사무엘의 예언자적 통찰과 다윗의 공평하고 정의로운 통치를 이스라엘 신정통치의 이상적인 쌍두마차로 본다. **열왕기상하**는 다윗 왕의 사후 솔로몬부터 시작되는 이스라엘의 쇠락과 멸망의 역사를 다루는데, 이 책은 제목이 주는 인상과는 달리 왕들의 패역하고 불의한 통치를 고발하는 예언자적 관점으로 쓰여진 통사다. 열왕기서는 모세와 사무엘의 관점에서 본 북왕국 19명과 남왕국 22명 왕의 치세에 대한 비판적 평가서다. 북이스라엘 왕국의 거의 모든 왕들은 하나님에 대한 올바른 예배와 다윗 왕의 공평하고 정의로운 통치에서 크게 이탈한 배교자들의 무리로 평가된다. 남유다 왕국 중에서는 요시야 왕과 히스기야 왕이 크게 칭찬받으며 아사 왕, 여호사밧 왕 등도 부분적으로 칭찬받는다.

역대상하는 남유다 중심, 성전과 제사장 중심의 이스라엘 왕정시대 역사서다. 창세기, 사무엘서, 열왕기서를 절묘하게 합성해 만든 파생적인 역사서지만 그것의 관점은 독특할 정도로 뚜렷하다. 하나님 백성의 역사는 왕, 왕실, 상비군과 관료조직의 역사가 아니라 성전, 레위인과 제사장, 찬양과 예배의 역사라는 것이다. 비록 왕실은 없지만 성전 제사와 절기, 찬양과 기도, 예배와 순종이 살아 있는 한 이스라엘 백성의 역사는 결코 끊어지지 않는다는 신앙고백이 역대기의 역사관이다. 역대기의 요지 중 하나는 바벨론 유수를 면하고 가나안 땅에 남아 있던 사람들이 아닌, 바벨론 포로살이를 거쳐 귀환한 포로들이 약속의 땅에서 전개되는 하나님의 구원 역사의 정통적이고 합법적인 동역자라는 것이다.

에스라서와 느헤미야서는 이런 역대기의 독특한 사관과 그것의 저작을 가능케 했던 유다 총독 느헤미야와 제사장 겸 학사 에스라의 지도력을 다룬다. 에스라서는 율법 교육을 통한 인적 재건을 다루고, 느헤미야서는 귀환포로 공동체 전 구성원들이 참여한 52일간의 예루살렘 성벽 재건 이야기를 다룬다. 에스더서는 유대인 처녀 에스더가 페르시아의 황후로 간택되어, 제국 내에 거주하는 동포들을 전멸 위기로부터 극적으로 구출해 내는 이야기다. 이 책에는 하나님이라는 단어가 등장하지 않는다. 하나님은 역사의 장막 뒤에 숨어 계시며 등장인물들의 우발적인 행동들을 통해 당신의 구원 역사를 전개해 가신다. 에스더서는 이스라엘 민족이 비록 죄를 범해 열방 가운데 흩어져 이산과 유랑의 운명을 감수하지만, 이스라엘을 향한 하나님의 사랑은 결코 중단된 적이 없으며, 이스라엘 민족은 하나님의 언약백성으로서의 신분을 영구적으로 박탈당하지 않았다는 진실을 선포한다.

이 열두 권의 책은 다음 다섯 가지 진리를 선포한다. 첫째, 하나님과 이스라엘의 언약관계는 이스라엘의 범죄로 중단되거나 단절되지 않는다. 이스라엘에 대한 하나님의 사랑은 이스라엘의 공로나 매력에 의존하지 않고, 하나님의 무궁하고 자비로우신 사랑과 인애에 근거한다. 따라서 이스라엘을 향한 하나님의 사랑은 파기될 수 없으며, 이스라엘은 죄악 가운데 심판과 저주를 경험하는 가운데서도 여전히 하나님의 언약백성 신분을 유지한다. 둘째, 하나님의 구원은 온갖 역사적이고 우발적인 인간행위들, 예기치 않는 대리자들을 통해 펼쳐진다. 외견상 적대자들의 손으로부터 오는 공격이 구원의 시발점일 수도 있고, 구원처럼 오는 친구의 손길이 유혹과 배교의 올무가 될 수도 있다는 변증법적이고 복합적인 역사인식이 이 역사서에 작동하고 있다. 셋째, 하나님과 이스라엘의 구원사는 퇴행하는 듯하지만 완성점을 향해 완만하게 전진한다. 이스라엘을 향한 하나님의 사랑과 구원, 유지와 보존은 다양한 신정통치의 대리자들을 통해 실현되지만 결국 이상왕, 곧 다윗 왕의 이상적 후손인 메시아에 의해 완전히 실현될 것이라는 암시가 처음으로 등장한다. 다윗 왕조의 마지막 왕 여호야긴이 비우고 간 그 보좌가 비어 있는 상태로 역사는 전진한다. 이스라엘의 역사는 다윗의 후손 메시아가 왕으로 와서 앉을 때까지 공위(空位)시대가 될 것이며, 귀환포로 공동체는 이제 하나님께서 보내실 다윗의 후손이자 열방 가운데 이스라엘을 제사장 나라로 변화시킬 메시아를 학수고대하는 기다림의 공동체가 될 것이다.

넷째, 하나님은 이스라엘의 하나님이지만 동시에 온 열방의 하나님이다. 하나님은 가나안 토착종교가 다른 민족이나 인종의 종교이기 때문에 배척하시는 것이 아니다. 에스라서와 느헤미야서에서 배척되는 이방인 출신 아내들도 단지 그들이 외국인이기 때문에 축출된 것이 아니다. 여기에는 참과 거짓, 정의와 불의의 갈등이 개재되어 있다. 가나안 토착종교와 원주민이 하나님의 대적으로 간주되는 이유는 그것들이 하나님의 성품과 정반대되는 가치를 신봉하기 때문이다. 여호수아서와 사사기에서 진멸이나 배척의 대상이 되고 있는 가나안 종교와 가나안 토착부족들은, 야웨 하나님께서 새롭게 건설하시려는 이스라엘 백성의 사회와 공존할 수 없는 야만이요 죄악으로 규정된다. 왕과 지주, 지배자와 피지배자로 양극화된 가나안 사회는 부(富)를 신격화하는 바알종교를 신봉한다. 가나안 종교와 원주민들에 대한 여호수아서와 사사기의 배척은 이 두 가치관의 갈등을 반영할 뿐이다. 적어도 여호수아서와 사사기에 등장하는 가나안 토착종교는, 고아와 과부의 생존권을 돌보는 대신 지주와 고관대작들의 탐욕을 신성시하기에 악한 종교로 단죄당한다. 그래서 악한 가나안 일곱 부족 종교와 사회를 거룩하게 해체시키고 전복하여 정의의 젖과 공평의 꿀이 흐르는 공동체를 창조해 가려는 하나님의 분투가 역사서에서도 계속되는 것이다. 구약성경의 야웨 종교는 결코 외국인, 외국문화 일반에 대한 배척이나 대적을 정당화하거나 장려하지 않는다. 야웨 하나님은 이스라엘의 하나님이시지만 동시에 온 열방의 하나님이시기 때문이다.

마지막으로, 하나님의 구원사는 하나님과 심층적으로 영적인 교감과 감응을 나누는 의인들의 분투의 역사라는 것이다. 이 열두 권의 역사서는 하나님과 깊게 교감하고 감응한 사람들을 통한 하나님의 구원 사건으로 가득 차 있다. 새벽 일찍 일어나 기도하는 여호수아, 어린 시절부터 하나님의 법궤 아래서 하나님의 음성 듣기를 연습해 온 사무엘, 모든 진퇴와 판단의 기로에 설 때마다 새벽을 깨우며 기도하는 다윗, 야웨의 율법책을 발견하고 그 안에 담긴 저주의 말씀을 듣자 마음을 찢고 국가개혁에 돌입했던 히스기야와 요시야, 조국의 영적 파탄과 곤경을 보고 금식기도로 하나님께 매달렸던 에스라와 느헤미야, 전멸 위기에 빠진 민족을 위해 금식기도로 무장하며 중보의 제단을 쌓았던 모르드개와 에스더 등은 한결같이 하나님과 깊고 분명하게 의사소통할 줄 아는 영적 감수성과 감응능력으로 무장된 사람들이었다. 하나님의 분노, 슬픔, 기쁨 그리고 기대에 총체적으로 공감하는 신령한 감수성으로 무장된 인물들이 포진한 시대에는 반드시 이 열두 권의 역사서에 일어난 하나님의 구원사와 방불한 구원사가 펼쳐질 것이다. 결국 이 열두 권의 역사서를 읽고 나면 독자들은 바로 자신의 시대야말로 하나님의 구원사가 계속되어야 할 성스러운 순간임을 깨닫게 될 것이다.

유진 피터슨의 『메시지』 역사서는 독자들을 이야기 속 등장인물의 자리로 초청하는 문체로 다듬어져 있다. 우리가 『메시지』 역사서를 읽을 때 누릴 수 있는 유익을 몇 가지로 정리해 볼 수 있다. 첫째, 한 절 단위의 절 구분이 없기에 이야기의 맥락에 주목하면서 읽을 수 있다. 그러나 절 표시에 익숙한 한국 독자들을 위해 의미 단락별로 절 표시가 제시되어 있어서 설교 강단용 성경으로 사용될 여지를 남겨 두었다. 역사서 전체가 하나의 완결된 이야기이기에 아주 속도감 있게 읽힌다. 둘째, 아름답고 격조 높은 현대 한국어로 번역되어 성경 구원사 줄거리에 손쉽게 접근할 수 있다. 특히 역사서에 많이 나오는 도량형 단위가 한국 독자들에게 익숙한 단위로 표현되어 있어 잘 읽힌다(예를 들어, 열왕기상 10:14-15의 "솔로몬은 매년 조공으로 금 25톤을 받았다"). 족보, 성전 공사를 묘사하는 장면, 정부 관리들의 직분과 이름을 인용 단락 형식 안에 가지런히 정리한 편집은 가독성을 크게 높인다. 셋째, 본문 안에 등장하는 인물 간의 대화를 쉽게 식별하도록 편집함으로써 대화의 역동성과 긴장을 음미할 수 있도록 배려한다. 대화가 유난히 많은 역사서에서 『메시지』 성경의 장점이 유감없이 발휘되고 있다. 등장인물들 간에 오고 간 말들을 대화 분위기를 잘 살려 번역함으로써 독자가 본문에 몰입하도록 도와준다.

이런 유익에도 불구하고, 『메시지』 역사서는 아쉬움도 보인다. 우선, 예언이라고 번역되어야 할 다바르(말씀)를 '메시지'라고 번역하는 경우에서처럼

(스 1:1), 불필요할 정도로 『메시지』 성경의 특징을 부각시킨다. 그리고 지명과 인명 등의 번역에서 일관성이 아쉬운데, 이집트 왕 파라오는 '바로'라고 번역하는 데 비해 바벨론은 '바빌론'으로 번역한 점이다.

번역은 하나님의 말씀을 현대인의 가슴에 와 닿게 증거하는 예언자적 중개 사역이다. 번역자는 하나님의 말씀을 살아 있는 말씀, 가슴에 와 닿는 말씀으로 전달할 의무가 있는 예언자다. 하나님의 말씀은 변함이 없지만 사람과 시대는 바뀌기에 하나님의 말씀도 계속해서 번역되어야 하는 것은 맞다. 그러나 하나님의 말씀이 너무 낯설어져 버린 시대를 사는 현대인들의 일상 언어의 한계 또한 인정해야, 하나님의 심원한 말씀과 계시에 대한 목마름을 유지할 수 있을 것이다.

『메시지』 역사서는 오늘날의 독자들로 하여금 자신의 삶, 자신의 교회 공동체의 이야기를 장강대하처럼 흘러가는 하나님의 구원사라는 관점에서 보도록 초청하며, 아울러 우리가 누리는 구원이 불순종으로 상실될 수 있다는 경고도 잊지 않는다. 열두 권의 역사서에 등장하는 하나님의 동역자들처럼 독자들도 자신의 동시대에 전개되는 하나님의 구원 역사에 감응하고 응답하도록 초청받고 있다.

김회권 숭실대학교 기독교학과 교수

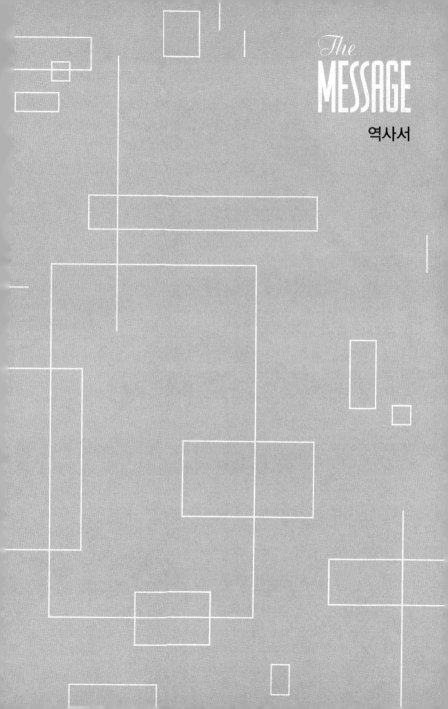

The MESSAGE

역사서

『역사서』 | 머리말

여호수아서부터 시작해 에스더서까지 이어지는 이 열두 권의 책은 흔히 '역사서'라 불린다. 그러나 그 사이에 일어난 일들을 기록한 '역사'라고만 할 수 없는 것이, 이는 무엇보다 사람이 하나님을 만나고 경험하는 일에 주목하는 역사이기 때문이다. 히브리 백성은 그들 내면과 주위에서 일어나는 일을 주시하고 거기에 전력으로 뛰어든 이들이었다. 그것은 하나님이 이 세상 안에, 또 그들의 공동체 안에, 그리고 그들 안에 살아 역사하시는 분이라는 그들의 믿음 때문이었다.

> **하나님**이 우리 하나님이십니다! 그분께서 우리 조상을 이집트의 종살이에서 이끌어 내셨습니다. 그분은 그 모든 위대한 기적을 우리가 보는 앞에서 행하셨습니다. 우리가 수없이 많은 길을 지나고 여러 나라를 통과하는 동안, 그분은 한순간도 우리에게서 눈을 떼지 않으셨습니다. 바로 우리를 위해 그분은 모든 민족, 곧 이 땅에 살던 아모리 사람과 모든 사람을 쫓아내셨습니다.
> 우리도 함께하겠습니다. 우리도 **하나님**을 예배하겠습니다. 그분만이 우리의 하나님이십니다(수 24:17-18).

그들은 살아 계신 하나님을 떠나서는 인생과 세상을 논할 수 없으며, 아무리 특별하고 신비한 체험이라도―일식(日蝕)이나 염소 간에 생긴 반점이나 땅틈에서 올라오는 증기 소리 같은 것들도―이야기의 중심이 될 수 없다고 여겼다. 하나님은 천문학적, 생리학적, 심리학적 현상으로 축소될 수 없는 분이셨다. 하나님은 살아 계셔서 언제 어디서나 그분의 뜻을 이루시는 분, 사람을 불러 일을 맡기시고, 믿음과 순종을 일깨우시고, 예배 공동체를 일구어 내시고, 자신의 사랑과 자비를 나타내시며, 죄를 심판하시는 분이셨다. 그런데 그분은 이 모든 일을 막연한 일반을 향해서가 아니라, 특정한 시간에 특정한 장소에서 특정한 이름을 가진 사람들과 더불어—곧 역사 속에서—행하셨다.

성경 안의 사람들에게 하나님은 철학자들이 토론하는 추상적 관념도, 제사장들이 다루는 괴이한 능력도 아니었다. 창조의 일부가 아닌 하나님은 사람의 연구대상, 관찰대상, 관리대상이 될 수 없는 존재이시다. 아울러 하나님은 '인격체'(person)이시다. 즉 이 시공간 속에서 우리가 섬기거나 반역할 수도, 믿거나 거부할 수도, 사랑하거나 미워할 수도 있는 존재이시다. 이 책들이 우리를 무수한 날짜와 사건과 인물과 상황들, 곧 역사 속에 빠뜨리는 이유도 거기에 있다. 하나님은 우리의 일상을 이루는 평범하고 비상한 사건들 속에서 우리를 만나신다. 성경 속 믿음의 조상들은 사람이 역사로부터 도피할 때, 시쳇말로 "머리 깎고 산에 들어갈 때" 하나님을 더 잘 만날 수 있다는 식의 생각을 해본 적이 없다. 그들에게 역사는 하나님께서 구원의 일을 행하실 때 사용하시는 매개물이었다. 렘브란트가 예술작품을 만들 때 물감과 캔버스를 매개물로 사용한 것처럼 말이다. 우리가 역사의 어지러운 판을 등진다고 해서 하나님께 더 가까이 가는 것은 결코 아니다.

이러한 철두철미한 역사의식이, 다시 말해, 존엄한 역사적 사명과 하나님의 역사 속 현존에 대한 의식이 히브리 백성의 말하는 방식과 글 쓰는 방식을 결정했다. 고대세계 일반과 달리 그들은 공상적인 이야기들을 만들어 내거나 즐기는 일에 관심이 없었다. 그들의 글들은 오락적이지도 설명적이지도 않았다. 그 글들은 다만 하나님께서 사람과 세상을 어떻게 대하시는지를 계시해 주었다. 하나님을 대하는, 또 하나님이 대하시는 구체적 인간 군상의 모습과 그 현실적 상황들을 이야기라는 틀에 담아 보여주었다.

하나님께 감사하여라! 그분의 이름을 소리쳐 불러라!

온 세상에 그분이 어떤 분이신지, 어떤 일을 하셨는지 알려라!
그분께 노래하여라! 그분을 위해 연주하여라!
그분께서 행하신 모든 놀라운 일을 방방곡곡에 전파하여라!
하나님을 찾는 이들아,
그분의 거룩한 이름을 한껏 즐거라. 환호성을 올려라!
하나님과 그분의 능력을 배우고
밤낮으로 그분의 임재를 구하여라.
그분께서 행하신 놀라운 일들,
그분 입에서 나온 기적과 심판을 기억하여라.
그분의 종 이스라엘의 자손들아!
그분께서 가장 아끼시는 야곱의 자녀들아!
그분은 하나님 곧 우리 하나님이시다.
그분의 심판과 판결은 어디든 미친다.
그분께서는 약속하신 바를 지키신다.
명령하신 그 언약,
아브라함과 맺으신 그 언약,
이삭에게 맹세하신 그 언약을 수천 대까지 지키신다.
그 언약을 야곱에게 대문짝만하게 적어 주셨다.
이스라엘과 이 영원한 언약을 맺으셨다.
"내가 너희에게 가나안 땅을 주노라.
유산으로 주노라.
별 볼 일 없는 너희,
한 줌 나그네에 불과한 너희에게."

그들은 이곳저곳을 방황했고,
이 나라 저 나라로 옮겨 다녔다.
그러나 그분께서는 누구도 그들을 괴롭히지 못하게 하셨고,
그들 편이 되어 폭군들에 맞서 주셨다.

"감히 내가 기름부은 이들을 건드리지 마라.
내 예언자들에게 손대지 마라."

만민들아, 만물들아, **하나님**께 노래하여라!
그분의 구원 소식을 날마다 전파하여라!
이방 민족들 가운데 그분의 영광을 선포하여라.
그분께서 행하신 놀라운 일들을 모든 종족과 종교 가운데 널리 알려라.
하나님께서 위대하시니! 찬양받으시기에 합당하시니!
어떤 신이 그분 영광에 이를 수 있으랴(대상 16:8-25).

사실, 히브리 사람에게 하나님과 무관한(secular) 역사란 있을 수 없었다. 그런 것은 애초에 없었다. 이 세상 모든 일은 다 하나님의 활동무대에서 일어나는 일이었다. 그들의 이야기 자체는 하나님에 대해 많은 말을 늘어놓고 있지 않기에, 자칫 우리는 그 모든 일 가운데 계시는 하나님의 보이지 않는, 말 없는 현존을 망각하기 쉽다. 그러나 그렇게 해서는 그 글들의 내용도, 그 형식도 제대로 이해할 수 없다. 그 이야기들 어디서도 하나님은 부재자나 주변인으로 머물지 않으신다. 히브리 사람이 그렇게 사람과 사건들에 주목한 이유는 오직 하나였다. 바로, 하나님을 향해 깨어 있기 위함이었다.

이는 현대를 사는 우리가 터득하기 어려운 사고방식이다. 우리는 하나님을 배제시킨 채 연구하고 글을 쓰는 역사가나 학자, 언론인들에게서 역사를 배우는 데 익숙해 있기 때문이다. 우리의 학교와 일간지와 텔레비전 방송국들은 그동안 우리를, 역사를 오직 정치와 경제, 이익추구와 환경적 조건의 관점에서만 읽도록 길들여 왔다. 그렇게 길들여진 이들에게 하나님은 그저 적당한 곳 어딘가에 끼워 넣으면 되는 무엇에 불과하다. 그러나 여호수아서에서 에스더서까지의 이 역사서들은 근본적으로 다르다. 이 책들은 하나님의 모든 역사 속에 우리 자신과 우리 주변의 모든 사람이 개입되는 그런 역사 읽기로 우리를 이끌어 간다.

여호수아 | 머리말

땅. 젖과 꿀이 흐르는 땅. 약속의 땅. 거룩한 땅. 가나안 땅. 그 땅! 모세의 뒤를 이어 이스라엘의 지도자가 된 여호수아가 요단 강가에 서 있다. 그 강 건너편 가나안 땅에 들어가 그곳을 차지하려는 것이다. 그곳은 유구한 역사의 거대한 문명들 사이에 낀 보잘것없는 지역이었다. 그곳에서 무언가 중요한 일이 일어나리라 생각했던 사람은 당대에 아무도 없었다. 그 협소한 지역은 이집트와 메소포타미아라는 두 위대한 문화권과 경제권 사이에 놓인 다리라는 점을 제외하면 하등의 중요성도 없었다. 그러나 이제 그곳은 인류의 종교사에서 중요한 곳이 될 것이었다. 아니. 그곳은 실로 앞선 모든 것과 주변 모든 것을 압도하는 곳이 될 것이었다.

이스라엘 백성은 거의 오백 년 동안을 땅 없이 살았다. 그들의 '조상'인 아브라함, 이삭, 야곱 그리고 그의 열두 아들은 모두 가나안 땅을 떠도는 유목민이었다. 그들 이후, 이스라엘 백성은 장구한 세월 동안(사백 년 넘도록!) 이집트에서 종으로 살았고, 그러다 모세의 인도로 기적적인 해방을 맞아 자유민이 되었으며, 하나님의 인도와 축복 아래 사십 년간 자유민 수업과 훈련을 받았다.

여호수아서를 열 때 우리가 만나는 그들, 그날 요단에 진 친 그 무리는, 천 년의 절반에 가까운 시간을 종으로 살아온 사람들이었다. 불과 얼마 전에야 자유의 몸이 된 초라한 행색의 유랑민이었다. 땅 한 평 가질 수 없는 종이 땅을 소유한 자유민이 되는 일은 실로 엄청난 변화였다. 그런 변화를 이끌며 여호수아는 그 땅을 정복했고(1-12장), 그 땅을 열두 지파에게 분배했으며(13-22장), 그 백성을 그 땅과, 그 땅을 선물로 주신 하나님과 묶어 주는 엄숙한 언약-증거 의식으로 대장정을 마무리했다(23-24장). 그들은 오직 하나님만 예배하는 백성이 되겠다고 서약했다.

여호수아서를 신성한 이야기로 받아들이는 데 있어 현대 독자 대부분에게 가장 큰 걸림돌은 이른바 '거룩한 전쟁'(holy war)이라 불리는 군사행동이다. 내가 '거룩한 저주'(holy curse)라고 번역한 그것은 정복한 성읍의 주민을 모조리 죽이고, 짐승이든 물건이든 그 안의 모든 것을 완전히 파괴해 버리는 행위를 말한다. 대학살, 대대적인 파괴행위다. 이 책에서는 "하나도 살려 두어서는 안된다"는 말이 후렴구처럼 반복해서 등장한다. 흔히 우리는 지금 우리 시대의 시각에 입각해 "어찌 이렇게 잔혹할 수가!"라고 말한다. 그러나 우리가 주전 13세기로 돌아가 본다면 아마 다른 시각을 갖게 될 것이다. 당시 가나안 문화는 아이 희생제(child sacrifice)나 사원 매춘(sacred prostitution)으로 얼룩져 있었다. 신(들)을 움직여 득을 볼 요량으로 사회에서 가장 죄 없고 힘없는 이들(어린아이와 처녀들)을 잔인무도하게 희생시키는 야만적 관행들이 횡행하는 사악한 뱀 우리 같은 곳이 바로 가나안이었다.

모세의 리더십과 가르침을 이어받아 여호수아서가 펼쳐 보이는 이 구원 이야기 역시 특정 장소들에 뿌리박고 특정 사람들과 결합되어 있다. 그래서 수백 개도 넘는 구체적 지명, 명칭, 이름들이 등장한다. 이 이야기에서는 우리가 흔히 종교의 중심 주제라고 여기는 것들─관념, 진리, 기도, 약속, 신조─이 특정 인물이나 실제 장소와 분리되어 별개로 제시되는 법이 결코 없다. 성경이 제시하는 종교에는 구체적 인물이나 장소와 동떨어진 '위대한 사상'이니 '숭고한 진리'니 '영감을 주는 생각'이니 하는 것들이 설 자리가 없다. 우리를 향한 하나님의 크신 사랑과 목적은 언제나 혼란, 위기와 죄, 파탄, 일상적 노동, 평범한 꿈 같은 것들을 통해 이루어진다. 하나님은 언제나 우리의 이상적인 모습이 아니라 있는 모습 그대로를 사용해 일하신다. 그분은 여호수아에게(그리고 우리에게!) 다음과 같이 말씀하신다. "힘을 내어라! 용기를 내어라! 겁내지 마라. 낙심하지 마라. 하나님 네 하나님이 네가 내딛는 모든 걸음마다 함께할 것이다"(수 1:9).

하나님을 현실 곧 어려운 세상살이에서 벗어날 도피처로 삼기 좋아하는 이들은 이런 방식이 그다지 마음에 들지 않을 것이다. 그러나 현실도피가 아니라 현실을 추구하는 이들에게 이런 식으로 전개되는 하나님의 구원 이야기, 곧 불같은 의지와 믿음으로 여호수아가 자기 백성을 위해 땅을 정복해 나가는 이야기, 비상하리만치 신중하게 모든 지파와 집안들의 이름을 하나하나 불러 가며 그들에게 제 몫을 할당해 주는 이야기는, 실로 좋은 소식이다. 여호수아서는 현실에 뿌리박은 삶을 위한 확고한 토대가 되어 주는 책이다.

여호수아

1 **¹⁻⁹ 하나님**의 종 모세가 죽은 뒤에 **하나님**께서 모세를 보좌하던 여호수아에게 말씀하셨다.

"내 종 모세가 죽었으니, 가거라. 너는 모든 백성과 함께 이 요단 강을 건너, 내가 이스라엘 백성에게 주려는 땅으로 가거라. 모세에게 약속한 대로, 내가 너희 발로 밟는 땅을 한 구석도 **빠짐없이** 너희에게 모두 주겠다. 광야와 이 레바논에서부터 동쪽으로 큰 강 유프라테스에 이르는 헷 사람의 온 땅과, 서쪽으로 큰 바다까지 모두 너희 것이다. 네 평생에 너를 당해 낼 자가 아무도 없을 것이다. 내가 모세와 함께했던 것같이 너와 함께할 것이다. 나는 너를 포기하지 않으며 너를 떠나지 않겠다. 힘을 내어라! 용기를 내어라! 너는 이 백성을 인도하여 내가 그들의 조상에게 주기로 약속한 땅을 유산으로 받게 할 것이다. 네 마음과 뜻을 다하여라. 모세가 너에게 명령한 계시를 하나도 **빠짐없이** 그대로 행하여라. 왼쪽으로나 오른쪽으로나 길을 벗어나지 마라. 그러면 틀림없이 네가 가려는 곳에 이르게 될 것이다. 또 이 계시의 책이 잠시도 네 마음에서 떠나지 않게 하여라. 밤낮으로 그것을 묵상하고 마음에 새겨, 거기 기록된 대로 반드시 모두 행하여라. 그러면 네가 이르려는 곳에 이르게 될 것이고, 네가 뜻한 바를 이루게 될 것이다. 내가 네게 명령하지 않았느냐? 힘을 내어라! 용기를 내어라! 겁내지 마라. 낙심하지 마라. **하나님** 네 하나님이 네가 내딛는 모든 걸음마다 함께할 것이다."

땅을 차지할 것이다

10-11 그리하여 여호수아는 백성의 지도자들에게 명령했다. "진을 두루 다니며 백성에게 이렇게 명령하십시오. '짐을 꾸리십시오. 사흘 후에 여러분은 이 요단 강을 건너서 **하나님** 여러분의 하나님께서 여러분 소유로 주시는 땅에 들어가, 그 땅을 차지하게 될 것입니다.'"

12-15 또 여호수아는 르우벤 지파와 갓 지파와 므낫세 반쪽 지파에게 이렇게 말했다. "**하나님**의 종 모세가 여러분에게 명령한 것을 잊지 마십시오. **하나님** 여러분의 하나님은 여러분에게 쉴을 주시고 이 땅을 주시는 분입니다. 여러분의 아내와 자녀와 가축들은 모세가 여러분에게 준 땅인 여기 요단 강 동쪽에 남아도 좋습니다. 하지만 강한 군사인 여러분 모두는 형제들의 선두에 서서 전투대형으로 강을 건너, **하나님** 여러분의 하나님께서 여러분에게 주신 것처럼 여러분의 형제들에게도 쉴 곳을 주실 때까지 그들을 도와야 합니다. 그들도 **하나님** 여러분의 하나님이 주시는 땅을 얻게 될 것입니다. 그 후에야 여러분은 하나님의 종 모세가 여러분에게 준 요단 강 건너편 동쪽 여러분의 소유지로 자유롭게 돌아오게 될 것입니다."

16-18 그들이 여호수아에게 대답했다. "명령하신 대로 우리가 다 행하겠습니다. 당신이 어디로 보내든지 우리는 가겠습니다. 모세에게 충실하게 순종한 것처럼 당신에게도 순종하겠습니다. 오직 **하나님** 당신의 하나님께서 모세와 함께 계셨던 것처럼, 당신과 함께 계시기를 빕니다. 누구든지 당신의 말에 이의를 달거나 당신의 명령에 순종하지 않는 사람은 죽임을 당할 것입니다. 힘을 내십시오! 용기를 내십시오!"

라합

2 ¹ 눈의 아들 여호수아가 싯딤에서 정탐꾼 두 사람을 몰래 보내며 말했다. "가서 그 땅을 둘러보고, 여리고를 잘 살펴보시오." 그들이 길을 떠나 라합이라는 창녀의 집에 이르러 그곳에서 묵었다.

² 여리고 왕에게 보고가 들어갔다. "지금 막 들어온 소식입니다. 이 땅을 정탐하려고 이 밤에 사람들이 들어왔습니다. 이스라엘 백성 가운데서 왔다고 합니다."

³ 여리고 왕이 라합에게 전갈을 보냈다. "너희 집에 묵으려고 온 사람들을 내놓아라. 그들은 정탐꾼들이다. 이 온 땅을 정탐하러 온 자들이다."

⁴⁻⁷ 그러나 그 여인은 두 사람을 데려다가 숨겨 두고 이렇게 말했다. "맞습니다. 두 사람이 저에게 오기는 했지만, 저는 그들이 어디서 왔는지 몰랐습니다. 어두워져서 성문이 닫힐 무렵에 그 자들이 떠났는데, 어디로 갔는지는 모르겠습니다. 서두르십시오! 쫓아가면 잡을 수 있을 것입니다!" (그러나 그때는 라합이 두 사람을 지붕으로 데리고 올라가, 지붕 위에 널어놓은 아마 단 밑에 숨겨 둔 뒤였다.) 그들을 뒤쫓던 사람들은 요단 길을 따라 여울목 쪽으로 향했다. 그들이 나가자마자 성문이 닫혔다.

⁸⁻¹¹ 그 밤에 정탐꾼들이 잠자리에 들기 전, 라합이 지붕 위에 있는 그들에게 올라가서 말했다. "나는 **하나님**께서 당신들에게 이 땅을 주신 것을 압니다. 우리 모두가 두려워 떨고 있고, 이 땅의 모든 사람이 절망에 빠져 있습니다. 당신들이 이집트를 떠날 때 **하나님**께서 당신들 앞에서 어떻게 홍해 물을 마르게 하셨는지, 당신들이 거룩한 저주 아래 두어 멸망시킨 요단 동쪽 아모리 사람의 두 왕 시혼과 옥에게 그분께서 어떻게 행하셨는지 우리가 들었습니다. 그 말을 듣고서 다들 가슴이 철렁 내려앉아 숨이 멎는 줄 알았습니다. 모두가 당신들 때문입니다. 당신들과, 위로 하늘의 하나님이시며 아래로 땅의 하나님이신 **하나님** 당신들의 하나님 때문입니다.

¹²⁻¹³ 이제 **하나님**의 이름으로 나에게 약속해 주십시오. 내가 당신들에게 자비를 베풀었으니, 당신들도 우리 집에 자비를 베풀어 주십시오. 내 부모와 형제를 비롯해서 우리 집과 관계된 사람들을 모두 살려 주겠다는 보증으로, 눈에 보이는 증거물을 주십시오. 우리 목숨을 죽음에서 건져 주십시오!"

¹⁴ "우리가 목숨을 걸고 당신들을 지키겠소!" 그 사람들이 말했다. "다만, 이 일을 아무에게도 말하지 마시오. 그러면 **하나님**께서 이 땅을 우리에게 넘겨주실 때, 우리가 신의를 지키고 자비를 베풀어 당신들에게 도리를 다할 것이오."

¹⁵⁻¹⁶ 라합의 집이 바깥쪽 성벽 위에 있었으므로, 라합은 그들을 창문에서 줄로 달아 내렸다. 그리고 그들에게 말했다. "뒤쫓는 사람들의 눈에 띄지 않도록 산으로 달아나세요. 사흘 동안 숨어 있으면 뒤쫓던 사람들이 돌아갈 겁니다. 그때 길을 떠나십시오."

¹⁷⁻²⁰ 그 사람들이 대답했다. "우리가 당신과 맺은 맹세를 지키게 하려면 이렇게 하시오. 우리를 달아 내렸던 창문 밖으로 이 붉은 줄을 걸어 놓고 당신의 부모와 형제 온 가족이 당신 집에 모여 있으시오. 누구든지 당신 집 문을 나서서 길로 나갔다가 목숨을 잃으면 그것은 그 사람 잘못이지 우리 책임이 아닙니다. 그러나 집 안에 있는 사람들에 대해서는 전적으로 우리가 책임지겠소. 누가 그들 중 하나에게라도 손을 대면 그것은 우리 잘못입니다. 다만, 당신이 우리의 일을 아무에게라도 말하면 당신과 맺은 이 맹세는 무효입니다. 우리는 더 이상 책임이 없습니다."

²¹ 라합은 "그 말대로 하겠습니다" 하고는, 그들을 보냈다. 그들이 떠나자 라합은 창문 밖으로 붉은 줄을 내걸었다.

²² 그들은 산으로 가서, 뒤쫓는 사람들이 돌아갈 때까지 사흘 동안 거기 머물렀다. 뒤쫓는 사람들은 이곳저곳을 샅샅이 뒤졌으나 아무것도 찾지 못했다.

²³⁻²⁴ 그들이 돌아갔다. 두 사람은 산에서 내려와 강을 건너, 눈의 아들 여호수아에게 돌아가서 자신들이 겪은 일을 빠짐없이 보고했다. "**하나님**께서 온 땅을 우리에게 주셨습니다! 그곳 사람들 모두가 우리 때문에 겁에 질려 있습니다."

요단 강을 건너다

3 ¹⁻⁴ 여호수아는 일찍 일어나, 온 이스라엘 백성과 함께 싯딤을 떠나 요단 강에 이르렀다. 그는 강을 건너기 전에 그곳에 진을 쳤다. 사흘 후에, 지도자들이 진을 두루 다니며 백성에게 명령을 내렸다. "레위 제사장들이 **하나님** 여러분의 하나님의 언약궤를 메는 것을 보거든, 여러분이 머물던 자리를 떠나 그 궤를 따라나서십시오. 여러분과 언약궤 사이는 900미터 정도 간격을 두어야 합니다. 반드시 그 거리를 유지해야 합니다! 그러면 갈 길이 분명히 보일 것입니다. 이 길은 여러분이 한 번도 가 본 적이 없는 길입니다."

⁵ 여호수아가 백성에게 말했다. "여러분 자신을 정결하게 하십시오. 내일 하나님께서 여러분 가운데서 놀라운 기적을 행하실 것입니다."

⁶ 여호수아가 제사장들에게 지시했다. "언약궤를 메고 백성보다 앞서 가십시오." 그래서 제사장들은 언약궤를 메고 백성보다 앞서 나아갔다.

⁷⁻⁸ **하나님**께서 여호수아에게 말씀하셨다. "바로 오늘부터 내가 온 이스라엘이 보는 앞에서 너를 높일 것이다. 내가 모세와 함께 있었던 것처럼 너와 함께 있다는 것을 그들이 직접 보게 될 것이다. 너는 언약궤를 멘 제사장들에게, 요단 강 물가에 이르거든 거기 강둑에 서 있으라고 명령하여라."

⁹⁻¹³ 여호수아는 이스라엘 백성에게 말했다. "주목하십시오! **하나님** 여러분의 하나님께서 하시는 말씀을 들으십시오. 하나님께서 여러분 가운데 살아 계심을 여러분이 이제 알게 될 것입니다. 그분께서 가나안 사람, 헷 사람, 히위 사람, 브리스 사람, 기르가스 사람, 아모리 사람, 여부스 사람을 여러분 앞에서 완전히 쫓아내실 것입니다. 여러분 앞에 있는 것을 보십시오. 언약궤입니다. 생각해 보십시오. 온 땅의 주께서 여러분이 보는 앞에서 요단 강을 건너실 것입니다. 이제 이스라엘 지파 중에서 지파별로 한 명씩 열두 사람을 뽑으십시오. 온 땅의 주이신 **하나님**의 언약궤를 멘 제사장들의 발이 요단 강 물에 닿는 순간, 흘러내리던 물이 멈출 것입니다. 위에서부터 흘러내리던 물이 가득 고일 것입니다."

¹⁴⁻¹⁶ 정말 그대로 되었다. 언약궤를 멘 제사장들이 앞장선 가운데 백성은 요단 강을 건너기 위해 장막을 떠났다. 제사장들이 요단 강에 이르러 그 발이 물가에 닿자(요단 강은 추수철이면 내내 강둑에 물이 넘쳤다) 흘러내리던 물이 멈췄다. 멀리 사르단 근처의 아담에 물이 가득 고인 것이다. 저만치 아라바 바다(소금 바다)까지 강이 말랐다. 그래서 백성은 여리고 쪽으로 건너갔다.

¹⁷ 온 이스라엘이 마른 땅을 밟고 요단 강을 건너는 동안, 언약궤를 멘 제사장들은 강 한가운데 마른 땅을 굳게 딛고 서 있었다. 마침내 온 이스라엘 민족이 발 하나 젖지 않은 채 요단 강을 건넜다.

4 1-3 마침내 온 백성이 강을 건너자, **하나님**께서 여호수아에게 말씀하셨다. "백성 중에서 지파별로 한 명씩 열두 사람을 뽑아, 그들에게 '바로 여기, 제사장들의 발이 굳게 섰던 요단 강 한가운데서 돌 열두 개를 취하십시오. 그 돌들을 가져다가 오늘 밤 여러분이 진을 칠 곳에 두십시오' 하고 말하여라."

4-7 여호수아는 자신이 이스라엘 백성 중에서 지파별로 한 명씩 뽑은 열두 사람을 불러 지시했다. "요단 강 한가운데로 가서 **하나님** 여러분의 하나님의 언약궤 앞에 서십시오. 각자 돌 하나씩을 들어 어깨에 메십시오. 이스라엘 백성 각 지파마다 돌 하나씩입니다. 그 돌들은 훗날 이 일에 대한 기념물이 될 것입니다. 여러분의 자손이 '이 돌들은 무엇입니까?' 하고 묻거든, 여러분은 '**하나님**의 언약궤가 요단 강을 건널 때 강물이 그 궤 앞에서 멈췄다. 궤가 다 건널 때까지 줄곧 멈춰 있었다. 이 돌들은 이스라엘 백성을 위한 영원한 기념물이다'라고 말해 주십시오."

8-9 이스라엘 백성은 여호수아가 명령한 대로 행했다. 요단 강 한가운데서 돌 열두 개를—**하나님**께서 여호수아에게 지시하신 대로 열두 지파가 돌 하나씩을—취하여 그것을 메고 진으로 돌아와 진 안에 두었다. 여호수아는 언약궤를 멘 제사장들이 서 있던 요단 강 한가운데서 가져온 열두 돌을 세웠다. 그 돌들은 오늘까지 그곳에 있다.

10-11 언약궤를 멘 제사장들은 하나님께서 여호수아에게 지시하여 백성에게 행하게 한 일이 다 이루어질 때까지(이로써 일찍이 모세가 여호수아에게 지시한 일이 이루어졌다) 계속해서 요단 강 한가운데 서 있었다. 백성은 한 사람도 망설이지 않고 모두가 강을 건넜다. 강을 다 건너고 나서 온 백성은 언약궤와 제사장들이 건너오는 모습을 지켜보았다.

12-13 르우벤 지파와 갓 지파와 므낫세 반쪽 지파는 모세가 지시한 대로, 이스라엘 백성 앞에서 전투대형으로 건너갔다. 모두 약 사만 명의 무장한 군사들이 전투태세를 갖추고 **하나님** 앞에서 여리고 평지로 건너갔다.

14 **하나님**께서는 그날 온 이스라엘 백성이 보는 앞에서 여호수아를 높여 주셨다. 그리하여 이스라엘은 모세가 살아 있는 동안 모세를 두려워했듯이 여

호수아를 두려워하게 되었다.

15-16 **하나님**께서 여호수아에게 말씀하셨다. "증거궤를 멘 제사장들에게 명령하여 요단 강에서 올라오게 하여라."

17 여호수아는 제사장들에게 "요단 강에서 올라오십시오" 하고 명령했다.

18 제사장들이 그대로 행했다. 그들은 **하나님**의 언약궤를 메고 요단 강 한가운데서 올라왔다. 제사장들의 발이 마른 땅에 닿자마자, 요단 강 물이 전처럼 둑 안으로 다시 흐르기 시작했다.

19-22 백성은 첫째 달 십일에 요단 강에서 올라와, 여리고 동쪽 길갈(동그라미)에 진을 쳤다. 여호수아는 요단 강에서 가져온 돌 열두 개를 길갈에 기념물로 세웠다. 그러고 나서 이스라엘 백성에게 말했다. "훗날 여러분의 자손이 그 아버지에게 '이 돌들은 대체 무엇입니까?' 하고 묻거든, 여러분은 '이스라엘이 마른 땅을 밟고 이 요단 강을 건넜다' 하고 말해 주십시오.

23-24 그렇습니다. **하나님** 여러분의 하나님께서 여러분이 강을 다 건널 때까지 요단 강 물을 마르게 하셨습니다. 전에 **하나님** 여러분의 하나님께서 우리가 홍해를 다 건널 때까지 우리 앞에서 홍해를 마르게 하셨던 것처럼 말입니다. 그렇게 하신 것은 땅의 모든 사람이 **하나님**의 구원하시는 손이 얼마나 강한지 알도록 하고, 여러분이 항상 **하나님**을 경외하도록 하려는 것입니다."

5 **1** 이스라엘 백성이 강을 다 건널 때까지 **하나님**께서 그들 앞에서 요단 강을 멈추게 하셨다는 소식을 듣고, 요단 강 서쪽의 모든 아모리 사람의 왕들과 바닷가 가나안 사람의 왕들의 마음이 무너져 내렸다. 이스라엘 백성을 생각만 해도 그들은 간담이 서늘해졌다.

2-3 그때 **하나님**께서 여호수아에게 말씀하셨다. "돌칼을 만들어 이스라엘 백성에게 다시 할례를 행하여라." 여호수아는 돌칼을 만들어 할례 산에서 이스라엘 백성에게 할례를 행했다.

4-7 여호수아가 할례를 행한 까닭은 이러하다. 이집트를 떠난 백성 가운데 남자, 곧 모든 군사는 이집트를 나오는 여정 중에 광야에서 죽었다. 이집트에서 나온 사람들은 물론 다 할례를 받았으나, 이집트를 떠난 뒤로 광야 길에서 태어난 사람들은 할례를 받지 못했다. 사실 이스라엘 백성은 민족 전체가 죽기까지, 곧 이집트에서 나올 때에 군대 징집 연령에 해당하던 남자들이 하나님의 부르심에 불순종하여 모두 죽기까지 사십 년 동안 광야를 헤맸다. 하나님께서는 친히 우리에게 주시겠다고 우리 조상에게 엄숙히 약속하신 그 땅, 곧 젖과 꿀이 흐르는 땅을 그들이 절대로 보지 못할 것이라고 맹세하셨다. 결국 그 자손들이 그들을 대신했는데, 여호수아가 할례를 행한 사람들이 바로 그들이었다. 그들이 지금까지 할례를 받지 못한 것은, 광야 길에서 아무도 할례를 행하지 않았기 때문이다.

8 온 백성의 할례가 끝나자, 그들은 다 나을 때까지 진을 친 곳에 그대로 머물렀다.

9 하나님께서 여호수아에게 말씀하셨다. "내가 오늘 너희가 이집트에서 겪은 치욕을 없애 버렸다." 그래서 그곳은 오늘까지 길갈이라고 불린다.

❧

10 이스라엘 백성은 계속해서 길갈에 진을 쳤다. 그들은 그달 십사일 저녁에 여리고 평지에서 유월절을 지켰다.

11-12 유월절 바로 다음 날부터 그들은 그 땅의 열매, 곧 누룩을 넣지 않은 빵과 볶은 곡식을 먹기 시작했다. 그러자 만나가 더 이상 내리지 않았다. 만나가 완전히 그친 것이다. 이스라엘 백성이 그 땅에서 난 음식을 먹기 시작하자, 그들에게 더 이상 만나가 주어지지 않았다. 그해에 그들은 가나안 땅에서 난 곡식을 먹었다.

❧

13 그리고 이 일이 있었다. 여호수아가 여리고 근처에 이르렀을 때다. 그가 눈을 들어 보니, 바로 앞에 어떤 사람이 칼을 뽑아 들고 서 있었다. 여호수아

가 그에게 다가가서 물었다. "너는 어느 편이냐? 우리 편이냐, 우리 원수의 편이냐?"

14 그가 말했다. "어느 편도 아니다. 나는 **하나님**의 군대 사령관으로, 이제 막 도착했다." 여호수아가 땅에 엎드려 경배한 다음, 그에게 물었다. "내 주께서 이 종에게 내리실 명령이 무엇입니까?"

15 **하나님**의 군대 사령관이 여호수아에게 명령했다. "네 발에서 신을 벗어라. 네가 서 있는 곳은 거룩한 곳이다."

여호수아가 그대로 행했다.

여리고 성 점령

6 ¹ 여리고는 이스라엘 백성 때문에 철통같이 닫혀 있었다. 들어가는 사람도 나오는 사람도 없었다.

2-5 **하나님**께서 여호수아에게 말씀하셨다. "잘 들어라. 내가 여리고를 그 왕과 정예부대와 함께 이미 너에게 넘겨주었으니, 너는 이렇게 하여라. 너희 모든 군사들은 그 성 둘레를 따라 행진하여라. 성을 한 바퀴씩 돌되, 육 일 동안 반복해서 돌아라. 제사장 일곱 명이 언약궤 앞에서 숫양 뿔나팔 일곱 개를 들고 가게 하여라. 칠 일째 되는 날에는 제사장들이 나팔을 부는 동안 성을 일곱 바퀴 돌아라. 후에 숫양 뿔을 길게 부는 소리가 들리거든 온 백성이 힘껏 소리를 질러야 한다. 그러면 성벽이 곧바로 무너질 것이다. 그때 백성이 일제히 진격하여 들어가라."

⁶ 눈의 아들 여호수아가 제사장들을 불러 말했다. "언약궤를 메십시오. 그리고 일곱 제사장은 숫양 뿔나팔 일곱 개를 들고 하나님의 궤 앞에 서십시오."

⁷ 그가 또 백성에게 말했다. "출발하십시오! 성 둘레를 따라 행진하십시오. 무장한 호위대는 **하나님**의 궤 앞에서 행진하십시오."

8-9 그러자 백성이 그대로 행했다. 여호수아가 명령하자, 백성이 움직였다. 일곱 제사장은 숫양 뿔나팔 일곱 개를 들고 **하나님** 앞에서 출발했다. 그들은 **하나님**의 언약궤 앞에 서서 나팔을 불었다. 무장한 호위대가 나팔을 부는 제사장들 앞에서 행진했고, 후방 호위대는 나팔을 불며 행진하는 제사장들 뒤

에서 행진했다.

¹⁰ 여호수아가 백성에게 명령했다. "소리치지 말고, 말도 하지 마십시오. 내가 '외치라!'고 할 때까지는 속닥거리지도 마십시오. 외치라는 명령이 들릴 때에 힘껏 외치십시오!"

¹¹⁻¹³ 여호수아는 하나님의 궤를 보내어 성 둘레를 돌게 했다. 궤는 성을 한 바퀴 돌고서 진으로 돌아와 진 안에서 밤을 보냈다. 여호수아는 이튿날 아침 일찍 일어났고 제사장들은 하나님의 궤를 멨다. 제사장 일곱 명이 숫양 뿔나팔 일곱 개를 들고 하나님의 궤 앞에서 행진했다. 그들이 나팔을 불며 행진하는 동안, 무장한 호위대가 앞에서 행진했고 후방 호위대는 뒤에서 행진했다. 이렇게 그들은 나팔을 불며 행진했다!

¹⁴ 둘째 날에 그들은 다시 성을 한 바퀴 돌고 진으로 돌아왔다. 육 일 동안 그렇게 했다.

¹⁵⁻¹⁷ 일곱째 날, 그들은 아침 일찍 일어나 성 둘레를 똑같은 방식으로 행진하되 그날만은 일곱 바퀴를 돌았다. 일곱 바퀴째 돌 때에, 제사장들이 나팔을 불자 여호수아가 백성에게 신호를 보냈다. "외치십시오! 하나님께서 이 성을 여러분에게 주셨습니다. 이 성과 그 안에 있는 모든 것은 거룩한 저주를 받아 하나님께 바쳐졌습니다.

다만 창녀 라합만은 예외입니다. 라합과 그 집에 있는 모든 사람은 우리가 보낸 정탐꾼들을 숨겨 주었으므로, 살려 두어야 합니다.

¹⁸⁻¹⁹ 거룩한 저주를 받은 이 성에서 여러분은 행동에 주의하십시오. 성 안에 있는 물건을 탐내지 마십시오. 저주받은 것을 취함으로써, 그 저주로 이스라엘 진을 위험에 빠뜨리고 모든 사람을 괴롭게 하는 일이 없도록 조심하십시오. 모든 은과 금, 동과 철로 만든 그릇은 하나님께 거룩한 것이니, 그것들은 하나님의 보물 보관소에 두십시오."

²⁰ 제사장들이 나팔을 불었다.

백성이 나팔소리를 듣고 우레처럼 큰소리로 외치자, 성벽이 곧바로 무너져 내렸다. 백성은 곧장 성 안으로 달려 들어가 그 성을 차지했다.

²¹ 그들은 성 안의 모든 것을 거룩한 저주 아래 두어, 남녀노소와 소와 양과

나귀를 가리지 않고 죽였다.

²²⁻²⁴ 여호수아는 전에 그 땅을 정탐했던 두 사람에게 명령했다. "그대들이 약속한 대로 그 창녀의 집에 들어가, 그녀뿐 아니라 그녀와 관계된 사람들을 모두 구하시오." 젊은 정탐꾼들이 들어가서 라합과 그 부모와 형제, 곧 그녀와 관계된 사람들을 모두 데리고 나왔다. 온 가족을 데리고 나와서 이스라엘 진 밖의 한곳에 있게 했다. 그리고 성과 그 안에 있는 모든 것을 불살라 버렸다. 그러나 금과 은, 동과 철로 만든 그릇은 예외여서, 그것은 모두 **하나님**의 집 보물 보관소에 두었다.

²⁵ 여호수아는 창녀 라합만은 살려 주었다. 곧 라합과 그녀의 아버지 집안과 그녀와 관계된 모든 사람을 살려 준 것이다. 라합이 오늘까지 이스라엘 가운데 살아 있는데, 그것은 여호수아가 여리고를 정탐하도록 보낸 정탐꾼들을 그녀가 숨겨 주었기 때문이다.

²⁶ 그때 여호수아가 엄숙히 맹세했다.

이 여리고 성을 다시 세우려는 사람은
하나님 앞에 저주를 받을 것이다.
기초를 쌓으면 맏아들을 잃고
문짝을 달면 막내아들을 잃을 것이다.

²⁷ **하나님**께서 여호수아와 함께 계셨으므로, 그는 온 땅에 널리 알려졌다.

아간의 범죄

7 ¹ 그때에 이스라엘 백성이 거룩한 저주를 어기는 일이 일어났다. 유다 지파 세라의 증손이요 삽디의 손자요 갈미의 아들인 아간이, 저주받은 물건 가운데 일부를 취한 것이다. **하나님**께서 이스라엘 백성에게 진노하셨다.

² 여호수아가 여리고에서 베델 동쪽의 벳아웬 근처에 있는 아이(폐허)로 사람

들을 보냈다. 그들에게 "올라가서 그 땅을 정탐하시오" 하고 지시하니, 그 사람들이 올라가서 아이를 정탐했다.

3 그들이 여호수아에게 돌아와 보고했다. "굳이 많은 백성을 보내지 않아도 되겠습니다. 이삼천 명이면 충분히 아이를 물리칠 수 있습니다. 군대를 모두 동원하여 지치게 할 필요가 없습니다. 그곳 사람의 수가 얼마 되지 않습니다."

4-5 그리하여 백성 가운데 삼천 명이 그곳으로 올라갔다. 그러나 그들은 도리어 아이 사람들에게 패하여 도망쳐 왔다! 아이 사람들이 성문에서 채석장까지, 또 거기서 내리막길을 따라 쫓아오면서 이스라엘 사람 서른여섯 명을 죽였다. 백성은 마음이 무너져 내렸고 기운을 다 잃고 말았다.

6 여호수아가 옷을 찢고 하나님의 궤 앞에서 얼굴을 땅에 대고 엎드렸다. 그와 지도자들은 머리 위에 먼지를 뒤집어쓰고 저녁때까지 엎드려 있었다.

7-9 여호수아가 말했다. "오 주 하나님, 어찌하여 이 백성을 요단 강 건너편으로 데려오셨습니까? 아모리 사람의 희생물이 되게 하시려는 것입니까? 우리를 없애 버리시려는 것입니까? 차라리 요단 강 동쪽에 정착할 것을 그랬습니다. 오 주님, 이스라엘이 적에게 패하여 도망쳤으니, 이제 제가 무슨 말을 할 수 있겠습니까? 가나안 사람과 이곳에 사는 다른 모든 사람이 이 소식을 들으면, 떼를 지어 몰려와서 순식간에 우리를 해치울 것입니다. 그렇게 되면 주님의 명성은 어떻게 지키시렵니까?"

10-12 하나님께서 여호수아에게 말씀하셨다. "일어나거라. 어찌하여 엎드려 있느냐? 이스라엘이 죄를 지었다. 그들이 내가 지키라고 명령한 언약을 어기고 내가 금지한 전리품을 취했다. 또한 그것을 훔치고서는 자기가 한 짓을 은폐하려고 그 훔친 것을 자기네 살림과 함께 감추어 두었다. 이스라엘 백성은 더 이상 원수를 똑바로 쳐다볼 수 없게 되었다. 그들 자신이 전리품이 되고 말았다. 저주받은 물건을 너희 중에서 없애지 않으면, 나는 너희와 함께 있지 않을 것이다.

13 어서 시작하여라. 백성을 정결하게 하여라. 그들에게 자신을 정결하게 하여 내일을 준비하라고 일러 주어라. 하나님 이스라엘의 하나님이 말한다. 진 안에 저주받은 물건이 있다. 그 저주받은 물건을 없애기 전에는 너희가 적과

맞설 수 없다.

14-15 아침 일찍 너희는 지파별로 나오너라. **하나님**이 지명하는 지파는 가문별로 나오고, **하나님**이 지명하는 가문은 가족별로 나오고, **하나님**이 지명하는 가족은 장정별로 나오너라. 저주받은 물건을 가진 것으로 밝혀지는 사람은 그의 모든 소유와 함께 불태워 버려라. 그가 **하나님**의 언약을 어기고 이스라엘 가운데서 비열한 짓을 저질렀기 때문이다."

16-18 여호수아가 새벽같이 일어나서 이스라엘을 지파별로 불렀다. 그 가운데서 유다 지파가 뽑혔다. 이어서 그는 유다 지파를 가문별로 불렀는데 세라 가문이 뽑혔다. 다시 세라 가문을 불렀는데 삽디 가족이 뽑혔다. 그리고 삽디 가족을 한 사람씩 불렀는데, 유다 지파 세라의 증손이요 삽디의 손자이요 갈미의 아들인 아간이 뽑혔다.

19 여호수아가 아간에게 말했다. "내 아들아, **하나님** 이스라엘의 하나님께 영광을 돌려라. 그분께 자백하여라. 네가 한 일을 내게 말하여라. 하나도 숨기지 마라."

20-21 아간이 여호수아에게 대답했다. "사실, 제가 **하나님** 이스라엘의 하나님께 죄를 지었습니다. 전리품 중에서 시날의 아름다운 겉옷 한 벌과 은 이백 세겔, 그리고 오십 세겔 되는 금덩이가 보이기에 탐이 나서 취했습니다. 제 장막 안에 묻어 두었는데, 은은 맨 밑에 두었습니다."

22-23 여호수아가 사람들을 보냈다. 그들이 장막으로 달려가 보니, 과연 장막 안에 그 물건들이 묻혀 있었고 은이 맨 밑에 있었다. 그들은 장막에서 그 물건들을 취하여 여호수아와 이스라엘 온 백성에게 가져와서 **하나님** 앞에 펼쳐 놓았다.

24 여호수아가 세라의 아들 아간을 잡고, 그 은과 겉옷과 금덩이, 그의 아들딸들, 그의 소와 나귀와 양, 장막 등 그와 관계된 모든 것을 취했다. 온 이스라엘이 그 자리에 함께 있었다. 온 이스라엘 백성이 함께 그것들을 이끌고 아골 골짜기(괴로움의 골짜기)로 갔다.

25-26 여호수아가 말했다. "어찌하여 네가 우리를 괴롭게 하였느냐? **하나님**께서 오늘 너를 괴롭게 하실 것이다!" 그러자 온 이스라엘이 그를 돌로 쳐서 죽

였다. 그를 불태우고 돌로 친 것이다. 그들은 그 위에 큰 돌무더기를 쌓았는데, 그것이 오늘까지 그대로 남아 있다. 그제야 **하나님**께서 맹렬한 진노를 거두셨다. 그래서 오늘까지 그곳을 괴로움의 골짜기라고 부른다.

아이 성 점령

8 ¹ **하나님**께서 여호수아에게 말씀하셨다. "겁내지 마라. 머뭇거리지도 마라. 너의 모든 군사를 이끌고 다시 아이로 가거라. 내가 아이 왕과 그 백성과 성읍과 땅을 다 네게 넘겨주었다.

² 여리고와 그 왕에게 한 것처럼 아이와 그 왕에게도 행하여라. 이번에는 재물과 가축을 너희 마음껏 전리품으로 취해도 좋다. 성 뒤쪽에 군사들을 매복시켜라."

3-8 여호수아와 모든 군사들이 아이로 행군할 준비를 마쳤다. 여호수아는 강하고 노련한 군사 삼만 명을 뽑아 밤중에 그들을 보내며 지시했다. "잘 들어라. 성 뒤쪽에 매복하되, 최대한 바짝 접근하여라. 깨어 있어라. 나와 내 군대는 성 정면으로 다가갈 것이다. 그들이 전처럼 우리를 맞서러 나오면, 우리는 돌아서서 도망칠 것이다. 그들은 성을 남겨 두고 우리를 뒤쫓아 올 것이다. 우리가 멀찍이 달아나면, 그들은 '지난번처럼 저들이 도망친다' 하고 말할 것이다. 너희는 이것을 신호 삼아 매복지에서 뛰쳐나와 성을 점령하여라. **하나님** 너희 하나님께서 그 성을 손쉽게 너희에게 넘겨주실 것이다. 일단 성을 차지하고 나서는 불살라 버려라. **하나님**께서 말씀하시니, 너희는 그 말씀대로 행하여라. 시작하여라. 내가 너희에게 명령을 내렸다."

⁹ 여호수아가 그들을 보냈다. 그들은 아이 서쪽 베델과 아이 사이에 매복하고 기다렸다. 여호수아는 백성과 함께 그날 밤을 보냈다.

10-13 여호수아가 아침 일찍 일어나 군대를 소집했다. 그는 이스라엘의 지도자들과 함께 군대를 이끌고 아이로 향했다. 아이 성이 보이는 곳까지 전군이 곧장 행진해 올라가서 아이 북쪽에 진을 쳤다. 그들과 아이 사이에는 골짜기가 있었다. 그는 군사 오천 명 정도를 떼어서 성의 서쪽 베델과 아이 사이에 매복시켰다. 주력부대는 성 북쪽에, 매복부대는 성 서쪽에 두어 병력 배치를

마쳤다. 여호수아는 골짜기에서 그날 밤을 보냈다.

14 아이 왕이 이 모든 것을 보았고, 그 성의 사람들은 한시도 지체하지 않았다. 왕은 이스라엘과 맞서 싸우려고 아라바로 가는 길목 벌판으로 군대를 거느리고 새벽같이 나왔다. 성 뒤쪽에 자신들을 칠 매복부대가 있다는 것을 왕은 알지 못했다.

15-17 여호수아와 온 이스라엘 군대는 쫓기는 척하며 광야 쪽으로 도망쳤다. 성 안에 있던 사람들 모두가 명령대로 그들의 뒤를 쫓았다. 그들은 여호수아를 쫓아 성을 멀리 벗어나 버렸다. 이스라엘을 쫓지 않고 아이나 베델에 남아 있는 사람은 한 명도 없었다. 그들이 이스라엘을 뒤쫓는 동안 성은 무방비 상태로 비어 있었다.

18-19 그때 하나님께서 여호수아에게 말씀하셨다. "네 손에 든 단창을 아이를 향해 뻗어라. 내가 그 성을 네게 넘겨주겠다." 여호수아는 손에 든 단창을 아이를 향해 뻗었다. 그것을 신호로 해서, 매복해 있던 군사들이 뛰쳐나와 성으로 달려가서 성을 점령하고 재빨리 불을 질렀다.

20-21 아이 사람들이 뒤를 돌아보니, 성에서 연기가 치솟고 있었다! 그들은 자신들이 벗어날 수 없는 덫에 걸렸음을 알았다. 광야 쪽으로 도망치던 이스라엘 군대가 뒤로 돌아섰다. 매복부대가 성을 점령하여 성에서 연기가 치솟는 것을 보고는, 여호수아와 온 이스라엘이 돌아서서 아이 사람들을 공격했다.

22-23 그때 매복 군사들도 성에서 쏟아져 나왔다. 양쪽에 이스라엘 사람들을 두고 사이에 아이 사람들이 낀 형국이었다. 어마어마한 살육이 벌어졌다. 아이 왕 외에는 단 한 사람도 살아남지 못했다. 그들은 왕을 생포하여 여호수아에게 데려갔다.

24-25 이스라엘은 자신들을 뒤쫓던 아이 사람들을 벌판과 광야에서 모두 죽였다. 이스라엘 사람들은 전투를 마치고 아이로 돌아와 성을 완전히 폐허로 만들었다. 그날 죽은 사람은 남녀 합해서 만이천 명으로, 아이 사람 전부였다.

26-27 아이와 그 모든 백성에 대한 거룩한 진멸이 마무리될 때까지 여호수아는 단창을 뻗어 든 손을 내리지 않았다. 이스라엘은 그 성에 남아 있는 가축과 전리품을 취했다. 하나님께서 여호수아에게 지시하신 대로 행한 것이다.

²⁸⁻²⁹ 여호수아는 아이를 잿더미로 만들었다. 영원히 아무것도 없는 '무더기'요 '존재하지 않는 곳'으로 만들어 버린 것이다. 그곳은 오늘까지 그대로 남아 있다. 여호수아는 아이 왕을 나무에 매달았다. 저녁 무렵 해가 지자, 여호수아는 시체를 나무에서 내리라고 명령했다. 사람들은 시체를 성 입구에 버리고 그 위에 돌무더기를 높이 쌓았다. 그곳도 오늘까지 그대로 남아 있다.

❧

³⁰⁻³² 이 일 후에 여호수아가 에발 산에서 이스라엘의 **하나님**께 제단을 쌓았다. 그는 **하나님**의 종 모세가 이스라엘 백성에게 내린 지시를 따라, 모세의 계시의 책에 기록된 대로 제단을 쌓았다. 쇠 연장으로 깎거나 다듬지 않은 돌로 쌓은 제단이었다. 그들은 그 위에 번제와 화목제를 **하나님**께 드렸다. 또한 여호수아는 이스라엘 백성이 지켜보는 앞에서 모세의 계시를 돌에 새겨 넣었다.

³³ 온 이스라엘이 외국인과 본국인 할 것 없이 장로와 관리, 재판관들과 함께 **하나님**의 언약궤를 멘 레위 제사장들을 사이에 두고 마주하여 궤 양편에 섰다. 전에 **하나님**의 종 모세가 명령한 대로, 이스라엘 백성을 축복하기 위해 백성의 절반은 그리심 산을 등지고 서고 절반은 에발 산을 등지고 섰다.

³⁴⁻³⁵ 그 후에, 여호수아는 계시에 기록된 모든 것, 축복과 저주, 계시의 책에 있는 모든 말씀을 낭독했다. 모세가 명령한 모든 것 가운데서, 여호수아가 온 회중—남자와 여자와 아이들, 그리고 그들과 여정을 함께한 외국인들—에게 낭독해 주지 않은 말씀은 하나도 없었다.

기브온 사람과 맺은 조약

9 ¹⁻² 요단 강 서편의 산지와 작은 언덕과 레바논 북쪽의 지중해 연안에 살고 있는 헷 사람, 아모리 사람, 가나안 사람, 브리스 사람, 히위 사람, 기르가스 사람, 여부스 사람의 왕이 그 소식을 들었다. 그들은 함께 모여 한 지휘부 아래 여호수아와 이스라엘에 맞서 싸우기로 동맹을 맺었다.

³⁻⁶ 기브온 사람들은 여호수아가 여리고와 아이에 행한 일을 듣고 계략을 꾸

였다. 그들은 나그네로 가장했다. 군데군데 덧대고 기운 자루와 포도주 부대를 나귀에 싣고, 너덜너덜한 신발을 신고, 누더기 옷을 걸치고, 말라비틀어진 **빵** 조각과 부스러기 음식만 챙겼다. 그러고는 길갈에 있는 여호수아에게와서 이스라엘 사람들에게 말했다. "우리는 먼 나라에서 왔습니다. 우리와조약을 맺어 주십시오."

7 이스라엘 사람들이 이 히위 사람들에게 말했다. "당신들이 이 지방 사람이아니라는 것을 어떻게 알고 우리가 당신들과 조약을 맺을 수 있겠소?"

8 그들이 여호수아에게 말했다. "우리가 당신의 종이 되겠습니다."

여호수아가 말했다. "당신들은 누구며, 어디서 왔소?"

9-11 그들이 말했다. "먼 나라, 아주 멀리서 왔습니다. 당신의 종들이 이렇게온 것은, **하나님** 당신의 하나님에 대해 굉장한 일들을 들었기 때문입니다.그분께서 이집트에서 행하신 모든 일 말입니다! 요단 강 동쪽의 두 아모리왕, 곧 헤스본 왕 시혼과 아스다롯에서 다스리던 바산 왕 옥에게 행하신 일도 우리가 들었습니다! 우리 지도자들과 우리 나라의 모든 사람들이 '길에서먹을 음식을 싸 가지고 가서 그들을 만나시오. 그리고 우리는 당신들의 종이니 우리와 조약을 맺어 달라고 전하시오' 하고 우리에게 말했습니다.

12-13 당신들을 만나려고 떠나올 때만 해도, 이 빵은 갓 구운 것처럼 따끈따끈했습니다. 그런데 보십시오. 빵 조각과 부스러기만 남았습니다. 갈라져서 기운 이 포도주 부대도 처음 포도주를 담을 때는 새것이나 다름없었습니다. 우리의 옷과 신발도 멀고 험한 길을 오느라 이렇게 누더기가 되었습니다."

14 이스라엘 사람들은 그들을 살펴보고 그들의 말을 받아들였다. 그러나 이일에 대해 **하나님**께 여쭙지는 않았다.

15 여호수아는 그들과 화친하여 그들의 목숨을 보장하는 조약을 정식으로 맺었다. 회중의 지도자들도 그 조약을 지키기로 맹세했다.

16-18 그들과 조약을 맺은 지 사흘 후에, 이스라엘 백성은 그 사람들이 줄곧그곳에 살아온 가까운 이웃인 것을 알게 되었다! 이스라엘 백성은 진을 걷고출발하여 사흘 후에 그들의 성읍인 기브온, 그비라, 브에롯, 기럇여아림에이르렀다. 그러나 이스라엘 백성은 그들을 치지 않았다. 회중의 지도자들이

이스라엘의 **하나님** 앞에서 약속했기 때문이다. 그러자 회중은 지도자들에게 반발하고 나섰다.

¹⁹⁻²¹ 지도자들이 단합하여 회중에게 대답했다. "우리가 이스라엘의 **하나님** 앞에서 그들에게 약속했습니다. 그러니 그들에게 손을 대서는 안됩니다. 그들을 살려 주지 않으면 약속을 어긴 책임을 면할 수 없을 것입니다." 지도자들은 이어서 말했다. "우리는 그들을 살려 둘 것입니다. 다만 그들은 온 회중을 위해 장작 패는 자와 물 긷는 자로 살아갈 것입니다."

지도자들이 약속한 대로 되었다.

²²⁻²³ 여호수아가 기브온 사람들을 불러 모아 말했다. "어째서 당신들은 우리 가까이 있는 이웃이면서 '우리는 아주 먼 곳에 삽니다'라는 말로 우리를 속였소? 그러니 당신들은 저주를 받아, 지금부터 막노동을 해야 할 것이오. 내 하나님의 집을 위해 장작 패는 자와 물 긷는 자가 될 것이오."

²⁴⁻²⁵ 그들이 여호수아에게 대답했다. "**하나님** 당신의 하나님께서 그분의 종 모세를 통해 명령하신 말씀, 곧 온 땅을 당신들에게 주고 그 땅에 사는 사람들을 모두 멸하라고 하신 말씀을 우리가 똑똑히 들었습니다. 우리는 당신들 때문에 겁이 났습니다. 그래서 그렇게 했습니다. 그게 전부입니다. 이제 우리는 당신의 처분에 따르겠습니다. 당신이 옳다고 여기시는 대로 우리에게 행하십시오."

²⁶⁻²⁷ 사정이 그렇게 된 것이었다. 여호수아는 이스라엘 백성이 그들을 죽이지 못하도록 보호했다. 그는 그들로 하여금 회중이 쓰고, **하나님**이 택하신 곳에서 **하나님**의 제단에서 쓸 장작 패는 자와 물 긷는 자로 삼았다. 오늘까지도 그들은 그 일을 하고 있다.

여호수아가 기브온을 구하다

10

¹⁻² 얼마 후 예루살렘 왕 아도니(나의 주)세덱은, 여호수아가 여리고와 그 왕에게 한 것처럼 아이를 취하여 아이와 그 왕을 거룩한 저주 아래 전멸시켰다는 소식을 들었다. 그는 또 기브온 사람들이 이스라엘과 조약을 맺고 이웃으로 살고 있다는 소식도 들었다. 그와 그의 백성은 크

게 놀랐다. 기브온은 큰 성—왕이 있는 어느 성 못지않게 크고 아이보다도 큰 성—이었고 그곳 사람들은 모두 노련한 전사들이었기 때문이다.

3-4 예루살렘 왕 아도니세덱은 헤브론 왕 호함, 야르뭇 왕 비람, 라기스 왕 야비아, 에글론 왕 드빌에게 전갈을 보냈다. "와서 나를 도와주시오. 우리가 함께 기브온을 칩시다. 그들이 여호수아와 이스라엘 백성과 동맹을 맺었소."

5 그래서 아모리 사람의 (서쪽) 다섯 왕—예루살렘 왕, 헤브론 왕, 야르뭇 왕, 라기스 왕, 에글론 왕—은 연합군을 결성하여 기브온을 치기 위해 나섰다.

6 기브온 사람들은 길갈의 진에 있는 여호수아에게 전갈을 보냈다. "우리를 저버리지 마십시오! 속히 이리로 올라와서 우리를 구해 주십시오! 산지에 사는 아모리 사람의 왕들이 힘을 합쳐 우리를 공격하고 있습니다."

7-8 여호수아는 전군을 이끌고 길갈을 떠났다. 그들 모두가 강한 군사들이었다! 하나님께서 그에게 말씀하셨다. "머뭇거릴 것 없다. 내가 그들을 네 손아귀에 두었으니, 그들 중 누구도 네게 맞서지 못할 것이다."

9-11 여호수아는 길갈에서 밤새도록 행군하여 기습작전으로 그들을 쳤다. 하나님께서 이스라엘 앞에서 그들을 완전히 혼란에 빠뜨리셔서, 기브온에서 큰 승리를 주셨다. 이스라엘은 벳호론으로 가는 산등성이를 따라 아세가와 막게다까지 추격하며 그들과 싸웠다. 그들이 이스라엘 백성에게서 달아나 벳호론 산등성이에서 아세가까지 비탈을 내려가는 동안, 하나님께서 하늘에서 큰 우박을 퍼부으셔서 많은 사람들이 죽었다. 이스라엘 백성의 칼에 죽은 사람보다 우박에 맞아 죽은 사람이 더 많았다.

12-13 하나님께서 아모리 사람을 이스라엘에게 넘겨주시던 날, 여호수아가 온 이스라엘이 듣는 데서 하나님께 아뢰었다.

"해야, 기브온 위에 멈추어라.
달아, 아얄론 골짜기 위에 머물러라."
그러자 그가 적들을 물리칠 때까지
해가 멈추었고
달이 꼼짝하지 않았다.

13-14 (야살의 책에도 이 일이 기록되어 있다.) 해가 곧 중천에 멈추어 서서, 하루 종일 그 자리에 있었다. 그런 날은 전에도 없었고 이후로도 없었다. **하나님**께서 사람의 목소리를 들어주셨다! 참으로 **하나님**께서 이스라엘을 위해 싸워 주셨다.

15 그 후에 여호수아는 온 이스라엘을 이끌고 길갈의 진으로 돌아왔다.

16-17 한편, 다섯 왕은 막게다의 굴에 숨어 있었다. 누군가 여호수아에게 "다섯 왕이 막게다 굴에 숨은 것을 알아냈습니다" 하고 전했다.

18-19 여호수아가 말했다. "큰 돌을 굴려 굴 입구를 막고 호위병들을 세워 지켜라. 너희는 지체하지 말고 적을 추격하여라. 퇴로를 차단하여, 그들이 자기들 성읍으로 다시 들어가지 못하게 하여라. 하나님께서 그들을 너희에게 넘겨주셨다."

20-21 여호수아와 이스라엘 백성은 그들을 죽여 전멸시켰다. 겨우 몇 사람만 피하여 요새화된 성읍들로 도망쳐 갔다. 온 군대가 무사히 진으로, 막게다의 여호수아에게로 돌아왔다. 그날 이스라엘 백성 가운데서 어떤 비판의 소리도 들리지 않았다!

22 그때 여호수아가 말했다. "굴 입구를 열고 다섯 왕을 내게로 데려오너라."

23 그들은 명령대로 했다. 다섯 왕 곧 예루살렘 왕, 헤브론 왕, 야르못 왕, 라기스 왕, 에글론 왕을 굴에서 끌어내어 그에게 데려왔다.

24 그들이 다섯 왕을 모두 여호수아 앞에 두자, 여호수아는 군대를 소집하여 자기와 함께했던 야전 사령관들에게 말했다. "이리 나와서, 이 왕들의 목을 발로 밟으시오."

그들이 다가가서 왕들의 목을 밟았다.

25 여호수아가 그들에게 말했다. "주저하거나 겁내지 말고, 힘을 내시오! 담대하시오! 여러분이 싸우러 나갈 때마다 **하나님**께서 여러분의 모든 적들에게 이렇게 하실 것입니다."

26-27 그러고 나서 여호수아는 왕들을 쳐죽였다. 그는 다섯 개의 나무에 그들을 매달아 저녁때까지 두었다. 해가 지자 여호수아가 명령을 내렸다. 사람들

은 그들을 나무에서 내려 그들이 숨었던 굴 속에 던지고, 굴 입구를 큰 돌로 막았다. 그곳은 오늘까지 그대로 남아 있다.

살아남은 자가 하나도 없었다

²⁸ 그날 여호수아는 막게다를 점령했는데, 왕까지 죽이는 큰 살육이었다. 그가 거룩한 저주를 행하니, 살아남은 자가 하나도 없었다. 막게다 왕도 여리고 왕이 당한 것과 똑같이 당했다.

²⁹⁻³⁰ 여호수아는 온 이스라엘과 함께 막게다에서 립나로 이동하여 립나와 싸웠다. 하나님께서 립나를 이스라엘에게 넘겨주셨다. 그들은 그 성읍과 왕을 점령하고 모두 진멸했다. 살아남은 자가 하나도 없었다. 립나 왕도 여리고 왕이 당한 것과 똑같이 당했다.

³¹⁻³² 여호수아는 온 이스라엘과 함께 립나에서 라기스로 이동했다. 그는 근처에 진을 치고 공격했다. 하나님께서 라기스를 이스라엘에게 넘겨주셨다. 이스라엘은 이틀 만에 그곳을 점령하고 사람들을 모두 죽였다. 그는 립나에서 한 것과 똑같이 거룩한 저주를 행했다.

³³ 게셀 왕 호람이 라기스를 도우려고 왔다. 여호수아는 그와 그의 군대를 쳐서 한 사람도 남기지 않았다. 살아남은 자가 하나도 없었다.

³⁴⁻³⁵ 여호수아는 온 이스라엘과 함께 라기스에서 에글론으로 이동하여 그곳에 진을 치고 공격했다. 그들은 그곳을 점령하고 모든 사람을 죽여서, 라기스에서 한 것과 똑같이 거룩한 저주를 행했다.

³⁶⁻³⁷ 여호수아는 온 이스라엘과 함께 에글론에서 헤브론으로 올라갔다. 그는 그곳을 공격하여 점령했다. 온 이스라엘이 왕과 마을과 백성을 치고 모든 사람을 죽였다. 에글론과 마찬가지로, 살아남은 자가 하나도 없었다. 그 성읍과 백성에게 거룩한 저주를 행했다.

³⁸⁻³⁹ 그 후에, 여호수아는 온 이스라엘과 함께 드빌 쪽으로 돌아서 그곳을 공격했다. 그는 그 성읍과 왕과 마을들을 점령했다. 모든 사람을 죽였다. 모든 사람과 모든 것을 거룩한 저주 아래 두었다. 살아남은 자가 하나도 없었다. 드빌과 그 왕도, 헤브론과 그 왕과 립나와 그 왕이 당한 것과 똑같이 당했다.

❀

40-42 여호수아는 산지, 사막, 작은 언덕, 산비탈 등 온 땅을 차지하고 그 땅의 모든 왕을 취했다. 그는 한 사람도 살려 두지 않았다. **하나님** 이스라엘의 하나님께서 일찍이 명령하신 대로, 숨 쉬는 모든 것에 거룩한 저주를 행했다. 여호수아의 정복지는 가데스바네아에서 가사까지, 고센 전역에서 기브온까지 이르렀다. 여호수아가 단번의 출정으로 이 모든 왕과 그들의 땅을 차지할 수 있었던 것은, **하나님** 이스라엘의 하나님께서 이스라엘을 위해 싸우셨기 때문이다.

43 그 후에 여호수아는 온 이스라엘과 함께 길갈의 진으로 돌아왔다.

❀

11

1-3 하솔 왕 야빈이 이 소식을 듣고, 마돈 왕 요밥, 시므론 왕, 악삽 왕, 북쪽 산지의 모든 왕, 긴네롯 남쪽 골짜기의 왕, 서쪽 작은 언덕과 나봇도르의 왕, 동쪽과 서쪽의 가나안 사람, 아모리 사람과 헷 사람과 브리스 사람과 산지의 여부스 사람, 미스바 지방 헤르몬 산 아래 사는 히위 사람에게 전갈을 보냈다.

4-5 그들은 모든 병력을 한데 모아 총력전을 벌였는데, 그 군사의 수가 바닷가의 모래알처럼 셀 수 없이 많았고, 말과 전차들은 말할 것도 없었다. 이 모든 왕이 이스라엘과 싸울 태세를 갖추고 메롬 물가에 모여서 함께 진을 쳤다.

6 **하나님**께서 여호수아에게 말씀하셨다. "그들 때문에 걱정할 것 없다. 내일 이맘때 내가 그들을 모두 이스라엘에게 넘겨주어 죽게 할 것이다. 너는 그들의 말 뒷발 힘줄을 끊고 전차들을 불태워 버려라."

7-9 여호수아는 온 군대를 이끌고 메롬 물가에서 그들을 기습공격했다. **하나님**께서 그들을 이스라엘에게 넘겨주셨다. 이스라엘은 큰 시돈과 미스르봇마임까지, 동쪽으로는 미스바 골짜기까지 그들을 추격하며 공격했다. 살아남은 자가 하나도 없었다. 여호수아는 **하나님**께서 명령하신 대로 그들에게 행했다. 그들의 말 뒷발 힘줄을 끊고, 전차들을 불태워 버렸다.

10-11 그 후에 여호수아가 돌아와 하솔을 차지하고 그 왕을 죽였다. 일찍이 하솔은 그 모든 왕국의 우두머리였다. 이스라엘은 그곳 사람들을 모두 죽여 거룩한 저주를 행했다. 어디서든 단 한 명의 목숨도 살려 두지 않았다. 여호수아는 하솔을 불태워 버렸다.

12-14 여호수아는 그 모든 왕의 성읍들을 점령하고 그 왕들을 쳐죽였다. 하나님의 종 모세가 명령한 거룩한 저주 그대로였다. 그러나 이스라엘은 하솔을 제외한 산 위의 성읍들은 불사르지 않았다. 하솔은 여호수아가 불태워 버렸다. 이스라엘 백성은 그 성읍들에서 가축을 비롯한 전리품을 약탈해 가졌으나, 사람들은 모두 죽였다. 숨을 쉬는 사람은 하나도 살려 두지 않았다.

15 하나님께서 그 종 모세에게 명령하신 대로, 모세는 여호수아에게 명령했고 여호수아는 그 명령대로 행했다. 하나님께서 모세에게 명령하신 것 가운데 여호수아가 행하지 않은 것은 하나도 없었다.

16-20 여호수아는 산지, 남쪽 사막, 고센 전역, 작은 언덕, 골짜기(아라바), 이스라엘 산지와 거기에 딸린 작은 언덕까지 온 땅을 차지했다. 세일 지방에 우뚝 솟은 할락 산에서부터 헤르몬 산 아래 레바논 골짜기의 바알갓까지, 그 땅의 모든 왕을 잡아서 죽였다. 여호수아는 이 왕들과 오랫동안 싸웠다. 기브온에 사는 히위 사람 외에는 이스라엘 백성과 화친한 성읍이 하나도 없었다. 나머지 모든 성읍은 이스라엘이 싸워서 차지했다. 그들이 고집스럽게 이스라엘과 싸운 것은, 그들을 불쌍히 여기지 않고 거룩한 저주 아래 두시려는 하나님의 의도였다. 이렇게 여호수아는 하나님께서 모세에게 명령하신 대로 그들을 전멸시킬 수 있었다.

21-22 그때에 여호수아가 또 나가서, 산지와 헤브론, 드빌, 아납, 유다 산지, 이스라엘 산지에서 아낙 사람을 전멸시켰다. 여호수아는 그들과 그 성들에 거룩한 저주를 행했다. 이스라엘 백성의 땅에는 아낙 사람이 하나도 남지 않

았다. 다만 가사와 가드와 아스돗에만 조금 남아 있었다.

²³ 여호수아는 온 지역을 차지했다. 그는 **하나님**께서 모세에게 말씀하신 모든 것을 행했다. 그리고 그 땅을 지파별로 이스라엘에게 유산으로 나누어 주었다. 마침내 이스라엘이 전쟁에서 벗어나 쉼을 얻었다.

이스라엘이 물리친 왕들

12

¹ 이스라엘 백성은 아르논 협곡에서 헤르몬 산에 이르는 요단 강 동쪽 땅과 아라바 골짜기 동쪽 땅을 차지했다. 그 땅을 다스리던 왕들은 이러하다.

²⁻³ 헤스본에서 다스리던 아모리 왕 시혼. 그는 아르논 협곡 끝에 있는 아로엘에서부터 협곡 가운데와 길르앗 절반 이상을 지나 암몬 사람의 경계인 얍복 강 협곡까지 다스렸다. 아라바 골짜기 동쪽 방면의 긴네렛 바다부터 아라바 바다(소금 바다)까지도 그의 영토였는데, 동쪽으로는 벳여시못, 남쪽으로는 비스가 산기슭에 이르렀다.

⁴⁻⁵ 르바 사람의 마지막 후손 중 하나로, 아스다롯과 에드레이에서 다스리던 바산 왕 옥. 그는 헤르몬 산과 살르가에서 바산 전역을 지나 그술 사람과 마아가 사람의 경계까지(길르앗의 남은 절반)와 헤스본 왕 시혼의 경계까지 다스렸다.

⁶ **하나님**의 종 모세와 이스라엘 백성이 그들을 물리쳤다. **하나님**의 종 모세는 이 땅을 르우벤 지파, 갓 지파, 므낫세 반쪽 지파에게 유산으로 나누어 주었다.

⁷⁻²⁴ 여호수아와 이스라엘 백성이 요단 강 서쪽 레바논 골짜기의 바알갓에서부터 남쪽으로 세일에 우뚝 솟은 할락 산까지의 땅에서 물리친 왕들은 이러하다. 여호수아는 이 땅을 이스라엘 지파들에게 구획별로 나누어 주어 그들의 소유가 되게 했다. 그 땅은 산지, 서쪽의 작은 언덕, 아라바 골짜기, 비탈, 광야, 네겝 사막의 땅(헷 사람, 아모리 사람, 가나안 사람, 브리스 사람, 히위 사람, 여부스 사람이 살던 땅)이었다. 그 왕들은 다음과 같다.

여리고 왕

(베델 근처) 아이 왕

예루살렘 왕

헤브론 왕

야르뭇 왕

라기스 왕

에글론 왕

게셀 왕

드빌 왕

게델 왕

호르마 왕

아랏 왕

립나 왕

아둘람 왕

막게다 왕

베델 왕

답부아 왕

헤벨 왕

아벡 왕

랏사론 왕

마돈 왕

하솔 왕

시므론므론 왕

악삽 왕

다아낙 왕

므깃도 왕

게데스 왕

갈멜의 욕느암 왕

도르(나봇도르) 왕
길갈의 고임 왕
디르사 왕.

왕의 수는 모두 서른한 명이었다.

유산으로 받은 땅

13
¹⁻⁶ 여호수아가 나이가 들자, **하나님**께서 그에게 말씀하셨다. "네가 강건하게 오래 살았으나, 아직 차지해야 할 땅이 많이 남아 있다. 남은 땅은 이러하다.
블레셋 사람과 그술 사람의 모든 지역
이집트 동쪽 시홀 강에서부터 가나안 사람의 땅인 북쪽 에그론 경계까지의 땅(가사, 아스돗, 아스글론, 가드, 에그론에는 블레셋의 다섯 군주가 있었다), 그리고 남쪽 아위 사람의 땅
(시돈 사람에게 속한) 아라에서부터 아모리 사람의 경계인 아벡에 이르는 가나안 사람의 모든 땅
그발 사람의 땅
헤르몬 산 아래 바알갓에서부터 하맛 입구에 이르는 동쪽 레바논 전역
레바논에서부터 미스르봇마임에 이르는 산지에 사는 모든 사람
시돈 모든 사람.

⁶⁻⁷ 내가 직접 그들을 이스라엘 백성 앞에서 쫓아낼 것이다. 너는 내가 지시한 대로, 이 땅을 이스라엘에게 유산으로 나누어 주기만 하면 된다. 너는 지금 이 땅을 아홉 지파와 므낫세 반쪽 지파에게 유산으로 나누어 주어라."

요단 강 동쪽의 땅

⁸ 므낫세 지파의 다른 반쪽은 르우벤 지파, 갓 지파와 함께 이미 요단 강 건너편 동쪽 땅을 모세에게 유산으로 받았다. **하나님**의 종 모세가 그 땅을 그

들에게 주었다.

9-13 그 땅은 아르논 협곡 끝에 있는 아로엘과 골짜기 가운데 있는 성읍에서 시작하여, 디본까지 뻗은 메드바 고원 전역과 헤스본에서 다스리던 아모리 왕 시혼의 모든 성읍을 지나 암몬 사람의 경계까지 이르렀다. 또한 길르앗과 그술 사람과 마아갓 사람의 땅, 헤르몬 산 전역, 살르가까지 뻗은 바산 전 지역, 곧 아스다롯과 에드레이에서 다스리던 바산 왕 옥의 온 나라가 그 땅에 포함되었다. 옥은 르바 사람의 마지막 생존자 가운데 하나였다. 모세는 그들을 물리치고 땅을 차지했다. 이스라엘 백성이 그술 사람과 마아갓 사람을 쫓아내지 못했기 때문에, 그들이 오늘까지 이스라엘 가운데 살고 있다.

14 레위 지파만은 유산을 받지 않았다. 하나님께서 말씀하신 대로, **하나님** 이스라엘의 하나님께 드리는 불살라 바치는 제물이 그들의 유산이기 때문이다.

르우벤 지파가 받은 땅

15-22 르우벤 지파에게 모세가 가문별로 나눠 준 땅은 이러하다.

아르논 협곡 끝에 있는 아로엘에서부터 골짜기 가운데 있는 성읍까지의 땅과 메드바 주변의 고원지대

헤스본과 그 고원에 있는 모든 성읍(디본, 바못바알, 벳바알므온, 야하스, 그데못, 메바앗, 기랴다임, 십마, 골짜기 산에 있는 세렛사할, 벳브올, 비스가 기슭, 벳여시못)

고원지대에 있는 모든 성과 헤스본에서 다스리던 아모리 왕 시혼의 온 나라. 모세는 시혼뿐 아니라 그 땅에 살던 미디안의 귀족들 곧 에위, 레겜, 수르, 훌, 레바를 죽였는데, 그들은 모두 시혼의 꼭두각시였다. (전쟁중에 죽은 이들 외에, 브올의 아들인 점술가 발람도 이스라엘 백성에게 죽임을 당했다.)

23 르우벤 지파의 경계는 요단 강가였다. 이것이 르우벤 지파가 가문에 따라 유산으로 받은 마을과 성읍들이다.

갓 지파가 받은 땅

24-27 갓 지파에게 모세가 가문별로 나눠 준 땅은 이러하다.

야스엘 지역, 길르앗의 모든 성읍, 랍바 앞 아로엘에 이르는 암몬 사람의 땅 절반

헤스본에서 라맛미스바와 브도님까지, 마하나임에서 드빌 지역에 이르는 땅

골짜기에 있는 벳하람과 벳니므라와 숙곳과 사본, 헤스본 왕 시혼의 나라의 남은 땅(북쪽 긴네렛 바다의 끝에 이르는 요단 강 동쪽).

²⁸ 이것이 갓 지파가 가문에 따라 유산으로 받은 성읍과 마을들이다.

므낫세 반쪽 지파가 받은 땅

²⁹⁻³¹ 므낫세 반쪽 지파에게 모세가 가문별로 나눠 준 땅은 이러하다.

마하나임에서 뻗어 있는 땅

바산 왕 옥의 온 나라 영토인 바산 전역, 바산에 있는 야일의 정착지 전부인 예순 개의 성읍

길르앗의 절반과 바산 왕 옥의 도성인 아스다롯과 에드레이는 므낫세의 아들 마길의 후손(곧 마길 자손의 반쪽)에게 가문별로 돌아갔다.

³²⁻³³ 이것이 모세가 여리고 동쪽 요단 강 건너편 모압 평지에 있을 때 유산으로 나눠 준 땅이다. 그러나 모세는 레위 지파에게는 유산을 주지 않았다. 하나님께서 말씀하신 대로, **하나님** 이스라엘의 하나님이 그들의 유산이기 때문이다.

요단 강 서쪽의 땅

14 ¹⁻² 이스라엘 백성이 가나안 땅에서 받은 유산은 다음과 같이 분배되었다. 제사장 엘르아살과 눈의 아들 여호수아와 가문의 우두머리들이 분배하는 일을 맡았는데, **하나님**께서 모세에게 명령하신 대로, 제비를 뽑아 아홉 지파와 반쪽 지파에게 각각의 유산을 나누어 주었다.

³⁻⁴ 모세가 이미 요단 강 동쪽에서 두 지파와 반쪽 지파에게 유산을 주었지만, 레위 지파에게는 다른 지파들에게 한 것처럼 유산을 나누어 주지 않았

다. 요셉 자손이 므낫세와 에브라임 두 지파가 되었기 때문이다. 그러나 그
들에게도 거주할 성읍들과 양과 소를 먹일 목초지는 주었다.

5 이스라엘 백성은 **하나님**께서 모세에게 명령하신 그대로, 그 땅을 나누었다.

갈렙이 헤브론을 유산으로 받다

6-12 유다 자손이 길갈에 있는 여호수아에게 나아왔다. 그니스 사람 여분네
의 아들 갈렙이 말했다. "전에 **하나님**께서 가데스바네아에서 하나님의 사
람 모세에게 그대와 나에 대해서 한 말을 그대도 기억할 것입니다. **하나님**의
종 모세가 이 땅을 정탐하라고 가데스바네아에서 나를 보낼 때 내 나이 마흔
이었습니다. 그때 나는 돌아와서 정직하고 정확하게 보고했습니다. 나와 함
께 갔던 동료들은 백성을 낙담케 했으나, 나는 한 발도 물러서지 않고 **하나
님** 나의 하나님과 온전히 함께했습니다. 바로 그날 모세는 엄숙히 약속하며
'네가 발로 밟은 땅은 네 유산이 될 것이다. 영원히 너와 네 자손의 유산이
될 것이다. 네가 온전히 **하나님**을 위해 살았기 때문이다' 하고 말했습니다.
이제 보십시오. **하나님**께서는 약속하신 대로, 오늘까지 나를 살게 하셨습니
다. **하나님**께서 모세에게 그 말씀을 하신 지 어느새 마흔다섯 해가 지났습니
다. 이스라엘이 광야를 방황한 세월입니다. 그리고 지금 나는 여든다섯의 나
이로 여기 있습니다! 지금도 나는 모세가 정탐 보내던 날과 마찬가지로 힘이
넘치고, 전쟁에 들고 나는 기력 또한 여느 때 못지않습니다. 그러니 **하나님**
께서 내게 약속하신 대로 이 산지를 내게 주십시오. 그대도 직접 보고를 받
아서 아는 것처럼, 그곳에는 아낙 자손이 있고 요새화된 큰 성읍들이 있습니
다. 그러나 **하나님**께서 나와 함께하시면, **하나님**께서 말씀하신 대로 내가 그
들을 쫓아내겠습니다."

13-14 여호수아가 갈렙을 축복했다. 그는 여분네의 아들 갈렙에게 헤브론을
유산으로 주었다. 헤브론은 오늘까지 그니스 사람 여분네의 아들 갈렙의 소
유로 되어 있다. 그가 **하나님** 이스라엘의 하나님께 온전히 자신을 드렸기 때
문이다.

15 헤브론의 옛 이름은 기럇아르바였는데, 아낙 사람 가운데서 가장 위대한

인물인 아르바의 이름을 딴 것이다.

그 땅이 전쟁에서 벗어나 쉼을 얻었다.

유다 지파가 받은 땅

15

¹ 유다 자손이 가문별로 제비 뽑아 받은 땅은, 남쪽으로 에돔 경계까지이며 남쪽 끝 신 광야에까지 이른다.

²⁻⁴ 남쪽 경계는 소금 바다 끝 혀 모양의 남단에서 시작하여 전갈 고개에서 남쪽으로 내려가 신을 돌아 가데스바네아 바로 남쪽에 이르고, 헤스론을 지나 앗달로 올라가다가 구부러져 갈가에 이른다. 거기서 다시 아스몬까지 이어지다 이집트 시내로 나아가 바다에서 끝난다. 이것이 남쪽 경계다.

⁵⁻¹¹ 동쪽 경계는 위로 요단 강이 끝나는 지점에 이르는 소금 바다다. 북쪽 경계는 요단 강이 끝나는 소금 바다 여울목에서 시작하여 벳호글라로 올라가서 벳아라바 북쪽으로 돌아 르우벤 자손 보한의 돌에 이른다. 그 경계는 다시 괴로움의 골짜기에서 드빌로 올라간 후에 북쪽으로 방향을 틀어 골짜기 남쪽 붉은 고갯길 맞은편에 있는 길갈에 이르고, 엔세메스 물을 따라가다 엔로겔에서 끝난다. 거기서 다시 여부스 등성이 (곧 예루살렘) 남쪽 비탈을 따라 난 벤힌놈 골짜기를 따라가다가 서쪽으로 르바임 골짜기 북단인 힌놈 골짜기 맞은편에 있는 산꼭대기로 올라간다. 다시 경계는 산꼭대기에서 돌아 넵도아 샘물 근원에 이르고 골짜기를 따라 에브론 산으로 나와서 바알라 (곧 기럇여아림) 쪽으로 돌다가, 바알라 서쪽에서 다시 세일 산으로 돌아 구부러져 여아림 산(곧 그살론)의 북쪽 어깨에 이르고, 벳세메스로 내려가 딤나로 건너간다. 거기서 다시 북쪽으로 에그론 등성이까지 가서 식그론 쪽으로 돌아 바알라 산까지 계속 이어지다가 얍느엘로 나와서 바다에서 끝난다.

¹² 서쪽 경계는 큰 바다 해안이다.

이것이 유다 자손이 가문별로 받은 땅의 사방 경계다.

¹³ 여호수아는 하나님께서 명령하신 대로 유다 자손의 유산 가운데서 한 부분을 여분네의 아들 갈렙에게 주었다. 그는 갈렙에게 기럇아르바, 곧 헤브론

을 주었다. 아르바는 아낙 사람의 조상이다.

14-15 갈렙은 헤브론에서 세 명의 아낙 사람 곧 세새, 아히만, 달매를 몰아냈는데, 그들은 모두 아낙의 후손이다. 그는 거기서 위로 진격하여 드빌 사람들을 쳤다. 드빌의 옛 이름은 기럇세벨이다.

16-17 갈렙은 "누구든지 기럇세벨을 공격하여 점령하는 사람에게는, 내 딸 악사를 아내로 주겠다"고 말했다. 갈렙의 동생 그나스의 아들 옷니엘이 그곳을 점령했다. 그래서 갈렙은 자기 딸 악사를 그에게 아내로 주었다.

18-19 악사가 도착해서 옷니엘을 시켜
자기 아버지에게 밭을 청하게 했다.
악사가 나귀에서 내리자 갈렙이 물었다.
"무엇을 원하느냐?"
악사가 대답했다. "제게 결혼 예물을 주십시오.
아버지께서 제게 사막의 땅을 주셨으니,
이제 샘물도 주십시오!"
그래서 갈렙은 윗샘과 아랫샘을 딸에게 주었다.

❖

20-32 유다 자손의 지파가 가문별로 받은 유산은 이러하다.
네겝에 있는 유다 지파의 남쪽 성읍들은 에돔 경계에 인접해 있었다.

갑스엘, 에델, 야굴
기나, 디모나, 아다다
게데스, 하솔, 잇난
십, 델렘, 브알롯
하솔하닷다, 그리욧헤스론(곧 하솔)
아맘, 세마, 몰라다
하살갓다, 헤스몬, 벳벨렛

하살수알, 브엘세바, 비스요댜
바알라, 이임, 에셈
엘돌랏, 그실, 호르마
시글락, 맛만나, 산산나
르바옷, 실힘, 아인, 림몬 등
모두 스물아홉 성읍과 그 주변 마을들이다.

³³⁻⁴⁷ 세벨라(서쪽 작은 언덕)에는
에스다올, 소라, 아스나
사노아, 엔간님, 답부아, 에남
야르뭇, 아둘람, 소고, 아세가
사아라임, 아디다임, 그데라(또는 그데로다임) 등
열네 성읍과 그 주변 마을들
스난, 하다사, 믹달갓
딜르안, 미스바, 욕드엘
라기스, 보스갓, 에글론
갑본, 라맘, 기들리스
그데롯, 벳다곤, 나아마, 막게다 등
열여섯 성읍과 그 주변 마을들
립나, 에델, 아산
입다, 아스나, 느십
그일라, 악십, 마레사 등
아홉 성읍과 그 주변 마을들
에그론과 그 성읍과 주변 마을들
에그론에서 서쪽으로 바다까지 아스돗과 경계한 모든 곳과 그 주변 마을들
아스돗과 그 성읍과 주변 마을들
이집트 시내에 이르기까지 가사와 그 성읍과 주변 마을들이다.
서쪽 경계는 큰 바다다.

48-60 산지에는

사밀, 얏딜, 소고

단나, 기럇산나(곧 드빌)

아납, 에스드모, 아님

고센, 홀론, 길로 등

열한 성읍과 그 주변 마을들

아랍, 두마, 에산

야님, 벳답부아, 아베가

훔다, 기럇아르바(곧 헤브론), 시올 등

아홉 성읍과 그 주변 마을들

마온, 갈멜, 십, 윳다

이스르엘, 욕드암, 사노아

가인, 기브아, 딤나 등

열 성읍과 그 주변 마을들

할훌, 벳술, 그돌

마아랏, 벳아놋, 엘드곤 등

여섯 성읍과 그 주변 마을들

기럇바알(곧 기럇여아림), 랍바 등

두 성읍과 그 주변 마을들이다.

61-62 광야에는

벳아라바, 밋딘, 스가가

닙산, 소금 성읍, 엔게디 등

여섯 성읍과 그 주변 마을들이다.

63 유다 자손은 예루살렘에 살고 있던 여부스 사람을 쫓아내지 못했다. 여부스 사람은 그대로 남아서, 유다 자손과 함께 살았다. 오늘까지도 그들은 거기 예루살렘에 살고 있다.

요셉 지파가 받은 땅

16 1-3 요셉 자손이 제비 뽑아 받은 땅은, 여리고 근처 요단 강에서 시작하여 여리고 샘 동쪽을 지나 북쪽으로 사막 산지를 통과해 베델에 이르고, 다시 베델(곧 루스)에서 아다롯에 있는 아렉 사람의 영토에 이른다. 거기서 다시 서쪽으로 내려가 야블렛 사람의 영토와 아래쪽 벳호론 지역과 게셀에 이르러 바다에서 끝난다.

4 이것이 요셉 자손, 곧 므낫세와 에브라임이 유산으로 받은 지역이다.

5-9 에브라임이 가문별로 받은 땅은 이러하다.

그들이 유산으로 받은 땅의 경계는, 동쪽으로 아다롯앗달에서 위쪽 벳호론으로 이어져 서쪽으로 바다에 이른다. 그리고 북쪽 믹므다에서 동쪽으로 돌아 다아낫실로에 이르고 계속 동쪽으로 가서 야노아까지 이어진다. 경계는 다시 야노아에서 아다롯과 나아라로 내려가고 여리고를 만나 요단 강으로 나온다. 답부아에서 경계는 서쪽으로 가나 시내에 이르러 바다에서 끝난다. 이것이 에브라임 지파가 가문별로 받은 유산이며, 므낫세의 유산 중에는 에브라임의 몫으로 구별된 모든 성읍과 그 주변 마을들도 포함된다.

10 그러나 그들은 게셀에 살고 있던 가나안 사람을 쫓아내지 않았다. 가나안 사람은 오늘까지 에브라임 자손 가운데 살면서 강제노역을 하고 있다.

17 1-2 요셉의 맏아들 므낫세 자손이 제비 뽑아 받은 땅은 이러하다. (므낫세의 맏아들이요 길르앗의 아버지인 마길은 뛰어난 용사였으므로 길르앗과 바산을 이미 받았다.) 그래서 나머지 제비 뽑은 땅은 나머지 므낫세 자손과 그 가문들, 곧 아비에셀, 헬렉, 아스리엘, 세겜, 헤벨, 스미다 가문들에게 돌아갔다. 이들은 요셉의 아들 므낫세의 남자 후손으로, 각기 가문을 이룬 이들이다.

3-4 므낫세의 아들 마길은 길르앗을 낳고 길르앗은 헤벨을 낳고 헤벨은 슬로

브핫을 낳았는데, 슬로브핫에게는 아들이 없고 딸만 있었다. 그 딸들의 이름은 말라, 노아, 호글라, 밀가, 디르사다. 그들이 제사장 엘르아살과 눈의 아들 여호수아와 지도자들을 찾아가 말했다. "하나님께서 모세에게 명령하시기를, 우리의 남자 친척들과 함께 우리에게도 유산을 주라고 하셨습니다." 여호수아는 하나님께서 명령하신 대로, 그들의 아버지의 형제들과 함께 그들에게 유산을 주었다.

5-6 므낫세의 딸들이 아들들과 함께 유산을 받았으므로, 므낫세의 유산은 요단 강 건너편의 길르앗과 바산 땅 외에도 열 몫이 되었다. 길르앗 땅은 나머지 므낫세 자손의 몫이 되었다.

7-10 므낫세의 경계는 아셀에서 시작하여 세겜 맞은편의 믹므닷에 이르고, 거기서 남쪽으로 내려가 엔답부아 주민이 사는 곳에 이른다. (답부아 땅은 므낫세의 소유지만 므낫세 경계에 있는 답부아는 에브라임 지파의 소유다.) 경계는 계속 남쪽으로 이어져 가나 시내에 이른다. (그곳 성읍들은 므낫세의 성읍들 가운데 있지만 에브라임의 소유다.) 므낫세의 경계는 시내 북쪽으로 뻗어 바다에서 끝난다. 남쪽 땅은 에브라임의 소유고, 북쪽 땅은 므낫세의 소유며, 서쪽 경계는 바다다. 그 땅은 북쪽으로는 아셀, 동쪽으로는 잇사갈과 맞닿아 있다.

11 잇사갈과 아셀 안에도 므낫세의 소유가 있었는데, 벳산과 이블르암 그리고 도르와 엔돌과 다아낙과 므깃도 백성과 그들의 마을들이다. 그 목록에서 세 번째는 나봇이다.

12-13 므낫세 자손은 그 성읍들을 끝내 점령하지 못했다. 가나안 사람이 꼼짝도 하지 않았기 때문이다. 나중에 이스라엘이 더 강해지자 그들은 가나안 사람에게 강제노역을 시켰다. 그러나 그들을 쫓아내지는 않았다.

❦

14 요셉 자손이 여호수아에게 말했다. "어찌하여 우리에게 한 몫만 주셨습니까? 우리는 수가 많고 점점 더 불어나고 있습니다. 하나님께서 우리에게 넘치도록 복을 주셨기 때문입니다."

15 여호수아가 대답했다. "여러분의 수가 아주 많아져서 에브라임 산지가 너

무 좁다고 하니, 브리스 사람과 르바임 사람의 땅인 삼림지대로 올라가서 그
곳을 여러분의 힘으로 개간하십시오."

16 그러자 요셉 자손이 말했다. "산지만으로는 우리에게 부족합니다. 게다가
아래 평지에 사는 가나안 사람은, 벳산과 그 주변 마을 사람들이든 이스르엘
골짜기에 사는 사람들이든 다 철제 전차를 가지고 있습니다."

17-18 여호수아가 요셉 지파에게(에브라임과 므낫세에게) 말했다. "그렇습니다. 여
러분은 수가 많고 아주 강해서 한 몫으로는 부족합니다. 그러니 그 산지까지
차지하십시오. 지금은 나무밖에 없는 땅이지만, 여러분이 그 땅을 개간하여
이 끝에서 저 끝까지 여러분의 것으로 삼으면 됩니다. 가나안 사람이 강하고
철제 전차까지 가지고 있다 하더라도, 여러분을 당해 내지는 못할 것입니다."

나머지 땅의 분할

18

1-2 그 후에 이스라엘 백성 온 회중이 실로에 모여서, 그곳에 회막
을 세웠다.

그들이 그 땅을 점령했지만 아직 이스라엘 가운데 일곱 지파가 유산을 받지
못했다.

3-5 여호수아가 이스라엘 백성에게 말했다. "여러분이 언제까지 수수방관하
며 **하나님** 여러분 조상의 하나님께서 여러분에게 주신 땅을 차지하는 일을
미루고 있겠습니까? 각 지파에서 세 사람씩 뽑으십시오. 내가 그들에게 일
을 맡기겠습니다. 그들은 땅을 살피고 각 지파에게 돌아갈 유산을 지도로 그
려서 내게 보고할 것입니다. 그들이 땅을 일곱 부분으로 나눌 것입니다. 유
다는 남쪽 자신들의 영토에 머물고 요셉 자손은 북쪽 자신들의 자리를 지킬
것입니다.

6 여러분은 일곱 부분을 표시한 측량 지도를 책임지고 준비해서 내게 가져오십
시오. 그러면 내가 여러분을 위해 여기 우리 **하나님** 앞에서 제비를 뽑겠습니다.
7 그러나 레위 지파만은 여러분 가운데서 유산을 받지 못합니다. **하나님**의
제사장직이 그들의 유산이기 때문입니다. 그리고 갓, 르우벤, 므낫세 반쪽
지파는 요단 강 동쪽에서 **하나님**의 종 모세가 그들에게 준 유산을 이미 받았

습니다."

8 그 사람들이 길을 떠났다. 땅을 살피러 가는 그들에게 여호수아가 이렇게 당부했다. "가서 땅을 살피고 지도를 그려서 돌아오시오. 그러면 내가 여기 실로에서 여러분을 위해 하나님 앞에서 제비를 뽑을 것이오."

9 그들은 길을 떠났다. 그 땅을 두루 다니며 성읍별로 두루마리에 지도를 그렸다. 그리고 실로의 진에 있는 여호수아에게 보고했다.

10 여호수아는 실로에서 그들을 위해 하나님 앞에서 제비를 뽑았다. 그리고 지파에 따라 이스라엘 백성에게 땅을 나누어 주었다.

베냐민 지파가 받은 땅

11 첫 번째로 베냐민 지파와 그 가문의 몫을 정하기 위해 제비를 뽑았다. 그들이 받은 땅의 경계는 유다 자손과 요셉 자손 사이였다.

12-13 북쪽 경계는 요단 강에서 시작하여 여리고 북쪽 등성이로 해서 서쪽 산지로 계속 올라가다가 벳아웬 광야에 이르렀다. 그 경계는 거기서 돌아서 루스를 지나 루스 남쪽 등성이(곧 베델)에 이르고, 아다롯앗달에서 산을 따라 내려가 아래 벳호론 남쪽에 닿았다.

14 거기서 경계는 서쪽으로 돌아 산에서 남쪽으로 꺾여 벳호론 남쪽에 이르고, 유다 자손의 성읍인 기럇바알(곧 기럇여아림)에서 끝났다. 이것이 서쪽 경계다.

15-19 남쪽 경계는 서쪽의 기럇여아림 끝에서 시작하여 넵도아 샘물 근원에 이르기까지 서쪽으로 이어진다. 거기서 (르바임 골짜기 북쪽과 맞닿아 있는) 벤힌놈 골짜기 맞은편 산기슭으로 내려가고, 여부스 등성이 남쪽의 힌놈 골짜기로 내려가서 엔로겔까지 이어졌다. 거기서 다시 북쪽으로 구부러져 붉은 고갯길(아둠밈) 맞은편 엔세메스와 글릴롯에 이르고, 르우벤의 아들 보한의 돌까지 내려가서 계속 벳아라바 북쪽으로 가다가 아라바로 가파르게 내려간다. 그리고 북쪽으로 벳호글라 비탈을 따라가다가 요단 강 남쪽 끝인 소금 바다의 북쪽 만(灣)으로 나왔다. 이것이 남쪽 경계다.

20 동쪽 경계는 요단 강으로 이루어졌다.

이것이 베냐민 자손이 가문별로 받은 유산이며, 그 사방 경계가 이와 같았다.

21-28 베냐민 지파가 가문별로 받은 성읍들은 이러하다.

여리고, 벳호글라, 에멕그시스
벳아라바, 스마라임, 베델
아윔, 바라, 오브라
그발암모니, 오브니, 게바 등
열두 성읍과 그 주변 마을들
기브온, 라마, 브에롯
미스바, 그비라, 모사
레겜, 이르브엘, 다랄라
셀라, 엘렙, 여부스 사람의 성읍(곧 예루살렘), 기브아, 기럇여아림 등
열네 성읍과 그 주변 마을들이다.

이것이 베냐민 자손이 가문별로 받은 유산이다.

시므온 지파가 받은 땅

19 1-8 두 번째로 시므온과 그 가문의 몫을 정하기 위해 제비를 뽑았다. 그들이 유산으로 받은 땅은 유다의 영토 안에 있었다. 그들이 유산으로 받은 땅은 이러하다.

브엘세바(또는 세바), 몰라다
하살수알, 발라, 에셈
엘돌랏, 브둘, 호르마
시글락, 벳말가봇, 하살수사
벳르바옷, 사루헨 등
열세 성읍과 그 주변 마을들
아인, 림몬, 에델, 아산 등
네 성읍과 그 주변 마을들 그리고 네겝의 라마, 곧 바알랏브엘에 이르기까

지 그 성읍들 주변에 있는 모든 마을들이다.

8-9 이것이 시므온 지파가 가문별로 받은 유산이다. 유다의 몫이 필요 이상으로 컸으므로, 그것을 시므온 지파와 나누었다. 이렇게 시므온 자손은 유다의 몫 안에서 자신들의 몫을 얻었다.

스불론 지파가 받은 땅

10-15 세 번째로 스불론의 몫을 정하기 위해 가문별로 제비를 뽑았다. 그들이 유산으로 받은 땅의 경계는 사릿까지 이르렀다. 서쪽으로는 마랄라에 이르러 답베셋과 만나고 거기서 욕느암 맞은편 시내에 닿았다. 사릿의 반대 방향인 동쪽의 경계는, 해 뜨는 곳을 따라 기슬롯다볼의 경계를 지나고 다브랏을 지나 야비아까지 이르렀다. 경계는 계속해서 동쪽으로 가드헤벨과 엣가신까지 갔다가 림몬에서 나와 네아 쪽으로 돌았고, 거기서 북쪽으로 돌아 한나돈에 이르러 입다엘 골짜기로 빠졌다. 갓닷, 나할랄, 시므론, 이달라, 베들레헴 등 열두 성읍과 그 주변 마을들이 여기에 포함되었다.

16 이것이 스불론 자손이 가문별 유산으로 받은 성읍과 그 주변 마을들이다.

잇사갈 지파가 받은 땅

17-21 네 번째로 잇사갈의 몫을 정하기 위해 가문별로 제비를 뽑았다. 그들의 영토는 이러하다.

이스르엘, 그술롯, 수넴
하바라임, 시온, 아나하랏
랍빗, 기시온, 에베스
레멧, 언간님, 엔핫다, 벳바세스.

22 그 경계는 다볼, 사하수마, 벳세메스에 닿았고 요단 강에서 끝났다. 모두

열여섯 성읍과 그 주변 마을들이다.

²³ 이것이 잇사갈 지파가 가문별 유산으로 받은 성읍과 그 주변 마을들이다.

아셀 지파가 받은 땅

²⁴ 다섯 번째로 아셀 지파의 몫을 정하기 위해 가문별로 제비를 뽑았다.

²⁵⁻³⁰ 그들의 영토에는 헬갓, 할리, 베덴, 악삽, 알람멜렉, 아맛, 미살이 들어갔다. 서쪽 경계는 갈멜과 시홀림낫에 닿았고, 거기서 동쪽 벳다곤 방향으로 돌아 스불론과 입다엘 골짜기에 닿았으며, 가불을 왼쪽에 끼고 북쪽으로 올라가 벳에멕과 느이엘에 이르렀다. 경계는 계속해서 에브론, 르홉, 함몬, 가나를 지나 큰 시돈에까지 이르렀다. 거기서 라마 쪽으로 되돌아 요새화된 성읍인 두로까지 뻗었다가 호사 쪽으로 돌아서 악십, 움마, 아벡, 르홉 지역의 바다로 나왔다. 모두 스물두 성읍과 그 주변 마을들이다.

³¹ 이것이 아셀 지파가 가문별 유산으로 받은 성읍과 그 주변 마을들이다.

납달리 지파가 받은 땅

³² 여섯 번째로 납달리와 그 가문의 몫을 정하기 위해 제비를 뽑았다.

³³ 그들의 경계는 헬렙과 사아난님의 상수리나무에서 시작하여 아다미네겝과 얍느엘을 지나 락굼에 이르고 요단 강에서 끝났다.

³⁴ 경계는 아스놋다볼에서 서쪽으로 돌아가 훅곡으로 나왔으며, 남쪽으로 스불론, 서쪽으로 아셀, 동쪽으로 요단 강과 만났다.

요새화된 성읍들은 이러하다.

³⁵⁻³⁸ 싯딤, 세르, 함맛, 락갓, 긴네렛
아다마, 라마, 하솔
게데스, 에드레이, 엔하솔
이론, 믹다렐, 호렘, 벳아낫, 벳세메스 등
열아홉 성읍과 그 주변 마을들이다.

³⁹ 이것이 납달리 지파가 가문별 유산으로 받은 성읍과 그 주변 마을들이다.

단 지파가 받은 땅

⁴⁰⁻⁴⁶ 일곱 번째로 단의 몫을 정하기 위해 제비를 뽑았다. 그들이 유산으로 받은 영토는 이러하다.

소라, 에스다올, 이르세메스

사알랍빈, 아얄론, 이들라

엘론, 딤나, 에그론

엘드게, 깁브돈, 바알랏

여훗, 브네브락, 가드림몬

메얄곤, 락곤, 욥바 맞은편 지역.

⁴⁷ 그러나 단 자손은 서쪽 사람(아모리 사람)을 쫓아내지 못했다. 서쪽 사람이 그들을 다시 산지로 몰아넣고 평지로 나오지 못하게 했기 때문에 그들이 지낼 공간이 좁았다. 그래서 단 자손은 진격해 올라가 레셈을 쳤다. 그들은 레셈을 취하여 그 주민들을 죽이고 그곳에 정착했다. 그리고 자신들의 조상 단의 이름을 따라 레셈을 단이라고 불렀다.

⁴⁸ 이것이 단 지파가 가문별 유산으로 받은 성읍과 그 주변 마을들이다.

⁴⁹⁻⁵⁰ 이스라엘 백성은 땅을 유산으로 나누어 주고 그 경계를 정하는 일을 마쳤다. 그 후에 그들은 눈의 아들 여호수아에게 자신들의 유산 일부를 주었다. 그들은 하나님의 말씀에 순종하여, 그가 요구한 성읍인 에브라임 산지의 딤낫세라를 그에게 주었다. 여호수아는 성읍을 재건하고 그곳에 정착했다.

⁵¹ 이것이 제사장 엘르아살과 눈의 아들 여호수아와 조상 때부터 이어져 온 지도자들이 실로의 회막 문 하나님 앞에서 이스라엘 지파들에게 제비 뽑아 나누어 준 유산이다. 그들은 땅을 분배하는 일을 마쳤다.

도피성

20

1-3 그때 하나님께서 여호수아에게 말씀하셨다. "이스라엘 백성에게 말하여라. 내가 모세를 통해 너희에게 지시한 대로 도피성을 지정하여, 누구든지 실수로─뜻하지 않게─사람을 죽인 자가 피의 보복자를 피하여 안전한 피난처인 그곳으로 피신할 수 있게 하여라.

4 피할 곳을 찾아 이 성읍들 가운데 한 곳으로 피하려는 사람은, 성문 입구에 서서 성읍의 지도자들에게 자신이 저지른 일을 털어놓아야 한다. 그러면 지도자들은 그를 성읍 안으로 받아들이고 그에게 살 곳을 주어 더불어 살 수 있게 해야 한다.

5-6 피의 보복자가 그를 뒤쫓아 와도 그를 내주어서는 안된다. 그는 사람을 죽일 의도가 없었고 악감정을 품은 적이 없기 때문이다. 그는 회중 앞에서 재판을 받을 때까지, 그리고 현재의 대제사장이 죽을 때까지 그 성읍에 머물러 지낸 뒤에야 자기가 도망쳐 나온 자기 고향 집으로 돌아갈 수 있다."

7 그들은 납달리 산지에 있는 갈릴리의 게데스와 에브라임 산지에 있는 세겜과 유다 산지에 있는 기럇아르바(곧 헤브론)를 구별하여 지정했다.

8-9 여리고 동쪽 요단 강 건너편에서는 르우벤 지파 중에서 사막 고원에 있는 베셀, 갓 지파 중에서 길르앗의 라못, 므낫세 지파 중에서 바산의 골란을 지정했다. 이것은 이스라엘 백성과 그들과 함께 사는 외국인을 위해 지정된 성읍들로, 누구든지 뜻하지 않게 사람을 죽인 사람이 그곳으로 도망하여, 회중 앞에서 공정한 재판을 받기도 전에 피의 보복자의 손에 죽지 않게 하기 위해서였다.

레위 지파의 성읍

21

1-2 레위 지파의 지도자들이 제사장 엘르아살과 눈의 아들 여호수아와 이스라엘 백성의 다른 지파 지도자들을 찾아왔다. 이것은 가나안 땅 실로에서 있었던 일이다. 그들이 말했다. "하나님께서 모세를 통해 명령하시기를, 우리가 머물러 살 성읍들과 우리 가축들을 먹일 목초지의 사용 권한을 우리에게 주라고 하셨습니다."

3 이스라엘 백성은 하나님께서 명령하신 대로, 자신들이 받은 유산 중에서 다음의 성읍과 목초지를 레위 지파에게 주었다.

4-5 고핫 가문의 몫을 결정할 제비는 이렇게 뽑았다. 레위 지파 중에서 제사장 아론의 자손에게는 유다, 시므온, 베냐민 지파로부터 제비를 뽑아 열세 성읍이 돌아갔다. 나머지 고핫 자손에게는 에브라임, 단, 므낫세 반쪽 지파의 가문들로부터 제비를 뽑아 열 성읍이 돌아갔다.

6 게르손 자손에게는 잇사갈, 아셀, 납달리, 바산의 므낫세 반쪽 지파 가문들로부터 제비를 뽑아 열세 성읍이 돌아갔다.

7 므라리 자손에게는 르우벤, 갓, 스불론 지파로부터 열두 성읍이 돌아갔다.

8 이렇게 이스라엘 백성은 하나님께서 모세를 통해 명령하신 대로, 제비를 뽑아 이 성읍들과 목초지를 레위인에게 주었다.

9-10 그들이 유다, 시므온, 베냐민 지파로부터 받아 나누어 준 성읍들을 하나씩 살펴보면 이러하다(레위의 고핫 가문에서 난 아론의 자손이 첫 번째로 제비 뽑혔으므로, 이 성읍들이 그들의 차지가 되었다).

11-12 유다 산지의 기럇아르바(아르바는 아낙의 조상이다), 곧 헤브론과 그 주변 목초지를 얻게 되었다. 그러나 이전에 여분네의 아들 갈렙에게 준 성읍의 밭과 넓은 땅은 그의 소유로 남았다.

13-16 유다와 시므온 지파는 제사장 아론의 자손에게, (유죄 판결을 받지 않은 살인자들을 위한 도피성인) 헤브론과 립나, 얏딜, 에스드모아, 홀론, 드빌, 아인, 웃다, 벳세메스 아홉 성읍과 거기에 딸린 모든 목초지를 주었다.

17-18 베냐민 지파에서는 기브온, 게바, 아나돗, 알몬 네 성읍과 거기에 딸린 목초지를 주었다.

19 이렇게 모두 열세 성읍과 거기에 딸린 목초지가 아론의 자손 제사장들에게 돌아갔다.

20-22 레위 지파의 나머지 고핫 가문에게는 에브라임 지파에게서 제비를 뽑아 받은 성읍들을 나누어 주었다. 유죄 판결을 받지 않은 살인자를 위한 도피성

인 에브라임 산지의 세겜과 게셀, 깁사임, 벳호론 네 성읍과 거기에 딸린 목초지였다.

²³⁻²⁴ 단 지파에서는 엘드게, 깁브돈, 아얄론, 가드림몬 네 성읍과 거기에 딸린 목초지를 주었다.

²⁵ 므낫세 반쪽 지파에서는 다아낙, 가드림몬 두 성읍과 거기에 딸린 목초지를 주었다.

²⁶ 이렇게 모두 열 성읍과 거기에 딸린 목초지가 나머지 고핫 가문에게 돌아갔다.

²⁷ 레위 지파의 게르손 가문에게는 므낫세 반쪽 지파에서 유죄 판결을 받지 않은 살인자를 위한 도피성인 바산의 골란과 브에스드라 두 성읍과 거기에 딸린 목초지를 주었다.

²⁸⁻²⁹ 잇사갈 지파에서는 기시온, 다브랏, 야르못, 언간님 네 성읍과 거기에 딸린 목초지를 주었다.

³⁰⁻³¹ 아셀 지파에서는 미살, 압돈, 헬갓, 르홉 네 성읍과 거기에 딸린 목초지를 주었다.

³² 납달리 지파에서는 유죄 판결을 받지 않은 살인자를 위한 도피성인 갈릴리의 게데스와 함못돌, 가르단 세 성읍과 거기에 딸린 목초지를 주었다.

³³ 이렇게 모두 열세 성읍과 거기에 딸린 목초지가 게르손 자손과 그 가문에게 돌아갔다.

³⁴⁻³⁵ 나머지 레위 지파인 므라리 가문에게는 스불론 지파에서 욕느암, 가르다, 딤나, 나할랄 네 성읍과 거기에 딸린 목초지를 주었다.

³⁶⁻³⁷ 르우벤 지파에서는 베셀, 야하스, 그데못, 므바앗 네 성읍과 거기에 딸린 목초지를 주었다.

³⁸⁻³⁹ 갓 지파에서는 유죄 판결을 받지 않은 살인자를 위한 도피성인 길르앗의 라못과 마하나임, 헤스본, 야스엘 모두 네 성읍과 거기에 딸린 목초지를 주었다.

⁴⁰ 이렇게 그들은 이 모든 성읍, 곧 열두 성읍을 나머지 레위 지파인 므라리 자손에게 제비를 뽑아 나누어 주었다.

⁴¹⁻⁴² 레위 지파는 이스라엘 백성의 영토 안의 마흔여덟 성읍과 거기에 딸린 목초지를 갖게 되었다. 이들 각 성읍은 목초지로 둘러싸여 있었다. 받은 모든 성읍이 그러했다.

❧

⁴³⁻⁴⁴ 이와 같이 **하나님**께서는 그들의 조상에게 주시기로 엄숙히 맹세하신 모든 땅을 이스라엘에게 주셨다. 그들은 그 땅을 차지하여 거기에 자리 잡고 살았다. **하나님**께서는 그들의 조상에게 엄숙히 맹세하신 대로, 사방에 쉼을 주셨다. 그들의 원수들 가운데 어느 누구도 그들에게 맞서지 못했다. **하나님**께서 모든 원수를 그들에게 넘겨주셨기 때문이다.
⁴⁵ **하나님**께서 이스라엘 집에 주신 모든 선한 말씀 가운데 단 한 마디도 이루어지지 않은 것이 없었다. 모든 것이 그대로 되었다.

❧

22 ¹⁻⁵ 그때에 여호수아가 르우벤 지파, 갓 지파, 므낫세 반쪽 지파를 불러모아 말했다. "여러분은 **하나님**의 종 모세가 여러분에게 명령한 일을 모두 행했고, 내가 여러분에게 명령한 일도 순종하는 마음으로 모두 행했습니다. 그동안 여러분은 여러분의 형제들을 버리지 않았고, **하나님** 여러분의 하나님께서 여러분에게 맡기신 일을 감당했습니다. 이제 **하나님** 여러분의 하나님께서 약속하신 대로 여러분의 형제들에게 쉼을 주셨으니, 여러분은 **하나님**의 종 모세가 요단 강 건너편에서 여러분에게 유산으로 준 여러분의 땅, 여러분의 집으로 돌아가도 좋습니다. 다만, **하나님**의 종 모세가 여러분에게 맡긴 계명과 계시를 주의하여 지키십시오. **하나님** 여러분의 하나님을 사랑하고, 그분의 모든 길로 행하고, 그분의 명령을 지키고, 그분을 마음에 품고, 여러분 안에 있는 모든 것과 여러분이 가지고 있는 모든 것

으로 그분을 섬기십시오."

6-7 여호수아는 그들을 축복하고 떠나보냈다. 그들은 집으로 돌아갔다. (므낫세 반쪽 지파에게는 이미 바산에서 모세가 그들의 몫을 나누어 주었다. 나머지 반쪽 지파에게는 여호수아가 요단 강 서쪽에서 그들의 형제들과 함께 땅을 나누어 주었다.)

7-8 여호수아는 그들을 집으로 보내며 축복했다. "집으로 돌아가십시오. 여러분은 부자가 되어, 많은 가축 떼와 금과 은과 동과 철과 산더미 같은 옷을 가지고 집으로 갑니다. 여러분이 원수들에게서 빼앗은 이 모든 전리품을 여러분의 친구와 가족들과 함께 나누어 가지십시오!"

✧

9 르우벤 지파와 갓 지파와 므낫세 반쪽 지파는 가나안 땅 실로에서 이스라엘 백성을 떠나, 하나님께서 모세를 통해 주신 명령대로 그들이 차지한 땅 길르앗으로 돌아갔다.

10 그들은 가나안 땅과 맞닿은 요단 강가 글릴롯에 이르렀다. 거기서 르우벤 지파와 갓 지파와 므낫세 반쪽 지파는 제단을 쌓았다. 아주 큰 제단이었다!

11 이스라엘 백성이 그 소식을 들었다. "이게 무슨 일인가? 르우벤 지파와 갓 지파와 므낫세 반쪽 지파가 이스라엘 백성 맞은편의 요단 강가 글릴롯에서 가나안 땅 쪽을 향해 제단을 쌓았다!"

12-14 이스라엘 백성이 이 말을 듣고, 온 회중이 그들과 전쟁을 하러 가려고 실로에 모였다. 그들은 제사장 엘르아살의 아들 비느하스를 르우벤 지파와 갓 지파와 므낫세 반쪽 지파에게(곧 길르앗 땅으로) 보냈다. 각 지파에서 한 사람씩 보낸 지도자 열 명도 함께 갔는데, 그들은 각각 조상 대대로 내려온 집안의 우두머리이자 이스라엘 각 군대의 대표였다.

15-18 그들은 르우벤 지파와 갓 지파와 므낫세 반쪽 지파에게 가서 말했다. "하나님의 온 회중이 알고 싶어 합니다. 여러분은 어찌하여 이스라엘의 하나님께 죄를 지은 것입니까? 하나님을 등지고 여러분의 제단을 따로 쌓은 것은 드러내 놓고 하나님을 거역하는 행위입니다. 브올의 범죄가 우리에게 부족했습니까? 하나님의 회중에게 닥친 재앙의 여파를 우리가 여태 안고 살고

있고, 오늘까지도 그 죄에서 벗어나지 못했습니다! 여러분이 한 일을 보십시오. 하나님께 등을 돌렸습니다! 오늘 여러분이 하나님을 거역했으니, 내일 그분께서 우리 모두에게, 이스라엘 온 회중에게 진노를 발하실 것입니다.

19-20 여러분 소유의 땅이 충분히 거룩하지 못하여 어딘가 더럽다고 생각되거든, 하나님의 성막이 세워진 하나님의 소유지로 건너와 거기서 여러분의 땅을 취하십시오. 그러나 하나님을 거역하는 일만은 안됩니다. 또한 우리 하나님의 제단 외에 여러분의 제단을 따로 쌓아 우리를 거역해서도 안됩니다. 세라의 아들 아간이 거룩한 저주를 어겼을 때 이스라엘 온 회중 위에 진노가 임하지 않았습니까? 그 죄로 인해 죽은 사람이 아간 혼자가 아니었습니다."

21-22 르우벤 지파와 갓 지파와 므낫세 반쪽 지파가 이스라엘 지파들의 지도자들에게 대답했다.

하나님은 모든 신 중의 신이십니다.
하나님은 모든 신 중의 신이십니다!

22-23 "이 일이 그분을 거역하는 반역인지 아닌지는 하나님께서 아시며, 그분이 이스라엘에게도 그 사실을 알게 하실 것입니다. 만일 이것이 반역이라면 우리를 살려 두지 마십시오. 만일 우리가 하나님을 거역하여 따로 제단을 쌓고 그 단 위에 번제물이나 곡식 제물이나 희생의 화목 제물을 바치려 한 것이라면, 하나님께서 친히 판단하실 것입니다.

24-25 하지만 그렇지 않습니다. 우리는 걱정이 되어서 제단을 쌓았습니다. 언젠가 여러분의 자손이 우리 자손에게 '당신들은 하나님 이스라엘의 하나님과 상관이 없습니다! 하나님께서 우리와 당신들 사이에 요단 강을 경계로 삼으셨으니, 당신들 르우벤 지파와 갓 지파는 하나님과 아무런 관계가 없습니다' 하고 말할까 봐 염려했던 것입니다. 그렇게 되면 여러분의 자손이 우리 자손에게 하나님을 예배하지 못하게 할지도 모르지 않습니까.

26 그래서 우리가 의논했습니다. '뭔가 방법을 강구하자. 제단을 쌓자. 그러나 번제물이나 희생 제물을 바치기 위한 것은 아니다' 하고 말입니다.

²⁷ 우리는 우리와 여러분과 우리 뒤에 올 자손 사이의 증거물로 이 제단을 쌓았습니다. 우리가 **하나님**의 거룩한 성막에서 번제물과 희생 제물과 화목 제물로 **하나님**을 예배하는 그 제단을 가리키는 증거물로 말입니다.

이렇게 하면, 앞으로 여러분의 자손이 우리 자손에게 '당신들은 하나님과 아무런 관계가 없습니다' 하고 말하지 못할 것입니다.

²⁸ 우리가 말한 대로, 앞으로 누구든지 우리나 우리 자손을 얕잡아 말한다면, 우리는 '우리 조상들이 **하나님**의 제단을 본떠서 만든 이 제단을 보시오. 이것은 번제물이나 희생 제물을 바치기 위한 것이 아니라, 우리와 당신들을 이어 주는 증거물일 뿐입니다' 하고 말할 것입니다.

²⁹ 우리는 **하나님**을 거역하거나 배반하려는 생각이 전혀 없습니다. 우리 **하나님**의 거룩한 성막 앞에 있는 하나님의 제단에 맞서기 위해 번제물이나 곡식 제물을 위한 제단을 따로 쌓을 생각은 꿈에도 없습니다."

³⁰ 제사장 비느하스와 그와 함께한 회중의 모든 지도자들 곧 이스라엘 각 군대의 우두머리들은, 르우벤 지파와 갓 지파와 므낫세 반쪽 지파가 하는 말을 듣고 만족해 했다.

³¹ 엘르아살의 아들 제사장 비느하스가 르우벤 자손과 갓 자손과 므낫세 자손에게 말했다. "여러분이 이 일로 **하나님**께 반역하지 않았으니, 이제 우리는 **하나님**께서 우리와 함께 계심을 확신합니다. 여러분은 이스라엘 백성을 **하나님**의 징계에서 구한 것입니다."

³²⁻³³ 그 후에 엘르아살의 아들 제사장 비느하스와 지도자들은 (길르앗에 있는) 르우벤 지파와 갓 지파와 므낫세 반쪽 지파를 떠나서, 가나안 땅 이스라엘 백성에게 돌아와 모든 것을 자세히 보고했다. 이스라엘 백성은 그 보고를 듣고 기뻐하며 하나님을 찬양했다. 르우벤 지파와 갓 지파가 살고 있는 땅을 공격하여 멸하자는 말이 다시는 나오지 않았다.

³⁴ 르우벤 자손과 갓 자손은 그 제단에 이런 이름을 붙였다.

우리 사이의 증거물.
하나님 한분만이 하나님이시다.

여호수아의 마지막 당부

23 ¹⁻² **하나님**께서 주변의 모든 원수들을 물리치시고 이스라엘에게 쉼을 주신 후에, 오랜 세월이 흘러서 여호수아도 우러를 만한 노인이 되었다. 여호수아는 온 이스라엘, 곧 장로와 지도자와 재판관과 관리들을 모두 불러 모아 말했다.

²⁻³ "이제 나는 늙었고, 살 만큼 살았습니다. 여러분은 **하나님**께서 여러분을 위해 이 모든 나라에 행하신 일을 보았습니다. 그분은 **하나님** 여러분의 하나님이시기에 그렇게 하셨습니다. 여러분을 위해 싸우신 것입니다.

⁴⁻⁵ 보십시오. 요단 강에서부터 서쪽 큰 바다까지 남아 있는 이 나라들을 이미 정복한 나라들과 함께 내가 여러분 지파들의 유산으로 제비 뽑아 나누어 주었습니다. **하나님** 여러분의 하나님께서는 그들이 하나도 남지 않을 때까지 그들을 여러분 앞에서 쫓아내실 것이고, 여러분은 **하나님** 여러분의 하나님께서 약속하신 대로 그들의 땅을 차지하게 될 것입니다.

⁶⁻⁸ 이제 여러분은 변함없이 강하고 흔들리지 마십시오. 모세의 계시의 책에 기록된 모든 것을 순종하는 마음으로 행하십시오. 작은 것 하나라도 빠뜨리지 마십시오. 아직 주변에 남아 있는 나라들과 섞이는 일이 없게 하십시오. 그 신들의 이름을 입에 올리거나 그 이름으로 맹세하지도 마십시오. 절대로 그 신들을 예배하거나 그것들에게 기도해서는 안됩니다. 지금까지 여러분이 해온 것처럼, **하나님** 여러분의 하나님만을 꼭 붙드십시오.

⁹⁻¹⁰ **하나님**께서 여러분 앞에서 크고 강한 나라들을 쫓아내셨습니다. 지금까지 아무도 여러분에게 능히 맞설 수 없었습니다. 생각해 보십시오. 여러분 가운데 한 사람이 혼자서 천 명을 쫓아낸 것입니다! 그것은 하나님께서 **하나님** 여러분의 하나님이시기 때문입니다. 약속하신 대로, 그분께서 여러분을 위해 싸우셨기 때문입니다.

¹¹⁻¹³ 이제 여러분은 깨어서 정신을 바짝 차리십시오. **하나님** 여러분의 하나님을 사랑하십시오. 만일 여러분이 빗나가서 아직 여러분 가운데 남아 있는 이 민족들과 어울리면(그들과 결혼하고 다른 거래관계를 맺으면), **하나님** 여러분의 하나님께서 여러분을 위해 이 민족들을 몰아내지 않으실 것이라는 사실

을 분명히 아십시오. 그들은 여러분에게 괴로움이 될 것입니다. 여러분 등에 내리치는 채찍이 되며, 여러분 눈을 파고드는 모래알이 될 것입니다. 결국 **하나님** 여러분의 하나님께서 여러분에게 주신 이 좋은 땅에서 쫓겨날 자는, 바로 여러분이 되고 말 것입니다.

14 보다시피, 이제 나는 모든 사람이 가는 길로 가야 합니다. **하나님** 여러분의 하나님께서 여러분에게 약속하신 모든 선한 일이, 작은 것 하나까지도 다 이루어진 것을 여러분은 온 마음을 다해 알아야 합니다. 모든 것이 그대로 되었습니다. 어느 한 말씀도 이루어지지 않은 것이 없습니다.

15-16 그러나 **하나님** 여러분의 하나님께서는, 약속하신 모든 좋은 일을 확실하게 이루신 것같이, 또한 모든 나쁜 일도 일어나게 하십니다. 여러분에게 주신 이 좋은 땅에서 여러분 가운데 아무도 남지 않게 하실 수도 있습니다. 여러분이 **하나님** 여러분의 하나님께서 명령하신 그분의 언약의 길을 떠나 다른 신들을 섬기고 예배하면, **하나님**의 진노가 여러분을 향해 타오를 것입니다. 그러면 순식간에 여러분은 하나도 남지 않게 되고, 그분께서 주신 이 좋은 땅에는, 여러분이 머물던 흔적까지도 모두 사라지게 될 것입니다."

세겜에서 언약을 맺다

24 1-2 여호수아가 이스라엘의 모든 지파를 세겜에 모이게 하고, 장로와 지도자와 재판관과 관리들을 불렀다. 그들이 하나님 앞에 나오자, 여호수아가 온 백성에게 말했다.

2-6 "**하나님** 이스라엘의 하나님께서 이같이 말씀하십니다. '먼 옛날에 너희 조상, 곧 데라와 그의 아들 아브라함과 나홀은 유프라테스 강 동쪽에 살면서 다른 신들을 예배했다. 그러나 내가 너희 조상 아브라함을 강 건너편에서 이 끌어 내어, 그를 가나안 땅 전역을 누비게 했고 그의 후손이 많아지게 했다. 내가 그에게 이삭을 주었고, 또 이삭에게는 야곱과 에서를 주었다. 에서는 내가 세일 산지에 살게 했으나, 야곱과 그의 아들들은 이집트로 가게 했다. 나는 모세와 아론을 보내어 여러 재앙으로 이집트를 쳐서, 너희를 거기서 인도해 냈다. 너희 조상을 이집트에서 이끌어 낸 것이다. 너희는 바다에 이르

렀고, 이집트 사람들은 전차와 기병을 거느리고 홍해 물가까지 맹렬히 추격해 왔다!

7-10 그때 너희 조상은 나 **하나님**에게 도와 달라고 부르짖었다. 나는 너희와 이집트 사람들 사이에 구름을 두었고, 바닷물을 그들에게 풀어 놓아 그들을 삼켜 버렸다.

너희는 내가 이집트에 행한 모든 일을 너희 눈으로 직접 보았다. 그 후에 너희는 오랫동안 광야에서 지냈다. 내가 너희를 요단 강 동쪽에 사는 아모리 사람의 땅으로 인도하자, 그들이 너희와 싸웠다. 그러나 내가 너희를 위해 싸웠고 너희는 그들의 땅을 차지했다. 내가 너희를 위해 그들을 멸망시켰다. 그때 십볼의 아들 발락이 나타났다. 그는 모압 왕이었다. 그는 이스라엘과 싸울 작정으로 브올의 아들 발람을 불러다가 너희를 저주하게 하려고 했다. 그러나 나는 발람의 말에 귀를 기울이지 않았고, 오히려 그는 몇 번씩이나 너희를 축복했다! 내가 너희를 그에게서 구한 것이다.

11 그 후에 너희는 요단 강을 건너 여리고로 왔다. 여리고 지도자들뿐 아니라 아모리 사람, 브리스 사람, 가나안 사람, 헷 사람, 기르가스 사람, 히위 사람, 여부스 사람이 힘을 합쳐 너희를 공격했으나, 내가 그들을 너희에게 넘겨주었다.

12 내가 너희 앞서 말벌을 보내어, 아모리 사람의 두 왕을 몰아냈다. 너희가 할 일을 대신해 주었다. 너희는 아무것도 할 필요가 없었다. 손가락 하나 움직일 필요가 없었다.

13 너희가 수고하지 않은 땅, 너희가 짓지 않은 성읍들을 내가 너희에게 넘겨주었다. 그래서 지금 이렇게 이 성읍들에 살면서, 너희가 심지 않은 포도원과 올리브 과수원에서 난 열매를 먹고 있는 것이다.'

14 그러니, 이제 **하나님**을 경외하십시오. 온 마음과 뜻을 다해 그분을 예배하십시오. 여러분의 조상들이 유프라테스 강 건너편과 이집트에서 숭배하던 신들을 없애 버리십시오. 여러분은 **하나님**을 예배하십시오.

15 여러분 생각에 **하나님**을 예배하는 것이 좋지 않다면, 여러분이 대신 섬길 신을 선택하십시오. 오늘 선택하십시오. 여러분의 조상들이 강 건너편 땅에

서 예배하던 신들 가운데 하나를 택하든지, 아니면 여러분이 지금 살고 있는 땅 아모리 사람의 신들 가운데 하나를 택하십시오. 그러나 나와 내 가족은 **하나님**을 예배할 것입니다."

¹⁶ 백성이 대답했다. "우리는 **하나님**을 버리지 않겠습니다! 우리는 절대로 **하나님**을 버리고 다른 신들을 예배하지 않겠습니다.

¹⁷⁻¹⁸ **하나님**이 우리 하나님이십니다! 그분께서 우리 조상을 이집트의 종살이에서 이끌어 내셨습니다. 그분은 그 모든 위대한 기적을 우리가 보는 앞에서 행하셨습니다. 우리가 수없이 많은 길을 지나고 여러 나라를 통과하는 동안, 그분은 한순간도 우리에게서 눈을 떼지 않으셨습니다. 바로 우리를 위해 그분은 모든 민족, 곧 이 땅에 살던 아모리 사람과 모든 사람을 쫓아내셨습니다. 우리도 함께하겠습니다. 우리도 **하나님**을 예배하겠습니다. 그분만이 우리의 하나님이십니다."

¹⁹⁻²⁰ 여호수아가 백성에게 말했다. "아닙니다. 여러분은 **하나님**을 예배하지 못할 것입니다. 그분은 거룩하신 하나님이며 질투하시는 하나님이십니다. 그분은 여러분이 돌아다니며 죄짓는 것을 참지 않으실 것입니다. 여러분이 **하나님**을 떠나 다른 나라의 신들을 예배하면, 그분이 곧바로 돌이켜서 여러분을 크게 벌하실 것입니다. 여러분에게 그 모든 선을 베푸셨지만, 결국 여러분을 끝장내실 것입니다!"

²¹ 그러자 백성이 여호수아에게 말했다. "아닙니다! 우리가 **하나님**을 예배하겠습니다!"

²² 여호수아가 백성에게 말했다. "여러분이 **하나님**을 선택하고 그분을 예배하기로 한 것에 대해 여러분 자신이 증인입니다."

그들이 말했다. "우리가 증인입니다."

²³ 여호수아가 말했다. "이제 여러분이 가지고 있는 모든 이방 신들을 없애 버리십시오. **하나님** 이스라엘의 하나님께 온 마음을 드리십시오."

²⁴ 백성이 여호수아에게 대답했다. "우리가 **하나님**을 예배하겠습니다. 그분이 말씀하시는 대로 행하겠습니다."

²⁵⁻²⁶ 그날 여호수아가 그곳 세겜에서 백성을 위해 언약을 맺고, 공식적으로 그것을 자세히 기록했다. 여호수아는 모든 지침과 규정을 하나님의 계시의 책에 자세히 적었다. 그리고 큰 돌을 가져다가 **하나님**의 성소 곁에 있는 상수리나무 아래에 세웠다.

²⁷ 여호수아가 온 백성에게 말했다. "이 돌이 우리의 증거입니다. **하나님**께서 우리에게 하신 모든 말씀을 이 돌이 들었습니다. 여러분이 하나님을 배반하지 못하도록, 이 돌이 여러분에게 변치 않는 증거가 될 것입니다."

²⁸ 그 후에 여호수아는 백성을 각자 유산으로 받은 땅으로 돌려보냈다.

❧

²⁹⁻³⁰ 이 모든 일이 있은 후에, **하나님**의 종 눈의 아들 여호수아가 백열 살의 나이로 죽었다. 사람들은 그가 유산으로 받은 땅인 가아스 산 북쪽 에브라임 산지의 딤낫세라에 그를 묻었다.

³¹ **하나님**께서 이스라엘을 위해 행하신 모든 일을 직접 겪은 여호수아와 그보다 나중까지 산 장로들이 살아 있는 동안에, 이스라엘은 **하나님**을 섬겼다.

³² 이스라엘 백성은 이집트에서 가지고 나온 요셉의 유골을 세겜, 곧 야곱이 (세겜의 아버지인) 하몰의 아들들에게서 산 땅에 묻었다. 야곱이 은화 백 개를 주고 산 그 땅은 요셉 가문의 유산이 되었다.

³³ 아론의 아들 엘르아살도 죽었다. 사람들은 그를 그의 아들 비느하스가 유산으로 받은 에브라임 산지의 기브아에 묻었다.

사사기 | 머리말

섹스와 폭력, 강간과 학살, 잔인무도와 권모술수. 하나같이 구원 이야기를 전개하는 데 적합한 소재로 보이지 않는다. 하나님과 구원, 진정한 삶과 사랑 같은 성경의 중심 주제를 염두에 두고 성경을 펴는 독자들은, 응당 성경에서 우리 모두에게 모범이 될 만한 선하고 고귀하며 존경스러운 지도자들의 모습을 보게 되기를 기대한다. 그렇기에, 사사기의 각 장마다 홍수처럼 쏟아져 나오는 적나라한 폭력행위들은 가히 충격적이지 않을 수 없다. "이스라엘 백성이 하나님 보시기에 악을 행했다"(삿 2:11, 3:12, 4:1, 6:1, 10:6, 13:1)는 문장이 여러 장에 걸쳐 반복해서 나온다.

사사기가 그 흠 많고 불량한 지도자들을 부정적인 본보기로 제시하고 그런 형편없는 삶에 따르는 섬뜩한 벌을 지옥불 운운하며 묘사하는 이야기였다면, 그다지 우리 비위에 거슬리지 않았을 것이다. 그런데 이 이야기는 전혀 그런 식이 아니다. 화자(話者)는 심드렁한 어조로 이야기를 펼쳐 가는데, 마치 하나님께서 이런 식으로 말씀하시는 것 같다. "좋다. 그게 너희가 내놓을 수 있는 최선이라면, 나는 그런 너희의 모습을 있는 그대로 사용해 내 구원 이야기를 전개시켜 가겠다." 이들은 그 이야기 속에서 자리를 찾아가면서 어느 정도의 명예를 부여받기까지 한다. 분명, 이 이야기는 그들을 비난의 대상이나 조롱거리로 다루지 않는다.

그렇다. 하나님이 하시는 선한 일에 반드시 선한 사람이 필요한 것은 아니다. 그분은 우리가 도덕적·영적으로 어떤 상태에 있든 우리를 사용해 일하실 수 있고, 또 그렇게 일하신다. 때로는 그분의 가장 선한 일을 이루는 데 가장 부적합해 보이는 자들을 사용하시기도 한다. 그런 지도자들(사사들)까지도 영광스러운 결론을 향해 달려가는 이야기의 의미 있는 일부로 포함시키는 하나님이시라면, 분명 우리 같은 사람들, 구제불능인 것처럼 보이는 우리의 친구와 이웃도 그렇게 사용하실 수 있을 것이다.

  사사기에 두 번(17:6과 21:25) 등장하는 인상적인 반복구가 있다. "그때에는 이스라엘에 왕이 없었다. 사람들은 무엇이든 자기 마음에 원하는 대로 행했다." 그러나 사사기를 읽는 우리는, 사실 이스라엘에 왕이 있었음을 안다. 바로, 하나님께서 왕이셨다. 지상의 왕이 없던, 그래서 도덕적·정치적으로 무정부 상태였던 그 시절에도 주권자 하나님이 계셨고, 그분이 다스리시는 나라가 엄연한 현실로 존재했다.

사사기

1 ¹ 여호수아가 죽은 후에, 이스라엘 백성이 **하나님**께 여쭈었다. "어느 지파가 앞장서 올라가서 가나안 사람과 싸워야 하겠습니까?"

² **하나님**께서 말씀하셨다. "유다 지파가 올라가거라. 내가 그 땅을 그들의 손에 넘겨주었다."

³ 유다 지파 사람들이 형제인 시므온 지파 사람들에게 제안했다. "우리와 함께 우리 땅에 올라가서 가나안 사람과 싸우자. 그러면 우리도 너희와 함께 너희 땅에 가겠다." 그리하여 시므온 지파가 유다 지파와 함께 갔다.

⁴ 유다 지파가 올라가자, **하나님**께서 가나안 사람과 브리스 사람을 그들의 손에 넘겨주셨다. 그들은 베섹에서 열 개의 부대를 물리쳤다!

⁵⁻⁷ 그곳 베섹에서 그들은 아도니(나의 주)베섹을 쫓아가 그와 싸웠다. 그리고 가나안 사람과 브리스 사람을 쳐부수었다. 그들이 도망치는 아도니베섹을 뒤쫓아가서 사로잡아, 그의 엄지손가락과 엄지발가락을 잘라 버렸다. 아도니베섹은 "내가 전에 일흔 명의 왕들의 엄지손가락과 엄지발가락을 자르고 나서 내 식탁 밑을 기어 다니며 부스러기를 주워 먹게 했는데, 내가 그들에게 한 대로 하나님께서 내게 갚으시는구나" 하고 말했다. 유다 지파 사람들이 그를 예루살렘으로 끌고 가니, 그가 거기서 죽었다.

8-10 유다 백성이 예루살렘을 공격해 함락시키고, 칼로 그 성을 정복하고 불살랐다. 그 후에 그들은 산지와 네겝, 작은 언덕으로 내려가서, 거기 살고 있는 가나안 사람과 싸웠다. 유다는 헤브론(헤브론은 전에 기럇아르바라고 불리던 곳이다)에 사는 가나안 사람에게까지 가서 세새, 아히만, 달매를 굴복시켰다.

11-12 거기서 그들은 진격하여 드빌 주민을 쳤다(드빌은 전에 기럇세벨이라고 불리던 곳이다). 갈렙은 "누구든지 기럇세벨을 공격하여 점령하는 사람에게는 내 딸 악사를 아내로 주겠다"고 말했다.

13 갈렙의 동생 그나스의 아들 옷니엘이 그곳을 점령했다. 그래서 갈렙은 자기 딸 악사를 그에게 아내로 주었다.

14-15 악사가 도착해서 옷니엘을 시켜
자기 아버지에게 밭을 청하게 했다.
악사가 나귀에서 내리자 갈렙이 물었다.
"무엇을 원하느냐?"
악사가 대답했다. "제게 결혼 예물을 주십시오.
아버지께서 제게 사막의 땅을 주셨으니,
이제 샘물도 주십시오!"
그래서 갈렙은 윗샘과 아랫샘을 딸에게 주었다.

16 모세의 친척인 겐 사람 호밥의 자손이 유다 자손과 함께 종려나무 성읍으로부터 올라가 아랏 내리막에 있는 유다 광야로 가서, 아말렉 사람과 함께 그곳에 정착했다.

17 유다 자손은 친족인 시므온 지파 사람들과 함께 가서 스밧에 사는 가나안 사람을 쳤다. 그들은 거룩한 저주를 행하고 그 성읍을 저주받은 성읍이라고 불렀다.

18-19 그러나 유다 자손은 가사, 아스글론, 에그론과 거기에 딸린 영토를 점령하지 않았다. 하나님께서 분명히 유다 자손과 함께 계셨으므로 그들은 산지를 점령할 수 있었다. 그러나 평지에 사는 사람들에게 철제 전차가 있었기 때문에 그들을 쫓아내지 못했다.

20 유다 자손은 모세가 지시한 대로 갈렙에게 헤브론을 주었다. 갈렙은 아낙의 세 아들을 쫓아냈다.

21 그러나 베냐민 자손은 예루살렘에 사는 여부스 사람을 쫓아내지 못했다. 베냐민 자손과 여부스 사람은 오늘까지 예루살렘에서 어깨를 맞대고 살고 있다.

✤

22-26 요셉의 집안 역시 베델을 치러 올라갔다. 하나님께서 그들과 함께하셨다. 요셉 집안이 정탐꾼들을 보내어 그곳을 정탐하게 했다. 베델은 루스라는 이름으로 알려져 있었다. 정탐꾼들이 때마침 그 성읍에서 나오는 사람을 보고 말했다. "성읍으로 들어가는 길을 우리에게 일러 주시오. 우리가 당신을 선대하겠소." 그 사람은 정탐꾼들에게 들어가는 길을 일러 주었다. 정탐꾼들은 그 사람과 그의 일가족만 빼고 성읍 안에 있는 모든 사람을 죽였다. 그 사람은 헷 사람의 땅으로 가서 그곳에 성읍을 세웠다. 그는 그곳을 루스라고 불렀는데, 오늘까지 그 이름으로 남아 있다.

27-28 그러나 므낫세 지파는 벳산, 다아낙, 도르, 이블르암, 므깃도와 거기에 딸린 영토에 사는 주민을 끝내 쫓아내지 않았다. 가나안 사람이 완강히 버티며 꿈쩍도 하지 않았다. 이스라엘이 더 강해졌을 때에도 가나안 사람에게 강제노역을 시켰을 뿐 그들을 몰아내지는 않았다.

29 에브라임 지파도 게셀에 사는 가나안 사람을 쫓아내지 못했다. 가나안 사람은 완강히 버티며 그곳에서 그들과 함께 살았다.

30 스불론 지파도 기드론과 나할롤의 가나안 사람을 쫓아내지 못했다. 그들은 계속해서 그곳에 살면서 강제노역을 해야 했다.

31-32 아셀 지파도 악고, 시돈, 알랍, 악십, 헬바, 아벡, 르홉 사람을 쫓아내지
못했다. 아셀 지파는 가나안 사람을 몰아낼 수 없었으므로 그들과 함께 정착
했다.

33 납달리 지파도 크게 다르지 않았다. 그들은 벳세메스와 벳아낫 사람을 쫓
아내지 못하고 그들 가운데로 이주하여 그들과 함께 살았다. 납달리 지파도
그들에게 강제노역을 시켰다.

34-35 아모리 사람은 단 자손을 산지로 몰아넣고 평지에 내려오지 못하게 했
다. 아모리 사람은 꿋꿋하게 헤레스 산, 아얄론, 사알빔에 계속 살았다. 그러
나 요셉의 집안이 더 강성해지자 그들은 강제노역을 해야 했다.

36 아모리 사람의 경계는 전갈 고갯길과 셀라에서부터 그 위에까지 이르렀다.

❧

2 1-2 **하나님**의 천사가 길갈에서 보김으로 올라와서 말했다. "내가 너희
를 이집트에서 이끌어 내어 너희 조상에게 약속한 땅으로 인도했다.
내가 너희에게 말하기를 '나는 너희와 맺은 내 언약을 절대로 어기지 않을
것이다. 그러니 너희는 이 땅에 사는 사람들과 절대로 언약을 맺어서는 안된
다. 그들의 제단들을 허물어라!' 하고 말했다. 그러나 너희는 내 말에 순종하
지 않았다! 어찌 이럴 수 있느냐?

3 이제 내가 너희에게 말한다. 나는 그들을 너희 앞에서 쫓아내지 않을 것이다.
그들이 너희를 걸려 넘어지게 하고 그들의 신들은 너희에게 덫이 될 것이다."

4-5 **하나님**의 천사가 이스라엘 온 백성에게 이 말을 하자, 그들이 큰소리로
울었다! 그들은 그곳을 보김(우는 사람들)이라고 불렀다. 그리고 거기서 **하나
님**께 제사를 드렸다.

❧

6-9 여호수아가 이스라엘 백성을 해산시킨 뒤에, 그들은 각각 자신들이 유산
으로 받은 땅으로 가서 그 땅을 차지했다. 여호수아가 살아 있는 동안 그리
고 그가 죽은 후에도, **하나님**께서 이스라엘을 위해 행하신 모든 크신 일을

직접 경험한 지도자들이 살아 있는 동안에는 백성이 하나님을 잘 섬겼다. 그 후에 **하나님**의 종 눈의 아들 여호수아가 백열 살의 나이로 죽었다. 그들은 그가 유산으로 받은 땅인 가아스 산 북쪽 에브라임 산지의 딤낫헤레스에 그를 묻었다.

¹⁰ 마침내 그 세대가 모두 죽어 땅에 묻혔다. 그 후에 **하나님**을 알지 못하고 그분께서 이스라엘을 위해 행하신 일도 전혀 모르는 새로운 세대가 일어났다.

❧

¹¹⁻¹⁵ 이스라엘 백성이 **하나님** 보시기에 악을 행했다. 그들은 바알 신들을 섬겼고, 자신들을 이집트에서 인도하여 내신 **하나님** 그들 조상의 하나님을 버렸다. 그들은 다른 신들, 주변 민족들이 섬기는 신들과 어울렸고, 실제로 그 신들을 섬겼다! 바알 신과 아스다롯 여신을 섬기는 것 때문에 그들이 **하나님**을 얼마나 노하시게 했는지 모른다! **하나님**께서는 이스라엘에게 불같이 진노하셨다. 그래서 그들을 약탈자들의 손에 넘겨 약탈당하게 하셨고, 사방의 적들에게 헐값에 팔아넘기셨다. 그들은 적들 앞에서 무력했다. 그들이 문밖으로 나갈 때마다 **하나님**께서 그들과 함께하셨지만, 그것은 **하나님**께서 말씀하시고 또 맹세하신 대로, 그들을 벌하시기 위해서였다. 그들의 상황이 몹시 위태했다.

¹⁶⁻¹⁷ 그러나 **하나님**께서는 사사들을 일으키셔서 그들을 약탈자의 손에서 구해 내셨다. 그런데도 그들은 사사들의 말을 좀처럼 들으려 하지 않았다. 그들은 음란하게도 자신들을 다른 신들에게 팔아 버렸다. 다른 신들을 예배한 것이다! 그들은 조상들이 **하나님**의 명령에 순종하며 걸어온 길을 순식간에 떠나갔다. 그 길과 아예 관계를 끊어 버렸다.

¹⁸⁻¹⁹ **하나님**께서 그들을 위해 사사를 세우실 때면, 하나님께서는 그 사사와 함께하셨다. 그 사사가 살아 있는 동안에는 원수들의 압제에서 이스라엘 백성을 구해 주셨다. 자신들을 괴롭히고 짓밟는 자들 때문에 신음하는 그들의 소리를 들으시고, **하나님**께서 그들을 불쌍히 여기셨던 것이다. 그러나 사사가 죽고 나면 백성은 곧바로 옛날 방식으로 돌아가—조상보다 더 악하게!—

다른 신들을 좇고 섬기고 예배했다. 고집 센 노새처럼, 그들은 악한 행실을 놓으려 하지 않았다.

20-22 이스라엘을 향해 **하나님**의 진노가 불타올랐다. 그분께서 말씀하셨다. "이 백성이 내가 그들의 조상에게 명령한 내 언약을 버리고 내 말을 듣지 않았으니, 나 또한 여호수아가 죽은 후에 남아 있는 민족들을 단 한 사람도 좇아내지 않을 것이다. 내가 그들을 통해 이스라엘을 시험하고, 이스라엘의 조상들처럼 그 자손들이 **하나님**의 길로 걸어가는지 지켜볼 것이다."

23 그래서 **하나님**께서는 그 민족들을 남겨 두셨다. 그분은 그들을 좇아내지 않으셨고, 여호수아가 그들을 몰아내게 하지도 않으셨다.

3

1-4 가나안 전쟁을 경험하지 않은 이스라엘 백성을 시험하기 위해 **하나님**께서 그곳에 남겨 두신 민족들은 이러하다. 그분은 전쟁을 겪지 않은 이스라엘 자손들을 훈련시키기 위해 그렇게 하셨다. 블레셋의 다섯 군주, 가나안 사람 전부, 시돈 사람, 바알헤르몬 산에서부터 하맛 고갯길까지 레바논 산에 사는 히위 사람을 남겨 두셨다. 그것은 모세를 통해 조상들에게 주신 **하나님**의 명령에 이스라엘이 순종하는지 시험하여 알아보기 위해서였다.

5-6 그러나 이스라엘 백성은 가나안 사람, 헷 사람, 아모리 사람, 브리스 사람, 히위 사람, 여부스 사람과 함께 어울려 살았다. 이스라엘은 그들의 딸과 결혼했고 그들의 아들을 사위로 삼았다. 그리고 그들의 신들을 섬겼다.

사사 옷니엘

7-8 이스라엘 백성이 **하나님** 보시기에 악을 행했다. 그들은 자신들의 **하나님**을 잊어버리고 바알 신들과 아세라 여신들을 섬겼다. 이스라엘을 향한 **하나님**의 진노가 뜨겁게 불타올랐다. 그분은 그들을 아람나하라임 왕 구산리사다임에게 팔아넘기셨다. 이스라엘 백성은 팔 년 동안 구산리사다임의 종으로 지냈다.

9-10 이스라엘 백성이 **하나님**께 부르짖자 **하나님**께서 그들을 구할 구원자를

일으키셨다. 그는 갈렙의 조카요 갈렙의 동생 그나스의 아들인 옷니엘이었다. 하나님의 영이 그에게 임하시니 그가 이스라엘을 다시 불러 모았다. 그가 전쟁에 나가자 하나님께서 아람나하라임 왕 구산리사다임을 그의 손에 넘겨주셨다. 옷니엘은 그를 간단히 처치할 수 있었다.
¹¹ 그 땅이 사십 년 동안 평온했다. 그 후에 그나스의 아들 옷니엘이 죽었다.

사사 에훗

¹²⁻¹⁴ 그러나 이스라엘 백성은 또다시 하나님 보시기에 악을 행했다. 그래서 하나님께서는 모압 왕 에글론을 강하게 만드셔서 이스라엘을 대적하게 하셨다. 그들이 하나님 보시기에 악을 행했기 때문이다. 에글론은 암몬 사람과 아말렉 사람을 소집하여 이스라엘을 치고 종려나무 성읍을 차지했다. 이스라엘 백성은 십사 년 동안 에글론의 종으로 지냈다.

¹⁵⁻¹⁹ 이스라엘 백성이 하나님께 부르짖으니 하나님께서 그들을 위해 구원자를 일으키셨다. 그는 베냐민 지파 게라의 아들 에훗으로, 왼손잡이였다. 이스라엘 백성은 에훗 편으로 모압 왕 에글론에게 조공을 보냈다. 에훗은 양날 단검을 만들어 오른쪽 허벅지에 차고 옷으로 가린 뒤, 모압 왕 에글론에게 가서 조공을 바쳤다. 에글론은 몹시 뚱뚱했다. 조공을 다 바친 뒤에 에훗은 조공을 메고 온 사람들과 함께 길을 떠났다. 그는 길갈 근처 돌 우상이 있는 곳까지 갔다가 다시 돌아와서 말했다. "왕이시여, 은밀히 드릴 말씀이 있습니다."

왕이 신하들에게 "물러가라"고 하자, 그들이 다 물러갔다.

²⁰⁻²⁴ 에훗이 왕에게 다가섰을 때 왕은 서늘한 다락방에 혼자 있었다. 에훗이 "왕께 전할 하나님의 말씀이 있습니다" 하고 말하자, 에글론이 왕좌에서 일어났다. 에훗은 왼손을 뻗어 오른쪽 허벅지에서 칼을 뽑아 왕의 불룩한 배를 찔렀다. 그러자 칼날뿐 아니라 칼자루까지 배에 깊이 박혔다. 기름기가 칼에 엉겨서 칼을 뽑을 수 없었다. 에훗은 현관으로 몰래 빠져나와 다락방 문을 닫아 잠그고 도망쳤다.

신하들이 와서 보니, 뜻밖에도 다락방 문이 잠겨 있었다. 그들은 "왕이 화장실에서 용변을 보시는가" 하고 생각했다.

²⁵ 그들은 기다리다가 걱정이 되었다. 그 잠긴 문에서 아무도 나오지 않았기 때문이다. 결국 그들이 열쇠를 가져다가 문을 열어 보니, 그곳에 왕이 죽은 채로 바닥에 쓰러져 있었다!

²⁶⁻²⁷ 그들이 어찌할 바를 몰라 우두커니 서 있는 동안, 에훗은 한참 달아나 있었다. 그는 돌 우상이 있는 곳을 지나서 스이라로 도망쳤다. 그곳에 이른 그는, 에브라임 산에서 나팔을 불었다. 이스라엘 백성이 산지에서 내려와 그와 합류했다. 에훗은 그들의 선두에 섰다.

²⁸ 그가 말했다. "나를 따르시오. **하나님**께서 여러분의 원수 모압을 여러분의 손에 넘겨주셨소." 그들은 에훗을 따라 내려가 요단 강 여울목을 확보하고 모압 사람과 대치했다. 그들은 아무도 강을 건너지 못하게 했다.

²⁹⁻³⁰ 그때 그들이 죽인 모압 사람이 열 개 부대쯤 되었는데, 다들 몸집이 크고 건장했지만 한 사람도 도망치지 못했다. 그날 모압이 굴복하여 이스라엘의 손 아래 들어왔다.

그 땅이 팔십 년 동안 평온했다.

사사 삼갈

³¹ 아낫의 아들 삼갈이 에훗의 뒤를 이었다. 그는 소 모는 막대기로 혼자서 블레셋 사람 육백 명을 죽였다. 그도 이스라엘을 구원했다.

사사 드보라

4 ¹⁻³ 이스라엘 백성이 **하나님** 보시기에 끊임없이 악을 행했다. 그래서 **하나님**께서는 에훗이 죽은 뒤에 하솔에서 다스리던 가나안 왕 야빈에게 그들을 팔아 버리셨다. 그의 군대 사령관은 하로셋학고임에 사는 시스라였다. 그가 구백 대의 철제 전차로 이십 년 동안 이스라엘 백성을 잔혹하게 압제했으므로 이스라엘 백성이 **하나님**께 부르짖었다.

⁴⁻⁵ 랍비돗의 아내 드보라는 예언자요, 당시에 이스라엘을 다스리던 사사였다. 드보라가 에브라임 산지의 라마와 베델 사이에 있는 드보라의 종려나무

아래서 재판을 열면, 이스라엘 백성이 그녀에게 가서 재판을 받곤 했다.

6-7 드보라가 납달리의 게데스로 사람을 보내어 아비노암의 아들 바락을 불러 그에게 말했다. "**하나님** 이스라엘의 하나님께서 그대에게 분명히 명령하십니다. '다볼 산으로 가서 전투를 준비하여라. 납달리 자손과 스불론 자손 중에서 군사 열 개 부대를 이끌고 가거라. 내가 야빈의 군지도자 시스라를 그의 모든 전차와 군대와 함께 기손 강가로 끌어들이겠다. 내가 반드시 너를 도와 전투에서 이기게 하겠다.'"

8 바락이 말했다. "당신이 나와 함께 가면 나도 가겠습니다. 그러나 당신이 나와 함께 가지 않으면 나도 가지 않겠습니다."

9-10 드보라가 말했다. "물론 나도 그대와 함께 갈 것입니다. 하지만 그런 자세로는 이 일에서 그대가 영광을 얻지 못할 것입니다. **하나님**께서는 한 여인의 손을 빌어 시스라를 처치하실 것입니다."

드보라는 준비를 마치고 바락과 함께 게데스로 갔다. 바락이 스불론과 납달리를 게데스로 불러 모으니, 군사 열 개 부대가 그를 따랐다. 드보라도 그와 함께 있었다.

11-13 모세의 장인 호밥의 자손 가운데 겐 사람 헤벨이 일찍이 동족인 겐 사람들과 갈라져, 그 즈음 게데스 부근의 사아난님 상수리나무 옆에 살고 있었다. 사람들이 시스라에게 아비노암의 아들 바락이 다볼 산으로 올라갔다고 전해 주었다. 시스라는 곧바로 모든 전차―철제 전차 구백 대!―와 하로셋학고임에 주둔하고 있던 모든 군대를 기손 강가로 소집했다.

14 드보라가 바락에게 말했다. "돌진하십시오! 바로 오늘 **하나님**께서 그대에게 시스라를 쳐부수도록 승리를 주셨습니다. **하나님**께서 그대보다 앞서 진격하고 계십니다."

바락은 열 개 부대를 이끌고 다볼 산 비탈로 돌진해 내려갔다.

15-16 **하나님**께서 바락 앞에서 시스라를―그의 모든 전차와 모든 군대!―쳐부수셨다. 시스라는 전차에서 뛰어내려 도망쳤다. 바락은 하로셋학고임까지 전차와 군대를 추격했다. 시스라의 모든 군대가 죽임을 당하고 한 사람도 남지 않았다.

17-18 한편, 시스라는 필사적으로 도망쳐 겐 사람 헤벨의 아내 야엘의 장막으로 갔다. 하솔 왕 야빈과 겐 사람 헤벨은 서로 사이가 좋았다. 야엘이 나와서 시스라를 맞으며 말했다. "들어오세요, 장군님. 저와 함께 이곳에 머무세요. 두려워하실 것 없습니다."
그래서 시스라는 야엘의 장막으로 들어갔다. 야엘은 그에게 담요를 덮어 주었다.
19 시스라가 야엘에게 말했다. "물 좀 주시오. 목이 마르군." 야엘은 우유가 든 병을 열어 그에게 마시게 하고는, 다시 담요로 그를 덮어 주었다.
20 시스라가 말했다. "장막 문에 서 있으시오. 혹시 누군가 와서 안에 누가 있는지 묻거든, 아무도 없다고 하시오."
21 시스라가 지쳐서 곤히 잠든 사이에, 헤벨의 아내 야엘이 장막 말뚝과 망치를 들고 살금살금 다가가, 그의 관자놀이에 대고 장막 말뚝을 박았다. 말뚝이 땅에 꽂히도록 박히니, 시스라가 경련을 일으키며 죽었다.
22 시스라를 쫓던 바락이 도착했다. 야엘이 나가서 그를 맞이했다. 야엘은 "어서 오십시오. 당신이 찾는 사람을 제가 보여드리겠습니다" 하고 말했다. 그가 야엘과 함께 가 보니, 시스라는 관자놀이에 말뚝이 박혀 몸을 뻗은 채 죽어 있었다.
23-24 그날 하나님은 이스라엘 백성 앞에서 가나안 왕 야빈을 굴복시키셨다. 이스라엘 백성이 가나안 왕 야빈을 더 세게 몰아붙여, 결국 그에게 아무것도 남지 않게 되었다.

❧

5 1 그날 드보라와 아비노암의 아들 바락이 이 노래를 불렀다.
2 그들이 이스라엘에서 머리를 풀어 내려 바람에 마구 흩날리게 했다.
백성이 기꺼이 나섰으니

하나님을 찬양하여라!

³ 왕들아, 들어라! 통치자들아, 들어라!
내가 **하나님**께 노래하리라.
하나님 이스라엘의 하나님께
아름다운 음악을 울려라.

⁴⁻⁵ **하나님**, 주께서 세일을 떠나
에돔 들판을 가로질러 진군하실 때
땅이 떨었고, 아, 하늘이 비를 쏟았으며
구름이 강을 이루었습니다.
하나님 시내 산의 하나님 앞에서
하나님 이스라엘의 하나님 앞에서 산들이 뛰었습니다.

⁶⁻⁸ 아낫의 아들 삼갈의 때와
야엘의 때에
큰길의 인적이 끊기고
행인들은 뒷길로 다녔다.
전사들은 뚱뚱하고 엉성하여
투지가 하나도 없었다.
그때 당신, 드보라가 일어났다.
당신, 이스라엘의 어머니가 일어났다.
하나님께서 새 지도자들을 택하시니
그들이 성문에서 싸웠다.
이스라엘의 마흔 개 부대 가운데
방패 하나 창 하나 보이지 않았다.

⁹ 이스라엘아, 기운을 내어라.

백성과 함께 기꺼이 나와서 **하나님**을 찬양하여라!

❦

¹⁰⁻¹¹ 편하게 담요 위에 앉아서
귀한 나귀를 타고 가는 너희들아,
길을 가는 너희들아,
깊이 생각하고 주의를 기울여라!
성읍 우물가에 모여서
그들의 노랫소리를 들어라.
하나님의 승리, 곧 이스라엘에 이루신
승리의 이야기를 노래하는 소리를 들어라.

그때 **하나님**의 백성이
성문으로 내려갔다.

¹² 깨어라, 깨어라, 드보라야!
깨어라, 깨어서 노래를 불러라!
일어나라, 바락아!
포로들을 데려가라, 아비노암의 아들아!

❦

¹³⁻¹⁸ 그때 남은 자들이 내려가 용감한 자들을 맞이했다.
하나님의 백성이 강한 자들과 합류했다.
에브라임의 지휘관들이 골짜기로 왔고
너희 뒤로는 베냐민이 너희 군대와 함께 왔다.
마길에서 지휘관들이 진군해 내려왔고
스불론에서 고위급 지도자들이 내려왔다.
잇사갈의 지도자들이 드보라에게 모였고

잇사갈은 바락과 함께 굳게 서서
전쟁터에서 그를 지원했다.
그러나 르우벤 군대는 앞뒤 계산하느라 바빴다.
모닥불 가의 모든 입씨름은 어찌 된 일인가?
산만하여 생각이 딴 데 있고
르우벤 군대는 마음을 정할 수 없었다.
어찌하여 길르앗은 요단 강 건너에서 몸을 사렸고
단은 어째서 배를 타고 나갔던가?
해변의 아셀은 일정한 거리를 두고
자기 항구에서 안전히 머물렀다.
그러나 스불론은 목숨을 걸었고 죽음을 무릅썼다.
납달리도 고원의 싸움터에서 그러했다.

19-23 왕들이 와서 싸웠으니
가나안 왕들이 싸웠다.
그들이 다아낙에서, 므깃도 시내에서 싸웠으나
은과 전리품을 얻지 못했다.
하늘의 별들도 함께 싸웠으니
그 다니는 길에서 시스라와 싸웠다.
기손의 급류가 그들을 휩쓸었다.
급류, 기손의 급류가 그들을 쳤다.
너는 강한 자의 목을 밟을 것이다!
그때 말발굽소리가 울리니
우르르 돌진하는 군마들이었다.
하나님의 천사가 이르기를 "메로스를 저주하여라.
그 백성을 저주하고 또 저주하여라.
그들이 **하나님**께서 필요로 하실 때 오지 않았고
용감한 전사들과 **하나님** 편에 모이지 않았기 때문이다."

❁

24-27 모든 여인 중에 가장 복된 사람은
겐 사람 헤벨의 아내 야엘이니
여인들 중에 가장 복되도다.
시스라가 물을 달라 할 때
야엘은 우유를 내오되
멋들어진 대접에
크림을 담아서 주었다.
그녀는 왼손에 장막 말뚝을 들고
오른손으로 망치를 잡았다.
망치를 내리쳐 시스라의 머리를 깨고
관자놀이에 구멍을 뚫었다.
그는 그녀의 발아래 고꾸라졌다. 쓰러져 뻗었다.
그녀의 발아래 고꾸라져, 쓰러졌다.
고꾸라지고, 쓰러져 죽었다.

❁

28-30 시스라의 어머니가 창가에서 기다렸다.
지치고 불안한 마음으로 두루 살폈다.
"그의 전차가 왜 이리 더딘가?
덜컹이는 전차소리가 왜 아직 들리지 않는가?"
가장 지혜로운 시녀가 침착한 말로
대답하여 안심시키기를,
"그들이 약탈하느라,
전리품을 나누느라 바쁘지 않을까요?
각 사람마다
처녀 하나씩 어쩌면 둘씩 차지하고,

시스라는 화사한 비단 웃옷,
멋진 고급 비단 웃옷을 걸치고 있겠지요!
또 울긋불긋한 목도리로, 어쩌면 목도리 두 개로
약탈자들의 목을 치장하겠지요."

🌿

31 **하나님**의 원수들은 이처럼 모두 망하게 하시고
하나님을 사랑하는 자들은 구름 없는 해 같게 하십시오.

그 땅이 사십 년 동안 평온했다.

사사 기드온

6

1-6 이스라엘 백성이 또다시 **하나님** 보시기에 악을 행했다. 그래서 하나님께서는 그들을 칠 년 동안 미디안의 지배 아래 두셨다. 미디안이 이스라엘을 압제하니, 이스라엘 백성은 미디안 때문에 산속에 은신처로 동굴과 요새를 마련했다. 이스라엘이 곡식을 심어 놓으면, 미디안과 아말렉 같은 동쪽 사람들이 침략하여 이스라엘의 밭에 진을 치고는, 멀리 가사에 이르기까지 작물을 망쳐 놓았다. 그들은 이스라엘이 먹고살 것을 하나도 남겨 두지 않았고, 양이나 소나 나귀 한 마리도 남겨 두지 않았다. 마치 메뚜기 떼가 쳐들어오듯이, 그들은 자기네 소 떼와 장막을 가지고 들어와 그 땅을 차지해 버렸다. 게다가 그들의 낙타는 수를 헤아릴 수조차 없었다! 그들은 진격해 들어와서 그 땅을 폐허로 만들었다. 미디안 때문에 가난해질 대로 가난해진 이스라엘 백성은, **하나님**께 도와 달라고 부르짖었다.

7-10 한번은 이스라엘 백성이 미디안 때문에 **하나님**께 부르짖었더니, **하나님**께서 그들에게 한 예언자를 보내셔서 이런 말씀을 주셨다. "**하나님** 이스라엘의 하나님의 말씀이다.

내가 너희를 이집트에서 구해 내고

종살이에서 해방시켰다.
나는 너희를 이집트의 폭정에서 구하고
또 모든 압제자의 손에서 구해 냈다.
내가 그들을 너희 앞에서 쫓아내고
그들의 땅을 너희에게 주었다.

나는 너희에게 '나는 **하나님** 너희 하나님이다. 너희가 살고 있는 땅 아모리 사람의 신들을 조금도 두려워하지 마라' 하고 말했다. 그러나 너희는 내 말을 듣지 않았다."

11-12 하루는 **하나님**의 천사가 와서, 아비에셀 사람 요아스에게 속한 오브라의 상수리나무 아래에 앉았다. 요아스의 아들 기드온이 미디안 사람의 눈에 띄지 않도록 포도주 틀에서 밀을 타작하고 있었다. **하나님**의 천사가 그에게 나타나서 말했다. "강한 용사여, **하나님**께서 너와 함께 계신다!"

13 기드온이 대답했다. "저와 함께 계신다고요? **하나님**께서 우리와 함께 계신다면 어째서 우리에게 이 모든 일이 일어났습니까? 우리 부모와 조상들이 '**하나님**께서 우리를 이집트에서 구해 내지 않으셨느냐?'며 우리에게 말하던 그 모든 기적은 다 어디로 갔습니까? 이제 **하나님**은 우리와 아무 상관이 없는 분이십니다. 우리를 이렇게 미디안의 손에 넘긴 것도 그분이십니다."

14 그러자 **하나님**께서 그를 돌아보며 말씀하셨다. "너는 가서, 네게 있는 그 힘으로 이스라엘을 미디안에게서 구원하여라. 내가 너를 보내지 않았느냐?"

15 기드온이 그분께 아뢰었다. "주님, 제가 말입니까? 제가 무엇으로 이스라엘을 구원할 수 있겠습니까? 저를 보십시오. 저희 집안은 므낫세 중에서 가장 약하고, 저는 형제들 중에서도 가장 보잘것없는 자입니다."

16 **하나님**께서 그에게 말씀하셨다. "내가 너와 함께할 것이다. 나를 믿어라. 네가 마치 한 사람을 물리치듯이 미디안을 물리칠 것이다."

17-18 기드온이 말했다. "그 말씀이 진심이라면 제 부탁을 들어주십시오. 말씀하신 것을 뒷받침할 표징을 제게 주십시오. 제가 돌아와 예물을 드릴 때까지 떠나지 마십시오."

하나님께서 말씀하셨다. "네가 돌아올 때까지 기다리겠다."

¹⁹ 기드온은 가서 염소 새끼 한 마리와 누룩을 넣지 않은 빵을 많이 준비했다 (밀가루를 20리터도 더 썼다!) 그는 거룩한 식사로 바구니에 고기를 담고 냄비에 국을 담아 상수리나무 그늘 아래로 다시 갔다.

²⁰ 하나님의 천사가 그에게 말했다. "고기와 누룩을 넣지 않은 빵을 가져다가 저 바위 위에 놓고 그 위에 국을 부어라." 기드온이 그대로 했다.

²¹⁻²² **하나님**의 천사가 들고 있던 지팡이 끝을 내밀어 고기와 빵에 댔다. 그러자 바위에서 불이 나와 고기와 빵을 살라 버렸고, 그 사이에 하나님의 천사는 온데간데없이 사라졌다. 그제야 기드온은 그가 하나님의 천사인 것을 알았다! 기드온이 말했다. "어쩌면 좋습니까! 주 **하나님**! 제가 하나님의 천사를 대면하여 보았습니다!"

²³ 그러자 **하나님**께서 그를 안심시키셨다. "안심하여라. 두려워하지 마라. 너는 죽지 않을 것이다."

²⁴ 기드온은 그곳에 **하나님**께 제단을 쌓고 그 제단을 '하나님의 평화'라고 불렀다. 아비에셀의 오브라에 있는 그 제단은 오늘까지 그렇게 불린다.

²⁵⁻²⁶ 그날 밤에 이런 일이 있었다. **하나님**께서 기드온에게 말씀하셨다. "네 아버지의 집에서 칠 년 된 가장 좋은 수소, 최상품 수소를 끌고 오너라. 네 아버지 집의 바알 제단을 허물고 그 옆에 있는, 다산을 비는 아세라 목상을 찍어 버려라. 그리고 이 언덕 꼭대기에 **하나님** 너의 하나님께 제단을 쌓아라. 최상품 수소를 끌고 와서 번제로 드리되, 네가 찍어 낸 아세라 목상을 장작으로 써라."

²⁷ 기드온은 자기 종들 가운데서 열 명을 골라 **하나님**께서 명령하신 대로 행했다. 그러나 가족과 이웃이 두려워 그 일을 드러내지 않고 밤중에 했다.

²⁸ 이른 아침, 마을 사람들은 바알의 제단이 헐려 있고, 그 옆의 아세라 목상이 찍혀 있으며, 새로 쌓은 제단 위에 최상품 수소가 불타고 있는 것을 보고 깜짝 놀랐다.

²⁹ "누구 짓이지?" 그들은 여기저기 물어보았다. 묻고 또 물어 마침내 답을 찾았다. "요아스의 아들 기드온의 짓이다."

³⁰ 성읍 사람들은 요아스를 다그쳤다. "당신의 아들을 내놓으시오! 그는 죽어 마땅하오! 그가 바알의 제단을 허물고 아세라 목상을 찍어 버렸소!"
³¹ 그러나 요아스는 자신을 떠미는 무리와 당당히 맞섰다. "당신들이 바알을 위해 바알의 싸움을 하려는 거요? 당신들이 바알을 구원하겠다는 거요? 누구든지 바알 편에 서는 사람은 내일 아침까지 죽고 말 것이오. 바알이 정말 신이라면, 그가 스스로 싸우고 자기 제단도 스스로 지키게 두시오."
³² 그날 사람들은 기드온에게 여룹바알이라는 별명을 붙여 주었다. 그가 바알의 제단을 허문 뒤에 "바알의 싸움은 바알 스스로 하게 두라"고 말했기 때문이다.

❧

³³⁻³⁵ 미디안 사람과 아말렉 사람(동쪽 사람들)이 모두 모여 강을 건너와서, 이스르엘 골짜기에 진을 쳤다. **하나님**의 영이 기드온 위에 임하셨다. 그가 숫양 뿔나팔을 불자 아비에셀 사람들이 나와서 즉시 그를 따랐다. 기드온은 므낫세 전역으로 전령들을 급파하여 그들을 전쟁에 소집했고, 아셀과 스불론과 납달리에도 전령들을 보내니 그들이 모두 왔다.
³⁶⁻³⁷ 기드온이 하나님께 아뢰었다. "참으로 주께서 말씀하신 대로 저를 사용하여 이스라엘을 구원하실 것이라면, 보십시오. 제가 양털 한 뭉치를 타작마당에 놓아두겠습니다. 이슬이 양털에만 내리고 마당은 말라 있으면, 주께서 말씀하신 대로 저를 사용하여 이스라엘을 구원하실 줄로 알겠습니다."
³⁸ 정말 기드온의 말대로 되었다. 이튿날 아침 일찍 기드온이 일어나서 양털을 짜 보니, 대접에 물이 가득할 정도로 축축하게 젖어 있었다.
³⁹ 기드온이 다시 하나님께 아뢰었다. "제게 노하지 마십시오. 하나만 더 아뢰겠습니다. 양털로 한 번만 더 시험해 보고 싶습니다. 이번에는 양털만 말라 있고, 땅은 이슬로 흠뻑 젖게 해주십시오."
⁴⁰ 그 밤에 하나님께서 그대로 해주셨다. 양털만 말라 있고 땅은 이슬로 젖어 있었다.

✣

7 ¹ 여룹바알(기드온)이 이튿날 아침 일찍 일어나니, 그의 모든 군대가 그와 함께했다. 그들은 하롯 샘 옆에 진을 쳤다. 미디안의 진은 그들의 북쪽 모레 언덕 부근의 평지에 있었다.

²⁻³ **하나님**께서 기드온에게 말씀하셨다. "너와 함께한 군대가 너무 많다. 이대로는 내가 미디안을 그들 손에 넘겨줄 수 없다. 그들이 '내 힘으로 해냈다'고 하며 공로를 독차지하고 나를 잊어버릴 것이 뻔하다. 너는 '두렵거나 조금이라도 주저하는 마음이 있으면, 누구든지 지금 길르앗 산을 떠나 집으로 돌아가도 좋다'고 공포하여라." 그들 가운데 스물두 개 부대가 집으로 돌아가고 열 개 부대만 남았다.

⁴⁻⁵ **하나님**께서 기드온에게 말씀하셨다. "아직도 너무 많다. 그들을 데리고 개울로 내려가거라. 내가 거기서 최종 선발을 하겠다. 내가 '이 사람은 너와 함께 간다'고 말하면, 그가 너와 함께 갈 것이다. 내가 '이 사람은 너와 함께 가지 않는다'고 말하면, 그는 너와 함께 가지 않을 것이다." 그래서 기드온은 군대를 이끌고 개울로 내려갔다.

⁵⁻⁶ **하나님**께서 기드온에게 말씀하셨다. "개가 핥듯이 혀로 물을 핥는 사람은 한쪽에 두고, 무릎을 꿇고서 얼굴을 물에 대고 마시는 사람은 다른 쪽에 두어라." 손으로 물을 떠서 혀로 핥아 먹은 사람의 수는 삼백 명이었고, 나머지는 다 무릎을 꿇고 마셨다.

⁷ **하나님**께서 기드온에게 말씀하셨다. "개울에서 물을 핥아 먹은 이 삼백 명을 사용하여 내가 너희를 구원하고 미디안을 너희 손에 넘겨주겠다. 나머지는 다 집으로 돌아가도 좋다."

⁸ 기드온은 식량과 나팔을 모두 넘겨받은 뒤에 이스라엘 백성을 집으로 돌려보냈다. 그는 삼백 명과 함께 위치를 정했다. 미디안 진은 그 아래 골짜기에 펼쳐져 있었다.

⁹⁻¹² 그날 밤 **하나님**께서 기드온에게 말씀하셨다. "일어나서 적진으로 내려가거라. 내가 그들을 네 손에 넘겨주었다. 선뜻 내려가지 못하겠거든, 네 무기

를 드는 자 부라와 함께 가거라. 가서 그들이 하는 말을 들으면, 네가 담대해
지고 자신감이 생길 것이다." 기드온과 그의 무기를 드는 자 부라는 보초병
들이 배치되어 있는 곳 가까이로 내려갔다. 미디안과 아말렉, 곧 동쪽 사람
들이 메뚜기 떼처럼 평지에 널려 있었다. 게다가 그들의 낙타는 바닷가의 모
래알처럼 헤아릴 수 없을 만큼 많았다!

¹³ 기드온이 도착하자 마침 어떤 사람이 친구에게 자신의 꿈 이야기를 하는
것이 들렸다. "내가 이런 꿈을 꾸었네. 보리빵 한 덩이가 미디안 진으로 굴러
들어왔는데, 그것이 장막까지 이르러 세게 치는 바람에 장막이 무너졌다네.
장막이 쓰러지고 말았어!"

¹⁴ 그의 친구가 말했다. "이것은 이스라엘 사람 요아스의 아들 기드온의 칼이
틀림없어! 하나님께서 미디안의 진을 몽땅 그의 손에 넘기신 것이네!"

¹⁵ 꿈 이야기와 그 해석을 들은 기드온은 하나님 앞에 무릎을 꿇고 기도했다.
그리고 이스라엘 진으로 돌아가서 말했다. "일어나, 출발하라! 하나님께서
미디안 군대를 우리 손에 넘겨주셨다!"

¹⁶⁻¹⁸ 기드온은 삼백 명을 세 개 부대로 나누었다. 각 사람에게 나팔과 빈 항
아리를 주었는데, 항아리 안에는 횃불이 들어 있었다. 그가 말했다. "나를 잘
보고 내가 하는 대로 하여라. 내가 적진에 이르거든, 나를 따라 하여라. 나와
함께한 자들과 내가 나팔을 불면, 너희도 진 사방에서 나팔을 불고 '하나님
을 위하여, 기드온을 위하여!'라고 외쳐라."

¹⁹⁻²² 기드온과 그와 함께한 백 명의 군사는 보초병들이 배치된 직후 심야 경
계가 시작될 때 적진에 이르렀다. 그들은 나팔을 불었고, 그와 동시에 들고
있던 항아리를 깨부수었다. 세 개 부대가 일제히 나팔을 불며 항아리를 깨
뜨렸다. 그들은 왼손에는 횃불을, 오른손에는 나팔을 들고 외쳤다. "하나님
을 위한 칼, 기드온을 위한 칼이다!" 그들은 진을 빙 둘러서 각자 자리를 잡
았다. 미디안 온 진이 발칵 뒤집혔다. 그들은 소리를 지르며 달아났다. 삼백
명이 나팔을 불자, 하나님께서 진 전역에 걸쳐 미디안 군사의 칼마다 자기네
동료를 향하게 하셨다. 그들은 벳싯다로, 스레라 쪽으로, 답밧 근처의 아벨
므홀라 경계까지 필사적으로 도망쳤다.

²³ 이스라엘 백성이 납달리와 아셀, 므낫세 전역에서 모여들었다. 미디안이 달아나고 있었기 때문이다.

²⁴ 기드온은 에브라임 산지 전역으로 전령들을 보내어 "내려와서 미디안을 쳐라! 벳바라에서 요단 강 여울목을 장악하여라" 하고 독려했다.

²⁵ 그래서 에브라임 사람들이 모두 모여 벳바라에서 요단 강 여울목을 장악했다. 그들은 미디안의 두 지휘관 오렙(까마귀)과 스엡(늑대)도 사로잡았다. 그들은 까마귀 바위에서 오렙을 죽이고, 늑대 포도주 틀에서 스엡을 죽였다. 그리고 계속해서 미디안을 추격했다. 그들은 오렙과 스엡의 머리를 요단 강 건너편에 있는 기드온에게 가져왔다.

8 ¹ 그때 에브라임 사람들이 기드온에게 말했다. "당신이 미디안과 싸우러 나갈 때에 어찌하여 우리를 부르지 않고 이 일에서 제외시켰소?" 그들은 잔뜩 화가 난 상태였다.

²⁻³ 그러자 기드온이 대답했다. "내가 한 일이 여러분이 한 일과 비교가 되겠습니까? 에브라임이 주워 모은 이삭이 아비에셀이 수확한 포도보다 낫지 않습니까. 하나님께서 미디안의 지휘관 오렙과 스엡을 여러분 손에 넘겨주셨습니다. 그러니 내가 한 일이 여러분이 한 일에 비교나 되겠습니까?"

그 말을 듣고 나서야, 그들의 마음이 진정되었다.

⚜

⁴⁻⁵ 기드온과 그와 함께한 삼백 명이 요단 강에 이르러 강을 건넜다. 그들은 기진맥진했지만 계속 적들을 추격했다. 기드온이 숙곳 사람들에게 부탁했다. "나와 함께한 군대가 지쳤으니, 그들에게 빵을 좀 주십시오. 나는 미디안의 두 왕 세바와 살문나를 바짝 뒤쫓고 있는 중입니다."

⁶ 그러자 숙곳 지도자들이 말했다. "당신은 부질없는 짓을 하고 있소. 당신의 헛수고를 우리가 어째서 도와야 한단 말이오?"

⁷ 기드온이 말했다. "그렇다면 어쩔 수 없소. 하지만 **하나님**께서 세바와 살문

나를 내게 넘겨주실 때, 내가 사막의 가시와 엉겅퀴로 당신들의 맨살을 매질하고 채찍질할 것이오."

8-9 기드온은 거기서 브누엘로 올라가 똑같이 사정해 보았지만, 브누엘 사람들도 숙곳 사람들처럼 그의 부탁을 거절했다. 기드온은 그들에게 말했다. "내가 무사히 돌아올 때에 이 망루를 허물어 버리고 말 것이오."

10 세바와 살문나는 약 열다섯 개 부대의 병력과 함께 갈골에 있었는데, 동쪽 사람들의 남은 병력은 그것이 전부였다. 그들은 이미 군사 백이십 개 부대를 잃었다.

11-12 기드온이 노바와 욕브하 동쪽의 대상로를 따라 올라가서, 무방비 상태의 진을 공격했다. 세바와 살문나가 도망쳤지만 기드온이 추격하여 미디안의 두 왕을 사로잡았다. 온 진이 공포에 휩싸였다.

13-15 요아스의 아들 기드온은 헤레스 고갯길을 지나 전투에서 돌아오다가, 숙곳의 한 젊은이를 사로잡아 몇 가지를 물었다. 젊은이는 숙곳의 관리와 지도자 일흔일곱 명의 명단을 적어 주었다. 기드온은 숙곳 사람들에게 가서 말했다. "당신들이 나더러 부질없는 일이라며 절대로 사로잡지 못할 것이라고 했던 세바와 살문나가 여기 있소. 당신들은 내 지친 부하들에게 빵 한 조각도 주지 않았소. 당신들은 헛수고를 하고 있다며 우리를 조롱했소."

16-17 이어서 기드온은 숙곳의 지도자 일흔일곱 명을 붙잡고 사막의 가시와 엉겅퀴로 그들을 매질했다. 또 그는 브누엘의 망루를 허물고 그 성읍 사람들을 죽였다.

18 그 후에 기드온이 세바와 살문나에게 말했다. "너희가 다볼에서 죽인 사람들에 대해 말해 보아라."

그들이 말했다. "꼭 당신 같은 사람들이었소. 하나같이 다 왕자처럼 보였소."

19 기드온이 말했다. "그들은 내 형제, 곧 내 어머니의 아들들이다. 하나님께서 살아 계심을 두고 맹세하는데, 만일 너희가 그들을 살려 주었다면 나도 너희를 살려 주었을 것이다."

20 그리고 나서 그는 자기 맏아들 여델에게 "일어나 이들을 죽여라" 하고 명

령했다. 그러나 여델은 칼을 뽑지 못했다. 아직 어려서 두려웠던 것이다.

²¹ 세바와 살문나가 말했다. "당신이 대장부라면 직접 하시오!" 그러자 기드온이 다가가 세바와 살문나를 죽였다. 그는 그들이 타던 낙타 목에 걸린 초승달 모양의 장신구를 떼어 가졌다.

❧

²² 이스라엘 백성이 말했다. "당신과 당신의 아들과 당신의 손자가 우리를 다스려 주길 원합니다. 당신이 미디안의 폭정에서 우리를 구원했습니다."

²³ 기드온이 말했다. "나는 절대로 여러분을 다스리지 않을 것입니다. 내 아들도 마찬가지입니다. 하나님께서 여러분을 통치하실 것입니다."

²⁴ 이어서 기드온이 말했다. "다만 한 가지 청이 있습니다. 여러분 각자가 전리품으로 취한 귀걸이를 하나씩 내게 주십시오." 이스마엘 사람은 금귀걸이를 찼으므로, 그들의 주머니마다 귀걸이가 가득했다.

²⁵⁻²⁶ 그들이 말했다. "물론입니다. 모두 당신 것입니다!"
그들은 담요를 펴 놓고 각자 전리품으로 취한 귀걸이를 그 위에 던졌다. 기드온이 요청한 금귀걸이는 무게가 모두 20킬로그램 정도 되었다. 그 밖에도 초승달 모양의 장신구, 늘어뜨린 장식, 미디안 왕들이 입던 자주색 옷, 낙타들 목에 둘렀던 장식품들이 있었다.

²⁷ 기드온은 그 금으로 신성한 에봇을 만들어 자기 고향 오브라에 전시해 두었다. 그러자 온 이스라엘이 거기서 그것을 음란하게 섬겼고, 그 일은 기드온과 그의 집안에도 덫이 되었다.

²⁸ 이스라엘 백성이 미디안의 폭정을 꺾은 후로는, 그들에게서 더 이상 아무 말도 들려오지 않았다. 기드온이 다스리는 동안 그 땅이 사십 년 동안 평온했다.

❧

²⁹⁻³¹ 요아스의 아들 여룹바알은 고향으로 돌아가 자기 집에서 살았다. 기드온에게는 아들 일흔 명이 있었다. 모두 그가 낳은 아들이었다. 그에게 아내가 많았던 것이다! 세겜에 있는 그의 첩도 아들을 낳았는데, 기드온은 그의

이름을 아비멜렉이라고 했다.

³² 요아스의 아들 기드온은 수를 다 누리고 죽었다. 그는 아비에셀 사람의 땅 오브라에 있는 자기 아버지 요아스의 무덤에 묻혔다.

아비멜렉

³³⁻³⁵ 기드온의 몸이 무덤 속에서 채 식기도 전에, 이스라엘 백성이 그 길에서 벗어나 바알을 음란하게 섬겼다. 그들은 바알브릿을 자신들의 신으로 섬겼다. 이스라엘 백성은 그들을 속박하던 모든 적에게서 그들을 구원하신 **하나님** 그들의 하나님을 깨끗이 잊어버렸다. 그들은 또 여룹바알(기드온)의 집안에도 신의를 지키지 않았고, 그가 이스라엘을 위해 행한 모든 선한 일을 기리지도 않았다.

9 ¹⁻² 여룹바알의 아들 아비멜렉이 세겜의 외삼촌들과 외가의 친척들에게 가서 말했다. "세겜의 모든 높은 사람에게 이렇게 물어보십시오. '여룹바알의 아들 일흔 명 모두가 여러분을 다스리는 것과 한 사람이 다스리는 것 중에 어느 쪽이 나을 것 같습니까? 내가 여러분의 혈육임을 기억하십시오.'"

³ 그의 외가 친척들이 세겜의 지도자들에게 그 제안을 전했다. 그들은 아비멜렉을 받들고 싶어졌다. "그는 결국 우리와 한 핏줄이기 때문이오" 하고 그들이 말했다.

⁴⁻⁵ 그들은 바알브릿 신전에서 은화 일흔 개를 꺼내어 아비멜렉에게 주었다. 그는 그 돈으로 건달패를 군사로 고용해 자기를 따르게 했다. 그는 오브라에 있는 아버지의 집에 가서 자기의 배다른 형제들, 곧 여룹바알의 아들 일흔 명을 죽였다! 그것도 한 바위 위에서 죽였다! 여룹바알의 막내아들 요담만 용케 숨어서 살아남았다.

⁶ 그 후에 세겜과 벳밀로의 모든 지도자가 세겜에 있는 돌기둥 옆의 상수리나무에 모여 아비멜렉을 왕으로 추대했다.

7-9 요담이 그 일을 다 듣고 그리심 산 꼭대기에 올라가 소리 높여 외쳤다.

"세겜의 지도자들이여, 내 말을 들으십시오.
그러면 하나님께서 여러분의 말을 들으실 것입니다!
하루는 나무들이 기름을 부어
자기들의 왕을 세우기로 했습니다.
그들은 올리브나무에게 말했습니다.
'네가 우리를 다스려라.'
그러나 올리브나무는 그들에게 말했습니다.
'내가 어찌 신과 사람들을 영화롭게 하는
이 기름 내는 귀한 일을 버리고
나무들 위에서 이래라저래라 하겠느냐?'

10-11 그러자 나무들이 무화과나무에게 말했습니다.
'네가 와서 우리를 다스려라.'
그러나 무화과나무는 그들에게 말했습니다.
'내가 어찌 군침 도는
단 과실을 내는 귀한 일을 버리고
나무들 위에서 이래라저래라 하겠느냐?'

12-13 그러자 나무들이 포도나무에게 갔습니다.
'네가 와서 우리를 다스려라.'
그러나 포도나무는 그들에게 말했습니다.
'내가 어찌 신과 사람들을 기쁘게 하는
포도주를 내는 귀한 일을 버리고
나무들 위에서 이래라저래라 하겠느냐?'

14-15 그러자 모든 나무들이 풀덤불에게 갔습니다.

'네가 와서 우리를 다스려라.'
그러나 풀덤불은 나무들에게 말했습니다.
'진정으로 나를 너희 왕으로 삼고자 한다면
와서 내 그늘 아래로 피하여라.
그렇지 않으면 풀덤불에서 불이 뿜어져 나와
레바논의 백향목들을 사를 것이다!'

16-20 이제 들으십시오. 여러분이 아비멜렉을 왕으로 세운 것이 옳고 훌륭한 일이라고 생각합니까? 여러분이 여룹바알과 그 집안을 선대하고 그에게 마땅한 대우를 했다고 봅니까? 나의 아버지는 목숨을 걸고 여러분을 위해 싸워 미디안의 폭정에서 여러분을 구했습니다. 그런데 여러분은 바로 지금 그를 배신했습니다. 여러분은 그의 아들 일흔 명을 한 바위 위에서 학살했습니다! 그의 여종이 낳은 아들 아비멜렉이 여러분의 친척이라는 이유로 그를 세겜의 지도자들 위에 왕으로 세웠습니다. 여러분이 오늘 여룹바알을 이렇게 대한 것이 정당한 처사라고 생각한다면, 여러분은 아비멜렉을 즐거워하고 아비멜렉은 여러분을 즐거워할 것입니다. 그러나 그렇지 않다면, 아비멜렉에게서 불이 나와 세겜과 벳밀로의 지도자들을 사를 것입니다. 또 세겜과 벳밀로의 지도자들에게서 불이 나와 아비멜렉을 사를 것입니다."

21 요담은 목숨을 구하기 위해 도망쳤다. 그는 자기 형제 아비멜렉이 두려워, 브엘로 가서 그곳에 정착했다.

❧

22-24 아비멜렉은 삼 년 동안 이스라엘을 다스렸다. 그때에 하나님께서 아비멜렉과 세겜 지도자들 사이에 불화를 일으키시니, 세겜 지도자들이 아비멜렉을 배신했다. 폭력은 부메랑이 되어 돌아왔다. 여룹바알의 아들 일흔 명을 살해한 잔인한 폭력이, 이제 아비멜렉과 그 폭력을 지지했던 세겜 지도자들 사이에 횡행했다.

25 세겜 지도자들은 아비멜렉에게 해를 끼치려고 산꼭대기마다 사람들을 매

복시켜 길을 가는 사람들에게 강도짓을 하게 했다. 그 소식이 아비멜렉에게 들어갔다.

26-27 그때에 에벳의 아들 가알이 친척들과 함께 세겜으로 이주했다. 세겜 지도자들은 그를 의지했다. 하루는 그들이 밭에 나가 포도원에서 포도를 거두어다 포도주 틀에 넣고 밟았다. 그러고는 자기네 신의 신전에서 잔치를 베풀며 먹고 마셨다. 그러다 그들은 아비멜렉을 헐뜯기 시작했다.

28-29 에벳의 아들 가알이 말했다. "아비멜렉이 누구입니까? 또 우리 세겜 사람들이 왜 그의 지시를 받아야 합니까? 그는 여룹바알의 아들이 아닙니까? 그리고 이곳의 통치자는 그의 심복 스불이 아닙니까? 우리는 하몰의 자손으로 세겜의 귀하신 이름을 받은 사람들입니다. 어째서 우리가 아비멜렉의 비위나 맞추어야 한단 말입니까? 내가 이 백성의 책임자라면 우선 아비멜렉부터 없앨 겁니다! 그에게 '네 실력을 보여 봐라. 여기서 누가 높은지 한번 겨뤄 보자!' 하고 말할 겁니다."

30-33 그 성읍의 통치자인 스불은 에벳의 아들 가알이 하는 말을 듣고 화가 났다. 그는 몰래 아비멜렉에게 전령을 보내어 이렇게 알렸다. "에벳의 아들 가알과 그의 친척들이 세겜에 와서 당신에게 맞서 분란을 일으키고 있습니다. 그러니 이렇게 하십시오. 오늘 밤 당신의 군대를 이끌고 와서 밭에 매복하고 기다리십시오. 아침에 해가 밝는 대로 행동을 개시하여 성읍으로 돌격해 오십시오. 가알과 그의 군대가 당신에게 나아갈 테니, 뒷일은 알아서 하시면 됩니다."

34-36 아비멜렉과 그의 군대 네 개 부대가 그 밤에 올라가서 세겜에 접근하여 매복하고 기다렸다. 에벳의 아들 가알이 일어나 성문에 서 있었다. 아비멜렉과 그의 군대가 매복했던 곳에서 떠나자, 가알이 그 모습을 보고 스불에게 말했다. "저것 좀 보시오. 산꼭대기에서 사람들이 내려오고 있소!" 스불이 말했다. "산 그림자가 사람들처럼 보이는 것이겠지요." 가알은 연신 중얼거렸다.

37 가알이 다시 말했다. "답불에레스(세상의 중심)에서 내려오는 저 군대를 보시오. 한 부대는 신탁의 상수리나무에서 곧장 다가오고 있소."

³⁸ 스불이 말했다. "큰소리치던 당신의 입은 지금 어디 있소? '아비멜렉이 누구군데 우리가 그의 지시를 받아야 하느냐' 하고 당신이 말하지 않았소? 저기 당신이 비웃던 아비멜렉이 그의 군대와 함께 있소. 기회가 왔으니, 한번 싸워 보시오!"

³⁹⁻⁴⁰ 가알은 세겜 지도자들의 지지를 받고 나가 아비멜렉과 싸움을 벌였다. 그러나 아비멜렉이 그를 추격하자, 가알은 도망쳐 버렸다. 부상을 입고 쓰러진 사람들이 성문 앞까지 늘어졌다.

⁴¹ 아비멜렉은 아루마에 야전 지휘 본부를 설치하고, 스불은 가알과 그의 친척들이 세겜에 들어오지 못하게 했다.

❧

⁴²⁻⁴⁵ 이튿날 세겜 백성이 들로 나갔는데, 아비멜렉이 그 소식을 들었다. 그는 군대를 이끌고 나가서 세 개 부대로 나눈 다음 들에 매복시킨 뒤에, 백성이 탁 트인 곳으로 나서는 것을 보고 일제히 일어나 그들을 쳤다. 아비멜렉과 그와 함께한 부대는 앞으로 돌격하여 성문 입구를 장악했고, 다른 두 개 부대는 들판에 있는 사람들을 쫓아가 죽였다. 아비멜렉은 그날 온종일 성읍에서 싸웠다. 그는 성읍을 점령하고 성읍 안에 있는 사람들을 모두 죽였다. 그는 성읍을 무너뜨리고 그 위에 소금을 뿌렸다.

⁴⁶⁻⁴⁹ 세겜 망대와 관계된 지도자들이 그 소식을 듣고는 요새화된 엘브릿 신전으로 들어갔다. 세겜 망대의 무리가 함께 모여 있다는 말이 아비멜렉에게 전해졌다. 그와 그의 군대는 살몬 산(캄캄한 산)에 올라갔다. 아비멜렉은 도끼를 들어 장작 한 더미를 패고는 그것을 어깨에 멨다. 그러고는 그의 군대에게 말했다. "너희도 내가 한 것처럼 하여라. 서둘러라!" 그래서 그의 부하들도 각자 한 더미씩 장작을 팼다. 그들은 아비멜렉을 따라 장작더미를 망대 방벽에 기대어 쌓고 건물 전체에 불을 질렀다. 세겜 망대 안에 있던 사람들이 다 죽었는데, 죽은 남녀가 모두 천 명쯤 되었다.

⁵⁰⁻⁵⁴ 그 후에 아비멜렉은 데베스로 갔다. 그는 데베스에 진을 치고 그곳을 점령했다. 성읍 한가운데에 튼튼한 망대가 서 있었다. 성읍의 모든 남녀가 성

읍 지도자들과 함께 그곳으로 피해 문을 잠그고 망대 꼭대기로 올라갔다. 아비멜렉은 망대까지 다가가서 공격했다. 그가 망대에 불을 놓으려고 망루 문으로 다가간 바로 그때, 어떤 여인이 맷돌 위짝을 그의 머리 위로 떨어뜨려 그의 두개골을 부서뜨렸다. 그는 자기의 무기를 들고 다니는 젊은 병사를 다급히 불러 "사람들이 나를 두고 '여자한테 죽은 자'라고 말하지 못하도록 네 칼을 뽑아서 나를 죽여라" 하고 말했다. 그 젊은 병사가 아비멜렉을 칼로 찌르니, 그가 죽었다.

55 이스라엘 백성은 아비멜렉이 죽은 것을 보고 집으로 돌아갔다.

※

56-57 하나님께서는 아비멜렉이 형제 일흔 명을 죽여서 자기 아버지에게 저지른 악을 갚으셨다. 또 세겜 사람들이 저지른 모든 악을 여룹바알의 아들 요담의 저주대로 그들의 머리 위에 내리셨다.

사사 돌라

10 1-2 아비멜렉의 뒤를 이어 도도의 손자요 부아의 아들인 돌라가 일어났다. 돌라는 위기에 잘 대처하여 이스라엘을 구원했다. 그는 잇사갈 사람으로, 에브라임 산지 사밀에 살면서 이십삼 년 동안 이스라엘의 사사로 있었다. 그는 죽어서 사밀에 묻혔다.

사사 야일

3-5 돌라 다음으로, 길르앗 사람 야일이 지도자가 되었다. 야일은 이십이 년 동안 이스라엘의 사사로 있었다. 그에게 아들 서른 명이 있었는데, 그들은 나귀 서른 마리를 타면서 길르앗에 성읍 서른 개를 두었다. 그 성읍들은 오늘까지 야일의 마을이라고 불린다. 야일은 죽어서 가몬에 묻혔다.

※

6-8 그 후에 이스라엘 백성이 또다시 **하나님** 보시기에 악을 행했다. 그들은

바알 신들과 아스다롯 여신들 곧 아람과 시돈과 모압의 신들, 암몬 사람과 블레셋 사람의 신들을 섬겼다. 그들은 금세 **하나님**을 버리고 떠나 버렸다. 더 이상 그분을 섬기지 않았다. 그러므로 **하나님**께서 불같은 진노를 터뜨리셔서, 이스라엘을 블레셋 사람과 암몬 사람에게 넘기셨다. 그들은 그해부터 이스라엘 백성을 무참히 괴롭히고 학대했다. 그들은 요단 강 동쪽 길르앗 아모리 사람 땅에 사는 이스라엘 온 백성을 십팔 년 동안 지배했다.

⁹ 그러다가 암몬 사람이 요단 강을 건너서 유다와 베냐민과 에브라임에까지 쳐들어왔다. 이스라엘은 위태로운 지경에 이르렀다!

¹⁰ 이스라엘 백성은 **하나님**께 도와 달라고 부르짖었다. "저희가 하나님께 죄를 지었습니다! 저희가 하나님을 떠나 바알 신들을 섬겼습니다!"

¹¹⁻¹⁴ **하나님**께서 이스라엘 백성에게 대답하셨다. "이집트, 아모리, 암몬, 블레셋, 시돈 사람이─아말렉과 미디안까지!─너희를 압제할 때에 너희가 내게 도와 달라고 부르짖어서, 내가 그들 손에서 너희를 구원했다. 그런데도 너희는 나를 떠나 반역하고 다른 신들을 섬겼다. 이제 나는 더 이상 너희를 구원하지 않겠다. 어디, 너희가 택한 그 신들에게 도와 달라고 부르짖어 보아라! 그 신들의 도움으로 너희가 처한 곤경에서 벗어나 보아라!"

¹⁵ 그러자 이스라엘 백성이 **하나님**께 아뢰었다. "저희가 죄를 지었습니다. 무엇이든 주님 보시기에 좋을 대로 행하십시오. 하지만 부디 저희를 여기서 벗어나게 해주십시오!"

¹⁶ 그러고 나서 그들은 이방 신들을 깨끗이 제거해 버리고 **하나님**만 섬겼다. **하나님**께서는 이스라엘의 괴로움을 마음에 두셨다.

사사 입다

¹⁷⁻¹⁸ 암몬 사람이 전쟁을 준비하고 길르앗에 진을 치자, 이스라엘 백성도 대항하기 위해 미스바에 진을 쳤다. 길르앗의 지도자들이 말했다. "누가 우리를 위해 일어나서 암몬 사람을 치겠는가? 우리가 그를 길르앗 모든 사람의 통치자로 삼을 것이다!"

11

¹⁻³ 길르앗 사람 입다는 강인한 용사였다. 그는 창녀의 아들이었고, 아버지는 길르앗이었다. 한편 길르앗의 본처가 그의 다른 아들들을 낳았는데, 그 아들들이 자라서 입다를 쫓아내며 그에게 말했다. "너는 다른 여자의 아들이니 우리 집안의 유산을 하나도 받지 못할 것이다." 그래서 입다는 형제들을 피해 돕이라고 하는 땅에 가서 살았는데, 건달들이 그에게 붙어 함께 어울려 다녔다.

⁴⁻⁶ 얼마 후에, 암몬 사람이 이스라엘에 싸움을 걸어 왔다. 그들이 전쟁을 일으키자, 길르앗 장로들은 입다를 데려오기 위해 돕 땅으로 갔다. 그들이 입다에게 말했다. "와서 우리의 지휘관이 되어 주시오. 그러면 우리가 암몬 사람을 칠 수 있을 것이오."

⁷ 그러자 입다가 길르앗의 장로들에게 말했다. "하지만 당신들은 나를 미워하지 않습니까? 당신들은 나를 집안에서 쫓아냈습니다. 그런데 어찌 이제 와서 나를 찾아온 것입니까? 당신들이 곤경에 빠져서 그런 게 아닙니까? 그렇지 않습니까?"

⁸ 길르앗의 장로들이 대답했다. "그렇소. 당신과 함께 가서 암몬 사람과 싸우려고, 우리가 여기 왔소. 당신이 우리 모두, 길르앗 모든 사람의 통치자가 될 것이오."

⁹ 입다가 길르앗의 장로들에게 말했다. "그러니까 당신들이 나를 고향으로 데리고 가서 암몬 사람과 싸울 때에, **하나님**께서 그들을 내 손에 넘겨주시면 내가 당신들의 통치자가 된다는 말입니까?"

¹⁰⁻¹¹ 그들이 말했다. "**하나님**께서 우리 사이의 증인이시오. 무엇이든 당신이 말하는 대로 우리가 행하겠소." 입다는 길르앗의 장로들과 함께 갔다. 백성은 그를 그들의 통치자와 지휘관으로 삼았다. 입다는 자신이 한 말을 미스바에서 **하나님** 앞에 아뢰었다.

¹² 그 후에 입다가 암몬 사람의 왕에게 전령을 보내 메시지를 전했다. "내 땅에 들어와 시비를 거니, 이 무슨 짓입니까?"

¹³ 암몬 사람의 왕이 입다의 전령에게 말했다. "이스라엘이 이집트에서 올라

올 때 아르논 강에서부터 멀리 얍복 강과 요단 강에 이르는 내 땅을 **빼앗았**기 때문이오. 순순히 내 땅을 내놓으시오. 그러면 돌아가겠소."

14-27 입다가 암몬 사람의 왕에게 다시 전령을 보내 메시지를 전했다. "입다의 말입니다. '이스라엘은 모압 땅과 암몬 땅을 빼앗지 않았습니다. 이집트에서 올라올 때 이스라엘은 사막을 가로질러 홍해까지 갔고, 가데스에 이르렀습니다. 거기서 에돔 왕에게 전령을 보내어 "부디 우리를 당신의 땅으로 지나가게 해주십시오" 하고 말했지만, 에돔 왕은 그 요청을 들어주지 않았습니다. 이스라엘은 모압 왕에게도 승낙을 구했으나, 그도 지나가게 해주지 않았습니다. 이스라엘은 가데스에서 발이 묶였습니다. 그래서 이스라엘은 사막을 가로지르고 에돔 땅과 모압 땅을 돌아서 왔습니다. 이스라엘은 모압 땅 동쪽으로 나와 아르논 맞은편에 진을 쳤습니다. 아르논은 모압의 경계여서, 모압 영토에는 한 발짝도 들어가지 않았습니다. 그 후에 이스라엘은 수도 헤스본에 있는 아모리 왕 시혼에게 전령을 보내어, "우리 땅으로 가는 길에 부디 당신의 땅을 지나가게 해주십시오" 하고 부탁했습니다. 그러나 이스라엘을 믿지 못한 시혼은 자기네 땅을 통과하도록 허락하지 않았고, 오히려 온 군대를 모아 야하스에 진을 치고 이스라엘과 싸웠습니다. 그러나 **하나님** 이스라엘의 하나님께서 시혼과 그의 온 군대를 이스라엘의 손에 넘겨주셨습니다. 이스라엘은 그들을 물리치고, 아르논에서 얍복 강까지 그리고 사막에서 요단 강까지 아모리의 모든 땅을 차지했습니다. **하나님** 이스라엘의 하나님께서 이스라엘을 위해 아모리 사람을 몰아내셨습니다. 그런데 당신이 누구이기에 그것을 빼앗으려고 합니까? 어째서 당신의 신 그모스가 주는 것으로 만족하지 못합니까? 당신이 그것으로 만족한다면 우리도 **하나님** 우리 하나님께서 주시는 것으로 만족할 것입니다. 당신이 모압 왕 십볼의 아들 발락보다 잘될 것 같습니까? 이스라엘에 대항하던 그에게 과연 성과가 있었습니까? 그가 감히 전쟁을 벌였습니까? 지금까지 이스라엘이 헤스본과 그 주변 마을들, 아로엘과 그 주변 마을들, 아르논을 따라 난 주변 모든 마을에서 살아온 세월이 어언 삼백 년인데, 당신은 왜 여태까지 그곳들을 빼앗으려 하지 않았습니까? 내가 당신한테 잘못한 것이 없는데도 당신이 나한테 이렇게 싸

움을 거는 것은 악한 일입니다. 재판장이신 **하나님**께서 오늘 이스라엘 백성과 암몬 백성 사이에서 판단하실 것입니다.'"

²⁸ 그러나 암몬 사람의 왕은 입다가 전한 말을 들으려 하지 않았다.

²⁹⁻³¹ **하나님**의 영이 입다에게 임하셨다. 입다가 길르앗과 므낫세를 가로지르고 길르앗의 미스바를 지나, 거기서 암몬 사람에게 접근했다. 입다가 **하나님** 앞에 서원했다. "주께서 제게 확실한 승리를 주셔서 암몬 사람을 이기게 하시면, 제가 무사히 돌아올 때에 제 집 문에서 저를 맞으러 나오는 것을 **하나님**께 드리겠습니다. 그것이 무엇이 되었든 상관없습니다. 그것을 희생 번제로 바치겠습니다."

³²⁻³³ 입다가 나가서 암몬 사람과 싸웠다. **하나님**께서 암몬 사람을 그의 손에 넘겨주셨다. 입다가 아로엘에서부터 민닛 주변 지역 그리고 멀리 아벨그라밈까지, 스무 개 성읍을 쳐서 크게 이겼다! 그야말로 진멸이었다! 암몬 사람은 이스라엘 백성에게 항복했다.

³⁴⁻³⁵ 입다가 미스바에 있는 집으로 돌아오자, 그의 딸이 집에서 달려나와 탬버린을 들고 춤추며 그의 귀향을 환영했다! 그녀는 입다의 외동딸이었다. 그녀 말고는 그에게 아들도 없고 딸도 없었다. 입다는 그를 맞으러 누가 나왔는지 알고서, 자기 옷을 찢으며 말했다. "아, 사랑하는 내 딸아, 내 처지가 비참하게 되었구나. 내 마음이 갈기갈기 찢어진다. 내가 **하나님**께 서원했으니 이제 와서 되돌릴 수도 없구나!"

³⁶ 딸이 말했다. "사랑하는 아버지, **하나님**께 서원하셨으면, 아버지가 서원하신 대로 행하십시오. **하나님**께서는 그분의 일을 행하심으로 원수 암몬에게서 아버지를 구원하지 않으셨습니까!"

³⁷ 딸이 아버지에게 말했다. "하지만 제게 한 가지만 허락해 주십시오. 저는 영영 결혼하지 못할 테니 제게 두 달만 주셔서, 친한 친구들과 함께 산속으로 들어가 처녀로 죽는 제 처지를 슬퍼하게 해주십시오."

³⁸⁻³⁹ "그래, 그렇게 하거라." 입다는 두 달 동안 말미를 주어 딸을 떠나보냈다. 딸은 친한 친구들과 함께 산속으로 들어가서 자기가 영영 결혼하지 못하

고 처녀로 죽는 것을 슬퍼했다. 두 달이 지나 딸은 아버지에게 돌아왔다. 그는 자신이 서원한 대로 딸에게 행했다. 그 딸은 한 번도 남자와 잠자리를 같이한 적이 없었다.

39-40 이후 이스라엘에는 해마다 나흘 동안 이스라엘의 젊은 여자들이 나가서 길르앗 사람 입다의 딸을 애도하는 풍습이 생겼다.

❧

12

1 에브라임 사람들이 군대를 소집하여 사본으로 건너와서 입다에게 말했다. "당신은 암몬 사람과 싸우러 가면서 어찌하여 우리에게 함께 가자고 하지 않았소? 우리가 당신과 당신의 집을 불살라 버리겠소." 2-3 입다가 말했다. "나와 내 백성은 암몬 사람과 협상하느라 정신이 없었습니다. 게다가 여러분께 도움을 청했지만 여러분이 나를 무시했습니다. 여러분이 오지 않아 나는 혼자 목숨 걸고 암몬 사람과 맞서 싸웠습니다. **하나님**께서 그들을 내게 넘겨주셨습니다! 그런데 여러분은 어찌하여 오늘 여기에 나타났습니까? 나와 싸우고 싶어 안달이 난 겁니까?"

4 입다는 자신의 길르앗 군대를 모아 에브라임과 싸웠다. 길르앗 사람들은 에브라임을 맹렬히 공격했다. 그들은 "길르앗 사람은 혼혈아에 지나지 않으며 에브라임과 므낫세에게 버림받은 자들이다"라는 말을 들어 왔다.

5-6 길르앗은 에브라임으로 건너가는 요단 강 여울목을 장악했다. 도망치는 에브라임 사람이 강을 건너가겠다고 하면, 길르앗 사람들은 "에브라임 사람이냐?" 하고 물었다. 그가 "아니다"라고 하면 그들은 "쉬볼렛이라고 말해 보라"고 했다. 하지만 에브라임 사람은 언제나 "시볼렛"이라고 하여 제대로 발음하지 못했다. 그러면 그들은 그를 잡아다가 거기 요단 강 여울목에서 죽였다. 그 일로 에브라임의 마흔두 개 부대가 죽임을 당했다.

7 입다는 육 년 동안 이스라엘의 사사로 있었다. 길르앗 사람 입다는 죽어서 그의 성읍 길르앗의 미스바에 묻혔다.

사사 입산

8-9 입다의 뒤를 이어 베들레헴의 입산이 이스라엘의 사사가 되었다. 그는 아들과 딸이 각각 서른 명씩 있었는데, 딸들을 다른 가문으로 시집보냈고 며느리들도 다른 가문에서 얻었다. 10 그는 칠 년 동안 이스라엘의 사사로 있었다. 입산은 죽어서 베들레헴에 묻혔다.

사사 엘론

11-12 입산 후에 스불론 사람 엘론이 이스라엘의 사사가 되어, 십 년 동안 다스렸다. 스불론 사람 엘론은 죽어서 스불론 땅 아얄론에 묻혔다.

사사 압돈

13-15 엘론 후에, 비라돈 사람 힐렐의 아들 압돈이 이스라엘의 사사가 되었다. 그는 아들 마흔 명과 손자 서른 명이 있었는데, 그들은 나귀 일흔 마리를 탔다. 그는 팔 년 동안 이스라엘의 사사로 있었다. 비라돈 사람 힐렐의 아들 압돈은 죽어서 아말렉 사람의 산지에 있는 에브라임 땅 비라돈에 묻혔다.

사사 삼손

13 1 그 후에 이스라엘 백성이 또다시 **하나님** 보시기에 악을 행했다. 하나님께서 사십 년 동안 그들을 블레셋 사람의 지배를 받게 하셨다.

2-5 그때 소라 땅에 단 지파 출신의 마노아라는 사람이 있었다. 그의 아내는 임신하지 못하여 자녀가 없었다. 하나님의 천사가 그녀에게 나타나 말했다. "네가 임신하지 못하여 자녀가 없다는 것을 내가 안다. 그러나 이제 네가 임신하여 아들을 낳을 것이다. 그러니 아주 조심해야 한다. 포도주나 맥주를 마시지 말고, 부정한 것은 어떤 것도 먹지 마라. 실제로, 너는 이제 바로 임신하여 아들을 품게 될 것이다. 그의 머리에 면도칼을 대서는 안된다. 그 아이는 태어나는 순간부터 하나님의 나실인이 될 것이다. 그가 블레셋의 압제에서 이스라엘을 구원하는 일을 시작할 것이다."

6-7 여인은 남편에게 가서 말했다. "하나님의 사람이 내게 왔는데, 두려우면서도 영광이 감도는 것이, 꼭 하나님의 천사 같았어요! 미처 그분이 어디서 왔는지 묻지 못했는데, 그분도 내게 이름을 말해 주지 않았어요. 하지만 그분이 이런 말을 했어요. '네가 임신하여 아들을 낳을 것이다. 포도주나 맥주를 마시지 말고, 부정한 것은 어떤 것도 먹지 마라. 그 아이는 태어나는 순간부터 죽는 날까지 하나님의 나실인이 될 것이다.'"

8 마노아가 하나님께 기도했다. "주님, 우리에게 보내신 하나님의 사람을 다시 보내 주셔서, 앞으로 태어날 이 아이를 어떻게 길러야 할지 우리에게 가르쳐 주십시오."

9-10 하나님께서 마노아의 말을 들으셨다. 하나님의 천사가 그 여인에게 다시 왔다. 여인은 밭에 앉아 있었고 남편 마노아는 그곳에 함께 있지 않았다. 그녀가 벌떡 일어나 남편에게 달려가서 말했다. "다시 왔어요! 그날 내게 왔던 그분 말이에요!"

11 마노아가 일어나 아내를 따라 그 사람에게 갔다. 그리고 그에게 말했다. "당신이 제 아내에게 말씀한 그분이십니까?"

그가 말했다. "그렇다."

12 마노아가 말했다. "그렇군요. 당신이 말씀한 대로 이루어질 때에, 이 아이에 대해 또 이 아이가 할 일에 대해 우리에게 해줄 말씀이 무엇입니까?"

13-14 하나님의 천사가 마노아에게 말했다. "내가 여인에게 일러 준 모든 말을 명심하여라. 포도나무에서 난 것은 아무것도 먹지 마라. 포도주나 맥주를 마시지 말고, 부정한 음식은 어떤 것도 먹지 마라. 그녀는 내가 명령한 것을 모두 지켜야 한다."

15 마노아가 하나님의 천사에게 말했다. "조금만 더 우리와 함께 계십시오. 당신을 위해 새끼 염소 한 마리를 잡아 올리겠습니다."

16 하나님의 천사가 마노아에게 말했다. "좀 더 머무를 수야 있겠지만, 너의 음식을 먹지는 않을 것이다. 그러나 하나님을 위해서 번제물을 준비하여 바치고 싶거든 어서 바쳐라!" 마노아는 자기가 하나님의 천사에게 말하고 있는 줄은 꿈에도 몰랐다.

¹⁷ 그래서 마노아가 하나님의 천사에게 물었다. "당신의 이름이 무엇입니까? 당신의 말씀이 이루어질 때에, 우리가 당신을 높이고 싶습니다."

¹⁸ **하나님**의 천사가 말했다. "어찌하여 내 이름을 묻느냐? 너무 놀라워서, 네가 이해하지 못할 것이다."

¹⁹⁻²¹ 마노아는 새끼 염소 한 마리와 곡식 제물을 가져다가, 놀라운 일을 행하시는 **하나님**께 바위 제단 위에서 제물로 바쳤다. 제단에서 하늘로 불꽃이 솟아오르면서 **하나님**의 천사도 제단 불꽃을 타고 올라갔다. 마노아와 그의 아내는 그것을 보고 바닥에 얼굴을 대고 엎드렸다. 이후 그들은 다시는 **하나님**의 천사를 보지 못했다.

²¹⁻²² 그제야 마노아는 그가 **하나님**의 천사인 것을 깨달았다. 그가 아내에게 말했다. "이제 우리는 죽은 목숨이오! 하나님을 보았으니 말이오!"

²³ 그러자 그의 아내가 말했다. "**하나님**께서 우리를 죽이실 작정이셨으면 번제물과 곡식 제물을 받지 않으셨을 테고, 아이가 태어나리라고 이 모든 것을 계시해 주지도 않으셨을 겁니다."

²⁴⁻²⁵ 여인이 아들을 낳자, 그들이 그의 이름을 삼손이라고 지었다. 아이가 자랄 때에 **하나님**께서 그에게 복을 주셨다. 그가 소라와 에스다올 사이에 있는 단 지파의 진에 머물 때에 **하나님**의 영이 그 안에서 역사하기 시작하셨다.

❧

14

¹⁻² 삼손이 딤나로 내려갔다. 그곳 딤나에 그의 눈을 끄는 여자가 있었는데, 블레셋 처녀였다. 그가 돌아와 아버지와 어머니에게 말했다. "딤나에서 여자를 보았는데, 블레셋 처녀입니다. 그 여자를 아내로 얻어 주십시오."

³ 그러자 그의 부모가 말했다. "우리 백성이 사는 이 근방 처녀들 가운데는 여자가 없더냐? 꼭 할례 받지 않은 블레셋 사람에게서 아내를 얻어야 되겠느냐?"

그러나 삼손은 아버지에게 말했다. "그 여자를 얻어 주십시오. 그 여자야말로 제가 원하는 사람, 제 짝입니다."

[4] (삼손의 아버지와 어머니는 이 일 배후에 **하나님**이 계신 것과, 그분이 이 일을 블레셋 사람을 치실 계기로 삼고자 하시는 것을 몰랐다. 당시에는 블레셋 사람이 이스라엘을 지배하고 있었다.)

[5-6] 삼손은 아버지와 어머니와 함께 딤나로 내려갔다. 그가 딤나의 포도원에 이르렀을 때, 어린 사자가 으르렁거리며 그에게 덤벼들었다. **하나님**의 영이 삼손에게 강하게 임하셔서, 그는 염소 새끼를 찢듯이 맨손으로 사자를 잡아 찢었다. 그러나 그는 자신이 한 일을 부모에게 말하지 않았다.

[7] 삼손은 그 길로 내려가 그 여자와 이야기를 나누었다. 그의 눈에는 그 여자가 바로 자기 짝으로 보였다.

[8-9] 며칠 후에 다시 여자를 데리러 가면서, 그는 그 사자가 어떻게 되었는지 보려고 길을 돌아서 갔다. 그런데 신기한 일이 벌어지고 있었다. 사자의 주검에 벌 떼가 우글거리고 그 안에 꿀이 있었던 것이다! 그는 손으로 꿀을 떠 가지고 길을 가면서 그 꿀을 먹었다. 그는 꿀 얼마를 아버지와 어머니에게도 가져다주어 먹게 했다. 그러나 그 꿀을 사자의 주검에서 떠왔다는 말은 하지 않았다.

[10-11] 그의 아버지가 내려가 그 여자와 결혼 일정을 잡는 동안, 삼손은 거기서 잔치를 벌였다. 당시에 젊은 남자들은 그렇게 했다. 블레셋 사람들은 삼손을 경계하여, 서른 명을 구해다가 그의 친구로 삼고 함께 어울리게 했다.

[12-13] 삼손이 그들에게 말했다. "내가 당신들에게 수수께끼를 하나 내겠소. 잔치가 계속되는 칠 일 동안 당신들이 답을 알아맞히면 내가 당신들에게 베옷 서른 벌과 좋은 겉옷 서른 벌을 주겠소. 그러나 알아맞히지 못하면 당신들이 나에게 베옷 서른 벌과 좋은 겉옷 서른 벌을 주어야 하오."

[13-14] 그들이 말했다. "좋소. 어디 한번 들어 봅시다." 그래서 삼손이 수수께끼를 내놓았다.

  먹는 자에게서 먹을 것이 나오고
  힘센 자에게서 단 것이 나왔다.

¹⁴⁻¹⁵ 그러나 그들은 알아맞히지 못했다. 사흘이 지나도록 그들은 여전히 쩔쩔매고 있었다. 나흘째 되는 날에 그들은 삼손의 신부에게 말했다. "당신 남편에게서 답을 캐내시오. 그렇지 않으면 우리가 당신과 당신 아버지의 집을 불살라 버리겠소. 우리를 빈털터리로 만들려고 여기로 초대한 거요?"

¹⁶ 그래서 삼손의 신부는 눈물을 흘리며 삼손에게 말했다. "당신은 나를 미워하고 사랑하지 않아요. 우리 민족에게 수수께끼를 내놓고는 나한테 답을 말해 주지도 않잖아요."

그가 말했다. "내 부모한테도 말하지 않았는데 어떻게 그대에게 말할 수 있겠소?"

¹⁷ 그러나 그녀는 잔치하는 칠 일 내내 울음을 그치지 않았다. 그녀의 괴롭힘에 지친 삼손은 결국 칠 일째 되던 날에 그녀에게 답을 말해 버렸다. 그러자 그녀는 가서 자기 민족에게 그 답을 알려 주었다.

¹⁸ 칠 일째 되던 날 해 지기 전에 성읍 사람들이 그에게 와서 말했다.

　꿀보다 단 것이 무엇이며
　사자보다 힘센 것이 무엇이겠소?

그러자 삼손이 말했다.

　당신들이 내 여자에게게 캐내지 않았다면
　내 수수께끼를 알아맞히지 못했을 것이오.

¹⁹⁻²⁰ 그때 **하나님**의 영이 삼손에게 강하게 임하셨다. 그는 아스글론에 내려가서 그곳 사람 서른 명을 죽이고 그들의 옷을 벗겨 수수께끼를 푼 사람들에게 주었다. 그는 화가 머리끝까지 나서 성큼성큼 걸어 나가 자기 아버지 집으로 가 버렸다. 삼손의 신부는 그의 결혼식에서 신랑 들러리를 섰던 사람의 아내가 되었다.

❧

15

1-2 얼마 후 밀을 추수할 때에 삼손은 새끼 염소 한 마리를 가지고 자기 신부를 찾아갔다. 그가 말했다. "내 아내를 보아야겠소. 아내의 침실을 알려 주시오."

그러나 여자의 아버지가 그를 들이려고 하지 않았다. 그가 말했다. "나는 지금쯤이면 자네가 내 딸을 지독히 미워하리라 생각해서, 그 아이를 신랑 들러리로 온 사람에게 주었네. 하지만 그 밑의 여동생이 더 예쁘니, 그 애를 아내로 맞으면 어떻겠는가?"

3 삼손이 말했다. "더는 못 참겠소. 이번에는 내가 블레셋 사람들을 쳐부수어도 내 잘못이 아니오."

4-5 삼손은 나가서 여우 삼백 마리를 잡았다. 그리고 한 쌍씩 꼬리를 서로 묶고, 꼬리 사이에 횃불을 달았다. 그러고는 여우를 블레셋 사람의 무르익은 곡식 밭에 풀어 놓았다. 모든 것이 불타 버렸다. 베어 놓은 곡식단과 아직 베지 않은 곡식, 포도원과 올리브 과수원까지 불타 버렸다.

6 블레셋 사람들이 말했다. "이게 누구의 짓이냐?"

그들은 "딤나 사람의 사위 삼손이, 그의 장인이 신부를 빼앗아 신랑 들러리에게 준 것을 알고 이렇게 했다"는 말을 들었다.

블레셋 사람들이 올라가서 그 여자와 아버지를 둘 다 불살라 죽였다.

7 그러자 삼손이 말했다. "너희가 이런 식이라면, 맹세코 나도 너희에게 똑같이 되갚아 주겠다. 그러기 전에는 가만있지 않을 것이다!"

8 그 말이 끝나자마자, 삼손은 닥치는 대로 그들을 마구 찢어 죽였다. 엄청난 살육이었다. 그 후에 그는 에담 바위의 동굴로 내려가 그곳에 머물렀다.

❧

9-10 블레셋 사람이 나와서 유다에 진을 치고 레히(턱뼈)를 공격하려고 했다. 유다 사람들이 "무엇 때문에 우리를 치러 올라온 것이오?" 하고 묻자, 그들은 "우리는 삼손을 잡으러 왔소. 삼손이 우리에게 행한 대로 우리도 되갚아

주려고 그를 쫓고 있는 것이오" 하고 말했다.

¹¹ 유다 사람 세 개 부대가 에담 바위 동굴로 내려가 삼손에게 말했다. "블레셋 사람이 이미 우리를 괴롭히고 우리 위에 군림하고 있는 것을 당신도 잘 알지 않소? 그런데도 당신이 사태를 더 악화시키고 있으니 어찌 된 일이오?" 그가 말했다. "앙갚음을 한 것이오. 그들이 내게 한 대로 내가 되갚아 준 것 뿐이오."

¹² 그들이 말했다. "어쨌든 우리는 당신을 묶어 블레셋 사람에게 넘겨주려고 여기로 내려왔소."

삼손이 말했다. "나를 해치지 않겠다고만 약속하시오."

¹³ 그들이 말했다. "약속하오. 우리는 그저 당신을 묶어 그들에게 넘겨줄 뿐 당신을 죽일 생각은 전혀 없소. 우리를 믿으시오." 곧이어 그들은 새 밧줄로 그를 묶어 바위에서 이끌고 올라갔다.

¹⁴⁻¹⁶ 삼손이 레히에 다다르자, 블레셋 사람이 승리의 함성을 지르며 그를 맞이했다. 그때 **하나님**의 영이 큰 능력으로 그에게 임하셨다. 그의 팔뚝 위의 밧줄이 마치 삼이 불에 타듯 떨어져 나가고, 그의 손에서 끈이 벗겨졌다. 삼손은 마침 거기에 죽은 지 얼마 안 된 나귀의 턱뼈가 있는 것을 보고는, 손을 뻗어 집어 들고 그것으로 블레셋 사람들을 모조리 죽였다. 그러고 나서 말했다.

　나귀의 턱뼈로
　그들을 나귀 더미로 만들어 버렸다.
　나귀의 턱뼈로
　부대를 모조리 다 죽여 버렸다.

¹⁷ 이렇게 외치고 나서 삼손은 턱뼈를 던져 버렸다. 그는 그곳을 라맛레히(턱뼈 언덕)라고 불렀다.

¹⁸⁻¹⁹ 삼손은 갑자기 목이 몹시 말랐다. 그는 **하나님**께 부르짖었다. "주께서 주님의 종에게 이 큰 승리를 주셨습니다. 그런데 이제 저를 목말라 죽게 하셔서 저 할례 받지 못한 자들의 손에 넘기시렵니까?" 그러자 하나님께서 레

히의 오목한 바위를 터뜨리셨다. 그곳에서 물이 솟아 나와 삼손은 그 물을 마시고 기운을 되찾았다. 그가 다시 살아났다! 그래서 그곳을 엔학고레(부르 짖는 자의 샘)라고 불렀다. 그 샘은 오늘까지 레히에 그대로 있다.

²⁰ 삼손은 블레셋 사람이 다스리던 시대에 이십 년 동안 이스라엘의 사사로 있었다.

❦

16

¹⁻² 삼손이 가사로 가서 한 창녀를 보고, 그녀에게 갔다. "삼손이 여기 있다"는 소식이 퍼졌다. 사람들이 그곳을 에워싸고 "동틀 무렵 그를 없애 버리자" 작정하고는 몰래 숨어들었다. 밤새 쥐 죽은 듯 조용히 성문에서 그를 기다렸다.

³ 삼손은 밤늦게까지 그 여자와 함께 자다가 일어나서, 성문 양쪽 문짝과 두 기둥과 빗장까지 통째로 떼어 내어 어깨에 메고는, 헤브론 맞은편 언덕 꼭대기로 가져가 버렸다.

❦

⁴⁻⁵ 얼마 후에 삼손이 소렉(포도) 골짜기에 사는 한 여자와 사랑에 빠졌다. 여자의 이름은 들릴라였다. 블레셋 군주들이 그녀에게 접근하여 말했다. "그를 꾀어서, 그 엄청난 힘이 어디서 나오며 어떻게 하면 우리가 그를 결박해 꺾을 수 있는지 알아내거라. 그러면 우리가 각각 네게 은 백 세겔씩을 주겠다."

⁶ 들릴라가 삼손에게 물었다. "당신의 엄청난 힘이 어디서 나오는지 그 비밀을 말해 주세요. 어떻게 하면 당신을 꼼짝 못하게 할 수 있는지 내게 말해 주세요."

⁷ 삼손이 그녀에게 말했다. "짐승의 마르지 않은 새 힘줄로 만든 활시위 일곱 줄로 나를 묶으면, 나도 여느 사람처럼 약해질 것이오."

⁸⁻⁹ 블레셋 군주들이 마르지 않은 활시위 일곱 줄을 가져다주자, 그녀는 그것으로 삼손을 묶었다. 사람들은 그녀의 방에 숨어 기다렸다. 그때 여자가 "삼손, 블레셋 사람들이 당신을 잡으러 왔어요!" 하고 말했다. 그러자 삼손은 마치

실을 끊듯이 묶은 줄을 끊어 버렸다. 그 힘의 근원은 여전히 비밀로 남았다.

¹⁰ 들릴라가 말했다. "이봐요, 삼손. 당신은 나를 놀렸군요. 거짓말을 하고 있어요. 자, 어떻게 하면 당신을 묶을 수 있는지 말해 주세요."

¹¹ 삼손이 그녀에게 말했다. "한 번도 사용한 적 없는 새 밧줄로 나를 꽁꽁 묶으면, 나도 여느 사람처럼 힘이 없어질 것이오."

¹² 그래서 들릴라는 새 밧줄을 구해서 그를 묶었다. 그러고는 "삼손, 블레셋 사람들이 당신을 잡으러 왔어요!" 하고 소리쳤다. 그 사람들은 옆방에 숨어 있었다. 그는 팔뚝의 밧줄을 실을 끊듯이 끊어 버렸다.

¹³⁻¹⁴ 들릴라가 삼손에게 말했다. "당신은 아직도 거짓말로 나를 놀리고 있어요. 어떻게 하면 당신을 묶을 수 있는지 말해 주세요."

삼손이 그녀에게 말했다. "일곱 가닥으로 땋은 내 머리털을 베틀로 천에 짜 넣고 팽팽히 잡아당기면, 나도 여느 다른 인간처럼 힘이 없어질 것이오."

들릴라는 그를 곤히 잠들게 하고는, 일곱 가닥으로 땋은 그의 머리털을 잡고서 베틀로 천에 짜 넣은 뒤에 팽팽히 잡아당겼다. 그러고는 "삼손, 블레셋 사람들이 당신을 잡으러 왔어요!" 하고 말했다. 그러자 삼손이 잠에서 깨어 베틀과 천을 함께 뜯어냈다!

¹⁵ 들릴라가 말했다. "당신은 나를 믿지도 않으면서 어떻게 사랑한다고 말할 수 있어요? 당신이 그 큰 힘의 비밀은 내게 말해 주지 않으면서, 고양이가 쥐한테 하듯이 나를 가지고 논 게 벌써 세 번째예요."

¹⁶⁻¹⁷ 들릴라는 날마다 끈질기게 졸라 대며 그를 괴롭혔다. 마침내 질려 버린 삼손은 더 이상 견딜 수 없게 되었다. 그래서 속을 털어놓고 말았다.

삼손이 그녀에게 말했다. "나는 머리에 한 번도 면도칼을 댄 적이 없소. 나는 잉태되는 순간부터 하나님의 나실인이었소. 내 머리털을 밀면 나는 힘이 빠지고 무력해져서 여느 인간과 다를 바 없게 될 것이오."

¹⁸ 들릴라는 그가 자신에게 비밀을 털어놓은 것을 알고는, 블레셋 군주들에게 사람을 보내어 말했다. "빨리 오십시오. 이번에는 그가 사실대로 말했습니다." 그러자 블레셋 군주들이 뇌물로 줄 돈을 가지고 왔다.

¹⁹ 들릴라는 삼손이 그녀의 무릎을 베고 잠들게 한 뒤에, 사람을 불러 일곱

가닥으로 땋은 그의 머리털을 자르게 했다. 그러자 곧바로 그의 힘이 약해지
더니, 몸에서 모든 힘이 빠져나갔다.

²⁰ 그녀가 말했다. "삼손, 블레셋 사람들이 당신을 잡으러 왔어요!" 삼손은 잠
에서 깨어 "이번에도 내가 나가 힘을 쓰리라" 하고 생각했지만, **하나님**께서
그를 떠나신 것을 깨닫지 못했다.

²¹⁻²² 블레셋 사람들이 그를 잡아서 두 눈을 뽑고, 가사로 끌고 내려갔다. 그
들은 삼손에게 쇠고랑을 채워 감옥에서 맷돌 가는 일을 시켰다. 그러나 그의
잘린 머리털은 다시 자라기 시작했다.

²³⁻²⁴ 블레셋 군주들이 함께 모여 그들의 신 다곤에게 큰 제사를 드렸다. 그들
은 즐거워하며 말했다.

> 우리의 신이
> 원수 삼손을 넘겨주셨다!

이를 본 백성도 함께 자기네 신을 찬양했다.

> 우리의 신이
> 원수를 넘겨주셨다.
> 우리 땅을 유린하고 우리 가운데
> 시체를 높이 쌓은 자를 넘겨주셨다.

²⁵⁻²⁷ 그렇게 흥이 무르익을 무렵, 누군가가 말했다. "삼손을 데려와라! 어디
실력 한번 보자!" 그들이 감옥에서 삼손을 데려왔고 그가 그들 앞에서 재주
를 부렸다.

그들은 삼손을 두 기둥 사이에 세웠다. 삼손은 자기 길잡이 노릇을 하는 젊
은이에게 말했다. "신전을 떠받치고 있는 기둥을 만질 수 있게 나를 데려다
다오. 내가 기둥에 좀 기대야겠다." 신전 안은 블레셋의 모든 군주를 비롯해
사람들로 가득 차 있었다. 관람석에서 삼손을 구경하는 사람들이 적어도 삼

천 명은 되었다.

²⁸ 그때 삼손이 **하나님**께 부르짖었다.

주 **하나님**!
저를 다시 한번 헤아려 주십시오.
부디 한 번만 더 제게 힘을 주십시오.

하나님!
제 두 눈을 뽑은 블레셋 놈들에게
단번에 원수를 갚게 해주십시오!

²⁹⁻³⁰ 그런 다음 삼손은 건물을 떠받치고 있는 중앙의 두 기둥에 이르러, 하나는 오른손으로 다른 하나는 왼손으로 밀기 시작했다. 삼손이 "나를 블레셋 사람들과 함께 죽게 해주십시오" 하고 부르짖으며 있는 힘을 다해 두 기둥을 밀어 내니, 신전 안에 있던 군주들과 온 백성 위로 그 건물이 무너져 내렸다. 삼손이 죽으면서 죽인 사람이, 그가 살았을 때 죽인 사람보다 더 많았다.

❧

³¹ 삼손의 형제들과 친척이 내려가 그의 시신을 거두었다. 그들은 시신을 메고 돌아와 소라와 에스다올 사이에 있는 그의 아버지 마노아의 무덤에 묻었다. 삼손은 이십 년 동안 이스라엘의 사사로 있었다.

미가

17

¹⁻² 에브라임 산지에 미가라는 사람이 있었다. 그가 자기 어머니에게 말했다. "어머니가 잃어버린 은화 1,100개를 기억하시지요? 어머니가 그 일로 저주하실 때 제가 옆에서 들었습니다. 그런데 그 돈이 제게 있습니다. 제가 훔친 것입니다. 하지만 이제 어머니에게 다시 가져왔습니다." 그의 어머니가 말했다. "내 아들아, **하나님**께서 네게 복 주시기를 원한다!"

3-4 미가가 어머니에게 은화 1,100개를 돌려주자, 그의 어머니가 말했다. "이 돈은 내 아들로 하여금 신상을 만들게 하려고 내가 **하나님**께 온전히 바쳤던 것이다." 그녀가 은화 200개를 가져다가 조각하는 사람에게 주었더니, 그가 그것을 주조하여 신상을 만들었다.

5 이 사람 미가에게는 개인 예배실이 있었다. 그는 에봇과 드라빔 우상을 만들고, 아들 가운데 한 명을 자기 집의 제사장으로 세웠다.

6 그때에는 이스라엘에 왕이 없었다. 사람들은 무엇이든 자기 마음에 원하는 대로 행했다.

❦

7-8 한편, 유다 땅 베들레헴에 유다 집안 출신의 한 젊은이가 있었다. 그는 레위인이었으나 그곳에서는 나그네였다. 그는 출셋길을 찾아 유다 땅 베들레헴 성읍을 떠났다. 그는 에브라임 산지까지 와서 미가의 집에 이르렀다.

9 미가가 그에게 물었다. "당신은 어디서 오는 길이오?"

그가 말했다. "나는 유다 땅 베들레헴에 사는 레위인입니다. 정착할 곳을 찾아 떠도는 중입니다."

10 미가가 말했다. "나와 함께 여기 머물면서, 내 어른이 되어 주고 제사장이 되어 주시오. 내가 매년 은화 열 개를 주고 필요한 옷과 식사를 제공하겠소."

11-12 레위인이 그 제안을 좋게 여겨 미가의 집에 살기로 했다. 젊은이는 그 집에 잘 적응하여 한 가족처럼 되었다. 미가는 그 젊은 레위인을 자기 집의 제사장으로 삼았다. 이 모두가 미가의 집에서 일어난 일이다.

13 미가가 말했다. "레위인을 제사장으로 두었으니, 이제 **하나님**께서 내가 하는 일마다 틀림없이 잘되게 해주실 것이다."

❦

18 1 그때에는 이스라엘에 왕이 없었다. 당시는 단 지파가 정착할 곳을 찾는 중이기도 했다. 그들은 아직 이스라엘 지파 중에서 자신들의 땅을 차지하지 못했다.

2-3 단 지파는 소라와 에스다올에서 건장한 용사 다섯 명을 보내어 땅을 살펴보고, 그곳에 그들 가문에 적합한 곳이 있는지 알아보게 했다. 그들이 말했다. "가서 땅을 살펴보고 오시오."

그들은 에브라임 산지로 들어가 미가의 집에까지 이르렀다. 그곳에 진을 치고 밤을 지냈다. 미가의 집에 가까이 갔을 때, 그들은 젊은 레위인의 목소리를 알아들었다. 그들이 소리 나는 쪽으로 가서 그에게 말했다. "도대체 당신이 어떻게 여기까지 왔습니까? 어찌 된 일입니까? 여기서 무엇을 하고 있습니까?"

4 그가 말했다. "어쩌다 보니 그렇게 되었습니다. 미가가 저를 고용하여 자기 집의 제사장으로 삼았습니다."

5 그들이 말했다. "그거 잘됐군요. 우리를 위해서 하나님께 물어봐 주십시오. 우리의 사명이 과연 성공하겠는지 말입니다."

6 제사장이 말했다. "안심하고 가십시오. 하나님께서 여러분이 가는 길을 보살펴 주실 것입니다."

7 다섯 사람은 그곳을 떠나 북쪽 라이스로 향했다. 그들이 보니 그곳 사람들은 시돈 사람의 보호 아래 안전하게, 평온하고 태평하게 살고 있었다. 아주 좋은 시절을 보내고 있었다. 하지만 그 백성은 서쪽의 시돈 사람과 멀리 떨어져 살고 있었고, 동쪽으로는 아람 사람과 아무 조약도 맺지 않고 있었다.

8 다섯 사람이 소라와 에스다올로 돌아오자, 그들의 형제들이 물었다. "그곳 사정이 어떻소?"

9-10 그들이 말했다. "어서 가서 그들을 칩시다! 우리가 그 땅을 살펴보았는데, 정말 좋은 땅입니다. 팔짱만 끼고 앉아 있을 셈입니까? 꾸물거리지 말고 쳐들어가서 정복합시다! 여러분도 가 보면 알겠지만, 그들은 너무 태평스러운 나머지 방심하고 있습니다. 드넓게 펼쳐진 땅, 여러분이 찾던 모든 것이 다 있는 땅을 하나님께서 여러분에게 넘겨주실 것입니다."

11-13 단 지파 사람 육백 명이 완전무장하고 소라와 에스다올을 떠났다. 가는 길에 그들은 유다 땅 기럇여아림에 진을 쳤다. 그래서 그곳이 오늘까지 단의 진이라고 불리는데, 기럇여아림 바로 서쪽이었다. 거기서 그들은 에브라임

산지로 진행하여 미가의 집에 이르렀다.

14 전에 라이스 땅을 정탐했던 다섯 사람이 동료들에게 말했다. "이 집 안에 에봇과 드라빔 우상과 주조해 만든 신상이 있다는 것을 알고 있소? 어떻게 생각하시오? 그걸 어떻게 해보지 않겠소?"

15-18 그래서 그들은 길에서 벗어나, 미가의 집안에 있는 젊은 레위인의 집으로 가서 그에게 안부를 물었다. 중무장한 단 지파 사람 육백 명이 문 입구를 지키고 있는 동안, 그 땅을 살펴보러 갔던 정탐꾼 다섯 명이 안으로 들어가 새긴 우상과 에봇과 드라빔 우상과 신상을 챙겼다. 제사장은 육백 명의 무장한 군인들과 함께 문 입구에 서 있었다. 다섯 사람이 미가의 집에 들어가서 새긴 우상과 에봇과 드라빔 우상과 신상을 가져가려고 하자, 제사장이 그들에게 말했다. "지금 뭐하는 겁니까?"

19 그들이 그에게 말했다. "쉿! 아무 소리 마시오. 우리와 함께 갑시다. 우리의 어른과 제사장이 되어 주시오. 한 사람의 제사장이 되는 것과 이스라엘의 한 지파와 그 가문 전체의 제사장이 되는 것 중에 어느 쪽이 더 중요한 일이겠소?"

20 제사장은 기회를 붙잡았다. 그는 에봇과 드라빔 우상과 새긴 우상을 가지고서 군인 무리에 합류했다.

21-23 그들은 발길을 돌려 아이들과 소 떼와 소유물을 앞세우고 길을 떠났다. 그들이 미가의 집을 떠나 한참을 간 뒤에야 미가와 그 이웃들이 모였다. 그들은 곧 단 지파 사람들을 따라잡았다. 그들이 단 지파 사람들에게 소리쳤다. 단 지파 사람들이 돌아서서 말했다. "무슨 일로 이리 시끄러운 거요?"

24 미가가 말했다. "당신들이 내가 만든 내 신을 가져가고, 내 제사장도 데려가지 않았소! 내게 남은 게 뭐가 있소? 그러면서 지금 '대체 무슨 일이냐?'고 말하는 것이오?"

25 그러자 단 지파 사람들이 대답했다. "우리한테 소리지르지 마시오. 사납고 성질 급한 이 사람들을 공연히 자극했다가는 당신들을 칠지도 모르오. 그렇게 되면 당신들은 떼죽음을 당하게 될 거요."

26 단 지파 사람들은 계속해서 길을 갔다. 미가는 그들의 무력 앞에 승산이 없음을 알고, 집으로 발길을 돌렸다.

27 단 지파 사람들은 미가가 만든 물건들과 함께 그의 제사장을 데리고 라이스, 곧 평온하고 태평한 사람들이 사는 성읍에 도착했다. 그들은 그곳 사람들을 모두 죽이고 성읍을 불태워 버렸다.

28-29 주변에 라이스를 도와주는 자가 아무도 없었다. 그들은 시돈에서 멀리 떨어져 있었고 아람 사람과도 아무 조약을 맺지 않은 터였다. 라이스는 벳르홉 골짜기에 있었다. 단 지파는 성읍을 재건하고 이스라엘의 아들인 자기네 조상의 이름을 따라 그곳을 단이라고 고쳐 불렀다. 그 성읍의 본래 이름은 라이스였다.

30-31 단 지파는 자신들을 위해 훔쳐 온 신상을 세웠다. 훗날 그 땅을 빼앗길 때까지 모세의 손자요 게르솜의 아들인 요나단과 그의 후손이 단 지파의 제사장이 되었다. 실로에 하나님의 성소가 있는 동안, 줄곧 그들은 미가가 만든 신상을 자신들을 위해 그곳에 모셔 두었다.

한 레위인과 그의 첩

19 1-4 그때는 이스라엘에 왕이 없던 시절이었다. 에브라임 산지의 산골에 나그네로 살고 있던 한 레위인이 유다 땅 베들레헴에서 한 여자를 첩으로 들였다. 그런데 그 여자는 그와 다투고 나가 유다 땅 베들레헴에 있는 친정아버지 집으로 돌아가서, 그곳에서 넉 달을 머물렀다. 남편은 그녀를 찾아가 마음을 돌려 보기로 했다. 그는 종 하나와 나귀 두 마리를 데리고 갔다. 그가 여자의 아버지 집에 이르자, 여자의 아버지가 그를 보고 반기며 편하게 대해 주었다. 여자의 아버지인 그의 장인이 그에게 좀 머물다 가라고 강권하여, 그는 사흘을 함께 머물면서 즐겁게 먹고 마시고 잤다.

5-6 나흘째 되는 날, 그들이 새벽같이 일어나 떠날 채비를 하는데 여자의 아버지가 사위에게 말했다. "아침을 든든히 먹고 기운을 차린 다음에 가게나." 그래서 그들은 자리에 앉아서 함께 아침식사를 했다.

6-7 여자의 아버지가 그에게 말했다. "이보게, 더 있다 가게나. 오늘 밤도 여기 있으면서 즐겁게 보내게." 그 사람은 가려고 일어났지만 장인이 붙잡는 바람에 결국 하룻밤을 더 지내게 되었다.

⁸⁻⁹ 닷새째 되는 날에도 그는 일찍 일어나서 떠나려고 했지만, 여자의 아버지가 "아침밥을 좀 먹어야지" 하고 권했다. 그들이 우물쭈물하다가 함께 먹고 마시는 사이 어느새 하루가 지나갔다. 하지만 그 사람과 그의 첩은 끝내 떠나려고 했다. 그러자 여자의 아버지인 그의 장인이 말했다. "이보게, 날이 거의 저물었네. 여기서 밤을 지내는 게 어떤가? 해가 얼마 남지 않았으니, 하룻밤 더 머물면서 즐겁게 보내게. 내일 일찍 출발하면 되지 않겠나."

¹⁰⁻¹¹ 그러나 그 사람은 하룻밤 더 머물 마음이 없었다. 그는 여장을 챙겨 길을 나섰고, 안장을 지운 나귀 두 마리와 첩과 종과 함께 여부스(예루살렘)에 이르렀다. 여부스에 이르자 날이 거의 저물었다. 종이 주인에게 말했다. "늦었으니, 여기 여부스 사람의 성읍에 들어가서 밤을 지내야겠습니다."

¹²⁻¹³ 그러나 주인이 말했다. "우리는 이방인들의 성읍에는 들어가지 않는다. 기브아까지 마저 가자." 그는 종에게 지시했다. "계속 가자꾸나. 기브아나 라마에서 밤을 지내야겠다."

¹⁴⁻¹⁵ 그들은 계속해서 갔다. 그들이 걸음을 재촉하고 있는데, 베냐민 지파에 속한 기브아 근처에서 마침내 해가 졌다. 그들은 기브아에서 밤을 보내려고 거기서 발길을 멈추었다.

¹⁵⁻¹⁷ 레위인이 가서 성읍 광장에 앉아 있었으나, 그들을 맞아들여 묵게 하는 사람이 아무도 없었다. 그때 저녁 늦게 한 노인이 하루 일을 마치고 밭에서 돌아왔다. 그는 에브라임 산지 출신이었는데, 기브아에서 잠시 살고 있었다. 그곳 주민은 모두가 베냐민 사람이었다. 노인이 눈을 들어 성읍 광장에 있는 여행자를 보고 말했다. "어디로 가는 길이오? 어디서 오셨소?"

¹⁸⁻¹⁹ 레위인이 말했다. "우리는 지나가는 나그네입니다. 베들레헴을 떠나 에브라임 산지의 외진 곳으로 가는 길이지요. 저는 그곳 사람입니다. 유다 땅 베들레헴에 갔다가 집으로 돌아가는 길인데, 우리를 맞아들여 묵게 하는 사람이 없군요. 우리가 폐를 끼치지는 않을 겁니다. 우리에게는 나귀에게 먹일 여물과 짚이 있고, 이 여자와 젊은이와 제가 먹을 빵과 포도주도 있습니다. 더 필요한 것은 없습니다."

²⁰⁻²¹ 노인이 말했다. "걱정 마시오. 내가 당신들을 돌봐 주리다. 성읍 광장에

서 밤을 보낼 수야 없지 않겠소." 그는 그들을 자기 집으로 들이고는 나귀에게 먹이를 주었다. 그들은 씻고 나서 잘 차려진 음식을 먹었다.

²² 그들이 쉬면서 즐거운 시간을 보내고 있는데, 성읍 사람들이 그 집을 에워싸고 문을 두드리기 시작했다. 모두 그 근방의 불량배들이었다. 그들은 집주인인 노인에게 소리를 질렀다. "당신 집에 온 사람을 내놓으시오. 우리가 그 사람과 관계를 해야겠소."

²³⁻²⁴ 노인이 밖으로 나가서 그들에게 말했다. "형제들, 이러지 마시오! 이 사람은 내게 온 손님이니, 그에게 음란한 짓을 하지 마시오. 제발 악한 짓을 저지르지 마시오. 보시오. 여기 처녀인 내 딸과 이 사람의 첩을 내가 당신들에게 내놓을 테니, 꼭 그래야겠다면 이들을 욕보이시오. 그러나 이 사람한테는 극악무도한 짓을 하지 마시오."

²⁵⁻²⁶ 그러나 무리는 그의 말을 들으려 하지 않았다. 결국 레위인은 자기 첩을 문밖으로 떠밀어 그들에게 내주었다. 그들은 밤새도록 여자를 욕보였다. 새벽 무렵에야 그들은 여자를 놓아주었다. 여자는 돌아와서 자기 주인이 자고 있는 집 문 앞에 쓰러졌다. 해가 떴는데도 여자는 그 자리에 있었다.

²⁷ 아침이 되었다. 여자의 주인이 일어나서 길을 가려고 문을 열었다. 거기에 그의 첩이 두 손을 문지방에 걸친 채 문 앞에 쓰러져 있었다.

²⁸ 그가 "일어나시오. 갑시다"라고 말했지만 대답이 없었다.

²⁹⁻³⁰ 그는 여자를 나귀에 싣고 집으로 향했다. 집에 와서 그는 칼로 자기 첩의 팔다리를 잘라 열두 토막을 냈다. 그는 토막 낸 것을 이스라엘 땅 전역에 보냈다. 그리고 사람들을 보내면서 이렇게 일러 주었다. "이스라엘 모든 사람에게 말하시오. '이스라엘 자손이 이집트 땅에서 올라온 이래로 지금까지 이런 일이 한 번이라도 있었습니까? 이 일을 깊이 생각하고 논의해 주십시오! 무슨 조치든 취해 주십시오!'"

20

¹⁻² 그러자 이스라엘 온 백성이 쏟아져 나왔다. 회중이 미스바에서 하나님 앞에 모였다. 단에서 브엘세바에 이르기까지 한 사람

도 빠짐없이 모였다! 이스라엘 모든 지파를 대표하는 백성의 지도자들이 하나님 백성의 모임에 참석했다. 칼을 찬 보병부대가 사백 개였다.

³ 한편, 베냐민 지파는 이스라엘 백성이 미스바에 모였다는 소식을 전해 들었다.

이스라엘 백성이 말했다. "이제 말해 보시오. 이 극악무도한 일이 어떻게 벌어진 겁니까?"

⁴⁻⁷ 살해당한 여자의 남편인 그 레위인이 대답했다. "내가 첩과 함께 하룻밤 묵어가려고 베냐민 지파의 성읍인 기브아에 갔습니다. 그날 밤 기브아 사람들이 내 뒤를 쫓아와 내가 묵고 있던 집을 에워싸고 나를 죽이려 했습니다. 그들이 내 첩을 집단으로 욕보였고, 그 여자가 죽었습니다. 그래서 나는 그 여자의 주검을 가져와서 토막 내어, 이스라엘이 유산으로 받은 땅 곳곳에 한 토막씩—열두 토막을!—보냈습니다. 이 악독한 범죄가 이스라엘에서 일어났습니다! 그러니 이스라엘 자손 여러분, 마음을 정하십시오. 뭔가 대책을 세워 주십시오!"

⁸⁻¹¹ 그러자 온 백성이 일제히 일어났다. "우리 가운데 누구도 집에 가지 않을 것입니다. 단 한 사람도 집으로 돌아가지 않을 것입니다. 우리는 기브아를 이렇게 처리할 생각입니다. 우선 제비를 뽑아 기브아로 진격합니다. 이스라엘 모든 지파에서 백 명당 열 명을(천 명당 백 명, 만 명당 천 명을) 뽑아 군 식량을 나르게 할 것입니다. 기브아에 도착하면 군대는 이스라엘에서 벌어진 이 극악무도한 만행을 응징할 것입니다." 이스라엘 모든 사람이 똘똘 뭉쳐서 그 성읍을 치려고 모였다.

¹²⁻¹³ 이스라엘 지파들이 베냐민 온 지파에 전령을 보내 말했다. "당신들의 땅에서 벌어진 극악무도한 이 일이 어찌 된 것이오? 기브아의 그 불량배들을 지금 당장 내놓으시오. 우리가 그들을 죽여 이스라엘에서 악을 불살라 없앨 것이오."

¹³⁻¹⁶ 그러나 베냐민 지파는 그렇게 할 마음이 없었다. 그들은 자신들의 형제인 이스라엘 백성의 말을 듣지 않았다. 오히려 그들은 이스라엘과 전쟁을 벌이려고 자신들의 모든 성읍에서 군사를 일으켜 기브아에 집결시켰다. 순식

간에 각 성읍에서 칼을 찬 보병 스물여섯 개 부대를 모았다. 또한 기브아에서 최고의 용사 칠백 명을 뽑았다. 그 밖에도 양손을 다 쓰는 명사수 칠백 명이 있었는데, 이들이 물맷돌을 던지면 머리카락 하나 놓치는 법이 없었다.

17 이스라엘 사람들은 베냐민 지파를 빼고도 칼을 찬 용사 사백 개 부대를 동원했다.

✤

18 그들이 길을 떠나 베델로 가서 하나님께 여쭈었다. 이스라엘 백성이 말했다. "우리 가운데 누가 먼저 가서 베냐민 지파와 싸워야 하겠습니까?"

하나님께서 말씀하셨다. "유다가 먼저 가거라."

19-21 이튿날 아침 이스라엘 백성이 일어나 기브아 앞에 진을 쳤다. 이스라엘 군이 베냐민과 싸우기 위해 진군하여 위치를 정하고 막 기브아를 치려는 순간에, 기브아에서 베냐민 지파 사람들이 쏟아져 나와 이스라엘의 스물두 개 부대를 그 자리에서 전멸시켰다.

22-23 이스라엘 백성이 성소로 돌아와 저녁때까지 하나님 앞에서 울었다. 그들이 하나님께 다시 여쭈었다. "우리가 다시 가서 우리 형제 베냐민 지파와 싸워야 하겠습니까?"

하나님께서 말씀하셨다. "그렇다. 싸워라."

24-25 군대는 기운을 냈다. 이스라엘 사람들은 첫날 배치받았던 위치로 다시 갔다.

둘째 날에 이스라엘 백성이 다시 베냐민을 치기 위해 진격했다. 둘째 날에도 베냐민 지파 사람들이 성읍에서 나와 칼솜씨가 뛰어난 이스라엘의 열여덟 개 부대를 전멸시켰다.

26 이스라엘 백성, 곧 온 군대가 베델에 돌아와 하나님 앞에 앉아서 울었다. 그날 그들은 저녁때까지 금식했다. 그리고 하나님 앞에 번제와 화목제를 드렸다.

27-28 그리고 나서 그들은 하나님께 다시 여쭈었다. 그때에 하나님의 언약궤

가 베델에 있었고, 아론의 손자요 엘르아살의 아들인 비느하스가 제사장으로 섬기며 그곳에 함께 있었다. 그들이 여쭈었다. "우리가 또 진격하여 우리 형제인 베냐민 지파와 싸워야겠습니까? 아니면 여기서 끝내야겠습니까?" 그러자 하나님께서 말씀하셨다. "싸워라. 내일 내가 너희에게 승리를 줄 것이다."

29-31 이번에 이스라엘은 기브아 주위에 군사를 매복시켰다. 사흘째 되는 날에도 이스라엘이 나가서 베냐민 앞, 전과 똑같은 곳에 자리를 잡았다. 베냐민 지파 사람들이 나와서 군대와 맞서며 성읍 밖으로 밀고 나갔다. 베냐민 지파는 전처럼 이스라엘 병력을 쓰러뜨리기 시작했다. 들판에서, 베델과 기브아로 가는 길에서 서른 명 정도가 쓰러졌다.

32 베냐민 지파 사람은 "우리가 전처럼 그들을 파리 잡듯이 죽이고 있다!" 하고 떠벌리기 시작했다.

33 그러나 이스라엘 백성에게는 전략이 있었다. "우리가 후퇴하여 그들을 성읍에서 큰길로 끌어내자." 그래서 이스라엘 사람 모두가 더 멀리 바알다말까지 나갔다. 그때 이스라엘 복병이 기브아 서쪽 지역에서 쏟아져 나왔다.

34-36 이스라엘 전체에서 뽑힌 열 개의 정예부대가 드디어 기브아에 이르렀다. 맹렬한 피의 전투였다! 베냐민 지파는 자신들이 패하여 무너질 줄은 꿈에도 생각하지 못했다. 하나님께서 이스라엘 앞에서 그들을 패하게 하셨다. 이스라엘 백성은 그날 베냐민의 스물다섯 개 부대를 전멸시켰다. 25,100명이 죽었는데, 모두 칼솜씨가 뛰어난 자들이었다. 베냐민 지파는 자신들이 패한 것을 알았다.

이스라엘 사람들은 기브아에 매복시켜 둔 복병을 믿고, 베냐민 앞에서 후퇴하는 척했던 것이다.

37-40 매복해 있던 군사들이 뛰어 나와서 기브아를 재빨리 해치우고, 성읍 곳곳으로 퍼져 나가 성읍 주민을 모두 죽였다. 전략상 매복부대의 주력이 성읍에서 연기로 신호를 올리면, 이스라엘 사람들이 돌아서서 공격하기로 되어 있었다. 그즈음 이미 이스라엘 사람 서른 명 정도를 죽인 베냐민은 자신들이 곧 이길 줄 알고 "저들이 처음 전투 때처럼 달아난다!"고 소리쳤다. 그때 성

읍에서 거대한 연기기둥 신호가 올라갔다. 베냐민 지파가 뒤돌아보니, 온 성읍이 연기에 휩싸여 있었다.

41-43 이스라엘 사람들이 돌아서서 공격하자 베냐민 사람들이 무너져 내렸다. 자신들이 덫에 걸린 것을 알아차렸던 것이다. 이스라엘 백성과 마주한 그들은 광야 길로 도망치려 했으나, 이미 사방이 전쟁터였다. 이스라엘 사람들이 성읍에서 쏟아져 나와 그들을 닥치는 대로 죽이고, 뒤를 바짝 따라붙어 기브아 동쪽까지 추격했다.

⚜

44 베냐민 지파에서 열여덟 개 부대가 전멸했는데, 모두 최고의 전사들이었다.

45 다섯 개 부대는 뒤돌아 광야, 곧 림몬 바위로 피하려 했으나, 이스라엘 백성이 길에서 그들을 모두 잡아 죽였다.

이스라엘 백성은 계속 몰아붙여서 두 개 부대를 더 무찔렀다.

46 죽은 베냐민 사람은 모두 보병 스물다섯 개 부대에 이르렀는데, 하나같이 칼솜씨가 최고인 자들이었다.

47 달아난 육백 명은 광야의 림몬 바위까지 가서 거기서 넉 달 동안 버텼다.

48 이스라엘 사람들이 돌아와 베냐민 지파의 남은 자들, 곧 각 성읍에 있는 사람과 짐승을 모두 죽이고 모든 성읍을 불태웠다.

21

1 미스바에서 이스라엘 사람들은 "우리 가운데 누구도 베냐민 사람한테 딸을 시집보내지 않겠다"고 맹세했었다.

2-3 이제 베델로 돌아온 백성은 저녁때까지 하나님 앞에 앉아 있었다. 그들은 소리 내어 울었다. 온통 울음 바다였다. 그들이 말했다. "하나님 이스라엘의 하나님, 이 일이 어찌 된 것입니까? 오늘 우리에게서 이스라엘 한 지파가 송두리째 없어지다니, 어찌 된 일입니까?"

4 이튿날 이른 아침에, 백성은 서둘러 제단을 쌓고 번제와 화목제를 드렸다.

5 이스라엘 백성이 말했다. "우리가 하나님 앞에 모일 때 이스라엘 모든 지파

가운데서 나타나지 않은 자가 누구요?" 이것은 미스바에 올라와 **하나님** 앞
에 모이지 않은 자는 누구든지 반드시 죽이기로 그들 모두가 거룩하게 맹세
했기 때문이다.

❧

6-7 이스라엘 백성은 자신들의 형제 베냐민에 대해 안쓰러운 마음이 들었다.
그들이 말했다. "오늘 한 지파가 이스라엘에서 끊어졌소. 남아 있는 자들에
게 우리가 어떻게 아내를 얻어 줄 수 있겠소? 우리가 딸들을 그들에게 시집
보내지 않겠다고 **하나님**의 이름으로 맹세했으니 말이오."

8-9 그래서 그들은 "이스라엘 지파 가운데 미스바에 올라와 **하나님** 앞에 모이
지 않은 자가 누구요?" 하고 말했다.

알아보니, 야베스의 길르앗에서는 아무도 모임에 오지 않은 것으로 드러났다.
인원을 점검할 때 백성 가운데 야베스의 길르앗 사람은 단 한 명도 없었다.

10-11 그래서 회중은 우수한 군사들로 구성된 열두 개 부대를 그곳으로 보내
며 이렇게 명령했다. "야베스의 길르앗 사람은 여자들과 아이들까지 모조리
죽여라. 다만 다음의 명령을 따르라. 곧 모든 남자와, 남자와 잠자리를 한 모
든 여자는 반드시 죽이되, 처녀만은 살려 두어라." 그들은 명령대로 행했다.

12 그들은 야베스의 길르앗에 사는 사람들 가운데서 처녀 사백 명을 얻었다.
모두가 남자와 잠자리를 한 적이 없는 여자들이었다. 그들은 그 여자들을 가
나안 땅에 있는 실로의 진으로 데려왔다.

13-14 그때 회중은 림몬 바위에 있는 베냐민 사람들에게 전갈을 보내어 평화
를 제의했다. 그러자 베냐민 사람들이 왔다. 회중은 야베스의 길르앗에서 살
려 둔 여자들을 베냐민 사람들에게 주었다. 그래도 모든 남자에게 아내를 구
해 주기에는 부족했다.

15 백성은 베냐민 지파를 보며 마음 아파했다. **하나님**께서 베냐민 지파를 없
애서서, 이스라엘에서 한 지파가 비게 되었기 때문이다.

❧

¹⁶⁻¹⁸ 회중의 장로들이 말했다. "베냐민 여자들이 다 죽임을 당했으니, 어떻게 하면 나머지 남자들에게 아내를 얻어 줄 수 있겠소? 어떻게 하면 베냐민의 살아남은 자들이 유산을 물려받게 할 수 있겠소? 어떻게 하면 한 지파 전체가 진멸되는 것을 막을 수 있겠소? 그렇다고 우리의 딸들을 그들에게 아내로 줄 수도 없지 않소." (알다시피, 이스라엘 백성은 "누구든지 베냐민 지파에게 아내를 주는 자는 저주를 받을 것이다" 하고 맹세했기 때문이다.)

¹⁹ 그래서 그들이 말했다. "해마다 실로에서 **하나님**의 축제가 열립니다. 그곳은 베델 북쪽, 곧 베델에서 세겜으로 올라가는 큰길 동쪽이며 르보나에서 약간 남쪽입니다."

²⁰⁻²² 그들은 베냐민 사람들에게 말했다. "가서 포도원에 숨어 있으시오. 잘 보고 있다가 실로의 처녀들이 나와서 춤추는 것이 보이거든, 포도원에서 뛰어나와 실로의 처녀들을 하나씩 잡아 아내로 삼고 서둘러 베냐민 땅으로 돌아가시오. 그들의 아버지나 형제가 와서 우리에게 따지면 우리가 이렇게 말하겠소. '우리가 그들에게 은혜를 베푼 것이오. 우리가 그들에게 아내를 얻어 주려고 전쟁을 일으켜 사람을 죽인 것도 아니지 않소? 게다가 당신들은 동의하고 딸을 준 게 아니니 문제될 것이 없소. 그러나 계속해서 이 일을 문제 삼으면, 화를 자초하는 꼴이 될 거요.'"

²³ 그래서 베냐민 사람들은 그 말대로 행했다. 그들은 춤추고 있는 처녀들 가운데서 자신들의 수만큼을 붙잡아 아내로 삼고, 그곳을 빠져나와 그들이 유산으로 받은 땅으로 돌아갔다. 그곳에서 성읍들을 재건하고 정착했다.

²⁴ 거기서 이스라엘 백성은 흩어져 각각의 지파와 가문에게로, 저마다 유산으로 받은 땅으로 돌아갔다.

²⁵ 그때에는 이스라엘에 왕이 없었다. 사람들은 무엇이든 자기 마음에 원하는 대로 행했다.

룻기 | 머리말

이 세상 속에서 일하고 계시는 하나님에 대해 말하는 크고 광대한 이야기를 성경에서 읽노라면, 우리 대부분은 깊은 인상을 받게 된다. 말씀으로 세상을 창조하시는 하나님, 위대한 조상들을 통해 믿음의 삶의 기초를 놓으시는 하나님, 참혹한 종살이 가운데 있던 백성을 해방시키셔서 자유롭게 순종하는 사랑의 삶으로 이끄시는 하나님, 하나님 앞에서 기쁘게 책임을 다하는 지도자를 일으키시고, 그러한 삶에 따르기 마련인 고난의 여로에 안내자가 되게 하시는 하나님에 대한 이야기들 말이다.

우리는 실로 깊은 인상을 받는다. 그러나 그 이야기가 너무 인상 깊어, 때로 소외감을 느끼기도 한다. 전혀 인상적일 것 없는 아주 평범한 우리로서는, 그런 이야기들이 그저 별세계의 이야기로 들리는 것이다. 우리는 스스로에게 실격 판정을 내린다. 죄 때문이든, 고집 때문이든, 다른 어떤 우발적 요소 때문이든, 어쨌든 나 자신은 그런 이야기들에 맞지 않는다고 생각한다. 왠지 나는 '신앙이 부족하고' 따라서 자신은 그런 거대한 이야기들과 어울리지 않는다고 결론 내리는 것이다.

그런데 성경을 한 장 한 장 넘기다가, 어느 외딴 마을에 사는 두 과부와 한 농부의 이 작은 이야기를 만나게 된다.

이방인 룻은 모태신앙인이 아니었고, 선천적으로 신앙에 끌렸던 사람도 아니었다. 우리 많은 사람들처럼 말이다. 그러나 그녀는 자신도 모르게 구원 이야기 속으로 끌려 들어가게 되고, 거기서 요란스럽지 않고 도드라지지 않지만 이야기의 완결을 위해 없어서는 안될 배역을 맡게 된다.

성경은 하나님께서 창조하시고 구원하시고 축복하시는 방식들로 짜인 거대한 응답이다. 시내 산에서 절정에 달하는 줄거리에 등장하는 큰 이름들(아브라함, 이삭, 야곱, 요셉, 모세), 또 그 후속 이야기에 등장하는 큰 이름들(여호수아, 사무엘, 다윗, 솔로몬)을 보면, 보통 사람들은 누구라도 기가 죽을 수밖에 없다. "거기는 나 같은 사람이 감히 올라가 배역을 맡을 수 있는 무대가 아니다." 그러나 과부이자 가난한 이방인이었던 룻의 이야기는, 사실이 그렇지 않음을 보여준다. 보잘것없는 이방인이었던 룻, 그러나 그녀의 삶은 우리 가운데서 일하고 계신 하나님 이야기의 완성을 위해 없어서는 안될 부분이었다. 짐짓 대수롭지 않다는 듯 던지는 그 마지막 구절이야말로 룻기가 우리에게 날리는 결정적 한 방이다. 보아스는 룻과 결혼했고 그녀는 오벳을 낳았는데, "오벳은 이새의 아버지였고, 다윗의 할아버지였다"(룻 4:17).

다윗이다! 의지할 데 없는 무명의 한 '이방인' 과부 여인이 다름 아닌 다윗의 증조모요 예수님의 조상이었다는 이 절묘한 이야기. 그래서 룻기는 대수롭지 않은 평범한 인물도 하나님 이야기의 완결을 위해 결코 빠질 수 없는 등장인물이라는 사실을 우리에게 각인시켜 준다. 우리 한 사람 한 사람이 모두 하나님 앞에서 그처럼 중요하며, 우리에게 맡겨진 일 또한 소중한 것이다.

룻기

1 ¹⁻² 옛적 사사들이 이스라엘을 이끌던 시절, 그 땅에 기근이 들었다. 유다 땅 베들레헴의 한 사람이 아내와 두 아들을 데리고 고향을 떠나 모압 땅에 가서 살았다. 그 사람의 이름은 엘리멜렉이고 아내의 이름은 나오미며, 아들들의 이름은 말론과 기룐이었다. 모두 유다 땅 베들레헴의 에브랏 사람이었다. 그들은 모두 모압 땅으로 가서 그곳에 정착했다.

³⁻⁵ 그러다가 엘리멜렉이 죽고 나오미와 두 아들만 남았다. 아들들은 모압 여인들을 아내로 맞이했는데, 첫째의 이름은 오르바고, 둘째는 룻이었다. 그들은 그 후로 십 년 동안 그곳 모압 땅에 살았다. 그 후에 두 형제 말론과 기룐도 죽었다. 이제 젊은 아들들도 없고 남편도 없이 여인만 남았다.

⁶⁻⁷ 하루는 나오미가 마음을 추스르고, 두 며느리와 함께 모압 땅을 떠나 고향으로 가기로 결심했다. 그녀는 **하나님**께서 기꺼이 그분의 백성을 찾아오셔서 그들에게 양식을 주셨다는 말을 들었다. 그래서 자기가 살던 곳을 떠나 유다 땅으로 돌아가는 여정에 올랐다. 두 며느리도 함께했다.

⁸⁻⁹ 한참을 가다가, 나오미가 두 며느리에게 말했다. "돌아가거라. 집으로 가서 너희 어머니와 함께 살아라. 너희가 죽은 남편과 나를 대한 것처럼 하나

님께서 너희를 너그러이 대해 주시기를 빈다. **하나님**께서 너희에게 각각 새 가정과 새 남편을 주시기를 빈다!" 그녀가 그들에게 입을 맞추자 그들은 소리 내어 울었다.

¹⁰ 그들이 말했다. "아닙니다. 우리도 어머니와 함께 어머니의 백성에게로 돌아가겠습니다."

¹¹⁻¹³ 그러나 나오미는 단호했다. "내 사랑하는 딸들아, 돌아가거라. 너희가 어째서 나와 함께 가려고 하느냐? 내가 아직 태중에 너희 남편이 될 아들들을 가질 수 있다고 보느냐? 사랑하는 딸들아, 돌아가거라. 부디 너희 길로 가거라! 나는 너무 늙어서 남편을 얻을 수 없다. 내가 '아직 희망이 있다!' 말하고 당장 오늘 밤에 남자를 얻어 아들을 잉태한다고 한들, 그들이 자랄 때까지 너희가 잠자코 기다릴 수 있겠느냐? 너희가 다시 결혼할 그때까지 언제고 기다릴 셈이냐? 아니다. 사랑하는 딸들아, 이것은 내가 감당하기에 너무 힘든 일이다. **하나님**께서 나를 세게 치셨구나."

¹⁴ 다시 그들은 소리 내어 울었다. 오르바는 시어머니에게 입 맞추고 작별했으나, 룻은 나오미를 부둥켜안고 놓지 않았다.

¹⁵ 나오미가 말했다. "봐라, 네 동서는 자기 백성과 그 신들과 함께 살려고 집으로 돌아갔다. 너도 함께 가거라."

¹⁶⁻¹⁷ 그러자 룻이 대답했다. "제게 어머니를 떠나라, 집으로 돌아가라 하지 마십시오. 어머니가 가시는 곳으로 저도 가고, 어머니가 사시는 곳에서 저도 살겠습니다. 어머니의 백성이 저의 백성이고, 어머니의 하나님이 저의 하나님입니다. 어머니가 죽으시는 곳에서 저도 죽어, 거기 묻히겠습니다. 그러니 **하나님**, 죽음조차도 우리 사이를 갈라놓지 못하도록 저를 도와주십시오!"

¹⁸⁻¹⁹ 나오미는 룻이 자기와 함께 가기로 마음을 단단히 굳힌 것을 보고, 더이상 말리지 않았다. 그래서 두 사람은 함께 베들레헴으로 갔다.

그들이 베들레헴에 이르자 온 성읍이 술렁이기 시작했다. "이 사람이 정말우리가 아는 나오미인가? 그 세월을 다 보내고 돌아왔구나!"

²⁰⁻²¹ 나오미가 말했다. "나를 나오미라고 부르지 말고 '쓴맛'이라고 부르십시오. 강하신 분께서 나를 쓰라리게 치셨습니다. 내가 여기를 떠날 때는 살림

이 넉넉했지만, **하나님**께서 나를 다시 데려오실 때는 몸에 걸친 이 옷가지밖에 남기신 게 없습니다. 그대들은 어찌하여 나를 나오미라고 부릅니까? 하나님께서는 절대 그렇게 부르지 않으십니다. 강하신 분이 나를 불행하게 하셨습니다."

²² 이렇게 하여 나오미는, 이방인 룻과 함께 모압 땅에서 돌아왔다. 그들이 베들레헴에 도착한 때는 보리 추수가 시작될 무렵이었다.

2

¹ 마침 나오미에게 남편 쪽으로 친척이 하나 있었는데, 엘리멜렉 집안과 관계된 유력하고 부유한 사람이었다. 그의 이름은 보아스였다.

² 하루는 모압 여인 룻이 나오미에게 말했다. "일을 해야겠습니다. 나가서 추수하는 사람 중에 누군가가 저를 친절히 대해 주면, 그 사람을 뒤따라가며 곡식 단 사이에서 이삭을 줍겠습니다."

나오미가 말했다. "그렇게 해라, 사랑하는 딸아."

³⁻⁴ 그리하여 룻은 밭으로 나가, 추수하는 사람들 뒤를 따라가며 이삭을 줍기 시작했다. 마침내 룻은 자신의 시아버지인 엘리멜렉의 친척, 보아스 소유의 밭에 이르렀다. 얼마 후에 보아스가 베들레헴에서 왔다. 그는 추수하는 일꾼들에게 "**하나님**께서 자네들과 함께하시기를 비네!" 하고 인사했다. 그들도 "**하나님**께서 주인님에게 복 주시기를 빕니다!" 하고 응답했다.

⁵ 보아스가 농장 일꾼들을 맡은 젊은 종에게 물었다. "저 젊은 여인은 누구인가? 어디서 온 사람인가?"

⁶⁻⁷ 그 종이 말했다. "모압 땅에서 나오미와 함께 온 모압 여인입니다. 저 여인이 '추수하는 사람들 뒤를 따라가며 곡식 단 사이에서 이삭을 줍게 해주십시오' 하고 승낙을 구했습니다. 이른 아침부터 지금까지, 잠시도 쉬지 않고 여태 일하고 있습니다."

⁸⁻⁹ 그러자 보아스가 룻에게 말했다. "내 딸이여, 들으시오. 이제부터는 다른 밭으로 이삭을 주우러 가지 말고 여기 이 밭에 있으시오. 내 밭에서 일하는 젊은 여인들 곁에 있으면서, 그들이 어디서 추수하는지 잘 보고 그들을 따라

가시오. 아무것도 걱정할 것 없소. 내가 내 종들에게 그대를 괴롭히지 말라고 지시해 두었소. 목마르거든 가서 종들이 길어 온 물통에서 얼마든지 물을 마시도록 하시오."

¹⁰ 룻은 무릎을 꿇고 얼굴을 땅에 대며 절했다. "어찌하여 저를 따로 지명하여 이렇게 친절히 대해 주시는지요? 저는 한낱 이방 여자에 불과합니다."

¹¹⁻¹² 보아스가 룻에게 대답했다. "그대에 관한 이야기를 내가 다 들었소. 그대의 시아버지가 돌아가신 뒤로 그대가 시어머니를 어떻게 대했으며, 또 어떻게 그대의 부모와 그대가 태어난 땅을 떠나 낯선 사람들 틈에 살려고 왔는지도 들었소. 그대가 한 일에 대해 **하나님**께서 갚아 주실 것이오. 그대가 **하나님**의 날개 아래 보호를 받고자 왔으니, 그분께서 그대에게 후히 갚아 주실 것이오."

¹³ 룻이 말했다. "어르신, 저는 이런 은혜와 자비를 받을 자격이 없습니다. 당신은 제 마음에 감동을 주셨고, 저를 한 가족처럼 대해 주셨습니다. 제가 이곳 사람이 아닌데도 말입니다!"

¹⁴ 점심시간이 되어 쉴 때에 보아스가 룻에게 말했다. "이쪽으로 와서 빵을 좀 드시오. 포도주에 찍어서 드시오."

룻은 추수하는 사람들 틈에 끼었다. 보아스가 볶은 곡식을 룻에게 건네주니, 룻이 배불리 먹고도 음식이 남았다.

¹⁵⁻¹⁶ 룻이 일어나서 다시 일하러 가자, 보아스가 종들에게 말했다. "저 여인이 바닥에 곡식이 많이 남아 있는 데서 줍게 해주게. 너그러이 대해서, 아예 실한 것들을 좀 뽑아서 저 여인이 줍도록 흘려 두게. 특별히 배려해 주게나."

¹⁷⁻¹⁸ 룻은 저녁때까지 밭에서 이삭을 주웠다. 모은 이삭에서 낟알을 떨고 보니, 보릿자루가 거의 가득 찰 정도였다! 룻은 주운 이삭을 모아 성읍으로 돌아가서, 그날 일의 결과를 시어머니에게 보였다. 그리고 점심때 먹고 남은 음식도 드렸다.

¹⁹ 나오미가 룻에게 물었다. "오늘 누구의 밭에서 이삭을 주웠느냐? 너를 이렇게 잘 돌보아 준 사람이 누구이든, **하나님**께서 복 주시기를 빈다!"

룻이 시어머니에게 말했다. "오늘 제가 일한 밭의 주인 말인가요? 그의 이름은 보아스입니다."

20 나오미가 며느리에게 말했다. "**하나님**께서 그 사람에게 복 주시기를 빈다! **하나님**께서 아직까지 우리를 버리지 않으셨구나! 그분께서는 좋을 때만 아니라 궂을 때도 여전히 우리를 사랑하시는구나!"

나오미는 말을 이었다. "그 사람은 언약에 따라 우리를 구제할 사람 가운데 하나다. 우리의 가까운 친척이다!"

21 모압 여인 룻이 말했다. "들어 보십시오. 그가 또 저에게 '내 밭의 추수가 끝날 때까지 내 일꾼들과 함께 있으라'고 했습니다."

22 나오미가 룻에게 말했다. "잘됐구나, 사랑하는 딸아! 그렇게 하려무나! 그의 밭에서 일하는 젊은 여인들과 같이 다니면 안전할 것이다. 모르는 사람의 밭에서 욕을 당할까 걱정했는데, 이제 안심이구나."

23 그래서 룻은 시어머니의 말대로 했다. 보아스 밭의 젊은 여인들에게 바짝 붙어서, 보리 추수와 밀 추수가 끝날 때까지 날마다 그 밭에서 이삭을 주웠다. 그러면서 룻은 계속해서 시어머니와 함께 살았다.

❧

3 1-2 하루는 시어머니 나오미가 룻에게 말했다. "내 사랑하는 딸아, 이제 네가 행복하게 살 수 있도록 너에게 좋은 가정을 찾아 주어야겠다. 게다가 네가 여태 함께 일했던 그 젊은 여인들의 주인인 보아스는 우리의 가까운 친척이 아니더냐? 우리가 행동을 취할 때가 온 것 같다. 오늘 밤은 보아스가 타작마당에서 보리를 거두어들이는 밤이다.

3-4 목욕을 하고 향수도 좀 바르거라. 옷을 잘 차려입고 타작마당으로 가거라. 그러나 잔치가 한창 무르익어 그가 배불리 먹고 마실 때까지는 네가 왔다는 사실을 그에게 알려서는 안된다. 그가 자려고 자리를 뜨는 게 보이거든 너는 그가 눕는 곳을 잘 보아 두었다가 그리로 가서, 너를 배우자로 삼아도 좋다는 것을 알도록 그의 발치에 누워라. 기다리고 있으면, 그가 네가 해야 할 일을 일러 줄 것이다."

5 룻이 말했다. "어머니께서 말씀하시니, 그 말씀대로 하겠습니다."

⁶ 룻은 타작마당으로 내려가 시어머니의 계획대로 했다.

⁷ 보아스는 배불리 먹고 마시며 즐거운 시간을 보냈다. 그는 기분이 아주 좋았다. 그러다가 잠을 자려고 빠져나와 보릿단 끝으로 가서 누웠다. 룻도 조용히 그를 따라가 누웠는데, 그것은 자신이 그의 배우자가 되어도 좋다는 표시였다.

⁸ 한밤중에 보아스가 깜짝 놀라 일어났다. 놀랍게도, 그의 발치에서 한 여인이 자고 있었던 것이다!

⁹ 그가 말했다. "누구요?"

룻이 말했다. "저는 당신의 종 룻입니다. 저를 당신의 날개 아래 보호해 주십시오. 아시는 것처럼 당신은 저의 가까운 친척으로, 언약에 따라 저를 구제할 이들 가운데 한 분입니다. 저와 결혼할 권리가 당신에게 있습니다."

¹⁰⁻¹³ 보아스가 말했다. "**하나님**께서 그대에게 복 주시기를 비오. 내 사랑하는 그대여! 참으로 놀라운 사랑의 표현이구려! 또한 그대 정도라면 주변의 젊은 사람들 가운데서 누구나 고를 수 있었는데도 그렇게 하지 않았구려. 사랑하는 그대여, 이제 아무것도 걱정하지 마시오. 그대가 원하거나 청하는 일이라면, 내가 무엇이든 하겠소. 그대가 얼마나 용기 있는 여인이며 귀한 보배인지 온 성읍 사람들이 다 알고 있소! 그대 말대로 나는 그대의 가까운 친척이 맞지만, 나보다 더 가까운 친척이 한 사람 있소. 그러니 날이 샐 때까지 여기 있으시오. 내일 아침에 그가 언약에 따라 구제할 수 있는 가장 가까운 친척으로서 관습상 자기 권리와 책임을 다하고자 한다면, 그에게 기회가 돌아갈 것이오. 그러나 그가 관심이 없다면, 하나님께서 살아 계심을 두고 맹세하는데, 내가 당신을 거두겠소. 이제 아침이 올 때까지 눈 좀 붙이도록 하시오."

¹⁴ 룻은 새벽까지 그의 발치에서 자다가 사람들 눈에 띄지 않도록 아직 어두울 때에 일어났다. 그러자 보아스도 "룻이 타작마당에 왔었다는 것을 아무도 알아서는 안된다"고 혼잣말을 했다.

¹⁵ 보아스가 말했다. "그대의 어깨에 걸친 옷을 가져와서 펴 보시오."

룻이 옷을 펴자, 보아스는 보리 여섯 되를 가득 부어 룻의 어깨에 지워 주었다. 룻은 곧 성읍으로 돌아갔다.

16-17 룻이 시어머니에게 돌아오자, 나오미가 물었다. "그래 어찌 되었느냐, 사랑하는 딸아?" 룻은 그 사람이 자기한테 한 일을 시어머니에게 다 말하고 나서 이렇게 덧붙였다. "그가 내게 이 보리 여섯 되를 주었습니다! '그대가 시어머니에게 빈손으로 갈 수야 없지 않소!' 하면서 말입니다."

18 나오미가 말했다. "내 사랑하는 딸아, 이제 이 일의 결과가 드러날 때까지 편히 앉아서 쉬어라. 그는 빈말을 할 사람이 아니다. 내 말을 잘 들어라. 그가 오늘 중으로 모든 일을 매듭지을 것이다."

❁

4 1 보아스는 곧바로 광장으로 가서 자리를 잡았다.

잠시 후 '더 가까운 친척', 곧 앞서 보아스가 말했던 그 사람이 지나갔다. 보아스가 말했다. "여보시오, 잠시 이리로 와서 좀 앉으시오." 그가 와서 앉았다.

2 보아스가 성읍 장로들 가운데 열 명을 함께 불러모아 놓고 말했다. "여기 우리와 함께 앉아 주십시오. 우리가 처리해야 할 일이 있습니다." 그들이 와서 앉았다.

3-4 보아스가 친척에게 말했다. "우리 친척 엘리멜렉에게 속한 토지를 얼마 전에 모압 땅에서 돌아온 그의 과부 나오미가 팔고자 하오. 그대도 알아야 된다는 생각이 들었소. 원한다면 그대가 그 땅을 되사시오. 여기 앉아 있는 사람들과 성읍 장로들 앞에서 공식적으로 처리하면 될 것이오. 우선적으로 구제할 권리가 그대에게 있소. 그대가 원하지 않으면 내게 말하시오. 그러면 내가 알아서 하겠소. 순서상 그대가 먼저고, 나는 그 다음이오." 그러자 그가 "내가 사겠소" 하고 말했다.

5 이에 보아스가 덧붙였다. "그대도 알다시피, 그대가 나오미한테서 그 밭을 살 때는 우리 죽은 친척의 과부인 모압 사람 룻도 함께 취해야 하고, 구제하는 자로서 그 여인과의 사이에 자녀를 낳아 그 집의 유산을 물려받게도 해야 하오."

⁶ 그러자 그 친척이 말했다. "아, 그건 못하겠소. 자칫하면 내 집의 유산이 위태로워질 테니 말이오. 그냥 그대가 사시오. 나는 못하겠으니, 내 권리를 그대한테 넘기겠소."

❖

⁷ 옛적 이스라엘에서 사람들이 재산과 유산 문제에 관한 공식 업무를 처리할 때는, 자기 신발을 벗어 상대방에게 주곤 했다. 이스라엘에서 이것은 인감도장이나 개인서명과 같은 것이었다.

⁸ 그래서 보아스의 '구제하는 친척'도 "그냥 그대가 사시오" 하고 말한 뒤에, 자기 신발을 벗어 주는 것으로 계약에 서명했다.

⁹⁻¹⁰ 그러자 보아스가 그날 성읍 광장에 있던 장로들과 모든 백성에게 말했다. "내가 엘리멜렉과 기룐과 말론에게 속한 모든 것을 나오미한테서 산 것에 대해 오늘 여러분이 증인입니다. 여기에는 말론의 과부인 이방 여인 룻에 대한 책임도 포함됩니다. 나는 그 여인을 내 아내로 맞아 죽은 자의 이름을 그의 유산과 함께 잇겠습니다. 죽은 자의 기억과 명성이 이 집에서나 그의 고향에서 사라지지 않도록 할 것입니다. 바로 오늘, 이 모든 일에 여러분이 증인입니다."

¹¹⁻¹² 그날 성읍 광장에 있던 모든 백성이 장로들과 뜻을 같이하여 말했다. "예, 우리가 증인입니다. 하나님께서 당신의 집에 들어오는 이 여인을 이스라엘 집안을 세운 두 여인, 곧 라헬과 레아 같게 하시기를 빕니다. 하나님께서 당신을 에브랏에서 기둥이 되고 베들레헴에서 유명해지게 하시기를 빕니다! 하나님께서 이 젊은 여인을 통해 당신에게 자녀들을 주셔서, 당신의 집이 다말과 유다 사이에 태어난 아들 베레스의 집과 같게 되기를 빕니다."

❖

¹³ 보아스는 룻과 결혼했고, 룻은 그의 아내가 되었다. 보아스가 룻과 잠자리를 같이했다. 그러자 하나님의 은혜로운 선물로 룻이 임신하여 아들을 낳았다.

¹⁴⁻¹⁵ 성읍 여인들이 나오미에게 말했다. "하나님을 찬양합니다! 그분께서 그

대를, 생명을 이어 갈 가족이 없는 상태로 내버려 두지 않으셨습니다. 이 아이가 자라서 이스라엘에서 유명해지기를 빕니다! 이 아이가 그대를 다시 젊어지게 하고, 노년의 그대를 돌볼 것입니다! 이 아이의 어머니이자 그대를 이토록 사랑하는 이 며느리는, 그대에게 일곱 아들보다 귀합니다!"

16 나오미는 아기를 받아 품에 안았다. 꼭 껴안고, 다정히 속삭이며, 지극정성으로 돌보았다.

17 여인들은 그 아이를 '나오미의 아기'라고 부르기 시작했다! 그러나 그의 진짜 이름은 오벳이었다. 오벳은 이새의 아버지였고, 다윗의 할아버지였다.

❧

18-22 베레스의 족보는 이러하다.
베레스는 헤스론을 낳고
헤스론은 람을 낳고
람은 암미나답을 낳고
암미나답은 나손을 낳고
나손은 살몬을 낳고
살몬은 보아스를 낳고
보아스는 오벳을 낳고
오벳은 이새를 낳고
이새는 다윗을 낳았다.

사무엘상하 | 머리말

이 두 권 분량의 이야기 사무엘상하는 네 인물이 뼈대를 이룬다. 바로 한나, 사무엘, 사울 그리고 다윗이다. 이 이야기는 연대로 따지면 주전 1000년 어간의 일들인데, 이를 중심으로 천여 년 전에는(주전 1800년경) 이스라엘의 조상 아브라함이 부르심을 받았고, 천 년 후에는 예수 그리스도가 탄생하게 된다.

자기중심적인 우리의 인생경험은 하나님을 믿고 따른다는 것의 의미를 이해하고 경험하기에는 너무도 좁다. 이 사실을 깨닫는 순간, 이 네 인물이 보여주는 삶의 전형이 우리에게 더없이 소중하게 다가온다. 왜냐하면 이들은 그야말로 너른 삶을 살았기 때문이다. 그들의 삶이 널찍했던 것은 광대하신 하나님 안에 거했기 때문이다. 그들의 삶은 단순한 문화적 조건이나 심리적 구조의 산물로 설명할 수 없다. 그들에게는 하나님이 바로 삶의 터전이었다.

무엇보다 먼저 기억해야 할 것은, 이 이야기는 갤러리에 전시된 조각상처럼 일정한 거리를 두고 감상하며 찬탄하게 되는 모범적인 이야기가 아니라는 점이다. 그런 이야기는 도저히 그처럼 영광스럽거나 비극적인 삶을 우리가 살 수 없다는 생각을 다져 줄 뿐이다. 여기 이 이야기는 다르다. 이는 우리를 있는 그대로의 삶 속으로, 인생의 진상 속으로 깊이 들어가게 하는 이야기다. 이 이야기를 기도하며 읽어 내려가다 보면 서서히, 그러나 분명히 얻게 되는 바가 있다. 바로, 인생의 참 의미는 무엇보다 하나님과의 관계 속에 있다는 깨달음이다. 이 네 인물의 이야기들은 삶의 당위가 아니라 삶의 실제를 보여준다. 하나님께서 어떻게 우리의 일상과 있는 그대로의 현실을 재료로 삼아 우리 안에서, 또 세상 안에서 당신의 구원의 일을 해나가시는지 보여준다.

그렇다고 해서 이 이야기가 하나님의 이야기를 잔뜩 늘어놓은 것은 아니다. 여기에는 놀라우리만치 하나님에 대한 명시적 언급이 드물다. 여러 페이지에 걸쳐 하나님의 이름이 전혀 등장하지 않을 때도 있다. 그러나 펼쳐지는 이야기를 따라가다 보면, 각각의 사건에 줄거리와 결을 부여해 주고 있는 것이 다름 아니라, 그 사건 하나하나에 음으로 양으로 함께하시는 하나님의 현존이라는 사실을 깨닫게 된다. 서로 맞물려 돌아가는 이 이야기들은 우리 자신을 고스란히 '인간'으로 보도록, 다시 말해 감정과 생각과 상황 따위로 다 설명될 수 없는 존재임을 깨닫도록 우리의 인식을 훈련시킨다. 생물학적인 삶 이상의 삶을 찾는다면, 우리는 하나님과 관계해야 한다. 다른 길은 없다.

한나, 사무엘, 사울, 다윗의 삶에 비추어 자신의 삶을 '읽는' 법을 배울 때, 우리 모습을 긍정하고 자유를 누리는 반가운 결과가 따라온다. 하나님과 동행하는 사람으로 인정받고 받아들여지기 위해 미리 짜여 있는 도덕적·정신적·종교적 틀에 억지로 자신을 끼워 맞출 필요가 없다는 사실을 알게 된다. 우리는 있는 모습 그대로 받아들여지며, 그분의 이야기 안에서 각자의 자리를 부여받는다. 이는 결국 그분의 이야기이기 때문이다. 우리의 인생 이야기를 이끌어 가는 이는 우리 자신이 아니라 바로 하나님이시기 때문이다. 이러한 인식은 한나와 다윗의 기도에서도 드러난다.

한나는 다음과 같이 기도한다.

무엇이, 그 누가 **하나님**처럼 거룩할까.
우리 하나님처럼 높고 굳센 산이 있을까.
감히 뻐기지 마라.
잘났다고 떠들 생각 하지 마라!
하나님께서 사정을 다 아시며
그분께서 사태를 다 간파하고 계시니.

하나님께서 죽음을 내리시며 또 생명을 내리신다.
무덤까지 끌어내리시며, 또다시 일으키신다.

하나님께서 가난을 주시며 또 부를 주신다.
그분께서 낮추시며 또 높이신다.……
땅의 기초를 놓으신 분이 바로 **하나님**이시기 때문이다.
그분께서 반석 같은 토대 위에 당신의 일을 펼치셨다.
당신께 충실한 벗들은 그 걸음걸음을 지켜 주시지만,
악인들은 캄캄한 곳을 걷다가 넘어지게 놔두신다.
인생살이가 기력에 달린 것이 아니니!(삼상 2:2, 6-9)

또한 다윗은 다음과 같이 기도한다.

하나님은 내가 발 디딜 반석
내가 거하는 성채,
나를 구해 주시는 기사.
나, 높은 바위산 내 하나님께
죽기 살기로 달려가
그 병풍바위 뒤에 숨고
그 든든한 바위 속에 몸을 감춘다.
내 산꼭대기 피난처이신 그분께서
나를 무자비한 자들의 손에서 구해 주신다.

존귀한 찬송을 하나님께 부르며
나, 안전과 구원을 누린다.

조각난 내 삶을 다 맡겨 드렸더니,
하나님께서 온전하게 만들어 주셨다(삼하 22:2-4, 21).

사무엘 역시 그것을 분명히 인식하고, 다음과 같이 사울을 깨우치기 위해 노력한다.

하나님께서 원하시는 것이
보여주기 위한 공허한 제사 의식이겠습니까?
그분께서 원하시는 것은 그분의 말씀을 잘 듣는 것입니다!
중요한 것은 듣는 것이지,
거창한 종교 공연을 무대에 올리는 것이 아닙니다.
하나님의 명령을 행하지 않는 것은
이교에 빠져 놀아나는 것보다 훨씬 더 악한 일입니다.
하나님 앞에서 스스로 우쭐대는 것은
죽은 조상과 내통하는 것보다 훨씬 더 악한 일입니다.
왕께서 하나님의 명령을 거절했으니
그분께서도 왕의 왕권을 거절하실 것입니다(삼상 15:22-23).

성경은 우리에게 어떤 도덕규범을 제시하며 "여기에 맞게 살라"거나, 어떤
교리 체계를 제시하며 "여기에 맞추어 사고하라, 그러면 구원받을 것이다"
하고 말하지 않는다. 성경은 그저 우리에게 한 이야기를 들려주며 이렇게 초
대할 뿐이다. "이 안으로 들어오라. 이 이야기 속으로 들어와 살아라. 이것이
인간의 삶이다. 한 인간으로 성숙해 간다는 것은 바로 이런 것이다." 성경의
계시를 무엇인가를 얻어 낼 목적으로, 혹은 단조로운 삶을 다채롭게 할 목적
으로 '이용'하는 것은 일종의 폭력이다. 그런 태도는 일종의 '장식용' 영성을
낳는다. 하나님을 장식물이나 보강재로 취급하는 것이다. 사무엘서 이야기
는 이를 허용하지 않는다. 이 이야기를 읽고 읽는 바에 따라 살아가다 보면,
우리 이야기 속에 하나님이 계신 것이 아니라 하나님의 이야기 속에 우리 이
야기가 들어 있음을 깨닫게 된다. 우리의 이야기들을 한데 아우르는 거대한
맥락과 플롯으로서의 하나님을 발견하게 된다.

　이러한 읽기는 당연히 기도와 함께 진행될 수밖에 없다. 하나님께 귀 기울
이고 하나님께 응답하는 읽기 말이다. 무엇보다도 이 이야기는 하나의 기도
(삼상 2장)로 시작하여 다윗의 기도(삼하 22-23장)로 끝나는, 기도로 짜여 있
는 책이기 때문이다.

사무엘상

하나님께 마음을 쏟아 놓는 한나

1 **1-2** 라마다임에 한 사람이 살고 있었다. 그는 에브라임 산지의 숩이라 하는 오래된 가문의 후손으로, 이름은 엘가나였다(그는 아버지 여호람, 할아버지 엘리후, 증조부 도후를 통해 에브라임 숩 가문의 혈통을 이어받았다). 그에게 두 아내가 있었는데, 첫째는 한나였고 둘째는 브닌나였다. 브닌나에게는 자녀가 있었으나 한나에게는 없었다.

3-7 이 사람은 해마다 자기가 사는 성읍에서 실로로 올라가 만군의 **하나님**께 예배하고 제사를 드렸다. 엘리와 그의 두 아들 홉니와 비느하스가 그곳에서 **하나님**의 제사장으로 섬기고 있었다. 엘가나는 제사를 드릴 때마다 아내 브닌나와 그녀의 모든 자녀에게 제사 음식을 한 몫씩 나누어 주었는데, 한나에게는 언제나 특별히 더 후한 몫을 주었다. 그것은 그가 한나를 지극히 사랑했기 때문이며, 또한 **하나님**께서 한나에게 자녀를 주지 않으셨기 때문이다. 그러나 한나의 경쟁 상대인 브닌나는 한나를 모질게 조롱하고 아픈 곳을 건드려, **하나님**께서 그녀에게 자녀를 주지 않으신 것을 계속 의식하게 했다. 그런 일이 해마다 되풀이되었다. **하나님**의 성소에 갈 때마다 한나는 으레 모욕당할 줄을 알았다. 한나는 끝내 눈물을 흘리며 아무것도 먹지 않았다.

8 남편 엘가나가 말했다. "한나여, 왜 울기만 하고 아무것도 먹지 않는 거요?

어찌하여 그토록 마음이 상한 거요? 내가 당신에게 열 아들보다도 낫지 않소?"
9-11 한나는 음식을 먹고 기운을 차린 뒤에, 조용히 그곳을 빠져나와 성소에 들어갔다. 제사장 엘리가 하나님의 성전 입구의 늘 앉는 자리에 앉아서 직무를 보고 있었다. 슬픔에 잠긴 한나는, 괴로운 마음에 하나님께 기도하며 울고 또 울었다. 한나가 서원하며 아뢰었다.

만군의 하나님,
저의 괴로움을 깊이 살피시는 하나님,
저를 외면치 마시고 저를 위해 일하셔서
저에게 아들을 주시면,
제가 그 아이를 아끼지 않고 온전히 주님께 바치겠습니다.
거룩한 순종의 삶을 살도록 그 아이를 구별해 드리겠습니다.

12-14 한나가 하나님 앞에서 계속 기도하는 동안, 엘리는 그녀를 유심히 보고 있었다. 한나가 마음속으로 기도하고 있었으므로, 입술만 움직일 뿐 소리는 들리지 않았다. 엘리는 한나가 술에 취했다고 단정하고 그녀에게 다가가 말했다. "술에 취했구먼! 언제까지 이러고 있을 셈이요? 정신 차리시오!"
15-16 한나가 말했다. "그렇지 않습니다, 제사장님! 술을 마신 것이 아니라 제 처지가 너무 슬퍼서 그렇습니다. 술이라곤 한 방울도 입에 대지 않았습니다. 그저 제 마음을 하나님께 쏟아 놓았을 뿐입니다. 저를 나쁜 여자로 여기지 마십시오. 너무나 불행하고 고통스러워 이제껏 이러고 있었습니다."
17 엘리가 대답했다. "평안히 가시오. 이스라엘의 하나님께서 그대가 구한 것을 들어주실 것이오."
18 "저를 좋게 여기셔서, 저를 위해 기도해 주십시오!" 한나는 그렇게 말하고 돌아가서 환한 얼굴로 음식을 먹었다.
19 엘가나 일행은 동트기 전에 일어나 하나님을 예배하고, 라마에 있는 집으로 돌아갔다. 엘가나가 아내 한나와 잠자리를 같이하니, 하나님께서 한나의 간구를 들어주시기 위해 필요한 일들을 시작하셨다.

사무엘을 하나님께 바치다

²⁰ 그해가 지나기 전에, 한나가 임신하여 아들을 낳았다. 한나는 "내가 **하나님**께 이 아들을 구했다"는 뜻으로, 아이의 이름을 사무엘이라고 했다.

²¹⁻²² 이듬해에 엘가나가 **하나님**을 예배하여 제사를 드리고 자신의 서원을 지키려고 가족을 데리고 실로로 갈 때, 한나는 함께 가지 않았다. 한나는 남편에게 말했다. "아이가 젖을 떼고 나면, 내가 직접 아이를 데리고 가서 **하나님** 앞에 바치겠습니다. 아이가 그곳에 평생 머물게 하겠습니다."

²³⁻²⁴ 엘가나가 아내에게 말했다. "당신 생각대로 하시오. 아이가 젖을 뗄 때까지 집에 있으시오! **하나님**께서 시작하신 일을 그분께서 이루시기를 진심으로 바라오!"

한나는 아이가 젖을 뗄 때까지 집에 있으면서 아이를 길렀다. 그 후 그녀는 아이를 데리고 실로로 가면서, 제사 음식 재료로 가장 좋은 소 한 마리와 밀가루와 포도주를 풍성하게 마련하여 가져갔다. 그러나 홀로 떼어 놓기에는 아이가 너무 어렸다!

²⁵⁻²⁸ 그들은 먼저 소를 잡은 다음, 아이를 엘리에게 데려갔다. 한나가 말했다. "제사장님, 제가 제사장님 앞 바로 이 자리에 서서 **하나님**께 기도하던 그 여자라면 믿으시겠습니까? 제가 이 아이를 구하며 기도했는데, **하나님**께서 제가 간구한 것을 이루어 주셨습니다. 이제 이 아이를 **하나님**께 바치겠습니다. 이 아이는 평생 **하나님**의 사람으로 살아갈 것입니다."

그런 다음에, 그들은 거기서 **하나님**을 예배했다.

2

¹ 한나가 기도했다.

나, **하나님** 소식에 가슴이 터질 듯합니다!
하늘을 나는 듯합니다.
나의 원수들, 이제 내게 웃음거리일 뿐.
나는 나의 구원을 노래하며 춤추렵니다.

2-5 무엇이, 그 누가 **하나님**처럼 거룩할까.
우리 하나님처럼 높고 굳센 산이 있을까.
감히 뻐기지 마라.
잘났다고 떠들 생각 하지 마라!
하나님께서 사정을 다 아시며
그분께서 사태를 다 간파하고 계시니.
강자들의 무기는 다 바수어지나
약자들에게는 새 힘이 부어진다.
잘 먹고 잘 살던 자들은 길거리에 나앉아 찬밥을 구걸하나
배고팠던 이들은 상다리가 휘어져라 푸짐한 밥상을 받는다.
아이 못 낳던 여인의 집이 아이들로 바글바글하고
자식 많던 여인 곁에는 지금 아무도 없다.

6-10 **하나님**께서 죽음을 내리시며 또 생명을 내리신다.
무덤까지 끌어내리시며, 또다시 일으키신다.
하나님께서 가난을 주시며 또 부를 주신다.
그분께서 낮추시며 또 높이신다.
그분께서 궁핍한 이들을 다시 일으켜 세우신다.
지친 인생들에게 새 희망을 주시고
인생의 품위와 존엄을 회복시켜 주시며
그들을 빛나는 자리에 앉히신다!
땅의 기초를 놓으신 분이 바로 **하나님**이시기 때문이다.
그분께서 반석 같은 토대 위에 당신의 일을 펼치셨다.
당신께 충실한 벗들은 그 걸음걸음을 지켜 주시지만,
악인들은 캄캄한 곳을 걷다가 넘어지게 놔두신다.
인생살이가 기력에 달린 것이 아니니!
하나님의 원수들은 벼락을 맞고 결딴나리라.
그을린 파편들이 산을 이루리라.

하나님께서 온 땅의 만사를 바로잡아 주시리라.

당신의 왕에게 힘을 주시며,

당신의 기름부음 받은 이를 세상의 꼭대기에 우뚝 세우시리라!

¹¹ 엘가나는 라마에 있는 집으로 돌아갔다. 아이는 남아 제사장 엘리의 곁에서 **하나님**을 섬겼다.

하나님을 섬기는 사무엘

¹²⁻¹⁷ 엘리의 아들들은 행실이 나빴다. 그들은 **하나님**을 몰랐고, 백성 앞에서 제사장이 지켜야 할 관례 같은 것에는 관심도 없었다. 보통은 어떤 사람이 제물을 바치면, 제사장의 종이 와서 고기를 삶고 있는 솥 안에 세 살 갈고리를 넣어 무엇이든 갈고리에 걸려 나오는 것을 제사장의 몫으로 가져갔다. 그런데 엘리의 아들들이 **하나님**께 제사를 드리러 실로에 오는 이스라엘 모든 사람을 대하는 방식은 달랐다. 사람들이 **하나님**께 지방을 태워 드리기도 전에, 제사장의 종이 끼어들어 "그 고기 얼마를 제사장님이 구워 먹게 내놓으시오. 제사장께서는 삶은 고기보다 덜 익힌 고기를 좋아하오" 하고 말했다. 제사 드리던 사람이 "먼저 하나님 몫의 지방부터 태우고 나서 당신 마음대로 가져가시오" 하면, 종은 "아니오, 지금 내놓으시오. 당신이 내놓지 않으면 내가 빼앗겠소" 하고 요구했다. 이 젊은 종들은 하나님 앞에서 무서운 죄를 짓고 있었다! **하나님**께 드리는 거룩한 제물을 더럽힌 것이다.

¹⁸⁻²⁰ 이 모든 일이 일어나는 중에도, 사무엘은 모시로 만든 제사장 옷을 입고 **하나님**을 섬겼다. 해마다 그의 어머니는 남편과 함께 제사를 드리러 올 때마다 아이의 몸에 맞게 작은 겉옷을 지어서 가져왔다. 엘리는 엘가나와 그의 아내에게 "이 아이를 **하나님**께 바쳤으니, **하나님**께서 두 분 사이에 이 아이를 대신할 자녀를 주시기를 바랍니다" 하고 복을 빌어 주었고, 부부는 이렇게 축복을 받고서 집으로 돌아가곤 했다.

²¹ **하나님**께서 특별한 은혜를 베풀어 주셔서, 한나는 아들 셋과 딸 둘을 더 낳았다! 어린 사무엘은 성소에 있으면서 **하나님**과 함께 자라갔다.

엘리가 심히 근심하다

22-25 엘리는 나이가 아주 많이 들었다. 그는 자기 아들들이 백성을 갈취하고 또 성소에서 돕는 여자들과 동침하고 있다는 소문을 들었다. 엘리는 아들들을 꾸짖었다. "이것이 도대체 어찌된 일이냐? 너희가 어찌하여 이런 일들을 벌이고 있느냐? 너희의 부패하고 악한 행실에 대한 이야기가 좀체 끊이지 않는구나. 내 아들들아, 이것은 옳지 않다! 내가 듣는 이 끔찍한 소문이 **하나님**의 백성 사이로 퍼져 나가고 있다! 너희가 사람에게 죄를 지으면 하나님의 도우심을 받을 수 있지만, **하나님**께 죄를 지으면 누가 너희를 도울 수 있겠느냐?" 25-26 하지만 이미 불순종이 몸에 밴 아들들은 아버지의 말을 조금도 귀담아듣지 않았다. **하나님**께서는 더는 참지 못하시고 그들을 죽이기로 결정하셨다! 그러나 어린 사무엘은 자라면서 **하나님**의 복과 사람들의 사랑을 듬뿍 받았다. 27-30 거룩한 사람이 엘리에게 와서 말했다. "이것은 **하나님**의 메시지입니다. '너희 조상이 이집트에서 바로의 종으로 있을 때 내가 그들에게 나를 분명히 나타냈다. 내가 이스라엘의 모든 지파 가운데서 너희 집안을 나의 제사장으로 선택하여, 제단에서 섬기고 향을 피우고 내 앞에서 제사장 옷을 입게 했다. 내가 네 조상의 집안에 이스라엘의 모든 희생 제물을 맡겼다. 그런데 어찌하여 너는 예배를 위해 명령한 희생 제물을 한낱 전리품처럼 취급하느냐? 어찌하여 나보다 네 아들들을 더 위하고 그들이 이 제물로 살을 찌우고 나를 무시하도록 내버려두느냐? 그러므로―이것은 **하나님**의 말씀이다. 이스라엘의 하나님께서 말씀하신다―전에 내가 너와 네 조상 집안이 영원히 내 제사장이 되리라고 했으나, 이제는―명심하여라, **하나님**의 말씀이다!―더 이상 그러지 않을 것이다.

나는 나를 귀히 여기는 자를 귀히 여기고
나를 우습게 여기는 자를 수치스럽게 할 것이다.

31-36 경고를 잘 들어라. 머지않아 내가 네 집안뿐 아니라 네 후손의 집안까지 다 없애 버릴 것이다. 네 집안에서 노년까지 살 자가 아무도 없을 것이다! 너

는 내가 이스라엘에 행하는 선한 일들을 보겠으나, 그것을 보고서 울 것이다. 네 집안에서 살아남아 그것을 누릴 자가 아무도 없을 것이기 때문이다. 내가 한 사람을 남겨 두어 나의 제단에서 섬기게 하겠으나, 눈물로 얼룩진 고단한 삶이 될 것이다. 네 집안 사람들은 모두 자기 수를 다 누리지 못하고 죽을 것이다. 네 두 아들 홉니와 비느하스에게 벌어질 일이 그 증거가 될 텐데, 그 둘은 한날에 죽을 것이다. 그 후에 내가 나를 위해 참된 제사장을 세울 것이다. 그는 내가 원하는 일을 하고 내가 원하는 사람이 될 것이다. 나는 그의 지위를 견고히 할 것이고, 그는 맡은 일을 기꺼이 감당하여 내 기름부음 받은 자를 섬길 것이다. 네 집안의 살아남은 자들이 그에게 와서 "입에 풀칠할 정도면 괜찮으니 제사장 일을 하게 해주십시오" 하며 구걸하게 될 것이다.'"

어린 사무엘을 부르시는 하나님

3 ¹⁻³ 어린 사무엘은 엘리의 지도를 받으며 **하나님**을 섬기고 있었다. 그 때는 **하나님**의 계시가 아주 드물거나 거의 나타나지 않던 때였다. 어느 날 밤 엘리는 곤히 잠들었다(그는 시력이 아주 나빠서 거의 앞을 보지 못했다). 이른 새벽 날이 밝기 전 성소에 등불이 켜져 있을 때에, 사무엘은 하나님의 궤가 있는 **하나님**의 성전에서 자고 있었다.

⁴⁻⁵ 그때 **하나님**께서 "사무엘아, 사무엘아!" 하고 부르셨다.

사무엘이 대답했다. "예, 제가 여기 있습니다." 그는 엘리에게 달려가 말했다. "부르셨는지요? 제가 여기 있습니다."

엘리가 말했다. "나는 너를 부르지 않았다. 돌아가서 자거라." 사무엘은 돌아와 자리에 누웠다.

⁶⁻⁷ **하나님**께서 다시 "사무엘아, 사무엘아!" 하고 부르셨다.

사무엘이 일어나 엘리에게 갔다. "부르셨는지요? 제가 여기 있습니다."

다시 엘리가 말했다. "아들아, 나는 너를 부르지 않았다. 돌아가서 자거라." (이 모든 일은 사무엘이 하나님을 직접 알기 전에 있었던 일이다. 하나님의 계시가 그에게 직접 임하기 전이었다.)

⁸⁻⁹ **하나님**께서 다시 "사무엘아!" 하고 세 번째로 부르셨다! 이번에도 사무엘

은 일어나 엘리에게 갔다. "부르셨는지요? 제가 여기 있습니다."
그제야 엘리는 **하나님**께서 그 아이를 부르고 계심을 깨닫고, 사무엘에게 이
렇게 지시했다. "돌아가서 누워라. 그 음성이 다시 들리거든 '말씀하십시오,
하나님. 주님의 종이 들을 준비가 되었습니다' 하고 아뢰어라." 사무엘은 잠
자리로 돌아갔다.

10 그 후에 **하나님**이 오셔서, 사무엘 앞에서 조금 전과 같이 "사무엘아, 사무
엘아!" 하고 부르셨다.

사무엘이 대답했다. "말씀하십시오. 주님의 종이 들을 준비가 되었습니다."

11-14 **하나님**께서 사무엘에게 말씀하셨다. "잘 들어라. 내가 모든 사람을 흔들
어 깨워 주목하게 할 일을 지금 이스라엘에 행하려고 한다. 내가 엘리에게
경고했던 모든 일을 하나도 빠짐없이 그의 집안에 행할 때가 왔다. 때가 되
었으니 내가 그에게 알릴 것이다. 내가 그의 집안에 영원히 심판을 내릴 것이
이다. 그는 자기 아들들이 하나님의 이름과 하나님의 처소를 더럽히고 있는
것을 알면서도, 그들을 막기 위해서 어떤 일도 하지 않았다. 내가 엘리 집안
에 내리는 선고는 이것이다. 엘리 집안의 죄악은 제사나 제물로 절대 씻지
못할 것이다."

15 사무엘은 아침까지 잠자리에 머물러 있다가 일찍 일어나, 성소의 문을 열
고 직무를 보러 갔다. 그러나 사무엘은 자신이 보고 들은 환상을 엘리에게
알리는 것이 두려웠다.

16 엘리가 사무엘을 불렀다. "내 아들, 사무엘아!"

사무엘이 달려왔다. "예, 부르셨습니까?"

17 "그분께서 무슨 말씀을 하셨느냐? 나에게 모두 말하여라. 하나님께서 네
재판장이시니, 한 마디도 감추거나 얼버무려서는 안된다! 그분께서 네게 하
신 모든 말씀을 다 듣고 싶구나."

18 사무엘은 그에게 하나도 숨기지 않고, 그대로 말했다.

엘리가 말했다. "그분은 **하나님**이시다. 무엇이든 그분께서 가장 좋다고 여기
시는 대로 행하실 것이다."

¹⁹⁻²¹ 사무엘이 자라는 동안 **하나님**이 그와 함께 계셔서, 사무엘의 예언이 하나도 땅에 떨어지지 않았다. 북쪽으로 단에서부터 남쪽으로 브엘세바까지, 이스라엘의 모든 사람이 사무엘이 **하나님**의 참 예언자임을 알게 되었다. **하나님**께서는 계속하여 실로에 나타나셨고, 거기서 말씀을 통해 사무엘에게 자신을 계시하셨다.

하나님의 언약궤를 빼앗기다

4 ¹⁻³ 사무엘이 하는 모든 말이 온 이스라엘에 전해졌다. 이스라엘은 블레셋 사람과 싸우러 나갔다. 이스라엘은 에벤에셀에 진을 치고 블레셋 사람은 아벡에 진을 쳤다. 블레셋 사람이 전투대형으로 진격하여 이스라엘을 치자, 이스라엘은 크게 패하여 군사 사천 명 정도가 들판에서 죽었다. 군대가 진으로 돌아오자, 이스라엘의 장로들이 말했다. "**하나님**께서 오늘 우리를 블레셋 사람에게 패하게 하신 까닭이 무엇이겠습니까? 실로에 가서 **하나님**의 언약궤를 가져옵시다. 언약궤가 우리와 함께 가면 우리를 적의 손에서 구해 줄 것입니다."

⁴ 그래서 군대가 실로에 전갈을 보냈다. 사람들이 그룹 사이에 앉아 계신 만군의 **하나님**의 언약궤를 가져왔다. 하나님의 언약궤를 가져올 때에, 엘리의 두 아들 홉니와 비느하스도 함께 왔다.

⁵⁻⁶ **하나님**의 언약궤가 진에 들어오자, 모두가 환호성을 질렀다. 그 함성은 땅을 뒤흔드는 천둥소리 같았다. 블레셋 사람은 환호하는 소리를 듣고 무슨 일인지 궁금했다. "도대체 히브리 사람들이 왜 저리 함성을 내지르지?"

⁶⁻⁹ 그러다가 그들은 **하나님**의 궤가 히브리 진에 들어온 것을 알았다. 블레셋 사람은 두려웠다. "이스라엘의 진에 그들의 신이 들어갔다! 여태까지 이런 일은 한 번도 없었다. 이제 우리는 끝장이다! 이 강력한 신의 손에서 누가 우리를 구원할 수 있겠는가? 이 신은 저 광야에서 온갖 재앙으로 이집트 사람들을 친 바로 그 신이다. 블레셋 사람아, 일어나라! 용기를 내어라! 히브리 사람들이 우리의 종이 되었던 것처럼 이제 우리가 그들의 종이 되게 생겼다. 너희의 근성을 보여주어라! 목숨을 걸고 싸워라!"

10-11 그들은 죽을 각오로 싸웠다! 결국 큰 승리를 거두었다. 그들이 이스라엘을 무참히 쳐부수었고 이스라엘은 필사적으로 도망쳤다. 이스라엘 군사 삼만 명이 죽었다. 그것으로도 모자라, 하나님의 궤마저 빼앗기고 엘리의 두 아들 홉니와 비느하스도 죽었다.

이스라엘에서 영광이 떠나다

12-16 곧바로 베냐민 사람 하나가 전쟁터에서 빠져나와 실로에 이르렀다. 웃옷은 찢어지고 얼굴은 흙투성이가 된 채로 그가 성읍에 들어섰다. 엘리는 하나님의 궤가 몹시 걱정이 되어서 길 옆 의자에 앉아 꼼짝 않고 있었다. 그 사람이 곧장 성읍으로 달려와 슬픈 소식을 전하자, 모두가 슬피 울며 크게 두려워했다. 엘리가 울부짖는 소리를 듣고 물었다. "어찌 이리 소란스러운가?" 그 사람이 급히 다가와서 보고했다. 엘리는 그때 아흔여덟이었고 앞을 보지 못했다. 그 사람이 엘리에게 말했다. "제가 방금 전쟁터에서 왔는데, 겨우 목숨을 건졌습니다."

엘리가 말했다. "그래 내 아들아, 어떻게 되었느냐?"

17 그 사람이 대답했다. "이스라엘이 블레셋 사람 앞에서 뿔뿔이 흩어졌습니다. 엄청난 피해를 입은 참패입니다. 제사장님의 아들 홉니와 비느하스도 전사했고, 하나님의 궤도 빼앗겼습니다."

18 '하나님의 궤'라는 말을 듣는 순간, 엘리는 앉아 있던 문 옆의 의자에서 뒤로 넘어졌다. 노인인 데다 아주 뚱뚱했던 엘리는, 넘어지면서 목이 부러져 죽었다. 그는 사십 년 동안 이스라엘을 이끌었다.

19-20 엘리의 며느리인 비느하스의 임신한 아내가 곧 해산하려던 참이었다. 하나님의 궤를 빼앗기고 시아버지와 남편마저 죽었다는 말을 들은 뒤에, 그녀는 아이를 낳기 위해 무릎을 구부린 채 심한 진통에 들어갔다. 산모가 죽어 가는데, 산파가 "두려워하지 마세요. 아들을 낳았습니다!" 하고 말했다. 그러나 산모는 그 말에 아무 반응도 보이지 않았다.

21-22 하나님의 궤를 빼앗기고 시아버지와 남편이 죽었으므로, 그녀는 "하나님의 궤를 빼앗겼으니 이스라엘에서 하나님의 영광이 떠났다" 하며 아이의

이름을 이가봇(영광이 사라졌다)이라고 했다.

블레셋 사람에게 빼앗긴 하나님의 궤

5 ¹⁻² 하나님의 궤를 빼앗은 블레셋 사람은 그 궤를 에벤에셀에서 아스돗으로 옮긴 다음, 다곤 신전 안으로 가지고 들어가 다곤 상 옆에 나란히 놓았다.

³⁻⁵ 이튿날 아침 아스돗 주민들이 일어났다가, 다곤이 하나님의 궤 앞에 얼굴을 처박고 바닥에 쓰러져 있는 것을 보고 깜짝 놀랐다. 그들은 다곤을 일으켜 다시 제자리에 두었다. 그 이튿날 아침에 그들이 일어나자마자 가 보니, 다곤이 다시 하나님의 궤 앞에 얼굴을 처박고 바닥에 쓰러져 있었다. 다곤의 머리와 두 팔은 부러져 입구에 널브러져 있었고, 몸통만 남아 있었다. (그래서 다곤의 제사장과 아스돗에 있는 다곤 신전을 방문하는 사람들은 지금도 문지방을 밟지 않는다.)

⁶ 하나님께서 아스돗 주민들을 엄히 다루셨다. 종양으로 그들을 쳐서 그 지역을 황폐하게 만드셨다. 성읍과 그 주변 지역도 마찬가지였다. 또한 그들 사이에 쥐를 풀어 놓으셨다. 쥐들이 그곳에 있는 배들에서 뛰쳐나와 온 성읍에 우글거렸다! 모든 사람이 두려움에 휩싸였다.

⁷⁻⁸ 아스돗의 지도자들이 그 광경을 보고 결정을 내렸다. "이스라엘 신의 궤를 떠나 보내야 합니다. 이 물건은 우리가 감당할 수 없고 우리의 신 다곤도 감당할 수 없습니다." 그들은 블레셋 지도자들을 모두 불러 놓고 물었다. "어떻게 하면 우리가 이스라엘 신의 궤를 치울 수 있겠소?"

지도자들의 뜻이 일치했다. "그 궤를 가드로 옮기시오." 그래서 그들은 이스라엘 하나님의 궤를 가드로 옮겼다.

⁹ 그러나 하나님의 궤를 가드로 옮기자마자, 하나님께서 그 성읍도 무섭게 내리치셨다. 성읍 전체가 큰 혼란에 빠졌다! 하나님께서 종양으로 그들을 치신 것이다. 어른 아이 할 것 없이 성읍 모든 사람에게 종양이 생겼다.

¹⁰⁻¹² 그래서 그들은 하나님의 궤를 에그론으로 보냈다. 그러나 궤가 성읍으로 들어오려고 하자, 그곳 백성이 소리쳐 항의했다. "이스라엘 하나님의 궤

를 이리로 가져오다니, 우리를 다 죽일 셈이요!" 그들은 블레셋의 지도자들을 불러 모아 이렇게 요구했다. "이스라엘 하나님의 궤를 여기서 가지고 나가서, 왔던 곳으로 돌려보내시오. 이러다 우리 모두 죽겠소!" 하나님의 궤가 나타나자 모두가 심한 두려움에 사로잡혔다. 그러나 하나님께서는 이미 그곳을 무섭게 내리치셨다. 죽지 않은 사람은 종양으로 치셨다. 온 성읍이 내지르는 고통과 비탄의 부르짖음이 하늘에 사무쳤다.

하나님의 궤가 돌아오다

6 ¹⁻² **하나님의 궤가 블레셋 사람 가운데 있은 지 일곱 달이 되자**, 블레셋의 지도자들이 종교전문가와 제사장과 초자연 현상의 전문가들을 한데 불러서 의견을 구했다. "어떻게 해야 사태를 더 이상 악화시키지 않고 이 하나님의 궤를 치워 버릴 수 있겠소? 방법을 말해 보시오!"

³ 그들이 말했다. "이스라엘의 하나님의 궤를 돌려보내려면, 그들에게 그냥 던져 주기만 하면 되는 것이 아니라 보상을 해야 합니다. 그러면 여러분의 병이 나을 것입니다. 여러분이 다시 깨끗해지고 나면, 여러분을 향한 하나님의 태도도 누그러지실 것입니다. 어찌 그러지 않으시겠습니까?"

⁴⁻⁶ "정확하게 무엇이면 충분한 보상이 되겠소?"

그들이 대답했다. "블레셋 지도자들의 수에 맞추어 금종양 다섯 개와 금쥐 다섯 개로 하십시오. 지도자와 백성 할 것 없이 모두가 똑같이 재앙을 당했으니, 이 땅을 휩쓸고 있는 종양과 쥐 모양을 만들고 그것들을 제물로 바쳐 이스라엘의 하나님께 영광을 돌리십시오. 그러면 혹시 그분의 마음이 누그러져 여러분과 여러분의 신들과 여러분의 땅을 향한 노여움이 가라앉을지 모릅니다. 이집트 사람과 바로처럼 고집을 부릴 까닭이 무엇입니까? 하나님께서는 그들을 향해 공격을 멈추지 않다가, 결국 그들이 그분의 백성을 내보내고 나서야 누그러지셨습니다.

⁷⁻⁹ 그러니 이렇게 하십시오. 새 수레와 멍에를 메어 본 적이 없는 암소 두 마리를 가져다가, 암소들은 수레에 메우고 그 송아지들은 우리로 돌려보내십시오. 하나님의 궤를 수레에 싣고, 여러분이 보상으로 드리는 금종양과 금쥐

를 자루에 잘 담아 궤 옆에 두십시오. 그런 다음 수레를 떠나보내고 잘 지켜 보십시오. 만일 궤가 왔던 길을 되짚어 곧장 벳세메스 길로 향하면, 이 재앙 은 신의 심판임이 분명합니다. 그렇지 않으면, 이 일은 하나님과 아무 상관 없이 그저 우연히 일어난 일이라고 생각하면 됩니다."

10-12 블레셋 지도자들은 그 제안대로 했다. 암소 두 마리를 수레에 메우고, 그 송아지들은 우리에 두고 하나님의 궤를 금쥐와 금종양이 든 자루와 함께 수레에 실었다. 암소들은 울음소리를 내며 궤가 왔던 길을 되짚어 곧장 벳세 메스 길로 갔는데, 오른쪽으로나 왼쪽으로 조금도 벗어나지 않았다. 블레셋 의 지도자들은 벳세메스 경계까지 수레를 따라갔다.

13-15 그때에 벳세메스 사람들이 골짜기에서 밀을 추수하고 있었다. 눈을 들 어 궤를 본 그들은 뛸 듯이 기뻐하며 달려 나와 맞았다. 수레는 벳세메스 사 람 여호수아의 밭에 들어서서 그곳에 있는 큰 바위 곁에 멈추었다. 추수하던 사람들이 수레를 조각조각 뜯어내 장작으로 쓰고 암소들을 잡아 하나님께 번제물로 바쳤다. 레위 사람들은 하나님의 궤와 금제물이 든 자루를 맡아서 그 바위 위에 올려놓았다. 그날 벳세메스 사람들 모두가 제사를 드리며 진심 으로 하나님을 예배했다.

16 블레셋의 다섯 지도자는 이것을 모두 확인하고 나서, 그날로 에그론으로 돌아갔다.

17-18 블레셋 사람은 아스돗, 가사, 아스글론, 가드, 에그론 성읍들을 위한 보 상으로 금종양 다섯 개를 바쳤다. 금쥐 다섯 개는 다섯 지도자가 통치하는 크고 작은 블레셋 성읍의 수에 맞춘 것이었다. 그들이 하나님의 궤를 올려놓 았던 큰 바위는 지금도 그곳 벳세메스에 있는 여호수아의 밭에 기념물로 남 아 있다.

19-20 호기심에 못 이겨 무례히 하나님의 궤를 들여다본 벳세메스 사람 중에 얼마를 하나님께서 치시니, 일흔 명이 죽었다. 하나님께서 엄하게 치시자 온 성읍이 휘청이며 슬픔에 빠져 물었다. "누가 능히 하나님, 이 거룩하신 하나 님 앞에 설 수 있겠는가? 누구를 데려다 이 궤를 다른 곳으로 가져가게 할

수 있을까?"

21 그들은 기럇여아림에 전령을 보내 말했다. "블레셋 사람이 하나님의 궤를 돌려보냈습니다. 내려와서 가져가십시오."

사무엘이 이스라엘을 다스리다

7 1 기럇여아림 사람들은 그대로 행했다. 그들이 와서 하나님의 궤를 받아 산 위에 있는 아비나답의 집으로 옮겼다. 거기서 아비나답의 아들 엘리아살을 구별하여 세우고, 하나님의 궤를 책임지게 했다.

2 궤가 기럇여아림에 정착하고 이십 년이라는 긴 세월이 흘렀다. 온 이스라엘에 하나님을 경외하는 마음이 널리 퍼져 나갔다.

3 그 후에 사무엘이 이스라엘 백성에게 말했다. "여러분이 진심으로 하나님께 돌아오려거든, 집을 깨끗이 정리하십시오. 이방 신들과 다산의 여신들을 없애고, 하나님께 기초를 단단히 두고 오직 그분만 섬기십시오. 그러면 그분께서 여러분을 블레셋의 압제에서 구원하실 것입니다."

4 그들은 그대로 행했다. 바알과 아스다롯 신상을 없애고, 오직 하나님만 바라보며 그분만을 섬겼다.

5 그 후에 사무엘이 말했다. "모든 사람을 미스바로 모이게 하십시오. 내가 여러분을 위해 기도하겠습니다."

6 그래서 모든 사람이 미스바에 모였다. 그들은 정결하게 하는 의식으로 우물에서 물을 길어다가 하나님 앞에 부어 드렸다. 그리고 하루 종일 금식하며 "우리가 하나님께 죄를 지었습니다" 하고 기도했다.

이렇게 사무엘은 그곳 미스바에서 거룩한 전쟁에 대비해 이스라엘 백성을 준비시켰다.

7 이스라엘이 미스바에 모였다는 소식이 블레셋 사람에게 전해지자, 블레셋 지도자들이 그들을 치려고 나왔다. 이스라엘은 그 소식을 듣고 두려워했다. 블레셋 사람이 다시 행동을 개시했기 때문이다!

8 그들은 사무엘에게 간청했다. "온 힘을 다해 기도해 주십시오! 마음을 놓아

서는 안됩니다! **하나님** 우리 하나님께서 블레셋 사람의 압제에서 우리를 구
원하시도록 기도해 주십시오."

⁹ 사무엘은 아직 젖을 떼지 않은 어린양 한 마리를 가져다가 **하나님**께 온전
한 번제물로 바치고, 이스라엘을 위해 **하나님**께 간절히 기도했다. 그러자 **하
나님**께서 응답하셨다.

¹⁰⁻¹² 사무엘이 제사를 드리고 있을 때에, 블레셋 사람이 이스라엘과 싸우려
고 가까이 다가왔다. 바로 그때 **하나님**께서 천둥을 내리치시니, 블레셋 머리
위로 천둥소리가 크게 울렸다. 그들이 겁에 질려 허둥지둥 도망쳤다. 대혼란
이었다! 이스라엘은 미스바에서 쏟아져 나와 블레셋 사람을 추격하여, 벳갈
너머에 있는 지점에 이를 때까지 그들을 닥치는 대로 죽였다. 사무엘은 돌
하나를 가져다가 미스바와 센 사이에 곧게 세웠다. 그는 "**하나님**께서 이곳에
서 우리를 도우셨다는 표시다"라고 하면서, 그 돌의 이름을 '에벤에셀'(도움의
돌)이라고 했다.

¹³⁻¹⁴ 호되게 당한 블레셋 사람이 다시는 경계를 넘어오지 않았다. 사무엘이
살아 있는 동안에 **하나님**께서 블레셋을 엄히 다루셨다. 이스라엘은 전에 블
레셋 사람이 빼앗아 간 성읍, 곧 에그론에서 가드까지의 모든 성읍을 되찾았
다. 그 주변 지역들도 블레셋의 지배에서 해방시켰다. 이스라엘과 아모리 사
람 사이에도 평화가 임했다.

¹⁵⁻¹⁷ 사무엘은 살아 있는 동안 이스라엘에 든든한 지도력을 발휘했다. 그는
해마다 베델에서 길갈과 미스바로 순회하며 이스라엘을 돌아보았다. 그러나
항상 자기 거처인 라마로 돌아와 그곳에서 이스라엘을 다스렸다. 그는 거기
서 **하나님**께 제단을 쌓았다.

하나님의 왕되심을 거부하는 이스라엘

8 ¹⁻³ 사무엘이 나이가 많이 들자, 자기 아들들을 이스라엘의 사사로 세
웠다. 맏아들의 이름은 요엘이고 둘째의 이름은 아비야였다. 그들은
직무를 맡아 브엘세바에서 일했다. 그러나 사무엘의 아들들은 그와 같지 않
았다. 자기 욕심을 채우려고 뇌물을 받았고, 재판에서 부정을 일삼았다.

4-5 그들에게 진절머리가 난 이스라엘의 모든 장로가, 라마로 가서 사무엘에게 따졌다. 그들은 이런 주장을 내세웠다. "보십시오. 당신은 이제 늙었고 당신의 아들들은 당신을 따르지 않고 있습니다. 우리가 원하는 바는 이것입니다. 다른 모든 나라처럼 우리에게도 우리를 다스릴 왕을 세워 주십시오."

6 사무엘은 "우리를 다스릴 왕을 주십시오!"라는 그들의 요구를 듣고 마음이 상했다. 얼마나 괘씸한 생각인가! 사무엘은 하나님께 기도했다.

7-9 하나님께서 사무엘에게 대답하셨다. "그들이 요구하는 것을 들어주어라. 그들은 지금 너를 버린 것이 아니라 그들의 왕인 나를 버렸다. 내가 그들을 이집트에서 이끌어 낸 날부터 오늘까지, 그들은 늘 이런 식으로 행동하며 나를 버리고 다른 신들을 좇았다. 이제 네게도 똑같이 하는 것이니, 그들 뜻대로 하게 두어라. 다만, 그들이 당하게 될 일들을 경고해 주어라. 왕이 다스리는 방식과 그들이 왕에게 당하게 될 일들을 말해 주어라."

10-18 그래서 사무엘은 그들에게 말했다. 왕을 달라고 요청하는 백성에게 하나님의 경고를 전했다. "여러분이 말하는 왕이 다스리는 방식은 이렇습니다. 그는 여러분의 아들들을 데려가 전차병과 기병, 보병 등의 군사로 삼고 대대와 중대로 편성할 것입니다. 어떤 이들에게는 왕의 농장에서 강제노역을 시켜 밭을 갈고 추수하게 하고, 어떤 이들에게는 전쟁 무기나 왕의 호사스러운 전차를 만들게 할 것입니다. 여러분의 딸들을 데려가서 미용사와 종업원과 요리사로 부릴 것입니다. 그는 여러분의 가장 좋은 밭과 포도원과 과수원을 빼앗아 왕의 가까운 친구들에게 넘겨줄 것입니다. 왕의 수많은 관료들을 유지하기 위해 여러분의 작물과 포도에 세금을 매길 것입니다. 여러분이 소유한 가장 뛰어난 일꾼과 가장 건강한 짐승들을 데려다가 자기 일에 쓸 것입니다. 여러분의 양 떼에 세금을 부과하여 결국 여러분을 종이나 다름없이 부릴 것입니다. 여러분이 그토록 원했던 왕 때문에, 절박하게 부르짖을 날이 올 것입니다. 그러나 그때 하나님의 응답을 기대하지는 마십시오."

19-20 그러나 백성은 사무엘의 말을 들으려 하지 않았다. "아닙니다!" 그들은 말했다. "우리도 우리를 다스릴 왕이 있어야겠습니다! 그러면 우리도 다른 모든 나라처럼 될 것입니다. 왕이 우리를 다스리고 지도하며 우리를 위해 싸

워 줄 것입니다."

²¹⁻²² 사무엘은 그들의 말을 받아서 **하나님**께 그대로 아뢰었다. **하나님**께서 사무엘에게 말씀하셨다. "그들의 말을 들어주어라. 그들에게 왕을 세워 주어라." 그 후에 사무엘은 이스라엘 사람들을 흩어 보냈다. "집으로 돌아가십시오. 각자 자기 성읍으로 돌아가십시오."

사울이 사무엘을 만나다

9 ¹⁻² 베냐민 지파에 기스라는 사람이 있었다. 그는 유력한 베냐민 사람으로 아비엘의 아들이었다. 아비엘은 스롤의 아들이고, 스롤은 고랏의 아들, 고랏은 아비아의 아들이다. 기스에게 사울이라는 아들이 있었는데, 아주 잘생긴 젊은이였다. 그보다 준수한 사람은 없었다. 그는 말 그대로 남들보다 머리 하나만큼 키가 더 컸다!

³⁻⁴ 기스가 나귀 몇 마리를 잃어버렸다. 그는 아들에게 말했다. "사울아, 종하나를 데리고 가서 나귀를 찾아보아라." 사울은 종을 데리고 나귀를 찾으러 갔다. 그들은 살리사 땅 주변의 에브라임 산지로 갔지만 나귀를 찾지 못했다. 이어서 사알림 땅을 살펴보았지만 헛수고였다. 다음에는 야빈 땅으로 갔으나, 역시 아무것도 얻지 못했다.

⁵ 그들이 숩 땅에 이르렀을 때, 사울이 옆에 있던 젊은 종에게 말했다. "이만하면 됐으니 돌아가자. 아버지께서 나귀보다 우리 걱정을 하시겠다."

⁶ 종이 대답했다. "서두르지 마십시오. 이 성읍에 거룩한 사람이 있는데, 근방에서 영향력이 큰 분입니다. 그가 하는 말은 언제나 들어맞는다고 합니다. 우리가 어디로 가야 할지 어쩌면 그가 알려 줄지도 모르겠습니다."

⁷ 사울이 말했다. "그를 찾아가면, 선물로 무엇을 드린단 말이냐? 자루에 **빵**도 다 떨어져 거룩한 사람에게 드릴 것이 아무것도 없구나. 우리가 가진 것이 더 있느냐?"

⁸⁻⁹ 종이 말했다. "보십시오. 마침 저에게 은화가 있습니다! 제가 이것을 거룩한 사람에게 드리겠습니다. 그러면 그가 우리에게 어떻게 해야 할지 일러 줄 것입니다!" (옛날 이스라엘에서는 무슨 일이 있어서 하나님의 말씀을 구하려는 사람

은 "선견자를 찾아가자!" 하고 말하곤 했다. 우리가 지금 '예언자'라고 부르는 사람을 그때는 '선견자'라고 불렀다.)

¹⁰ "좋다, 가자." 사울이 말했다. 그들은 거룩한 사람이 사는 성읍으로 떠났다. ¹¹ 성읍으로 들어가는 언덕을 오르다가, 두 사람은 물 길러 나오는 처녀들을 만나 그들에게 물었다. "여기가 선견자가 사는 곳입니까?"

¹²⁻¹³ 처녀들이 대답했다. "맞습니다. 조금만 가면 됩니다. 서두르세요. 백성이 산당에 제사를 준비해 놓아서 오늘 그분이 오셨습니다. 곧바로 성읍으로 들어가면, 그분이 산당으로 식사하러 올라가시기 전에 만날 수 있을 겁니다. 백성은 그분이 도착하시기 전에는 먹지 않습니다. 그분이 제물을 축복하셔야 모두가 먹을 수 있습니다. 그러니 어서 가세요. 틀림없이 만날 수 있을 겁니다!"

¹⁴ 그들이 계속 올라가 성읍으로 들어가니, 거기에 사무엘이 있었다! 그는 산당으로 가느라 곧장 그들 쪽으로 오고 있었다!

¹⁵⁻¹⁶ 그 전날 하나님께서는 사무엘에게 이렇게 말씀하셨다. "내일 이맘때, 내가 베냐민 땅에서 한 사람을 보내 너를 만나게 할 것이다. 너는 그에게 기름을 부어 내 백성 이스라엘의 지도자로 삼아라. 그가 내 백성을 블레셋의 압제에서 해방시킬 것이다. 나는 그들의 어려운 처지를 다 알고 있다. 도와 달라고 부르짖는 그들의 소리를 내가 들었다."

¹⁷ 사무엘이 사울을 보는 순간, 하나님께서 말씀하셨다. "이 사람이 내가 네게 말한 바로 그다. 이 사람이 내 백성을 다스릴 것이다."

¹⁸ 사울이 길가에서 사무엘에게 다가가 말했다. "실례지만, 선견자가 어디 사는지 아시는지요?"

¹⁹⁻²⁰ 사무엘이 대답했다. "내가 바로 선견자입니다. 산당으로 가서 나와 함께 식사합시다. 그대가 물어보려는 것은 내일 아침에 다 말하겠습니다. 그러고 나서 당신들을 보내드리겠습니다. 그대가 지난 사흘 동안 찾아다닌 나귀들은 이미 찾았으니 걱정하지 마십시오. 지금 이 순간에, 이스라엘의 장래가 그대 손안에 있습니다."

²¹ 사울이 대답했다. "저는 이스라엘에서 가장 작은 지파인 베냐민 사람이며, 그 지파 중에서도 가장 보잘것없는 가문 출신입니다. 어찌하여 제게 이렇게

말씀하십니까?"

²²⁻²³ 사무엘은 사울과 그의 종을 데리고 산당의 식당으로 들어가 그들을 상석에 앉혔다. 그곳에 모인 손님이 서른 명 정도 되었다. 사무엘이 요리사에게 지시했다. "내가 자네에게 보관해 두라고 했던 가장 좋은 고기를 가져오게."

²⁴ 요리사가 고기를 가져와 사울 앞에 성대히 차려 놓으며 말했다. "이 음식은 바로 당신을 위해 따로 준비해 두었던 것입니다. 드십시오! 오늘 여러 손님들을 대접하고자 특별히 준비했습니다."

사울은 사무엘과 함께 음식을 들었다. 그로서는 잊지 못할 날이었다!

²⁵ 그 후에 그들은 산당에서 성읍으로 내려갔다. 시원한 산들바람이 부는 사무엘의 집 옥상에 사울의 잠자리가 마련되어 있었다.

²⁶ 그들은 동틀 무렵에 일어났다. 사무엘이 옥상에 있는 사울을 불렀다. "일어나시지요. 내가 배웅하겠습니다." 사울이 일어나자 두 사람은 곧 길을 나섰다.

²⁷ 성읍 경계에 이르렀을 때 사무엘이 사울에게 말했다. "종에게 앞서 가라고 하십시오. 그리고 잠시 나와 함께 계시지요. 그대에게 전할 하나님의 말씀이 있습니다."

사무엘이 사울에게 기름을 붓다

10 ¹⁻² 사무엘이 기름병을 들어 사울의 머리에 붓고, 그에게 입을 맞추었다. 사무엘이 말했다. "이것이 무슨 뜻인지 알겠습니까? 하나님께서 그대에게 기름을 부으셔서 그분의 백성을 다스릴 지도자로 삼으셨습니다.

하나님께서 그대에게 기름을 부으셔서 그분의 기업을 다스릴 지도자로 삼으신 것이, 이제 곧 표징으로 확증될 것입니다. 그대가 오늘 길을 떠나 그대의 고향 땅 베냐민에 이를 즈음, 라헬의 묘 근처에서 두 사람을 만나게 될 것입니다. 그들은 '당신이 찾으러 간 나귀들은 이미 찾았지만, 당신 아버지가 당신 걱정으로 노심초사하고 있다!'고 말할 것입니다.

³⁻⁴ 거기서 좀 더 가다 보면 다볼의 상수리나무에 이를 텐데, 거기서 하나님을 예배하러 베델로 올라가는 세 사람을 만나게 될 것입니다. 한 사람은 염

소 새끼 세 마리를 끌고, 다른 한 사람은 빵 세 자루를, 나머지 한 사람은 포도주 한 병을 들고 있을 것입니다. 그들이 '안녕하시오?' 하면서 그대에게 빵 두 덩이를 주거든, 그것을 받으십시오.

5-6 그 후에 그대는 블레셋 수비대가 있는 하나님의 기브아에 닿을 것입니다. 성읍에 가까이 이를 즈음에, 하프와 탬버린과 피리와 북을 연주하며 산당에서 내려오는 예언자 무리와 마주칠 것입니다. 그들은 예언을 하고 있을 텐데, 그대도 모르는 사이에 하나님의 영이 임하셔서, 그들과 함께 그대도 예언하게 될 것입니다. 그대는 변화되어 새사람이 될 것입니다!

7 이 표징들이 모두 이루어지거든, 자신이 준비된 줄 알기 바랍니다. 그대에게 무슨 일이 주어지든지, 그 일을 행하십시오. 하나님께서 그대와 함께하십니다!

8 이제 길갈로 내려가십시오. 나도 곧 따라갈 것입니다. 내가 내려가서 그대와 함께 번제와 화목제를 드려 예배할 것입니다. 칠 일을 기다리십시오. 그러면 내가 가서 그대가 다음에 할 일을 알려 주겠습니다."

9 사울은 발걸음을 돌려 사무엘을 떠났다. 그 순간 하나님께서 그를 변화시켜 새사람이 되게 하셨다! 앞서 말한 표징들도 그날 모두 이루어졌다.

10-12 사울 일행이 기브아에 이르렀을 때, 그들 앞에 예언자들이 있었다! 사울이 미처 깨닫기도 전에 하나님의 영이 임하셔서, 사울도 그들과 함께 예언을 하게 되었다. 전에 사울을 알던 사람들은 그가 예언자들과 함께 예언하는 모습을 보고 크게 놀랐다. "이게 어찌 된 일인가? 기스의 아들에게 무슨 일이 일어났는가? 도대체 사울이 어쩌다 예언자가 되었단 말인가?" 한 사람이 큰소리로 말했다. "이 일을 시작한 사람이 누구냐? 이 사람들은 도대체 어디서 왔는가?"

그렇게 해서 "사울이 예언자 중에 있다니! 누가 짐작이나 했으랴!" 하는 속담이 생겼다.

13-14 사울은 예언을 마치고 집으로 돌아갔다. 그의 삼촌이 그와 그의 종에게 물었다. "너희 둘은 지금까지 어디에 있었느냐?"

"나귀들을 찾으러 갔었습니다. 여기저기 다 찾아보았지만, 찾지 못했습니다.

그러다가 사무엘을 만났습니다!"

¹⁵ 사울의 삼촌이 말했다. "그래, 사무엘이 너희에게 무슨 말씀을 하시더냐?"

¹⁶ 사울이 말했다. "나귀를 이미 찾았으니 걱정하지 말라고 하셨습니다." 그러나 사울은 사무엘이 말한 왕의 일에 대해서는 삼촌에게 아무 말도 하지 않았다.

우리는 왕을 원합니다!

¹⁷⁻¹⁸ 사무엘은 백성을 미스바로 불러 **하나님** 앞에 모이게 했다. 그는 이스라엘 자손에게 말했다. "이것은 **하나님**께서 친히 여러분에게 주시는 말씀입니다.

¹⁸⁻¹⁹ '내가 이스라엘을 이집트에서 이끌어 냈다. 내가 이집트의 압제에서뿐 아니라 너희를 괴롭히고 너희 삶을 괴롭게 하는 모든 나라에서 너희를 구해 냈다. 그런데 이제 너희는 너희 하나님, 너희를 온갖 괴로움에서 번번이 건져 준 그 하나님과 아무 상관 없이 살려고 한다.

이제 너희는 "아닙니다! 우리는 왕을 원합니다. 우리에게 왕을 주십시오!" 하고 말한다.

그것이 너희가 원하는 것이라면 얻게 해주겠다! 이제 너희는 지파와 가문별로 예를 갖추어 **하나님** 앞에 나오너라.'"

²⁰⁻²¹ 사무엘이 이스라엘의 모든 지파를 줄지어 나오게 하니 베냐민 지파가 **뽑혔다**. 베냐민 지파를 가문별로 줄지어 나오게 하니 마드리 가문이 **뽑혔다**. 마드리 가문을 줄지어 나오게 하니 기스의 아들 사울의 이름이 **뽑혔다**. 그들이 사울을 찾으러 갔지만, 그는 어느 곳에도 보이지 않았다.

²² 사무엘이 **하나님**께 다시 여쭈었다. "그가 이 근처에 있습니까?"

하나님께서 말씀하셨다. "그렇다. 바로 저기 짐 더미 사이에 숨어 있다."

²³ 사람들이 달려가서 그를 데려왔다. 그가 사람들 앞에 섰는데, 키가 다른 사람들보다 머리 하나만큼이나 더 컸다.

²⁴ 이윽고 사무엘이 백성에게 말했다. "**하나님**께서 택하신 사람을 잘 보십시오. 최고입니다! 온 나라에 이만한 사람이 없습니다!"

그러자 백성이 크게 함성을 질렀다. "우리 왕 만세!"

²⁵ 사무엘은 왕국에 관한 여러 규정과 법규를 백성에게 가르치고, 그것을 책

에 모두 기록하여 **하나님** 앞에 두었다. 그리고 나서 모든 사람을 집으로 돌려보냈다.

²⁶⁻²⁷ 사울도 기브아에 있는 집으로 돌아갔다. **하나님**께서 마음에 감동을 주셔서 사울과 함께한 진실하고 용감한 사람들도 그를 따라갔다. 그러나 불량배들은 자리를 뜨면서 투덜거렸다. "구원할 자라고? 웃기지 마라!" 그들은 사울을 업신여겨 축하하려 들지 않았다. 하지만 사울은 그들에게 신경 쓰지 않았다.

왕으로 추대되는 사울

암몬 사람의 왕 나하스가 갓 지파와 르우벤 지파를 잔인하게 대했다. 그들의 오른쪽 눈을 뽑고, 이스라엘을 도우려는 자는 누구든 위협했다. 요단 강 동쪽에 사는 이스라엘 백성 가운데 나하스에게 오른쪽 눈을 뽑히지 않은 사람은 거의 없었다. 다만 칠천 명이 암몬 사람을 피해 야베스에서 안전하게 지내고 있었다.

11 ¹ 그래서 나하스는 그들을 쫓아가 야베스 길르앗과 전쟁을 벌이려고 했다. 야베스 사람들이 나하스에게 간청했다. "우리와 조약을 맺어 주십시오. 그러면 우리가 당신을 섬기겠습니다."

² 나하스가 말했다. "너희와 조약을 맺기는 하겠다만 한 가지 조건이 있다. 너희의 오른쪽 눈을 모두 뽑아야 한다! 나는 이스라엘의 모든 남녀를 욕보이고 나서야 조약을 맺을 것이다!"

³ 야베스의 성읍 지도자들이 말했다. "우리에게 이스라엘 전역에 전령들을 보낼 시간을 주십시오. 칠 일이면 될 겁니다. 우리를 도우러 나타나는 자가 아무도 없으면, 그때 당신의 조건을 받아들이겠습니다."

⁴⁻⁵ 전령들이 사울이 살고 있는 기브아로 가서 백성에게 사정을 알렸다. 백성이 큰소리로 울기 시작할 때, 사울이 나타났다. 그는 소를 몰고 밭에서 돌아오던 길이었다.

사울이 물었다. "무슨 일입니까? 왜 다들 울고 있습니까?"

그러자 백성이 야베스에서 온 메시지를 전했다.

6-7 그 소식을 들을 때 하나님의 영이 사울에게 임하셔서 그 안에 분노가 차올랐다. 그는 소의 멍에를 붙잡고 그 자리에서 소를 잡았다. 그리고 전령들을 온 이스라엘에 보내 피 묻은 소의 토막들을 돌리며 이렇게 전하게 했다. "누구든지 사울과 사무엘을 따라 함께하지 않으면 여러분의 소도 이렇게 되고 말 것이오!"

7-8 하나님의 두려움이 백성을 사로잡아 너 나 할 것 없이 모두 나왔고, 지체하는 자가 하나도 없었다. 사울은 베섹에서 백성을 이끌었는데, 이스라엘 사람이 300,000명, 유다 사람이 30,000명이었다.

9-11 사울은 전령들에게 지시했다. "야베스 길르앗 사람들에게 가서 '우리가 도우러 가고 있으니, 내일 한낮이면 도착할 것이다' 하고 전하여라."

전령들은 곧바로 떠나서 사울의 메시지를 전했다. 의기양양해진 야베스 길르앗 백성은 나하스에게 메시지를 전했다. "내일 우리가 항복하겠습니다. 당신이 말한 조건대로 우리를 대해도 좋습니다." 이튿날 동트기 한참 전에, 사울은 전략상 군대를 세 부대로 나누었다. 날이 밝자마자 그들은 적진으로 쳐들어가 한낮이 될 때까지 암몬 사람을 죽였다. 살아남은 사람들은 필사적으로 달아나, 사방으로 뿔뿔이 흩어졌다.

12 그러자 백성이 사무엘에게 와서 말했다. "'사울은 우리를 다스릴 적임자가 못된다'고 말하던 자들이 어디 있습니까? 넘겨주십시오. 우리가 그들을 죽여야겠습니다!"

13-14 그러자 사울이 말했다. "오늘은 아무도 처형하지 않을 것입니다. 오늘은 하나님께서 이스라엘을 구원하신 날입니다! 길갈로 가서, 왕위를 다시 새롭게 합시다."

15 백성이 모두 무리 지어 길갈로 가서, 하나님 앞에서 사울을 왕으로 세웠다. 그들은 거기서 화목제를 드리며 하나님을 예배했다. 사울과 온 이스라엘이 크게 기뻐했다.

사무엘의 고별사

12

¹⁻³ 사무엘이 온 이스라엘에게 말했다. "나는 여러분이 내게 한 말을 한 마디도 빠짐없이 잘 듣고, 여러분에게 왕을 주었습니다. 자, 보십시오. 여러분의 왕이 여러분 가운데서 여러분을 이끌고 있습니다! 그러나 이제 나를 보십시오. 나는 늙어서 머리가 희어졌고 내 아들들도 아직 여기 있습니다. 나는 어릴 적부터 오늘까지 여러분을 신실하게 이끌었습니다. 나를 보십시오! 여러분이 하나님과 그분의 기름부음 받은 자 앞에서 나에 대해 고소할 것이 하나라도 있습니까? 내가 수소나 나귀 한 마리라도 훔친 적이 있습니까? 여러분을 이용하거나 착취한 적이 있습니까? 뇌물을 받거나 법을 우습게 여긴 적이 있습니까? 그런 일이 있다면 나를 고소하십시오. 그러면 내가 배상하겠습니다."

⁴ "아닙니다." 그들이 말했다. "그런 적 없습니다. 당신은 그 비슷한 어떤 일도 행하지 않았습니다. 우리를 억압한 적도 없고, 사사로운 욕심을 채운 적도 없습니다."

⁵ "그렇다면 됐습니다." 사무엘이 말했다. "여러분은 내게서 어떤 잘못이나 불만도 찾지 못했습니다. 하나님께서 이 일의 증인이시며, 그분의 기름부음 받은 이가 이 일의 증인입니다."

⁶⁻⁸ 그러자 백성이 말했다. "그분이 증인이십니다."

사무엘이 말을 이었다. "모세와 아론을 여러분의 지도자로 삼으시고 여러분의 조상을 이집트에서 이끌어 내신 분이 바로 하나님이십니다. 이제 그분 앞에서 여러분의 태도를 결정하십시오. 지금까지 하나님께서 여러분과 여러분의 조상에게 행하신 모든 의로운 일들에 비추어, 내가 여러분의 문제를 하나님 앞에서 검토하겠습니다. 야곱의 아들들이 이집트에 들어갔을 때 이집트 사람이 그들을 핍박해 괴롭게 했고, 그래서 그들이 하나님께 구원해 달라고 부르짖었습니다. 하나님께서는 모세와 아론을 보내 주었고, 그들이 여러분의 조상을 이집트에서 인도하여 여기 이곳에 정착하게 하셨습니다.

⁹ 그러나 그들은 금방 자신들의 하나님을 잊어버렸고, 하나님께서는 그들을 하솔의 군사령관 시스라에게, 그 후에는 블레셋 치하의 혹독한 삶에, 또 그

후에는 모압 왕에게 파셨습니다. 그들은 목숨을 걸고 싸워야 했습니다.

10 그러다가 그들은 하나님께 구원해 달라고 부르짖었습니다. 그들은 '우리가 죄를 지었습니다! 우리가 하나님을 버리고 떠나서 가나안 다산의 신들과 여신들을 섬겼습니다. 제발 우리를 원수들의 만행에서 건져 주십시오. 그러면 우리가 주님만 섬기겠습니다' 하고 고백했습니다.

11 그러자 하나님께서는 여룹바알(기드온)과 베단(바락)과 입다와 사무엘을 보내셨습니다. 그분은 원수들에게 에워싸인 혹독한 삶에서 여러분을 구원하셨고, 여러분은 평안히 살 수 있었습니다.

12 하지만 여러분은 암몬 사람의 왕 나하스가 여러분을 공격하려는 것을 보고 내게 이렇게 말했습니다. '더 이상 이렇게 살기는 싫습니다. 우리는 우리를 이끌어 줄 왕을 원합니다.' 하나님께서 이미 여러분의 왕이신데도 말입니다!

13-15 이제 여러분이 원하던 왕, 여러분이 구하던 왕이 여기 있습니다. 하나님께서 여러분 마음대로 하게 하셔서, 왕을 주셨습니다. 여러분이 하나님을 경외한다면, 그분을 섬기고 순종하며 그분의 말씀을 거역하지 마십시오. 여러분과 여러분의 왕이 하나님을 따르면 아무 문제가 없을 것입니다. 하나님께서 반드시 여러분을 구원하실 것입니다. 그러나 여러분이 그분께 순종하지 않고 그분의 말씀을 거역하면, 왕이 있든 없든, 여러분의 처지는 여러분의 조상보다 나을 게 하나도 없을 것입니다.

16-17 주목하십시오! 하나님께서 지금 여러분 앞에서 행하시려는 이 기적을 잘 보십시오! 여러분도 알다시피, 지금은 여름이고 우기가 끝났습니다. 그러나 내가 하나님께 기도하면, 그분께서 천둥과 비를 보내실 것입니다. 이것은 여러분이 왕을 구함으로써 하나님께 저지른 큰 악을 일깨워 주는 표징이 될 것입니다."

18 사무엘이 하나님께 기도하자, 하나님께서 그날 천둥과 비를 보내셨다. 백성은 잔뜩 겁에 질려 하나님과 사무엘을 두려워했다.

19 그때 온 백성이 사무엘에게 간청했다. "당신의 종인 우리를 위해 당신의 하나님께 기도해 주십시오. 우리가 죽지 않도록 기도해 주십시오! 우리가 지은 다른 모든 죄 위에, 왕을 구하는 죄를 하나 더 쌓았습니다!"

20-22 사무엘이 그들에게 말했다. "두려워하지 마십시오. 여러분이 매우 악한 일을 저지른 것은 사실입니다. 그럴지라도 **하나님**께 등을 돌리지 마십시오. 마음을 다해 그분을 예배하고 섬기십시오! 헛된 신들을 좇지 마십시오! 그것 들은 아무것도 아닙니다. 그것들은 여러분을 도울 수 없습니다. 헛된 신들일 뿐입니다! **하나님**께서는 순전히 자신의 어떠하심 때문에라도, 그분의 백성을 버리거나 떠나지 않으실 것입니다. **하나님**께서는 여러분을 그분의 소유된 백성으로 삼으신 것을 기뻐하셨습니다.

23-25 나 또한 여러분을 버리거나 떠나지 않을 것입니다. 내가 그렇게 한다면, 그것은 **하나님** 앞에서 죄를 짓는 일이 될 것입니다! 나는 바로 여기 내 자리에 남아서 여러분을 위해 기도하고, 여러분에게 선하고 올바른 삶의 길을 가르칠 것입니다. 다만 여러분에게 당부합니다. **하나님**을 경외하고, 온 마음을 다해 정직하게 그분을 섬기십시오. 여러분은 그분이 지금까지 여러분 가운데서 얼마나 큰일을 행하셨는지 보았습니다! 주의하십시오. 여러분이 악하게 살면, 여러분과 여러분의 왕은 버림받을 것입니다."

사울이 블레셋과 싸우다

13 ¹ 사울이 처음 왕이 되었을 때 그는 젊은이였다. 그는 여러 해 동안 이스라엘의 왕으로 다스렸다.

² 사울은 사람들을 징집하여 세 개 부대를 만들었다. 두 개 부대는 믹마스와 베델 산지에 보내 자기 휘하에 두었고, 다른 부대는 베냐민 땅 기브아에 보내 요나단 아래 두었으며, 나머지 사람들은 집으로 돌려보냈다.

3-4 요나단이 게바(기브아)에 주둔한 블레셋 수비대장을 공격하여 죽였다. 블레셋 사람이 그 소식을 듣고 "히브리 사람이 반란을 일으켰다!" 하며 경계경보를 울렸다. 사울은 온 땅에 경계나팔을 불도록 명령을 내렸다. "사울이 블레셋 수비대장을 죽여 첫 피를 흘렸다! 블레셋 사람이 자극을 받아 잔뜩 화가 났다!"는 소문이 온 이스라엘에 퍼졌다. 군대가 소집되어, 길갈에 있는 사울에게 나아왔다.

⁵ 블레셋 사람은 이스라엘과 싸우려고 병력을 집결시켰다. 전차가 세 개 부

대, 기병이 여섯 개 부대였고, 보병은 바닷가의 모래알처럼 많았다. 그들은 산으로 올라가 벳아웬 동쪽 믹마스에 진을 쳤다.

6-7 이스라엘 백성은 자신들이 수적으로 훨씬 열세이며 큰 곤경에 처했음을 깨닫고, 달아나 숨었다. 굴이나 구덩이, 골짜기, 수풀, 웅덩이 등 장소를 가리지 않고 숨었다. 그들은 요단 강 건너편으로 후퇴하여 갓과 길르앗 땅으로 도망치는 피난민 신세가 되었다. 그러나 사울은 길갈에서 한 발짝도 물러서지 않았다. 아직 그와 함께한 군사들도 몹시 두려워하며 떨었다.

8 사울은 사무엘이 정해 준 기한인 칠 일을 기다렸다. 그러나 사무엘은 길갈에 나타나지 않았고, 군사들은 여기저기서 빠져나가기 시작했다.

9-10 참다 못한 사울은 직접 나섰다. "번제물과 화목 제물을 가져오너라!" 그는 직접 번제를 드렸다. 그렇게 제사를 드리자마자 사무엘이 나타났다! 사울이 그를 맞이했다.

11-12 그러자 사무엘이 말했다. "도대체 무엇을 하고 있는 겁니까?"

사울이 대답했다. "내 밑의 군대는 줄어들고 있는데 제사장께서는 온다고 한 때에 오시지 않고, 블레셋 사람은 믹마스에서 만반의 태세를 갖추고 있으니, '블레셋 사람이 나를 치러 곧 길갈로 올라올 텐데, 나는 아직 **하나님**께 도움을 구하지도 못했구나' 하는 생각이 들어 직접 나서서 번제를 드린 것입니다."

13-14 "어리석은 일을 저지르셨습니다." 사무엘이 말했다. "왕이 왕의 **하나님**께서 명령하신 약속을 지켰다면, 지금쯤 **하나님**께서 이스라엘을 다스릴 왕의 왕권을 영원토록 견고하게 다지셨을 것입니다. 그러나 왕권은 이미 산산이 부서져 버렸습니다. 이제 **하나님**께서는 왕을 대신할 자를 찾고 계십니다. 이번에는 그분께서 직접 택하실 것입니다. 원하는 사람을 찾으시면, 그분께서 친히 그를 지도자로 세우실 것입니다. 이 모두가 왕이 **하나님**과의 약속을 어겼기 때문입니다!"

15 말을 마치고, 사무엘은 일어나 길갈을 떠났다. 그때까지 남아 있던 군대는 사울을 따라 싸우러 나갔다. 그들은 산으로 들어가 길갈에서 베냐민 땅 기브아로 향했다. 사울이 자기 곁에 남아 있는 군사들을 살피고 세어 보니, 육백 명밖에 되지 않았다!

요나단이 블레셋을 습격하다

16-18 사울과 그의 아들 요나단과 남은 군사들은 베냐민 땅 게바(기브아)에 진을 쳤다. 블레셋 사람은 믹마스에 진을 쳤다. 블레셋 진에서는 세 개의 기습부대를 수시로 내보냈다. 한 부대는 수알 땅 쪽으로 가는 오브라 길을 맡았고, 다른 부대는 벳호론 길을 맡았고, 또 다른 부대는 하이에나 골짜기 가장자리에 둘러 있는 경계 길을 맡았다.

19-22 당시 이스라엘에는 대장장이가 한 명도 없었다. "히브리 사람이 칼과 창을 만들게 해서는 안된다"며 블레셋 사람이 확실하게 수를 써 놓았기 때문이다. 이스라엘 사람이 쟁깃날, 곡괭이, 도끼, 낫 같은 농기구를 갈거나 손질하려면 블레셋 사람에게 내려가야만 했다. 블레셋 사람은 쟁깃날과 곡괭이에는 은화 한 개, 나머지에는 은화 반 개씩을 받았다. 그래서 믹마스 전투가 벌어졌을 때, 이스라엘에는 사울과 그의 아들 요나단 외에는 칼이나 창을 가진 사람이 없었다. 그들 두 사람만 무장한 상태였다.

23 블레셋의 정찰대가 믹마스 고갯길에 자리를 잡고 주둔했다.

14 1-3 그날 늦게, 사울의 아들 요나단이 자기의 무기를 드는 병사에게 말했다. "길 건너편 블레셋의 수비 정찰대가 있는 곳으로 건너가자." 그러나 그는 자기 아버지에게 그 사실을 알리지 않았다. 한편, 사울은 게바(기브아) 성읍 가장자리에 있는 타작마당의 석류나무 아래서 쉬고 있었다. 육백 명 정도 되는 군사가 그와 함께 있었는데, 제사장의 에봇을 입은 아히야도 함께 있었다(아히야는 실로에서 하나님의 제사장이었던 엘리의 손자요 비느하스의 아들인 이가봇의 형제 아히둡의 아들이었다). 거기 있던 사람들은 요나단이 나간 사실을 전혀 몰랐다.

4-5 요나단이 블레셋 수비대 쪽으로 건너가기 위해 접어든 길은 양쪽으로 깎아지른 암벽이 드러나 있었다. 양쪽 벼랑의 이름은 보세스와 세네였다. 북쪽 벼랑은 믹마스와, 남쪽 벼랑은 게바(기브아)와 마주하고 있었다.

6 요나단이 자기의 무기를 드는 병사에게 말했다. "자 어서, 이 할례 받지 못

한 이방인들에게 건너가자. **하나님**께서 우리를 위해 일하실 것이다. **하나님**께서 큰 군대를 통해서만 구원하시는 것은 아니다. **하나님**께서 구원하시기로 뜻을 정하시면, 아무도 그분을 막을 수 없다."

7 그의 무기를 드는 병사가 말했다. "알겠습니다. 무엇이든 원하시는 대로 행하십시오. 무엇을 하시든 당신과 함께하겠습니다."

8-10 요나단이 말했다. "이렇게 하자. 일단 길을 건너가서, 저쪽 사람들에게 우리의 모습을 보이자. 만일 그들이 '멈춰라! 너희를 검문할 때까지 꼼짝하지 마라!'고 하면, 우리는 올라가지 않고 여기 있을 것이다. 그러나 저들이 '어서 올라오라'고 하면, **하나님**께서 그들을 우리 손에 넘겨주신 것으로 알고 바로 올라갈 것이다. 그것이 우리에게 표징이 될 것이다."

11 두 사람은 블레셋 수비대의 눈에 잘 띄는 곳으로 나아갔다. 블레셋 사람들이 소리쳤다. "저기를 봐라! 히브리 사람들이 구덩이에서 기어 나온다!"

12 그러더니 요나단과 그의 무기를 드는 병사를 향해 외쳤다. "어서 이리 올라오너라! 우리가 본때를 보여주마!"

13 요나단은 자기의 무기를 드는 병사에게 외쳤다. "올라가자! 나를 따라오너라! **하나님**께서 저들을 이스라엘의 손에 넘겨주셨다!" 요나단은 손과 발로 기어올라 갔고, 그의 무기를 드는 병사는 그 뒤를 바짝 따랐다. 블레셋 사람들이 달려들자 요나단은 그들을 때려눕혔고, 그의 무기를 드는 병사가 바로 뒤에서 돌로 그들의 머리를 세게 쳐서 마무리했다.

14-15 이 첫 전투에서 요나단과 그의 무기를 드는 병사는 적군을 스무 명 정도 죽였다. 그러자 양쪽 진영과 들판에 큰 소동이 벌어져, 수비대와 기습부대 군사들이 두려워 떨며 크게 동요했고 땅까지 흔들렸다. 전에 없던 엄청난 공포였다!

블레셋 사람들이 서로를 죽이다

16-18 베냐민 땅 게바(기브아) 후위에 배치되어 있던 사울의 초병들이 적진을 휩쓸고 있는 혼란과 소동을 목격했다. 사울이 명령했다. "정렬하고 점호를 실시하여, 누가 여기 있고 누가 없는지 확인하여라." 그들이 점호를 해보니,

요나단과 그의 무기를 드는 병사가 없는 것으로 밝혀졌다.

18-19 사울이 아히야에게 명령했다. "제사장의 에봇을 가져오시오. **하나님께**서 이 일에 대해 무슨 말씀을 하시는지 알아봅시다." (당시에는 아히야가 에봇을 맡고 있었다.) 사울이 제사장과 대화하는 동안 블레셋 진영의 소동은 점점 더 커지고 있었다. 그러자 사울은 이야기를 중단하며 아히야에게 "에봇을 치우시오" 하고 말했다.

20-23 사울은 즉시 군대를 불러 모아 싸움터로 나갔다. 적진에 이르러 보니 완전히 난장판이었다. 블레셋 사람들이 칼을 마구 휘두르며 자기들끼리 서로 죽이고 있었다. 일찍이 블레셋 진영에 투항했던 히브리 사람들이 다시 돌아왔다. 이제 그들은 사울과 요나단의 지휘를 따르며 이스라엘과 함께 있고자 했다. 에브라임 산지에 숨어 있던 이스라엘 백성도 블레셋 사람이 필사적으로 달아나고 있다는 소식을 듣고 모두 나와서 추격에 합류했다. 그날 **하나님**께서 이스라엘을 구원하셨다! 굉장한 날이었다!

싸움은 벳아웬까지 번졌다. 이제 온 군대가—만 명의 강한 군사가!—사울의 뒤에 있었고, 싸움은 에브라임 산지 전역의 모든 성읍으로 퍼져 나갔다.

24 그날 사울은 참으로 어리석은 일을 저질렀다. "저녁 전, 곧 내가 적들에게 복수하기 전에 무엇이든 먹는 사람은 저주를 받을 것이다!"라고 군사들에게 말한 것이다. 군사들은 하루 종일 아무것도 먹지 못했다.

25-27 들판 곳곳에 벌집이 있었지만, 그 꿀을 맛보려고 손가락을 대는 자가 아무도 없었다. 다들 저주를 받을까 두려웠던 것이다. 그러나 자기 아버지의 맹세를 듣지 못한 요나단은 막대기 끝으로 꿀을 조금 찍어 먹었다. 그러자 기운이 나고 눈이 밝아지면서 새 힘이 솟았다.

28 한 군사가 그에게 말했다. "왕께서 '저녁 전에 무엇이든 먹는 사람은 저주를 받을 것이다!' 하고 군 전체를 상대로 엄숙히 맹세하셨습니다. 그래서 군사들이 맥없이 늘어져 있습니다!"

29-30 요나단이 말했다. "아버지께서 이 나라를 위태롭게 만드셨구나. 꿀을 조금만 먹었는데도 이렇듯 빨리 기운이 나지 않았는가! 군사들이 적에게서 **빼**앗은 것을 뭐라도 먹었더라면 사정이 훨씬 나았을 것을. 그들을 더 크게 쳐

부술 수 있었을 텐데!"

31-32 그날 그들은 믹마스에서 멀리 아얄론에 이르기까지 블레셋 사람을 추격
해 죽였으나, 군사들은 완전히 기진맥진하고 말았다. 그때부터 그들은 전리
품을 취하기 시작했다. 양이든 소든 송아지든, 눈에 띄는 대로 마구 붙잡아
그 자리에서 잡았다. 그리고 그 고기와 피와 내장까지 닥치는 대로 먹었다.

33-34 누군가 사울에게 말했다. "어떻게 좀 해보십시오! 군사들이 **하나님**께 죄
를 짓고 있습니다. 고기를 피째 먹고 있습니다!"

사울이 말했다. "너희가 은혜를 원수로 갚고 있구나! 당장 큰 돌 하나를 이리
로 굴려 오너라!" 그가 말을 이었다. "군사들 사이로 다니며 알려라. '너희 소
와 양들을 이곳으로 가져와 제대로 잡아라. 그리고 나서 고기를 마음껏 즐겁
게 먹어도 좋다. 하지만 고기를 피째 먹어 **하나님**께 죄를 지어서는 안된다.'"
군사들은 그 말대로 행했다. 그날 밤 그들은 차례로 자기 짐승을 가져와 그
곳에서 잡았다.

35 이것이 사울이 **하나님**께 제단을 쌓게 된 배경이다. 그것은 그가 **하나님**께
처음으로 쌓은 제단이었다.

사울이 하나님께 기도하다

36 사울이 말했다. "오늘 밤 블레셋 사람을 쫓아가자! 밤새도록 약탈하고 전리
품을 취할 수 있을 것이다. 블레셋 사람을 단 한 놈도 살려 두어서는 안된다!"
"좋습니다. 그렇게 하겠습니다!" 군사들이 말했다.

그러나 제사장이 그들을 만류했다. "이 일에 대해 하나님께서 어떻게 생각하
시는지 알아봐야 합니다."

37 그래서 사울은 하나님께 기도했다. "제가 블레셋 사람을 쫓아가도 되겠습
니까? 하나님께서 그들을 이스라엘의 손에 넘겨주시겠습니까?" 하나님께서
는 그 일에 대해 사울에게 응답하지 않으셨다.

38-39 그러자 사울이 말했다. "모든 군지휘관들은 앞으로 나오시오. 오늘 누군
가 죄를 범했소. 그 죄가 무엇이며 누가 범했는지 찾아낼 것이오! **하나님** 이
스라엘의 구원자 하나님께서 살아 계심을 두고 맹세하는데, 죄를 지은 자가

있으면, 설령 내 아들 요나단으로 밝혀진다 해도 그는 죽을 것이오!"
입을 떼는 자가 아무도 없었다.

40 사울이 이스라엘 군대에게 말했다. "저쪽에 정렬하여 서시오. 나와 내 아들 요나단은 이쪽에 서겠소."
군대가 "좋습니다. 왕의 말씀대로 하겠습니다" 하고 말하자,

41 사울은 하나님께 기도했다. "이스라엘의 하나님, 어째서 오늘 제게 응답하지 않으셨습니까? 진실을 보여주십시오. 하나님, 저나 요나단에게 죄가 있다면 우림 표시를 주시고, 이스라엘 군대에 죄가 있다면 둠밈 표시를 주십시오."
그러자 우림 표시가 나와 사울과 요나단에게 죄가 있음을 알렸다. 이로써 군대는 혐의를 벗게 되었다.

42 사울이 말했다. "나와 요나단이 제비를 뽑겠소. 하나님께서 지적하시는 자는 죽임을 당할 것이오!"
군사들이 반대했다. "안됩니다. 이 일은 옳지 않습니다. 그만 멈추십시오!"
그러나 사울은 계속 밀어붙였다. 그들이 우림과 둠밈으로 제비를 뽑자, 요나단이 걸렸다.

43 사울이 요나단을 추궁했다. "무슨 짓을 한 것이냐? 당장 말하여라!"
요나단이 말했다. "들고 있던 막대기로 꿀을 조금 찍어 먹었습니다. 그것이 전부입니다. 그것 때문에 제가 죽어야 합니까?"

44 사울이 말했다. "그렇다. 너는 반드시 죽을 것이다. 나도 어쩔 수 없다. 하나님을 거스를 수는 없지 않느냐?"

45 군사들이 자리에서 일어났다. "요나단이 죽다니요? 절대로 안됩니다! 그는 오늘 이스라엘을 위해 혁혁한 구원의 승리를 이루어 냈습니다. 하나님께서 살아 계심을 두고 맹세하는데, 그의 머리털 하나도 해를 당하지 않을 것입니다. 온종일 하나님과 함께 싸운 사람이 아닙니까!" 군사들이 요나단을 구하여 그는 죽음을 면했다.

46 사울은 블레셋 사람을 추격하는 것을 그만두었고, 블레셋 사람은 자기 땅으로 돌아갔다.

47-48 사울은 주변 왕국들을 점령하여 통치 영역을 넓혔다. 그는 모압, 암몬,

에돔, 소바 왕, 블레셋 사람 등 사방의 모든 원수와 맞붙어 싸웠는데, 어디로 가든지 승리를 거두었다. 그를 이길 자가 없었다! 그는 아말렉을 쳤고, 이스라엘은 그들의 만행과 약탈에서 벗어났다.

49-51 사울의 아들들은 요나단, 리스위, 말기수아였고, 딸들은 맏딸 메랍과 작은딸 미갈이었다. 사울의 아내는 아히마아스의 딸 아히노암이었다. 넬의 아들 아브넬은 사울의 군사령관이었다(넬은 사울의 삼촌이었다). 사울의 아버지 기스와 아브넬의 아버지 넬은 아비엘의 아들들이었다.

52 사울은 살아 있는 동안 블레셋 사람과 격렬하고 무자비한 전쟁을 벌였다. 그는 힘세고 용감한 자들을 눈에 띄는 대로 징집했다.

아말렉과의 전쟁

15

1-2 사무엘이 사울에게 말했다. "하나님께서 나를 보내시고 왕께 기름을 부어, 그분의 백성 이스라엘을 다스릴 왕으로 삼게 하셨습니다. 이제 하나님께서 하시는 말씀을 다시 들으십시오. 만군의 하나님께서 말씀하십니다.

2-3 '이스라엘이 이집트에서 올라올 때 아말렉이 매복해 있다가 이스라엘을 기습했으니, 이제 내가 그들에게 원수를 갚겠다. 너는 이렇게 하여라. 아말렉과 전쟁을 벌이고 아말렉과 관계된 모든 것을 거룩한 저주 아래 두어라. 예외는 없다! 남자와 여자, 어린아이와 아기, 소와 양, 낙타와 나귀까지 모조리 진멸해야 한다.'"

4-5 사울은 들라임에 군대를 소집하고, 이스라엘에서 군사 이백 개 부대와 유다에서 따로 열 개 부대를 뽑아 출정 준비를 했다. 사울은 아말렉 성을 향해 진군하여 계곡에 매복했다.

6 사울은 겐 사람에게 전갈을 보냈다. "나올 수 있을 때 거기서 나오시오. 지금 당장 성읍에서 대피하시오. 그렇지 않으면 당신들도 아말렉 사람과 함께 당할 것이오. 이스라엘 백성이 이집트에서 올라올 때 당신들이 친절을 베풀었기 때문에 이렇게 경고하는 것이오."

겐 사람은 그의 경고대로 그곳에서 대피했다.

7-9 그러자 사울은 계곡에서부터 멀리 이집트 경계 근처에 있는 수르에 이르기까지 아말렉을 추격했다. 그는 아말렉 왕 아각을 생포했다. 다른 모든 사람은 거룩한 저주의 규정대로 죽였다. 그러나 사울과 그의 군대는 아각을 비롯해 가장 좋은 양과 소는 살려 두었다. 그것들에는 거룩한 저주의 규정을 적용하지 않았다. 그 외 아무도 필요로 하지 않는 것은 모두 거룩한 저주의 규정대로 죽였다.

10-11 그러자 **하나님**께서 사무엘에게 말씀하셨다. "사울을 왕으로 삼은 것이 후회스럽구나. 그가 내게서 등을 돌리고 내가 말한 대로 행하지 않는다."

11-12 사무엘은 그 말을 듣고 화가 났다. 그는 분노와 실망 속에서 밤새도록 기도했다. 그가 사울을 만나 잘못을 지적하려고 아침 일찍 일어났을 때 이런 보고가 들어왔다. "왕께서는 이미 떠나셨습니다. 갈멜에서 왕을 기념하는 승전비를 세운 다음 길갈로 가셨습니다."

사울의 불순종

사무엘이 그를 따라잡았을 때는 사울이 이미 제사를 마친 뒤였다. 그는 아말렉의 전리품을 가지고 **하나님**께 번제를 드렸다.

13 사무엘이 다가오자, 사울이 큰소리로 말했다. "당신에게 **하나님**의 복이 임하시기를 빕니다! 내가 **하나님**의 계획을 충실히 이행했습니다!"

14 사무엘이 말했다. "그러면 내 귀에 들리는 이 양과 소의 울음소리는 무엇입니까?"

15 "아말렉의 전리품 가운데 몇 가지일 뿐입니다." 사울이 말했다. "군사들이 가장 좋은 소와 양 일부를 **하나님**께 제물로 바치려고 남겨 두었습니다. 그러나 그 밖의 것은 다 거룩한 저주 아래 진멸했습니다."

16 "그만하십시오!" 사무엘이 가로막았다. "**하나님**께서 어젯밤 내게 하신 말씀을 들어 보십시오."

사울이 말했다. "어서 말씀하십시오."

17-19 사무엘이 말했다. "처음 이 길에 들어설 때 당신은 보잘것없는 사람이

었습니다. 왕께서도 그것을 알고 있었습니다. 그때 **하나님**께서 당신을 이스라엘 가운데 가장 높이 두셔서 왕으로 삼으셨습니다. 그러다 **하나님**께서 그분을 위해 한 가지 일을 하도록 당신을 보내며 명령하시기를, '가서 저 죄인들, 아말렉 사람을 거룩한 저주 아래 두어라. 그들과 끝까지 싸워 완전히 없애 버려라' 하고 말씀하셨습니다. 그런데 어찌하여 왕께서는 **하나님**께 순종하지 않았습니까? **하나님**께서 당신을 항상 지켜보시는데, 어찌하여 이 모든 전리품을 챙기고 버젓이 악을 저질렀습니까?"

20-21 사울은 자신을 변호했다. "무슨 말씀입니까? 나는 **하나님**께 순종했습니다. **하나님**께서 시키신 일을 행했습니다. 나는 아각 왕을 잡아 왔고 아말렉 사람을 거룩한 저주의 규정대로 진멸했습니다. 군사들이 길갈에서 **하나님**께 제사를 드리려고 가장 좋은 양과 소 일부를 남겨 두었기로 그것이 뭐가 잘못이란 말입니까?"

22-23 그러자 사무엘이 말했다.

하나님께서 원하시는 것이
보여주기 위한 공허한 제사 의식이겠습니까?
그분께서 원하시는 것은 그분의 말씀을 잘 듣는 것입니다!
중요한 것은 듣는 것이지,
거창한 종교 공연을 무대에 올리는 것이 아닙니다.
하나님의 명령을 행하지 않는 것은
이교에 빠져 놀아나는 것보다 훨씬 더 악한 일입니다.
하나님 앞에서 스스로 우쭐대는 것은
죽은 조상과 내통하는 것보다 훨씬 더 악한 일입니다.
왕께서 **하나님**의 명령을 거절했으니
그분께서도 왕의 왕권을 거절하실 것입니다.

24-25 사울이 마침내 잘못을 시인하며 고백했다. "내가 죄를 지었습니다. 내가 **하나님**의 말씀과 당신의 지시를 무시했습니다. 백성을 기쁘게 하는 일에 더

마음을 두었습니다. 그들이 원하는 대로 했습니다. 부디 나의 죄를 용서해 주십시오! 내 손을 잡고 제단으로 인도하여서, 다시 **하나님**께 예배할 수 있게 해주십시오!"

26 그러나 사무엘은 거절했다. "아닙니다. 나는 이 일에서 왕과 함께 갈 수 없습니다. 왕께서는 **하나님**의 명령을 저버렸습니다. 이제 **하나님**께서는 당신을 버리셨습니다. 당신은 이스라엘의 왕이 될 수 없습니다."

27-29 사무엘이 떠나려고 돌아서는데, 사울이 그의 옷자락을 잡는 바람에 옷 한쪽이 찢어졌다. 사무엘이 말했다. "**하나님**께서 바로 지금, 왕께 주셨던 이 나라를 찢어 내셔서 왕의 이웃에게, 왕보다 나은 사람에게 넘겨주셨습니다. 이스라엘의 영광의 하나님은 속이지도 않으시고 오락가락하지도 않으십니다. 그분은 마음에 있는 것을 말씀하시며, 그분의 말씀은 모두 진심입니다."

30 사울이 다시 만류했다. "내가 죄를 지었습니다. 나를 버리지 마십시오! 지도자들과 백성 앞에서 나를 지지해 주십시오. 내가 돌아가서 **하나님**을 예배할 테니, 나와 함께 가 주십시오."

31 사무엘은 그의 요청대로 그와 함께 돌아갔다. 사울은 **하나님** 앞에 무릎을 꿇고 예배했다.

32 사무엘이 말했다. "아말렉 왕 아각을 내 앞에 데려오십시오." 아각은 죽는 편이 낫겠다고 중얼거리며 끌려 나왔다.

33 사무엘이 말했다. "네 칼로 인해 많은 여인들이 자녀를 잃은 것처럼, 네 어미도 그 여인들과 같이 자녀를 잃게 될 것이다!" 사무엘은 그곳 길갈, **하나님** 앞에서 아각을 칼로 베었다.

34-35 사무엘은 바로 라마로 떠났고 사울은 기브아의 집으로 돌아갔다. 그 후로 사무엘은 다시는 사울을 상대하지 않았다. 그러나 사울의 일로 오랫동안 깊이 슬퍼했다. **하나님**께서는 사울을 왕으로 삼으신 것을 후회하셨다.

하나님은 중심을 보신다

16

¹ **하나님께서** 사무엘에게 말씀하셨다. "네가 언제까지 사울 때문에 침울하게 있을 참이냐? 너도 알다시피, 나는 그를 버렸다. 그는 더 이상 이스라엘의 왕이 아니다. 너는 거룩하게 구별하는 기름을 병에 담아라. 내가 너를 베들레헴의 이새에게 보내겠다. 그의 아들 가운데서 원하는 왕을 찾았다."

²⁻³ "그렇게 할 수 없습니다." 사무엘이 말했다. "사울이 이 소식을 들으면 저를 죽일 것입니다."

하나님께서 말씀하셨다. "암송아지 한 마리를 끌고 그곳으로 가서, '내가 이 암송아지를 제물로 바치고 여러분을 인도하여 **하나님께** 예배를 드리러 왔습니다' 하고 알려라. 그 자리에 이새도 반드시 초대해야 한다. 그 다음에 할 일은 그때 가서 알려 주겠다. 네가 기름을 부어야 할 사람을 내가 알려 줄 것이다."

⁴ 사무엘은 **하나님께서** 지시하신 대로 행했다. 그가 베들레헴에 도착하자 성읍의 장로들이 그를 맞으러 나왔다. 그들은 불안한 기색이 역력했다. "무슨 잘못된 일이라도 있습니까?"

⁵ "없습니다. 나는 이 암송아지를 제물로 바치고 여러분을 인도하여 **하나님께** 예배를 드리러 왔습니다. 모두 자신을 살펴 정결하게 하고 나와 함께 예배를 드립시다." 그는 이새와 그의 아들들도 정결하게 한 뒤 예배에 참석하라고 불렀다.

⁶ 이새의 아들들이 도착했을 때 사무엘은 엘리압을 보고 생각했다. "이 사람이 **하나님께** 기름부음을 받을 자구나!"

⁷ 그러나 **하나님께서** 사무엘에게 말씀하셨다. "외모가 다가 아니다. 그의 외모와 키에 감동하지 마라. 나는 이미 그를 제외시켰다. 나 **하나님은** 사람을 판단할 때 사람들이 하는 것처럼 하지 않는다. 사람은 얼굴을 보지만, 나 **하나님은** 그 중심을 본다."

⁸ 이새가 아비나답을 불러 사무엘에게 보였다. 사무엘이 말했다. "이 사람도 **하나님께서** 택하신 자가 아닙니다."

⁹ 다음으로 이새는 삼마를 보였다. 사무엘이 말했다. "이 사람도 아닙니다."

¹⁰ 이새는 아들 일곱 명을 모두 사무엘에게 보였다. 사무엘은 이새에게 있는 그대로 말했다. "하나님께서 이들 가운데 누구도 선택하지 않으셨습니다."

¹¹ 그러더니 이새에게 다시 물었다. "이들이 전부입니까? 아들이 더 없습니까?"

"작은 녀석이 하나 있기는 합니다만, 밖에서 양을 치고 있습니다."

사무엘이 이새에게 명했다. "가서 그 아이를 데려오십시오. 그가 오기 전에는 우리가 이 자리를 뜨지 않겠습니다."

¹² 이새는 사람을 보내 그를 데려오게 했다. 그가 안으로 들어왔는데, 눈이 밝게 빛나고 준수하여, 무척 건강해 보였다.

하나님께서 말씀하셨다. "일어나서, 그에게 기름을 부어라! 바로 이 사람이다."

¹³ 그의 형들이 둘러서서 지켜보는 가운데, 사무엘은 기름이 담긴 병을 들어 그에게 부었다. 하나님의 영이 급한 바람처럼 다윗 안에 들어가, 그가 살아 있는 동안 큰 능력을 부어 주셨다.

사무엘은 그곳을 떠나 라마에 있는 집으로 돌아갔다.

¹⁴ 그 순간에 사울에게서 하나님의 영이 떠나고, 하나님께서 보내신 어두운 기운이 그를 덮쳤다. 그는 두려웠다.

¹⁵⁻¹⁶ 사울의 참모들이 말했다. "하나님께로부터 온 이 지독한 우울증이 왕의 삶을 비참하게 만들고 있습니다. 왕이시여, 하프를 탈 줄 아는 사람을 찾아 왕을 돕게 하십시오. 하나님께서 보내신 어둡고 우울한 기운이 찾아올 때 그가 음악을 연주하면 왕의 기분이 좋아질 것입니다."

¹⁷ 사울이 신하들에게 말했다. "하프를 탈 줄 아는 사람을 찾아서 내게 데려오시오."

¹⁸ 젊은 신하들 가운데 하나가 말했다. "제가 아는 사람이 있습니다. 제가 직접 보았는데, 베들레헴에 사는 이새의 아들로 음악에 재주가 뛰어납니다. 또한 용감하고 이제 성년이 되어서 말도 잘하고 준수한 데다, 하나님께서 그와 함께 계십니다."

¹⁹ 사울은 이새에게 전령을 보내어 청했다. "그대의 아들 다윗, 양을 치는 그 아들을 내게 보내 주시오."

²⁰⁻²¹ 이새는 나귀 한 마리에 빵 두어 덩이와 포도주 한 병과 새끼 염소 한 마리를 실어서, 아들 다윗을 사울에게 보냈다. 다윗은 사울에게 가서 그 앞에 섰다. 사울은 첫눈에 그가 마음에 들어 자신의 오른팔로 삼았다.

²² 사울은 이새에게 답변을 보냈다. "고맙소. 다윗이 이곳에 머물 것이오. 그는 내가 찾던 사람이오. 그에게 깊은 감동을 받았소."

²³ 그 후로 하나님께로부터 온 우울증이 사울을 괴롭힐 때마다 다윗이 하프를 꺼내 연주했다. 그러면 사울은 진정되었고, 어둡고 우울한 기운이 걷히면서 기분이 좋아졌다.

골리앗이 이스라엘에 도전하다

17

¹⁻³ 블레셋 사람이 전투를 벌이려고 군대를 소집했다. 그들은 유다 땅 소고에 군대를 배치하고, 소고와 아세가 사이에 있는 에베스담밈에 진을 쳤다. 사울과 이스라엘 백성은 상수리나무 골짜기에 진을 치고 부대를 배치하여 블레셋 사람과 맞서 싸울 준비를 했다. 블레셋 사람은 한쪽 산 위에 있고 이스라엘 백성은 반대쪽 산 위에 있는데, 그 사이에 골짜기가 있었다.

⁴⁻⁷ 블레셋 진영에서 키가 거의 3미터나 되는 거인 하나가 넓게 트인 곳으로 걸어 나왔다. 그는 가드 사람 골리앗이었다. 머리에 청동투구를 쓰고 갑옷을 입었는데, 갑옷의 무게만 57킬로그램이나 되었다! 그는 또 청동각반을 차고 청동칼을 들고 있었다. 그의 창은 울타리의 가로장만큼 굵었고 창날의 무게만 해도 7킬로그램에 달했다. 그의 앞에서는 방패를 드는 자가 걸어 나왔다.

⁸⁻¹⁰ 골리앗이 그 자리에 서서 이스라엘 군대를 향해 소리질렀다. "너희 군대를 굳이 다 동원할 필요가 있겠느냐? 블레셋은 나 하나로 충분하다. 너희는 다 사울에게 충성하는 자들이니, 너희 가운데서 가장 뛰어난 용사를 골라 나와 대결하게 하여라. 만일 그 자가 나를 쳐죽이면, 블레셋 사람이 다 너희 종이 될 것이다. 그러나 내가 이겨서 그 자를 쳐죽이면, 너희가 다 우리 종이되어 우리를 섬겨야 한다. 내가 오늘 도전장을 던지니 어서 사람을 내보내라. 어디 한번 끝장을 보자!"

[11] 사울과 그의 군대는 블레셋 사람의 소리를 듣고 겁에 질려 크게 낙심했다.

[12-15] 바로 그때 다윗이 등장한다. 그는 유대 베들레헴 에브랏 사람 이새의 아들이었다. 여덟 아들을 둔 이새는 나이가 너무 많아 사울의 군대에 들어갈 수 없었다. 이새의 아들들 가운데 위로부터 세 아들이 사울을 따라 전쟁에 나갔다. 그 세 아들의 이름은 맏아들 엘리압과 둘째 아비나답, 셋째 삼마였다. 다윗은 막내아들이었다. 그의 큰형 셋이 사울과 함께 전쟁에 나가 있는 동안, 다윗은 사울의 시중을 들기도 하고 베들레헴에서 아버지의 양을 치기도 하면서 양쪽을 왔다갔다 했다.

[16] 골리앗은 사십 일 동안 날마다 아침저녁으로 그 자리에 나와 소리쳤다.

[17-19] 하루는 이새가 아들 다윗에게 말했다. "굵게 빻은 밀 한 포대와 빵 열 덩이를 가지고 진에 있는 네 형들에게 서둘러 가거라. 그리고 치즈 열 덩이를 챙겨 그들의 부대장에게 가져다주어라. 네 형들이 잘 지내고 있는지 살펴보고, 사울 왕과 네 형들 그리고 지금 상수리나무 골짜기에서 블레셋 사람과 전쟁중인 이스라엘 백성이 어떻게 하고 있는지 내게 알려 다오."

[20-23] 다윗은 이른 새벽에 일어나 양 치는 일을 다른 사람에게 맡긴 다음, 이새가 지시한 대로 음식을 가지고 길을 떠났다. 그가 진에 도착하자 마침 군대가 전투 개시를 알리는 함성을 지르며 전투대형으로 자리를 잡고 있었다. 이스라엘과 블레셋은 서로 마주보고 진을 펼쳤다. 다윗은 가져온 음식 보따리를 감시병에게 맡기고, 군대가 배치된 곳으로 달려가 형들과 인사를 나눴다. 그들이 함께 이야기하는 사이, 블레셋의 선봉장인 가드 사람 골리앗이 블레셋 사람의 진에서 나와 전처럼 싸움을 걸었다. 다윗도 그가 하는 말을 들었다.

[24-25] 이스라엘 백성은 그 거인을 보는 순간 하나같이 겁을 내며 뒤로 물러났다. 군사들 사이에 이런 말이 오갔다. "이런 일을 본 적이 있는가? 드러내 놓고 이스라엘에 싸움을 걸어 오다니 말이야. 저 거인을 죽이는 사람은 원하는 모든 것을 얻을 수 있을 거야. 왕께서 큰 상을 내릴 뿐 아니라, 딸을 신부로 주고 온 집안이 거저 먹고살게 해준다더군."

다윗이 골리앗을 이기다

²⁶ 다윗이 곁에 선 사람들과 이야기하다가 이렇게 물었다. "저 블레셋 사람을 죽여 이스라엘의 더럽혀진 명예를 회복하는 사람에게는 어떤 보상이 따릅니까? 블레셋의 할례 받지 못한 저 자가 누군데 감히 살아 계신 하나님의 군대를 조롱한단 말입니까?"

²⁷ 군사들은 블레셋 사람을 죽이는 사람에게 왕이 무엇을 약속했는지 그에게 말해 주었다.

²⁸ 다윗의 형 엘리압은 다윗이 사람들과 친근하게 이야기 나누는 것을 듣고 성을 냈다. "여기서 무엇을 하는 것이냐! 뼈만 앙상하게 남은 양 떼를 치는 네 일에나 신경 쓰지 않고서? 네가 무슨 짓을 하려는지 다 안다. 피비린내 나는 전투가 잘 보이는 곳에 자리를 잡고서, 구경하려고 내려온 게 아니냐!"

²⁹⁻³⁰ "무엇 때문에 그러십니까? 저는 그저 물어본 것뿐입니다." 다윗이 대답했다. 그는 형을 의식하지 않고 다른 사람에게 가서 똑같이 물었다. 대답은 전과 같았다.

³¹ 다윗이 하는 말을 누군가 듣고 사울에게 보고했다. 사울은 사람을 보내 그를 불렀다.

³² 다윗이 말했다. "왕이시여, 희망을 버리지 마십시오. 제가 가서 저 블레셋 사람과 싸우겠습니다."

³³ 사울이 다윗에게 대답했다. "너는 저 블레셋 사람과 싸울 수 없다. 너는 너무 어리고 경험이 없다. 그는 네가 태어나기 전부터 싸움판에서 잔뼈가 굵은 자다."

³⁴⁻³⁷ 다윗이 말했다. "저는 그동안 목자로서 아버지의 양을 돌봐 왔습니다. 사자나 곰이 양 떼에게 접근해 새끼 양을 채어 갈 때면, 쫓아가서 그 짐승을 때려눕히고 새끼 양을 구했습니다. 그 짐승이 저한테 덤비면, 목덜미를 잡아 목을 비틀어 죽이곤 했습니다. 사자든 곰이든 다를 바 없었습니다. 살아 계신 하나님의 군대를 조롱하는 저 블레셋 사람에게도 제가 똑같이 할 것입니다. 사자의 이빨과 곰의 발톱에서 저를 구해 내신 **하나님**께서 저 블레셋 사람에게서도 구해 내실 것입니다."

사울이 말했다. "가거라. **하나님**께서 너를 도우시기를 빈다!"

38-39 사울은 다윗에게 군인처럼 갑옷을 입혔다. 자신의 청동투구를 그의 머리에 씌우고 자신의 칼을 갑옷 위에 채워 주었다. 다윗이 걸어 보았지만 한 발짝도 움직일 수가 없었다.

다윗이 사울에게 말했다. "이렇게 다 갖춰 입고는 움직이기 어렵습니다. 저는 이런 복장이 익숙하지 않습니다." 그러고는 그것들을 다 벗어 버렸다.

40 그런 다음 다윗은 목자의 지팡이를 들고, 시냇가에서 매끄러운 돌 다섯 개를 골라 목자의 배낭 주머니에 넣은 다음, 손에 물매를 들고 골리앗에게 다가갔다.

41-42 그 블레셋 사람은 방패를 드는 자를 앞세우고 이리저리 왔다갔다 하다가 다윗을 보았다. 그는 다윗을 한번 훑어보고, 코웃음을 쳤다. 뺨이 붉고 솜털이 보송보송한 한낱 애송이로 본 것이다.

43 그 자는 다윗을 비웃었다. "막대기를 들고 나한테 오다니, 내가 개냐?" 그러고는 자기 신들의 이름으로 다윗을 저주했다.

44 "이리 오너라." 블레셋 사람이 말했다. "내가 너를 이 들판에서 죽여 독수리 밥이 되게 해주마. 들쥐들의 별미로 만들어 주겠다."

45-47 다윗이 대답했다. "너는 칼과 창과 도끼를 가지고 내게 오지만, 나는 네가 비웃고 저주하는 만군의 **하나님**, 이스라엘 군대의 하나님의 이름으로 나아간다. 바로 오늘 **하나님**께서 너를 내 손에 넘겨주실 것이다. 내가 너를 죽이고 네 머리를 베어서, 네 시체와 네 블레셋 동료들의 주검을 까마귀와 늑대들의 먹이로 던져 줄 것이다. 이스라엘에 참으로 놀라우신 하나님이 계심을 온 땅이 알게 될 것이다. **하나님**께서는 칼이나 창으로 구원하는 분이 아니심을 여기 모인 모든 사람이 깨닫게 될 것이다. 전투는 **하나님**께 속한 것이니, 그분께서 너희를 우리 손에 손쉽게 넘겨주실 것이다."

48-49 블레셋 사람은 그 말에 자극을 받아 다윗 쪽으로 걸음을 뗐다. 다윗은 전열에서 벗어나 블레셋 사람 쪽으로 달려갔다. 그는 배낭 주머니에서 돌을 꺼내 물매로 힘껏 던졌다. 돌이 날아가 블레셋 사람의 이마를 세게 맞혔다. 그리고 그대로 깊이 박혀 버렸다. 블레셋 사람이 땅바닥에 얼굴을 박고 맥없이 쓰러졌다.

⁵⁰ 그렇게 해서 다윗은 물매와 돌 하나로 블레셋 사람을 이겼다. 그를 쳐서 죽인 것이다. 그에게 칼은 필요 없었다!

⁵¹ 다윗은 블레셋 사람에게로 달려가 그를 밟고 선 뒤, 거인의 칼집에서 칼을 뽑아 그의 목을 베었다. 그것으로 끝이었다. 블레셋 사람은 자기들의 위대한 장수가 한순간에 죽는 광경을 보고, 뿔뿔이 흩어져 필사적으로 도망쳤다.

⁵²⁻⁵⁴ 이스라엘과 유다 사람들이 일어나 소리쳤다! 그들은 멀리 가드 경계와 에그론 성문까지 블레셋 사람을 추격했다. 사아라임 길을 따라서 가드와 에그론에 이르기까지 부상당한 블레셋 사람이 곳곳에 널브러졌다. 이스라엘 백성은 추격을 마치고 돌아와 블레셋의 진을 약탈했다. 다윗은 그 블레셋 사람의 머리를 취하여 예루살렘으로 가져갔다. 그러나 거인의 무기는 자신의 장막 안에 두었다.

❦

⁵⁵ 사울은 다윗이 나가 블레셋 사람에게 맞서는 것을 보고 군사령관 아브넬에게 말했다. "저 젊은이는 어느 가문 사람이오?"

아브넬이 말했다. "왕이시여, 황공하오나 저도 아는 바가 없습니다."

⁵⁶ 왕이 말했다. "그렇다면 저 젊은이의 집안에 대해 알아보시오."

⁵⁷ 다윗이 블레셋 사람을 죽이고 돌아오자마자, 아브넬이 곧장 그를 사울 앞으로 데려갔다. 블레셋 사람의 머리가 그때까지 그의 손에 들려 있었다.

⁵⁸ 사울이 그에게 물었다. "젊은이, 자네는 누구의 아들인가?"

다윗이 말했다. "저는 베들레헴에 사는 주인님의 종 이새의 아들입니다."

요나단과 다윗

18

¹ 다윗이 사울에게 보고하는 모습을 본 요나단은 그에게 깊은 인상을 받았다. 두 사람은 곧 끈끈한 우정을 나누는 사이가 되었다. 요나단은 다윗에게 마음을 다했고, 그 이후로 다윗의 첫째가는 조력자이자 친구가 되었다.

² 사울은 그날 다윗을 집안 식구로 받아들이고, 다시 아버지의 집으로 돌아

가지 못하게 했다.

3-4 요나단은 다윗을 깊이 아끼는 마음에서 그와 언약을 맺었다. 그리고 언약의 증표로 격식을 갖춘 선물을 주었다. 왕자의 겉옷과 갑옷, 칼, 활, 허리띠 등의 무기였다.

5 다윗은 사울이 무슨 일을 맡기든지 그 일을 아주 잘 해냈다. 다윗이 일을 너무나 잘하자 사울은 그에게 군대의 작전권까지 맡겼다. 일반 백성뿐 아니라 사울의 신하들까지도 모두 다윗의 지도력을 인정하고 칭찬했다.

6-9 다윗이 블레셋 사람을 죽이고 나서 무리가 집으로 돌아올 때, 이스라엘 모든 마을에서 여인들이 쏟아져 나와 노래하고 춤추면서, 탬버린과 흥겨운 노래와 비파로 사울 왕을 환영했다. 여인들은 흥에 겨워 즐겁게 노래했다.

  사울은 수천 명을 죽이고
  다윗은 수만 명을 죽인다!

그 말에 사울은 몹시 화가 났다. 사울은 그것을 자신을 무시하는 말로 받아들였다. 그는 "백성이 다윗에게는 '수만 명'의 공을 돌리면서, 내게는 '수천 명'의 공만 돌리니, 자칫하다가는 그에게 이 나라를 빼앗기겠구나!" 하고 말했다. 그때부터 사울은 다윗을 경계했다.

10-11 이튿날, 하나님께서 보내신 어둡고 우울한 기운이 사울을 괴롭혔다. 사울은 거의 제정신이 아닌 상태로 떠들어 댔다. 다윗은 으레 하던 대로 하프를 연주했다. 사울의 손에 창이 들려 있었는데, 그가 갑자기 "다윗을 벽에 박아 버리겠다" 생각하고는 그에게 창을 던졌다. 다윗이 몸을 피하여 창은 빗나갔다. 그런 일이 두 번이나 있었다.

12-16 사울은 다윗이 두려워졌다. 하나님께서 사울을 떠나 다윗과 함께 계시는 것이 너무나 분명했다. 그래서 사울은 다윗을 군지휘관으로 임명해 자기 눈에 띄지 않는 곳으로 보내 버렸다. 다윗은 자주 전쟁에 나갔다. 그가 하는 일마다 다 잘되었다. 참으로 하나님께서 그와 함께 계셨다. 다윗이 번번이

성공하는 것을 보고, 사울은 더욱 두려워졌다. 그의 눈에는 임박한 재앙의 조짐이 훤히 보였다. 그러나 이스라엘과 유다의 모든 사람은 다윗을 사랑했다. 그들은 그가 하는 일을 즐겁게 지켜보았다.

17 하루는 사울이 다윗에게 말했다. "내 맏딸 메랍을 자네에게 아내로 주고 싶네. 나를 위해 용감하고 담대하게 하나님의 싸움을 싸워 주게!" 사울은 "블레셋 사람이 나 대신에 다윗을 죽일 것이다. 굳이 내 손으로 그를 칠 필요가 없다"는 생각을 품고 있었다.

18 다윗이 당황하여 대답했다. "진심이십니까? 저는 보잘것없는 집안 출신입니다! 제가 어떻게 왕의 사위가 될 수 있겠습니까."

19 결혼식 날이 정해져 메랍과 다윗이 결혼할 날이 다가오자, 사울은 약속을 어기고 메랍을 므홀랏 사람 아드리엘과 결혼시켰다.

20-21 한편, 사울의 딸 미갈이 다윗을 사랑하고 있었다. 이것을 전해 들은 사울은 마침 잘됐다는 듯 음흉한 미소를 지었다. "두 번째 기회다. 미갈을 미끼로 해서, 블레셋 사람이 그를 쉽게 처치할 수 있는 곳으로 내보내야겠다." 사울은 다시 다윗에게 "내 사위가 되어 주게" 하고 말했다.

22 사울이 신하들에게 지시했다. "다윗을 따로 불러 '왕께서 그대를 아주 좋아하고 왕궁 안의 모든 사람도 그대를 사랑하니, 어서 왕의 사위가 되시오!' 하고 말해 주시오."

23 왕의 신하들이 다윗에게 그대로 전했으나, 다윗은 망설였다. "무슨 말씀입니까? 그렇게는 못합니다. 나는 보잘것없는 사람이라 드릴 게 아무것도 없습니다."

24-25 신하들이 다윗의 반응을 보고하자, 사울은 그들을 시켜 다윗에게 이렇게 말하게 했다. "왕께서는 그대에게 돈을 바라지 않으시오. 다만 그대가 가서 블레셋 사람 백 명을 죽이고 왕을 대신해서 복수했다는 증거를 가져오기를 바라신다오. 왕의 원수들에게 원수를 갚으시오." (사울은 다윗이 전투중에 죽기를 바랐다.)

26-27 이 말을 듣고서 다윗은 기뻤다. 왕의 사위가 될 자격을 얻기 위해 자기

가 할 수 있는 일이 생겼기 때문이다! 그는 지체하지 않고 곧바로 나갔다. 다윗은 부하들과 함께 블레셋 사람 백 명을 죽이고 자루에 증거를 담아 와 왕 앞에서 그 수를 세었다. 사명을 완수한 것이다! 사울은 딸 미갈을 다윗과 결혼시켰다.

28-29 하나님께서 다윗과 함께 계신다는 것과 미갈이 그를 얼마나 사랑하는지 알면 알수록, 다윗을 향한 사울의 두려움은 더 커져 갔고 결국에는 증오로 굳어졌다. 사울은 다윗을 증오했다.

30 블레셋 장군들이 싸우러 나올 때마다 다윗이 나서서 그들과 맞섰다. 그는 싸움에서 승리했고 사울의 부하들 가운데서 단연 돋보였다. 다윗의 이름이 모든 사람의 입에 오르내렸다.

19 1-3 사울은 아들 요나단과 자기 신하들을 불러 다윗을 죽이라고 지시했다. 그러나 요나단은 다윗을 아꼈으므로, 그를 찾아가 조심하라고 일러 주었다. "아버지께서 자네를 죽일 방법을 찾고 있네. 그러니 이렇게 하게. 내일 아침에 들판에 나가 숨게. 자네가 숨어 있는 곳 부근으로 내가 아버지를 모시고 나가겠네. 그리고 아버지에게 자네 이야기를 할 테니, 그분이 뭐라고 말씀하시는지 들어 보세. 그 후에 내가 해결책을 일러 주겠네."

4-5 요나단은 아버지 앞에서 다윗 이야기를 꺼내며 그에 대해 좋게 말했다. "부디 다윗을 해치지 마십시오. 그가 아버지께 잘못한 일이 없지 않습니까? 지금까지 그가 행한 좋은 일들을 봐 주십시오! 그는 목숨을 걸고 블레셋 사람을 죽였습니다. 그날 하나님께서 이스라엘에 얼마나 큰 승리를 주셨습니까! 아버지도 그 자리에 계셨습니다. 아버지도 보시고서 일어나 다른 모든 사람과 함께 손뼉을 치며 기뻐하셨습니다. 그런데 어째서 아무 이유도 없이 다윗을 죽여, 무고한 사람에게 죄를 범할 생각을 하십니까?"

6 사울이 요나단의 말을 듣고 말했다. "네 말이 옳다. 하나님께서 살아 계심을 두고 맹세하는데, 다윗은 살 것이다. 죽임을 당하지 않을 것이다."

7 요나단이 사람을 보내 다윗을 불러서 그 말을 모두 전했다. 그리고 다윗을

다시 사울에게 데려갔다. 모든 것이 전과 같아졌다.

⁸ 다시 전쟁이 나자, 다윗이 나가서 블레셋 사람과 싸웠다. 그는 블레셋을 쳐서 크게 이겼고, 그들은 필사적으로 도망쳤다.

⁹⁻¹⁰ 그런데 하나님께서 보내신 어둡고 우울한 기운이 사울을 덮쳐 그를 사로잡았다. 그때 사울은 손에 창을 들고 왕궁에 앉아 있었고, 다윗은 음악을 연주하고 있었다. 갑자기 사울이 다윗에게 창을 꽂으려 했으나 다윗이 피했다. 창은 벽에 박혔고 다윗은 도망쳤다. 밤에 일어난 일이었다.

¹¹⁻¹⁴ 사울은 다윗의 집으로 사람들을 보내어, 그의 집을 잘 감시하고 있다가 날이 밝는 대로 그를 죽이라고 시켰다. 그러나 다윗의 아내 미갈이 그에게 사태를 알렸다. "서두르세요. 이 밤에 몸을 피하지 않으면 내일 아침 죽게 됩니다!" 미갈은 창문으로 다윗을 내보냈고, 다윗은 무사히 도망쳤다. 그런 다음 미갈은 가짜 신상을 가져다가 침대에 뉘어 놓고는, 그 머리에 염소털 가발을 씌우고 이불을 덮었다. 사울의 부하들이 다윗을 잡으러 오자, 미갈이 말했다. "그이는 지금 아파서 누워 있어요."

¹⁵⁻¹⁶ 사울이 부하들을 다시 보내며 지시했다. "침상째로 그를 데려오거라. 내가 직접 그를 죽이겠다." 부하들이 방에 들어가 보니, 침대에는 염소털 가발을 쓴 가짜 신상밖에 없었다!

¹⁷ 사울은 미갈에게 불같이 화를 냈다. "네가 어찌 이처럼 나를 속일 수가 있느냐? 네가 내 원수와 한편이 되는 바람에 그 자가 도망쳤다!"

¹⁸ 미갈이 말했다. "그가 저를 위협했습니다. '내가 빠져나갈 수 있게 돕지 않으면 너를 죽이겠다'고 협박했습니다."

다윗은 무사히 도망쳐 라마에 있는 사무엘에게 가서, 그동안 사울이 자기에게 한 일을 모두 말했다. 그와 사무엘은 나욧으로 물러나 숨어 지냈다.

¹⁹⁻²⁰ "다윗이 라마의 나욧에 있다"는 소식이 사울의 귀에 들어갔다. 그는 다윗을 잡으려고 곧바로 부하들을 보냈다. 그들이 보니, 한 무리의 예언자들이 사무엘의 인도 아래 예언을 하고 있었다. 그런데 갑자기 하나님의 영이 사울의 부하들에게도 임하여, 그들이 예언자들과 함께 큰소리로 마구 고함을 질렀다!

²¹ 그 소식을 보고받은 사울은 부하들을 더 보냈다. 그러자 그들도 곧 예언을 하게 되었다. 사울은 세 번째로 부하들을 보냈는데, 그들도 분별없이 고함을 질러댔다!

²² 참다 못해 사울이 직접 라마로 갔다. 그는 세구에 있는 큰 우물에 이르러 물었다. "사무엘과 다윗이 어디 있느냐?"

지나가던 사람이 말했다. "저기 라마의 나욧에 있습니다."

²³⁻²⁴ 사울이 라마의 나욧으로 향하자, 하나님의 영이 그에게도 임했다. 나욧에 이르기까지 그는 넋을 잃고 중얼거렸다! 옷을 벗고 그곳에 누워 하루 동안 밤낮으로 사무엘 앞에서 뜻 모를 말을 늘어놓았다. 사람들은 "사울이 예언자가 되다니! 누가 짐작이나 했겠는가?" 하며 오늘까지도 그 일을 이야기한다.

하나님의 언약으로 맺어진 우정

20 ¹ 다윗이 라마의 나욧에서 빠져나와 요나단에게 갔다. "이제 어찌하면 좋겠나? 내가 자네 아버지에게 무슨 잘못을 저질렀다고 그분이 이렇게까지 나를 죽이려 하시는가?"

² "자네를 죽이시다니, 그런 일은 없을 것이네." 요나단이 말했다. "자네는 잘못한 것이 없네. 그리고 자네는 죽지 않을 걸세. 절대로 죽지 않을 거야! 아버지는 모든 일을 나에게 말씀하신다네. 큰일이든 작은 일이든, 나에게 알리지 않고는 아무 일도 하지 않으시네. 이 일이라고 해서 나 모르게 하시겠는가? 있을 수 없는 일이네."

³ 다윗이 말했다. "자네 아버지는 우리가 절친한 친구 사이라는 것을 알고 계시네. 그래서 '요나단이 이 일을 알아서는 안된다. 알았다가는 다윗 편을 들 것이다' 하고 생각하셨을 것이네. **하나님**께서 살아 계심과 지금 자네가 내 앞에 살아 있음을 두고 맹세하는데, 틀림없이 자네 아버지는 나를 죽이기로 작정하셨네."

⁴ 요나단이 말했다. "자네 마음에 있는 것을 말해 보게. 무엇이든 들어주겠네."

⁵⁻⁸ 다윗이 말했다. "내일은 초하루네. 내가 왕과 함께 저녁식사를 하도록 예정되어 있는 날이지. 나는 식사에 참석하지 않고 셋째 날 저녁까지 들판에

숨어 있겠네. 자네 아버지가 나를 찾으시거든, '다윗이 연례 모임이 있다며 고향 베들레헴에 가서 가족과 함께 예배를 드릴 수 있겠는지 묻더군요' 하고 말씀드려 주게. 자네 아버지가 '좋다!'고 하시면, 나는 무사할 것이네. 하지만 화를 내신다면 그분이 나를 죽이기로 마음먹은 것을 자네가 확실히 알게 될 것이네. 부디 마지막까지 내게 충실해 주게. 자네는 나와 **하나님**의 언약을 맺은 사이 아닌가! 내게 잘못이 있다면, 자네가 직접 나를 죽이게. 나를 자네 아버지에게 넘길 까닭이 없지 않은가?"

⁹ "안될 말이네!" 요나단이 소리를 높였다. "나는 절대로 그러지 않을 것이네! 아버지가 자네를 죽이려고 결심했다는 기미가 조금이라도 보이면 바로 자네에게 알리겠네."

¹⁰ 다윗이 물었다. "자네 아버지가 호되게 꾸짖으시면, 누구를 보내어 나에게 알리겠는가?"

¹¹⁻¹⁷ 요나단이 말했다. "밖으로 나가지. 들판으로 가세." 둘이 들판에 있을 때 요나단이 말했다. "**하나님** 이스라엘의 하나님께서 내 증인이시네. 내일 이맘때에 자네에 대한 아버지의 마음이 어떤지 알아내겠네. 그리고 그것을 자네에게 알려 주겠네. 내가 만일 자네를 배반한다면, **하나님**께서 내게 천벌을 내리실 걸세! 내 아버지가 여전히 자네를 죽이실 생각이라면, 자네에게 알려 이곳에서 무사히 벗어나게 하겠네. **하나님**께서 내 아버지와 함께하셨던 것처럼 자네와 함께하시기를 바라네! 만일 내가 이 일이 끝날 때까지 살아 있다면, 계속해서 내 언약의 친구가 되어 주게. 내가 죽는다면, 언약의 우정으로 내 가족을 영원히 지켜 주게나. **하나님**께서 마침내 이 땅에서 자네의 원수들을 없애실 때, 나에 대한 의리를 지켜 주게!" 요나단은 다윗을 향한 사랑과 우정을 다시 한번 맹세했다. 그는 다윗을 자기 목숨보다 더 아꼈다!

¹⁸⁻²³ 요나단이 자신의 계획을 내놓았다. "내일은 초하루니, 자네가 저녁식사에 나타나지 않으면 다들 자네를 찾을 것이네. 사흘째가 되어 그들이 자네를 더 이상 찾지 않으면, 자네는 전에 숨었던 곳으로 가서 그 큰 바위 옆에서 기다리게. 내가 바위 쪽으로 화살을 세 번 쏘겠네. 그런 다음 종을 보내면서 '가서 화살을 찾으라'고 할 텐데, 내가 종에게 '화살이 이쪽에 있으니, 가져오

라!'고 외치면, 자네가 무사히 돌아와도 좋다는 신호로 알게. **하나님**께서 살아 계심을 두고 맹세하는데, 두려워할 것 하나도 없네! 그러나 내가 '화살이 더 멀리 나갔다!'고 외치면, 서둘러 도망치게. **하나님**께서 자네가 여기서 벗어나기를 원하시는 것이네! 지금까지 우리가 의논한 모든 것에 대해 **하나님**께서 마지막까지 우리와 함께하심을 잊지 말게!"

24-26 다윗은 들판에 숨었다. 초하루 절기가 되자 왕이 식사를 하려고 식탁에 앉았다. 그는 늘 앉던 대로 벽 쪽 자리에 앉았고 요나단은 식탁 맞은편에, 아브넬은 사울 옆에 앉았다. 그러나 다윗의 자리는 비어 있었다. 그날 사울은 그것에 대해 아무 말도 하지 않았다. "그에게 뭔가 부정한 일이 생긴 거겠지. 아마 부정해져서 거룩한 식사를 못하는 거겠지" 하고 생각했다.

27 그러나 초하루 다음 날인 명절 이틀째에도 다윗의 자리는 비어 있었다. 사울이 아들 요나단에게 물었다. "이새의 아들은 어디 있느냐? 어제도 오늘도 우리와 함께 먹지 않는구나."

28-29 요나단이 말했다. "다윗이 제게 베들레헴에 가게 해달라고 특별히 부탁했습니다. '고향의 가족 모임에 참석할 수 있게 해주십시오. 저의 형들이 제게 당부했습니다. 괜찮으시다면, 가서 형들을 보게 해주십시오' 하더군요. 그래서 이 자리에 참석하지 못한 겁니다."

30-31 사울은 요나단에게 불같이 화를 냈다. "이 더러운 계집의 자식아! 네가 이새의 아들과 한통속이 되어, 너와 네 어미 둘 다를 욕되게 하고 있는 것을 내가 모르는 줄 아느냐? 이새의 아들이 이 땅을 활보하고 다니는 한, 이 나라에서 너의 장래는 보장할 수 없다. 어서 가서 그를 잡아 이리로 끌고 오너라. 이 순간부터 그놈은 죽은 목숨이나 다름없다!"

32 요나단이 아버지에게 대들었다. "죽은 목숨이라니요? 다윗이 무엇을 잘못했다고 그러십니까?"

33 사울은 창을 던져 그를 죽이려고 했다. 이로써 요나단은 아버지가 다윗을 죽이려 한다는 것을 확실히 알았다.

34 요나단은 잔뜩 화가 나서 식사 자리에서 뛰쳐나갔고, 하루 종일 아무것도 먹지 않았다. 다윗 생각에 마음이 아팠고, 아버지에게 당한 모욕 때문에 속

이 상했다.

³⁵⁻³⁹ 이튿날 아침, 요나단은 다윗과 약속한 대로 어린 종을 데리고 들판으로 갔다. 그가 종에게 말했다. "달려가서 내가 쏘는 화살을 가져오너라." 어린 종이 달려가자, 요나단은 그 종보다 한참 앞쪽으로 화살을 쏘았다. 어린 종이 화살이 날아간 곳에 이르자, 요나단은 "화살이 더 멀리 나가지 않았느냐?"고 외쳤다. 그러면서 "어서! 서둘러라! 거기 그냥 서 있지 말고!" 하고 외쳤다. 요나단의 어린 종은 화살을 주워 주인에게 가져왔다. 그러나 그 어린 종은 무슨 일인지 전혀 몰랐다. 오직 요나단과 다윗만이 그 일을 알았다.

⁴⁰⁻⁴¹ 요나단은 화살집과 활을 어린 종에게 주어 성읍으로 돌려보냈다. 종이 가고 나자, 다윗은 숨어 있던 바위 옆에서 일어섰다가 얼굴을 땅에 대고 엎드렸다. 그렇게 그는 세 번을 절했다! 그러고 나서 그들은 친구와 친구로 서로 입을 맞추고 울었는데, 다윗이 더 서럽게 울었다.

⁴² 요나단이 말했다. "평안히 가게! '**하나님**께서 나와 자네 사이에, 내 자녀와 자네 자녀 사이에 영원한 보증이 되실 것이네!' 우리 둘은 **하나님**의 이름으로 우정을 맹세하지 않았나."

다윗이 사울을 피하여 도망치다

21

¹ 다윗은 길을 떠나고 요나단은 성읍으로 돌아갔다.

다윗은 놉에 있는 제사장 아히멜렉에게 갔다. 아히멜렉이 나가서 다윗을 맞으며 크게 놀랐다. "일행도 없이 혼자 오다니 대체 무슨 일입니까?"

²⁻³ 다윗은 제사장 아히멜렉에게 대답했다. "왕이 내게 임무를 맡겨 보내시면서 '이것은 중요한 비밀이니, 아무에게도 알리지 말라'고 엄명을 내리셨습니다. 내 부하들과 정해진 장소에서 만나기로 했습니다. 이곳에 먹을 것이 좀 있습니까? 빵 다섯 덩이 정도 구할 수 있는지요? 무엇이든 있는 대로 주십시오!"

⁴ 제사장이 말했다. "보통 빵은 없고 거룩한 빵만 있습니다. 그대의 부하들이 며칠 사이에 여자와 잠자리한 적이 없다면, 가져가도 좋습니다."

⁵ 다윗이 말했다. "우리 가운데 누구도 여자를 가까이하지 않았습니다. 나는 임무를 수행할 때면, 부하들이 여자와 잠자리를 하지 못하게 합니다. 보통

임무를 맡을 때도 그렇게 하는데, 이번 거룩한 임무에는 말할 것도 없지요."
⁶ 그래서 제사장은 거룩한 빵을 내주었다. 그것은 새 빵을 차려 놓으면서 하나님 앞에서 물려 낸 임재의 빵이었는데, 그에게 있는 음식이 그것뿐이었기 때문이다.
⁷ 사울의 신하 가운데 한 사람이 그날 서원을 지키려고 그곳에 있었는데, 그는 에돔 사람 도엑으로 사울의 목자 가운데 우두머리였다.
⁸ 다윗이 아히멜렉에게 물었다. "이곳에 혹시 창이나 칼이 있습니까? 왕의 명령이 너무 급해서 서둘러 떠나느라 무기를 챙길 겨를이 없었습니다."
⁹ 제사장이 말했다. "그대가 상수리나무 골짜기에서 죽인 블레셋 사람 골리앗의 칼이 여기 있습니다! 천에 싸서 에봇 뒤에 두었습니다. 갖고 싶으면 가져가십시오. 그것 말고 다른 무기는 없습니다."
¹⁰⁻¹¹ 다윗이 말했다. "그만한 칼이 어디 또 있겠습니까! 그것을 저에게 주십시오!"
그 말을 마지막으로 다윗은 그곳을 급히 빠져나와 사울을 피해 필사적으로 도망쳤다. 그는 가드 왕 아기스에게 갔다. 아기스의 신하들이 그를 보고 말했다. "이 자는 그 유명한 다윗이 아닙니까? 사람들이 춤추면서 노래했던 그 사람 말입니다.

사울은 수천 명을 죽이고
다윗은 수만 명을 죽인다!"

¹²⁻¹⁵ 다윗은 자신의 정체가 들통 난 것을 알고 당황했다. 그는 가드 왕 아기스에게 최악의 일을 당할까 두려웠다. 그래서 그들이 보는 앞에서 미친 척하며 머리를 성문에 찧고 나서, 입에 거품을 물고 수염에 침을 흘렸다. 아기스가 그 모습을 보고 신하들에게 말했다. "미친 자인 줄 보면 모르느냐? 너희가 어째서 이 자를 이곳에 들였느냐? 내가 참고 견뎌야 할 미친 자들이 부족해서 하나를 더 데려왔느냐? 이 자를 당장 내쫓아라!"

사울이 하나님의 제사장들을 죽이다

22 ¹⁻² 다윗은 도망쳐 아둘람 굴로 피했다. 그의 형들을 비롯해서 그의 집안과 관계된 사람들이 그가 그곳에 있다는 소식을 듣고 내려와 합류했다. 뿐만 아니라 인생의 낙오자들─온갖 실패한 사람과 부랑자와 부적응자들─도 모두 그의 곁으로 모여들었다. 다윗은 그들의 지도자가 되었는데, 모두 사백 명쯤 되었다.

³⁻⁴ 그 후에 다윗은 모압 땅 미스바로 갔다. 그는 모압 왕에게 간청했다. "저를 향한 하나님의 계획이 무엇인지를 제가 알게 될 때까지, 제 아버지와 어머니가 피할 곳을 허락해 주십시오." 다윗은 부모를 모압 왕에게 맡겼다. 다윗이 숨어 지내는 동안 그의 부모는 그곳에 머물렀다.

⁵ 예언자 갓이 다윗에게 말했다. "굴로 돌아가지 말고 유다로 가십시오." 다윗은 그가 말한 대로 헤렛 숲으로 갔다.

⁶⁻⁸ 사울이 다윗과 그 부하들의 행방에 대해 전해 들었다. 그때 그는 기브아 산 위에 있는 큰 상수리나무 아래서 손에 창을 들고 앉아, 신하들에게 둘러싸인 채로 회의를 열고 있었다. 그가 말했다. "이 베냐민 사람들아, 잘 들어라! 행여 이새의 아들에게 너희의 미래를 의탁할 생각은 아예 하지도 마라! 그가 너희에게 가장 좋은 땅을 내주고 너희 모두를 요직에 앉혀 줄 것 같으냐? 생각을 고쳐먹어라. 지금 너희는 작당하여 내 등 뒤에서 숙덕거리고 있다. 내 아들이 이새의 아들과 내통하고 있는데도, 그것을 내게 고하는 자가 하나도 없다. 내 아들이 그 반역자를 편들고 있는데도, 신경 써서 그것을 내게 고하는 자가 너희 중에 하나도 없다!"

⁹⁻¹⁰ 그때 사울의 신하들과 함께 서 있던 에돔 사람 도엑이 말했다. "제가 놉에서 이새의 아들과 아히둡의 아들 아히멜렉이 만나는 것을 보았습니다. 아히멜렉이 그와 함께 기도하며 하나님의 인도하심을 구하고, 그에게 먹을 것을 주고, 블레셋 사람 골리앗의 칼을 주는 것을 제가 보았습니다."

¹¹ 사울이 사람을 보내 아히둡의 아들 제사장 아히멜렉과 놉에 있는 그의 집안 제사장들을 모두 불러들였다. 그들 모두가 왕 앞에 나왔다.

¹² 사울이 말했다. "아히둡의 아들아, 내 말을 들어라!"

"예, 왕이시여." 그가 말했다.

¹³ "너는 어찌하여 이새의 아들과 한패가 되어 나를 대적했느냐? 어찌하여 그에게 빵과 칼을 주고, 그와 함께 기도하여 하나님의 인도하심을 구하고, 그를 반역자로 세워 나를 해치게 했느냐?"

¹⁴⁻¹⁵ 아히멜렉이 왕에게 대답했다. "왕의 수하에 왕의 사위이자 경호대 대장인 다윗만큼 충실한 신하가 없고, 그보다 훌륭한 사람도 없습니다. 제가 그와 함께 기도하여 하나님의 인도하심을 구한 것이, 그때가 처음입니까? 아닙니다! 저나 저의 집안에 어떤 죄도 씌우지 마십시오. '반역자'라 하시는 말씀이 무슨 뜻인지 도무지 모르겠습니다."

¹⁶ 왕이 말했다. "아히멜렉아, 너는 죽어 마땅하다! 너와 네 집안 사람 모두 죽을 것이다!"

¹⁷ 왕이 심복들에게 명령했다. "하나님의 제사장들을 에워싸고 모두 죽여라! 저들은 다윗과 한편이다. 저들은 다윗이 나를 피하여 달아나는 줄 알면서도 내게 알리지 않았다." 그러나 그들은 제사장들을 죽이려 하지 않았다. 하나님의 제사장들에게 손을 대고 싶지 않았던 것이다.

¹⁸⁻¹⁹ 그러자 왕이 도엑에게 말했다. "네가 제사장들을 죽여 버려라!" 에돔 사람 도엑이 앞장서서 거룩한 옷을 입은 제사장 여든다섯 명을 쳐서 죽였다. 이어서 사울은 제사장들의 성읍인 놉에까지 학살의 손길을 뻗었다. 남자와 여자, 어린아이와 아기, 소와 나귀와 양 할 것 없이 모조리 죽였다.

²⁰⁻²¹ 아히둡의 손자요 아히멜렉의 아들인 아비아달만이 겨우 몸을 피해 달아났다. 그는 도망쳐 다윗에게 가서 그와 한편이 되었다. 아비아달은 사울이 하나님의 제사장들을 살해한 일을 다윗에게 전했다.

²²⁻²³ 다윗이 아비아달에게 말했다. "그럴 줄 알았소. 내가 그날 거기서 에돔 사람을 보았는데, 그가 사울에게 말할 줄 알았소. 그대 아버지 집안의 사람들이 몰살당한 것은 내 탓이오. 여기서 나와 함께 있으시오. 두려워하지 마시오. 그대를 죽이려는 자는 내 목숨을 노리는 자이기도 하니, 내 곁에 있으시오. 내가 그대를 지켜 주겠소."

다윗이 광야에서 숨어 지내다

23

¹⁻² 블레셋 사람이 그일라를 습격하여 곡물을 약탈하고 있다는 보고가 다윗에게 들어갔다. 다윗은 **하나님**께 기도했다. "제가 이 블레셋 사람을 추격해 응징해도 되겠습니까?"

하나님께서 말씀하셨다. "가거라. 블레셋 사람을 공격하여 그일라를 구하여라."

³ 그러나 다윗의 부하들이 말했다. "우리는 여기 유다에서도 목숨을 잃을까 두려워하며 살고 있습니다. 그런데 어떻게 블레셋 사람이 득실대는 그일라로 갈 생각을 하십니까?"

⁴ 그래서 다윗은 다시 **하나님**께 나아가 기도했다. **하나님**께서 말씀하셨다. "가거라. 그일라로 가거라. 내가 블레셋 사람을 네 손에 넘겨주겠다."

⁵⁻⁶ 다윗과 그의 부하들은 그일라로 가서 블레셋 사람과 싸웠다. 그들은 블레셋 사람의 가축을 사방으로 흩어 놓았고 그들을 크게 물리쳐 그일라 백성을 구했다. 다윗에게 피해 있던 아비아달도 에봇을 가지고 나와 그일라 공격에 가세했다.

⁷⁻⁸ 다윗이 그일라로 갔다는 말을 듣고 사울은 생각했다. "잘됐다! 하나님께서 그를 통째로 내게 넘겨주시는구나! 사방이 성벽으로 막힌 성 안에서 문까지 잠겼으니, 그는 이제 독 안에 든 쥐다!" 사울은 다윗과 그의 부하들을 포위하려고 군대를 소집하여 그일라로 향했다.

⁹⁻¹¹ 다윗은 자기를 멸하려는 사울의 전략을 전해 듣고 제사장 아비아달에게 "에봇을 가져오시오" 하고 일렀다. 그리고 **하나님**께 기도했다. "이스라엘의 하나님, 방금 사울이 저를 잡으려고 그일라로 와서 이 성을 쳐부수려 한다는 소식을 들었습니다. 그일라 성읍의 원로들이 저를 그의 손에 넘겨주겠습니까? 정말 사울이 내려와 제가 들은 내용대로 실행하겠습니까? **하나님** 이스라엘의 하나님, 제게 알려 주십시오!"

하나님께서 대답하셨다. "그가 내려올 것이다."

¹² "그럼 그일라의 지도자들이 저와 제 부하들을 사울의 손에 넘겨주겠습니까?"

하나님께서 말씀하셨다. "그들이 너를 넘겨줄 것이다."

13 그래서 다윗과 그의 부하들은 그곳을 빠져나왔다. 그들의 수는 육백 명 정도 되었다. 그들은 그일라를 떠나 이동했다. 이곳저곳을 다니며 계속해서 이동했다.

사울은 다윗이 그일라에서 피했다는 말을 듣고 기습 계획을 취소했다.

14-15 다윗은 사막의 은신처와 변경의 십 광야 산지에 계속 머물렀다. 사울은 날마다 그를 찾아다녔으나, 하나님께서 다윗을 그의 손에 넘겨주지 않으셨다. 사울이 다윗의 목숨을 노리고 뒤쫓기로 작정한 것이 분명해지자, 다윗은 사울의 손이 미치지 않는 곳, 십 광야의 호레스에 숨었다.

16-18 사울의 아들 요나단이 호레스로 다윗을 찾아와서, 하나님 안에서 그를 위로하며 말했다. "절망하지 말게. 내 아버지 사울은 자네에게 해를 입힐 수 없네. 자네는 이스라엘의 왕이 될 것이고, 나는 자네 곁에서 도울 것이네. 내 아버지도 그것을 알고 있다네." 그리하여 두 사람은 하나님 앞에서 언약을 맺었다. 다윗은 호레스에 남고 요나단은 집으로 돌아갔다.

19-20 십 사람 가운데 몇 명이 기브아로 사울을 찾아와서 말했다. "다윗이 우리 지역 근처의 호레스 굴과 계곡에 숨어 있는 사실을 알고 계십니까? 지금 그는 여시몬 남쪽에 있는 하길라 산에 있습니다. 그러니 언제든 왕께서 내려오실 준비가 되면 말씀해 주십시오. 그를 왕의 손에 넘겨드리는 것을 우리의 영광으로 알겠습니다."

21-23 사울이 말했다. "그대들이 이처럼 나를 생각해 주니 하나님께서 그대들에게 복 주시기를 비오! 이제 돌아가서 모든 것을 살펴 두시오. 그의 일과를 파악하고, 그가 어디로 다니며 누구와 함께 있는지 동태를 관찰하시오. 그는 아주 약삭빠르오. 그가 숨은 곳들을 모두 정탐한 다음, 나곤으로 나를 찾아오시오. 그때 내가 당신들과 함께 가겠소. 유다의 어느 지역이든 그를 찾기만 하면 내가 당장 달려갈 것이오!"

24-27 그래서 십 사람들은 사울을 위한 정찰에 착수했다.

그때에 다윗과 그의 부하들은 여시몬 남쪽 사막인 마온 광야에 있었는데, 사울과 그의 부하들이 도착하여 수색을 시작했다. 다윗은 그 소식을 듣고 남쪽 바위산으로 피해 마온 광야에서 야영했다. 그가 어디 있는지 전해 들은 사울은 그를 쫓아 마온 광야로 왔다. 사울은 산 이편에 있고, 다윗과 그의 부하들은 산 저편에 있었다. 사울과 그의 부하들이 포위망을 좁히며 다가오자, 다윗과 그의 부하들은 후퇴하여 달아났다. 그런데 그때 전령이 사울에게 와서 말했다. "서둘러 돌아가셔야겠습니다! 블레셋 사람이 공격을 개시했습니다!" 28-29 사울은 다윗 쫓는 일을 중단하고 블레셋 사람과 싸우기 위해 돌아갔다. 그렇게 해서 그곳의 이름을 '구사일생'이라고 부르게 되었다. 다윗은 그곳을 떠나 엔게디 굴과 협곡에서 머물렀다.

다윗이 사울을 살려 주다

24 1-4 블레셋 사람과 싸우다 돌아온 사울은 "다윗이 지금 엔게디 광야에 있다"는 보고를 들었다. 사울은 온 이스라엘에서 선발한 최정예군으로 세 개 부대를 꾸려, 들염소 바위 지역으로 다윗과 그의 부하들을 찾아 떠났다. 가다가 길가에 있는 양 우리에 이르렀는데, 마침 그곳에 굴이 있어 사울이 들어가 용변을 보았다. 다윗과 그의 부하들은 그 굴 안쪽 깊숙한 곳에 숨어 있었다. 다윗의 부하들이 낮은 목소리로 다윗에게 말했다. "믿어지십니까? '내가 네 원수를 네 손에 넘겨주겠다. 무엇이든 네 마음대로 행하여라' 하신 **하나님**의 말씀이 바로 오늘을 두고 하신 말씀입니다." 다윗은 소리 없이 기어가, 사울의 겉옷자락을 몰래 베었다.

5-7 그는 곧 죄책감이 들어 부하들에게 말했다. "내가 **하나님**의 기름부음 받은 내 주인에게 이 일을 한 것과, 손가락 하나라도 들어 그를 치는 것은 **하나님**께서 금하시는 일이다. 그는 **하나님**의 기름부음 받은 자다!" 다윗은 이런 말로 자기 부하들이 사울에게 덤벼들지 못하게 막았다. 사울은 일어나 굴에서 나가, 가던 길을 계속해서 갔다.

8-13 잠시 후에 다윗이 굴 입구에 서서 사울을 불렀다. "내 주인인 왕이시여!" 사울이 뒤돌아보았다. 다윗은 무릎을 꿇고 공손히 절했다. 그리고 큰소리로 말했다. "왕께서는 어째서 '다윗이 왕을 해치려 한다'는 사람들의 말을 들으

십니까? 오늘 **하나님**께서 왕을 내 손에 넘겨주셨음을, 지금 왕의 눈으로 보고 계십니다. 부하들은 내가 왕을 죽이기를 바랐으나, 나는 그렇게 하지 않았습니다. 나는 그들에게, **하나님**의 기름부음을 받은 내 주인을 내 손으로 치지 않겠다고 말했습니다. 내 아버지여, 이것을 보십시오. 내가 베어 낸 왕의 옷자락입니다. 나는 왕을 베어 죽일 수도 있었지만, 그렇게 하지 않았습니다. 여기 증거를 보십시오! 나는 왕을 대적하지 않습니다. 나는 반역자도 아닙니다. 지금까지 한 번도 왕께 죄를 지은 적이 없습니다. 그런데도 왕께서는 나를 죽이려고 쫓아다니십니다. 우리 중에 누가 옳은지 판단해 보십시오. **하나님**께서 내 원수를 갚아 주실지라도, 그것은 그분의 일이지 나의 계획이 아닙니다. 옛말에 '악한 자에게서 악한 행동이 나온다'고 했습니다. 내 손으로 절대 왕을 해치지 않을 테니 안심하십시오.

14-15 이스라엘의 왕이 도대체 무엇을 하고 계신 것입니까? 누구를 쫓고 계십니까? 죽은 개요 벼룩 아닙니까? **하나님**께서 우리의 재판장이십니다. 누가 옳은지 그분께서 판단하실 것입니다. 그분께서 지금 굽어보시고 당장 판단해 주시면 좋겠습니다. 그래서 나를 왕에게서 해방시켜 주시면 좋겠습니다!"

16-21 다윗이 말을 마치자, 사울은 "이것이 정녕 내 아들 다윗의 목소리냐?" 하면서 눈물을 흘리며 크게 울었다. 그리고 말을 이었다. "너는 옳은데, 나는 그렇지 않구나. 너는 내게 많은 선을 베풀었는데, 나는 네게 악을 쏟아부었다. 이번에도 너는 나를 너그러이 대했다. **하나님**께서 나를 네 손에 넘겨주셨는데도 나를 죽이지 않았다. 왜 그랬겠느냐? 제 원수를 만난 사람이 그를 축복하며 그냥 보내겠느냐? **하나님**께서 네가 오늘 내게 한 일을 보시고 네게 복에 복을 더하시기를 빈다! 네가 왕이 되어 다스릴 것을 이제 나는 의심치 않는다. 이스라엘 나라는 이미 네 손안에 있다! 이제 너는 내 집안 사람들을 다 죽이거나 명부에서 내 이름을 없애지 않겠다고 **하나님**의 이름으로 약속해 다오."

22 다윗이 사울에게 약속했다. 그러자 사울은 집으로 돌아갔고, 다윗과 그의 부하들은 광야에 있는 그들의 피난처로 올라갔다.

25

¹ 사무엘이 죽었다. 온 백성이 장례식에 와서 그의 죽음을 슬퍼했다. 그는 고향 라마에 묻혔다. 한편, 다윗은 다시 이동하여 이번에는 마온 광야로 갔다.

다윗과 아비가일

2-3 마온에 어떤 사람이 있었는데, 그는 갈멜 땅에서 자기 일을 하고 있었다. 그는 아주 부자여서 그에게 양이 삼천 마리, 염소가 천 마리가 있었다. 마침 갈멜에 양털을 깎는 철이 돌아왔다. 그는 갈렙 사람으로, 이름은 나발(바보)이고 아내의 이름은 아비가일이었다. 여인은 똑똑하고 아름다웠으나 남편은 잔인하고 야비했다.

4-8 변경에 있던 다윗은, 나발이 양털을 깎는다는 말을 듣고 젊은이 열 명을 보내며 지시했다. "갈멜로 가서 나발을 찾아가거라. 내 이름으로 그에게 이렇게 문안하여라. '평안을 빕니다! 당신에게 생명과 평안이 있기를 바랍니다. 당신의 집안에도 평안, 이곳에 있는 모든 이에게도 평안이 임하길 빕니다! 양털을 깎는 철이라고 들었습니다. 드리고 싶은 말씀은 이것입니다. 당신의 목자들이 우리 근처에서 야영할 때 우리는 그들을 해치지 않았습니다. 우리와 함께 갈멜에 있는 동안에도 그들은 잃은 것이 없습니다. 당신의 젊은 목자들에게 물어보면, 그들이 말해 줄 것입니다. 나는 당신이 내 부하들에게 아량을 베풀어 잔치 음식을 좀 나누어 주었으면 합니다! 무엇이든 내키는 대로 당신의 종들과 당신의 아들인 나 다윗에게 베풀어 주십시오.'"

9-11 다윗의 젊은이들이 나발에게 가서 그의 메시지를 그대로 전했다. 나발은 그들에게 호통을 쳤다. "다윗이 누구냐? 도대체 이새의 아들이란 자가 누구냐? 요즘 이 땅에는 도망친 종들이 수두룩하다. 내가 한 번도 본 적 없는 자들에게 좋은 빵과 포도주와 양털 깎는 자들에게 주려고 잡은 신선한 고기를 줄 것 같으냐? 어디서 굴러 왔는지도 모르는 자들에게 말이냐?"

12-13 다윗의 부하들이 거기서 나와 다윗에게 돌아가서 나발의 말을 전했다. 다윗이 "너희 모두 칼을 차라!" 하고 명령하니, 그들 모두가 칼을 찼다. 다윗과 그의 부하 사백 명이 길을 떠났고, 이백 명은 뒤에 남아 진을 지켰다.

14-17 그 사이, 젊은 목자들 가운데 한 명이 나발의 아내 아비가일에게 그 일을 알렸다. "다윗이 변방에서 전령들을 보내 주인께 예를 표했으나 주인님은 호통을 치며 그들을 모욕했습니다. 하지만 그들은 우리를 아주 잘 대해 주었습니다. 우리가 들판에 있는 동안 우리 소유를 하나도 빼앗지 않았고 우리를 해치지도 않았습니다. 우리가 밖에서 양을 치는 동안에는 우리 주위에서 밤낮으로 지켜 주었습니다. 주인님과 우리 모두 이제 곧 큰 피해를 입게 되었으니 서둘러 방법을 찾으십시오. 주인께는 아무 말도 할 수 없습니다. 그분은 꽉 막힌 데다 정말 잔인하기까지 합니다!"

18-19 아비가일은 서둘러 행동을 취했다. 그녀는 빵 이백 덩이, 포도주 두 가죽부대, 요리할 수 있게 다듬어 준비한 양 다섯 마리, 볶은 곡식 35리터, 건포도 백 뭉치, 무화과 이백 뭉치를 가져다가 모두 나귀에 실었다. 그리고 젊은 종들에게 말했다. "먼저 가서 길을 터놓아라. 내가 곧 뒤따라가겠다." 그러나 남편 나발에게는 알리지 않았다.

20-22 아비가일이 나귀를 타고 골짜기로 내려가고 있는데, 마침 다윗과 그의 부하들이 맞은편에서 내려오고 있었다. 그들은 그 길에서 마주쳤다. 다윗이 막 이렇게 말하고 난 뒤였다. "광야에서 그 자의 모든 소유를 지켜 주어 재산을 하나도 잃지 않게 한 것이 모두 헛된 일이었다. 결국 그가 내게 모욕으로 갚지 않는가. 모욕도 이런 모욕이 없다! 내가 내일 아침까지 나발과 그의 못된 무리 가운데 한 사람이라도 살려 둔다면, 하나님께 어떤 벌이라도 받겠다!"

23-25 아비가일은 다윗을 보자마자, 나귀에서 내려 그의 발 앞에 무릎을 꿇고 얼굴을 땅에 대고 엎드려 경의를 표했다. "내 주인이시여, 모두가 제 잘못입니다! 제가 말씀드리는 것을 허락해 주시고, 제 말에 귀를 기울여 주십시오. 그 잔인한 사람 나발이 한 일에 마음 쓰지 마십시오. 그는 자기 이름처럼 행동하는 사람입니다. 나발은 바보라는 뜻입니다. 그에게서는 미련함이 흘러나옵니다.

25-27 주인께서 보내신 젊은이들이 왔을 때, 제가 그 자리에 없어 그들을 보지 못했습니다. 주인이시여, 하나님께서 살아 계심과 당신이 살아 계심을 두고 맹세합니다. 이제 하나님께서 보복 살인을 하지 못하도록 당신을 막으신 것

입니다. 당신의 원수들, 곧 내 주인님을 해치려는 모든 자는 나발처럼 되기를 원합니다! 이제 당신의 여종이 주인께 가져온 선물을 받으시고, 주인님의 뒤를 따르는 젊은이들에게 나누어 주십시오.

28-29 저의 무례함을 용서하십시오! 하지만 **하나님**께서는 내 주인님 안에서 일하시고, 견고하고 확실한 통치를 세우고 계십니다. 내 주인님은 **하나님**의 싸움을 싸우고 계십니다! 주인께서 사시는 날 동안에는 어떤 악도 주인께 달라붙지 못할 것입니다.

누가 당신의 길을 막고
당신을 그 길에서 밀어내려 한다면,
이것을 아십시오. 하나님이 높이시는 당신의 생명은
하나님이 지키시는 생명 주머니에 꼭 싸여 있다는 것을.
그러나 당신 원수들의 생명은
물매로 돌을 던지듯 내던져질 것입니다.

30-31 **하나님**께서 내 주인께 약속하신 모든 선을 이루시고 주인님을 이스라엘의 통치자로 세우실 때에, 내 주인님의 마음속에는 보복 살인으로 인한 무거운 죄책감은 없을 것입니다. **하나님**께서 내 주인님을 위해 일이 잘되게 하시거든, 저를 기억해 주십시오."

32-34 그러자 다윗이 말했다. "**하나님** 이스라엘의 하나님이여, 찬양받으소서. 하나님께서 그대를 보내어 나를 맞이하게 하셨소! 그대의 분별력에 복이 임하기를 빕니다! 나를 막아 살인하지 못하게 하고, 또 이렇게 앞장서서 나를 찾아와 준 그대를 축복하오. 하마터면 큰일 날 뻔했소! 그대를 해치지 못하게 나를 막으신 **하나님** 이스라엘의 하나님의 살아 계심을 두고 맹세하오. 그대가 이렇게 급히 와서 나를 막지 않았다면, 아침에 나발에게 남은 것은 시체뿐이었을 것이오."

35 다윗은 그녀가 가져온 선물을 받고 말했다. "평안히 집으로 돌아가시오. 그대의 말을 잘 알아들었으니, 그대가 요청한 대로 행할 것이오."

³⁶⁻³⁸ 아비가일이 집에 돌아가서 보니, 나발은 큰 잔치를 베풀고 있었다. 그는 잔뜩 흥이 난 데다가 흠뻑 취해 있었다. 그녀는 날이 밝을 때까지 자기가 한 일을 그에게 일절 말하지 않았다. 아침이 되어 나발이 술이 깨자, 그녀는 그 사이에 있었던 일을 모두 알렸다. 그러자 나발은 곧바로 심장발작을 일으켜 혼수상태에 빠졌고, 열흘 후에 **하나님**께서 그를 죽게 하셨다.

³⁹⁻⁴⁰ 다윗은 나발이 죽었다는 소식을 듣고 말했다. "나발의 모욕 앞에서 내 편이 되어 주시고 나의 악한 행위를 막으셔서, 나발의 악이 그에게 되돌아가게 하신 **하나님**을 찬양합니다."

그 후에 다윗은 아비가일에게 사람을 보내, 그녀를 아내로 삼고 싶다는 뜻을 전했다. 다윗의 부하들이 갈멜로 아비가일을 찾아가서 말했다. "다윗 어른께서 당신을 아내로 삼고자 하여 모셔 오라고 우리를 보냈습니다."

⁴¹ 아비가일은 일어나 얼굴을 땅에 대고 절하며 말했다. "나는 당신의 종이니 당신이 원하는 일이면 무엇이든 기꺼이 하겠습니다. 내 주인님을 따르는 종들의 발이라도 씻기겠습니다!"

⁴² 아비가일은 머뭇거리지 않았다. 그녀는 나귀를 타고 자기를 시중드는 여종 다섯을 데리고 다윗의 부하들과 함께 다윗에게 가서 그의 아내가 되었다.

⁴³⁻⁴⁴ 다윗은 이스르엘의 아히노암과도 결혼했다. 두 여인 모두 다윗의 아내였다. 사울은 다윗의 아내 미갈을 갈림 사람 라이스의 아들 발디(발디엘)에게 시집보냈다.

26 ¹⁻³ 십 사람 몇 명이 기브아로 사울을 찾아와서 말했다. "다윗이 여시몬 맞은편에 있는 하길라 산에 숨어 있는 것을 아십니까?" 사울은 즉시 일어나 최정예 부하 삼천 명을 이끌고, 그 황량한 사막에 있는 다윗을 잡으려고 십 광야로 떠났다. 그는 여시몬 맞은편에 있는 하길라 산길 옆에 진을 쳤다.

³⁻⁵ 아직까지 변경에 머물던 다윗은 사울이 자기를 뒤쫓아 온 것을 알았다. 다윗은 정탐꾼들을 보내어 그가 있는 정확한 위치를 알아냈다. 그 후에 사울이

진을 친 곳으로 가서, 사울과 그의 군사령관인 넬의 아들 아브넬이 머물고 있는 것을 직접 보았다. 사울은 군대에 둘러싸여 진 안에 안전하게 있었다.

⁶ 다윗은 앞장서며 헷 사람 아히멜렉과 스루야의 아들 요압의 동생인 아비새에게 말했다. "누가 나와 함께 사울의 진에 들어가겠소?"

아비새가 낮은 목소리로 말했다. "제가 가겠습니다."

⁷ 다윗과 아비새가 밤중에 적진에 들어가 보니, 사울이 진 한가운데서 몸을 뻗고 누워 잠들어 있었다. 사울의 머리맡에 그의 창이 꽂혀 있고, 아브넬과 군사들은 그의 주위에서 곤히 자고 있었다.

⁸ 아비새가 말했다. "드디어 때가 왔습니다! 하나님께서 장군의 원수를 장군께 넘겨주셨습니다. 제가 저 창으로 그를 찔러 땅에 박겠습니다. 한 번만 내리꽂으면 됩니다. 두 번도 필요 없습니다!"

⁹ 그러나 다윗은 아비새에게 말했다. "그를 해치지 마라! 하나님의 기름부음 받은 자에게 해를 입히고 무사할 사람이 누가 있겠느냐?"

¹⁰⁻¹¹ 다윗이 말을 이었다. "하나님께서 살아 계심을 두고 맹세하는데, 그분이 그를 치시든지, 때가 되어 그가 집에서 죽든지, 아니면 전투에서 전사할 것이다. 그러나 내 손으로 하나님의 기름부음 받은 자를 치는 것은 하나님께서 금하시는 일이다. 그의 머리맡에 있는 창과 물병을 가지고 여기서 나가자."

¹² 다윗은 사울의 머리맡에 있던 창과 물병을 가지고 몰래 빠져나왔다. 보는 사람도, 알아챈 사람도, 잠에서 깬 사람도 없었다! 그 일이 벌어지는 동안 그들은 모두 자고 있었다. 하나님께서 보내신 깊은 잠이 이불처럼 그들을 덮었다.

¹³⁻¹⁴ 다윗이 맞은편 산으로 건너가 멀찍이 산꼭대기에 섰다. 안전거리를 두고서 그는 건너편의 군대와 넬의 아들 아브넬에게 외쳤다. "아브넬아! 내가 얼마나 기다려야 네가 깨어 내게 대답하겠느냐?"

아브넬이 말했다. "너는 누구냐?"

¹⁵⁻¹⁶ "너는 그곳의 책임자가 아니냐?" 다윗이 말했다. "어찌하여 네 본분을 다하지 않고 있느냐? 군사 하나가 네 주인인 왕을 죽이러 갔는데도, 어찌하여 네 주인인 왕을 지키는 보초가 없었느냐? 무엄하다! 하나님께서 살아 계심을 두고 맹세하는데, 너와 경호대는 목숨을 잃어 마땅하다. 나에게 있는

것을 보아라. 왕의 머리맡에 있던 왕의 창과 물병이다!"

17-20 사울이 다윗의 목소리를 알아듣고 말했다. "내 아들 다윗아, 이것이 네 목소리냐?"

다윗이 말했다. "내 주인인 왕이시여, 그렇습니다. 왕께서는 어찌하여 내 목숨을 노리고 쫓으십니까? 내가 무슨 잘못을 했습니까? 무슨 죄를 저질렀습니까? 내 주인인 왕이시여, 왕의 종이 드리는 말에 귀를 기울여 주십시오. 만일 하나님께서 왕의 마음을 움직여 나를 치게 하셨다면, 나는 기쁘게 내 목숨을 제물로 바칠 것입니다. 그러나 인간이 벌인 일이라면, 그들은 하나님 앞에서 쫓겨날 것입니다! 그들은 하나님께서 유산으로 주신 땅 가운데 내가 받을 정당한 자리에서 나를 쫓아내면서 '여기서 나가라! 가서 다른 신하고 잘해 보아라!' 하고 비웃어 댔습니다. 하지만 왕께서는 나를 그렇게 쉽게 없애지 못할 것입니다. 왕께서는 내가 살아 있을 때든 죽은 다음에든, 하나님과 나 사이를 갈라놓지 못할 것입니다. 말도 안되는 일입니다! 이스라엘의 왕이 벼룩 한 마리에 집착하시다니요! 메추라기에 지나지 않는 나를 잡기 위해 이렇게 산에까지 쫓아오시다니요!"

21 사울이 고백했다. "내가 죄를 지었구나! 내 사랑하는 아들 다윗아, 돌아오거라! 다시는 너를 해치지 않겠다. 오늘 너는 나를 귀히 여겨 내 목숨을 지켜 주었다. 내가 어리석었다. 바보처럼 못나게 굴었구나."

22-24 다윗이 대답했다. "여기, 내가 무엇을 가지고 있는지 보이십니까? 왕의 창입니다. 왕의 신하들 가운데 한 사람을 보내어 가져가게 하십시오. 정의와 신의에 따라 우리 각 사람에 대한 처분을 내리실 분은 하나님이십니다. 오늘 하나님께서 왕의 목숨을 내 손에 넘기셨지만, 나는 하나님의 기름부음 받은 자를 내 손으로 칠 생각이 없었습니다. 오늘 내가 왕의 목숨을 귀하게 여겼 듯이 하나님께서 내 목숨을 귀하게 여기셔서, 모든 어려움에서 나를 건져 주시기를 바랍니다."

25 사울이 다윗에게 말했다. "사랑하는 아들 다윗아, 너를 축복한다! 네가 해야 할 일을 하거라! 참으로 네가 하는 모든 일에서 성공하기를 빈다!"

그 후에 다윗은 자기 길로 가고, 사울은 왕궁으로 돌아갔다.

27 ¹ 다윗은 속으로 생각했다. "조만간에 사울이 나를 잡으러 올 것 이다. 내가 할 수 있는 최선은 블레셋 땅으로 피하는 것이다. 그 러면 사울은 가망 없다고 생각하며 이스라엘 구석구석에서 나를 쫓는 일을 포기할 것이다. 그렇게 해야 그의 손아귀에서 아주 벗어나게 될 것이다."

²⁻⁴ 다윗은 부하 육백 명과 함께 가드 왕 마옥의 아들 아기스에게로 내려갔 다. 그들은 가드로 이주하여 아기스와 함께 그곳에 정착했다. 각자 자기 가 족을 데리고 갔다. 다윗도 두 아내 이스르엘 사람 아히노암과 나발의 아내였 던 갈멜 사람 아비가일을 데리고 갔다. 사울은 다윗이 가드로 도망했다는 말 을 듣고 추적을 멈추었다.

⁵ 그 후에 다윗이 아기스에게 말했다. "왕께서 괜찮으시다면, 지방의 마을들 가운데 하나를 내게 주십시오. 왕의 종에 불과한 내가 왕이 계신 성읍에 자 리를 차지하고 있는 것이 옳지 않은 듯합니다."

⁶⁻⁷ 그러자 아기스는 그에게 시글락을 주었다. (그렇게 해서 시글락은 지금처럼 유다의 성읍이 되었다). 다윗은 일 년 넉 달 동안 블레셋 땅에서 살았다.

⁸⁻⁹ 다윗과 그의 부하들은 이따금씩 그술 사람, 기르스 사람, 아말렉 사람을 습격했는데, 이들은 오래전부터 수르에서 이집트에 이르는 지역에 거주하고 있었다. 다윗은 한 지역을 공격할 때 남녀 할 것 없이 아무도 살려 두지 않았 으나, 양과 소, 나귀, 낙타, 옷 등 나머지 것은 모두 전리품으로 취했다. 그러 고 나서 그가 아기스에게 돌아오면,

¹⁰⁻¹¹ 아기스는 "오늘은 어디를 습격했소?" 하고 묻곤 했다. 그러면 다윗은 "유다 땅 네겝입니다"라든지 "여라무엘 사람의 네겝입니다", "겐 사람의 네겝입니다" 하고 대답했다. 행여 누구라도 가드에 나타나 다윗 이 실제로 무슨 일을 했는지 보고할까 싶어, 그는 단 한 사람도 살려 두지 않 았다. 블레셋 땅에 사는 동안 다윗은 늘 그런 식으로 일을 처리했다.

¹² 아기스는 다윗을 온전히 신임하게 되었다. 아기스는 "그가 이토록 자기 백 성에게 미움받을 행동을 했으니 영원히 내 진에 머물 것이다" 하고 생각했다.

28

¹ 그 즈음에 블레셋 사람이 이스라엘과 싸우려고 군대를 소집했다. 아기스가 다윗에게 말했다. "알고 계시오. 그대와 그대의 부하들도 나의 군대와 함께 진격할 것이오."

² 그러자 다윗이 말했다. "좋습니다! 이제 내가 무엇을 할 수 있는지 직접 보시게 될 것입니다."

"잘됐소!" 아기스가 말했다. "내가 그대를 평생 내 경호원으로 삼겠소."

사울의 기도에 응답하지 않으신 하나님

³ 사무엘이 이미 죽어서, 온 이스라엘이 그의 죽음을 슬퍼하며 그를 고향 라마에 묻은 뒤였다. 사울은 혼백을 불러내는 자들을 오래전에 깨끗이 없애 버렸다.

⁴⁻⁵ 블레셋 사람이 군대를 소집하여 수넴에 진을 쳤다. 사울은 온 이스라엘을 모아 길보아에 진을 쳤다. 그러나 블레셋 군대를 본 사울은 몹시 두려워 떨었다.

⁶ 사울이 **하나님**께 기도했지만, **하나님**은 꿈이나 표징이나 예언자로도 응답하지 않으셨다.

⁷ 그래서 사울은 신하들에게 지시했다. "내가 조언을 구할 수 있도록 혼백을 불러낼 줄 아는 사람을 찾아내라."

신하들이 말했다. "엔돌에 무당이 한 사람 있습니다."

⁸ 사울은 다른 옷을 입고 변장한 다음, 신하 둘을 데리고 야음을 틈타 그 여인에게 가서 말했다. "나를 위해 혼백에게 조언을 구해 주시오. 내가 이름을 대는 사람을 불러내 주시오."

⁹ 여인이 말했다. "그만하십시오! 사울 왕이 이 땅에서 무당들을 깨끗이 없애 버린 것을 당신도 알지 않습니까. 그런데 어째서 나를 함정에 빠뜨려 목숨을 잃게 하려 하십니까?"

¹⁰ 사울이 엄숙하게 대답했다. "**하나님**께서 살아 계심을 두고 맹세하는데, 이 일로 그대가 피해를 입는 일은 없을 것이오."

¹¹ 여인이 말했다. "그럼 내가 누구를 불러내리이까?"

"사무엘이오. 사무엘을 불러 주시오."

¹² 사무엘이 보이자 여인이 큰소리로 사울에게 외쳤다. "왜 나를 속이셨습니까? 당신은 사울 왕이 아니십니까!"

¹³ 왕이 여인에게 말했다. "두려워할 것 없다. 네게 무엇이 보이느냐?"

"땅속에서 한 혼백이 올라오는 것이 보입니다."

¹⁴ "그가 어떻게 생겼느냐?" 사울이 물었다.

"제사장 같은 옷차림을 한 노인입니다."

사울은 그가 사무엘임을 알았다. 그는 엎드려 땅에 얼굴을 대고 절했다.

¹⁵ 사무엘이 사울에게 말했다. "어찌하여 나를 불러내 번거롭게 합니까?"

사울이 말했다. "내가 심각한 곤경에 빠져서 그렇습니다. 블레셋 사람이 쳐들어오고 있는데 하나님께서 나를 버리셨습니다. 그분은 더 이상 예언자로도 꿈으로도 내게 응답하지 않으십니다. 그래서 내가 어찌해야 할지 알려 달라고 당신을 불러낸 것입니다."

¹⁶⁻¹⁹ 사무엘이 말했다. "왜 나에게 묻습니까? **하나님**께서 이미 당신에게 등을 돌리셔서 당신 이웃의 편이 되셨습니다. **하나님**께서는 나를 통해 당신에게 말씀하신 대로 행하셨습니다. 당신 손에서 나라를 찢어내 당신의 이웃에게 주셨습니다. **하나님**께서 오늘 이 일을 하신 이유는, 당신이 아말렉에서 **하나님**께 불순종하여 그분의 맹렬한 심판을 실행하지 않았기 때문입니다. **하나님**께서는 이스라엘마저도 당신과 함께 블레셋 사람의 손에 넘겨주실 것입니다. 내일 당신과 당신의 아들들은 나와 함께 있을 것입니다. 참으로 **하나님**께서 이스라엘 군대를 블레셋 사람의 손에 넘겨주실 것입니다."

²⁰⁻²² 사울은 사무엘의 말이 너무도 두려워, 나무가 넘어지듯 바닥으로 쓰러졌다. 그는 그날 하루 종일 아무것도 먹지 못해 기운이 하나도 없었다. 여인은 그가 심한 충격을 받은 것을 알고 이렇게 말했다. "제 말을 들으십시오. 저는 제 목숨을 내놓으면서까지 왕께서 요구하신 대로 했고 왕의 지시에 충실히 따랐습니다. 이제 왕께서 제 말대로 해주실 차례입니다. 제가 음식을 좀 드릴 테니 드십시오. 기운을 차려야 길을 떠나실 수 있습니다."

²³⁻²⁵ 사울은 "아무것도 먹지 않겠다"며 거절했다.

그러나 신하들과 여인이 간곡히 권하자, 그들의 간청에 못 이겨 바닥에서 일어나 침상에 앉았다. 여인은 재빨리 움직였다. 그녀는 집에서 키운 송아지를 잡고 밀가루를 가져다 반죽하여 누룩을 넣지 않은 빵을 구웠다. 그러고는 그 모든 음식을 사울과 그의 신하들에게 대접했다. 그들은 충분히 먹고 나서 식탁에서 일어나 그날 밤에 길을 떠났다.

29 ¹⁻² 블레셋 사람은 모든 군대를 아벡에 집결시켰다. 이스라엘은 이미 이스르엘에 있는 샘에 진을 치고 있었다. 블레셋의 장군은 연대와 사단 단위로 진군했고, 다윗과 그의 부하들은 아기스와 함께 맨 뒤에서 따라갔다.

³ 블레셋의 지휘관들이 말했다. "이 히브리 사람들이 무엇 때문에 이곳에 와 있는 겁니까?"

아기스가 지휘관들에게 대답했다. "한때 이스라엘 왕 사울의 신하였던 다윗을 모르시오? 그는 오랫동안 나와 함께 지냈소. 나는 그가 사울에게서 망명한 날부터 지금까지, 수상쩍거나 못마땅한 점을 하나도 보지 못했소."

⁴⁻⁵ 블레셋의 지휘관들은 아기스에게 화를 내며 말했다. "이 사람을 돌려보내십시오. 가서 제 일이나 충실히 보게 하십시오. 그는 우리와 함께 전쟁에 나가지 못합니다. 전투중에 저쪽 편으로 돌아설 겁니다! 다시 돌아가서 제 주인의 마음을 얻기에 우리의 등을 찌르는 것보다 더 좋은 기회가 어디 있겠습니까! 이 사람은 히브리 사람들이 잔치 자리에서 이렇게 노래하며 칭송하는 그 다윗이 아닙니까?

사울은 수천 명을 죽이고
다윗은 수만 명을 죽인다!"

⁶⁻⁷ 할 수 없이 아기스는 다윗에게 사람을 보내어 이렇게 말했다. "**하나님**께서 살아 계심을 두고 맹세하는데, 그대는 지금까지 믿음직한 협력자였소. 나와 함께 일하면서 모든 면에서 탁월했고 그대가 처신한 방식도 나무랄 데가

없었소. 그러나 장군들은 그렇게 보지 않는구려. 그러니 그대는 이제 평안히 떠나는 것이 좋겠소. 블레셋 장군들의 심기를 건드려서 좋을 게 없소."

⁸ "내가 무엇을 잘못했는지요?" 다윗이 말했다. "내가 왕과 동맹한 날부터 지금까지 단 하나라도 불편하게 해드린 일이 있었습니까? 왜 내가 내 주인이신 왕의 적들과 싸울 수 없습니까?"

⁹⁻¹⁰ "내 생각도 같소." 아기스가 말했다. "그대는 좋은 사람이오. 내가 아는 한 그대는 하나님의 천사요! 그러나 블레셋 지휘관들은 '그는 우리와 함께 전쟁에 나갈 수 없다'며 강경하게 나오고 있소. 그러니 그대는 함께 온 부하들을 데리고 일찍 떠나시오. 날이 밝는 대로 바로 이동하시오."

¹¹ 다윗과 그의 부하들은 일찍 일어나, 동틀 무렵에 블레셋 땅으로 돌아갔다. 블레셋 사람은 이스르엘로 계속 진군했다.

다윗의 힘은 하나님께 있었다

30 ¹⁻³ 사흘 후, 다윗과 그의 부하들이 시글락으로 돌아왔을 때에는, 아말렉 사람이 이미 네겝과 시글락을 친 뒤였다. 그들은 시글락을 쑥대밭으로 만들어 놓고 불살랐다. 또한 나이와 상관없이 모든 여자를 잡아서 소 떼처럼 끌고 갔다. 다윗과 그의 부하들이 마을에 들어섰을 때는 이미 온 마을이 잿더미가 되었고, 그들의 아내와 자녀들이 모두 포로로 잡혀간 뒤였다.

⁴⁻⁶ 다윗과 그의 부하들은 큰소리로 울부짖었다. 기진맥진할 때까지 울고 또 울었다. 다윗의 두 아내 이스르엘 사람 아히노암과 나발의 아내였던 갈멜 사람 아비가일도 다른 사람들과 함께 포로로 잡혀갔다. 그러나 다윗의 곤경은 그것으로 끝나지 않았다. 가족을 잃고 원통한 나머지, 다윗을 돌로 치자는 말이 사람들 사이에서 나왔던 것이다.

⁶⁻⁷ 다윗은 자기가 믿는 **하나님**을 의지하여 힘을 냈다. 그는 아히멜렉의 아들인 제사장 아비아달에게 명령했다. "에봇을 내게 가져오시오. 하나님께 여쭈어 보겠습니다." 아비아달은 에봇을 가져와 다윗에게 주었다.

⁸ 다윗이 **하나님**께 기도했다. "제가 이 침략자들을 쫓아가야 하겠습니까? 제

가 그들을 따라잡을 수 있겠습니까?"

하나님께서 응답해 주셨다. "그들을 쫓아가거라! 네가 그들을 따라잡을 것이다! 참으로 네가 모두를 구해 낼 것이다!"

9-10 다윗은 부하 육백 명을 데리고 갔다. 그들이 브솔 시내에 도착했는데, 거기서 일부 낙오자가 생겼다. 다윗과 부하 사백 명은 계속 추격했지만, 이백 명은 너무 지쳐서 브솔 시내를 건너지 못하고 그곳에 남았다.

11-12 계속 추격해 간 이들이 들판에서 우연히 한 이집트 사람을 만나 다윗에게 데려왔다. 그들이 빵을 주자 그가 먹고 물도 마셨다. 그들은 그에게 무화과빵 한 조각과 건포도빵 두 덩이를 주었다. 그는 사흘 밤낮을 아무것도 먹지도 마시지도 못했는데, 그제야 서서히 생기를 되찾았다!

13-14 다윗이 그에게 말했다. "너는 누구에게 속한 자냐? 어디서 왔느냐?"

"저는 이집트 사람으로, 아말렉 사람의 종입니다." 그가 말했다. "사흘 전에 제가 병이 들자, 주인이 저를 버리고 가 버렸습니다. 우리는 그렛 사람의 네겝과 유다의 네겝과 갈렙의 네겝을 침략했습니다. 그리고 시글락을 불태웠습니다."

15 다윗이 그에게 물었다. "네가 우리를 침략자들에게 데려다 줄 수 있겠느냐?"

그가 말했다. "저를 죽이거나 옛 주인에게 넘기지 않겠다고 하나님의 이름으로 약속해 주십시오. 그러면 제가 당신을 침략자들이 있는 곳으로 곧장 안내하겠습니다."

16 그는 다윗을 인도하여 아말렉 사람에게 갔다. 그들은 사방에 흩어져서 먹고 마시며, 블레셋과 유다에서 약탈한 온갖 전리품을 즐기고 있었다.

17-20 다윗이 그들을 덮쳐 동트기 전부터 그 이튿날 저녁까지 싸우니, 그들 가운데 낙타를 타고 도주한 젊은 사람 사백 명을 빼고는 아무도 살아남지 못했다. 다윗은 아말렉 사람에게 빼앗겼던 모든 것을 되찾았고, 두 아내도 구해냈다! 젊은 사람이나 늙은 사람, 아들과 딸, 약탈품을 통틀어 잃어버린 것이 하나도 없었다. 다윗은 모두 다 되찾았다. 그가 양 떼와 소 떼를 앞세우고 진군하자, 모두가 "다윗의 전리품이다!" 하고 소리쳤다.

21 얼마 후 다윗은, 너무 지쳐 자기를 따르지 못하고 낙오했던 이백 명이 있

는 브솔 시내에 이르렀다. 그들이 나와서 다윗과 그의 무리를 환영했고, 다윗은 그들 가까이 다가가 "성공이다!" 하고 외쳤다.

²² 그런데 다윗과 함께 출전했던 사람들 가운데 비열한 무리가 다윗을 제지하고 나섰다. "저들은 구출 작전에 기여한 게 없으니, 우리가 되찾은 전리품을 나눌 수 없소. 아내와 자녀들을 데려가는 것으로 끝이오. 처자식이나 데려가게 하시오!"

²³⁻²⁵ 그러자 다윗이 그 언쟁을 중지시키면서 말했다. "형제 여러분, 가족끼리 이러는 법은 없습니다! **하나님**께서 우리에게 주신 것을 가지고 이렇게 처신해서는 안됩니다! 하나님께서는 우리를 안전하게 지켜 주셨고 우리를 공격했던 침략자들을 우리 손에 넘겨주셨습니다. 그러니 말도 안되는 소리 따위는 집어치웁시다. 남아서 보급품을 지킨 자나 나가서 싸운 자나 몫은 똑같습니다. 똑같이 나눌 것입니다. 나누되 똑같이 나누십시오!" 그날 이후로 다윗은 그것을 이스라엘의 규정으로 삼았고, 오늘까지 그대로 지켜지고 있다.

²⁶⁻³¹ 시글락에 돌아온 다윗은 전리품의 일부를 이웃인 유다 장로들에게 보내면서 이런 전갈도 함께 보냈다. "**하나님**의 원수들에게서 빼앗은 전리품 중 일부를 선물로 보냅니다!" 그는 그것을 베델, 라못네겝, 얏딜, 아로엘, 십못, 에스드모아, 라갈, 여라므엘 사람의 성읍들과 겐 사람의 성읍들과 호르마, 보라산, 아닥, 헤브론 등지의 장로들에게 보냈고, 부하들과 함께 드나들던 다른 많은 지역에도 보냈다.

사울과 요나단이 전사하다

31 ¹⁻² 블레셋 사람이 이스라엘과 전쟁을 벌였다. 이스라엘 사람들이 전면 후퇴하다가, 길보아 산에서 부상을 입고 여기저기 쓰러졌다. 블레셋 사람은 사울과 그의 아들들을 추격하여, 요나단과 그의 형제 아비나답과 말기수아를 죽였다.

³⁻⁴ 사울 주변에서 싸움이 맹렬했다. 활 쏘는 자들이 바짝 따라붙어 그에게 중상을 입혔다. 사울은 자신의 무기를 드는 자에게 말했다. "네 칼을 뽑아서

나를 죽여라. 저 이교도들이 와서 나를 죽이며 조롱하지 못하게 하여라."

⁴⁻⁶ 그러나 사울의 무기를 드는 자는 몹시 두려운 나머지 찌르려고 하지 않았다. 그러자 사울은 직접 칼을 뽑아 그 위로 엎어졌다. 사울이 죽은 것을 보고는 무기를 드는 자도 자기 칼 위에 엎어져 함께 죽었다. 이렇게 사울과 그의 세 아들과 그의 무기를 드는 자, 그와 가장 가까웠던 자들이 그날 함께 죽었다.

⁷ 맞은편 골짜기와 요단 강 건너편에 있던 이스라엘 사람은, 아군이 후퇴하는 것과 사울과 그의 아들들이 죽은 것을 보고 성읍들을 떠나 필사적으로 도망쳤다. 블레셋 사람이 들어와 그곳들을 차지했다.

⁸⁻¹⁰ 이튿날, 블레셋 사람이 죽은 자들을 약탈하러 왔다가 길보아 산에 쓰러져 있는 사울과 그의 세 아들의 시신을 보았다. 그들은 사울의 머리를 베고 갑옷을 벗겼다. 그리고 우상들의 산당을 포함한 온 블레셋 땅에 그 기쁜 소식을 전했다. 그들은 사울의 갑옷을 아스다롯 산당에 전시하고 그의 주검은 벳산 성벽에 못 박았다.

¹¹⁻¹³ 야베스 길르앗 사람들은 블레셋 사람이 사울에게 한 일을 전해 들었다. 용사들이 바로 나서서, 밤새도록 달려 벳산 성벽에서 사울과 그의 세 아들의 주검을 거두고 야베스로 가져와 화장했다. 그리고 야베스의 에셀 나무 아래 그 뼈를 묻고 칠 일 동안 금식하며 애도했다.

사무엘하

1

1-2 사울이 죽고 나서 얼마 후에, 다윗은 아말렉 사람을 정벌하고 시글락으로 돌아왔다. 사흘 후에 사울의 진에서 온 어떤 사람이 예고도 없이 나타났다.

2-3 흐트러진 옷차림에 애도중인 것이 분명해 보이는 그는, 다윗 앞에 정중히 무릎을 꿇었다. 다윗이 물었다. "무슨 일로 왔느냐?"

그가 대답했다. "저는 이스라엘 진에서 도망쳐 나오는 길입니다."

4 다윗이 말했다. "그래, 무슨 일이 있었느냐? 어떤 소식을 가지고 왔느냐?"

그가 말했다. "이스라엘 사람들이 죽은 수많은 동료들을 뒤로한 채 전쟁터에서 달아났습니다. 사울 왕과 그의 아들 요나단도 전사했습니다."

5 다윗이 그 젊은 군사에게 자세히 물었다. "사울 왕과 요나단이 전사한 것이 확실하냐? 네가 어떻게 아느냐?"

6-8 "제가 길보아 산을 지나다가 우연히 사울 왕과 마주쳤습니다. 그는 중상을 입은 채 자기 창에 기대어 있었는데, 적의 전차와 기병들이 바짝 추격해 오고 있었습니다. 그가 뒤돌아보다가 제가 있는 것을 알고는 저를 불렀습니다. '예, 말씀하십시오' 하고 말하자, 그가 저에게 누구인지 묻기에 아말렉 사람이라고 했습니다.

9 그는 '이리 와서 이 고통에서 나를 건져 다오. 내 목숨이 아직 붙어 있지만,

이미 죽은 것이나 다름없다' 하고 말했습니다.

¹⁰ 그래서 저는 그의 부탁대로 했습니다. 그가 오래 살지 못할 것을 알았습니다. 왕의 머리띠와 팔찌를 벗겨서 주인님께 가져왔습니다. 여기 있습니다."

¹¹⁻¹² 다윗은 몹시 슬퍼하며 자기 옷을 잡아 찢었다. 그와 함께 있던 사람들도 모두 그와 같이 했다. 그들은 그날 남은 시간 동안 울고 금식하면서 사울과 그의 아들 요나단이 죽은 것과, 하나님의 군대와 이스라엘 민족이 패전의 희생자가 된 것을 슬퍼했다.

¹³ 그런 다음 다윗은 소식을 가져온 젊은 군사에게 말했다. "도대체 너는 누구냐?"
"저는 이민 집안 출신으로 아말렉 사람입니다."

¹⁴⁻¹⁵ 다윗이 말했다. "네가 감히 하나님의 기름부음 받은 왕을 죽였단 말이냐?" 다윗은 곧바로 자기 군사 가운데 한 사람에게 "그를 쳐죽여라!" 하고 명령했다. 그러자 군사가 그를 쳐죽였다.

¹⁶ 다윗이 그에게 말했다. "너는 죽음을 자청했다. 하나님의 기름부음 받은 왕을 죽였다는 네 말이 곧 사형선고가 되었다."

¹⁷⁻¹⁸ 다윗이 애가를 불러 사울과 그의 아들 요나단을 애도하고, 유다의 모든 사람에게도 그 노래를 외워 부르게 했다. 이 노래는 야살의 책에도 기록되어 있다.

¹⁹⁻²¹ 이스라엘의 영양들이 산에서 죽임당하고
강한 용사들이 쓰러지고 쓰러졌다!
이 일을 가드 성에 알리지 말고
아스글론 거리에도 퍼뜨리지 마라.
천박한 블레셋 여자들에게
술자리의 이야깃거리를 또 하나 던져 주지 마라!
길보아의 산들아, 너희 위로 다시는 이슬과 비가 내리지 않고
샘과 우물에도 물 한 방울 남지 않을 것이다.
거기서 용사들의 방패가 진흙탕에 끌렸고
사울의 방패가 녹슨 채 버려졌으니.

²² 요나단의 활은 대담무쌍하여
큰 적일수록 더욱 무참히 쓰러뜨렸고
사울의 칼은 두려움을 몰라서
한번 칼집을 떠나면 그 무엇도 막을 수 없었다.

²³ 사랑스럽고 아름다운 사울과 요나단이여!
살아서도 함께더니 죽을 때도 함께구나.
그대들은 내려 꽂히는 독수리보다 빠르고
용맹한 사자보다 강했다.

²⁴⁻²⁵ 이스라엘의 여인들아, 사울을 위해 울어라.
그가 너희를 최고의 무명과 비단으로 입혔고
아낌없이 치장해 주었다.
강한 용사들이 싸움의 한복판에서
쓰러지고 쓰러졌다!
요나단이 산에서 죽임을 당했다!

²⁶ 내 사랑하는 형제 요나단이여,
그대의 죽음에 내 마음은 무너져 내리오.
기적과도 같은 그대의 우정은
내가 지금껏 알았던, 앞으로 알게 될
그 무엇보다도 더한 사랑이었소.

²⁷ 강한 용사들이 쓰러지고 쓰러졌다.
무기들이 산산이 부서졌다.

다윗이 유다의 왕이 되다

2 ¹ 이 모든 일이 있고 나서, 다윗이 기도하며 **하나님**께 여쭈었다. "제가 유다의 한 성읍으로 이주해도 되겠습니까?"

하나님께서 말씀하셨다. "그렇다. 이주하여라."

"어느 성읍으로 가야겠습니까?"

"헤브론으로 가거라."

2-3 그래서 다윗은 두 아내 이스르엘 사람 아히노암과 갈멜 사람 나발의 아내였던 아비가일을 데리고 헤브론으로 이주했다. 다윗의 부하들도 자기 가족을 데리고 그와 함께 가서, 헤브론과 그 주변에 자리를 잡았다.

4-7 유다 주민들이 헤브론으로 와서 다윗을 유다 지파의 왕으로 삼았다.

길르앗 야베스 사람들이 사울을 안장해 주었다는 보고가 다윗에게 들어갔다. 다윗은 길르앗 야베스 사람들에게 전령을 보내어 이렇게 전했다. "여러분이 주인인 사울 왕을 높여 장례를 치러 주었으니, **하나님**께서 여러분에게 복 주시기를 빕니다. **하나님**께서 여러분을 높이시고 진실하게 대해 주시기를 빕니다. 나도 그와 같이 하여 여러분의 너그럽고 선한 행위에 보답하겠습니다. 여러분은 뜻을 굳게 하고 마땅히 해야 할 바를 행하십시오. 여러분의 주인인 사울은 죽었고, 유다 주민들은 나를 그들의 왕으로 삼았습니다."

❧

8-11 한편, 사울의 군사령관인 넬의 아들 아브넬이 사울의 아들 이스보셋을 마하나임으로 데리고 가서 그를 길르앗, 아셀, 이스르엘, 에브라임, 베냐민의 왕으로 삼았다. 그를 온 이스라엘의 왕으로 삼은 것이다. 당시 이스보셋은 마흔 살이었다. 그는 고작 이 년 동안 왕위에 있었다. 그러나 유다 백성은 다윗을 지지했고, 다윗은 헤브론에서 칠 년 반 동안 유다 백성을 다스렸다.

12-13 하루는 넬의 아들 아브넬이 사울의 아들 이스보셋의 군사들과 함께 마하나임을 떠나 기브온으로 향했다. 스루야의 아들 요압도 다윗의 군사들과

이동 중이었다. 두 무리가 기브온 연못가에서 만났는데, 아브넬의 무리는 한 편에 있었고 요압의 무리는 맞은편에 있었다.

14 아브넬이 요압에게 싸움을 걸었다. "너희 쪽 최고의 군사들을 내세워 보아라. 실력이나 한번 겨뤄 보자."

요압이 말했다. "좋다! 겨뤄 보자!"

15-16 그들이 싸우려고 늘어섰는데, 사울의 아들 이스보셋 쪽에서는 베냐민 사람 열두 명이 나왔고 다윗 쪽에서는 군사 열두 명이 나왔다. 그들이 각각 상대방의 머리를 잡고 서로 단도로 찌르자, 모두가 쓰러져 한꺼번에 죽었다. 그래서 그곳을 '살육의 벌판'이라 불렀는데, 그곳은 기브온에 있다.

17-19 싸움이 온종일 이어지면서 점점 더 치열해졌다. 아브넬과 이스라엘 사람들이 다윗의 부하들에게 사정없이 패했다. 스루야의 세 아들인 요압과 아비새와 아사헬도 그 자리에 있었다. 드넓은 평원의 영양처럼 빠른 아사헬이 아브넬 뒤에 바짝 붙어 그를 쫓았다.

20 아브넬이 돌아보며 말했다. "아사헬, 너냐?"

"그렇다." 그가 말했다.

21 아브넬이 말했다. "나를 뒤쫓지 마라. 네가 이길 만한 사람을 골라서 그의 전리품으로 만족해라!" 그러나 아사헬은 그만두지 않았다.

22 아브넬이 다시 말했다. "돌아가거라. 계속 쫓아오면 너를 죽일 수밖에 없다. 내가 네 형 요압의 얼굴을 어떻게 보겠느냐?"

23-25 아사헬이 계속 따라오자, 아브넬은 무딘 창 끝으로 그의 배를 찔렀는데, 얼마나 세게 찔렸던지 창이 등을 뚫고 나왔다. 아사헬은 그 자리에서 쓰러져 죽었다. 아사헬이 쓰러져 죽은 곳에 이른 사람마다 멈추어서 멍하니 바라보았다. 아사헬이 죽었다! 그러나 요압과 아비새는 계속해서 아브넬을 추격했다. 해가 질 무렵, 그들은 기브온 변경으로 가는 길가의 기아 맞은편 암마 산에 이르렀다. 베냐민 사람들이 그 산 위 요충지에 자리를 잡고 아브넬과 함께 서 있었다.

26 아브넬이 요압에게 소리쳐 말했다. "우리가 다 망할 때까지 계속해서 서로 죽여야겠느냐? 그렇게 해서 남는 것이 무엇이냐, 참극밖에 더 있겠느냐? 얼

마나 기다려야, 네 부하들에게 형제들을 쫓지 말라고 명령하겠느냐?"

27-28 요압이 말했다. "하나님께서 살아 계심을 두고 맹세하는데, 네가 말하지 않았으면 아침까지 계속 추격했을 것이다!" 그러고서 요압이 숫양 뿔나팔을 불자, 유다의 온 군대가 그 자리에 멈추어 섰다. 그들은 더 이상 이스라엘을 쫓지 않고 싸움을 멈췄다.

29 아브넬과 그의 군사들은 밤새도록 행군하여 아라바 골짜기에 이르렀고, 요단 강을 건너 오전 내내 행군한 끝에 마하나임에 도착했다.

30-32 요압이 아브넬을 쫓다가 돌아와서 부대의 인원을 점검하니, (아사헬을 제외하고도) 다윗의 부하 가운데 열아홉 명이 없었다. 다윗의 부하들이 죽인 아브넬의 부하는 모두 360명이었는데, 죽은 자들은 모두 베냐민 사람이었다. 다윗의 부하들은 아사헬의 주검을 거두어 베들레헴의 가족 묘지에 묻었다. 그런 다음 밤새도록 행군하여 동틀 무렵 헤브론에 도착했다.

3

1 사울의 집안과 다윗의 집안 사이에 전쟁이 끊이지 않았다. 전쟁이 길어질수록 다윗은 점점 강해졌고, 사울의 집안은 점점 약해졌다.

❦

2-5 다윗이 헤브론 시절에 낳은 아들들은 이러하다.
이스르엘 사람 아히노암이 낳은 맏아들 암논
갈멜 사람 나발의 아내였던 아비가일이 낳은 둘째 아들 길르압
그술 왕 달매의 딸 마아가가 낳은 셋째 아들 압살롬
학깃이 낳은 넷째 아들 아도니야
아비달이 낳은 다섯째 아들 스바댜
에글라가 낳은 여섯째 아들 이드르암.
다윗은 이 여섯 아들을 헤브론에서 낳았다.

❦

6-7 아브넬은 사울의 집안과 다윗의 집안 사이에 계속되는 싸움을 이용해 자신의 권력을 키웠다. 사울에게 후궁이 있었는데, 아야의 딸 리스바였다. 하루는 이스보셋이 아브넬에게 따졌다. "그대가 어찌하여 내 아버지의 후궁과 동침하였소?"

8-10 아브넬은 이스보셋에게 화를 냈다. "나를 개 취급하는 겁니까! 내가 왕의 아버지 사울의 집안과 그의 온 가문과 친구들에게 끝까지 충실한 대가가 고작 이겁니까? 다윗에게 잡혀갈 게 뻔한 왕을 내가 직접 구해 줬는데, 왕께서는 내가 한 여자와 잔 것을 문제 삼으시는 겁니까! **하나님**께서 다윗에게 약속하신 일이 이루어지도록 내가 도울 것입니다. 이 나라를 사울의 집안에서 옮겨, 다윗이 단에서 브엘세바까지 이스라엘과 유다 온 땅을 통치하는 자가 되게 만들겠다, 이 말입니다. 그렇지 않으면 하나님께서 내게 어떤 벌이라도 내리시길 바랍니다."

11 이스보셋은 아브넬의 격분이 두려워 더 이상 한 마디도 하지 못했다.

12 아브넬은 곧바로 다윗에게 전령을 보냈다. "저와 협상하시지요. 이스라엘 온 땅이 왕께 넘어가도록 돕겠습니다."

13 다윗이 말했다. "좋소. 협상이 성립되었소. 다만, 한 가지 조건이 있소. 나를 만나러 올 때 사울의 딸 미갈을 데려오시오. 그렇지 않으면 그대는 여기서 환영받지 못할 것이오."

14 이어서 다윗은 사울의 아들 이스보셋에게 전령을 보냈다. "내가 블레셋 사람의 포피 백 개를 주고 아내로 얻은 미갈을 내게 돌려주시오."

15-16 이스보셋은 라이스의 아들 발디엘과 결혼하여 살고 있던 미갈을 데려오도록 명령했다. 발디엘은 계속 울면서 바후림까지 그녀를 따라왔다. 거기서 아브넬이 그에게 "집으로 돌아가라"고 하자, 그가 집으로 돌아갔다.

17-18 아브넬이 이스라엘의 장로들을 모아 놓고 말했다. "어제까지만 해도 여러분은 다윗을 왕으로 삼을 길을 찾고 있었습니다. 그러니 이제 그리하시오! **하나님**께서 이미 '내가 내 종 다윗의 손을 통해 내 백성 이스라엘을 블레셋과 다른 모든 원수의 압제에서 구원할 것이다' 하고 허락하셨습니다."

¹⁹ 아브넬은 베냐민 지파를 따로 불러 그들과 이야기했다. 그러고 나서 다윗과 밀담을 나누기 위해 헤브론으로 갔다. 그는 온 이스라엘이, 특히 베냐민 지파가 계획한 일을 모두 다윗에게 말할 참이었다.

²⁰ 아브넬과 그의 부하 스무 명이 헤브론에서 다윗을 만나니, 다윗은 그들을 위해 연회를 베풀었다.

²¹ 연회 후에 아브넬이 말했다. "저는 준비가 되었습니다. 이제 가서 내 주인이신 왕을 위해 이스라엘의 모든 사람을 모으겠습니다. 그들이 왕과 조약을 맺고, 왕의 뜻대로 다스릴 권한을 왕께 드릴 것입니다." 아브넬은 다윗의 축복을 받으며 헤브론을 떠났다.

²²⁻²³ 잠시 후에, 요압이 이끄는 다윗의 부하들이 현장 임무를 마치고 돌아왔다. 아브넬은 조금 전 다윗의 축복을 받고 떠난 터라, 헤브론에 있지 않았다. 요압과 그의 기습부대는 넬의 아들 아브넬이 다윗과 함께 그곳에 있다가 다윗의 축복을 받고 떠났다는 이야기를 들었다.

²⁴⁻²⁵ 요압은 곧바로 왕에게 갔다. "무슨 일을 하신 것입니까? 아브넬이 나타났는데 그를 무사히 보내 주시다니요? 왕도 넬의 아들 아브넬을 잘 아시지 않습니까. 이것은 친선 방문이 아닙니다. 그 자가 여기 온 목적은 왕을 정탐하여 왕의 출입을 파악하고 왕의 의중을 살피려는 것입니다."

²⁶⁻²⁷ 요압은 그곳에서 나와 행동을 취했다. 그는 전령들을 보내 아브넬을 뒤쫓게 했고, 그들은 시라 우물가에서 그를 따라잡아 다시 헤브론으로 데려왔다. 다윗은 이 일을 전혀 몰랐다. 아브넬이 헤브론에 돌아오자, 요압은 은밀히 할 말이 있다며 그를 성문 한구석으로 데려갔다. 거기서 요압은 자기 동생 아사헬을 죽인 것에 대한 복수로, 아브넬의 배를 찔러 무참히 살해했다.

²⁸⁻³⁰ 나중에 다윗이 그 소식을 듣고 말했다. "넬의 아들 아브넬이 살해된 일에 대해 나와 내 나라는 하나님 앞에서 아무런 죄가 없다. 요압과 그의 온 집안이 이 피흘린 죄의 저주 아래 있게 될 것이다. 그들은 영원히 장애와 병과 폭력과 기근의 피해자가 될 것이다." (요압과 그의 동생 아비새가 아브넬을 살해한 것은, 그가 기브온 전투에서 그들의 동생 아사헬을 죽였기 때문이다.)

31-32 다윗은 요압과 자기 밑에 있는 모든 부하에게 명령했다. "너희의 옷을 잡아 찢고 상복을 입어라! 아브넬의 장례 행렬에 앞장서 가며 큰소리로 슬퍼하여라." 다윗 왕은 관을 따라갔다. 그들은 아브넬을 헤브론에 묻었다. 아브넬의 무덤 곁에서 우는 왕의 소리가 어찌나 크고 구슬프던지, 모든 백성이 따라 울었다.

33-34 다윗 왕은 아브넬을 위해 애가를 불렀다.

　이럴 수 있는가? 아브넬이 이름 없는 부랑아처럼 죽다니?
　그대는 마음대로 다니고 행하는 자유인이었으나
　골목 싸움의 희생물이 되었구나.

그러자 온 백성이 울었고, 울음소리는 점점 더 커졌!

35-37 온 백성이 다윗에게 다가와서, 어두워지기 전에 무언가를 먹도록 권했다. 그러나 다윗은 엄숙히 맹세했다. "해가 지기 전에는 어떤 음식도 먹지 않겠소. 그러니 하나님, 저를 도와주십시오!" 장례식에 참석한 모든 사람이 그 모습을 보고 좋게 여겼다. 백성은 왕이 하는 일이면 무엇이든 박수를 보냈다. 왕이 넬의 아들 아브넬의 죽음과 아무 상관이 없다는 것을, 그날 온 이스라엘을 비롯한 모든 사람이 분명히 알게 되었다.

38-39 왕이 신하들에게 말했다. "그대들도 보았듯이, 오늘 이스라엘의 지도자이자 큰 용사가 더러운 살인의 희생물이 되어 죽었소. 내 비록 기름부음을 받은 왕이지만, 힘이 없어 이 일에 전혀 손을 쓰지 못했소. 이 스루야의 아들들이 나보다 강하오. **하나님**, 범죄한 자에게 그가 행한 대로 갚아 주십시오!"

이스보셋이 살해되다

4 ¹ 아브넬이 헤브론에서 죽었다는 말을 듣고, 사울의 아들 이스보셋은 마음이 무너져 내렸다. 온 나라가 흔들렸다.

2-3 이스보셋에게는 기습부대를 맡은 두 사람의 군지휘관이 있었는데, 한 사람의 이름은 바아나고 다른 사람의 이름은 레갑이었다. 그들은 베냐민 지파

브에롯 사람인 림몬의 아들들이었다. (브에롯 사람은 깃다임으로 도망한 이후로 베냐민 지파에 속했고, 오늘까지 외국인으로 그곳에 살고 있다.)

⁴ 사울의 아들 요나단에게는 두 다리를 저는 아들이 하나 있었다. 사울과 요나단의 사망 소식이 이스르엘에 전해졌을 때, 그는 다섯 살이었다. 유모가 그를 안고 서둘러 도망가다 넘어지는 바람에 다리를 절게 되었다. 그의 이름은 므비보셋이었다.

⁵⁻⁷ 하루는 림몬의 두 아들 바아나와 레갑이 이스보셋의 궁으로 향했다. 그들은 하루 중 가장 더울 때 도착했는데, 그때 이스보셋은 낮잠을 자고 있었다. 그들은 공무가 있는 척 꾸며 궁 안으로 들어갔다. 마침 침실을 지키던 여종은 잠들어 있었다. 레갑과 바아나는 그 옆을 몰래 지나 이스보셋의 방으로 들어갔는데, 그는 침대에서 잠들어 있었다. 그들은 그를 죽인 다음 머리를 베어 전리품으로 들고 나왔다. 그리고 아라바 골짜기 사이로 난 길을 따라 밤새도록 걸어서 이동했다.

⁸ 그들은 헤브론으로 가서 이스보셋의 머리를 다윗에게 바치고 이렇게 말했다. "여기 왕의 원수인 사울의 아들 이스보셋의 머리가 있습니다. 그가 왕을 죽이려고 애썼지만, **하나님**께서 내 주인이신 왕의 원수를 갚아 주셨습니다. 바로 오늘 사울과 그의 자손에게 복수하신 것입니다!"

⁹⁻¹¹ 다윗은 브에롯 사람 림몬의 아들들인 레갑과 바아나 형제에게 대답했다. "지금까지 온갖 역경에서 나를 건져 주신 **하나님**께서 참으로 살아 계심을 두고 맹세한다. 전에 시글락에서 한 전령이 내가 좋아할 것이라 생각하고 '기쁜 소식입니다! 사울이 전사했습니다!'라고 말했을 때 나는 그를 붙들어 그 자리에서 죽였다. 그것이 그가 전한 기쁜 소식의 결과였다! 그리고 지금 너희가 나타났다. 너희는 자기 집에서 자고 있는 죄 없는 사람을 무참히 죽인 악한 자들이다! 내가 살인을 저지른 너희를 이 땅에서 없애지 않을 줄로 생각하느냐!"

¹² 다윗은 군사들에게 명령을 내렸다. 군사들은 두 사람을 죽여 손발을 자르고 그 주검을 헤브론 연못가에 매달았다. 이스보셋의 머리는 거두어 헤브론에 있는 아브넬의 무덤에 묻었다.

다윗이 온 이스라엘의 왕이 되다

5 ¹⁻² 얼마 후 이스라엘 온 지파가 헤브론의 다윗에게 나아와 말했다. "보십시오. 우리는 왕의 혈육입니다! 과거에 사울이 왕이었을 때도, 나라를 실제로 움직인 사람은 왕이셨습니다. 그때 이미 **하나님**께서는 왕에게 '너는 내 백성 이스라엘의 목자가 되고 지도자가 될 것이다' 하고 말씀하셨습니다."

³ 이스라엘의 모든 지도자가 헤브론에서 다윗 왕을 만났고, 다윗은 **하나님** 앞에 나아가 그들과 언약을 맺었다. 이어 그들은 다윗에게 기름을 부어 이스라엘의 왕으로 삼았다.

❧

⁴⁻⁵ 다윗은 서른 살에 왕위에 올라, 사십 년 동안 다스렸다. 헤브론에서 칠 년 반 동안 유다를 다스렸고, 예루살렘에서 삼십삼 년 동안 온 이스라엘과 유다를 다스렸다.

⁶ 다윗과 그의 부하들이 예루살렘으로 곧장 진군하여 그 땅에 살고 있던 여부스 사람을 치려고 하자, 그들이 말했다. "집으로 돌아가거라! 너 따위는 눈먼 자나 다리 저는 자라도 물리칠 수 있겠다. 너는 여기 들어올 수 없다!" 그들은 다윗이 뚫고 들어오지 못할 것이라고 확신했다.

⁷⁻⁸ 그러나 다윗은 앞으로 돌진하여 시온 성채를 점령했다. 그 후로 그곳은 다윗 성으로 알려졌다. 그날 다윗은 "여부스 사람을 이기려면 급수 시설을 공략해야 하고, 다윗이 미워하는 다리 저는 자와 눈먼 자도 반드시 쳐야 한다"고 말했다. (그 일이 얼마나 그의 신경을 거슬렀던지, "다리 저는 자와 눈먼 자는 왕궁에 출입할 수 없다"는 말까지 생겨났다.)

⁹⁻¹⁰ 다윗은 그 요새 성읍에 살면서 그곳 이름을 '다윗 성'이라 하고, 바깥쪽 보루에서부터 안쪽으로 성을 쌓았다. 만군의 **하나님**께서 그와 함께 계셨으므로, 다윗은 더 넓은 품과 더 큰 걸음으로 나아갔다.

¹¹⁻¹² 그 즈음에 두로 왕 히람이 다윗에게 사절단과 함께 백향목 재목을 보냈다. 그는 또 목수와 석공들을 보내어 다윗의 왕궁을 짓게 했다. 다윗은 그 일

을, **하나님**께서 자신을 이스라엘의 왕으로 인정하시고 그분의 백성 이스라엘을 위해 그의 왕권을 세상에 널리 알리셨다는 표시로 받아들였다.

¹³⁻¹⁶ 헤브론을 떠난 뒤로 다윗은 예루살렘에서 첩과 아내를 더 맞아들였고, 아들과 딸들을 더 낳았다. 그가 예루살렘에서 낳은 자녀들의 이름은 이러하다.

삼무아

소밥

나단

솔로몬

입할

엘리수아

네벡

야비아

엘리사마

엘리아다

엘리벨렛

¹⁷⁻¹⁸ 다윗이 온 이스라엘의 왕이 되었다는 말을 듣고 블레셋 사람이 그를 잡으러 왔다. 다윗은 그 소식을 듣고 요새로 내려갔다. 블레셋 사람이 이미 도착하여 르바임 골짜기에 병력을 주둔시켰다.

¹⁹ 그때 다윗이 **하나님**께 기도했다. "제가 올라가서 블레셋 사람과 싸워도 되겠습니까? 주께서 도우셔서 그들을 물리치게 해주시겠습니까?"

²⁰⁻²¹ **하나님**께서 대답하셨다. "올라가거라. 나를 믿어라. 내가 너를 도와 그들을 물리치게 하겠다."

다윗은 곧장 바알브라심으로 가서 그들을 철저히 쳐부수었다. 그러고 나서 다윗은 "콸콸 솟구치는 물처럼 **하나님**께서 내 적들을 쓸어버리셨다" 말하고 그곳을 바알브라심(솟구치시는 주님)이라고 불렀다. 블레셋 사람이 후퇴하면서 그들의 온갖 우상을 버려두고 갔으므로, 다윗과 그의 군사들이 그 우상들을 치워 버렸다.

22-23 나중에 똑같은 일이 일어났다. 블레셋 사람이 다시 올라와서 르바임 골짜기에 병력을 배치시켰다. 이번에도 다윗은 **하나님**께 기도했다.

23-24 **하나님**께서 말씀하셨다. "너는 정면에서 공격하지 말고, 그들 뒤로 돌아가 신성하게 여기는 나무숲에 매복했다가 습격하여라. 나무들 사이로 발소리가 들리면, 나와서 칠 준비를 하여라. 그것이 나 **하나님**이 너보다 앞서 가서 블레셋 진을 쳐부순다는 신호다."

25 다윗은 **하나님**께서 명령하신 대로 행했다. 그는 기브온에서 게셀에 이르기까지 블레셋 사람을 정벌했다.

하나님의 궤를 예루살렘으로 옮기다

6 1-2 다윗이 이스라엘의 정예군 서른 개 부대를 소집했다. 그는 하나님의 궤를 되찾아 오기 위해 군사들과 함께 바알라로 향했다. 그 궤는 한 쌍의 천사 위에 앉아 계신 만군의 **하나님**의 이름으로 불리는 궤였다.

3-7 그들은 산 위에 있는 아비나답의 집으로 가서 하나님의 궤를 새 수레에 싣고 내려왔다. 아비나답의 아들들인 웃사와 아히오가 하나님의 궤를 실은 새 수레를 몰았는데, 아히오가 앞장서고 웃사는 궤 옆에서 따라갔다. 다윗과 이스라엘 온 무리는 행진하면서 목청껏 노래를 불렀고 만돌린, 하프, 탬버린, 캐스터네츠, 심벌즈를 연주했다. 그들이 나곤의 타작마당에 이르렀을 때 소들이 비틀거리자, 웃사가 손을 내밀어 하나님의 궤를 잡았다. 하나님께서 불같이 진노하셔서 웃사를 치셨다. 이는 그가 궤를 더럽혔기 때문이다. 웃사는 거기, 바로 궤 옆에서 죽었다.

8-11 **하나님**께서 웃사에게 진노를 발하시자 다윗은 화를 냈다. 그래서 그곳은 오늘까지 베레스웃사(웃사에 대해 폭발하심)라고 불린다. 그날 다윗은 **하나님**이 두려워 "이 궤는 함부로 손댈 수 없다. 이래서야 어떻게 이 궤를 다시 다윗 성으로 옮길 수 있겠는가?" 하고 말했다. 그는 **하나님**의 궤를 한 발짝도 더 옮기려 하지 않았다. 대신 그는, 궤를 길에서 조금 떨어진 곳에 있는 가드

사람 오벳에돔의 집으로 옮겼다. **하나님**의 궤는 가드 사람 오벳에돔의 집에 석 달 동안 머물렀다. **하나님**께서 오벳에돔과 그의 온 집안에 복을 주셨다.

12-16 **하나님**께서 **하나님**의 궤 때문에 오벳에돔과 그의 온 집안에 복을 주셨다는 소식이 다윗 왕에게 들어갔다. "그 복을 내가 받아야겠다"고 생각한 다윗은, 가서 **하나님**의 궤를 오벳에돔의 집에서 다윗 성으로 가지고 올라왔다. 궤를 옮기는 내내 가장 좋은 소를 제물로 바치며 성대한 축제를 벌였다. 다윗은 제사장의 세마포를 입고 **하나님** 앞에서 주저 없이 춤을 추었다. 온 나라가 그와 함께 함성과 나팔소리를 울리며 **하나님**의 궤를 따라갔다. 그러나 **하나님**의 궤가 다윗 성으로 들어올 때 사울의 딸 미갈이 창밖을 내다보다가, **하나님** 앞에서 춤추며 뛰노는 다윗 왕을 보고서 마음속으로 그를 업신여겼다.

17-19 그들이 **하나님**의 궤를 가지고 들어와서 궤를 두려고 쳐 놓은 장막 한가운데 놓자, 다윗은 그 자리에서 번제와 화목제를 드려 예배했다. 번제와 화목제를 마친 다윗은 만군의 **하나님**의 이름으로 백성을 축복하고, 남녀 할 것 없이 그곳에 모인 모든 사람에게 빵 한 덩이와 대추과자 하나와 건포도과자 하나씩을 나누어 주었다. 그 후에 백성이 모두 집으로 돌아갔다.

20-22 다윗이 그의 가족을 축복하기 위해 왕궁으로 돌아가니, 사울의 딸 미갈이 그를 맞으러 나오면서 말했다. "왕께서는 오늘 거리의 저속한 춤꾼처럼 여종들이 보는 앞에서 몸을 드러내며 참으로 훌륭하게 위엄을 떨치시더군요!" 다윗이 미갈에게 대답했다. "나는 **하나님** 앞에서 마음껏 춤을 출 것이오! 그분이 나를 택하셔서, 당신의 아버지와 당신의 남은 집안 위에 두시고 **하나님**의 백성 이스라엘의 통치자로 삼으셨소. **하나님**의 영광을 위해서라면 나는 이보다도 더 격하게 춤을 출 것이오. 설령 내가 바보처럼 보여도 좋소. 하지만 당신이 그렇게 걱정하는 이 여종들 사이에서, 나는 한없는 존경을 받을 것이오."

23 그 후 사울의 딸 미갈은 평생 자식을 낳지 못했다.

하나님께서 다윗과 맺으신 언약

7 ¹⁻² **하나님**께서 모든 원수들로부터 왕을 지켜 주셨으므로, 머지않아 그가 안정을 찾았다. 그러던 어느 날, 다윗 왕이 예언자 나단에게 말했다. "보십시오. 나는 여기 호화로운 백향목 왕궁에서 편히 살고 있는데, 하나님의 궤는 허술한 장막 안에 있습니다."

³ 나단이 왕에게 말했다. "무엇이든 왕의 마음에 좋은 대로 행하십시오. **하나님**께서 왕과 함께 계십니다."

⁴⁻⁷ 그러나 그날 밤 **하나님**의 말씀이 나단에게 임했다. "너는 가서 내 종 다윗에게 전하여라. '이 일에 대한 **하나님**의 말씀이다. 내가 살 집을 네가 짓겠다는 말이냐? 이스라엘 자손을 이집트에서 이끌어 내던 날부터 지금까지, 나는 한 번도 집에서 산 적이 없다. 언제나 장막에 거하며 옮겨 다녔다. 내가 이스라엘과 함께 다니면서, 목자로 지명한 지도자들 중 누구에게 "어찌하여 내게 백향목 집을 지어 주지 않느냐?"고 물은 적이 있느냐?'

⁸⁻¹¹ 그러니 너는 내 종 다윗에게 이렇게 말하여라. '만군의 **하나님**이 네게 주는 말씀이다. 내가 양의 뒤를 따라다니던 너를 목장에서 데려다가 내 백성 이스라엘의 지도자로 삼았다. 네가 어디로 가든지 내가 너와 함께 있었고, 네 앞의 모든 적을 물리쳤다. 이제 나는 네 이름을 높여서 땅의 위대한 이름들과 어깨를 겨루게 할 것이다. 그리고 내 백성 이스라엘을 위해 한 곳을 따로 떼어 그들을 그곳에 심고, 각자 자기 집을 갖게 하여 더 이상 떠돌지 않게 할 것이다. 또한 내 백성 이스라엘 위에 사사들을 두던 시절과는 달리, 악한 자들이 너희를 괴롭히지 못하게 할 것이다. 마침내, 너의 모든 적을 막아 평화를 누리게 할 것이다.

¹¹⁻¹⁶ 나 **하나님**이 네게 말한다. 나 **하나님**이 친히 네게 집을 지어 주겠다! 네 일생이 다하여 조상과 함께 묻힐 때에, 내가 네 자식, 네 몸에서 난 혈육을 일으켜 네 뒤를 잇게 하고 그의 통치를 견고히 세울 것이다. 그가 나를 높여 집을 지을 것이며, 나는 그 나라의 통치를 영원히 보장할 것이다. 나는 그에게 아버지가 되고 그는 내게 아들이 될 것이다. 그가 잘못을 저지르면 내가 평소 하던 것처럼, 인생의 함정과 장애물로 그를 징계할 것이다. 그러나 앞

선 왕 사울에게 그러했던 것처럼 내 자비로운 사랑을 거두는 일은 없을 것이다. 그에게서는 절대로 내 사랑을 거두지 않을 것이다. 네 집안과 네 나라가 영원히 안전할 것이다. 내가 거기서 눈을 떼지 않을 것이다! 네 왕좌는 바위처럼 언제나 든든히 그 자리에 있을 것이다.'"

17 나단은 환상 중에 보고 들은 모든 것을 다윗에게 빠짐없이 이야기했다.

18-21 다윗 왕이 들어가서, 하나님 앞에서 기도했다. "내 주 하나님, 제가 누구이며 저의 집안이 무엇이기에 주께서 저를 이 자리에 이르게 하셨습니까? 그러나 앞으로 있을 일에 비하면 이것은 아무것도 아닙니다. 내 주 하나님, 주께서는 제 집안의 먼 앞날에 대해서 말씀하시며 장래 일을 엿보게 해주셨습니다! 이 모든 것 앞에서 감히 제가 무슨 말을 할 수 있겠습니까? 주 하나님, 주께서는 제 실상을 아십니다. 주께서 이 모든 일을 행하신 것은, 저의 어떠함 때문이 아니라 주의 어떠하심 때문입니다. 바로 주님의 마음에서 비롯된 것입니다! 주께서 그것을 제게 알려 주셨습니다.

22-24 주 하나님, 주님은 참으로 위대하십니다! 주님 같은 분이 없습니다. 주님과 같은 하나님이 없습니다. 주님 외에는 하나님이 없습니다. 우리 귀로 들은 그 어떤 이야기도 주님과 비할 수 없습니다. 누가 이 땅에 하나뿐인 나라, 주의 백성 이스라엘과 같겠습니까? 하나님께서 친히 나서서 당신을 위해 그들을 구해 내셨습니다(그 일로 주의 이름을 널리 알리셨습니다). 그들을 이집트에서 구원하여 내심으로 여러 민족과 그 신들을 사방으로 내쫓으시며 크고 두려운 일을 행하셨습니다. 주께서 자신을 위해 한 백성—주님 소유의 이스라엘!—을 영원한 주의 백성으로 세우셨습니다. 그리고 주 하나님께서 그들의 하나님이 되셨습니다.

25-27 위대하신 하나님, 저와 제 집안에 주신 이 말씀을 영원히 보장해 주십시오! 약속하신 대로 이루어 주십시오! 그러면 주의 명성이 영원히 높아져 사람들이 '만군의 하나님이 이스라엘의 하나님이시다!' 하고 외칠 것입니다. 그리고 주의 종 다윗의 집은, 보살펴 주시는 주의 임재 안에 확실하고 견고하게 남을 것입니다. 만군의 하나님이요 이스라엘의 하나님이신 주께서 '내가

네게 집을 지어 주겠다'고 밝히 말씀하시니, 제가 용기를 내어 주께 이 기도를 감히 드립니다.

28-29 주 **하나님**, 주께서는 신실하신 하나님이시고, 언제나 분명하게 말씀하십니다. 이 놀라운 일을 제게 말씀해 주셨으니, 부디 한 가지만 더 구합니다. 저의 집안에 복을 내리시고 언제나 주의 눈을 떼지 마십시오. 주 **하나님**, 주께서 그렇게 하시겠다고 이미 말씀하셨습니다! 오, 주님의 복이 저의 집안에 영영히 있게 해주십시오!"

8

1 그 후, 다윗은 블레셋 사람을 크게 쳐서 굴복시키고 그 지역을 지배했다.

2 그는 또 모압과 싸워 그들을 물리쳤다. 그는 무작위로 그들 가운데 삼분의 이를 택해 처형하고, 나머지 삼분의 일은 살려 주었다. 이후 모압 사람은 다윗의 통치를 받으며 조공을 바쳐야 했다.

3-4 다음으로 유프라테스 강 유역의 통치권을 회복하러 가는 길에 다윗은 소바 왕 르홉의 아들 하닷에셀을 물리쳤다. 다윗은 그에게서 전차 천 대와 기병 칠천 명, 보병 이만 명을 빼앗았다. 그는 전차를 끄는 말 백 마리만 남기고, 나머지 모든 말의 뒷발 힘줄을 끊었다.

5-6 다마스쿠스의 아람 사람이 소바 왕 하닷에셀을 도우러 오자, 다윗은 그들 이만이천 명을 모두 죽였다. 그는 아람-다마스쿠스에 꼭두각시 정부를 세웠다. 아람 사람은 다윗의 종이 되어 조공을 바쳐야 했다. 다윗이 어디로 진군하든지 **하나님**께서 그에게 승리를 주셨다.

7-8 다윗은 하닷에셀의 신하들이 가지고 있던 금방패를 전리품으로 취하여 예루살렘으로 가져왔다. 또 하닷에셀의 성읍인 데바와 베로대에서 청동을 아주 많이 빼앗았다.

9-12 다윗이 하닷에셀의 군대를 모두 쳐부수었다는 소식을 하맛 왕 도이가 들었다. 그는 아들 요람을 다윗 왕에게 보내어 안부를 묻고 하닷에셀 군대와 싸워 이긴 것을 축하했다. 도이와 하닷에셀은 오랜 원수관계였기 때문이다.

요람은 다윗에게 은과 금과 청동을 선물로 가져왔다. 다윗 왕은 그것을 아람, 모압, 암몬 사람, 블레셋 사람, 아말렉 등 정복한 모든 나라에서 가져온 은금, 그리고 소바 왕 르홉의 아들 하닷에셀에게서 빼앗은 전리품과 함께 거룩하게 구별했다.

13-14 다윗은 아람 사람을 물리치고 돌아와 승전비를 세웠다.

스루야의 아들 아비새는 소금 골짜기에서 에돔 사람과 싸워 그들 만팔천 명을 죽였다. 다윗이 에돔에도 꼭두각시 정부를 세우니, 에돔 사람이 다윗의 지배를 받았다.

다윗이 어디로 진군하든지 하나님께서 그에게 승리를 주셨다.

15 이렇게 해서 다윗은 온 이스라엘을 다스렸다. 무슨 일을 하든지 누구를 대하든지, 그의 다스림은 공명정대했다.

16 스루야의 아들 요압은 군사령관이었다.

아힐룻의 아들 여호사밧은 기록관이었다.

17 아히둡의 아들 사독과 아비아달의 아들 아히멜렉은 제사장이었다.

스라야는 서기관이었다.

18 여호야다의 아들 브나야는 그렛 사람과 블렛 사람을 지휘했다.

그리고 다윗의 아들들은 제사장 일을 보았다.

다윗과 므비보셋

9 ¹ 하루는 다윗이 물었다. "사울의 집안에 살아남은 사람이 없느냐? 만일 있다면, 내가 요나단을 생각해서 그에게 친절을 베풀고 싶구나."

² 마침 시바라는 사울 집안의 종이 있었다. 사람들이 그를 다윗 앞으로 불러오자, 왕이 물었다. "네가 시바냐?"

"예, 그렇습니다." 그가 대답했다.

³ 왕이 물었다. "사울의 집안에 살아남은 사람이 없느냐? 내가 그에게 하나님의 친절을 베풀고 싶구나."

시바가 왕에게 말했다. "요나단의 아들이 있는데, 두 다리를 모두 접니다."

4 "그가 어디 있느냐?"

"로드발에 있는 암미엘의 아들 마길의 집에 살고 있습니다."

5 다윗 왕은 한시도 지체하지 않고 사람을 보내어 로드발에 있는 암미엘의 아들 마길의 집에서 그를 데려왔다.

6 사울의 손자요 요나단의 아들인 므비보셋이 다윗 앞에 와서 엎드려 절하고 자신을 낮추며 예를 갖추었다.

다윗이 그의 이름을 불렀다. "그대가 므비보셋인가?"

"예, 왕이시여."

7 "두려워하지 마라." 다윗이 말했다. "내가 네 아버지 요나단을 기억하여 뭔가 특별한 일을 네게 해주고 싶구나. 우선 네 할아버지 사울의 재산을 모두 너에게 돌려주겠다. 그뿐 아니라 이제부터 너는 항상 내 식탁에서 나와 함께 먹을 것이다."

8 므비보셋은 다윗을 똑바로 보지도 못한 채 발을 끌며 더듬더듬 말했다. "제가 누구라고 왕께서 길 잃은 개와 같은 제게 관심을 두십니까?"

9-10 다윗은 곧바로 사울의 오른팔인 시바를 불러 말했다. "사울과 그 집안에 속한 모든 것을 내가 네 주인의 손자에게 넘겨주었다. 너와 네 아들들과 네 종들은 그의 토지에서 일하고 농작물을 거둬들여 네 주인의 손자를 위한 양식을 마련하여라. 네 주인의 손자 므비보셋은 이제부터 늘 내 식탁에서 먹을 것이다." 시바에게는 열다섯 명의 아들과 스무 명의 종이 있었다.

11-12 시바가 대답했다. "내 주인이신 왕께서 이 종에게 명령하신 모든 것을 그대로 받들겠습니다."

므비보셋은 왕족의 한 사람처럼 다윗의 식탁에서 먹었다. 므비보셋에게는 미가라는 어린 아들이 하나 있었다. 시바 집안에 속한 모든 사람은 이제 므비보셋의 종이 되었다.

13 므비보셋은 예루살렘에 살면서 항상 왕의 식탁에서 먹었다. 그는 두 다리를 모두 절었다.

다윗이 암몬과 싸우다

10 1-2 시간이 흘러, 암몬 사람의 왕이 죽고 그의 아들 하눈이 뒤를 이어 왕이 되었다. 이에 다윗은 "나하스의 아들 하눈에게 친절을 베풀고 싶구나. 그의 아버지가 내게 한 것처럼 나도 그를 잘 대해 주고 싶다"고 하면서, 하눈의 아버지 일을 위로하기 위해 조문단을 보냈다.

2-3 그러나 다윗의 신하들이 암몬 사람의 땅에 이르자, 암몬 사람의 지도자들이 자신들의 대표인 하눈에게 경고했다. "왕께서는 다윗이 왕의 아버지를 공경해서 이렇게 조문단을 보낸 줄 아십니까? 그가 왕께 조문단을 보낸 것은 이 성을 정탐하여 살펴보기 위함이 아니겠습니까?"

4 그래서 하눈은 다윗의 신하들을 잡아 그들의 수염 절반을 깎고, 옷을 엉덩이 절반 높이까지 자른 다음 돌려보냈다.

5 이 모든 일이 다윗에게 전해졌다. 그들이 심한 모욕을 당했으므로, 다윗은 사람을 보내어 그들을 맞이하게 했다. 왕은 "그대들의 수염이 자랄 때까지 여리고에 있다가 그 후에 돌아오시오" 하고 말했다.

6 암몬 사람은 자신들이 다윗의 미움을 사게 된 줄을 깨닫고 벳르홉과 소바에서 아람 보병 이만 명, 마아가 왕에게서 천 명, 돕에서 만이천 명을 고용했다.

7 이 소식을 들은 다윗은 그의 가장 강한 용사들을 요압에게 맡겨 출정시켰다.

8-12 암몬 사람이 나와서 성문 앞에 전투대형으로 진을 쳤고, 소바와 르홉에서 온 아람 사람과 돕 사람과 마아가 사람은 바깥 넓은 들판에 전열을 갖추었다. 요압은 싸워야 할 전선이 앞뒤로 있는 것을 보고, 이스라엘의 정예군 중에서 다시 최정예군을 뽑아 아람 사람과 맞서게 배치했다. 나머지 군대는 그의 동생 아비새의 지휘 아래 두어 암몬 사람과 맞서게 배치했다. 그가 말했다. "아람 사람이 나보다 힘이 세면, 네가 와서 나를 도와라. 암몬 사람이 너보다 힘이 세면 내가 가서 너를 돕겠다. 용기를 내어라! 우리는 우리 백성과 우리 하나님의 성읍을 위해 온 힘을 다해 싸울 것이다. 무엇이든 필요하다면 하나님께서 친히 행하실 것이다!"

13-14 그런데 요압과 그의 군사들이 아람 사람과 싸우려고 쳐들어가자, 그들이 모두 후퇴하여 도망쳤다. 아람 사람이 목숨을 건지기 위해 도망치는 것을

본 암몬 사람도, 아비새를 피해 도망쳐 성 안으로 들어갔다.

그러자 요압은 암몬 사람과의 싸움을 멈추고 예루살렘으로 돌아왔다.

¹⁵⁻¹⁷ 아람 사람은 이스라엘에게 처참히 패한 것을 알고, 사태를 수습하고 나서 전열을 재정비했다. 하닷에셀은 사람을 보내 요단 강 건너편에 있는 아람 사람을 불렀다. 그들은 헬람으로 왔고, 하닷에셀의 군사령관 소박의 지휘 아래 움직였다. 이 모든 일이 다윗에게 보고되었다.

¹⁷⁻¹⁹ 다윗은 이스라엘 군대를 소집하여 요단 강을 건너 헬람으로 진군했다. 아람 사람은 다윗과 맞설 태세로 전투대형을 취했고, 이내 전투가 시작되었다. 그러나 그들은 이번에도 이스라엘 앞에서 흩어져 도망쳤다. 다윗은 전차병 칠백 명과 기병 사만 명을 죽였다. 또한 군사령관 소박에게 치명상을 입혀, 결국 소박은 전쟁터에서 죽었다. 하닷에셀을 섬기던 모든 왕이 자신들의 패배를 인정하고, 이스라엘과 화친하여 이스라엘을 섬겼다. 아람 사람은 이스라엘이 두려워 다시는 암몬 사람을 돕지 않았다.

다윗의 범죄

11 ¹ 다음 해 암몬 사람이 침략해 오는 시기가 다시 돌아오자, 다윗은 그들을 아주 멸하려고 요압과 이스라엘의 용사들을 모두 출정시켰다. 그들은 랍바를 포위 공격했다. 그러나 다윗은 예루살렘에 남아 있었다.

²⁻⁵ 어느 느지막한 오후, 다윗이 낮잠을 자고 일어나 왕궁 옥상을 거닐고 있었다. 시야가 트인 옥상에서 보니 한 여인이 목욕을 하고 있는 모습이 눈에 들어왔다. 여인은 눈부시게 아름다웠다. 다윗이 사람을 보내 그 여인에 대해 알아보게 했더니, 그가 "이 사람은 엘리암의 딸이자 헷 사람 우리아의 아내인 밧세바입니다"라고 보고했다. 다윗은 부하들을 보내 여인을 데려오게 했다. 밧세바가 도착하자 다윗은 그 여인과 동침했다(이 일은 그녀의 월경 이후 '정결예식' 기간 중에 일어났다). 밧세바가 자기 집으로 돌아갔다. 얼마 후에 여인은 자기가 임신한 것을 알았다.

나중에 그 여인은 "제가 임신했습니다" 하고 다윗에게 말을 전했다.

⁶ 그러자 다윗은 요압에게 연락을 취했다. "헷 사람 우리아를 내게 보내시

오." 요압이 우리아를 보냈다.

7-8 우리아가 도착하자, 다윗은 요압과 군대와 전쟁 상황이 어떠한지 전선의 소식을 물었다. 그러고 나서 우리아에게 "집에 가서 목욕을 하고 하룻밤 푹 쉬어라" 하고 말했다.

8-9 우리아가 왕궁을 나가자, 왕의 정보원이 그의 뒤를 따라갔다. 그러나 우리아는 집으로 가지 않았다. 그날 밤 그는 왕의 신하들과 함께 왕궁 입구에서 잤다.

10 다윗은 우리아가 집에 가지 않았다는 말을 들었다. 그는 우리아에게 물었다. "너는 고단한 여정에서 이제 막 돌아오지 않았느냐? 그런데 왜 집에 가지 않았느냐?"

11 우리아가 다윗에게 대답했다. "궤가 이스라엘과 유다의 군사들과 함께 바깥 장막 안에 있고, 저의 주인인 요압과 부하들이 바깥 들판에서 고생하고 있습니다. 그런데 제가 어떻게 집에 가서 먹고 마시고 아내와 즐길 수 있겠습니까? 도저히 그럴 수는 없습니다!"

12-13 다윗이 말했다. "알겠다. 좋을 대로 하여라. 오늘은 여기 있어라. 내일 내가 너를 보내겠다." 그래서 우리아는 그날 예루살렘에 머물렀다.

이튿날 다윗은 그를 초대하여 함께 먹고 마셔 그를 취하게 했다. 그러나 우리아는 그날 저녁에도 나가서 자기 주인의 부하들과 함께 잤다. 그는 집으로 가지 않았다.

14-15 이튿날 아침에 다윗은 요압에게 편지를 써서 우리아 편에 보냈다. 그는 편지에 이렇게 썼다. "우리아를 싸움이 가장 맹렬한 최전선에 두시오. 그를 적에게 노출된 상태로 두고 후퇴하여, 절대 살아남지 못하게 하시오."

16-17 요압은 적의 성을 포위하고 있다가 우리아를 맹렬한 적의 군사들이 있는 지점으로 보냈다. 성을 방어하던 자들이 나와서 요압과 싸우니, 다윗의 군사 몇이 목숨을 잃었고 헷 사람 우리아도 죽었다.

18-21 요압은 다윗에게 상세한 전황 보고를 보냈다. 그는 전령에게 이렇게 지시했다. "왕께 전황 보고를 자세히 올린 뒤에 왕께서 화를 내시면, '왕의 신하 헷 사람 우리아도 죽었습니다' 하고 아뢰어라."

²²⁻²⁴ 요압의 전령은 예루살렘에 이르러 왕에게 상세하게 보고했다. "적의 군대가 우리보다 더 강했습니다. 그들이 넓은 들판 쪽으로 진격해 오기에 우리는 그들을 성문으로 밀어붙였습니다. 그런데 성벽 위에서 우리 쪽으로 화살이 맹렬히 날아오는 과정에서 왕의 군사 열여덟 명이 죽었습니다."

²⁵ 전령이 전황 보고를 마치자, 다윗은 요압에게 화가 났다. 그는 전령에게 분통을 터뜨렸다. "너희가 어찌하여 성에 그렇게 가까이 다가갔느냐? 성벽 위에서 공격이 있을 줄 몰랐느냐? 여룹베셋의 아들 아비멜렉이 어떻게 죽었는지 너희가 잊었느냐? 데벳스의 성벽 위에서 맷돌을 떨어뜨려 그를 바스러뜨린 것이 한 여인이 아니었더냐? 그런데도 너희가 어찌하여 성벽에 바짝 다가갔느냐!"

요압의 전령이 말했다. "왕의 신하 헷 사람 우리아도 죽었습니다."

그러자 다윗은 전령에게 말했다. "알았다. 요압에게 이렇게 전하고 격려해 주어라. '그대는 이 일로 고민하지 마시오. 전쟁에서는 이 사람이 죽기도 하고 저 사람이 죽기도 하는 법이니, 누가 다음 차례인지 알 수 없소. 더욱 맹렬히 공격해서 그 성을 함락시키시오.'"

²⁶⁻²⁷ 우리아의 아내는 남편이 죽었다는 소식을 듣고 그를 위해 슬피 울었다. 애도 기간이 끝나자, 다윗은 사람을 보내 그녀를 왕궁으로 데려오게 했다. 그녀는 다윗의 아내가 되어 그의 아들을 낳았다.

나단의 책망과 다윗의 회개

12 ²⁷⁻³ 그러나 하나님께서는 다윗이 한 일을 조금도 기뻐하지 않으셨다. 하나님께서 다윗에게 나단을 보내셨다. 나단이 그에게 말했다. "한 성읍에 두 사람이 있었는데, 한 사람은 부유하고 다른 사람은 가난했습니다. 부자는 양 떼와 소 떼가 아주 많았으나, 가난한 사람은 자기가 사서 기른 새끼 암양 한 마리밖에 없었습니다. 그 양은 그와 그의 자녀들과 함께 한가족처럼 자랐습니다. 양은 그의 접시에서 먹고 그의 잔에서 마시며 그의 침대에서 잤습니다. 그에게는 딸과 같은 존재였습니다.

⁴ 하루는 한 나그네가 부자의 집에 찾아왔습니다. 그런데 부자는 자기 소 떼

나 양 떼 중에서 짐승을 잡아 손님의 식사를 차리고 싶지 않았습니다. 너무 나 인색한 사람이었던 그는 가난한 사람의 암양을 빼앗아 식사를 차려 손님 앞에 내놓았습니다."

5-6 다윗은 크게 화를 내며 나단에게 말했다. "하나님께서 참으로 살아 계심 을 두고 맹세하는데, 그런 일을 한 사람은 마땅히 죽어야 할 것입니다! 죄를 짓고 인색하게 굴었으니 그 양을 네 배로 갚아야 합니다!"

7-12 "왕이 바로 그 사람입니다!" 나단이 말했다. "하나님 이스라엘의 하나님 께서 왕에게 말씀하십니다. '내가 너를 이스라엘의 왕으로 삼았다. 내가 너 를 사울의 손아귀에서 벗어나게 했다. 내가 네게 네 주인의 딸과 아내들을 주어 소유하고 품게 했다. 내가 네게 이스라엘과 유다도 주었다. 그것으로 부족했다면, 내가 기꺼이 더 주었을 것이다. 그런데 네가 어찌하여 하나님 의 말씀을 업신여기고 이 큰 악을 행하였느냐? 너는 헷 사람 우리아를 죽이 고 그의 아내를 빼앗아 네 아내로 삼았다. 더구나 너는 그를 암몬 사람의 칼 로 죽였다! 네가 이렇게 하나님을 업신여기고 헷 사람 우리아의 아내를 빼앗 았으니, 이제 살인과 살육이 두고두고 네 집안을 괴롭힐 것이다. 나 하나님 이 하는 말을 명심하여라! 내가 바로 네 집안의 일로 너를 괴롭게 할 것이다. 네가 보는 앞에서 네 아내들을 빼앗아 너와 가까운 사람에게 주겠고, 그는 공공연하게 그들과 잠자리를 같이할 것이다. 너는 은밀하게 했지만, 나는 온 나라가 지켜보는 가운데 이 일을 행할 것이다!'"

13-14 그러자 다윗이 나단에게 고백했다. "내가 하나님께 죄를 지었습니다." 나단이 단언했다. "예, 그러나 이것이 최종 선고는 아닙니다. 하나님께서 왕 의 죄를 용서하십니다. 왕께서는 이번 일로 죽지 않을 것입니다. 그러나 왕 이 낳은 아들은 하나님을 모독한 왕의 행동 때문에 죽을 것입니다."

15-18 나단이 집으로 돌아간 뒤에, 하나님께서 우리아의 아내가 다윗에게 낳 아 준 아이를 앓게 하셔서, 아이가 병이 들었다. 다윗은 어린 아들을 위해 하 나님께 간절히 기도했다. 그는 금식하면서 밖에 나가지도 않은 채 잠도 바닥 에서 잤다. 집안의 어른들이 와서 바닥에 앉은 그를 일으키려 했으나, 그는 꿈쩍도 하지 않았다. 또한 그들은 그에게 아무것도 먹일 수 없었다. 칠 일째

되던 날에 아이가 죽었다. 다윗의 신하들은 "이제 우리가 어찌하면 좋겠소? 아이가 살아 있을 때도 왕은 우리 말을 한 마디도 들으려 하지 않으셨는데, 이제 아이가 죽었으니 그 말을 전하면 왕이 어찌하시겠소" 하고 말했다.

¹⁹ 다윗은 신하들이 자기 등 뒤에서 수군거리는 것을 보고 아이가 죽은 것을 알아차렸다. 그가 신하들에게 물었다. "아이가 죽었소?"

그들이 대답했다. "그렇습니다."

²⁰ 다윗은 바닥에서 일어나 얼굴을 씻고 머리를 빗고 옷을 새로 갈아입은 뒤에 성전에 들어가서 예배했다. 그리고 왕궁에 와서 먹을 것을 차리게 했다. 그들이 음식을 차려 놓자 그가 먹었다.

²¹ 신하들이 그에게 물었다. "어찌 된 일입니까? 아이가 살아 있을 동안에는 금식하고 울며 밤을 지새우시다가, 아이가 죽고 난 지금은 일어나셔서 드시니 말입니다."

²²⁻²³ 다윗이 말했다. "아이가 살아 있을 동안에는 **하나님**께서 내게 자비를 베푸셔서 아이가 살게 될까 하여 금식하며 울었소. 하지만 이제 아이가 죽었으니 무엇 때문에 금식을 하겠소? 내가 아이를 다시 데려올 수 있겠소? 내가 그 아이에게 갈 수는 있어도, 아이가 내게 올 수는 없소."

²⁴⁻²⁵ 다윗은 가서 아내 밧세바를 위로했다. 그녀와 잠자리를 같이하니, 그녀가 아들을 임신했다. 아이가 태어나자 그 이름을 솔로몬이라고 했다. **하나님**께서 그를 특별히 사랑하셔서 예언자 나단을 통해 말씀을 주셨는데, **하나님**께서 그의 이름을 여디디야(하나님의 사랑받는 자)라고 하기 원하신다는 말씀이었다.

❧

²⁶⁻³⁰ 랍바에서 암몬 사람과 전쟁중이던 요압은 암몬 왕의 도성을 점령했다. 그는 다윗에게 전령을 보내 말했다. "제가 랍바에서 싸워, 방금 성의 급수 시설을 점령했습니다. 왕께서는 급히 남은 군대를 소집하여 이 성에 진을 치고 직접 마무리하십시오. 그렇지 않으면 제가 성을 점령하여 왕 대신 모든 공로

를 취하게 될 것입니다." 그래서 다윗은 군대를 모아 랍바로 가서 싸우고 그
곳을 점령했다. 다윗이 암몬 왕의 머리에서 왕관을 벗겼는데, 금관에 보석이
박혀 있어 아주 무거웠다. 다윗이 그 관을 들어 머리에 썼다. 그들은 그 성을
약탈하여 엄청난 양의 전리품을 가져왔다.

³¹ 다윗은 그곳 백성을 성에서 다 내보내고 종처럼 톱질과 곡괭이질, 도끼질
과 벽돌을 굽는 일을 시켰다. 그는 암몬 사람의 모든 성읍에서 그와 같이 행
했다. 그러고 나서 다윗과 군대는 예루살렘으로 돌아왔다.

암논과 다말

13

¹⁻⁴ 그 후에 이런 일이 있었다. 다윗의 아들 압살롬에게는 아주 매
력적인 누이가 있었다. 그녀의 이름은 다말이었다. 다윗의 다른
아들인 암논이 다말을 사랑했다. 암논은 상사병이 날 정도로 누이 다말에게
빠져 있었다. 다말이 처녀였으므로, 암논은 그녀를 자기 손에 넣을 방법을
찾을 수 없었다. 암논에게 요나답이라는 친한 친구가 있었는데, 그는 다윗의
형 시므아의 아들이었다. 요나답은 남달리 세상 물정에 밝았다. 그가 암논에
게 말했다. "왕자께서 어찌 날마다 이렇게 침울해 계십니까? 무엇 때문에 속
을 태우고 계신지 나에게 말씀해 보십시오."

암논이 말했다. "내 동생 압살롬의 누이인 다말 때문이라네. 내가 다말을 사
랑한다네."

⁵ 요나답이 말했다. "이렇게 하시면 됩니다. 자리에 누워서 병이 난 척하십시
오. 왕께서 왕자님을 보러 오시거든 '제 누이 다말이 와서 제 앞에서 저녁을
차리고, 제게 먹이도록 해주십시오' 하고 말씀드리십시오."

⁶ 그리하여 암논은 자리에 드러누워 앓는 척했다. 왕이 보러 오자 암논은 "청
이 있습니다. 제 누이 다말이 와서 제 앞에서 영양가 있는 음식을 빚어, 제게
먹이도록 해주십시오" 하고 말했다.

⁷ 다윗은 마침 집에 있던 다말에게 말을 전했다. "네 오라비 암논의 집으로
가서 그에게 식사를 차려 주거라."

⁸⁻⁹ 다말이 오라버니 암논의 집으로 갔다. 다말은 그가 침상에서 지켜보는 가

운데 밀가루를 반죽하여 음식을 빚어 구웠다. 다말이 그릇을 가져다가 암논 앞에 내놓았지만, 암논은 먹으려 하지 않았다.

9-11 암논이 "사람들을 집 밖으로 다 내보내라" 하고 말했다. 모두 나가자 그가 다말에게 말했다. "음식을 내 방으로 가져오너라. 거기서 우리끼리 먹자꾸나." 다말은 직접 준비한 영양가 있는 음식을 들고 방 안의 오라버니에게 갔다. 다말이 먹여 주려고 하자, 암논이 다말을 붙잡고 말했다. "누이야, 나와 함께 자자!"

12-13 "안됩니다, 오라버니!" 다말이 말했다. "나에게 욕을 보이지 마십시오! 이런 일은 이스라엘에서 있을 수 없는 일입니다! 이 끔찍한 짓을 하지 마세요! 그렇게 되면 내가 어떻게 낯을 들고 다닐 수 있겠습니까? 오라버니도 길거리로 쫓겨나 망신을 당하게 될 거예요. 제발! 왕께 말씀드리세요. 그러면 나와 결혼하게 해주실 겁니다."

14 그러나 암논은 들으려 하지 않았다. 그는 다말보다 훨씬 힘이 셌으므로 억지로 그녀를 욕보였다.

15 그녀를 욕보이자마자, 암논은 그녀가 몹시도 미워졌다. 이제 그녀를 미워하는 마음이 그녀를 사랑했던 마음보다 훨씬 더 강했다. 암논이 말했다. "당장 일어나, 꺼져 버려!"

16-18 "이러면 안됩니다, 오라버니." 다말이 말했다. "제발! 이것은 오라버니가 방금 나에게 행한 것보다 더 못된 짓입니다!"

암논은 다말의 말을 들으려 하지 않았다. 그는 시종을 불렀다. "이 여자를 내 앞에서 내쫓고 문을 걸어 잠가라!" 시종은 그녀를 내쫓고 문을 걸어 잠갔다.

18-19 다말은 소매가 긴 웃옷을 입고 있었다(결혼하지 않은 공주들은 사춘기에 들어서면서부터 그렇게 했다). 다말은 자기 머리에 재를 뿌리고 소매가 긴 웃옷을 찢고 두 손으로 머리를 감싸 쥔 채 흐느껴 울면서 나갔다.

20 다말의 오라버니 압살롬이 그녀에게 말했다. "네 오라버니 암논이 너를 가지고 놀았느냐? 내 사랑하는 누이야, 집안 문제니 일단 조용히 있자. 어쨌든 그도 네 오라버니 아니냐. 이 일로 너무 힘들어하지 마라." 다말은 괴롭고 쓸쓸하게 오라버니 압살롬의 집에서 살았다.

21-22 다윗 왕은 이 모든 이야기를 듣고 격분했으나 암논을 징계하지 않았다. 그가 맏아들이었으므로 다윗은 그를 아꼈다. 압살롬은 누이 다말을 욕보인 암논을 미워하여, 그와 말도 하지 않고 지냈다. 좋은 말이든 나쁜 말이든 한 마디도 하지 않았다.

23-24 그로부터 이 년이 지났다. 하루는 압살롬이 에브라임 근처의 바알하솔 에서 양털을 깎는 잔치를 벌이고 왕의 아들들을 모두 초대했다. 그는 왕에게 도 찾아가서 초대했다. "보십시오. 제가 양털을 깎는 잔치를 벌이는데 오셨 으면 좋겠습니다. 신하들도 데리고 오십시오."

25 그러나 왕은 말했다. "아니다, 아들아. 이번에 온 집안이 가지 않겠다. 우 리가 네게 짐만 될 것이다." 압살롬이 강권했으나, 다윗은 뜻을 바꾸지 않았 다. 대신 압살롬을 축복해 주었다.

26-27 그러자 압살롬은 "왕께서 오시지 않으면 형 암논이라도 오게 해주십시 오" 하고 말했다.

왕이 말했다. "그가 그 자리에 가야 할 까닭이 무엇이냐?" 하지만 압살롬이 하도 고집해서, 왕은 뜻을 굽히고 암논과 왕의 나머지 모든 아들을 보냈다.

28 압살롬은 왕에게 어울리는 연회를 준비했다. 그리고 부하들에게 지시했 다. "잘 들어라. 암논이 술을 마시고 잔뜩 취했을 때 내가 '암논을 치라'는 명 령을 내릴 것이다. 그러면 너희는 그를 죽여라. 내가 내리는 명령이니 두려 워할 것 없다. 용기를 내어라! 너희는 할 수 있다!"

29-31 압살롬의 부하들은 주인이 지시한 대로 암논을 죽였다. 그러자 왕의 아 들들은 정신없이 그 자리를 빠져나가 노새에 올라타고 달아났다. 그들이 달 아나고 있는 동안에, "압살롬이 방금 왕의 아들들을 하나도 남김없이 다 죽 였다!"는 소식이 왕에게 들어갔다. 왕은 일어나서 옷을 갈기갈기 잡아 찢고 바닥에 엎드렸다. 주변에 서 있던 모든 신하도 그와 같이 했다.

32-33 그때 왕의 형 시므아의 아들 요나답이 나섰다. "왕의 젊은 아들들이 다 죽은 것으로 생각하지 마십시오. 암논 한 사람만 죽었습니다. 이런 일이 벌 어진 것은 암논이 압살롬의 누이 다말을 욕보인 일로 압살롬이 분개했기 때 문입니다. 그러니 왕께서는 아들들이 다 죽은 것으로 생각하여 사태를 악화

시키시면 안됩니다. 오직 암논만 죽었습니다."

34 그 사이에 압살롬이 도망쳐 버렸다.

그때 근무중이던 초병이 눈을 들어 보니, 산자락을 따라 호로나임에서 오는 길에 먼지 구름이 일었다. 초병이 와서 왕에게 아뢰었다. "한 무리의 사람들이 산모퉁이를 돌아 호로나임 길로 오고 있습니다."

35-37 그러자 요나답이 왕에게 소리쳤다. "보십시오! 제가 말씀드린 대로 왕의 아들들이 오고 있습니다!" 그가 말을 마치자마자 왕의 아들들이 큰소리로 울며 들이닥쳤다! 왕과 모든 신하도 함께 눈물을 흘리며 큰소리로 울었다. 다윗은 암논의 죽음을 오래도록 슬퍼했다.

37-39 도망친 압살롬은 그술 왕 암미훌의 아들 달매에게 갔다. 그는 삼 년을 그곳에 머물렀다. 마침내 왕은 압살롬을 벌하려던 생각을 포기했다. 체념하고 암논의 죽음을 받아들였던 것이다.

14

1-3 스루야의 아들 요압은, 왕이 속으로는 압살롬을 걱정하고 있다는 것을 알았다. 그래서 드고아로 사람을 보내어 그곳에 사는 한 지혜로운 여인을 불러 지시했다. "너는 상중인 척하여, 검은 옷을 입고 머리를 빗지 말고, 사랑하는 사람을 보내고 오랫동안 슬퍼한 사람처럼 보이도록 하여라. 그 다음에 왕께 가서 이렇게 아뢰어라." 그러고 나서 요압은 그 여인이 할 말을 정확히 일러 주었다.

4 드고아 여인은 왕에게 가서 그 앞에 엎드려 절하고 경의를 표하며 말했다. "왕이시여, 도와주십시오!"

5-7 왕이 말했다. "어떻게 도와주면 되겠느냐?"

여인이 말했다. "저는 과부입니다. 남편은 죽고 두 아들만 남았습니다. 그 둘이 들판에서 싸움이 붙었는데, 끼어들어 말려 줄 사람이 주위에 아무도 없었습니다. 그래서 하나가 다른 하나를 쳐서 죽였습니다. 그러자 온 집안이 제게 달려들어 '살인자를 내놓아라. 그가 형제를 죽였으니 우리가 그 목숨 값으로 그를 죽이겠다!'고 요구했습니다. 그들은 상속자를 없애 제게 남은 생명의 작은 불씨마저 꺼뜨리려고 합니다. 그렇게 되면 이 땅에 제 남편의 흔적은 아무것도, 그야말로 이름조차도 남지 않게 됩니다.

15-17 그래서 이 모든 일로 감히 내 주인이신 왕께 나왔습니다. 그들이 제 삶을 비참하게 만드니, 저는 두렵습니다. 저는 마음속으로 이렇게 생각했습니다. '왕께 가야겠다. 왕이시라면 무슨 방법이 있으실 것이다! 왕께서 이 사정을 들으시면, 나와 내 아들과 하나님의 유산을 모조리 없애 버리려는 사람들의 횡포에서 나를 구해 주실 것이다!' 또한 이 종은 일찍이 '왕께서는 선악을 분별하시는 데 있어 하나님의 천사와 같은 분이시니, 이 일에 최종 판결을 내려 주실 것이다' 하고 생각했습니다. **하나님**께서 왕과 함께하시기를 빕니다!"

8 왕이 말했다. "내가 이 일을 처리해 줄 테니, 집으로 가 있거라."

9 드고아 여인이 말했다. "무슨 일이 일어나든지 그 책임은 모두 제가 지겠습니다. 저는 왕과 왕의 명예에 누를 끼치고 싶지 않습니다."

10 왕이 말을 이었다. "지금까지 너를 괴롭히던 그 사람을 데려오너라. 더 이상 너를 괴롭게 하지 못하도록 내가 조치할 것이다."

11 여인이 말했다. "왕께서는 **하나님**의 이름으로 말씀하셔서, 자기 멋대로 정의를 실행하겠다는 이 자가 제 아들을 죽이는 것은 물론이요 그 어떤 것도 하지 못하게 해주십시오."

왕이 말했다. "**하나님**께서 참으로 살아 계심을 두고 맹세한다. 네 아들의 머리카락 하나도 잃지 않을 것이다."

12 그러자 여인이 물었다. "내 주인이신 왕께 한 가지만 더 아뢰어도 되겠습니까?"

왕이 말했다. "말해 보아라."

13-14 여인이 말했다. "그렇다면 어찌하여 왕께서는 하나님의 백성에게 바로 그 같은 일을 행하셨습니까? 왕께서는 내쫓긴 아들을 집에 데려오지 않으시니, 방금 내리신 판결대로라면 자신에게 유죄를 선고하신 셈입니다. 우리는 모두 언젠가는 죽습니다. 한번 땅에 쏟은 물은 다시 담을 수 없습니다. 하지만 하나님께서는 생명을 빼앗지 않으십니다. 그분은 기어이 방법을 내셔서

쫓겨난 자라도 돌아오게 하십니다."

¹⁸ 그러자 왕이 말했다. "내가 네게 하나 묻겠다. 진실하게 대답하여라."
여인이 말했다. "예, 내 주인이신 왕께서는 말씀하십시오."

¹⁹⁻²⁰ 왕이 말했다. "이 일에 요압이 개입되었느냐?"

"내 주인인 왕이시여, 왕 앞에서는 오른쪽으로든 왼쪽으로든 피할 자가 하나도 없습니다! 그렇습니다. 저에게 이 일을 시키고 이 모든 말을 일러 준 사람은 주인님의 신하 요압입니다. 요압은 이 모든 일을 되돌리고 싶어 그렇게 한 것입니다. 그러나 왕께서는 하나님의 천사처럼 지혜로우시니, 이 땅에서 일어난 일들을 어떻게 처리해야 할지 다 아실 것입니다."

²¹ 왕이 요압에게 말했다. "좋소. 그대 뜻대로 하겠소. 가서 어린 압살롬을 데려오시오."

²² 요압은 공손히 엎드려 절하며 왕을 축복했다. "왕께서 이 종의 권고를 받아 주시니, 제가 여전히 왕의 은총과 신임을 얻고 있음을 알겠습니다."

²³⁻²⁴ 요압은 일어나 그술로 가서 압살롬을 예루살렘으로 데려왔다. 왕이 말했다. "그가 자기 집으로 돌아가도 좋으나, 나를 대면하여 볼 수는 없다." 그래서 압살롬은 집으로 돌아갔다. 왕을 보는 일은 허락되지 않았다.

²⁵⁻²⁷ 압살롬은 준수한 외모로 인해 온 이스라엘에서 사람들의 입에 수없이 오르내렸다! 그는 머리끝에서 발끝까지 흠이 하나도 없었다! 머리숱이 아주 많아서 봄이면 늘 짧게 깎았는데, 머리를 깎고 나면 머리털의 무게가 1킬로그램이 넘었다! 압살롬은 아들 셋과 딸 하나를 낳았다. 딸은 이름이 다말인데, 아름다웠다.

²⁸⁻³¹ 압살롬은 이 년 동안 예루살렘에 살았으나, 한 번도 왕을 대면하여 보지 못했다. 그는 요압에게 사람을 보내어 왕을 보게 해달라고 요청했지만, 요압은 미동도 하지 않았다. 그가 다시 사람을 보냈으나, 요압의 태도는 마찬가지였다. 그래서 압살롬은 종들에게 말했다. "잘 들어라. 요압의 밭과 내 밭이 서로 붙어 있는데, 그가 거기에 보리 농사를 지어 놓았다. 가서 그 밭에 불을 놓아라." 그래서 압살롬의 종들이 그 밭에 불을 놓았다. 그제야 요압이 움직였다. 그가 압살롬의 집에 와서 말했다. "어찌하여 종들을 시켜 내 밭에 불을

놓았습니까?"

32 압살롬이 대답했다. "들으시오. 나는 당신에게 사람을 보내 이렇게 말했소. '빨리 와 주시오. 내가 당신을 왕께 보내 "제가 그술에서 돌아온 것이 무슨 소용이 있습니까? 차라리 계속 거기 있는 편이 더 나았겠습니다!" 하고 여쭙고 싶소. 내가 왕을 뵐 수 있게 해주시오. 왕이 보시기에 내게 죄가 있다면 나를 죽이셔도 좋소.'"

33 요압은 왕에게 가서 사정을 아뢰었다. 압살롬은 그제야 부름을 받았다. 그는 왕 앞에 나아가 공손히 엎드려 절했다. 왕은 압살롬에게 입을 맞추었다.

압살롬이 반란을 일으키다

15

1-2 세월이 흘렀다. 압살롬은 말이 끄는 전차를 즐겨 탔는데, 쉰 명의 부하가 그 앞에서 달렸다. 그는 아침마다 일찍 성문 앞 길가에 자리를 잡았다. 누가 왕의 판결을 받기 위해 송사를 가지고 나타나면, 압살롬은 그를 불러서 "어디 출신이오?" 하고 물었다.

그러면 "종은 이스라엘의 어느 지파 출신입니다"라는 대답이 돌아왔다.

3-6 이에 압살롬은 "보시오. 당신의 주장이 옳지만 왕께서는 당신의 말을 들어주지 않으실 것이오" 하고 말했다. 또한 그는 "왜 아무도 나를 이 땅의 재판관으로 삼지 않는지 모르겠소. 누구든지 소송할 것을 내게 가져오면, 아주 공정하게 처리해 줄 텐데 말이오" 하고 말했다. 누가 그에게 특별히 예를 갖출 때마다, 압살롬은 그를 일으켜 세우며 대등한 사람처럼 대하여 그가 중요하다는 느낌을 심어 주었다. 압살롬은 왕에게 볼일이 있어 오는 모든 사람을 그렇게 대했고, 결국 모든 이스라엘 사람의 마음을 사로잡았다.

7-8 그렇게 사 년이 지난 후에, 압살롬이 왕에게 말했다. "헤브론에 가서 제가 하나님께 드렸던 서원을 갚게 해주십시오. 이 종이 아람의 그술에 살 때, 하나님께서 저를 예루살렘으로 돌아가게 해주시면 평생 동안 그분을 섬기겠다고 서원했습니다."

9 왕이 그에게 말했다. "내가 축복하니 가거라." 압살롬은 일어나 헤브론으로 떠났다.

10-12 그 후에 압살롬은 이스라엘의 모든 지파에 첩자들을 보내 메시지를 전했다. "숫양 뿔나팔 소리가 들리거든 그것을 신호로 알고 '압살롬이 헤브론에서 왕이 되었다!' 하고 외쳐라." 예루살렘에서 이백 명이 압살롬과 함께 떠났다. 그들은 압살롬의 음모에 대해서는 전혀 모른 채 소집되어, 별다른 생각 없이 그곳으로 갔다. 압살롬은 제사를 드리면서 다윗의 보좌관인 길로 사람 아히도벨을 끌어들일 수 있었다. 그는 사람을 보내어 아히도벨을 그의 고향 길로에서 오게 했다. 음모는 점점 탄탄해졌고, 압살롬의 지지 세력은 불어났다.

13 누군가가 다윗에게 와서 보고했다. "백성의 마음이 모두 압살롬에게 기울었습니다!"

14 "일어나 이곳을 떠나자!" 다윗이 예루살렘에 함께 있던 신하들에게 소리쳤다. "필사적으로 달아나야 한다. 그렇지 않으면 우리 중 누구도 압살롬을 피하지 못할 것이다! 서둘러라. 그가 곧 성을 완전히 무너뜨리고 우리를 모조리 죽일 것이다!"

15 왕의 신하들이 말했다. "무엇이든 우리 주인이신 왕께서 말씀하시는 대로 따르겠습니다. 우리는 끝까지 왕과 함께하겠습니다!"

16-18 왕과 그의 온 집안은 걸어서 피난을 떠났다. 왕은 후궁 열 명을 뒤에 남겨 왕궁을 돌보게 했다. 그렇게 그들이 길을 떠나 한 걸음 한 걸음 가다가 마지막 궁에서 잠시 멈추었다. 그때 온 군대가 왕 앞으로 지나갔다. 모든 그렛 사람과 모든 블렛 사람, 그리고 가드에서 왕과 함께 행군해 온 가드 사람 육백 명이 왕 앞으로 지나갔다.

19-20 왕이 가드 사람 잇대에게 큰소리로 말했다. "여기서 무엇을 하고 있는 거요? 압살롬에게 돌아가시오. 그대는 이곳에서 나그네고 고국에서 뿌리를 잃은 지 얼마 되지 않았소. 그대가 겨우 얼마 전 이곳에 왔는데, 내가 어떻게 그대에게 떠돌이 생활을 감당하면서 우리 쪽에 명운을 걸라고 할 수 있겠소? 돌아가시오. 그대의 집안 사람도 모두 데리고 가시오. 하나님의 은혜와 진리가, 그대와 함께하기를 빌겠소!"

21 잇대가 대답했다. "하나님께서 살아 계심과 내 주인이신 왕께서 살아 계심

을 두고 맹세합니다. 내 주인께서 계신 그곳이, 죽든지 살든지 제가 있는 곳이 될 것입니다."

22 "알겠소. 앞장서시오." 다윗이 말했다. 그래서 가드 사람 잇대와 그의 모든 부하와 그와 함께한 모든 자녀가 앞서 갔다.

23-24 그들이 지나갈 때, 온 나라가 크게 슬퍼하며 울었다. 왕이 기드론 시내를 건너자, 군대는 광야 길로 향했다. 그곳에 사독이 있었고 하나님의 언약 궤를 멘 레위인도 함께 있었다. 그들은 하나님의 궤를 내려놓았다. 아비아달도 그 곁에 서서 그들이 모두 성을 빠져나갈 때까지 기다렸다.

25-26 그때 왕이 사독에게 명령했다. "궤를 가지고 성으로 돌아가시오. 만일 내가 다시 하나님의 선하신 은혜를 입으면, 그분께서 나를 데려오셔서 궤가 있던 곳을 다시 보게 하실 것입니다. 그러나 그분께서 '내가 너를 기뻐하지 않는다'고 말씀하시면, 그때는 무엇이든 그분의 뜻대로 내게 행하셔도 좋습니다."

27-30 왕이 또 제사장 사독에게 지시했다. "나에게 계획이 있습니다. 그대의 아들 아히마아스와 아비아달의 아들 요나단을 데리고 성으로 평안히 돌아가시오. 그대들이 내게 근황을 전해 올 때까지, 나는 요단 강 건너편 광야의 한 지점에서 기다리겠습니다." 그래서 사독과 아비아달은 하나님의 궤를 가지고 예루살렘으로 돌아가 궤를 그 자리에 두었고, 다윗은 머리를 가리고 울면서 맨발로 올리브 산을 올라갔다. 온 군대도 그와 함께 머리를 가리고 울면서 올라갔다.

31 다윗은 "아히도벨이 압살롬과 함께 음모를 꾸민 자들과 한패가 되었다"는 말을 들었다. 다윗은 "하나님, 아히도벨의 조언이 어리석은 것이 되게 해주십시오" 하고 기도했다.

32-36 다윗이 하나님을 예배하는 산꼭대기에 가까이 왔을 때, 아렉 사람 후새가 옷이 갈기갈기 찢기고 머리에 흙을 뒤집어쓴 채로 그곳에서 다윗을 기다리고 있었다. 다윗이 말했다. "그대가 나와 함께 가면 짐만 될 뿐이오. 성으로 돌아가서 압살롬에게 '왕이시여, 내가 기꺼이 왕의 종이 되겠습니다. 내가 전에는 당신 아버지의 신하였으나, 이제는 왕의 신하입니다' 하고 말하시오. 그렇게 하면 그대는 그곳에서 나를 위해 아히도벨의 조언을 어지럽힐 수

있을 것이오. 제사장 사독과 아비아달이 이미 그곳에 있소. 그대가 왕궁에서
얻는 모든 정보를 그들에게 알려 주시오. 그들의 두 아들 곧 사독의 아들 아
히마아스와 아비아달의 아들 요나단도 거기에 함께 있으니, 무엇이든 그대
가 얻는 것을 그들 편에 보내면 되오."

³⁷ 다윗의 친구 후새가 성에 도착할 즈음 압살롬도 예루살렘으로 들어오고
있었다.

16 ¹ 다윗이 산마루를 지난 지 얼마 안되어 므비보셋의 종인 시바가
짐을 가득 실은 짐승 한 떼를 이끌고 왕을 맞이했다. 안장을 지운
짐승 등에는 **빵 백 덩이**, 건포도과자 백 개, 신선한 과일 백 광주리, 포도주
한 가죽부대가 실려 있었다.

² 왕이 시바에게 말했다. "이것이 다 무엇이냐?"

시바가 말했다. "나귀들은 왕의 가족들이 타고, 빵과 포도주는 신하들이 먹
도록 가져왔습니다. 포도주는 광야에서 피로에 지친 사람들에게 도움이 될
것입니다."

³ 왕이 말했다. "그런데 네 주인의 손자는 어디 있느냐?"

시바가 말했다. "그는 예루살렘에 남았습니다. 그는 '지금이야말로 이스라엘
이 내 할아버지의 나라를 내게 돌려줄 때다' 하고 말했습니다."

⁴ 왕이 말했다. "므비보셋에게 속한 모든 것이 이제 네 것이다."

시바가 말했다. "무슨 말로 감사를 드려야 할지 모르겠습니다. 내 주인인 왕
이시여, 저는 영원히 왕께 은혜를 입은 자입니다. 언제나 저를 이렇게 너그
러이 살펴 주시기를 바랍니다!"

⁵⁻⁸ 왕이 바후림에 이르자, 사울 집안의 친척 한 사람이 나타났다. 그는 게라
의 아들로, 이름은 시므이였다. 그는 따라오면서 큰소리로 다윗과 그의 신하
와 군사들에게 욕을 퍼붓고 마구 돌을 던졌다. 그는 저주하며 이렇게 소리쳤
다. "이 학살자야, 잔인한 자야, 꺼져 버려라. 사라져 버려라! 네가 사울 집
안에 온갖 비열한 짓을 행하고 그의 나라를 **빼앗은** 것을 **하나님**께서 이렇게

벌하시는구나. 하나님께서 이 나라를 네 아들 압살롬의 손에 넘겨주셨다. 네 꼴을 보아라. 망했구나! 꼴좋다. 이 딱한 노인네야!"

⁹ 스루야의 아들 아비새가 말했다. "저 천한 개가 내 주인이신 왕을 이렇게 모욕하도록 놔둘 수 없습니다. 제가 건너가서 목을 베겠습니다!"

¹⁰ 그러나 왕이 말했다. "너희 스루야의 아들들은 어째서 걸핏하면 끼어들고 나서는 것이냐? 그가 저주를 하는 까닭은 하나님께서 '다윗을 저주하라'고 하셨기 때문이다. 그러니 누가 감히 그를 나무라겠느냐?"

¹¹⁻¹² 다윗은 아비새와 나머지 신하들에게 말했다. "그뿐 아니라 내 아들, 내 혈육이 지금 나를 죽이려 하고 있소. 거기에 비하면 저 베냐민 사람이 하는 일은 아무것도 아니오. 그에게 마음 쓰지 마시오. 저주하게 놔두시오. 그는 내게 하나님의 말씀을 전하고 있는 것이오. 혹시 하나님께서 오늘 내가 처한 곤경을 보시고 이 저주를 좋은 일로 바꾸어 주실지 누가 알겠소."

¹³ 다윗과 그의 부하들이 계속해서 길을 가는 동안, 시므이는 산등성이를 나란히 따라오면서 저주하고 돌을 던지며 흙먼지를 일으켰다.

¹⁴ 다윗과 그의 일행이 요단 강에 이르렀을 즈음, 그들은 지칠 대로 지쳐 있었다. 거기서 쉬면서 그들은 기운을 되찾았다.

¹⁵ 그 즈음 압살롬과 그의 부하들은 예루살렘에 있었다. 아히도벨도 그들과 함께 있었다.

¹⁶ 그때에 다윗의 친구인 아렉 사람 후새가 압살롬에게 와서 인사했다. "압살롬 왕 만세! 압살롬 왕 만세!"

¹⁷ 압살롬이 후새에게 말했다. "그대가 친한 친구에게 표하는 우정의 방식이 이것이오? 그대는 왜 친구인 다윗과 함께 가지 않았소?"

¹⁸⁻¹⁹ 후새가 말했다. "하나님과 이 백성과 이스라엘이 택한 분과 함께 있고 싶어서 그랬습니다. 나는 왕과 함께 남고 싶습니다. 이제 압살롬 왕 외에 누구를 섬길 수 있겠습니까? 전에 왕의 아버지를 섬긴 것처럼, 이제 기꺼이 왕을 섬기겠습니다."

²⁰ 그러자 압살롬이 아히도벨에게 말했다. "의견을 말해 보시오. 우리가 다음

에 할 일은 무엇이오?"

21-22 아히도벨이 압살롬에게 말했다. "가서 왕의 아버지의 후궁들, 그가 왕궁을 돌보라고 남겨 둔 후궁들과 잠자리를 같이하십시오. 왕께서 아버지를 공개적으로 욕되게 했다는 소식을 모두가 듣게 될 테니, 왕 편에 선 사람들의 사기가 높아질 것입니다." 그래서 압살롬은 사람들이 볼 수 있도록 옥상 위에 천막을 치고 그 안에 들어가 아버지의 후궁들과 잠자리를 같이했다.

23 당시 아히도벨의 조언은 마치 하나님께서 친히 하시는 말씀처럼 여겨졌다. 다윗도 그렇게 생각했고 압살롬도 마찬가지였다.

17

1-3 아히도벨이 압살롬에게 제안했다. "제가 만이천 명을 선발하여 오늘 밤 다윗을 쫓아가겠습니다. 그가 기진맥진해 있을 때 불시에 그를 덮치겠습니다. 그러면 모든 군대가 도망칠 텐데, 저는 다윗만 죽이겠습니다. 그리고 나서 신부를 신랑에게 되돌려 주듯 군대를 왕께 되돌려 드리겠습니다! 왕께서 찾는 사람은 어차피 한 명이 아닙니까. 그러면 모든 사람이 평안하게 될 것입니다!"

4 압살롬은 그것을 탁월한 전략이라 여겼고, 이스라엘의 모든 장로도 동의했다.

5 하지만 압살롬은 "아렉 사람 후새를 불러들여라. 그의 말도 들어 보자" 하고 말했다.

6 후새가 오자 압살롬이 그에게 물었다. "아히도벨이 이렇게 조언했소. 우리가 그 말대로 해도 되겠소? 그대 생각은 어떻소?"

7-10 후새가 말했다. "이번에는 적절치 않은 것 같습니다. 왕께서도 알다시피, 왕의 아버지와 그의 부하들은 용맹스러운 데다 새끼를 빼앗긴 곰처럼 잔뜩 화가 나 있습니다. 그뿐 아니라 백전노장인 왕의 아버지는 이 같은 상황에서 잠을 자다가 붙잡힐 사람이 아닙니다. 지금 우리가 말하고 있는 동안에도 그는 분명 동굴이나 다른 곳에 숨어 있을 것입니다. 그가 매복해 있다가 왕의 부하들을 덮치면 '압살롬의 군대가 죽임을 당했다!'는 말이 금세 퍼질 것입니다. 왕의 부하들이 용감하여 사자의 심장을 가졌다 해도, 그런 소식을 들

으면 이내 무너지고 말 것입니다. 왕의 아버지의 싸움 실력이 대단하고 그와 함께한 부하들 또한 그러하다는 것을 온 이스라엘이 잘 알고 있습니다.

11-13 저의 조언은 이렇습니다. 단에서 브엘세바까지 온 나라에서 바닷가의 모래알처럼 많은 군대를 소집하여 왕께서 그들을 직접 이끄십시오. 다윗이 어디에 있든지 우리가 그를 찾아내어, 이슬이 땅에 내리는 것처럼 그를 습격할 것입니다. 그러면 한 사람도 살아남지 못할 것입니다. 그가 어떤 성 안에 숨어 있다면, 군대 전체가 밧줄을 가지고 가서 그 성을 계곡으로 끌어내리면 됩니다. 그러면 그곳에는 돌멩이 하나 남지 않을 것입니다!"

14 압살롬과 그의 일행은 아렉 사람 후새의 조언이 아히도벨의 조언보다 낫다는 데 뜻을 같이했다. (하나님께서 아히도벨의 조언을 믿지 못하게 만들어 압살롬을 망하게 하시기로 작정하셨던 것이다.)

15-16 그 후에 후새는 제사장 사독과 아비아달에게 말했다. "아히도벨이 압살롬과 이스라엘 장로들에게 이러저러하게 조언했는데, 나는 그들에게 이러저러하게 조언했습니다. 이제 최대한 빨리 다윗 왕께 이 메시지를 전하십시오. '강 이편에서 밤을 보내지 말고 즉시 강을 건너십시오. 그렇지 않으면 왕과 왕과 함께한 모든 사람이 산 채로 삼켜질 것입니다.'"

17-20 요나단과 아히마아스는 엔로겔에서 배회하며 기다렸다. 한 여종이 와서 그들에게 메시지를 전하면 그들이 다윗 왕에게 가서 알리기로 되어 있었다. 자칫 성 안에 들어가다가 눈에 띄면 위험했기 때문이다. 그러나 한 군사가 그들을 보고 압살롬에게 알렸다. 그래서 그 두 사람은 재빨리 그곳을 나와 바후림에 있는 어떤 사람의 집으로 갔다. 그 집 마당에 우물이 있어 그들은 그 속으로 기어 들어갔다. 그 집의 안주인이 담요를 가져다 우물을 덮고 그 위에 곡식을 널어, 누구도 이상한 점을 눈치채지 못하게 했다. 얼마 안 되어 압살롬의 부하들이 그 집에 와서 그녀에게 물었다. "아히마아스와 요나단을 보았소?"

그 여인이 대답했다. "강 쪽으로 갔습니다."

부하들은 결국 그들을 찾지 못하고 예루살렘으로 돌아갔다.

21 위험이 사라지자, 아히마아스와 요나단은 우물에서 기어올라 와, 그 길로

다윗 왕에게 가서 보고했다. "일어나서 빨리 강을 건너십시오. 아히도벨이 왕께 불리한 조언을 했습니다!"

²² 다윗과 그의 군대가 바로 일어나 이동하여 요단 강을 건넜다. 동틀 무렵에는 요단 강을 건너지 못한 사람이 하나도 없었다.

²³ 아히도벨은 자신의 조언이 채택되지 않았음을 알고 나귀에 안장을 지워 고향으로 떠났다. 그는 유언을 작성하고 집을 정리한 뒤에, 목매달아 죽었다. 그는 가족 묘지에 묻혔다.

²⁴⁻²⁶ 다윗이 마하나임에 도착할 무렵, 압살롬은 이스라엘의 모든 군대와 함께 요단 강을 건넜다. 압살롬은 요압을 대신하여 아마사를 군사령관으로 삼았다. (아마사는 이드라라는 사람의 아들인데, 이드라는 요압의 어머니 스루야의 여동생인 나하스의 딸 아비갈과 결혼한 이스마엘 사람이다.) 이스라엘과 압살롬은 길르앗에 진을 쳤다.

²⁷⁻²⁹ 다윗이 마하나임에 이르자, 암몬의 랍바 출신 나하스의 아들 소비가 찾아왔고 로드발에서 암미엘의 아들 마길, 로글림 출신 길르앗 사람 바르실래가 찾아왔다. 그들이 침상과 이불을 가져왔고 밀과 보리, 밀가루, 볶은 곡식, 콩과 팥, 꿀, 소 떼와 양 떼에서 난 버터와 치즈가 가득 들어 있는 사발과 단지도 가져왔다. 그들은 그 모든 것을 다윗과 그의 군대에게 선물하면서 "군대가 광야에 있으니 얼마나 배고프고 피곤하며 목마르겠습니까" 하고 말했다.

압살롬의 죽음

18 ¹⁻² 다윗은 병력을 조직하여, 천부장과 백부장을 임명했다. 또 군대를 셋으로 나누어 삼분의 일은 요압 밑에, 삼분의 일은 스루야의 아들이요 요압의 동생인 아비새 밑에, 나머지 삼분의 일은 가드 사람 잇대 밑에 배치시켰다.

그러고 나서 왕은 "나도 그대들과 함께 진군하겠소" 하고 공표했다.

³ 그들이 말했다. "아닙니다. 왕께서 우리와 함께 진군하시면 안됩니다. 우리가 어쩔 수 없이 후퇴해도 적은 신경 쓰지 않을 것입니다. 우리 가운데 절반

이 죽어도 역시 마찬가지일 것입니다. 하지만 왕은 우리 만 명만큼의 가치가
있는 분입니다. 왕께서는 이 성 안에 계시면서 우리를 도우시는 편이 더 좋
겠습니다."

⁴ 왕이 말했다. "그렇다면 그대들 생각에 따르겠소." 그래서 그는 성문 옆에
남고, 온 군대는 백 명씩 천 명씩 진군해 나갔다.

⁵ 그때 왕이 요압과 아비새와 잇대에게 명령했다. "나를 생각해서 어린 압살
롬을 너그러이 대해 주시오." 왕이 압살롬에 대해 세 지휘관에게 내린 명령
을 온 군대가 들었다.

⁶⁻⁸ 군대는 출전하여 이스라엘과 맞섰다. 전투는 에브라임 숲에서 벌어졌다.
그날 거기서 이스라엘 군이 다윗의 부하들에게 참패했는데, 사상자가 이만
명에 이르는 엄청난 살육이었다! 그날 사방에서 허둥대며 싸우느라 칼에 죽
은 사람보다 숲에서 죽은 사람이 더 많았다!

⁹⁻¹⁰ 압살롬이 다윗의 부하들과 마주쳤다. 압살롬이 노새를 타고 그들 앞에
나섰을 때, 노새가 큰 상수리나무 가지 아래로 내달렸다. 압살롬의 머리가
상수리나무에 걸려 몸이 공중에 매달리고, 노새는 그 밑으로 빠져나갔다. 한
군사가 그것을 보고 요압에게 보고했다. "압살롬이 상수리나무에 매달려 있
는 것을 방금 보았습니다."

¹¹ 요압은 그 소식을 알린 사람에게 말했다. "네가 그를 보았으면서, 왜 그 자
리에서 죽이지 않았느냐? 그랬다면 너는 은화 열 개와 고급 허리띠를 상으
로 받았을 것이다."

¹²⁻¹³ 그러자 그 사람이 요압에게 말했다. "은화 천 개를 얻을 수 있다 해도,
저는 왕의 아들에게 해를 입히지 않을 것입니다. 왕께서 장군과 아비새 장군
과 잇대 장군에게 '나를 생각해서 어린 압살롬을 지켜 주시오' 하고 말씀하시
는 것을 우리 모두가 들었습니다. 왕께는 아무것도 숨길 수 없으니 자칫하면
제 목숨이 날아갈 것입니다. 장군께서 그 자리에 계셨어도 지켜보기만 하셨
을 것입니다!"

¹⁴⁻¹⁵ 요압이 말했다. "너와 허비할 시간이 없다." 그러더니 그는 칼 세 자루를
쥐고, 아직 나무에 산 채로 매달려 있는 압살롬의 심장을 찔렀다. 그러자 요

압의 무기를 드는 자 열 명이 압살롬을 에워싸고 그를 마구 찔러 죽였다.

16-17 요압은 숫양 뿔나팔을 불어 군대의 이스라엘 추격을 중지시켰다. 그들은 압살롬의 주검을 들어다가 숲 속의 큰 구덩이에 던지고 그 위에 거대한 돌무더기를 쌓았다.

그동안 이스라엘 군대는 모두 도망하여 각자 집으로 돌아갔다.

18 압살롬은 살아 있을 때 자기를 위해 왕의 골짜기에 기둥을 하나 세우고 "내 이름을 이을 아들이 없다"고 말했다. 그는 그 기둥에 자신의 이름을 새겼다. 오늘까지도 그 기둥은 '압살롬 기념비'라고 불린다.

19-20 사독의 아들 아히마아스가 말했다. "제가 왕께 달려가 하나님께서 왕을 적들의 손에서 구하셨다는 이 기쁜 소식을 전하겠습니다." 그러나 요압이 말렸다. "오늘 기쁜 소식을 전할 사람은 네가 아니다. 다른 날은 어떨지 몰라도 오늘 이 소식은 '기쁜 소식'이 아니다." (왕의 아들이 죽었기 때문이다.)

21 그러더니 요압은 한 구스 사람에게 명령했다. "네가 가서 본 것을 왕께 아뢰어라."

구스 사람이 "예, 장군님" 하고 달려갔다.

22 사독의 아들 아히마아스가 끈질기게 요압에게 청했다. "무슨 문제가 있겠습니까? 저도 구스 사람을 따라가게 해주십시오."

요압이 말했다. "왜 이리도 달려가지 못해서 안달이냐? 이 일은 잘했다는 소리를 들을 일이 아니다."

23 "괜찮습니다. 가게 해주십시오."

"좋다. 가거라." 요압이 말했다. 그래서 아히마아스는 아래 골짜기 길로 달려가 구스 사람을 앞질렀다.

24-25 다윗은 두 문 사이에 앉아 있었다. 초병이 문 위의 성벽에 올라가 사방을 둘러보고 있는데, 달려오는 사람 하나가 보였다. 초병은 아래를 향해 왕에게 외쳤다. 왕이 말했다. "혼자라면 틀림없이 기쁜 소식이다!"

25-26 달려오던 사람이 가까워질 즈음에 초병은 또 다른 사람이 달려오는 것을 보고 문 쪽에 대고 외쳤다. "또 다른 사람이 달려오고 있습니다."

그러자 왕이 말했다. "이것도 틀림없이 기쁜 소식이다."

²⁷ 그때 초병이 말했다. "첫 번째 사람을 보니, 뛰는 것이 사독의 아들 아히마아스 같습니다."

왕이 말했다. "그는 좋은 사람이다. 반드시 기쁜 소식을 가져올 것이다."

²⁸ 그때 아히마아스가 큰소리로 왕에게 말했다. "평안하시기를 빕니다!" 그는 얼굴을 땅에 대고 왕 앞에 엎드려 절했다. "왕의 하나님을 찬양합니다. 내 주인이신 왕께 반역한 자들을 그분께서 왕의 손에 넘겨주셨습니다."

²⁹ 왕이 물었다. "그런데 어린 압살롬은 괜찮으냐?"

아히마아스가 말했다. "요압이 저를 보낼 때 제가 큰 소동을 보았으나, 무슨 일인지는 모르겠습니다."

³⁰ 왕이 말했다. "비켜나 옆에 서 있거라." 그는 비켜났다.

³¹ 그때 구스 사람이 도착하여 말했다. "내 주인인 왕이시여, 기쁜 소식입니다! 오늘 하나님께서 왕에게 반역한 모든 자를 제압하고 왕에게 승리를 안겨 주셨습니다!"

³² 왕이 말했다. "그런데 어린 압살롬은 괜찮으냐?"

그러자 구스 사람이 대답했다. "내 주인이신 왕의 모든 원수와 왕을 대적하여 일어나는 모든 악한 자가 그 젊은이처럼 되기를 원합니다."

³³ 이 말을 듣고 충격을 받은 왕은 마음이 찢어질 듯 아파서, 문 위의 방으로 올라가 슬피 울었다. 그는 울면서 이렇게 부르짖었다.

내 아들 압살롬아, 내 사랑하는 아들 압살롬아!
차라리 너 대신 내가 죽을 것을, 어째서 너란 말이냐.
압살롬아, 내 사랑하는 아들아!

다윗이 압살롬의 죽음을 슬퍼하다

19

¹⁻⁴ 요압은 다윗이 압살롬 때문에 울며 슬퍼하고 있다는 말을 들었다. "왕께서 아들 때문에 슬퍼하고 계시다"는 말이 군사들 사이

에 두루 퍼지면서 승리의 날이 애도의 날로 바뀌었다. 그날 군사들은 뿔뿔이 흩어져 성으로 돌아왔는데, 사기가 꺾이고 기가 죽어 있었다. 그런데도 왕은 얼굴을 두 손에 묻고 큰소리로 슬퍼했다.

내 아들 압살롬아,
압살롬, 내 사랑하는 아들아!

5-7 요압이 은밀히 왕을 나무랐다. "왕의 아들딸과 아내와 첩들의 목숨은 물론이요 왕의 목숨까지 구한 충성스런 신하들을 이렇게 맥 빠지게 하시다니, 정말 해도 너무하십니다. 왕을 미워하는 사람은 사랑하시고 왕을 사랑하는 사람은 미워하시니, 이게 어찌 된 일입니까? 지금 왕의 행동은 지휘관과 군사들이 왕께 아무 의미가 없다는 메시지를 전해 주고 있습니다. 압살롬이 살아 있고 우리가 다 죽었으면 기쁘셨겠습니까? 정신 차리십시오. 밖으로 나가 왕의 신하들에게 용기를 북돋아 주십시오! 하나님께 맹세하는데, 왕께서 그들에게 가지 않으시면 그들이 왕을 떠나 버릴 것입니다. 해가 질 무렵에는 단 한 명의 군사도 이곳에 남아 있지 않을 것입니다. 그렇게 되면 지금까지와는 비교할 수 없는 최악의 사태가 벌어지게 될 것입니다."

8 그러자 왕이 밖으로 나가 성문에 자리했다. 곧 모두가 알아보고 말했다. "보아라! 왕이 우리를 보러 나오셨다." 그의 모든 군대가 나와 왕 앞에 모습을 보였다. 그러나 이스라엘 사람들은 이미 전쟁터에서 도망쳐 각자 집으로 돌아갔다.

9-10 한편, 이스라엘 백성이 지도자들에게 불평했다. "원수들의 손에서 우리를 여러 번 구하고 블레셋 사람의 손에서 우리를 구한 분은 왕이 아니십니까? 그 왕이 지금 압살롬 때문에 이 나라를 떠나셨습니다. 그리고 우리가 왕으로 삼았던 압살롬은 전쟁터에서 죽었습니다. 여러분은 무엇을 기다리고 있습니까? 어찌하여 왕을 다시 모셔 오지 않습니까?"

11-13 다윗이 그 말을 듣고 두 제사장 사독과 아비아달에게 말을 전했다. "유다 장로들에게 이렇게 물으십시오. '여러분은 어째서 왕을 궁으로 다시 모셔

오는 일을 주저합니까? 여러분은 내 형제들입니다! 내 혈육입니다! 그런데 어째서 왕을 궁으로 다시 모셔 오는 일을 맨 마지막에 하려고 합니까?' 아마사에게도 이렇게 전하십시오. '그대도 내 혈육이오. 하나님께서 내 증인이시거니와, 내가 그대를 요압을 대신하여 군사령관으로 삼겠소.'"

¹⁴ 다윗은 모든 유다 사람의 마음을 사로잡았다. 그들은 왕에게 사람을 보내어 한마음 한뜻으로 말했다. "왕과 왕의 모든 신하는 돌아오십시오."

¹⁵⁻¹⁸ 그래서 왕은 돌아왔다. 그가 요단 강에 이르렀을 때, 유다 사람들이 왕을 환영하고 호위해서 요단 강을 건너기 위해 길갈에 와 있었다. 바후림 출신의 베냐민 사람 게라의 아들 시므이도 급히 내려와 유다 사람과 합세했고, 베냐민 사람 천 명과 함께 왕을 맞았다. 사울의 종 시바도 아들 열다섯 명과 종 스무 명을 데리고 요단 강을 건너와 왕을 맞았고, 왕과 함께한 측근들이 강을 건너는 일을 도와 힘닿는 대로 왕을 편히 모셨다.

¹⁸⁻²⁰ 게라의 아들 시므이는 요단 강을 건너자마자 왕 앞에 엎드려 절하고 경의를 표하며 말했다. "내 주인이시여, 저를 나쁘게 생각하지 마십시오! 제 주인이신 왕께서 예루살렘을 떠나시던 날 제가 무책임하게 벌인 일을 눈감아 주시고, 그 일로 저를 나쁘게 보지 말아 주십시오. 제가 지은 죄를 잘 압니다. 하지만 지금 저를 보십시오, 요셉의 모든 지파 중에서 가장 먼저 내려와 내 주인이신 왕을 다시 영접합니다!"

²¹ 스루야의 아들 아비새가 끼어들었다. "더는 못 듣겠습니다! 우리가 이 자를 당장 죽여야 하지 않겠습니까? 이 자는 하나님의 기름부음 받은 왕을 저주한 자입니다!"

²² 그러나 다윗이 말했다. "너희 스루야의 아들들은 어찌하여 이토록 고집스럽게 싸우기를 좋아하느냐? 내가 다시 이스라엘의 왕이 되었으니, 오늘은 아무도 죽이지 않을 것이다!"

²³ 그러고 나서 왕은 시므이를 보며 "너는 죽지 않을 것이다" 하고 그에게 약속해 주었다.

²⁴⁻²⁵ 사울의 손자 므비보셋이 예루살렘에서 도착하여 왕을 맞았다. 왕이 떠나던 날부터 무사히 돌아온 날까지, 그는 머리도 빗지 않고 수염도 다듬지

않고 옷도 빨아 입지 않았다. 왕이 말했다. "므비보셋, 너는 어찌하여 나와 함께 가지 않았느냐?"

²⁶⁻²⁸ 그가 말했다. "내 주인인 왕이시여, 제 종이 저를 배반했습니다. 왕께서 아시는 것처럼, 저는 다리가 성치 못하므로 나귀를 타고 왕과 함께 가려고 종에게 나귀에 안장을 지우라고 했습니다. 그런데 그가 저에 대해서 왕께 거짓을 고했습니다. 내 주인이신 왕께서는 하나님의 천사와 같으셔서, 무엇이 옳은지 아시고 그 옳은 일을 행하시는 분입니다. 제 아버지 집 사람들은 모두 죽을 운명이 아니었습니까? 그런데 왕께서 저를 받아 주시고 왕의 식탁에서 먹게 해주셨습니다. 제가 그 이상 무엇을 더 바라거나 구할 수 있겠습니까?"

²⁹ 왕이 말했다. "됐다. 더 말하지 마라. 내 결정은 이러하다. 너는 시바와 재산을 나누어 가져라."

³⁰ 므비보셋이 말했다. "재산은 다 시바에게 주십시오! 다만 제가 걱정하는 것은 내 주인이신 왕께서 무사히 왕궁으로 돌아오시는 것뿐이었습니다!"

³¹⁻³² 길르앗 사람 바르실래가 로글림에서 내려와, 왕과 함께 요단 강을 건너며 왕을 배웅했다. 바르실래는 나이가 여든 살로 매우 늙었다! 그는 큰 부자였으므로 왕이 마하나임에 있는 동안 왕에게 필요한 것들을 공급했다.

³³ 왕이 바르실래에게 말했다. "나와 함께 예루살렘으로 갑시다. 내 그대를 보살펴 드리리다."

³⁴⁻³⁷ 그러나 바르실래는 그 제안을 사양했다. "제가 왕과 함께 예루살렘에 간다 한들 얼마나 더 살겠습니까? 제 나이가 여든이니 이제는 누구에게도 그다지 쓸모가 없습니다. 음식 맛도 모르고 풍악소리도 듣지 못합니다. 그런데 어쩌자고 내 주인이신 왕께 짐을 얹어 드리겠습니까? 저는 그저 왕과 함께 요단 강을 건너고 싶을 뿐입니다. 대단한 일은 아니지요. 저는 돌아가 제 고향에서 죽어 부모와 함께 묻힐 것입니다. 하지만 여기 제 종 김함이 있으니, 저 대신 그를 데려가 주십시오. 그를 잘 대해 주십시오!"

³⁸ 왕이 말했다. "알겠소. 김함이 나와 함께 갈 것이오. 그에게 잘 대해 주리다! 그 밖에도 그대가 생각하는 것이 있으면, 그것도 해드리겠소."

³⁹⁻⁴⁰ 군대가 요단 강을 건넜으나 왕은 중간에 남았다. 왕은 바르실래에게 입

을 맞추며 축복했고, 그는 집으로 돌아갔다. 그러고 나서 왕은 김함과 함께 길갈로 건너갔다.

40-41 유다의 온 군대와 이스라엘 군대의 절반이 왕과 함께 행진했다. 이스라엘 사람들이 왕에게 와서 말했다. "어찌하여 우리의 형제인 유다 사람들이 나서서 왕이 마치 자신들의 소유라도 되는 것처럼, 왕과 그 가족과 측근들을 호위하여 요단 강을 건넜습니까?"

42 유다 사람들이 반박했다. "왕이 우리의 친척이어서 그랬소! 그게 어쨌다고 소란을 피우는 것이오? 그 일로 우리가 특별대우를 받은 것이 있소? 당신들 보기에도 없지 않소?"

43 이스라엘 사람들이 되받았다. "당신들은 한 몫뿐이지만 우리는 왕에게 열 몫을 요구할 수 있소. 그뿐 아니라 우리가 맏아들이오. 그런데 어찌하여 우리가 조연을 맡아야 하는 것이오? 왕을 다시 모셔 오자는 것도 우리가 먼저 생각해 냈소."

그러나 유다 사람들의 태도가 이스라엘 사람들보다 더 강경했다.

20

1 그때에 베냐민 사람 비그리의 아들 세바라는 건달 하나가 숫양 뿔나팔을 불며 큰소리로 외쳤다.

우리는 다윗과 아무 상관이 없으며,
이새의 아들에게는 우리의 미래가 없다!
이스라엘아, 여기서 나가자, 각자 자기 장막으로 돌아가자!

2-3 그래서 이스라엘 사람들은 모두 다윗을 버리고 비그리의 아들 세바를 따라갔다. 그러나 유다 사람들은 요단 강에서 예루살렘에 이르기까지 왕의 곁에 남아서 충성을 다했다. 예루살렘 궁에 도착한 다윗 왕은, 왕궁을 지키도록 남겨 두었던 후궁 열 명을 데려다 격리시키고 그들을 감시하게 했다. 그들에게 필요한 것은 주었지만 그들을 찾아가지는 않았다. 그들은 죽는 날까

지 죄수처럼 갇혀서 평생을 생과부로 지냈다.

4-10 왕이 아마사에게 명령했다. "나를 위해 사흘 안에 유다 사람들을 소집하고 그대도 함께 오시오." 아마사가 왕의 명령을 수행하러 나갔으나, 복귀가 늦어졌다. 그래서 다윗은 아비새에게 말했다. "비그리의 아들 세바는 압살롬보다 더 큰 해를 우리에게 끼칠 것이오. 그가 우리의 손이 닿지 못하는 요새 성읍으로 숨기 전에, 나의 부하들을 데리고 가서 그를 추적하시오." 그래서 요압의 부하들과 그렛 사람과 블렛 사람 등 모든 정예군이 아비새의 지휘 아래 비그리의 아들 세바를 추적하러 예루살렘을 떠났다. 그들이 기브온 바위 근처에 이르렀을 때, 마침 아마사가 그들 쪽으로 다가왔다. 요압은 군복을 입고 칼이 든 칼집을 허리에 차고 있었는데, 칼이 빠져나와 땅에 떨어졌다. 요압은 아마사에게 "잘 있었는가, 형제여?" 하고 인사한 뒤에, 그에게 입을 맞추려는 체하며 오른손으로 아마사의 수염을 잡았다. 아마사는 요압의 다른 손에 칼이 있는 것을 보지 못했다. 요압이 아마사의 배를 찌르자 창자가 땅에 쏟아졌다. 다시 찌를 필요도 없이 그가 죽었다. 그러고 나서 요압과 그의 동생 아비새는 계속해서 비그리의 아들 세바를 쫓아갔다.

11-14 요압의 군사 가운데 하나가 아마사의 주검 위에 버티고 서서 외쳤다. "누구든지 요압의 편에서 다윗을 지지하는 자는 요압을 따르라!" 하고 소리를 질렀다. 아마사가 피가 흥건히 고인 채 길 한복판에 누워 있었으므로, 요압은 군대가 걸음을 멈추고 쳐다보지 못하도록 아마사의 주검을 밭으로 치워 놓고 담요로 덮었다. 그가 길에서 시체를 치우자마자, 군사들은 다시 요압을 따라 비그리의 아들 세바를 추적했다. 세바는 이스라엘의 모든 지파를 두루 다니다가 아벨벳마아가까지 갔다. 비그리 집안 사람들이 모두 모여 그를 따라 성으로 들어갔다.

15 요압의 군대가 도착하여 아벨벳마아가에서 세바를 포위했다. 그들은 성을 마주보고 공격용 보루를 쌓았다. 성벽을 무너뜨릴 작정이었다.

16-17 그러나 한 영리한 여인이 성에서 큰소리로 외쳤다. "모두들 들어 보십시오! 내가 할 말이 있으니, 요압 장군께 이리 가까이 오시라고 전해 주십시오." 요압이 다가오자 여인이 말했다. "요압 장군이십니까?"

그가 말했다. "그렇소."

여인이 말했다. "그렇다면 내 말을 잘 들어 보십시오."

그가 말했다. "듣고 있소."

18-19 "이 지방의 옛말에 답을 원하거든 아벨로 가서 해결하라고 했습니다. 이곳에 사는 우리는 평화롭고 믿을 수 있는 사람들입니다. 그런데 장군께서 와서 이스라엘의 어머니 같은 성읍을 허물려고 하십니다. 어찌하여 하나님께서 주신 유산을 망치려 하십니까?"

20-21 요압이 항변했다. "정말로 나를 완전히 오해하고 있소. 나는 누구를 해치거나 무엇을 부수려고 여기 온 것이 아니오! 에브라임 산지 출신의 한 사람, 비그리의 아들 세바라는 사람이 다윗 왕에게 반란을 일으켰소. 그 사람만 넘겨주면 우리는 이곳을 떠나겠소."

여인이 요압에게 말했다. "좋습니다. 성벽에서 그의 머리를 장군께 던지겠습니다."

22 여인이 성 안의 사람들에게 자신의 전략을 설명하자 사람들은 그 말대로 했다. 그들은 비그리의 아들 세바의 목을 베어 요압에게 던졌다. 요압이 숫양 뿔나팔을 부니 군사들이 모두 집으로 돌아갔다. 요압은 왕이 있는 예루살렘으로 돌아갔다.

23-26 요압은 다시 이스라엘 온 군대의 사령관이 되었다. 여호야다의 아들 브나야는 그렛 사람과 블렛 사람을 관할했고, 아도니람은 노역자들을 감독했다. 아힐룻의 아들 여호사밧은 기록관, 스와는 서기관, 사독과 아비아달은 제사장, 야일 사람이라는 다윗의 제사장이 되었다.

기근과 전쟁

21 1 다윗의 시대에 기근이 들었다. 기근은 해를 거듭하며 삼 년이나 이어졌다. 다윗이 하나님께 나아가 그 원인을 여쭈었다.

하나님께서 말씀하셨다. "사울이 기브온 사람을 함부로 죽이던 때부터 사울과 그의 집안이 손에 묻힌 피 때문이다."

² 그래서 왕은 기브온 사람을 불러 모아 물었다. (기브온 사람은 본래 이스라엘 자손이 아니라 아모리 사람 가운데 살아남은 자들로서, 이스라엘과 맺은 조약에 따라 보호를 받고 있었다. 그런데 이스라엘과 유다의 명예에 광적으로 집착하던 사울이 그들을 모두 죽여 없애려고 했다.)

³ 다윗이 기브온 사람에게 말했다. "내가 당신들에게 무엇을 해주면 좋겠소? 내가 무엇으로 보상해야 당신들이 하나님께서 유산으로 주신 이 땅과 백성을 축복할 수 있겠소?"

⁴ 기브온 사람이 대답했다. "우리는 사울과 그 집안의 돈을 바라지 않습니다. 이스라엘 사람 아무나 죽이는 것도 우리가 원하는 바가 아닙니다."

그러나 다윗은 집요하게 물었다. "내가 당신들에게 해주어야 할 일이 무엇이란 말이오?"

⁵⁻⁶ 그러자 그들이 왕에게 말했다. "우리를 없애려 했고 이스라엘에서 아예 씨를 말리려 했던 사람이 있었습니다. 그 사람의 자손 가운데 남자 일곱 명을 우리에게 넘겨주시면, 우리가 그들을 하나님 앞에서 처형하되, 사울이 살던 기브아, 곧 거룩한 산에서 그들의 목을 매어 달겠습니다."

그러자 다윗이 동의했다. "내가 그들을 당신들에게 넘겨주겠소."

⁷⁻⁹ 왕은 하나님 앞에서 요나단과 했던 약속 때문에 사울의 손자요 요나단의 아들인 므비보셋은 살려 두었다. 대신에 아야의 딸 리스바가 낳은 사울의 두 아들인 알모니와 므비보셋, 사울의 딸 메랍이 므홀랏 사람 바르실래의 아들인 아드리엘과의 사이에서 낳은 다섯 아들을 뽑았다. 왕이 그들을 기브온 사람에게 넘겨주자 기브온 사람이 그들을 산 위 하나님 앞에서 목을 매어 다니, 일곱이 모두 함께 죽었다. 그들이 처형된 때는 추수가 막 시작될 무렵, 보리 수확에 들어갈 때였다.

¹⁰ 아야의 딸 리스바는 굵은 베를 가져다가 자신을 위해 바위 위에 펼쳐 놓고, 추수가 시작될 때부터 호우가 쏟아질 때까지 낮에는 주검에 새가 앉지 못하게 하고 밤에는 들짐승이 범하지 못하게 했다.

¹¹⁻¹⁴ 다윗은 아야의 딸이요 사울의 첩인 리스바가 한 이 일을 전해 듣고, 야베스 길르앗 지도자들에게 가서 사울과 그의 아들 요나단의 유해를 찾아왔

다(전에 블레셋 사람이 길보아에서 사울과 요나단을 죽인 뒤에 벳산 성읍 광장에 매달았는데, 야베스 길르앗 지도자들이 거기서 그들의 주검을 거두어 왔다). 다윗은 두 사람의 유해를 가져와 얼마 전 사람들이 목 매어 달아 죽인 일곱 사람의 주검과 함께 두었다. 그리고 그 주검들을 베냐민 땅으로 다시 옮겨 사울의 아버지 기스의 묘지에 잘 묻어 주었다.

백성은 왕의 명령대로 다 행했다. 이로써 문제가 해결되어, 그때부터 하나님께서 그 땅을 위한 이스라엘의 기도에 응답하셨다.

15-17 블레셋 사람과 이스라엘 사이에 다시 전쟁이 벌어지자, 다윗과 그의 부하들이 내려가 싸웠다. 다윗은 몹시 지쳐 있었다. 라파 자손의 용사 이스비브놉이 무게가 4킬로그램에 가까운 창을 들고 새 갑옷을 입고 나와 자기가 다윗을 죽이겠다고 큰소리쳤다. 그러자 스루야의 아들 아비새가 가서, 다윗을 구하고 그 블레셋 사람을 쳐죽였다.

다윗의 부하들은 그에게 맹세하며 말했다. "왕께서는 더 이상 전선에 나오지 마십시오! 이스라엘의 등불이 꺼져서는 안됩니다!"

18 그 후에 곱에서 다시 블레셋 사람과 작은 충돌이 있었다. 그때 후사 사람 십브개가 삽을 죽였는데, 삽도 라파 자손의 또 다른 용사였다.

19 곱에서 블레셋 사람과 또다시 전투할 때, 베들레헴의 베 짜는 사람인 야르의 아들 엘하난이 가드 사람 골리앗을 죽였는데, 골리앗의 창은 깃대만큼이나 컸다.

20-21 또 가드에서 싸움이 벌어졌을 때는 손가락과 발가락이 여섯 개씩 모두 스물네 개인 거인이 나왔다! 그도 라파 자손이었다. 그가 이스라엘을 모욕하자, 다윗의 형 시므아의 아들 요나단이 그를 죽였다.

22 이 네 사람은 가드 출신의 라파 자손으로, 모두 다윗과 그의 군사들에게 목숨을 잃었다.

다윗의 승전가

22

¹ 하나님께서 다윗을 모든 원수와 사울에게서 구해 주셨을 때에, 다윗은 이 노랫말로 하나님께 기도했다.

2-3 하나님은 내가 발 디딜 반석

내가 거하는 성채,

나를 구해 주시는 기사.

나, 높은 바위산 내 하나님께

죽기 살기로 달려가

그 병풍바위 뒤에 숨고

그 든든한 바위 속에 몸을 감춘다.

내 산꼭대기 피난처이신 그분께서

나를 무자비한 자들의 손에서 구해 주신다.

⁴ 존귀한 찬송을 하나님께 부르며

나, 안전과 구원을 누린다.

5-6 죽음의 물결이 밀어닥치고

마귀의 물살이 나를 덮쳤다.

지옥 끈에 꽁꽁 묶이고

죽음의 덫에 갇혀 출구가 모조리 막혔다.

⁷ 이리도 험악한 세상! 나는 하나님께 외쳤다.

나의 하나님을 소리쳐 불렀다.

그랬더니 하나님께서 그분의 왕궁에서 들으셨다.

내 부르짖음을 들으시고 나를 당신 앞에 불러 주셨다.

나를 독대해 주셨다!

8-16 땅이 진동하고 요동치며

하늘이 나뭇잎처럼 흔들렸다.

사시나무 떨듯 떨었다.

그분께서 격노하셨기 때문이다.

코로 씩씩 연기를 내뿜으시고

입으로 불을 내뿜으셨다.

불 혀들이 널름거렸다.

하늘을 말아 내리고

땅을 밟으시니

땅 밑으로 심연이 패였다.

날개 돋친 생물을 타고,

바람날개를 타고 날아오르셨다.

먹구름을

외투로 두르셨다.

그러나 혜성처럼 거대한 불빛이 나타났다.

구름을 비집고 나오는 그분의 광채였다.

하나님께서 하늘에서 천둥소리를 내셨다.

높으신 하나님께서 고함을 지르셨다.

하나님께서 활을 쏘셨다. 일대 아수라장이 되었다!

번개를 내리꽂으셨다. 다들 혼비백산 달아났다!

하나님께서 노호하시며

폭풍 분노를 터뜨리시자,

대양의 숨은 원천이 드러나고

대지의 심부가 훤히 드러났다.

17-20 그러나 그분께서 나를 붙잡아 주셨다.

하늘에서 바다까지 손을 뻗어 끌어올려 주셨다.

그 증오의 바다에서, 원수가 일으킨 혼돈으로부터,

내가 빠져든 그 공허로부터,
쓰러진 나를 그들이 걷어찼지만,
하나님께서 내 곁을 지켜 주셨다.
그분께서 나를 탁 트인 들판에 세워 주셨다.
나, 구원받아 거기 섰다. 놀라운 사랑이여!

²¹⁻²⁵ 조각난 내 삶을 다 맡겨 드렸더니,
하나님께서 온전하게 만들어 주셨다.
내 행위를 깨끗이 하자,
새 출발을 허락해 주셨다.
진정, 나는 **하나님**의 도(道)에 늘 정신을 바짝 차렸고,
하나님을 예사롭게 여기지 않았다.
매일 나는 그분이 일하시는 방식을 유심히 살피며
하나도 놓치지 않으려 애쓴다.
다시 시작하는 마음으로
한 걸음 한 걸음 신중히 내딛는다.
내 마음을 열어 보여드리니
하나님께서 내 인생 이야기를 다시 써 주셨다.

²⁶⁻²⁸ 주께서는 주를 붙드는 이들을 붙드시며,
주께 진실한 이들을 진실히 대하십니다.
주께서는 선한 이들을 선대하시며,
악한 이들은 짓궂게 괴롭히십니다.
주께서는 밟히는 이들의 편을 들어주시며,
콧대 높은 이들의 콧대를 꺾어 버리십니다.

²⁹⁻³¹ **하나님**, 길에 돌연 주의 빛이 차오릅니다.
하나님께서 어둠을 몰아내 주십니다.

나, 날강도 떼를 박살내고
높디높은 담장도 뛰어넘습니다.
하나님은 얼마나 놀라우신가! 그분의 길은
쭉 뻗은 평탄대로.
하나님께서 가라 하시는 길은 모두 검증된 길.
그분은 누구든 달아나
몸을 숨길 수 있는 은신처.

³²⁻⁴⁶ **하나님** 같은 신이 있느냐?
우리의 반석이신 그분 같은 신이?
내 손에 무기를 쥐어 주시고
똑바로 겨누게 하시는 하나님 같은 신이?
나, 사슴처럼 뛰며,
산 정상에 올랐다.
그분이 내게 싸우는 법을 가르쳐 주셨다.
나, 청동활도 당길 수 있다!
주께서 내게 구원을 갑옷처럼 입혀 주십니다.
주께서 내 어깨를 두드려 주시자, 나는 거인이 된 듯한 기분입니다.
주께서 내가 선 땅을 든든하게 하시니,
내가 확고히 서서 흔들리지 않습니다.
내가 원수들을 뒤쫓아가, 그들을 붙잡았습니다.
그들이 기진하기까지 절대 놓지 않았습니다.
그들에게 강타를 먹이고, 그들을 아주 쓰러뜨렸습니다.
그런 다음 그들을 깔아뭉갰습니다.
주께서 나를 무장시켜 이 싸움을 하게 하셨습니다.
주께서 그 거만한 자들을 박살내셨습니다.
나의 원수들, 주님 앞에서 꽁무니를 빼고
나를 증오하던 그들, 내가 쓸어버렸습니다.

그들이 "형님!" 하고 외쳐 댔지만,
그들의 형님은 코빼기도 비치지 않았습니다.
하나님께도 소리를 질러 댔지만,
아무 대답도 듣지 못했습니다.
내가 그들을 가루로 만들어 바람에 날려 보냈습니다.
도랑에 오물 버리듯 그들을 내던졌습니다.
주께서 티격태격하는 백성에게서 나를 구하시고
뭇 민족의 지도자로 세워 주셨습니다.
내가 들어 보지도 못한 민족이 나를 섬겼습니다.
내 소문을 듣자마자 그들이 내게 항복해 왔습니다.
은신처에서 두 손 들고 떨며 나왔습니다.

47-51 **하나님**, 만세! 나의 반석,
나의 큰 구원이신 하나님께 찬양을!
그분께서 나를 위해 모든 일을 바로잡으시고
말대꾸하는 자들의 말문을 막아 버리셨다.
원수의 분노에서 나를 구해 주셨다.
주께서 나를 거만한 자들의 손아귀에서 빼내 주시고
깡패들에게서 구해 주셨다.
그러므로 내가 세상 뭇 백성이 보는 앞에서
주 **하나님**께 감사를 드립니다.
주님의 이름에 운을 달아
노래를 부릅니다.
하나님이 세우신 왕이 승리를 얻고
하나님이 택하신 이가 사랑을 받음이여,
다윗과 그 자손에게, 영원토록.
언제까지나.

23

¹ 이것은 다윗이 남긴 마지막 말이다.

이새의 아들의 소리다.
하나님께서 정상에 올리신 자,
야곱의 하나님께서 왕으로 세우신 자,
이스라엘에서 가장 이름난 노래꾼의 소리다!

2-7 **하나님**의 영이 나를 통해 말씀하셨다.
그분의 말씀이 내 혀를 움직여 나타나셨다.
이스라엘의 하나님이신 분께서 내게 말씀하셨다.
이스라엘의 반석이요 산이신 분께서 말씀하셨다.
"선정을 베풀며
하나님을 경외하는 통치자는
구름 한 점 없는 새벽하늘
서광 같고,
맑은 빗물 머금고 반짝이는
푸른 들판 같다."
나의 통치가 그러했다.
하나님께서 나와 굳은 언약을 맺으시고
분명히 설명해 주셨으며,
약속하신 말씀을 다 지켜 주셨기 때문이다.
나를 온전히 구원해 주시고,
내 소원을 남김없이 이루어 주었다.
그러나 마귀의 심복들은
뽑힌 가시 더미 같다.
손대지 말고,
갈퀴나 괭이로 저만치 치워라.
그것들, 불에 타 장관을 이루리라!

❧

⁸ 다윗이 거느린 용사들의 이름은 이러하다.

다그몬 사람 요셉밧세벳은 세 용사의 우두머리였다. 그는 창만 가지고 팔백 명과 맞붙어 하루 만에 그들을 모두 죽였다.

⁹⁻¹⁰ 아호아 사람 도도의 아들 엘르아살은 세 용사 가운데 두 번째였다. 그가 다윗과 함께 있을 때, 블레셋 사람이 바스담밈에서 그들을 조롱했다. 블레셋 사람이 전투태세를 갖추자, 이스라엘은 후퇴했다. 그러나 엘르아살은 버티고 서서 지칠 줄 모르고 블레셋 사람을 닥치는 대로 죽였다. 그는 절대로 칼을 놓지 않았다! 그날 **하나님**께서 큰 승리를 주셨다. 그 후에 군대가 다시 엘르아살에게 돌아왔으나 남은 일이라고는 뒤처리하는 것뿐이었다.

¹¹⁻¹² 하랄 사람 아게의 아들 삼마는 세 용사 가운데 셋째였다. 블레셋 사람이 싸우려고 레히에 모였는데, 그곳에 팥을 가득 심은 밭이 있었다. 이스라엘이 블레셋 사람 앞에서 도망쳤으나, 삼마는 밭 한가운데 버티고 서서 블레셋 사람을 막아 냈고, 그들과 싸워 크게 이겼다. **하나님**께서 또 한 번 큰 승리를 주셨다!

¹³⁻¹⁷ 하루는 추수철에 이 세 용사가 삼십 인과 헤어져 아둘람 굴에 있는 다윗에게 합류했다. 블레셋 사람 한 무리가 이미 르바임 골짜기에 진을 치고 있었다. 다윗이 굴 속에 숨어 있는 동안 블레셋 사람은 베들레헴에 본부를 두고 있었다. 다윗이 갑자기 "베들레헴 성문 곁에 있는 우물물이 몹시 마시고 싶구나!" 하고 말했다. 그러자 세 용사가 블레셋 전선을 뚫고 들어가, 베들레헴 성문 곁에 있는 우물물을 길어서 다윗에게 가져왔다. 그러나 다윗은 그 물을 마시지 않고 **하나님**께 부어 드리며 말했다. "**하나님**, 저는 이 물을 마실 수 없습니다! 이것은 그저 물이 아니라 저들의 생명의 피입니다. 저들이 목숨을 걸고 가져온 것입니다!" 그는 끝내 물을 마시지 않았다.

세 용사가 바로 이러한 일을 했다.

¹⁸⁻¹⁹ 스루야의 아들이요 요압의 동생인 아비새는 삼십 인의 우두머리였다. 그는 창으로 삼백 명을 죽인 공을 인정받았지만, 세 용사와 같은 수준에 들

지는 못했다. 그는 삼십 인 가운데서 가장 훌륭했고 그들의 우두머리였지만, 세 용사만큼은 못했다.

20-21 갑스엘 출신 여호야다의 아들 브나야는 많은 공적을 세운 기운 센 사람이었다. 그가 모압에서 새끼 사자 두 마리를 죽였고, 눈 오는 날 구덩이에 내려가 사자를 죽였다. 또 그는 실력이 대단한 이집트 사람을 죽였다. 브나야는 창으로 무장한 그 이집트 사람과 막대기 하나로 맞붙었는데, 그 사람의 손에서 창을 빼앗아 그 창으로 그를 죽였다.

22-23 여호야다의 아들 브나야는 이런 일들로 유명했으나, 그 또한 세 용사와 어깨를 나란히 하지는 못했다. 삼십 인 사이에서 크게 존경을 받았지만, 세 용사만큼은 못했다. 다윗은 그에게 자신의 경호 책임을 맡겼다.

삼십 인

24-39 '삼십 인'은 이러하다.

요압의 동생 아사헬
베들레헴 사람 도도의 아들 엘하난
하롯 사람 삼마
하롯 사람 엘리가
발디 사람 헬레스
드고아 사람 익게스의 아들 이라
아나돗 사람 아비에셀
후사 사람 십브개
아호아 사람 살몬
느도바 사람 마하래
느도바 사람 바아나의 아들 헬렛
베냐민 자손으로 기브아 사람 리배의 아들 잇대
비라돈 사람 브나야

가아스 황무지 출신 힛대

아르바 사람 아비알본

바르훔 사람 아스마웻

사알본 사람 엘리아바

기손 사람 야센

하랄 사람 삼마의 아들 요나단

우르 사람 사랄의 아들 아히암

마아가 사람 아하스배의 아들 엘리벨렛

길로 사람 아히도벨의 아들 엘리암

갈멜 사람 헤스래

아랍 사람 바아래

하그리 사람의 군사령관 나단의 아들 이갈

암몬 사람 셀렉

스루야의 아들 요압의 무기를 드는 자 브에롯 사람 나하래

이델 사람 이라

이델 사람 가렙

헷 사람 우리아.

이렇게 모두 서른일곱 명이다.

다윗의 인구조사

24 ¹⁻² 다시 이스라엘을 향해 **하나님**의 진노가 불타올랐다. 그분은 "가서 이스라엘과 유다의 인구를 조사하여라"는 말씀으로 다윗을 시험하셨다. 그래서 다윗은 요압과 자기 밑의 군지휘관들에게 명령을 내렸다. "단에서 브엘세바까지 이스라엘의 모든 지파를 두루 다니며 인구를 조사하시오. 내가 그 수를 알고 싶소."

³ 그러나 요압이 왕을 만류했다. "왕의 **하나님**께서 내 주인이신 왕의 눈앞에서 백성이 백 배나 늘어나게 하시기를 빕니다. 그런데 왕께서는 도대체 왜

이 일을 하시려는 것입니까?"

4-9 그러나 왕이 고집을 꺾지 않았으므로, 요압과 군지휘관들은 이스라엘의 인구를 조사하기 위해 왕 앞에서 물러났다. 그들은 요단 강을 건너 야셀 근처 갓 지파의 계곡에 있는 성읍과 아로엘에서 시작하여, 길르앗을 거쳐 헤르몬을 지나 단까지 갔다가 시돈으로 돌아섰다. 그리고 두로 요새와 히위 사람과 가나안 사람의 성읍들을 지나 브엘세바의 유다 네겝에 이르렀다. 그들은 온 땅을 두루 다니다가 아홉 달 이십 일 만에 예루살렘으로 다시 돌아왔다. 요압이 왕에게 내놓은 인구조사 결과는 건장한 군사가 이스라엘에 800,000명, 유다에 500,000명이었다.

10 그러나 인구조사를 마친 뒤에, 다윗은 죄책감에 사로잡혔다. 그가 하나님을 신뢰하는 대신에 백성의 수를 의지했기 때문이다. 그래서 다윗은 **하나님**께 기도했다. "이 일로 제가 큰 죄를 지었습니다. 그러나 **하나님**, 제가 지은 죄를 용서해 주십시오. 제가 참으로 어리석었습니다."

11-12 다윗이 이튿날 아침에 일어났을 때, 다윗의 영적 조언자인 예언자 갓에게 이미 **하나님**의 말씀이 임했다. "가서 다윗에게 이 메시지를 전하여라. '나 **하나님**이 말한다. 내가 너에게 할 수 있는 일이 세 가지 있다. 세 가지 가운데 하나를 택하여라. 그러면 내가 그대로 행할 것이다.'"

13 갓이 가서 메시지를 전했다. "이 땅에 삼 년 동안 기근이 드는 것이 좋겠습니까? 아니면, 왕이 원수들에게 쫓겨 석 달 동안 도망 다니시는 것이 좋겠습니까? 아니면, 나라에 사흘 동안 전염병이 도는 것이 좋겠습니까? 생각해 보시고 마음을 정하십시오. 저를 보내신 분께 어떻게 아뢰면 되겠습니까?"

14 다윗이 갓에게 말했다. "모두 끔찍한 일입니다! 하지만 사람의 손에 넘겨지기보다는 차라리 자비가 많으신 **하나님**께 벌을 받겠습니다."

15-16 그래서 **하나님**께서 아침부터 저녁까지 전염병을 풀어 놓으셨다. 단에서 브엘세바까지 칠만 명이 죽었다. 그러나 천사가 예루살렘 위로 손을 뻗어 그곳을 멸망시키려 할 때, **하나님**께서 그 재앙의 고통을 아시고 사람들 사이로 죽음을 퍼뜨리는 천사에게 말씀하셨다. "이제 됐다! 그만 물러나거라!" 그때 **하나님**의 천사는 여부스 사람 아라우나의 타작마당에 이르러 있었다.

다윗이 눈을 들어 보니, 천사가 땅과 하늘 사이를 돌며 칼을 뽑아 들고 예루살렘을 치려고 했다. 다윗과 장로들이 엎드려 기도하며 굵은 베로 몸을 덮었다. ¹⁷ 천사가 백성을 멸하려는 것을 보고, 다윗이 기도했다. "죄를 지은 것은 저입니다! 목자인 제가 죄인입니다. 이 양들이 무슨 잘못이 있습니까? 그들이 아니라, 저와 제 집안을 벌해 주십시오."

¹⁸⁻¹⁹ 그날 갓이 다윗에게 와서 말했다. "여부스 사람 아라우나의 타작마당으로 가서 제단을 쌓으십시오." 다윗은 갓이 전해 준 대로, **하나님**께서 명령하신 것을 행했다.

²⁰⁻²¹ 아라우나가 눈을 들어 보니, 다윗과 그의 부하들이 자기 쪽으로 오고 있었다. 그는 그들을 맞이하고 왕에게 예를 갖추어 엎드려 절하며 말했다. "내 주인이신 왕께서 무슨 일로 저를 보러 오셨습니까?"

다윗이 말했다. "그대의 타작마당을 사서 이곳에 **하나님**께 제단을 쌓고, 이 재앙을 끝내려고 하오."

²²⁻²³ 아라우나가 말했다. "내 주인이신 왕께서 원하시는 대로 무엇이든 가져다가 희생 제물로 바치십시오. 보십시오. 여기 번제에 쓸 소와 땔감으로 쓸 타작기구와 소의 멍에가 있습니다. 제가 이 모든 것을 왕께 드립니다! **하나님** 왕의 하나님께서 왕을 위해 일하시기를 빕니다."

²⁴⁻²⁵ 그러나 왕이 아라우나에게 말했다. "아니오. 내가 제값을 치르고 사겠소. **하나님** 내 하나님께 희생 없는 제사를 드릴 수 없소."

그래서 다윗은 은 오십 세겔을 주고 타작마당과 소를 샀다. 그는 그곳에서 **하나님**께 제단을 쌓고 번제와 화목제를 드렸다. **하나님**께서 그 기도에 마음이 움직이셨고, 그로써 재앙이 그쳤다.

열왕기상하 | 머리말

하나님의 주권을 인정하고 사는 것은 신앙인들의 일상에서 가장 어려운 일 가운데 하나다. 그러나 우리는 피해 갈 수 없다. 참으로 하나님께서 주권자 이시다. 하나님께서 통치하신다. 그분은 우리 각자의 개인적 문제뿐 아니라 온 우주를 다스리신다. 우리가 예배 드리는 시간이나 장소에서만이 아니라, 사무실, 정당, 공장, 대학, 병원, 심지어 술집과 록 콘서트장에서도 그렇다. 엉뚱하고 터무니없는 개념처럼 보일지 모르지만, 성경에서 이보다 더 자주 강조되고 있는 것도 없다.

하지만 우리의 일상 경험은 하나님의 통치를 그다지 확증해 주지 않는다. 현실은 온갖 비인격적 세력과 오만한 자아들이 최고 권력자가 되겠다고 각 축전을 벌이는 전쟁터 같다. 하나님과 무관해 보이는 세력과 의지들에 의해 늘 이리저리 휘둘리고 두들겨 맞는 것이 우리 대부분의 일상 경험이다. 그러 나 어느 시대든, 깨어 있는 정신의 소유자들은 하나님께서 지금도 여전히 주 권적으로 통치하고 계신다는 증언을 멈추지 않았다. 예수님을 가리키는 가 장 오랜 호칭 가운데 하나는 '왕'이다.

그렇다면, 하나님의 주권적 통치를 알지 못하거나 거부하는 이 세상에서 우리가 하나님께서 알려 주신 그분의 주권을 인정하고 받들어 믿고 순종하 며 살아갈 수 있는 방도는 무엇일까?

무엇보다 필요한 것은 하나님을 예배하는 자세다. 이런 자세는 순종하는 마음으로 성경을 읽을 때 생겨난다. 성경 읽기를 통해 우리의 사고와 행동은 학교 교과과정이나 언론보도의 내용이 아니라, 하나님의 실재 안에서 움직 이게 된다. 이렇게 예배하듯이 마음을 다해 말씀에 귀를 기울이는 과정에서,

열왕기서는 하나님의 주권적 통치 아래 살아가는 이들이 어떤 희망을 가질 수 있는지에 관한 필수자료를 제공한다.

우리 조상인 히브리 왕들의 이야기는 앞서 사무엘서에서 시작되었다. 그 이야기가 분명히 전해 주는 것처럼, 히브리 사람들이 왕을 갖는 것은 하나님의 생각이 아니었다. 그들이 고집을 피워 하나님께서 허락해 주신 것뿐이었다. 그렇다고 해도 하나님은 그 어떤 히브리 왕에게도 그분의 주권을 넘겨주신 바가 없다. 그분의 취지는 그 왕들을 통해 당신의 주권을 나타내는 일이었다.

그러나 이러한 취지는 제대로 살아나지 못했다. 오백 년에 걸쳐 사십 명이 넘는 왕들이 나타났지만, 내세울 만한 성과는 그다지 많지 않았다. 빛나는 황금기라 불리는 시대—다윗과 히스기야와 요시야 시대—조차도 실은 그다지 빛나지 않았다. 인간이 제아무리 좋은 의도와 재능을 가졌다 해도, 하나님의 통치를 구현하는 일에는 턱없이 부족한 존재였다. 이러한 시각에 입각해 이 실패의 역사를 가차 없이 폭로한 책이 바로 열왕기서다. 오백 년 역사를 들추어 "왕을 갖게 해달라"고 하나님께 떼썼던 히브리 사람들의 요구가 얼마나 어리석은 것이었는지를 밝혀 낸 혹독한 증명서인 것이다.

그러나 수세기에 걸쳐 이 책을 읽어 온 독자들이 깨달은 바가 있다. 바로 그 왕들이 일으킨 말할 수 없는 혼란의 와중에서도 하나님께서는 쉼 없이 그분의 목적을 이루어 오셨고, 그 일에 그들을 사용하셨다는 사실이다. 그렇다. 하나님께서는 그저 그들을 폐기처분하거나 배제해 버리지 않으신다. 그분은 그들을 사용하신다. 그들이 원하든 원하지 않든, 알든 모르든, 그들은 이미 그분의 주권적 통치의 일부다. 히스기야도 그것을 어느 정도 이해하고 있었다. 그는 앗시리아로부터 구원해 주시기를 구하며 다음과 같이 기도한다.

위엄으로 그룹 보좌에 앉으신
하나님 이스라엘의 하나님,
주님은 세상 모든 나라를 다스리시는
한분 하나님이시며
하늘을 지으시고

땅을 지은 분이십니다.
하나님, 귀를 열어 들으시고
눈을 떠서 보십시오.……
주님만이 **하나님** 오직 한분 하나님이심을
세상 모든 나라로 알게 하십시오(왕하 19:15-16, 19).

하나님께서는 고발과 계시, 심판과 구원을 통해 당신의 목적을 이루신다. 이루어 내고야 마신다. 하나님께서는 앗시리아 왕을 두고 다음과 같이 말씀하셨다. "이 모든 일 뒤에 내가 있다는 생각을 너는 한 번도 해본 적이 없느냐? 아주 먼 옛날 내가 계획을 세웠고 이제 그것을 실행에 옮겼다"(왕하 19:25). 하나님의 통치란 바깥에서 부과되는 무엇이 아니다. 하나님은 우리에게 공의와 진리와 정의를 강제하지 않으신다. 그분의 통치는 안쪽에서부터 내밀하게, 그러나 끈기 있고 확고하게 움직여, 마침내 현실을 전복시키고야 마는 실체다. 열왕기서는 아무리 부적합하고 비협조적인 사람들의 무리 안에서도 하나님의 주권은 결국 행사되고야 만다는 사실을 탁월하게 증언해 준다.

열왕기서를 읽는 유익은 실로 엄청나다. 무엇보다 하나님의 통치는 힘 있고 경건한 사람들을 통해 효과적으로 구현된다고 생각했던 억측이 무너지면서, 그분의 주권을 한층 깊이 이해하고 경험하게 된다. 온갖 유토피아적 계획이나 망상들의 현혹에서 벗어나게 된다. 그에 따라, 아무리 문제 많고 죄 많은 지도자들(왕들)이 우리 사회와 교회를 농단하고 있다 하더라도, 그것 때문에 하나님의 통치가 무효화될 수는 없으며, 그 어떤 현실과 상황 속에서도 여전히 (은밀히) 행사되는 하나님의 주권을 마음껏 기뻐하고 즐거워할 수 있다는 사실을 깨닫게 된다.

열왕기상

1 ¹⁻⁴ 다윗 왕이 늙었다. 그도 세월을 당해 낼 수는 없었다. 이불을 몇 겹씩 덮어도 따뜻하지 않았다. 그래서 신하들이 왕에게 말했다. "우리가 주인이신 왕을 위해 젊은 처녀를 하나 구하여 왕 옆에서 시중들게 하겠습니다. 그 처녀와 함께 잠자리에 들면 왕께서 기력을 회복하실 것입니다." 그들은 이스라엘에서 가장 매혹적인 처녀를 물색하다가 수넴 사람 아비삭을 찾아 왕에게 데려왔다. 그 처녀는 눈부시게 아름다웠다. 그녀가 왕 옆에 머물며 시중을 들었으나, 왕은 그녀와 관계를 갖지 않았다.

⁵⁻⁶ 그때에 학깃의 아들 아도니야가 우쭐대며 말했다. "내가 다음 왕이다!" 그는 전차와 기병과 호위대 쉰 명을 앞세우고 다니며 세상의 주목을 끌었다. 그의 아버지는 그를 완전히 버릇없는 아이로 길렀고, 한 번도 꾸짖지 않았다. 게다가, 그는 아주 잘생겼고 서열상 압살롬 다음이었다.

⁷⁻⁸ 아도니야가 스루야의 아들 요압과 제사장 아비아달과 모의를 했는데, 그들이 그의 편에 서서 힘을 보탰다. 그러나 제사장 사독과 여호야다의 아들 브나야와 예언자 나단과 시므이와 레이와 다윗의 개인 경호대는 아도니야를 지지하지 않았다.

⁹⁻¹⁰ 그 후에 아도니야가 로겔 샘 근처에 있는 소헬렛 바위 옆에서 대관식을 거행하고 양과 소, 살진 송아지를 제물로 바쳤다. 그는 자기의 형제들 곧 왕

자들과 지위가 높고 영향력 있는 유다 사람을 모두 초청했으나, 예언자 나단
과 브나야와 왕의 경호대와 동생 솔로몬은 초청하지 않았다.

솔로몬이 왕이 되다

¹¹⁻¹⁴ 나단이 솔로몬의 어머니 밧세바에게 가서 물었다. "학깃의 아들 아도니
야가 왕이 되었는데, 우리 주인이신 다윗 왕은 전혀 모르고 계신 것을 아십
니까? 서두르십시오. 당신과 솔로몬의 목숨을 구할 수 있는 길을 제가 알려
드리겠습니다. 당장 다윗 왕께 가서 이렇게 말씀하십시오. '내 주인인 왕이
시여, 왕께서는 제게 "그대의 아들 솔로몬이 내 뒤를 이어 왕이 되어 내 왕위
에 앉을 것이오" 하고 약속하지 않으셨습니까? 그런데 어찌하여 지금 아도
니야가 왕이 되었습니까?' 당신이 거기서 왕과 말씀을 나누고 계시면, 제가
들어가서 이야기하시는 것을 돕겠습니다."

¹⁵⁻¹⁶ 밧세바는 곧바로 왕궁 침실로 왕을 뵈러 갔다. 왕은 아주 늙어서 아비삭
이 옆에서 시중들고 있었다! 밧세바가 엎드려 절하며 왕에게 예를 갖추자,
왕이 말했다. "무엇을 원하시오?"

¹⁷⁻²¹ 밧세바가 말했다. "내 주인인 왕이시여, 왕께서 하나님의 이름으로 제게
약속하시기를 '그대의 아들 솔로몬이 내 뒤를 이어 왕이 되어 내 왕위에 앉
을 것이오' 하셨습니다. 그런데 지금 벌어진 일을 보십시오. 아도니야가 왕
이 되었는데, 내 주인이신 왕은 알지도 못하십니다! 그가 왕의 모든 아들과
제사장 아비아달과 군사령관 요압을 초청하고, 소와 살진 송아지와 양을 잡
아 성대한 대관식을 거행했습니다. 그러나 왕의 종 솔로몬은 초청받지 못했
습니다. 내 주인인 왕이시여, 이스라엘의 모든 눈이 왕께서 어떻게 하시는지
보려고—누가 내 주인이신 왕의 뒤를 이어 왕위에 앉나 보려고—왕께 향해
있습니다. 왕께서 가만히 계시면, 왕을 여의게 되는 순간에 제 아들 솔로몬
과 저는 죽은 목숨이나 다름없을 것입니다."

²²⁻²³ 밧세바가 왕에게 이 모든 말을 하고 있을 때에 예언자 나단이 들어왔다.
그러자 신하들이 "예언자 나단이 왔습니다" 하고 알렸다. 그는 왕 앞에 나아
가 얼굴을 땅에 대고 엎드려 절하며 예를 갖추었다.

24-27 "내 주인인 왕이시여." 나단이 말문을 열었다. "왕께서 '아도니야가 내 뒤를 이어 왕이 되어 내 왕위에 앉을 것이다' 하셨습니까? 지금 그 일이 벌어지고 있어서 드리는 말씀입니다. 그가 왕의 모든 아들과 군지휘관들과 제사장 아비아달을 초청하고, 소와 살진 송아지와 양을 잡아 성대한 대관식을 거행했습니다. 그들은 먹고 마시고 '아도니야 왕 만세!'를 외치며 아주 유쾌한 시간을 보내고 있습니다. 그러나 저는 초청받지 못했고, 제사장 사독과 여호야다의 아들 브나야와 왕의 종 솔로몬도 마찬가지입니다. 혹시 내 주인이신 왕께서, 누구에게 왕위를 물려주실지 종들에게 알리지 않고 은밀하게 이 일을 행하셨습니까?"

28 다윗 왕이 "밧세바를 다시 안으로 들이시오" 하고 명령하자, 밧세바가 들어와 왕 앞에 섰다.

29-30 왕은 엄숙히 약속했다. "나를 온갖 고난에서 건지신 **하나님**께서 살아 계심을 두고 맹세하오. 나는 **하나님** 이스라엘의 하나님의 이름으로 약속한 대로 행할 것이오. 그대의 아들 솔로몬이 내 뒤를 이어 왕이 되고 나를 대신해 왕위에 앉을 것이오. 오늘 당장 그렇게 하리다."

31 밧세바는 얼굴을 땅에 대고 엎드려 절했다. 그리고 공손히 왕 앞에 무릎 꿇고 앉아서 말했다. "내 주인인 다윗 왕이시여, 만수무강하십시오!"

32 다윗 왕이 말했다. "사독 제사장과 예언자 나단과 여호야다의 아들 브나야를 들게 하라." 그들이 왕 앞에 나아왔다.

33-35 그러자 왕이 명령했다. "내 신하들을 모으고 내가 타는 왕실 노새에 내 아들 솔로몬을 태워, 기혼까지 행진해 가시오. 거기 이르거든 제사장 사독과 예언자 나단이 솔로몬에게 기름을 부어 그를 이스라엘의 왕으로 삼으시오. 그런 다음 숫양 뿔나팔을 불며 '솔로몬 왕 만세!'를 외치고, 그를 수행해 오시오. 그가 궁에 들어가서 왕좌에 앉고 내 뒤를 이어 왕위를 계승할 것이오. 내가 그를 이스라엘과 유다의 통치자로 지명했소."

36-37 여호야다의 아들 브나야가 왕을 지지했다. "옳습니다! **하나님** 내 주인이신 왕의 하나님께서 그렇게 하시기를 원합니다! 지금까지 **하나님**께서 내 주인이신 왕과 함께 계신 것처럼 솔로몬과도 함께 계시고, 그의 통치를 내 주

인이신 다윗 왕의 통치보다 더 크게 하시기를 원합니다!"

³⁸⁻⁴⁰ 그리하여 제사장 사독과 예언자 나단과 여호야다의 아들 브나야와 왕의 경호대(그렛 사람과 블렛 사람)가 내려가서 솔로몬을 다윗 왕의 노새에 태우고 함께 기혼으로 행진해 갔다. 제사장 사독은 성소에서 기름 한 병을 가져다가 솔로몬에게 부었다. 그들은 숫양 뿔나팔을 불고 한목소리로 "솔로몬 왕 만세!"를 외쳤다. 모든 백성이 함께 축하하며 연주하고 노래하자, 그 소리가 온 땅을 울렸다.

⁴¹ 아도니야와 그를 수행한 손님들이 대관식을 마칠 즈음에 그 소리를 들었다. 요압이 숫양 뿔나팔 소리를 듣고 말했다. "대체 무슨 일이냐? 왜 이리 소란스러운 것이냐?"

⁴² 그의 말이 끝나기도 전에, 제사장 아비아달의 아들 요나단이 갑자기 나타났다. 아도니야가 말했다. "어서 오게! 그대처럼 용감하고 착한 사람이라면 틀림없이 기쁜 소식을 가져왔겠지."

⁴³⁻⁴⁸ 요나단이 대답했다. "아닙니다! 우리 주인이신 다윗 왕께서 조금 전에 솔로몬을 왕으로 삼으셨습니다! 또 왕께서 그의 주변에 제사장 사독과 예언자 나단과 여호야다의 아들 브나야, 그렛 사람과 블렛 사람을 두고, 그들은 솔로몬을 왕의 노새에 태웠습니다. 제사장 사독과 예언자 나단이 기혼에서 그에게 기름을 부어 왕으로 삼았고, 지금 행렬이 노래하며 이쪽으로 오고 있는데, 아주 대단합니다! 성 안이 온통 진동하고 있습니다! 여러분께서 들으신 소리가 바로 그것입니다. 중요한 것은 솔로몬이 왕위에 앉았다는 사실입니다! 그뿐만이 아닙니다. 왕의 신하들이 와서 우리 주인이신 다윗 왕을 이렇게 축복했습니다. '하나님께서 솔로몬의 이름을 왕의 이름보다 더 존귀하게 하시고, 그의 통치를 왕의 통치보다 더 크게 하시기를 원합니다!' 왕은 죽음을 맞이할 침상에서 하나님을 예배하며, '내 왕위를 계승할 자를 주셨고 내가 살아서 그것을 보았다! 하나님 이스라엘의 하나님을 찬양합니다!' 하고 기도했습니다."

⁴⁹⁻⁵⁰ 아도니야의 손님들이 크게 놀라, 거기서 나와 사방으로 흩어졌다. 그러나 아도니야는 솔로몬에게 목숨을 잃을까 두려워 성소로 도망가서 제단 뿔

을 붙잡았다.

⁵¹ 사람들이 솔로몬에게 말했다. "아도니야가 솔로몬 왕을 두려워하여 성소에 들어가 제단 뿔을 잡고 '솔로몬 왕이 나를 죽이지 않겠다고 약속하지 않는 한 여기서 나가지 않겠다'고 말하고 있습니다."

⁵²⁻⁵³ 그러자 솔로몬이 말했다. "그가 충신으로 밝혀지면 머리털 하나도 상하지 않겠지만, 그에게 악이 있다면 죽을 것이다." 솔로몬이 그를 불러들이자 사람들이 그를 제단에서 데려왔다. 아도니야가 와서 절하며 왕에게 예를 갖추었다. 솔로몬은 "집으로 가라"며 그를 돌려보냈다.

다윗이 솔로몬에게 한 당부

2 ¹⁻⁴ 다윗은 죽을 날이 가까워지자, 아들 솔로몬에게 당부했다. "나는 곧 세상 모든 사람이 가는 길로 가겠지만, 너는 굳세어서 네가 어떤 사람인지 보여주어야 한다! 하나님께서 명령하시는 대로 행하고, 그분이 네게 보이시는 길로 걸어가거라. 인생의 지도(地圖)를 철저히 따르고 표지판을 잘 살펴보아라. 이는 하나님께서 모세에게 계시하신 것이다. 이것을 잘 따르면 네가 어디 가서 무엇을 하든지 잘될 것이다. 하나님께서는 내게 주신 약속, 곧 '네 자손이 그 걸음을 잘 살피고 마음을 다해 내게 진실하면, 네게서 이스라엘의 왕위를 이을 자가 항상 있을 것이다' 하신 말씀을 반드시 이루실 것이다.

⁵⁻⁶ 그리고 스루야의 아들 요압이 이스라엘의 두 군사령관 넬의 아들 아브넬과 예델의 아들 아마사에게 한 일을 잊지 마라. 그는 평화로울 때에 전시인 것처럼 행동하여 그들을 무참히 살해했고, 그 핏자국이 아직까지 남아 있다. 네 생각에 좋을 대로 행하되, 결코 그를 그냥 두지 말고 반드시 대가를 치르게 하여라.

⁷ 그러나 길르앗 사람 바르실래의 아들들에게는 너그러이 환대를 베풀어라. 내가 네 형 압살롬을 피해 생명을 구하고자 달아났을 때 그들이 나를 선대해 주었다.

⁸⁻⁹ 너는 또 바후림 출신 베냐민 사람 게라의 아들 시므이를 처리해야 한다.

그는 내가 마하나임으로 갈 때 아주 독하게 나를 저주했다. 나중에 그가 요단 강에서 나를 다시 맞았을 때, 나는 **하나님**의 이름으로 그에게 '나는 너를 죽이지 않겠다'고 약속했다. 그렇다고 해서 아무 일도 없었던 것처럼 그를 대해서는 안된다. 너는 지혜로우니, 이 일을 어떻게 처리해야 하는지 알 것이다. 네가 잘 알아서, 그가 죽기 전에 대가를 치르게 하여라."

❦

10-12 그 후 다윗은 조상에게 돌아갔다. 그는 다윗 성에 묻혔다. 다윗은 사십 년 동안 이스라엘을 다스렸는데, 헤브론에서 칠 년, 예루살렘에서 삼십삼 년을 다스렸다. 솔로몬은 아버지 다윗의 왕위를 이어 나라를 견고히 세웠다.

아도니야의 죽음

13-14 학깃의 아들 아도니야가 솔로몬의 어머니 밧세바를 찾아왔다. 밧세바가 물었다. "평화로운 일로 왔는가?" 그가 말했다. "평화로운 일입니다." 그리고 말을 이었다. "드릴 말씀이 있습니다." 밧세바가 말했다. "어서 말해 보게."

15-16 "아시는 것처럼, 이 나라가 바로 제 손안에 있었고 모두들 제가 왕이 될 줄로 알았습니다. 그러나 일이 어긋나서 나라가 동생에게 돌아갔으니, 그것은 **하나님**께서 하신 일입니다. 그래서 이제 제가 한 가지 요청을 드리니, 거절하지 말아 주십시오."

밧세바가 말했다. "어서 말해 보게."

17 "어머니의 청이라면 마다하지 않을 테니, 솔로몬 왕에게 청하여 수넴 사람 아비삭을 제 아내로 삼게 해주십시오."

18 밧세바가 말했다. "알았네. 내가 왕께 말하겠네."

19 밧세바는 아도니야의 청을 전하려고 솔로몬 왕에게 갔다. 왕은 일어나 어머니를 맞이하여 공손히 절한 뒤에 다시 왕좌에 앉았다. 그가 어머니의 자리를 마련하자, 밧세바가 그의 오른쪽에 앉았다.

20 밧세바가 말했다. "내가 왕께 작은 청이 하나 있으니, 거절하지 마십시오."

그러자 솔로몬 왕이 대답했다. "어머니, 어서 말씀하십시오. 거절하지 않겠습니다."

²¹ 밧세바가 말했다. "수넴 사람 아비삭을 왕의 형 아도니야에게 아내로 주십시오."

²² 솔로몬 왕이 어머니에게 대답했다. "수넴 사람 아비삭을 아도니야에게 주라니요. 어찌 그런 부탁을 하십니까? 그는 나의 형이고 제사장 아비아달과 스루야의 아들 요압이 그의 편이니, 차라리 온 나라를 그에게 고스란히 바치라고 하지 그러십니까!"

²³⁻²⁴ 그러더니 솔로몬 왕은 하나님의 이름으로 맹세했다. "아도니야가 이번 일로 죽지 않으면 하나님께서 내게 천벌을 내리심이 마땅합니다! 하나님, 곧 나를 내 아버지 다윗의 왕위에 견고히 세우시고 약속대로 나라를 내게 맡기신 하나님께서 참으로 살아 계심을 두고 맹세합니다. 아도니야는 이 일로 오늘 당장 죽을 것입니다!"

²⁵ 솔로몬 왕이 여호야다의 아들 브나야를 보내니, 그가 아도니야를 쳐죽였다.

²⁶ 왕은 또 제사장 아비아달에게 말했다. "그대의 고향 아나돗으로 돌아가시오. 그대도 죽어 마땅하지만, 그대가 내 아버지 다윗과 함께 있을 때 우리의 통치자 하나님의 궤를 맡았고, 또 내 아버지와 함께 모든 힘든 시기를 겪었으니 지금은 그대를 죽이지 않겠소."

²⁷ 솔로몬은 아비아달의 제사장직을 박탈했다. 이로써 하나님께서 실로에서 엘리 가문에 대해 하신 말씀이 이루어졌다.

²⁸⁻²⁹ 이 소식이 요압에게 전해지자, (압살롬 사건 때는 충성을 지켰지만) 아도니야와 공모했던 요압은 하나님의 성소로 피하여 제단 뿔을 붙잡고 필사적으로 매달렸다. 요압이 하나님의 성소로 피하여 제단을 붙잡고 있다는 말이 솔로몬에게 전해졌다. 솔로몬은 즉시 여호야다의 아들 브나야를 보내며 "그를 죽이라"고 명령했다.

³⁰ 브나야는 하나님의 성소로 가서 말했다. "왕의 명령이니, 나오시오."

요압이 말했다. "싫소. 나는 여기서 죽겠소."

브나야가 왕에게 돌아가서 보고했다. "요압이 거기서 죽겠다 합니다."

31-33 왕이 말했다. "그렇다면 어서 가서 그의 말대로 하여라. 그를 죽여서 땅에 묻어라. 나와 내 아버지 가문은 요압이 저지른 무분별한 살인죄와 무관함을 보여라. 하나님께서 그 잔혹한 살인을 요압의 머리에 갚으실 것이다. 그가 죽인 두 사람은 그보다 훨씬 나은 이들이었다. 그는 이스라엘 군사령관 넬의 아들 아브넬과 유다 군사령관 예델의 아들 아마사를 내 아버지 몰래 잔인하게 살해했다. 그들을 죽인 책임은 영원히 요압과 그 자손에게 있을 것이다. 그러나 다윗과 그의 자손과 집안과 나라에는 하나님의 평화가 임할 것이다."

34-35 그래서 여호야다의 아들 브나야가 돌아가서 요압을 쳐죽였다. 요압은 광야에 있는 그의 집안의 땅에 묻혔다. 왕은 요압을 대신해 여호야다의 아들 브나야를 군책임자로 세우고 아비아달의 자리에 제사장 사독을 임명했다.

36-37 그 후에 왕이 시므이를 불러들여 그에게 말했다. "예루살렘에 집을 짓고 거기서 살되, 절대로 그 지역을 떠나서는 안되오. 기드론 시내를 건너는 날에는 당신은 죽은 목숨이나 다름없소. 그때는 당신 스스로 사형선고를 내리는 꼴이 될 것이오."

38 시므이가 왕에게 대답했다. "감사합니다! 종은 내 주인이신 왕의 말씀대로 하겠습니다." 시므이는 오랫동안 예루살렘에서 살았다.

39-40 그로부터 삼 년이 지날 무렵, 시므이의 종 두 명이 가드 왕 마아가의 아들 아기스에게 도망쳤다. 사람들이 시므이에게 "당신의 종들이 가드에 있다"고 알려 주었다. 시므이는 곧바로 나귀에 안장을 지우고 종들을 찾아 가드의 아기스를 찾아갔다. 그리고 자기 종들을 데리고 돌아왔다.

41 솔로몬에게 보고가 들어갔다. "시므이가 예루살렘을 떠나 가드에 갔다가 지금 돌아왔습니다."

42-43 솔로몬은 시므이를 불러 말했다. "내가 당신에게 이 지역을 떠나지 않겠다고 하나님 이름으로 약속하게 하고, 또 단단히 경고하지 않았소? 떠나면 당신 스스로 사형선고를 내리는 것과 같다고 하지 않았소? 당신도 '감사합니다. 왕의 말씀대로 하겠습니다' 하지 않았소? 그런데 어찌하여 신성한 약속을 어기고 이 지역을 벗어난 거요?"

44-45 왕은 계속해서 시므이에게 말했다. "당신이 내 아버지 다윗에게 저지른

모든 악을 당신은 마음속 깊이 알고 있소. 이제 **하나님**께서 그 악을 당신에게 갚으실 것이오. 하지만 나 솔로몬 왕은 복을 받고, 다윗의 통치는 **하나님** 아래서 영원히 견고할 것이오."

⁴⁶ 그러고 나서 왕이 여호야다의 아들 브나야에게 명령하자, 그가 나가서 시므이를 쳐죽였다.

이제 나라는 솔로몬의 손안에 확실하게 들어왔다.

솔로몬이 지혜를 구하다

3 ¹⁻³ 솔로몬은 이집트 왕 바로와 결혼 조약을 맺었다. 그는 바로의 딸과 결혼하고, 왕궁과 **하나님**의 성전과 예루살렘 성벽을 완공할 때까지 그녀를 다윗 성에 머무르게 했다. 당시까지 **하나님**의 이름을 위해 지어진 성전이 없었으므로, 백성은 지역 산당에서 예배를 드렸다. 솔로몬은 **하나님**을 사랑했고 아버지 다윗처럼 하나님을 높이며 살았으나, 그 역시 지역 산당에서 예배하며 제사를 드리고 향을 피웠다.

⁴⁻⁵ 왕은 지역 산당들 가운데 가장 유명한 산당이 있는 기브온으로 예배를 드리러 갔다. 왕은 그곳 제단 위에 번제물 천 마리를 바쳤다. 그날 밤 기브온에서, **하나님**께서 솔로몬의 꿈에 나타나셨다. "내가 너에게 무엇을 주기 원하느냐? 구하여라."

⁶ 솔로몬이 대답했다. "주께서는 제 아버지 다윗에게 더할 나위 없이 너그러운 사랑을 베푸셨습니다. 그는 주의 임재하심 안에서 신실하게 살았고, 그의 판단은 정의롭고 그의 마음은 올곧았습니다. 또 주께서 크고 너그러운 사랑을 변함없이 베푸셔서—바로 오늘!—그의 왕위에 앉을 아들을 주셨습니다.

⁷⁻⁸ 그래서 제가 여기 있습니다. **하나님** 나의 하나님, 주께서 주의 종인 저를 제 아버지 다윗을 대신하여 이 나라를 통치할 자로 삼으셨습니다. 저는 이 일을 감당하기에 너무 어리고 아직 어린아이에 불과합니다! 아는 것도 없고 일의 자세한 내용도 잘 모릅니다. 그런 제가 이렇게 주께서 택하신 백성, 너무 많아 셀 수도 없는 큰 백성 가운데 있습니다.

⁹ 제가 원하는 것은 이것입니다. 하나님의 음성을 듣는 마음을 주셔서 주의

백성을 잘 인도하고 선악을 분별하게 해주십시오. 주님의 영화로운 백성을 어느 누가 자기 힘으로 다스릴 수 있겠습니까?"

10-14 주 하나님께서 솔로몬의 대답을 기뻐하셨다. 하나님께서 그에게 말씀하셨다. "네가 오래 사는 것이나 부나 원수의 멸망을 구하지 않고, 다만 백성을 잘 지도하고 통치할 능력을 구했으니, 네가 구한 대로 내가 네게 줄 것이다. 내가 네게 지혜롭고 성숙한 마음을 줄 것이니, 너와 같은 사람은 이전에도 없었고 앞으로도 없을 것이다. 또한 네가 구하지 않은 부와 영광도 줄 것이니, 너만큼 누리는 왕은 어디에도 없을 것이다. 네가 네 아버지 다윗처럼 인생의 지도와 내가 세운 표지판을 잘 살피며 바른 길에서 벗어나지 않으면, 네게 장수의 복도 줄 것이다."

15 솔로몬이 잠에서 깨었다. 엄청난 꿈이었다! 그는 예루살렘으로 돌아와 하나님의 언약궤 앞에 서서 번제와 화목제로 예배 드리고, 모든 신하를 위해 잔치를 베풀었다.

16-21 그때에, 두 창녀가 왕 앞에 나타났다. 한 여자가 말했다. "내 주인님, 이 여자와 저는 한집에 삽니다. 우리가 함께 살던 중에 제가 아이를 낳았습니다. 그리고 제가 출산한 지 사흘 후에 이 여자도 아이를 낳았습니다. 그때는 우리 둘뿐이었습니다. 집 안에 우리 둘 말고는 아무도 없었습니다. 그런데 하루는 이 여자가 잠결에 아이 위로 구르는 바람에 그 아들이 죽고 말았습니다. 이 여자는 한밤중에 일어나 제 아들을 데려다가—저는 그때 곤히 잠들어 있었습니다!—자기 품에 두고, 죽은 자기 아들은 제 품에 두었습니다. 제가 아침에 아이에게 젖을 주려고 일어나 보니 아이가 죽어 있지 뭡니까! 그러나 아이를 본 순간, 저는 그 아이가 제 아이가 아닌 것을 금세 알았습니다."

22 "그렇지 않아!" 다른 여자가 말했다. "살아 있는 아이는 내 아이고, 죽은 아이가 네 아이야."

첫 번째 여자가 다시 반박했다. "천만에! 죽은 아이가 네 아들이고, 살아 있는 아이는 내 아들이야."

왕 앞에서 그들은 서로 다투었다.

23 왕이 말했다. "한 여자는 '살아 있는 아이가 내 아들이고 네 아들은 죽었다'

하고, 또 한 여자는 '아니다. 죽은 아이는 네 아들이고 살아 있는 아이가 내 아들이다' 하니 이 일을 어찌한단 말인가?"

24 잠시 후에 왕이 말했다. "칼을 가져오너라." 사람들이 왕에게 칼을 가져왔다.

25 왕이 말했다. "살아 있는 아이를 둘로 갈라서 반은 이 여자에게 주고, 반은 저 여자에게 주어라."

26 살아 있는 아이의 진짜 어머니는 아들 생각에 감정이 북받쳐서 말했다. "안됩니다, 주인님! 아이를 산 채로 저 여자에게 주십시오. 아이를 죽이지 마십시오!"

그러나 다른 여자가 말했다. "아이가 내 것이 될 수 없다면 네 것도 될 수 없지. 차라리 갈라 버리자!"

27 왕이 판결을 내렸다. "살아 있는 아이를 먼저 말한 여자에게 내주어라. 아무도 이 아이를 죽이지 못한다. 저 여자가 진짜 어머니다."

28 이 소문이 사방으로 퍼져 나가, 이스라엘 모든 사람이 왕의 판결을 들었다. 그들은 왕의 정확한 재판이 하나님의 지혜에서 온 것임을 알고 왕을 두려워했다.

4 1-2 솔로몬 왕의 이스라엘 통치는 시작이 좋았다. 그의 정부 지도자들은 이러하다.

2-6 사독의 아들 아사랴—제사장

시사의 아들들 엘리호렙과 아히야—서기관

아힐룻의 아들 여호사밧—사관

여호야다의 아들 브나야—군사령관

사독과 아비아달—제사장

나단의 아들 아사랴—지방 관리들의 총책임자

나단의 아들 사붓—제사장이자 왕의 친구

아히살—왕궁 관리인

  압다의 아들 아도니람—강제노역 책임자.

7-19 솔로몬은 이스라엘 전역에 지방 관리 열두 명을 두었다. 그들은 왕과 그 행정부의 식량을 조달하는 책임을 맡았는데, 각 사람이 매년 한 달씩 맡아서 식량을 공급했다. 그들의 이름은 이러하다.

벤훌이 에브라임 산지를,

벤데겔이 마가스, 사알빔, 벳세메스, 엘론벳하난을,

벤헤셋이 소고와 헤벨 전역을 포함한 아룹봇을,

벤아비나답(그는 솔로몬의 딸 다밧과 결혼했다)이 나봇돌을,

아힐룻의 아들 바아나가 다아낙, 므깃도, 이스르엘 아래, 사르단 옆의 벳산 전역, 벳산에서부터 아벨므홀라를 지나 욕느암까지 이르는 지역을 맡았고,

벤게벨이 길르앗 라못을 맡았는데, 길르앗에 있는 므낫세의 아들 야일의 모든 마을, 바산의 아르곱 지역 안에 있는 성벽과 청동 박힌 성문을 갖춘 큰 성읍 예순 개가 여기에 포함되었다.

잇도의 아들 아히나답이 마하나임을,

아히마아스(그는 솔로몬의 딸 바스맛과 결혼했다)가 납달리를,

후새의 아들 바아나가 아셀과 아롯을,

바루아의 아들 여호사밧이 잇사갈을,

엘라의 아들 시므이가 베냐민을 맡았고,

우리의 아들 게벨이 길르앗 땅 곧 아모리 왕 시혼과 바산 왕 옥의 땅을 맡았는데, 그가 전 지역을 맡아 관리했다.

솔로몬의 영화

20-21 유다와 이스라엘의 인구가 바닷가의 모래알처럼 많아졌다! 그들에게 필요한 모든 것이 채워졌고, 그들은 먹고 마시며 행복하게 지냈다. 솔로몬은 동쪽으로 유프라테스 강에서부터 서쪽으로 블레셋 사람의 땅과 이집트 국경에 이르기까지 모든 나라를 다스렸다. 그 나라들은 솔로몬이 살아 있는 동안 조공을 바쳐 그를 섬겼다.

²²⁻²³ 솔로몬 왕실의 하루 식량은 이러했다.

고운 밀가루 6.6킬로리터

굵은 밀가루 13.2킬로리터

살진 소 10마리

방목한 소 20마리

양 100마리

그 밖에 사슴, 영양, 수노루, 살진 가금류 등이었다.

²⁴⁻²⁵ 솔로몬은 딥사에서 가사까지 유프라테스 강 서편의 모든 나라와 왕들을 다스렸다. 어느 곳을 가든지 평화로웠다. 솔로몬이 살아 있는 동안, 북쪽으로 단에서부터 남쪽으로 브엘세바에 이르기까지 이스라엘과 유다의 모든 사람이 평화를 누리며 만족스럽게 살았다.

²⁶⁻²⁸ 솔로몬에게는 전차를 끄는 말을 두는 마구간이 사만 칸, 기병이 만이천 명이 있었다. 지방 관리들은 각 사람이 맡은 달마다 솔로몬 왕과 왕의 식탁에 앉는 모든 사람의 식량을 언제나 풍성히 공급했다. 또 그들은 말에게 먹일 보리와 짚도 할당된 분량만큼 정해진 장소로 가져왔다.

²⁹⁻³⁴ 하나님께서 솔로몬에게 지혜를 주시고, 가장 깊은 식견과 가장 넓은 마음을 주셨다. 그의 능력을 넘어서는 사람도 없었고, 그가 다루지 못할 일도 없었다. 솔로몬의 지혜는 칭송이 자자한 동양 현자들의 지혜를 능가했고, 유명한 이집트의 지혜보다도 뛰어났다. 그는 누구보다도 지혜로웠다. 에스라 사람 에단보다 지혜롭고, 마홀의 아들 헤만과 갈골과 다르다보다 지혜로웠으므로, 그의 명성이 주변 모든 나라에 자자했다. 삼천 가지의 잠언을 말했고, 천다섯 편에 이르는 노래를 지었다. 그는 레바논에서 자라는 커다란 백향목에서부터 담장 틈바구니에서 자라는 우슬초에 이르기까지 모든 식물에 대해 해박했고, 짐승과 조류와 파충류와 어류에 대해서도 훤히 알았다. 그의 명성을 듣고서 온 땅의 왕들이 사람을 보냈는데, 그들이 솔로몬의 지혜를 들으러 각처에서 몰려왔다.

5 ¹⁻⁴ 두로의 히람 왕은 솔로몬이 다윗을 이어 왕위에 올랐다는 말을 듣
고 그에게 사신들을 보냈다. 히람은 일생 동안 다윗을 좋아했었다. 솔
로몬은 이렇게 답했다. "왕께서도 아시는 것처럼, 내 아버지 다윗은 **하나님**
께서 전쟁을 모두 끝내실 때까지 사방에서 전쟁을 치러야 했기에 **하나님**을
높이는 성전을 지을 수 없었습니다. 그러나 이제 **하나님**께서 사방에 평화를
주셔서, 아무도 우리를 대적하는 자가 없고 우리와 다투는 자도 없습니다.
⁵⁻⁶ 그래서 이제 내가 하고 싶은 일이 있습니다. **하나님**께서 내 아버지 다윗
에게 주신 약속, 곧 '내가 너를 이어 왕이 되게 할 네 아들이 나를 높이는 집
을 지을 것이다' 하신 약속에 따라 **하나님** 나의 하나님을 높이는 성전을 지
으려고 합니다. 왕께서 도우실 일이 있는데, 명령을 내려 레바논 숲의 백향
목을 베어 주십시오. 내 벌목꾼들이 왕의 일꾼들과 함께 일할 것이고, 왕의
일꾼들에게는 왕께서 정하시는 대로 품삯을 줄 것입니다. 왕이나 나나 다 아
는 바와 같이, 우리 중에는 시돈 사람만큼 벌목에 능한 자가 없습니다."
⁷ 솔로몬의 메시지를 들은 히람은 기뻐 외쳤다. "다윗에게 이런 지혜로운 아
들을 주셔서 번성하는 백성을 다스리게 하신 **하나님**을 찬양합니다!"
⁸⁻⁹ 히람은 솔로몬에게 이런 메시지를 보냈다. "백향목과 잣나무를 보내 달라
는 왕의 요청을 받았습니다. 왕의 소원이 곧 내 명령이니, 이미 시행된 것이
나 마찬가지입니다. 내 벌목꾼들이 레바논 숲에서 바다까지 재목을 운반하
고, 통나무 뗏목으로 엮어 왕께서 정하신 곳까지 물에 띄워 운송한 다음, 왕
께서 가져가실 수 있도록 다시 풀어 놓을 것입니다. 왕께서는 인부들이 먹을
음식만 제공해 주시면 됩니다."
¹⁰⁻¹² 이렇게 히람은 백향목과 잣나무 재목을 솔로몬이 원하는 만큼 공급했
다. 솔로몬은 히람에게 밀 4,400킬로리터, 깨끗한 올리브기름 440킬로리터
를 주었고, 해마다 그렇게 했다. **하나님**께서는 친히 약속하신 대로, 솔로몬
에게 지혜를 주셨다. 히람과 솔로몬 사이의 굳건한 평화는 조약으로 공식화
되었다.

¹³⁻¹⁸ 솔로몬 왕은 이스라엘 전역에서 노역자 삼만 명을 징발했다. 그는 그들

을 한 달에 만 명씩 교대로 레바논 숲으로 보내, 한 달은 레바논에서 일하게
하고 두 달은 본국에 있게 했다. 아도니람이 인부들을 관할했다. 솔로몬에게
는 숙련되지 않은 일꾼 칠만 명과 산에서 채석하는 일꾼 팔만 명이 있었다.
그 밖에 삼천삼백 명의 공사감독이 전체 과정을 관리하고 인부들을 감독했
다. 그들은 왕의 명령에 따라 가장 크고 좋은 돌을 캐었고 성전 기초로 쓸 수
있게 다듬었다. 솔로몬과 히람의 일꾼들은 그발 사람들의 도움을 받아 성전
건축에 쓸 목재와 석재를 자르고 준비했다.

솔로몬이 성전을 짓다

6 1-6 이스라엘 백성이 이집트에서 나온 지 사백팔십 년, 솔로몬이 이스
라엘의 왕이 된 지 사 년째 되던 해 시브월 곧 둘째 달에, 솔로몬이 하
나님의 성전을 짓기 시작했다. 솔로몬 왕이 **하나님**께 지어 드린 성전은 길이
27미터, 너비 9미터, 높이 13.5미터였다. 성전 앞에 있는 현관 폭은 성전 너
비와 같이 9미터였고, 앞쪽으로 뻗어 나간 길이는 4.5미터였다. 성전 안에는
턱이 깊고 좁은 창들을 냈다. 또 바깥벽 사방에 보조 건물을 짓고, 그 안에
더 작은 방들을 냈는데, 그 너비가 1층은 2.25미터, 2층은 2.7미터, 3층은
3.15미터였다. 성전 바깥벽을 따라 턱을 내어 버팀벽 들보를 떠받치게 했다.
7 성전 건물에 쓰이는 돌은 모두 채석장에서 다듬었으므로 건축 현장은 경건
하고 조용했다. 망치나 정, 그 밖에 쇠 연장 소리가 전혀 들리지 않았다.
8-10 1층 입구는 성전 남쪽 끝에 있었고, 2층과 3층으로 계단이 나 있었다. 솔
로몬은 백향목 서까래와 널빤지로 성전 천장을 덮어 성전 건축을 마무리했
다. 바깥벽을 따라 지은 보조 건물은 백향목 들보로 성전과 연결되어 있었
고, 그 안의 방들은 높이가 2.25미터였다.
11-13 **하나님**의 말씀이 솔로몬에게 임했다. "네가 짓고 있는 이 성전에 관해
알아야 할 중요한 것이 있다. 네가 내 교훈을 잘 따르고 순종하여서 내가 정
해 준 대로 살고 내 명령대로 행하면, 내가 네 아버지 다윗에게 한 약속을 네
게서 이룰 것이다. 내가 친히 이스라엘 백성 가운데 거할 것이며, 내 백성 이
스라엘을 버리지 않을 것이다."

14-18 솔로몬이 성전 건축을 마쳤다. 성전의 안쪽 벽에는 바닥부터 천장까지 백향목 널빤지로 덮고, 성전 바닥에는 잣나무를 썼다. 성전 뒤쪽 9미터 지점에 바닥부터 천장까지 백향목 널빤지를 대어 성전의 내실, 곧 지성소를 만들었다. 앞쪽의 외실은 길이가 18미터였다. 성전 내부 전체에 입힌 백향목에는 과일과 꽃 모양을 새겼다. 전체가 백향목이어서 석재는 전혀 눈에 띄지 않았다.

19-22 성전 안 내실은 하나님의 언약궤를 두기 위해 마련했는데, 길이, 너비, 높이 모두 9미터인 정육면체 모양으로 전부 금을 입혔다. 백향목으로 된 제단에도 금을 입혔다. 어디를 보든지 순금이었다. 금을 입힌 내실 앞에는 금 사슬을 드리우고, 벽과 천장과 바닥과 제단까지 모든 곳에 금을 입혔다. 눈이 부셨다!

23-28 솔로몬은 또 올리브나무로 그룹 둘을 만들었는데, 거대한 천사의 형상이었다. 각각의 높이가 4.5미터였고 그룹의 펼친 날개도 4.5미터였다(크기와 모양이 둘 다 똑같았다). 그는 날개를 펼친 두 그룹을 내실에 두었다. 날개 길이를 합하면 방 너비와 같아서, 한 그룹의 날개는 한쪽 벽에 닿고 다른 그룹의 날개는 반대쪽 벽에 닿고 가운데에서 두 날개가 서로 맞닿았다. 그 그룹에도 금을 입혔다.

29-30 그는 또 내실과 외실 양쪽 모든 벽에 그룹과 종려나무와 활짝 핀 꽃 모양을 새겨 넣었다. 그리고 내실과 외실 양쪽 바닥 전체에 금을 입혔다.

31-32 내실 입구에는 올리브나무로 문을 만들어 달았는데, 상인방과 문기둥은 오각형이었다. 문에도 그룹과 종려나무와 꽃 모양을 새기고 그 위에 금박을 입혔다.

33-35 비슷하게, 외실 입구의 문기둥도 올리브나무로 만들었는데, 이 문기둥은 사각형이었다. 문은 잣나무로 만들었는데, 두 짝으로 나누어 각각의 문이 따로 여닫히게 했다. 그 문에도 그룹과 종려나무와 꽃 모양을 새기고 얇게 두들겨 편 금박을 입혔다.

36 안뜰은 다듬은 돌을 세 층으로 쌓아 두르고, 맨 위에 대패로 깎은 백향목 판자를 한 층 얹었다.

37-38 넷째 해 시브월에 하나님의 성전 기초를 놓았고, 열한째 해 불월(여덟째

달)에 마지막 세부사항까지 설계대로 완공되었다. 솔로몬이 성전을 건축하는 데 칠 년이 걸렸다.

솔로몬의 왕궁

7 1-5 솔로몬이 자신의 왕궁을 지어 완공하기까지 다시 십삼 년이 걸렸다. 그는 레바논 숲 궁전을 지었는데, 그 길이는 45미터, 너비는 22.5미터, 높이는 13.5미터였다. 백향목 기둥들을 네 줄로 세우고 그 위에 한 줄에 열다섯 개씩 마흔다섯 개의 백향목 들보를 얹었으며, 지붕도 백향목으로 덮었다. 양쪽 벽 높은 곳에는 창문을 세 개씩 냈다. 모든 문은 네모 모양으로 서로 마주 보게 배치했다.

6 그는 기둥을 세워 주랑을 만들었는데, 길이가 22.5미터, 너비가 13.5미터였다. 주랑 앞쪽에 현관이 있고, 그 위에 넓은 차양을 쳤다.

7 사법 문제를 판결하는 법정인 법원도 짓고, 그 바닥을 백향목으로 깔았다.

8 법원 뒤쪽에는 비슷한 설계로 자신이 거주할 궁을 지었다. 솔로몬은 또 아내로 맞이한 바로의 딸을 위해 똑같은 궁을 하나 더 지었다.

9-12 비용은 조금도 아끼지 않았다. 기초부터 지붕까지 안과 밖의 모든 것을, 정확히 잘라서 다듬은 고급 석재로 지었다. 기초를 놓을 때에도 최고급의 큰 돌을 썼는데, 그 크기가 3.6미터에서 4.5미터에 이르렀다. 기초 위에 놓은 돌도 가장 좋은 돌을 써서 규격대로 모양을 맞추고 백향목으로 장식했다. 안뜰을 두른 담은 하나님의 성전 현관에 있는 것과 똑같이 돌을 세 층으로 쌓고 맨 위에 백향목 판자를 얹었다.

❧

13-14 솔로몬 왕은 두로에 사람을 보내어 히람(왕이 아니라 다른 히람)을 데려왔다. 히람의 어머니는 납달리 지파의 과부였고, 아버지는 두로 사람으로 청동을 다루는 장인이었다. 히람은 진정한 예술가여서, 청동으로 못하는 일이 없었다. 그가 솔로몬 왕에게 와서 모든 청동 작업을 했다.

15-22 우선 그는 청동으로 두 기둥을 주조했는데, 각각 높이가 8.1미터, 둘레가

5.4미터였다. 다음에 기둥 위에 얹을 청동기둥머리 둘을 주조했는데, 각각 높이가 2.25미터에 맨 위는 활짝 핀 백합꽃 모양이었다. 각 기둥머리에는 곤 사슬 일곱 개와 겹줄의 석류 이백 개씩을 정교한 세공물로 꾸며 웅장하게 장식했다. 그는 성전 입구 현관에 두 기둥을 세우고, 남쪽 기둥은 안전(야긴)이라 하고 북쪽 기둥은 안정(보아스)이라 했다. 기둥머리는 백합꽃 모양이었다. [22-24] 기둥을 마치고 나서 히람은 바다를 만들었다. 바다는 금속을 주조해 만든 거대한 둥근 대야로, 지름 4.5미터, 높이 2.25미터, 둘레 13.5미터였다. 가장자리 아래에 두 줄로 호리병 모양의 장식용 박을 둘렀는데, 45센티미터마다 열 개씩이었다. 이 박은 바다와 함께 한 덩어리로 주조해 만들었다. [25-26] 열두 마리 황소가 바다를 떠받치고 있는데, 세 마리는 북쪽을 향하고 세 마리는 서쪽을 향하고 세 마리는 남쪽을 향하고 세 마리는 동쪽을 향했다. 황소는 얼굴을 바깥쪽으로 향하고 뒤쪽 몸으로 바다를 떠받쳤다. 바다의 두께는 8센티미터였고, 가장자리는 잔이나 백합꽃처럼 벌어져 있었다. 그 용량은 44킬로리터 정도 되었다. [27-33] 히람은 또 청동으로 세면대 열 개를 만들었다. 길이와 너비가 각각 1.8미터, 높이는 1.35미터였다. 세면대는 이렇게 만들었다. 곧게 세운 기둥에 판을 붙이고 판과 기둥에 사자, 황소, 그룹을 그렸다. 비스듬한 화환 무늬가 위아래로 사자와 황소와 맞닿았다. 각 세면대 밑에는 청동축이 달린 네 개의 청동바퀴를 달았다. 곧게 세운 기둥은 장식용 부조 세공과 함께 주조했다. 각 세면대에는 조각한 원형 지지물 위에 깊이 45센티미터의 대야가 있고, 그 밑에 가로 세로 67.5센티미터의 받침대가 있었다. 세면대 자체는 정사각형이었다. 대 밑에 축을 붙이고 그 축에 바퀴를 달았다. 바퀴는 지름이 67.5센티미터로 전차 바퀴처럼 생겼다. 그 축과 테두리와 살과 통은 모두 금속을 주조해 만들었다.

[34-37] 세면대의 네 귀퉁이에는 손잡이가 있었는데, 손잡이는 세면대와 함께 한 덩어리로 주조했다. 세면대 맨 위에는 약 22.5센티미터 정도 깊이의 테두리가 둥글게 둘려 있었다. 곧게 세운 기둥과 손잡이는 세면대와 함께 한 덩

어리로 주조했다. 세면대의 모든 표면에는 그룹, 사자, 종려나무를 새기고
그 둘레에 화환 모양을 새겼다. 세면대들은 모두 같은 틀에 주조하여 모양이
똑같았다.

38-40 그는 또 청동으로 대야 열 개를 만들었는데, 각각 지름 1.8미터에 용량
880리터로, 열 개의 세면대 위에 각각 대야 하나씩이었다. 세면대 다섯 개는
성전 남쪽에, 다섯 개는 북쪽에 배치했다. 바다는 성전 남동쪽 모퉁이에 놓
았다. 히람은 또 들통, 부삽, 대접 등 여러 기구를 만들었다.

40-45 히람은 솔로몬 왕을 위해 시작한 하나님의 성전 짓는 일을 모두 마쳤다.

기둥 둘
기둥 꼭대기에 얹은 기둥머리 둘
기둥머리의 장식용 세공물 둘
두 세공물에 달린 석류 모양 사백 개(각 세공물마다 겹줄의 석류)
세면대 열 개와 거기에 딸린 대야
바다 하나
바다 밑의 황소 열두 마리
그 밖의 들통, 부삽, 대접.

45-47 히람이 하나님의 성전을 위해 솔로몬 왕에게 만들어 준 이 모든 기구는
광택이 나는 청동으로 만든 것이었다. 왕은 숙곳과 사르단 사이에 있는 요단
평지의 주물 공장에서 진흙에 부어 주조하는 방법으로 그것들을 만들었다.
이 기구들은 수가 너무 많아서 무게를 달지 않았다! 청동이 얼마나 쓰였는지
아무도 모른다.

48-50 솔로몬은 또 하나님의 성전에서 쓸 가구와 부속물도 만들었다.

금제단
임재의 빵을 차려 놓는 금상

내실 앞 오른쪽과 왼쪽에 각각 다섯 개씩 두는 나뭇가지 모양의 순금촛대

금꽃, 등잔, 부젓가락

순금접시, 심지 자르는 가위, 피 뿌리는 대접, 국자, 향로들

내실 곧 지성소 문과 외실 문에 다는 금돌쩌귀들.

⁵¹ 이렇게 해서 솔로몬 왕은 **하나님**의 성전과 관련된 모든 일을 끝마쳤다. 그는 아버지 다윗이 거룩하게 구별해 두었던 물건, 곧 은과 금과 기구들을 가져다가 **하나님**의 성전 보물 보관소에 두었다.

언약궤를 성전으로 옮기다

8 ¹⁻² 이 모든 일의 마무리로, 솔로몬 왕은 시온, 곧 다윗 성에서 **하나님**의 언약궤를 가져오려고 이스라엘의 지도자들, 곧 모든 지파의 대표들과 각 가문의 족장들을 불러 모았다. 에다님월 곧 일곱째 달에, 온 이스라엘이 큰 가을 절기로 솔로몬 왕 앞에 모였다.

³⁻⁵ 이스라엘의 모든 지도자가 참석한 자리에서 제사장들이 **하나님**의 궤를 메고, 궤와 회막과 회막에 딸린 모든 거룩한 그릇을 옮겼다. 솔로몬 왕과 이스라엘 온 회중은 궤 앞에서 예배하며 셀 수 없이 많은 양과 소로 제사를 드렸다. 그 수가 너무 많아 자세히 기록할 수 없었다.

⁶⁻⁹ 곧이어 제사장들은 **하나님**의 언약궤를 제자리, 곧 성전 내실의 지성소 안 그룹들의 날개 아래에 가져다 놓았다. 그룹들의 펼친 날개가 궤와 그 채를 덮었다. 채는 아주 길어서 내실 입구에서 그 끝이 보였는데, 멀리서는 보이지 않았다. 그 채는 오늘까지 그곳에 있다. 궤 안에는 호렙에서 모세가 넣어 둔 두 돌판 외에는 아무것도 없었다. 호렙은 **하나님**께서 이스라엘을 이집트에서 이끌어 내신 뒤에 그들과 언약을 맺으신 곳이다.

¹⁰⁻¹¹ 제사장들이 성소에서 나오자, **하나님**의 성전에 구름이 가득 찼다. 구름 때문에 제사장들이 직무를 수행할 수 없었다. 성전이 **하나님**의 영광으로 가득했기 때문이다!

¹²⁻¹³ 그때 솔로몬이 말했다.

하나님께서는
아무도 볼 수 없는
어둠 속에 계시겠다고 말씀하셨습니다.
하나님, 주의 보이지 않는 영원한 임재의 표시로
제가 이 훌륭한 성전을 지었습니다.

¹⁴ 왕은 회중 쪽으로 돌아서서 그들을 축복했다.

¹⁵⁻¹⁶ "내 아버지 다윗에게 친히 말씀하신 하나님 이스라엘의 하나님을 찬양합니다. 그분께서 '내 백성 이스라엘을 이집트에서 이끌어 낸 날부터 오늘까지, 나는 내 이름을 둘 성전을 지으려고 이스라엘 지파 가운데 한 성읍을 따로 떼어 구별하지 않았다. 다만 다윗을 택하여 내 백성 이스라엘을 다스리게 했다'고 하신 말씀을 이제 지키셨습니다.

¹⁷⁻¹⁹ 내 아버지 다윗은 하나님 이스라엘의 하나님의 이름을 높이는 성전을 짓고자 했습니다. 그러나 하나님께서는 '네가 나를 높이는 성전을 짓기 원하니, 좋은 일이고 더없이 칭찬할 만한 일이다! 그러나 그 일을 할 사람은 네가 아니다. 네 아들이 내 이름을 높이는 성전을 지을 것이다' 하고 말씀하셨습니다.

²⁰⁻²¹ 하나님께서는 말씀하신 대로 행하셨습니다. 그래서 내가 하나님의 약속대로, 내 아버지 다윗의 뒤를 이어 이스라엘을 다스려 온 것입니다. 이제 나는 하나님 이스라엘의 하나님을 높여 드리는 성전을 지었고, 그분께서 우리 조상을 이집트 땅에서 인도하여 내실 때 그들과 맺으신 언약을 넣은 궤를 둘 자리를 마련했습니다."

솔로몬의 기도

²²⁻²⁵ 솔로몬은 이스라엘 온 회중이 지켜보는 가운데, 제단 앞에 자리를 잡고 하늘을 향해 두 팔을 들고 기도했다.

하나님 이스라엘의 하나님, 위로 하늘이나 아래로 땅 그 어디에도 주와 같은 신이 없습니다. 주의 종들이 주의 길을 따르며 성실하게 살아갈 때, 주께서는 그들과 맺은 언약을 확실히 지키시며 그들을 아낌없이 사랑해 주십니다. 주께서는 제 아버지 다윗에게 주신 말씀, 주께서 친히 주신 말씀을 지키셨습니다. 작은 것까지 모두 약속하신 대로 행하셨습니다. 그 증거가 오늘 우리 앞에 있습니다!

하나님 이스라엘의 하나님, 계속 그렇게 해주십시오! 제 아버지 다윗에게 하신 약속, 곧 "네 자손이 주의하여 네가 내 앞에서 행한 것처럼 순종하여 살면, 네 자손이 항상 이스라엘의 왕위에 앉아 나를 대신해 다스릴 것이다"라고 하신 그 약속을 계속해서 지켜 주십시오.

[26] 이스라엘의 하나님, 이 모든 것이 이루어지게 해주십시오.
확실하게 증명해 주십시오!

[27-32] 하나님께서 참으로 우리가 사는 곳에 오셔서 거하시겠습니까? 우주조차도 주께서 편히 숨 쉴 만큼 넓지 못한데, 제가 지은 이 성전이야 더 말할 것도 없습니다. 그러할지라도 담대히 구합니다. **하나님** 나의 하나님, 제가 드리는 중보기도와 간구에 귀를 기울여 주십시오. 지금 주 앞에 아뢰는 저의 뜨겁고 진실한 기도를 들어주십시오. 주께서 말씀하시기를 "내 이름이 거기서 높임을 받을 것이다"라고 하신 이곳, 이 성전을 밤낮으로 지켜보시고, 제가 이곳에서 드리는 기도를 들어주십시오.

주께서는 주님 계신 곳 하늘에서 들으시고
들으실 때 용서해 주십시오.

이웃에게 해를 끼친 사람이 잘못을 바로잡기로 약속하고 이 성전 안에 있는 주님의 제단 앞에 나와 그 약속을 그대로 아뢰면, 주께서는 하늘에서 들으시고 합당하게 행해 주십시오. 주님의 종들을 판결하셔서 가해자는 그 대가를 치르게 하시고 피해자는 모든 혐의를 벗도록 해주십시오.
³³⁻³⁴ 주님의 백성 이스라엘이 주께 죄를 지어 적에게 패할 때라도 주께 돌이켜 이 성전에서 간절하고 진실한 기도로 주님의 통치를 인정하면,

주께서는 주님 계신 곳 하늘에서 들으시고
주님의 백성 이스라엘의 죄를 용서하시며
주께서 그들 조상에게 주신 땅으로 돌아오게 해주십시오.

³⁵⁻³⁶ 주님의 백성이 주께 죄를 지어서 하늘이 마르고 비가 오지 않을 때,
주께 벌을 받은 그들이 이곳에서 기도하며 주님의 통치를 인정하고 그 죄를 멈추면,

주께서는 주님 계신 곳 하늘에서 들으시고
주님의 종, 주님의 백성 이스라엘의 죄를 용서해 주십시오.

그들과 다시 시작해 주십시오. 그들을 가르쳐 바르게 살게 하시고, 주님의 백성에게 유산으로 주신 이 땅에 비를 내려 주십시오.
³⁷⁻⁴⁰ 기근이나 재해, 흉작이나 질병, 메뚜기 떼나 병충해 같은 재앙이 닥치거나 원수가 요새로 쳐들어와 온갖 재난이 닥칠 때, 주님의 백성 이스라엘 가운데 누구라도 재앙이 일어났음을 깨닫고 이 성전을 향해 손과 팔을 들어 도움을 구하는 기도를 드리면,

주께서는 주님 계신 곳 하늘에서 들어주십시오.

우리를 용서하시고 판단해 주십시오. 주께서는 각 사람의 마음을 아시니 (오직 주님만이 사람의 속마음을 아십니다!) 각 사람에게 합당하게 갚아 주십시오. 그리하면 주께서 우리 조상에게 주신 이 땅에서 사는 동안, 그들이 주님을 경외하고 믿고 순종하게 될 것입니다.

41-43 주님의 백성 이스라엘에 속하지 않지만 주님의 명성을 듣고 먼 나라에서 온 외국인들도 기억해 주십시오. 그들은 분명 주님의 큰 명성을 듣고 기적을 행하시는 주님의 능력에 이끌려 이 성전에 나와 기도할 것입니다.

주께서는 주님 계신 곳 하늘에서 들어주십시오.

그 외국인들이 드리는 기도에 응답해 주십시오. 그러면 주님이 누구이며 어떤 분이신지 온 세상 사람들이 알게 될 것이고, 주님의 백성 이스라엘처럼 주님을 경외하고 순종하며 살게 될 것입니다. 또한 그들은 주께서 제가 지은 이곳을 친히 성전으로 여기신다는 것을 알게 될 것입니다.

44-51 주님의 백성이 주님의 때에 주님이 보내시는 곳으로 가서 적과 싸울 때에, 주님이 택하신 이 성읍과 제가 주님의 이름을 위해 지은 이 성전을 향해 기도하면,

주께서는 그들이 기도하고 구하는 것을 하늘에서 들으시고
그들의 형편에 맞게 행하여 주십시오.

그들이 주께 죄를 지어—죄가 없는 사람은 아무도 없으니 그들도 분명히 죄를 지을 것입니다!—주의 진노를 사서 원수의 손에 넘겨져 멀든 가깝든 원수의 나라에 포로로 잡혀갈지라도, 그 나라에서 회개하고 포로생활 중에 마음을 돌이켜 "우리가 죄를 지었습니다. 잘못을 저질렀습니다. 사악한 짓을 행했습니다"라고 고백하면, 또한 원수의 땅에서 마음을 다해 주께로 돌이키며 주님이 그들 조상에게 주신 고향 땅과 주님이 택하신 이 성읍과 제가 주님의 이름을 위해 지은 이 성전을 향해 기도하면,

주께서는 그들의 간절하고 진실한 기도를
주님 계신 곳 하늘에서 들으시고
그들에게 가장 좋은 것을 행하여 주십시오.

주께 죄를 지은 주님의 백성을 용서해 주십시오. 그들의 반역을 용서하시고, 그들을 포로로 잡은 자들의 마음을 움직이셔서 그들을 불쌍히 여기게 해주십시오. 그들은 철을 녹이는 용광로 같은 이집트 한복판에서 주님이 구해 내신 주님의 백성이요 주님의 귀한 유산입니다!

52-53 주님의 종인 저의 간구와 주님의 사랑하시는 백성 이스라엘의 간곡한 기도에 늘 귀를 기울여 주십시오. 그들이 주께 부르짖을 때마다 들어주십시오! 하나님, 주님의 강력한 주권으로 우리 조상을 이집트에서 구해 내실 때 주님의 종 모세를 통해 선포하신 것처럼, 주께서 이 땅의 모든 민족 가운데 그들을 친히 택하셔서 주님의 백성이 되게 하셨습니다.

54-55 이 모든 담대하고 뜨거운 기도를 하나님께 드린 뒤에, 솔로몬은 무릎 꿇고 있던 하나님의 제단 앞에서 일어나 하늘을 향해 손을 뻗었다. 그렇게 선 채로 소리 높여 이스라엘 온 회중을 축복했다.

56-58 "친히 말씀하신 대로, 당신의 백성 이스라엘에게 평화를 주신 하나님을 찬양합니다. 그분이 모세를 통해 하신 모든 선하고 놀라운 말씀이 단 한 마디의 예외 없이 모두 이루어졌습니다. 하나님 바로 우리 하나님께서 우리 조상과 함께 계셨던 것처럼 우리와 계속해서 함께 계시기를 바랍니다. 그분께서 절대로 우리를 포기하거나 떠나지 않으시기를 바랍니다. 우리가 늘 그분께 집중하고 헌신하게 하셔서, 그분이 예비하신 인생길을 따라갈 때에 표지판을 주의 깊게 살피며, 그분이 우리 조상에게 정해 주신 걸음걸이와 장단에 따라 걷게 하시기를 바랍니다.

59-61 그리고 내가 하나님 앞에서 기도로 아뢴 이 말씀이 밤낮으로 그분 앞에 있어서, 그분이 내 형편에 맞게 행하시고 날마다 그분의 백성 이스라엘에게 공의를 보장해 주시기를 바랍니다. 그러면 이 땅의 모든 사람이 하나님께서 참 신이시며 다른 신이 없음을 알게 될 것입니다. 그러니 여러분도 하나님 우리 하나님께 전적으로 순종하며 살아야 합니다. 그분이 예비해 주신 인생

길을 따라가고 그분께서 오늘 분명히 밝혀 주신 모든 것에 주의하여, 깨어서 살아야 합니다."

성전 봉헌

62-63 그 후에 왕과 온 이스라엘이 **하나님**께 제사를 드리며 예배했다. 솔로몬은 소 22,000마리, 양 120,000마리를 **하나님**께 제물로 바치며 화목제를 드렸다. 이렇게 왕과 온 이스라엘이 **하나님**의 성전을 봉헌했다.

64 그날 왕은 **하나님**의 성전 앞뜰 한가운데를 거룩한 장소로 구별하고, 거기서 번제물과 곡식 제물, 화목 제물의 지방을 바쳤다. 청동제단은 너무 작아서 이 모든 제물을 다 바칠 수 없었기 때문이다.

65-66 이렇게 솔로몬은 큰 가을 절기를 지켰고, 온 백성이 그와 함께했다. 북동쪽 끝(하맛 입구)에서부터 남서쪽 끝(이집트 시내)에 이르는 지역에 사는 백성이 모여, 큰 회중을 이루었다. 그들은 칠 일을 계획하여 축제를 시작했다가 칠 일을 더 늘려 꼬박 이 주 동안 축제를 벌였다! 그 후에야 솔로몬이 백성을 돌려보냈다. 그들은 왕을 축복하고 집으로 돌아갔다. **하나님**께서 그분의 종 다윗과 그분의 백성 이스라엘에게 베푸신 모든 선한 일들로 인해 그들 마음에 감사가 흘러넘쳤다.

9 1-2 솔로몬이 **하나님**의 성전과 그의 왕궁을 건축하는 일, 곧 마음먹었던 모든 일을 마친 뒤에, **하나님**께서 전에 기브온에서 나타나셨던 것처럼 솔로몬에게 다시 나타나셨다.

3-5 **하나님**께서 그에게 말씀하셨다. "내가 네 기도와 뜨거운 간구를 모두 들었다. 네가 지은 이 성전을 내가 거룩하게 했다. 이제 내 이름이 그 위에 영원히 새겨졌으니, 내 눈이 그 위에, 내 마음이 그 안에 언제나 머물 것이다. 네가 네 아버지 다윗처럼 순전한 마음으로 내 앞에서 행하고 내가 정해 준 삶을 따라 살며 내 가르침과 판단에 주의하여 순종하면, 이스라엘을 다스리는 너의 왕권이 든든한 기초 위에 서게 될 것이다. 네 아버지 다윗에게 보증

했던 것처럼 네게도 이것을 보증하겠다. '이스라엘의 왕위에서 네 자손이 항상 끊이지 않을 것이다.'

6-9 그러나 너와 네 자손이 내게 반역하고 내 가르침과 판단을 무시하며 이방 신들과 어울리면서 그것들을 섬기고 예배하면, 그때에는 이 보증이 무효가 될 것이다. 나는 이스라엘을 멸하고 내 이름을 높이도록 거룩하게 구별한 이 성전에서 등을 돌릴 것이다. 그러면 이스라엘은 세상 민족들 사이에서 흉한 농담거리가 되고 말 것이다. 지금은 이렇게 훌륭한 이 성전도 비웃음거리가 되고 말 것이다. 지나가는 사람들이 고개를 저으며 '이게 어찌 된 일인가? 어쩌다가 이렇게 망해 버렸는가?' 하고 물을 것이다. 그러면 그들은 이런 답을 듣게 될 것이다. '한때 여기 살던 민족은 그들의 **하나님**, 곧 그들 조상을 이집트에서 구해 낸 하나님께 반역했다. 그들은 이방 신들과 어울리며 그것들을 예배하고 섬겼다. 그래서 하나님께서 이렇게 폐허로 만들어 버리신 것이다.'"

10-12 솔로몬은 이십 년 만에 두 건물, 곧 **하나님**의 성전과 자신의 왕궁을 지은 뒤에, 두로 왕 히람에게 갈릴리 땅에 있는 마을 스무 개를 선물로 주었다. 이것은 히람이 솔로몬이 원하는 대로 백향목과 잣나무와 금을 준 것에 대한 보답이었다. 그러나 두로에서 와서 솔로몬이 준 마을들을 둘러본 히람은 선물이 마음에 들지 않았다.

13-14 히람이 말했다. "친구여! 오지의 산골 마을 스무 개라니, 이것이 무슨 보답이오?" 사람들은 지금도 그곳을 쓸모없는 오지 마을이라고 부른다. 히람이 4.5톤가량의 금에 대한 답례로 솔로몬에게서 받은 것은 그것이 전부였다!

솔로몬의 나머지 업적

15 솔로몬 왕이 노역을 동원해 **하나님**의 성전과 자기 왕궁, 방어시설(밀로), 예루살렘 성벽, 하솔과 므깃도와 게셀에 요새화된 성읍을 건축한 공사 기록은 이러하다.

16-17 전에 이집트 왕 바로가 올라와서 게셀을 점령하여 불사르고 그곳에 살

던 가나안 사람을 다 죽였다. 그는 그 도시를 솔로몬의 아내가 된 자기 딸에게 결혼 선물로 주었다. 그래서 솔로몬이 게셀을 재건했다.

17-19 솔로몬은 또 아랫 벳호론과 바알랏, 사막의 다말, 곡식을 저장해 둘 변방의 성읍, 전차와 말을 둘 성읍들을 건축했다. 예루살렘이든 레바논이든 자기 마음에 드는 곳이면 어디에나 대대적인 건축 공사를 벌였다.

20-23 솔로몬은 그 땅 원주민(이스라엘 자손이 아닌 아모리 사람, 헷 사람, 브리스 사람, 히위 사람, 여부스 사람) 가운데서 살아남은 무리, 곧 거룩한 전쟁에서 살아남은 자들을 강제노역 부대로 편성했는데, 이 정책은 오늘까지 시행되고 있다. 그러나 이스라엘 사람은 그런 대우를 받지 않았다. 그들은 솔로몬의 군대와 행정부에서 정부 지도자, 전차와 전차병 지휘관으로 일했다. 또한 그들은 솔로몬의 건축 공사를 책임지는 관리가 되었는데, 모두 550명이 노역자들을 감독했다.

24 바로의 딸이 정식으로 다윗 성에서 올라와 그녀를 위해 특별히 지은 궁에 들어가 살았다. 그 후에 솔로몬은 방어시설(밀로)을 지었다.

25 매년 세 번씩 솔로몬은 **하나님**의 제단에서 예배하며 번제와 화목제를 드리고 **하나님** 앞에 향을 피웠다. 그는 성전과 관련해서 필요한 것이 있으면 무엇이든 아끼지 않았고, 인색함이 없었다.

26-28 그는 배도 만들었다! 에돔 땅 홍해 해변의 엘랏 근처에 있는 에시온게벨에서 배를 만들었다. 히람은 바다를 잘 아는 뱃사람들을 보내, 솔로몬 사람들의 항해를 돕게 했다. 그들은 오빌로 출항한 뒤 금 16톤을 가지고 돌아와, 솔로몬 왕에게 바쳤다.

스바 여왕의 방문

10 1-5 스바 여왕이 솔로몬에 대한 소문과 그것이 **하나님**의 이름과 관련이 있다는 말을 듣고, 어려운 질문으로 그의 명성을 시험해 보기 위해 솔로몬을 찾아왔다. 그녀는 향료와 어마어마한 양의 금과 값진 보석을 낙타에 싣고, 당당하고 호화롭게 예루살렘에 입성했다. 그녀는 솔로몬에게 나아와 평소 관심 있던 온갖 주제를 논하며 자신의 생각을 모두 이야기

했다. 솔로몬은 그녀가 내놓은 모든 주제에 답했고, 어떤 질문에도 말문이 막히지 않았다. 솔로몬의 지혜를 직접 경험한 스바 여왕은 그가 지은 왕궁, 잘 차려 놓은 식사, 멋지게 줄지어 선 왕궁 관리들, 단정하게 차려입은 시종들, 호화로운 수정, 그리고 하나님의 성전에 오르는 계단에서 아낌없이 번제를 드리는 정성스런 예배를 보며 그 모든 것에 감탄했다.

6-9 그녀가 왕에게 말했다. "모두 사실이었군요! 왕의 업적과 지혜에 대한 명성이 내 나라에까지 들려왔는데, 이제 모두 확인했습니다. 내가 직접 보지 않았으면 믿지 못했을 것입니다. 사람들의 말이 과장이 아니었군요! 왕의 지혜와 기품은 내가 상상한 것보다 훨씬 뛰어납니다. 왕 밑에서 일하는 사람들은 날마다 왕 곁에서 지혜로운 말을 직접 들으니 얼마나 복됩니까! 당신을 총애하셔서 왕으로 삼으신 하나님 당신의 하나님을 찬양합니다. 그분이 당신을 왕으로 삼아 공의로 질서를 유지하게 하시고 소중한 백성을 보살피게 하신 것은, 이스라엘을 향한 그분의 사랑에서 비롯된 것임이 분명합니다."

10 그런 다음 그녀는 4.5톤가량의 금과 수많은 향료와 값비싼 보석을 왕에게 주었다. 스바 여왕이 솔로몬 왕을 위해 향료를 가져온 이후로, 그처럼 많은 향료가 배로 들어온 일은 다시 없었다.

11-12 히람의 배들은 오빌에서 금을 수입해 오면서 엄청난 양의 향기로운 백단목과 값비싼 보석도 함께 가져왔다. 왕은 백단목으로 하나님의 성전과 왕궁에 들일 세련된 가구를 제작하고 음악인들을 위해 하프와 수금을 만들었다. 그만한 백단목을 들여온 경우는 이후로 없었다.

13 솔로몬 왕은 스바 여왕이 원하는 것을 모두 주었다. 이미 후하게 준 것 외에도 그녀가 구하는 것은 무엇이든 다 주었다. 그녀는 흡족해 하며 신하들을 이끌고 자기 나라로 돌아갔다.

14-15 솔로몬은 매년 조공으로 금 25톤을 받았다. 이것은 상인과 여러 왕과 지방 장관들과의 무역에서 나오는 세금과 수익 외의 수입이었다.

16-17 솔로몬 왕은 얇게 두들겨 편 금으로 사람 키만한 방패 이백 개—방패 하

나에 금 3.4킬로그램씩 들어갔다—와 그 절반 크기의 작은 방패 삼백 개를 만들었다. 그는 그 방패들을 레바논 숲 궁전에 두었다.

18-20 왕은 상아로 큰 보좌를 만들고, 눈에 잘 띄도록 겉에 금을 입혔다. 보좌 아래에는 여섯 개의 층계가 있었고, 보좌 뒤쪽은 아치모양이었다. 양쪽 팔걸이 옆으로 사자상을 두었는데, 여섯 층계의 양쪽 끝에도 각각 사자상이 하나씩 서 있었다. 주변 어느 나라에도 그와 같은 보좌는 없었다.

21 솔로몬 왕의 잔과 컵은 금으로 만들었고, 레바논 숲 궁전의 식기도 모두 순금으로 만들었다. 은으로 만든 것은 하나도 없었다. 솔로몬 시대에 은은 흔하고 값싼 것이었다.

22 왕은 원양 선박을 바다에 두어 히람의 배와 함께 있게 했다. 삼 년에 한 번씩 그 배가 금과 은, 상아, 원숭이, 공작을 실어 날랐다.

23-25 솔로몬 왕은 지상의 그 어떤 왕보다 지혜롭고 부유했다. 그는 모든 왕보다 뛰어났다. 온 세상 사람들이 하나님께서 솔로몬에게 주신 지혜를 배우려고 찾아왔다. 오는 사람마다 금은 기물, 고급 예복과 의복, 최신 무기, 외국산 향료, 말과 노새 같은 선물을 가져왔다. 방문객들의 행렬이 매년 줄을 이었다.

26-29 솔로몬은 전차와 말을 모았다. 그가 모은 전차가 천사백 대, 말이 만이천 마리였다! 그는 그 말들을 예루살렘뿐 아니라 전차가 주둔해 있는 특별 성읍들에도 두었다. 그의 시대에는 은이 돌처럼 흔했고, 백향목도 낮은 산지의 무화과나무만큼이나 흔했다. 왕이 타는 말은 이집트와 실리시아에서 들여왔는데, 특별히 왕의 중개인들이 매입했다. 이집트에서 들여온 전차는 은 6.8킬로그램, 말은 은 1.7킬로그램에 거래되었다. 솔로몬은 헷과 아람 왕실을 상대로 말 무역을 벌여 호황을 누렸다.

솔로몬이 하나님을 저버리다

11 1-5 솔로몬 왕은 여자에 집착했다. 바로의 딸은 그가 사랑한 많은 이방 여인들—모압, 암몬, 에돔, 시돈, 헷 여인들—가운데 첫 여자에 불과했다. 하나님께서 이스라엘에게 "너희는 그들과 결혼해서는 안된다. 그들이 너희를 꾀어 그들의 신들을 섬기게 할 것이다"라고 분명히 경고

하셨지만, 그는 주변 이방 나라들에서 여인들을 취했다. 솔로몬은 자신의 마음을 **빼앗은** 그 여인들을 포기하지 않았다. 그는 칠백 명의 왕비와 삼백 명의 후궁, 모두 합해 천 명의 아내를 두었다! 과연 여인들이 그를 꾀어 하나님에게서 멀어지게 했다. 솔로몬이 늙자 아내들은 자기들의 이방 신들로 그를 꾀었고, 결국 그는 하나님을 저버리게 되었다. 그는 아버지 다윗과 달리 **하나님께** 끝까지 신실하지 못했다. 솔로몬은 시돈의 창녀 여신 아스다롯과 암몬의 혐오스러운 신 몰렉을 가까이했다.

6-8 솔로몬은 공공연히 **하나님을** 거역하면서, 아버지 다윗이 걸어간 길을 따르지 않았다. 더 나아가 그는 예루살렘 동쪽 산에 모압의 혐오스러운 신 그모스와 암몬의 혐오스러운 신 몰렉을 섬기는 산당들을 지었다. 그는 자신의 모든 이방 아내들을 위해 그와 같은 산당을 지었다. 그들이 바친 제사의 연기와 냄새가 그 땅을 더럽혔다.

9-10 솔로몬이 이스라엘의 **하나님을** 버렸으므로 **하나님께서** 그에게 진노하셨다. 하나님께서는 두 번이나 그에게 나타나셔서 다른 신들을 가까이하지 말라고 분명히 명령하셨지만, 솔로몬은 **하나님의** 명령에 순종하지 않았다.

11-13 **하나님께서** 솔로몬에게 말씀하셨다. "네가 이런 식으로 믿음을 저버리고 내 명령대로 행할 뜻을 보이지 않으니, 내가 네게서 나라를 **빼앗아** 다른 사람에게 넘겨줄 것이다. 다만 네 아버지 다윗을 생각해서 네 생전에는 그리하지 않겠다. 하지만 네 아들이 대가를 치를 것이니, 내가 그의 손에서 나라를 **빼앗을** 것이다. 그러나 내 종 다윗과 내가 택한 성 예루살렘을 생각하여, 다 **빼앗지는** 않고 한 지파를 남겨 둘 것이다."

14-20 **하나님께서** 에돔 왕의 후손 하닷을 일으키셔서 솔로몬을 대적하게 하셨다. 예전에 다윗이 에돔을 멸할 때, 군사령관 요압이 죽은 사람들을 묻으러 갔다가 에돔의 남자들을 모두 쳐죽인 일이 있었다. 요압과 그 군대는 그곳에 여섯 달 동안 머물면서 에돔의 모든 남자를 철저하게 죽였다. 당시 소년이었던 하닷은, 자기 아버지 밑에서 일하던 에돔 사람 몇몇과 함께 피신했다. 피난길에 오른 그들은 미디안을 지나 바란으로 갔고, 거기서 사람을 좀 더 모아 이집트로 가서 이집트 왕 바로를 만났다. 바로는 하닷에게 집과 양식은

물론 땅까지 내주었다. 바로는 그를 아주 좋아해서 자기 아내 다브네스 왕비의 동생을 아내로 주었다. 그녀는 하닷과 결혼하여 그누밧이라는 아들을 낳고 왕족처럼 길렀다. 그누밧은 바로의 자녀와 함께 궁에서 자랐다.

²¹ 이집트에 살던 하닷은 다윗과 군사령관 요압이 죽었다는 소식을 듣고 바로에게 가서 말했다. "왕의 축복 속에 저를 보내 주십시오. 제 나라로 돌아가고 싶습니다."

²² "이유가 무엇이오?" 바로가 말했다. "어찌하여 이곳을 떠나려 하오? 그대 마음에 거슬리는 것이 있소?"

하닷이 말했다. "모든 것이 좋습니다. 하지만 고향 땅으로 가고 싶습니다. 저를 보내 주십시오!"

솔로몬의 적들이 일어나다

²³⁻²⁵ 그 후에 하나님께서 다른 적을 일으키셔서 솔로몬을 대적하게 하셨다. 그는 엘리아다의 아들 르손으로, 일찍이 자기 주인 소바 왕 하닷에셀에게서 도망친 사람이었다. 다윗이 아람 사람을 죽인 뒤에, 르손은 무법자들을 모아 그들의 지도자가 되었다. 나중에 그들은 다마스쿠스에 정착했는데, 거기서 르손은 결국 왕이 되었다. 하닷처럼 르손도 솔로몬이 살아 있는 동안 이스라엘을 괴롭혔다. 그는 아람을 다스리는 왕이었고 이스라엘을 미워했다.

²⁶ 그러다가 결정적인 사건이 터졌다. 느밧의 아들 여로보암이 왕에게 반역한 것이다. 그는 스레다 출신의 에브라임 사람으로, 그의 어머니는 스루아라는 과부다. 그는 솔로몬 밑에서 왕을 섬기던 사람이었다.

²⁷⁻²⁸ 그가 반역한 이유는 이러하다. 전에 솔로몬은 외곽 방어시설(밀로)을 짓고, 아버지 다윗 때부터 파손되어 있던 요새들을 복구했다. 그 건축 기간 중에 여로보암은 강하고 실력 있는 자로 돋보였다. 솔로몬은 젊은 그가 일을 잘하는 것을 보고 요셉 지파의 노역자 전부를 그의 손에 맡겼다.

²⁹⁻³⁰ 하루는 여로보암이 예루살렘에서 나와 길을 가다가, 실로의 예언자 아히야를 만났다. 그는 새 옷을 입고 있었는데, 외딴 길목에 그 두 사람밖에 없

었다. 아히야는 자기가 입고 있던 새 옷을 벗어 열두 조각으로 찢었다.

31-33 그러고는 여로보암에게 말했다. "이 중에서 열 조각을 가지십시오. 이 스라엘의 **하나님**께서 이렇게 명령하십니다. '내가 하려는 일을 보아라. 내가 솔로몬의 손에서 나라를 빼앗아 너에게 열 지파를 넘겨줄 것이다. 내 종 다 윗과 내가 특별히 택한 성 예루살렘을 생각하여, 솔로몬에게 한 지파는 남겨 둘 것이다. 이렇게 하는 이유는, 그가 나를 버리고 가서 시돈의 여신 아스다 롯과 모압의 신 그모스와 암몬의 신 몰렉을 섬겼기 때문이다. 그는 내가 일 러 준 대로 살지 않았고 내가 원하는 일을 행하지 않았으며, 그의 아버지 다 윗과 달리 내 지시에 따르지도 명령에 순종하지도 않았다.

34-36 그러나 나는 그에게서 나라를 모두 빼앗지는 않을 것이다. 다윗은 내가 택한 자요 내 지시와 명령에 순종했으니, 내 종 다윗을 보아 내가 솔로몬이 살아 있는 동안에는 그와 함께할 것이다. 그러나 그 후에는 그의 아들의 손 에서 나라를 빼앗아 너에게 열 지파를 넘겨줄 것이다. 한 지파는 그의 아들 에게 남겨 주어, 내가 내 이름을 기념하기 위해 택한 성 예루살렘에 내 종 다 윗에게 한 약속의 증거를 보존할 것이다.

37-39 그러나 내가 너를 내 손안에 두었다. 너는 마음껏 다스려라! 네가 이스 라엘의 왕이 될 것이다. 네가 나의 말에 귀를 기울이고, 내가 보여주는 길을 따라 살고, 내 종 다윗이 한 것처럼 내 지시에 따르고 명령에 순종하여 나를 기쁘게 하면, 어떠한 일이 있어도 내가 너와 함께 있을 것이다. 다윗에게 한 것같이 너에게도 견고한 나라를 지어 줄 것이다. 이스라엘이 네 것이 될 것 이다! 내가 다윗의 자손에게 고통과 괴로움을 내리겠지만, 그 시련이 영원히 계속되지는 않을 것이다.'"

40 솔로몬이 여로보암을 암살하라고 명령하자, 여로보암은 이집트 왕 시삭에 게로 도망가서 숨었다. 그는 솔로몬이 죽을 때까지 거기서 망명생활을 했다.

41-43 솔로몬의 나머지 생애와 통치, 그가 행한 모든 일과 지혜는 '솔로몬 연대 기'에서 읽을 수 있다. 솔로몬은 예루살렘에서 사십 년 동안 온 이스라엘을 다스렸다. 그는 죽어서 아버지 다윗의 성에 묻혔다. 그의 아들 르호보암이 뒤를 이어 왕이 되었다.

북쪽 지파들의 반항

12

1-2 르호보암은 세겜으로 갔다. 온 이스라엘이 그를 왕으로 세우
려고 그곳에 모여 있었다. 당시 솔로몬을 피해 이집트에 숨어 있
던 여로보암은, 솔로몬이 죽었다는 소식을 듣고 돌아왔다.

3-4 르호보암이 여로보암과 온 백성을 소집했다. 그들이 르호보암에게 말했
다. "왕의 아버지께서 등골이 휘도록 우리에게 일을 시켜 삶이 아주 고달팠
습니다. 이제 좀 쉬게 해주시고 우리의 짐을 가볍게 해주시면, 우리가 기꺼
이 왕을 섬기겠습니다."

5 르호보암이 말했다. "생각할 시간이 필요하니 사흘 후에 다시 오시오."

6 르호보암 왕은 그의 아버지가 살아 있을 때 조언을 구했던 원로들과 의논
했다. "그대들의 생각은 어떠하오? 내가 백성에게 뭐라고 답하면 좋겠소?"

7 그들이 말했다. "왕께서는 이 백성의 종이 되셔서 그들의 필요를 잘 헤아리
고 긍휼을 베푸시며 원만히 일을 해결해 나가십시오. 그러면 결국 백성이 왕
을 위해 무슨 일이든 할 것입니다."

8-9 그러나 그는 원로들의 조언을 물리치고, 그와 함께 자라서 지금은 왕의
비위만 맞추려 드는 젊은 신하들에게 물었다. "그대들 생각은 어떻소? '왕의
아버지처럼 혹독하게 하지 말고 좀 쉬게 해주십시오. 우리의 짐을 가볍게 해
주십시오' 하고 말하는 이 백성에게 내가 뭐라고 해야 되겠소?"

10-11 왕과 함께 자란 철없는 젊은이들이 말했다. "'왕의 아버지께서 우리에게
너무 심하게 하셨으니, 짐을 가볍게 해주십시오' 하고 불평하는 이 백성에게
이렇게 말씀하십시오. '내 새끼손가락이 내 아버지의 허리보다 굵다. 내 아
버지의 다스림이 고달팠다고 여긴다면, 너희는 아직 고달픔의 맛을 제대로
보지 못한 것이다. 내 아버지는 너희를 채찍으로 때렸지만, 나는 너희가 피
투성이가 될 때까지 사슬로 칠 것이다!'"

12-14 르호보암이 백성을 향해 "생각할 시간이 필요하니 사흘 후에 다시 오시
오" 하고 지시한 대로, 사흘 후에 여로보암과 백성이 나타났다. 왕의 대답은
가혹하고 거칠었다. 그는 원로들의 조언을 무시하고 젊은이들의 제안을 따
랐다. "내 아버지의 다스림이 고달팠다고 여긴다면, 너희는 아직 고달픔의

맛을 제대로 보지 못한 것이다. 내 아버지는 너희를 채찍으로 때렸지만, 나는 너희가 피투성이가 될 때까지 사슬로 칠 것이다!"

¹⁵ 르호보암은 백성의 말에 귀를 막았다. **하나님**께서 이 모든 일의 배후에 계셨고, 이로써 실로 사람 아히야를 통해 느밧의 아들 여로보암에게 주신 메시지를 확증하셨다.

¹⁶⁻¹⁷ 온 이스라엘은 왕이 그들의 말을 한 마디도 듣지 않은 것을 알고, 왕에게 맞서서 말했다.

꺼져 버려라, 다윗!
이새의 아들아, 우리는 이제 너한테 질렸다!
이스라엘아, 어서 여기서 떠나자!
다윗, 이제 더 이상 우리 일에 참견하지 마라.

그런 다음, 백성이 떠나갔다. 그러나 르호보암은 유다 성읍들에 사는 사람들을 계속 다스렸다.

¹⁸⁻¹⁹ 그 후에 르호보암 왕이 노역 책임자인 아도니람을 보내자, 이스라엘 백성이 모여서 그를 돌로 쳐죽였다. 르호보암 왕은 재빨리 전차에 뛰어올라 예루살렘으로 도망쳤다. 그때부터 오늘까지 이스라엘은 다윗 왕조에 계속 대항했다.

이스라엘 왕 여로보암
²⁰ 여로보암이 돌아왔다는 말이 나돌자, 백성이 모여 그를 불러 온 이스라엘의 왕으로 삼았다. 오직 유다 지파만이 다윗 왕가에 남았다.
²¹ 예루살렘으로 돌아온 르호보암은 유다와 베냐민 지파 사람들을 소집하고 정예군 180,000명을 동원했다. 그는 이스라엘과 전쟁을 벌여 솔로몬의 아들 르호보암의 나라를 되찾으려고 했다.

²²⁻²⁴ 그때 하나님의 말씀이 하나님의 사람 스마야에게 임했다. "솔로몬의 아들 유다 왕 르호보암과 유다와 베냐민의 모든 사람과 그 밖에 남은 자들에게 전하여라. '이것은 **하나님**의 말씀이다. 너희는 진군하지 마라. 너희 형제 이스라엘 자손과 싸우지 마라. 너희는 한 사람도 남김없이 다 집으로 돌아가거라. 이 모든 것이 나의 뜻이다.'" 그들은 **하나님**께서 말씀하신 대로 집으로 돌아갔다.

여로보암이 하나님에게서 돌아서다

²⁵ 여로보암은 에브라임 산지에 있는 세겜에 성을 짓고, 그곳을 본거지로 삼았다. 그는 브누엘에도 성을 지었다.

²⁶⁻²⁷ 그러나 여로보암은 이런 생각이 들었다. "머지않아 나라가 다시 다윗 밑으로 통일될 것이다. 이 백성이 예루살렘에 있는 **하나님**의 성전에서 다시 예배 드리기 시작하면, 그 즉시 유다 왕 르호보암을 자신들의 통치자로 생각할 것이다. 그렇게 되면 그들은 나를 죽이고 르호보암 왕에게 돌아갈 것이다."

²⁸⁻³⁰ 그래서 왕은 계획을 꾸몄다. 그는 금송아지 두 개를 만들고 이렇게 공포했다. "예루살렘에 가서 예배를 드리려니 여러분의 고생이 너무 큽니다. 이것을 보십시오. 여러분을 이집트에서 이끌어 낸 신입니다!" 그는 송아지 하나는 베델에 두고, 다른 하나는 단에 두었다. 이것은 너무도 명백한 죄였다. 사람들이 단까지 가서 송아지를 숭배했다!

³¹⁻³³ 일은 거기서 끝나지 않았다. 여로보암은 사방에 금지된 산당들을 짓고, 제사장직에 적합한 사람이든 아니든 상관없이 아무나 닥치는 대로 제사장으로 세웠다. 또한 그는 유다의 절기를 대신할 거룩한 신년 절기를 새로 만들어 여덟째 달 십오일에 지키게 했고, 직접 베델 제단에서 예배하며 자신이 그곳에 세워 둔 송아지 앞에 제물을 바쳤다. 그는 자신이 지은 지역 산당들의 제사장들을 베델의 제사장으로 세웠다. 이것은 유다의 절기에 맞서기 위해 그가 생각해 낸 것이었다. 여로보암은 이스라엘만을 위한 이 절기를 능숙하게 치러 냈고, 제단 예배도 자신이 직접 인도했다.

13

¹⁻³ 그 후에 이런 일이 있었다. 여로보암이 제단에서 제사를 드리려는데, 유다에서 하나님의 명령을 받고 온 거룩한 사람이 제단을 향해 선포했다(이것은 하나님의 명령이었다). "제단아, 제단아! 하나님의 메시지다! '다윗 집안에 요시야라는 아들이 태어날 것이다. 그가 네 위에 제사 드리고 있는 산당 제사장들을 네 위에서 제물로 바칠 것이다! 사람의 뼈가 네 위에서 불타오를 것이다!'" 동시에 그는 표징을 공포했다. "이것은 하나님께서 주시는 증거다. 제단이 산산조각으로 갈라져 거룩한 제물이 땅에 쏟아질 것이다."

⁴⁻⁵ 왕은 거룩한 사람이 베델 제단을 향해 외치는 메시지를 듣고, 그를 잡으려고 팔을 뻗으며 소리쳤다. "저 자를 잡아라!" 그러자 왕의 팔이 마비되어 쓸 수 없게 되었다. 동시에 제단이 갈라지면서 거룩한 제물이 모두 땅에 쏟아졌다. 거룩한 사람이 하나님의 명령을 받아 공포했던 표징이 그대로 이루어졌다.

⁶ 왕은 거룩한 사람에게 간청했다. "도와주시오! 당신의 하나님께 기도하여 내 팔을 낫게 해주시오." 거룩한 사람이 그를 위해 기도하자 왕의 팔이 나아 새것처럼 되었다!

⁷ 그러자 왕은 거룩한 사람을 초대했다. "나와 함께 식사합시다. 당신에게 줄 선물이 있소."

⁸⁻¹⁰ 거룩한 사람이 왕에게 말했다. "왕께서 내게 아무리 큰돈을 준다고 해도, 나는 이곳에서 왕과 함께 앉아 식사하지 않을 것입니다. 나는 하나님의 명령을 받아 이곳에 왔습니다. 그분께서 명령하시기를, '빵 한 조각도 먹지 말고, 물 한 모금도 마시지 말고, 네가 왔던 길로 돌아가지도 말라'고 하셨습니다." 그러고서 그는 베델로 올 때 걸어왔던 길이 아닌 다른 길로 떠났다.

¹¹ 베델에 한 늙은 예언자가 살고 있었다. 그의 아들들이 와서 그날 거룩한 사람이 베델에서 한 일을 아버지에게 이야기하며, 거기서 일어난 모든 일과 거룩한 사람이 왕에게 한 말을 전했다.

¹² 아버지가 말했다. "그 사람이 어느 쪽으로 갔느냐?" 아들들은 유다에서 온 거룩한 사람이 간 길을 가리켜 보였다.

13-14 그가 아들들에게 말했다. "내 나귀에 안장을 얹어 다오." 그들이 안장을 얹자, 그는 나귀를 타고 거룩한 사람을 쫓아갔다. 그는 상수리나무 아래 앉아 있는 거룩한 사람을 만났다.

노인이 그에게 물었다. "당신이 유다에서 온 거룩한 사람이오?"

"그렇습니다." 그가 대답했다.

15 "나와 같이 우리 집으로 가서 식사합시다."

16-17 "죄송하지만 그럴 수 없습니다." 거룩한 사람이 말했다. "나는 어르신과 함께 돌아갈 수도 없고 이 땅에서 어르신과 함께 먹을 수도 없습니다. 하나님께서 내게 엄히 명령하시기를, '빵 한 조각도 먹지 말고, 물 한 모금도 마시지 말고, 네가 왔던 길로 돌아가지도 말라'고 하셨습니다."

18-19 그러자 노인이 말했다. "나도 당신처럼 예언자요. 천사가 내게 와서 '그 사람을 네 집으로 데리고 가서 식사를 잘 차려 주어라!' 하고 하나님의 메시지를 전해 주었소." 하지만 노인은 거짓말을 하고 있었다. 거룩한 사람은 그와 함께 집으로 가서 식사를 했다.

20-22 그들이 함께 식탁에 앉아 있는데, 거룩한 사람을 데려온 예언자에게 하나님의 말씀이 임했다. 그는 유다에서 온 거룩한 사람의 잘못을 지적했다. "당신에게 주는 하나님의 말씀이오. '너는 하나님의 명령에 불순종했고, 네 하나님의 엄한 명령을 지키지 않았다. 너는 하나님이 빵 한 조각도 먹지 말고, 물 한 모금도 마시지 말라고 한 바로 그곳에 앉아 음식을 배불리 먹었다. 그러니 너는 길에서 죽을 것이고 네 조상의 묘에 묻히지 못할 것이다.'"

23-25 식사가 끝나자, 그를 데려온 예언자가 그를 위해 자기 나귀에 안장을 얹어 주었다. 길을 떠나가는데, 사자가 나타나 그를 죽였다. 그의 시체가 길 위에 널브러졌고 한쪽에는 사자가 다른 한쪽에는 나귀가 서 있었다. 길 가던 사람들이 길에 널브러진 주검과 그 곁을 지키고 선 사자를 보았다. 그들은 늙은 예언자가 살고 있는 마을로 가서 자기들이 본 것을 말했다.

26 그를 곁길로 가게 만든 예언자가 그 말을 듣고 말했다. "그는 하나님의 엄한 명령에 불순종한 거룩한 사람이다. 하나님께서 그에게 말씀하신 대로, 그를 사자에게 넘겨주셔서 사자가 그를 찢어 죽이게 하신 것이다."

27-30 예언자는 아들들에게 말했다. "내 나귀에 안장을 얹어 다오." 그들이 안장을 얹자, 그는 곧 나귀를 타고 가서 길 위에 쓰러져 있는 주검과 그 옆에 서 있는 사자와 나귀를 찾아냈다. 사자는 주검에도 나귀에도 입을 대지 않았다. 늙은 예언자는 거룩한 사람의 주검을 나귀에 싣고 자기 성읍으로 돌아와 안장해 주었다. 그는 그 주검을 자기 무덤에 묻고 나서 애도하며 말했다. "형제여, 슬픈 날입니다!"

31-32 장례식을 마치고 나서 예언자는 아들들에게 말했다. "내가 죽거든 거룩한 사람을 묻은 그 무덤에 묻어 다오. 내 뼈와 그의 뼈가 나란히 있게 해다오. 그가 하나님의 명령을 받아서 베델에 있는 제단과 사마리아 성읍들에 있는 모든 음란한 종교 산당들을 향해 전한 메시지가 그대로 이루어질 것이다."

여로보암의 악한 죄

33-34 이 일이 있고 나서도 여로보암은 계속 악을 행하여, 금지된 산당의 제사장들을 마구잡이로 세웠다. 누구든지 원하기만 하면 한 지역 산당의 제사장이 될 수 있었다. 이것이 여로보암이 지은 가장 뿌리 깊은 죄였다. 그를 망하게 한 것도 그 죄였다.

❧

14

1-3 그 즈음에 여로보암의 아들 아비야가 병이 들었다. 여로보암이 아내에게 말했다. "이렇게 합시다. 아무도 당신을 알아보지 못하게 변장을 하고 실로로 가시오. 내게 이 백성의 왕이 될 것이라고 말했던 예언자 아히야가 거기 살고 있소. 빵 열 덩어리와 과자와 꿀 한 병을 가져가시오. 그를 찾아가면 우리 아들이 어찌될 것인지 말해 줄 것이오."

4-5 여로보암의 아내는 그의 말대로 했다. 그녀는 곧장 실로로 가서 아히야의 집에 이르렀다. 아히야는 이제 나이 들고 눈이 멀었으나, 하나님께서 이미 그에게 경고하셨다. "여로보암의 아내가 병든 아들의 일로 네 의견을 들으려고 오는 중이다. 너는 그녀에게 이렇게 말하여라."

5-9 그녀가 변장한 차림으로 들어왔다. 아히야는 그녀가 문간에 들어서는 소

리를 듣고 말했다. "여로보암의 아내여, 어서 오십시오! 그런데 어찌하여 변장을 하셨습니까? 내가 흉한 소식을 전해야겠습니다. 내가 **하나님** 이스라엘의 하나님께 직접 받은 이 메시지를 여로보암에게 전하십시오. '내가 미천한 너를 일으켜 내 백성 이스라엘의 지도자로 세웠다. 내가 다윗 집안의 손에서 나라를 **빼앗아** 너에게 주었건만, 너는 내 종 다윗처럼 살지 않았다. 다윗은 내 명령대로 행하고 일편단심으로 살면서 나를 기쁘게 했다. 그러나 너는 이방 신들, 거짓 신들을 만들어 그 누구보다 악한 일을 행했다! 나를 거부하고 내게 등을 돌려, 나를 불같이 진노하게 만들었다.

10-11 나는 이 일을 그냥 넘어가지 않을 것이다. 여로보암 집안에 재앙을 내려 그 집안의 모든 남자를, 종이나 자유인이나 가리지 않고 이스라엘에서 다 죽일 것이다. 그들은 쓰레기에 지나지 않게 되었으니 내가 깨끗이 없애 버릴 것이다. 성읍 안에서 죽는 자들은 떠돌이 개들의 먹이가 되고, 들판에서 죽는 자들은 썩은 고기를 먹는 까마귀들의 밥이 될 것이다. **하나님**의 말씀이다!'

12-13 이것이 전부입니다. 집으로 돌아가십시오. 당신이 성읍에 발을 들여놓는 순간, 당신의 아들이 죽을 것입니다. 모든 사람이 장례식에 와서 그의 죽음을 애도할 것입니다. 여로보암의 가문에서 제대로 장사될 사람은 그 하나뿐입니다. **하나님** 이스라엘의 하나님께서 좋게 말씀하실 사람도 그 하나뿐입니다.

14-16 그 후에 **하나님**께서 이스라엘에 한 왕을 세우실 텐데, 그가 여로보암의 가문을 완전히 없애 버릴 것입니다. 여로보암의 운명의 날입니다! 폭풍이 갈대를 후려치듯이 하나님께서 이스라엘을 세게 치실 것이고, 그들의 유업인 이 좋은 땅에서 **뿌리째 뽑아** 사방으로 흩으실 것입니다. 왜 그러시겠습니까? 그들이 아세라의 음란한 종교 산당들을 만들어 **하나님**을 노엽게 했기 때문입니다. 이스라엘을 죄의 늪으로 끌어들인 여로보암의 죄 때문에 그분이 이스라엘을 붙들고 있던 손을 떼어 버리실 것입니다."

17-18 여로보암의 아내는 그곳을 떠나 디르사에 있는 집으로 돌아갔다. 그녀가 문간에 들어서는 순간, 아들이 죽었다. 그들은 그를 장사 지냈고 모든 사람이 그의 죽음을 애도했다. **하나님**께서 그분의 종인 예언자 아히야를 통해

말씀하신 그대로 되었다.

¹⁹⁻²⁰ 여로보암의 나머지 생애, 그가 치른 전쟁과 그가 통치한 방식은 '이스라엘 왕 연대기'에 기록되어 있다. 그는 이십이 년 동안 다스렸고, 죽어서 자기 조상과 함께 묻혔다. 그의 아들 나답이 뒤를 이어 왕이 되었다.

유다 왕 르호보암

²¹⁻²⁴ 솔로몬의 아들 르호보암은 유다의 왕이었다. 그는 마흔한 살에 왕위에 올라, **하나님**께서 그분의 이름을 예배하도록 이스라엘 모든 지파 가운데서 택하신 성 예루살렘에서 십칠 년 동안 다스렸다. 르호보암의 어머니는 암몬 사람 나아마다. 유다는 **하나님** 앞에서 공공연하게 악을 행했고 그분을 몹시 노엽게 했다. 그들은 조상보다 더 큰 죄를 저질렀다. 아세라의 음란한 종교 산당을 짓고 산 위나 나무 밑이나 눈 닿는 모든 곳마다 신성하게 여기는 돌을 세웠다. 뿐만 아니라 신전에 남창들까지 두어 나라를 더럽힐 대로 더럽혔다. 이 모든 것은 **하나님**께서 이스라엘을 그 땅에 들어오게 하실 때 제거하신 것들이었다.

²⁵⁻²⁸ 르호보암 왕이 다스린 지 오 년째 되던 해에, 이집트 왕 시삭이 예루살렘으로 쳐들어왔다. 그는 **하나님**의 성전과 왕궁의 보물을 약탈하고 솔로몬이 만든 금방패까지 몽땅 다 가져갔다. 르호보암 왕은 금방패 대신 청동방패를 만들어 왕궁 경비대를 무장시켰다. 왕이 **하나님**의 성전에 갈 때마다 경비대가 방패를 들고 갔다가 다시 경비대실에 가져다 놓곤 했다.

²⁹⁻³¹ 르호보암의 나머지 생애와 그의 언행은 '유다 왕 연대기'에 모두 기록되어 있다. 르호보암과 여로보암 사이에는 전쟁이 끊이지 않았다. 르호보암은 죽어서 자기 조상과 함께 다윗 성에 묻혔다. 그의 어머니는 암몬 사람 나아마다. 그의 아들 아비야가 뒤를 이어 왕이 되었다.

유다 왕 아비야

15 ¹⁻⁶ 느밧의 아들 여로보암 왕 십팔년에, 아비야가 유다 왕위에 올랐다. 그는 예루살렘에서 삼 년 동안 다스렸다. 그의 어머니는 압

살롬의 딸 마아가다. 그는 자기 아버지처럼 계속해서 죄를 지었다. 증조할아버지 다윗과 달리 **하나님**께 신실하지 못했다. 그럼에도 **하나님**께서는 다윗을 생각하여 자비를 베푸시고 그에게 한 등불, 곧 그의 뒤를 이어 예루살렘을 안전하게 지킬 아들을 주셨다. 다윗이 평생 **하나님** 앞에서 본이 되는 삶을 살았고, (헷 사람 우리아 사건 말고는) **하나님**의 명백한 지시를 의도적으로 거역하고 자기 뜻대로 행하지 않았기 때문이다. 그러나 아비야와 여로보암 사이에는 전쟁이 끊이지 않았다.

7-8 아비야의 나머지 생애와 그가 행한 모든 일은 '유다 왕 연대기'에 기록되어 있는데, 여로보암과의 전쟁이 주를 이룬다. 아비야는 죽어서 자기 조상과 함께 다윗 성에 묻혔다. 그의 아들 아사가 뒤를 이어 왕이 되었다.

유다 왕 아사

9-10 이스라엘의 여로보암 왕 이십년에, 아사가 유다의 왕이 되었다. 그는 예루살렘에서 사십일 년 동안 다스렸다. 그의 할머니는 마아가다.

11-15 아사는 조상 다윗의 행실을 되살려, **하나님** 앞에서 바르게 행했다. 신전의 남창들을 없애고 선왕들이 만든 우상들을 모두 내다 버리는 등 온 나라를 깨끗이 했다. 아사는 그 무엇이나 그 누구도 봐주지 않았다. 그의 할머니 마아가가 창녀 여신 아세라를 위해 지독하게 음란한 기념물을 만들게 하자, 그녀를 대비의 자리에서 폐위시켰다. 아사는 그 기념물을 허물어 기드론 골짜기에서 불태워 버렸다. 아쉽게도 지역의 음란한 종교 산당들은 그대로 두었지만, 그는 선한 뜻과 바른 마음으로 **하나님**께 집중했다. 그는 자신과 아버지가 거룩하게 구별하여 바친 모든 금은 그릇과 기구를 성전에 두었다.

16-17 그러나 아사가 다스리는 동안, 아사와 이스라엘 왕 바아사 사이에는 전쟁이 끊이지 않았다. 이스라엘 왕 바아사는 라마에 요새를 짓고 이스라엘과 유다 사이의 국경을 폐쇄하여 아무도 유다에 드나들지 못하게 함으로써 전쟁을 시작했다.

18-19 아사는 **하나님**의 성전과 왕궁의 보물 보관소에 남아 있던 은과 금을 다 꺼내어, 다마스쿠스에서 다스리던 아람 왕 헤시온의 손자요 다브림몬의 아

들인 벤하닷에게 보내며 메시지를 전했다. "나의 아버지와 당신의 아버지가
조약을 맺은 것처럼 우리도 조약을 맺읍시다. 내가 이 은금 예물로 성의를
표하니, 부디 이스라엘 왕 바아사와 맺은 조약을 깨뜨려 그가 더 이상 나와
싸우지 못하게 해주십시오."

20-21 벤하닷은 아사 왕과 뜻을 같이하여 이스라엘 성읍들로 군대를 보냈다.
그는 이욘과 단과 아벨벳마아가와 납달리를 포함한 긴네렛 전역을 공격했
다. 이 보고를 받은 바아사는 라마에 요새를 짓던 일을 멈추고 디르사로 돌
아갔다.

22 그러자 아사 왕은 모든 유다 사람에게—한 명도 예외 없이—명령하여 바
아사가 라마 요새를 건축할 때 쓰던 목재와 석재를 실어오게 했고, 그것으로
베냐민 땅 게바와 미스바에 요새를 건축했다.

23-24 아사의 생애에 대한 자세한 기록, 그가 행한 모든 훌륭한 일과 건축한
요새들은 '유다 왕 연대기'에 남아 있다. 노년에 그는 팔다리의 심한 염증으
로 고생했다. 그 후에 아사는 죽어서 자기 조상과 함께 다윗 성에 묻혔다. 그
의 아들 여호사밧이 뒤를 이어 왕이 되었다.

이스라엘 왕 나답

25-26 유다의 아사 왕 이년에, 여로보암의 아들 나답이 이스라엘의 왕이 되었
다. 그는 이 년 동안 이스라엘을 다스렸다. 그는 하나님 앞에서 공공연하게
악을 행했고, 자기뿐 아니라 이스라엘도 죄를 짓게 한 자기 아버지의 뒤를
따랐다.

27-28 나답과 이스라엘 백성이 블레셋 성읍 깁브돈을 치는 동안, 잇사갈 지파
아히야의 아들 바아사가 무리를 모아 그를 공격했다. 바아사는 유다의 아사
왕 삼년에 나답을 죽이고 이스라엘의 다음 왕이 되었다.

29-30 왕이 되자마자 바아사는 여로보암 가문을 모두 죽였다. 여로보암의 이
름을 가진 자 가운데 살아남은 사람은 하나도 없었다. 바아사는 그들을 완전
히 없애 버렸는데, 하나님의 종 실로 사람 아히야가 예언한 대로 되었다. 그
것은 여로보암이 지은 죄에 대한 대가이자, 그가 이스라엘로 죄를 짓게 하여

이스라엘의 **하나님**을 몹시 노하게 한 벌이었다.

31-32 나답의 나머지 생애, 그가 행한 모든 일은 '이스라엘 왕 연대기'에 기록되어 있다. 아사와 이스라엘 왕 바아사 사이에는 전쟁이 끊이지 않았다.

이스라엘 왕 바아사

33-34 유다의 아사 왕 삼년에, 아히야의 아들 바아사가 온 이스라엘의 왕이 되어, 디르사에서 이십사 년 동안 다스렸다. 그는 **하나님** 앞에서 공공연히 악을 행했고, 자기뿐 아니라 이스라엘도 죄를 짓게 한 여로보암의 뒤를 따랐다.

16

1-4 바아사를 향한 **하나님**의 말씀이 하나니의 아들 예후에게 임했다. "내가 아무것도 아닌 너, 보잘것없는 너를 들어 내 백성 이스라엘의 지도자로 세웠건만, 너는 여로보암이 걸어간 길을 그대로 밟아 내 백성 이스라엘로 하여금 죄를 짓게 하고 그로 인해 나를 진노하게 했다. 이제 내가 바아사와 그 정권을 불태워 버리겠다. 느밧의 아들 여로보암과 같은 운명을 맞게 하겠다. 바아사의 백성 가운데 성읍 안에서 죽는 자들은 쓰레기나 뒤지는 개들의 먹이가 될 것이고, 들판에서 죽는 자들은 썩은 고기를 먹는 까마귀들의 밥이 될 것이다."

5-6 바아사의 나머지 생애, 그 정권에 관한 기록은 '이스라엘 왕 연대기'에 남아 있다. 바아사는 죽어서 자기 조상과 함께 디르사에 묻혔다. 그의 아들 엘라가 뒤를 이어 왕이 되었다.

7 이것이 바아사에게 일어난 일이다. 하나니의 아들 예언자 예후를 통해 **하나님**의 말씀이 그와 그 정권에 임한 것은, 그의 삶이 **하나님** 앞에서 공공연하게 악을 행했고 **하나님**을 몹시 노하게 했기 때문이다. **하나님**께서 여로보암을 망하게 하셨는데도, 바아사는 여로보암을 그대로 따랐다.

이스라엘 왕 엘라

8-10 유다의 아사 왕 이십육년에, 바아사의 아들 엘라가 이스라엘의 왕이 되

어 디르사에서 이 년 동안 다스렸다. 하루는 그가 왕궁 관리인 아르사의 집
에서 취하도록 술을 마시고 있는데, 그의 전차 병력 절반을 통솔하는 지휘관
시므리가 엘라에 반역하여 음모를 꾸몄다. 시므리는 몰래 들어가 엘라를 때
려눕혀 죽였다. 유다의 아사 왕 이십칠년에 일어난 일이다. 시므리가 이어서
왕이 되었다.

11-13 시므리는 왕이 되자마자 바아사와 관련된 모든 자를 죽였다. 떠돌이 개
들을 처리하듯, 친척이나 친구 가리지 않고 모조리 없앴다. 예언자 예후가
전한 **하나님**의 말씀대로, 시므리는 바아사 가문을 완전히 없애 버렸다. 이것
은 바아사와 그의 아들 엘라가 지은 죄의 대가였는데, 자신들뿐 아니라 이스
라엘까지 죄로 끌어들이고 미련한 우상들로 이스라엘의 **하나님**을 노하게 한
대가였다.

14 엘라의 나머지 생애, 그의 언행은 '이스라엘 왕 연대기'에 기록되어 있다.

이스라엘 왕 시므리

15-19 유다의 아사 왕 이십칠년에, 시므리는 디르사에서 칠 일 동안 다스렸다.
그때 이스라엘 군대는 블레셋의 성읍인 깁브돈 근처에서 훈련중이었다. "시
므리가 왕에 맞서 음모를 꾸며 왕을 죽였다"는 보고를 접한 이스라엘 군대는
바로 그곳 진에서 군사령관 오므리를 왕으로 세웠다. 오므리와 군대는 곧바
로 깁브돈을 떠나 디르사를 공격했다. 시므리는 자신이 포위되어 죽은 목숨
이나 다름없게 된 것을 알고, 왕궁 성채에 들어가 불을 지르고 죽었다. 그의
죄에 걸맞은 죽음이었다. 그는 **하나님** 보시기에 지극히 악하게 살았고, 여로
보암의 뒤를 따라 죄를 지었을 뿐 아니라 이스라엘까지 죄로 끌어들였다.

20 시므리의 나머지 생애, 그의 악명 높은 반역과 음모는 '이스라엘 왕 연대
기'에 모두 기록되어 있다.

이스라엘 왕 오므리

21-22 그 후에 이스라엘 백성은 두 패로 갈라져, 절반은 기낫의 아들 디브니를
왕으로 지지했고 절반은 오므리를 원했다. 결국 오므리 편이 디브니 편보다

강하여, 디브니는 죽고 오므리가 왕이 되었다.

23-24 유다의 아사 왕 삼십일년에 오므리가 이스라엘의 왕이 되어 십이 년 동안 다스렸는데, 처음 육 년은 디르사에서 다스렸다. 그러다가 그는 은 68킬로그램을 주고 세멜에게서 사마리아 산을 샀다. 그는 그 산을 개발하여 도성을 지었는데, 원래 주인 세멜의 이름을 따서 사마리아라고 불렀다.

25-26 그러나 하나님의 일에 관해서는 악하게 살았는데, 이전의 누구보다도 악했다. 그는 느밧의 아들 여로보암의 뒤를 따랐다. 자기뿐 아니라 이스라엘까지 죄로 끌어들여 하나님을 진노케 했는데, 그야말로 이성과 감정이 모두 마비된 인생이었다!

27-28 오므리의 나머지 생애와 행적은 '이스라엘 왕 연대기'에 기록되어 있다. 오므리는 죽어서 사마리아에 묻혔다. 그의 아들 아합이 뒤를 이어 왕이 되었다.

이스라엘 왕 아합

29-33 유다의 아사 왕 삼십팔년에, 오므리의 아들 아합이 이스라엘의 왕이 되어 사마리아에서 이십이 년 동안 다스렸다. 오므리의 아들 아합은 이전의 어떤 왕보다도 더 공공연하게 하나님 앞에서 악한 일을 저질렀다! 그는 악행의 일인자였다! 느밧의 아들 여로보암의 죄를 반복하는 정도에서 멈추지 않았다. 그는 시돈 왕 엣바알의 딸 이세벨과 결혼했으며, 더 나아가 바알 신을 섬기고 예배했다. 사마리아에 바알을 위한 신전을 짓고 그 안에 바알의 제단을 두었다. 또한 창녀 여신 아세라의 산당까지 지었다. 그를 향한 하나님의 진노는 이스라엘의 선왕들을 모두 합한 것보다도 더 컸다.

34 베델 사람 히엘이 여리고 성을 다시 쌓았다가 끔찍한 대가를 치른 일도 아합이 다스릴 때 일어났다. 그는 성의 기초를 놓으면서 맏아들 아비람을 제물로 바쳤고, 성문을 세울 때는 막내아들 스굽을 제물로 바쳤다. 이로써 눈의 아들 여호수아의 예언이 정확히 이루어졌다.

Korean Bible

엘리야와 사르밧 과부

17

¹ 그 후에 이런 일이 있었다. 길르앗에 살고 있던 디셉 사람 엘리야가 아합에게 맞섰다. "내가 순종하며 섬기는 **하나님** 이스라엘의 하나님께서 살아 계심을 두고 맹세합니다. 앞으로 여러 해 동안 심한 가뭄이 들 것입니다. 내가 다시 말할 때까지 이슬 한 점, 비 한 방울도 내리지 않을 것입니다."

²⁻⁴ 그때 **하나님**께서 엘리야에게 말씀하셨다. "어서 이곳을 떠나 동쪽으로 가서 요단 강 건너편 그릿 골짜기에 숨어 있어라. 너는 맑은 시냇물을 마시면 된다. 내가 까마귀들에게 명령하여 너를 먹이겠다."

⁵⁻⁶ 엘리야는 **하나님**의 명령에 순종했다. 그는 가서 요단 강 건너편 그릿 계곡에 머물렀다. 아니나 다를까, 까마귀들이 그에게 아침식사와 저녁식사를 모두 가져왔고, 그는 그 시냇물을 마셨다.

⁷⁻⁹ 마침내 가뭄으로 시내가 바짝 말랐다. 그러자 **하나님**께서 그에게 말씀하셨다. "일어나 시돈 땅 사르밧으로 가서 그곳에 머물러라. 내가 그곳의 한 과부에게 지시하여 너를 먹이겠다."

¹⁰⁻¹¹ 그는 일어나 사르밧으로 갔다. 그가 마을 입구에 이르렀을 때 땔감을 줍고 있는 한 과부를 만났다. 그가 여인에게 물었다. "목이 마른데, 내게 물 한 그릇만 가져다주겠소?" 여자가 물을 가지러 가는데 그가 큰소리로 말했다. "기왕이면 먹을 것도 좀 가져다줄 수 있겠소?"

¹² 여인이 말했다. "당신의 **하나님**께서 참으로 살아 계심을 두고 맹세하는데, 내게는 한 조각의 빵도 없습니다. 통에 밀가루 한 움큼과 병에 기름이 조금 남아 있을 뿐입니다. 보시는 것처럼, 나는 내 아들과 먹을 마지막 식사를 준비하기 위해 땔감을 주워 모으던 중이었습니다. 그 음식을 먹고 나서 우리는 죽을 작정입니다."

¹³⁻¹⁴ 엘리야가 여인에게 말했다. "아무것도 걱정하지 마시오. 어서 가서 방금 말한 대로 하시오. 그러나 먼저 나를 위해 작은 빵을 만들어 이리 가져다주시오. 그리고 나서 남은 것으로 그대와 아들을 위해 음식을 만드시오. 이스라엘의 **하나님**께서 '나 하나님이 이 땅에 비를 내려 가뭄을 끝낼 때까지, 그

밀가루 통이 바닥나지 않고 기름병이 마르지 않을 것이다' 하고 말씀하셨소."

15-16 여인은 곧바로 가서 엘리야가 시킨 대로 했다. 그랬더니 과연 그의 말대로 되었다. 여인과 그 가족에게 날마다 먹을 양식이 생긴 것이다. 밀가루 통은 바닥나지 않았고 기름병은 마르지 않았다. 하나님의 약속이 엘리야가 전한 그대로 이루어졌다!

17 그 후에 여인의 아들이 병이 들었다. 아이의 병세는 갈수록 더 나빠져, 결국 숨을 거두고 말았다.

18 여인이 엘리야에게 말했다. "당신 같은 거룩한 사람이 무엇 때문에 이곳에 나타나서 내 죄를 드러내고 내 아들까지 죽게 하십니까?"

19-20 엘리야가 말했다. "아들을 이리 주시오."

여인의 품에서 아이를 받은 그는, 자기가 머물고 있던 다락방으로 아이를 안고 올라가서 침대에 뉘었다. 그리고 기도했다. "하나님 나의 하나님, 저에게 자기 집을 열어서 맞아 준 이 과부에게 어찌하여 이처럼 비참한 일을 허락하셨습니까? 어찌하여 그 아들을 죽이셨습니까?"

21-23 그는 아이의 몸 위에 세 번 자신의 몸을 펴고 엎드려 힘을 다해 기도했다. "하나님 나의 하나님, 이 아이의 숨이 다시 돌아오게 해주십시오!" 하나님께서 엘리야의 기도를 들으시고 아이의 숨이 다시 돌아오게 하셨다. 아이가 살아난 것이다! 엘리야는 아이를 안고 다락방에서 아래층으로 내려와 그 어머니에게 건네주면서 말했다. "보시오. 당신 아들이 살아났습니다!"

24 여인이 엘리야에게 말했다. "이제야 당신이 거룩한 사람인 것을 알겠습니다. 당신의 말씀은 참된 하나님의 말씀입니다!"

엘리야와 바알 예언자들

18 1-2 많은 시간이 흘러, 하나님의 말씀이 엘리야에게 임했다. 가뭄은 삼 년째로 접어들고 있었다. 메시지는 이러했다. "가서, 아합을 만나거라. 내가 이 땅에 비를 내리겠다." 엘리야는 아합을 만나러 떠났다. 그때는 사마리아에 가뭄이 가장 심할 때였다.

3-4 아합이 왕궁을 관할하는 오바댜를 불렀다. 오바댜는 하나님을 경외하는

경건한 사람이었다. 일찍이 이세벨이 **하나님**의 예언자들을 다 죽여 없애려고 할 때, 오바댜는 예언자 백 명을 쉰 명씩 굴 속에 숨기고 음식과 물을 공급했다.

5-6 아합이 오바댜에게 명령했다. "이 땅을 두루 다니며 모든 샘과 개울을 살펴보시오. 우리의 말과 노새를 살릴 풀이 있나 봅시다." 그래서 그들은 그 땅을 둘로 나누어 아합은 한쪽 길로, 오바댜는 다른 쪽 길로 나섰다.

7 오바댜가 길을 가는데 갑자기 엘리야가 나타났다! 오바댜가 무릎을 꿇고 공손히 절하며 큰소리로 말했다. "참으로 내 주인 엘리야이십니까?"

8 엘리야가 대답했다. "그렇소. 내가 엘리야요. 이제 가서 그대의 주인에게 '내가 엘리야를 보았습니다' 하고 말하시오."

9-14 오바댜가 말했다. "내가 무슨 잘못을 했기에 이러십니까? 아합이 나를 죽일 것입니다. 당신의 **하나님**께서 살아 계심을 두고 맹세하는데, 내 주인이 당신을 찾으려고 사람을 보내지 않은 땅과 나라가 없습니다. 그들이 말하기를 '샅샅이 찾아보았지만 찾을 수 없었습니다' 하면, 내 주인은 당신을 찾지 못했다는 맹세를 그 땅과 나라로부터 받아 냈습니다. 그런데 이제 당신은 내게 '가서 그대의 주인에게 엘리야를 찾았다고 말하시오'라고 하십니다. 내가 길을 떠나자마자, **하나님**의 영이 당신을 아무도 모르는 곳으로 데려가실 것입니다. 내가 아합에게 보고할 때쯤이면 당신은 이곳에 없을 텐데, 그러면 아합은 나를 죽일 것입니다. 나는 어려서부터 경건하게 **하나님**을 섬겨 왔습니다! 이세벨이 **하나님**의 예언자들을 죽이려 할 때 내가 어떻게 했는지 듣지 못하셨습니까? 나는 목숨을 걸고 그들 백 명을 쉰 명씩 나누어 굴에 숨기고 어떻게든 음식과 물을 공급해 주었습니다. 그런데 이제 당신이 내게 말씀하기를, 내 주인에게 '엘리야를 찾았습니다' 하고 말하여 주의를 끌라고 하십니다. 내 주인은 틀림없이 나를 죽일 것입니다."

15 엘리야가 말했다. "내가 섬기는 만군의 **하나님**께서 살아 계심을 두고 맹세하는데, 오늘은 내가 아합을 대면하여 만날 것이오."

16 그래서 오바댜는 곧장 아합에게 가서 말했고, 아합은 엘리야를 만나러 나갔다.

¹⁷⁻¹⁹ 아합은 엘리야를 보자마자 말을 건넸다. "그대가 우리를 괴롭히는 늙은 이로군!"

엘리야가 말했다. "내가 이스라엘을 괴롭히는 것이 아닙니다. 이스라엘을 괴롭히는 사람은 바로 왕과 왕의 정부입니다. 왕께서는 **하나님**의 규례와 명령을 버리고 지역 신들인 바알들을 좇았습니다. 왕께 청할 일이 있습니다. 이스라엘의 모든 사람을 갈멜 산에 모아 주십시오. 이세벨이 특별히 아끼는 지역 신, 곧 바알의 예언자 사백오십 명과 창녀 여신 아세라의 예언자 사백 명도 반드시 그곳에 오게 해주십시오."

²⁰ 그래서 아합은 이스라엘의 모든 사람, 특히 바알과 아세라의 예언자들을 갈멜 산으로 불러 모았다.

²¹ 엘리야가 백성에게 소리쳤다. "여러분은 언제까지 팔짱만 끼고 있을 셈입니까? **하나님**이 참 하나님이면 그분을 따르고, 바알이 참 하나님이면 그를 따르십시오. 이제 여러분의 마음을 정하십시오!"

백성은 한 마디도 하지 않았다. 아무도 움직이지 않았다.

²²⁻²⁴ 그러자 엘리야가 말했다. "이스라엘에 남은 **하나님**의 예언자는 나 하나뿐이고, 바알의 예언자는 사백오십 명이나 됩니다. 바알의 예언자들을 보내어 소 두 마리를 가져오게 하십시오. 그중 한 마리를 택하여 잡아서 제단 장작 위에 벌여 놓되 불은 붙이지 마십시오. 나는 나머지 소를 가져다가 각을 떠서 나무 위에 얹어 놓겠습니다. 그리고 역시 불은 붙이지 않겠습니다. 그 다음에 여러분은 여러분의 신들에게 기도하십시오. 나는 **하나님**께 기도하겠습니다. 불로 응답하는 신이 참 하나님으로 밝혀질 것입니다."

온 백성이 동의했다. "좋은 생각입니다. 그렇게 합시다!"

²⁵ 엘리야가 바알의 예언자들에게 말했다. "당신들의 수가 많으니 먼저 하시오. 당신들의 소를 골라서 준비하시오. 그리고 당신들 신에게 기도하되 불은 붙이지 마시오."

²⁶ 그들은 가져온 소를 제단에 차려 놓고 바알에게 기도했다. 오전 내내 "바알이여, 우리에게 응답해 주십시오!" 하고 기도했다. 그러나 아무 일도 일어나지 않았다. 속삭이는 바람소리조차 없었다. 다급해진 그들은 자신들이 만

든 제단 위에서 쿵쿵 뛰며 발을 굴렀다.

27-28 정오에 이르러, 엘리야가 그들을 놀리며 조롱하기 시작했다. "더 크게 불러 보시오. 바알도 명색이 신이 아니오. 어쩌면 어디 다른 곳에서 묵상중이거나 다른 일을 보고 있거나 휴가중일지도 모르지 않소. 혹 늦잠을 자고 있다면 어서 깨워야 할 것 아니오?" 그들은 점점 더 큰소리로 기도하며 그들이 흔히 하는 의식에 따라 예리한 칼로 제 몸에 상처를 냈고, 마침내 온몸이 피투성이가 되었다.

29 정오가 한참 지나도록 그러기를 계속했다. 그들은 뭔가 해보려고 자신들이 알고 있는 모든 종교적 수단과 방법을 다 써 보았지만 아무 일도 일어나지 않았다. 가느다란 소리, 희미한 반응조차 없었다.

30-35 그때 엘리야가 백성에게 말했다. "그만하면 됐소. 이제 내 차례요. 제단을 빙 둘러 모이시오." 그들이 모이자, 그는 무너진 제단을 다시 쌓아 올렸다. 엘리야는 하나님께서 전에 "이제부터 네 이름은 이스라엘이다" 하신 야곱의 각 지파별로 하나씩 돌 열두 개를 가져왔다. 그리고 그 돌들로 하나님을 높이는 제단을 쌓았다. 이어서 그는 제단 둘레에 넓은 도랑을 팠다. 제단 위에 장작을 펴고 각을 뜬 소를 그 위에 얹어 놓은 뒤 말했다. "들통 네 개에 물을 담아 와서 소와 장작 위에 흠뻑 부으시오." 곧이어 그가 "그렇게 한 번 더 부으시오" 하니, 그들은 그대로 했다. 그가 "다시 한번 더 부으시오" 하니, 그들은 세 번째로 그렇게 했다. 제단은 흠뻑 젖었고 도랑에는 물이 흘러 넘쳤다.

36-37 제물을 바칠 때가 되자, 예언자 엘리야가 나아와 기도했다. "하나님, 아브라함과 이삭과 이스라엘의 하나님, 주께서 이스라엘의 하나님이시고 저는 주의 종이며, 제가 지금 하고 있는 이 일이 주님의 명령에 따른 것임을, 지금 이 순간 알려 주십시오. 하나님, 제게 응답해 주십시오. 제게 응답하셔서, 주는 참 하나님이시며 이들에게 다시 회개할 기회를 주고 계시다는 것을 알려 주십시오."

38 그러자 그 즉시 하나님의 불이 내려와 제물과 장작, 돌, 흙을 다 태우고 도랑의 물까지 다 말려 버렸다.

³⁹ 온 백성이 그 일을 보고 얼굴을 땅에 대고 엎드렸다. 그들은 두려움에 사로잡혀 하나님께 절하며 외쳤다. "**하나님**은 참 하나님이시다! **하나님**만이 참 하나님이시다!"

⁴⁰ 엘리야가 그들에게 말했다. "바알의 예언자들을 잡으시오! 한 사람도 도망가게 해서는 안됩니다!"

백성이 그들을 잡았다. 엘리야가 그들을 기손 시내로 끌고 내려가게 하니, 백성이 그 무리를 모두 죽였다.

⁴¹ 엘리야가 아합에게 말했다. "일어나십시오! 먹고 마시고 기뻐하십시오! 곧 비가 올 것입니다. 비가 오는 소리가 들립니다."

⁴²⁻⁴³ 아합은 그의 말대로 일어나 먹고 마셨다. 그 사이, 엘리야는 갈멜 산 꼭대기에 올라가서 얼굴을 무릎 사이에 묻고 엎드려 기도했다. 그러다가 그의 젊은 종에게 말했다. "어서 일어나 바다 쪽을 살펴보아라."

종이 가서 보고, 돌아와서 그에게 보고했다. "아무것도 보이지 않습니다."

"계속 살펴보아라. 필요하다면 일곱 번이라도 가 보아라." 엘리야가 말했다.

⁴⁴ 아나나 다를까, 일곱 번째에 종이 말했다. "구름이 보입니다! 하지만 아주 작습니다. 겨우 사람 손만한 구름이 바다에서 일어나고 있습니다."

"그렇다면 왕께 서둘러 가서, '비가 와서 길이 막히기 전에 안장을 지우고 산을 내려가십시오' 하고 말하여라."

⁴⁵⁻⁴⁶ 순식간에 바람이 일고 구름이 몰려와 하늘이 캄캄해지더니, 곧 비가 억수같이 쏟아졌다. 아합은 전차를 타고 이스르엘로 서둘러 달렸다. 그리고 하나님께서 엘리야에게 엄청난 능력을 주셨다. 엘리야는 겉옷을 말아 올려 허리에 묶고서, 이스르엘에 도착할 때까지 아합의 전차 앞에서 달렸다.

19 ¹⁻² 아합은 엘리야가 한 일을, 예언자들이 살육당한 일까지 모두 이세벨에게 알렸다. 이세벨은 즉시 엘리야에게 전령을 보내 위협했다. "신들이 이번 일로 너를 응징하고 나도 네게 되갚아 주겠다! 내일 이맘때까지 너도 그 예언자들의 하나처럼 반드시 죽을 것이다."

3-5 사태가 심각하게 돌아가는 것을 보고, 엘리야는 유다 남쪽 끝 브엘세바로 필사적으로 달아났다. 그는 젊은 종을 그곳에 남겨 두고 사막으로 하룻길을 더 들어갔다. 외그루 로뎀나무에 이르러, 그는 그 그늘 아래 쓰러졌다. 모든 것을 끝내고 싶은 마음밖에 없었다. 그저 죽고 싶은 마음뿐이었다. "하나님, 이만하면 됐습니다! 저를 죽여 주십시오. 저는 제 조상들과 함께 무덤에 들어갈 준비가 되었습니다!" 그는 기진맥진하여, 외그루 로뎀나무 아래서 잠이 들었다.

갑자기 천사가 그를 흔들어 깨우며 말했다. "일어나서 먹어라!"

6 그가 둘러보니, 놀랍게도 바로 머리맡에 숯불에 구운 빵 한 덩이와 물 한 병이 있었다. 그는 식사를 한 뒤에 다시 잠이 들었다.

7 하나님의 천사가 다시 와서, 그를 흔들어 깨우며 말했다. "일어나 좀 더 먹어라. 갈 길이 멀다."

8-9 그는 일어나서, 실컷 먹고 마신 후에 길을 떠났다. 그는 음식을 먹고 힘을 얻어, 하나님의 산 호렙까지 밤낮으로 사십 일을 걸었다. 그는 그곳에 이르러, 어느 굴 속으로 들어가 잠이 들었다.

그때 하나님의 말씀이 그에게 임했다. "엘리야야, 여기서 무엇을 하고 있느냐?"

10 엘리야가 말했다. "저는 마음을 다해 만군의 하나님을 섬겨 왔습니다. 그러나 이스라엘 백성은 주님의 언약을 버린 채, 예배 처소를 부수고 주님의 예언자들을 죽였습니다. 저만 홀로 남았는데, 이제 그들이 저마저 죽이려고 합니다."

11-12 그러자 하나님의 말씀이 다시 들려왔다. "나 하나님이 지나갈 것이니, 너는 가서, 산 위에서, 하나님 앞에 주의하여 서 있어라."

거센 폭풍이 산들을 가르고 바위들을 부수었으나, 하나님은 그 바람 속에 계시지 않았다. 바람이 지나가고 지진이 일었으나, 하나님은 그 지진 속에 계시지 않았다. 지진이 지나가고 불이 일었으나, 하나님은 그 불 속에 계시지 않았다. 불이 지나간 뒤에, 부드럽고 고요한 속삭임이 들려왔다.

13-14 고요한 음성을 들은 엘리야는, 큰 겉옷으로 얼굴을 덮고 굴 입구로 가서 섰다. 고요한 음성이 물었다. "엘리야야, 말해 보아라. 네가 여기서 무엇을

하고 있느냐?" 엘리야가 다시 말했다. "저는 마음을 다해 **하나님** 만군의 하
나님을 섬겨 왔습니다. 그러나 이스라엘 백성은 주님의 언약을 버린 채, 주
님의 예배 처소를 부수고, 주님의 예언자들을 죽였습니다. 저만 홀로 남았는
데, 이제 그들이 저마저 죽이려고 합니다."

¹⁵⁻¹⁸ **하나님**께서 말씀하셨다. "사막을 지나 네가 온 길로 돌아가서 다마스쿠
스로 가거라. 거기에 이르거든 하사엘에게 기름을 부어 아람 왕으로 세워라.
그리고 님시의 아들 예후에게 기름을 부어 이스라엘 왕으로 세워라. 마지막
으로, 아벨므홀라 출신 사밧의 아들 엘리사에게 기름을 부어 네 뒤를 이을
예언자가 되게 하여라. 누구든지 하사엘에게 죽음을 면하는 자는 예후에게
죽을 것이고, 예후에게 죽음을 면하는 자는 엘리사에게 죽을 것이다. 그러나
나는 칠천 명을 남겨 놓을 텐데, 그들은 바알 신에게 무릎 꿇지 않고 그 신상
에 입 맞추지 않은 자들이다."

엘리야가 엘리사를 부르다

¹⁹ 바로 그곳을 떠난 엘리야는 밭에서 사밧의 아들 엘리사를 만났다. 거기에는
멍에를 메고 밭을 가는 소 열두 쌍이 있었는데, 엘리사는 열두 번째 쌍을 맡고
있었다. 엘리야가 엘리사 곁으로 다가가 자신의 겉옷을 그에게 던져 주었다.
²⁰ 그러자 엘리사는 소를 버려두고 엘리야에게 달려가 말했다. "부탁입니다!
제 아버지와 어머니께 작별 인사를 하게 해주십시오. 그 후에 당신을 따르겠
습니다."

"그렇게 하여라." 엘리야가 말했다. "하지만 방금 내가 네게 한 일을 잊지 마라."
²¹ 엘리사가 떠났다. 그는 자기 소 한 쌍을 끌고 가서 잡고, 쟁기와 기구로 불
을 피워 고기를 삶았다. 이별할 가족을 위해 정성껏 준비한 식사였다. 그 후
에 엘리사는 엘리야를 따라가서, 그의 오른팔이 되었다.

20 ¹⁻³ 그 즈음에 아람 왕 벤하닷이 그의 군대를 소집했다. 그는 추가
로 지방 영주 서른두 명을 보강했는데, 모두 말과 전차를 갖추고

있었다. 그는 군대를 이끌고 나가, 당장이라도 전쟁을 벌일 태세로 사마리아를 포위했다. 그리고 성 안으로 사절을 보내어 이스라엘 왕 아합 앞에 조건을 제시했다. "그대의 은과 금, 그대의 아내와 아들들 중에서 뛰어난 자들을 나 벤하닷의 것으로 삼는다."

⁴ 이스라엘 왕은 조건을 받아들였다. "고매하신 왕이시여, 말씀하신 대로 저와 제게 있는 모든 것이 왕의 것입니다."

⁵⁻⁶ 그런데 사절이 다시 와서 말을 전했다. "다시 생각해 보니, 내가 다 갖고 싶구나. 네 은과 금 그리고 네 아내와 아들들 전부를 말이다. 모두 다 내게 넘겨라. 네게 하루의 시간을 주겠다. 그 이후에 내 신하들이 가서 네 왕궁과 네 관리들의 집을 뒤져, 그들 마음에 드는 것은 무엇이든 가져갈 것이다."

⁷ 이스라엘 왕은 지파의 모든 원로들과 회의를 열었다. 그가 말했다. "어찌 이럴 수 있단 말인가! 그는 시비를 걸고 있소. 내 아내와 자식들을 전부 달라니, 나를 빈털터리로 만들려는 속셈이오. 내가 이미 값을 두둑이 치르기로 했는데도 말이오!"

⁸ 백성의 지지를 받고 있는 원로들이 말했다. "그의 말에 굴할 것이 전혀 없습니다. 한 치도 양보하지 마십시오."

⁹ 그래서 이스라엘 왕은 벤하닷에게 사절을 보냈다. "내 고매하신 주인에게 이렇게 전하여라. '왕께서 처음 요구한 조건에는 내가 합의했으나, 이번 경우에는 그럴 생각이 전혀 없습니다!'"

사절이 돌아가서 그대로 보고했다.

¹⁰ 그러자 벤하닷이 다시 응수했다. "사마리아에 잔해 더미 외에 남는 게 있다면, 신들이 내게 천벌을 내리고 또 그보다 중한 벌을 내리실 것이다."

¹¹ 이스라엘 왕이 되받아쳤다. "잘 생각해 보십시오. 싸움이란 시작하기는 쉬워도 끝내기는 어려운 법입니다."

¹² 이 전갈을 들을 때에 벤하닷은 야전 막사에서 영주들과 거한 술판을 벌이고 있었다. 취중에 그가 심복들에게 지시했다. "그들을 쫓아가라!" 그래서 그들은 성을 공격했다.

¹³ 바로 그때, 한 예언자가 홀로 이스라엘 왕 아합을 찾아와 말했다. "하나님

의 말씀입니다. '너는 이 무리를 잘 보았느냐? 자, 다시 보아라. 내가 오늘 그들을 네게 넘겨주겠다. 그러면 너는 내가 **하나님**인 것을 한 치의 의심도 없이 분명히 알게 될 것이다.'"

14 아합이 말했다. "정말이십니까? 그렇다면 이 일을 해낼 자가 누구입니까?" **하나님**께서 말씀하셨다. "지방 지도자들의 젊은 특전대원들이다." 아합이 말했다. "그럼 누가 공격을 진두지휘합니까?" **하나님**께서 말씀하셨다. "바로 너다."

15 아합은 지방 지도자들의 특전대를 훑어보았다. 수가 232명이었다. 또 투입 가능한 병력을 세어 보니 7,000명이었다.

16-17 정오가 되자, 그들은 벤하닷을 찾아 성을 나섰다. 벤하닷은 연합군 영주 서른두 명과 함께 야전 막사에서 술을 마시느라 정신이 없었다. 지방 지도자들의 특전대가 진두에 나섰다.

벤하닷에게 보고가 들어왔다. "사마리아에서 군사들이 오고 있습니다."

18 벤하닷이 말했다. "그들이 화친하러 오거든 인질로 생포하여라. 싸우러 왔더라도 똑같이 인질로 생포하여라."

19-20 특전대가 성읍 바깥으로 달려 나가자, 전군이 그 뒤를 따랐다. 그들은 육탄전을 벌여 벤하닷의 군대에 큰 타격을 입혔다. 아람 사람들은 들판으로 흩어졌고 이스라엘은 그 뒤를 바짝 추격했다. 아람 왕 벤하닷도 기병들과 함께 말을 타고 도망쳤다.

21 이스라엘 왕은 말이나 전차 할 것 없이 모두 격파했다. 아람의 참패였다.

22 얼마 후에 그 예언자가 이스라엘 왕에게 와서 말했다. "이제 방심하면 안 됩니다. 군대를 증강하고 전투력을 점검하여 잘 대비하십시오. 한 해가 지나기 전에 아람 왕이 다시 쳐들어올 것입니다."

23-25 한편 아람 왕의 참모들이 말했다. "그들의 신은 산의 신입니다. 산에서는 우리에게 승산이 없습니다. 그러니 평지에서 붙어야 합니다. 평지라면 우리가 유리합니다. 전략은 이렇습니다. 각 영주를 지도자 자리에서 빼고 노련한 지휘관으로 대체하십시오. 그리고 지난번에 탈주한 군대 규모에 맞먹는 전투부대를 징집하되, 말은 말대로 전차는 전차대로 보충하십시오. 그런 다

음 평지에서 싸우면, 틀림없이 우리가 그들을 이길 것입니다.”

왕은 그 말을 좋게 여겨 그들의 조언대로 했다.

26-27 새해가 되자 벤하닷은 아람 군대를 다시 집결시켰고, 이스라엘과 전쟁을 벌이려고 아벡으로 올라갔다. 이스라엘 군대도 싸울 준비를 하고 출정하여 아람 군대와 마주쳤다. 그들은 아람 앞에서 두 진으로 전투대형을 이루었는데, 마치 두 염소 떼 같았다. 평지는 아람 사람들로 들끓고 있었다.

28 바로 그때, 거룩한 사람이 이스라엘 왕에게 다가와 말했다. “이것은 **하나님**의 말씀입니다. ‘아람 사람이 말하기를 “**하나님**은 산의 신이지 골짜기의 신은 아니다”라고 했으니, 내가 이 큰 무리의 군대를 네게 넘겨주겠다. 그러면 너는 내가 **하나님**인 것을 알게 될 것이다.’”

29-30 양쪽 군대는 칠 일 동안 대치 상태로 있었다. 칠 일째 되던 날에 전투가 벌어졌다. 이스라엘 사람들은 하루 만에 아람 보병 100,000명을 죽였다. 나머지 군대는 필사적으로 달아나 아벡 성으로 돌아갔으나, 생존자 27,000명 위로 성벽이 무너졌다.

30-31 벤하닷은 성 안으로 피하여 골방에 숨었다. 그러자 참모들이 그에게 말했다. “우리가 듣기로 이스라엘 왕들은 신사적이라고 합니다. 그러니 우리가 낡은 삼베 자루를 걸친 뒤 휴전의 백기를 들고 이스라엘 왕 앞에 나가면 어떻겠습니까? 혹시 그가 왕을 살려 줄지도 모르지 않습니까.”

32 그래서 그들은 그렇게 했다. 그들은 낡은 삼베 자루를 걸치고 백기를 들고 이스라엘 왕에게 가서 말했다. “왕의 종 벤하닷이 ‘부디 나를 살려 주십시오’ 하고 말했습니다.”

아합이 말했다. “그가 아직 살아 있다는 말이냐? 살아 있다면, 그는 나의 형제다.”

33 그들은 그것을 좋은 징조로 여기고 모든 일이 다 잘되리라고 결론지었다. “벤하닷은 두말할 것 없이 당신의 형제입니다.”

왕이 말했다. “가서 그를 데려오너라.” 그들은 가서 전차로 벤하닷을 데려왔다.

34 아합이 말했다. “나는 내 아버지가 당신 아버지에게서 빼앗은 성읍들을 돌려줄 용의가 있소. 또 내 아버지가 사마리아에 한 것처럼 다마스쿠스에 당신

본부를 두어도 좋소. 내가 당신을 호위하여 고국으로 보내 드리겠소." 그러고서 그는 벤하닷과 언약을 맺고 그를 전송했다.

35 예언자들 가운데 한 사람이 옆에 있는 사람에게 말했다. "하나님의 명령이니, 그분을 위해 나를 쳐서 상처를 입게 하여라." 그러나 그 사람은 때리려고 하지 않았다.

36 그 예언자는 그에게 말했다. "네가 **하나님**의 명령에 순종하지 않았으니, 이 자리를 떠나자마자 사자가 너를 공격할 것이다." 그 사람이 그 자리를 떠나기가 무섭게, 사자가 나타나서 그를 공격했다.

37 그 예언자는 또 다른 사람을 찾아 "나를 쳐서 상처를 입게 하라"고 말했다. 그 사람은 그대로 했다. 피가 나도록 그의 얼굴을 세게 쳤다.

38-40 그러자 예언자는 자기 눈에 붕대를 감고 길가에 자리를 잡은 뒤, 왕을 기다렸다. 얼마 후 왕이 그곳을 지나가자, 예언자는 왕에게 큰소리로 외쳤다. "왕의 종인 제가 한창 치열한 전투중에 있는데, 어떤 사람이 나타나 포로 하나를 저에게 맡기며 말했습니다. '목숨을 걸고 이 사람을 감시하여라. 그가 없어지기라도 하면 네가 큰 대가를 치를 것이다.' 하지만 제가 바쁘게 이것저것을 하다 보니 그가 없어지고 말았습니다."

이스라엘 왕이 말했다. "방금 너 스스로 네 판결을 내렸다."

41 그러자, 그 예언자가 눈에 감은 붕대를 풀었다. 그제야 왕은 그가 누구인지 알아보았다. 그는 예언자들 가운데 하나였다!

42 그 예언자가 왕에게 말했다. "**하나님**의 말씀입니다. '**하나님**께 형벌을 선고받은 사람을 네가 놓아주었으니, 이제 네 목숨이 그의 목숨을, 네 백성이 그의 백성을 대신할 것이다.'"

43 이스라엘 왕은 언짢아하며 왕궁으로 돌아갔다. 그는 아주 침울한 기분으로 사마리아에 도착했다.

나봇의 포도원

21 1-2 설상가상으로, 그 후에 이런 일이 있었다. 이스르엘 사람 나봇이 이스르엘에 포도원을 가지고 있었는데, 그 포도원은 사마리

아 왕 아합의 왕궁과 붙어 있었다. 하루는 아합이 나봇에게 말했다. "내가 텃밭으로 쓰려고 하니 그대의 포도원을 내게 넘기시오. 포도원이 궁 바로 옆에 있어 아주 편할 것이오. 대신 내가 그대에게 훨씬 좋은 포도원을 주겠소. 그대가 원한다면 그 값을 돈으로 치를 수도 있소."

3-4 그러나 나봇이 아합에게 말했다. "절대로 안됩니다! 오 **하나님**, 저를 도우소서. 이것은 집안의 농지이니 절대로 팔 수 없습니다!" 아합은 마음이 몹시 상한 채 왕궁으로 돌아갔다. 이스르엘 사람 나봇이 "내 집안의 유산을 절대로 왕께 넘기지 않겠습니다"라고 한 말에 기분이 몹시 상했던 것이다. 그는 자리에 누워 얼굴을 베개에 묻고는 먹지도 않았다.

5 그의 아내 이세벨이 와서 물었다. "무슨 일인가요? 무엇 때문에 이렇게 언짢아서 먹지도 않으십니까?"

6 왕이 말했다. "이스르엘 사람 나봇 때문에 그러오. 내가 그에게 '그대의 포도원을 내게 넘기시오. 내가 그 값을 돈으로 치르거나, 원한다면 다른 포도원을 대신 주겠소' 하고 말했소. 그랬더니 그가 '나는 절대로 내 포도원을 팔지 않겠습니다' 하지 않겠소."

7 이세벨이 말했다. "이게 이스라엘 왕이 할 행동입니까? 당신이 대장이시잖아요. 일어나세요! 음식을 드시고 기운을 내세요! 이 일은 내가 알아서 하겠어요. 내가 왕께 이스르엘 사람 나봇의 포도원을 갖다 바치겠어요."

8-10 그녀는 아합의 서명으로 편지를 쓰고 그의 직인을 찍어, 나봇이 살고 있는 성읍의 원로와 지도자들에게 보냈다. 편지의 내용은 다음과 같았다. "금식일을 선포하고 나봇을 상석에 앉히시오. 그리고 그 맞은편에 앞잡이 둘을 앉히시오. 그들이 모든 사람 앞에서 '나봇! 너는 하나님과 왕을 모독했다!' 말하게 하고, 그를 끌어내어 돌로 쳐죽이시오."

11-14 그 성읍에 살고 있는 원로와 지도자들은 이세벨이 편지에 쓴 지시에 따라 그대로 행했다. 그들은 금식일을 선포하고 나봇을 상석에 앉혔다. 그리고 앞잡이 둘을 데리고 들어와 나봇 맞은편에 앉혔다. 두 잡배는 모든 사람 앞에서 그를 고소했다. "이 자가 하나님과 왕을 모독했다!" 무리가 그를 길바닥에 내던지고 잔인하게 돌로 쳐서 죽였다.

15 이세벨은 나봇이 돌에 맞아 죽었다는 말을 듣고 아합에게 말했다. "아합 왕이시여, 어서 가서 이스르엘 사람 나봇의 포도원, 그가 당신에게 팔지 않겠다던 그 포도원을 차지하세요. 나봇은 이제 없습니다. 그는 죽었습니다." 16 아합은 그 이야기를 듣자마자, 이스르엘 사람 나봇의 포도원으로 가서 그 것을 자기 소유로 삼았다.

17-19 그때 **하나님**께서 개입하셔서 디셉 사람 엘리야에게 말씀하셨다. "일어 나라. 내려가서 이스라엘 왕 사마리아의 아합을 만나거라. 나봇의 포도원에 가면 그가 있을 것이다. 그가 포도원을 차지하려고 그곳으로 내려갔다. 그에 게 이렇게 말하여라. '**하나님**의 말씀이다. 이게 무슨 짓이냐? 처음에는 사람 을 죽이더니, 이제는 도둑질까지 하였느냐?' 또 그에게 말하여라. '**하나님**의 판결이다. 개들이 나봇의 피를 핥아 먹은 바로 그 자리에서 네 피를 핥아 먹 을 것이다. 그렇다. 네 피다.'"

20-22 아합이 엘리야에게 말했다. "이 원수야! 그래, 네가 또 나를 찾아왔구나!" "그렇습니다. 이렇게 또 찾아왔습니다." 엘리야가 말했다. "왕께서 **하나님** 을 거역하고 악을 일삼고 있기에 이렇게 왔습니다. '내가 반드시 네게 파멸 을 내려 네 자손을 완전히 묵사발로 만들고, 아합의 이름과 조금이라도 연관 된 한심하고 비열한 남자들을 모조리 죽일 것이다. 내가 느밧의 아들 여로보 암과 아히야의 아들 바아사에게 닥친 것과 똑같은 운명을 네게 내릴 것이다. 네가 이스라엘로 죄를 짓게 하여 나를 이렇듯 진노하게 만들었다.'

23-24 이세벨에 관해서는 **하나님**께서 이렇게 말씀하셨습니다. '온 이스르엘의 개들이 이세벨의 살점을 서로 먹으려고 다툴 것이다. 누구든지 아합 가운데 속한 자는, 성읍 안에서 죽으면 떠돌이 개들에게 먹힐 것이고, 들판의 시체 들은 썩은 고기를 먹는 까마귀의 밥이 될 것이다.'"

25-26 아내 이세벨에게 떠밀려 **하나님**을 공공연히 거역한 아합은, 대대적으로 악을 일삼았고 이전의 누구보다도 악했다. 그는 **하나님**께서 일찍이 이스라엘 영토에서 쫓아낸 아모리 사람을 본받아 우상을 섬기며 극악한 음란에 빠졌다. 27 엘리야의 말을 들은 아합은 자기 옷을 갈기갈기 찢고, 회개의 굵은 베옷을 입고 금식했다. 그는 잠잘 때도 굵은 베옷을 입었다. 그리고 생쥐처럼 소리

없이 가만가만 다녔다.

28-29 그러자 **하나님**께서 디셉 사람 엘리야에게 말씀하셨다. "아합이 회개하여 공손해진 것이 보이느냐? 그가 회개했으므로, 그의 생전에는 파멸을 내리지 않겠다. 그러나 아합의 아들이 그 일을 당할 것이다."

아합에 대한 하나님의 경고

22 1-3 그들은 삼 년 동안 평화를 누렸다. 아람과 이스라엘 사이에 싸움이 없었다. 삼 년째 되던 해에 유다의 여호사밧 왕이 이스라엘 왕을 찾아갔다. 이스라엘 왕이 자기 신하들에게 말했다. "길르앗에 있는 라못은 우리 땅인데도 아람 왕에게서 그 땅을 빼앗지 않고 그저 바라만 보고 있는 것을 경들은 알고 있소?"

4-5 그리고 그는 고개를 돌려 여호사밧에게 말했다. "나와 함께 길르앗 라못을 치러 가시겠습니까?"

여호사밧이 말했다. "물론입니다. 나는 끝까지 왕의 편입니다. 내 군대는 왕의 군대고 내 말들도 왕의 것입니다." 그가 말을 이었다. "하지만 무슨 일이든 시작하기 전에 **하나님**의 인도하심을 구해야 합니다."

6 이스라엘 왕은 예언자 사백여 명을 모아 놓고 이렇게 물었다. "내가 길르앗 라못을 공격하는 것이 좋겠소? 아니면 이대로 가만히 있는 것이 좋겠소?"

그들이 말했다. "공격하십시오. **하나님**께서 길르앗 라못을 왕에게 넘겨주실 것입니다."

7 그러나 여호사밧은 머뭇거렸다. "이 근처에 우리가 의견을 들을 만한 **하나님**의 예언자가 또 있습니까?"

8 이스라엘 왕이 여호사밧에게 말했다. "사실 한 사람이 있기는 합니다. 이믈라의 아들 미가야라는 자인데, 나는 그를 싫어합니다. 그는 내게 좋은 말을 전한 적이 한 번도 없고, 오직 파멸만을 예언합니다."

여호사밧이 말했다. "왕께서는 예언자에 대해 그런 식으로 말씀하시면 안됩니다."

9 그러자 이스라엘 왕은 한 신하에게 명령했다. "당장 이믈라의 아들 미가야

를 데려오너라!"

10-12 그 사이, 이스라엘 왕과 여호사밧은 화려한 왕복 차림으로 사마리아 성
문 앞에 마련된 왕좌에 앉아 있었다. 모든 예언자들이 그들을 위해 공연이라
도 하듯 예언을 펼쳤다. 그나아나의 아들 시드기야는 철로 뿔까지 한 쌍 만
들어 그것을 휘두르며 외쳤다. "**하나님**의 말씀입니다! 왕께서 이 뿔들로 아
람을 들이받아 아람에는 결국 아무것도 남지 않게 될 것입니다!" 모든 예언
자가 맞장구를 쳤다. "맞습니다! 길르앗 라못을 치십시오. 쉽게 이길 것입니
다! 왕께 주시는 **하나님**의 선물입니다!"

13 미가야를 데리러 간 신하가 말했다. "예언자들이 하나같이 왕의 승리를 예
언했습니다. 만장일치가 되도록 당신도 찬성표를 던지시오!"

14 그러나 미가야는 말했다. "**하나님**께서 참으로 살아 계심을 두고 맹세하는
데, 나는 **하나님**께서 말씀하시는 것만을 말할 것이오."

15 미가야가 왕 앞에 나아오자 왕이 물었다. "미가야여, 우리가 길르앗 라못
을 공격하는 것이 좋겠소, 아니면 가만히 있는 것이 좋겠소?"
미가야가 말했다. "공격하십시오. 쉽게 이길 것입니다. 왕께 주시는 **하나님**
의 선물입니다."

16 왕이 말했다. "잠깐, 나에게 진실만을 말하라고 그대에게 몇 번이나 맹세
를 시켜야 하겠소?"

17 미가야가 말했다. "정 그러시다면, 좋습니다.

나는 온 이스라엘이 목자 없는 양처럼
산에 흩어져 있는 것을 보았습니다.
그때 **하나님**께서 말씀하셨습니다. '이 불쌍한 백성에게
어찌해야 할지 일러 주는 자가 없구나.
그들을 집으로 돌려보내
각자 생업에 충실하게 하여라.'"

18 그러자 이스라엘 왕이 여호사밧을 보며 말했다. "보십시오! 내가 뭐라고

했습니까? 이 자는 내게 **하나님**의 좋은 말씀은 전하지 않고, 오직 파멸만을 전할 뿐입니다."

¹⁹⁻²³ 미가야가 말을 이었다. "아직 끝나지 않았습니다. **하나님**의 말씀을 들으십시오.

나는 **하나님**께서 왕좌에 앉아 계시고
하늘의 모든 군대가
그분의 오른쪽과 왼쪽에
늘어서 있는 것을 보았습니다.
하나님께서 말씀하셨습니다. '우리가 어찌하면 아합을 꾀어
길르앗 라못을 공격하게 할 수 있겠느냐?'
그러자 누구는 이렇게 말하고
누구는 저렇게 말했습니다.
그때 한 천사가 담대히 나서서
하나님 앞에 서서 말했습니다.
'제가 그를 꾀어내겠습니다.'
'그래 어떻게 꾀어내려느냐?' **하나님**께서 말씀하셨습니다.
'쉽습니다.' 그 천사가 말했습니다.
'모든 예언자들을 시켜 거짓말을 하게 하겠습니다.'
'그러면 되겠구나.' **하나님**께서 말씀하셨습니다.
'어서 가서 그를 꾀어라!'

그래서 그대로 되었습니다. **하나님**께서 왕의 꼭두각시 예언자들의 입에 꾀는 거짓말을 가득 채우셨습니다. **하나님**께서 왕의 파멸을 선고하셨습니다."

²⁴ 바로 그때, 그나아나의 아들 시드기야가 다가와 미가야의 얼굴을 치며 말했다. "언제부터 **하나님**의 영이 나를 떠나 너와 함께하셨더냐?"

²⁵ 미가야가 말했다. "네가 곧 알게 될 것이다. 미친 듯이 숨을 곳을 찾지만 모든 것이 부질없음을 네가 깨닫게 될 것이다."

26-27 이스라엘 왕은 더 듣고 싶지 않았다. "미가야를 데려가거라! 그를 성읍 재판관 아몬과 왕자 요아스에게 넘기고 이렇게 전하여라. '왕의 명령이다! 그를 감옥에 가두고, 내가 무사히 돌아올 때까지 죽지 않을 만큼만 빵과 물을 먹여라.'"

28 미가야가 말했다. "왕께서 무사히 돌아오신다면 나는 **하나님**의 예언자가 아닙니다."

그리고 덧붙였다. "백성들이여, 일이 이루어지거든 이 말을 어디서 들었는지 잊지 마십시오!"

아합의 죽음

29-30 이스라엘 왕과 유다 왕 여호사밧은 길르앗 라못을 공격했다. 이스라엘 왕이 여호사밧에게 말했다. "나는 변장하고 전쟁터에 들어갈 테니, 왕은 내 왕복을 입으십시오." 이스라엘 왕은 변장하고 전쟁터에 들어갔다.

31 한편 아람 왕은 자신의 전차 지휘관 서른두 명에게 명령했다. "다른 자들은 신경 쓰지 말고, 오직 이스라엘 왕만 쫓아라."

32-33 전차 지휘관들은 여호사밧을 보고 "저기 있다! 이스라엘 왕이다!" 하며 쫓아갔다. 여호사밧이 소리를 지르자, 전차 지휘관들은 그가 이스라엘 왕이 아니고 엉뚱한 사람이라는 것을 알아차렸다. 그들은 그를 놓아주었다.

34 바로 그때, 누군가가 무심코 쏜 화살이 이스라엘 왕의 갑옷 이음새 사이에 꽂혔다. 왕이 전차병에게 말했다. "방향을 돌려라! 내가 부상을 입었으니, 여기서 빠져나가자."

35-37 싸움은 온종일 치열하게 계속되었다. 왕은 전차 안에 기대어 앉은 채로 싸움을 지켜볼 수밖에 없었다. 그는 그날 저녁에 죽었다. 그의 상처에서 흐른 피가 전차 안에 가득 고였다. 해질 무렵에 군사들 사이에 명령이 울려 퍼졌다. "진을 버리고 집으로 돌아가라! 왕이 운명하셨다!"

37-38 사람들은 왕을 사마리아로 데려가 그곳에 묻었다. 그들은 그곳 성읍의 창녀들이 목욕하는 사마리아 연못에서 왕의 전차를 씻었는데, 하나님께서 말씀하신 대로 개들이 피를 핥아 먹었다.

³⁹⁻⁴⁰ 아합의 나머지 생애, 그가 행한 모든 일과 그가 지은 상아 궁전, 그가 세운 성읍, 그가 구축한 방어체제에 관한 기록은 '이스라엘 왕 연대기'에 모두 남아 있다. 그는 가족 묘지에 묻혔고 그의 아들 아하시야가 뒤를 이어 왕이 되었다.

유다 왕 여호사밧

⁴¹⁻⁴⁴ 이스라엘의 아합 왕 사년에, 아사의 아들 여호사밧이 유다의 왕이 되었다. 그는 왕이 되었을 때 서른다섯 살이었고, 예루살렘에서 이십오 년 동안 다스렸다. 그의 어머니는 실히의 딸 아수바다. 여호사밧은 아버지 아사가 걸어간 길에서 멈춰 서거나 벗어나지 않고, 그의 삶으로 **하나님**을 기쁘게 해드렸다. 그러나 지역의 음란한 종교 산당들은 없애지 않았으므로, 백성이 계속해서 이 산당들을 찾아가 기도하고 예배했다. 여호사밧은 이스라엘 왕과 줄곧 사이가 좋았다.

⁴⁵⁻⁴⁶ 여호사밧의 나머지 생애, 그의 업적과 전투에 관한 기록은 '유다 왕 연대기'에 모두 남아 있다. 그는 아버지 아사 시대 때부터 남아 있던 신전 남창들을 없앴다.

⁴⁷ 그의 재위 기간 동안에는 에돔에 왕이 없었고 위임 통치가 이루어졌다.

⁴⁸⁻⁴⁹ 여호사밧은 오빌에서 금을 수입해 오려고 원양 선박을 지었다. 그러나 에시온게벨에서 배들이 난파하는 바람에 항해가 무산되었다. 그 시기에 아합의 아들 아하시야가 공동 해운 사업을 제의했으나, 여호사밧은 그와 협력하지 않았다.

⁵⁰ 그 후에 여호사밧은 죽어서 자기 조상 다윗 성의 가족 묘지에 묻혔다. 그의 아들 여호람이 뒤를 이어 왕이 되었다.

이스라엘 왕 아하시야

⁵¹⁻⁵³ 유다의 여호사밧 왕 십칠년에, 아합의 아들 아하시야가 사마리아에서 이스라엘의 왕이 되었다. 그는 이 년 동안 이스라엘을 다스렸다. **하나님** 보시기에 그는 아버지와 어머니의 못된 삶을 본받아 악하게 살았고, 이스라엘

을 죄로 이끈 느밧의 아들 여로보암의 전철을 밟았다. 그는 바알 산당에서
예배하여 하나님 이스라엘의 하나님을 크게 진노케 했다. 차이가 있다면, 그
는 자기 아버지보다 더 악했다는 것이다.

열왕기하

1 ¹ 아합이 죽은 뒤에, 모압이 이스라엘에 반역했다.

² 하루는 아하시야가 사마리아에 있는 왕궁 옥상의 발코니 난간에서 떨어져 부상을 입었다. 그는 에그론의 신 바알세붑에게 전령들을 보내어 "내가 이 사고에서 회복되겠습니까?" 하고 묻게 했다.

3-4 **하나님**의 천사가 디셉 사람 엘리야에게 말했다. "일어나거라! 나가서 사마리아 왕이 보낸 사람들을 만나 이렇게 전하여라. '이스라엘에 하나님이 없어서 네가 에그론의 신 바알세붑에게 물으러 달려가느냐?' 왕이 피하려던 **하나님**의 메시지가 여기 있다. '너는 지금 누운 그 침상에서 내려오지 못할 것이다. 너는 이미 죽은 목숨이나 다름없다.'" 엘리야는 메시지를 전하고 사라졌다.

⁵ 전령들이 돌아오자 왕이 말했다. "어찌하여 이렇게 금방 돌아왔느냐? 어찌된 일이냐?"

⁶ 그들이 왕에게 말했다. "도중에 어떤 사람을 만났는데, 그가 우리에게 이렇게 말했습니다. '그대들을 보낸 왕에게 돌아가 **하나님**의 메시지를 전하시오.' 그러면서 하는 말이 '이스라엘에 하나님이 없어서 네가 에그론의 신 바알세붑에게 물으러 달려가느냐? 그럴 것 없다. 너는 지금 누운 그 침상에서 내려오지 못할 것이다. 너는 이미 죽은 목숨이나 다름없다'고 했습니다."

⁷ 왕이 말했다. "너희에게 그 말을 한 사람에 대해 자세히 말해 보아라. 그가

어떻게 생겼더냐?"

⁸ 그들이 말했다. "털이 텁수룩하고 가죽 허리띠를 맸습니다."

왕이 말했다. "디셉 사람 엘리야가 틀림없다."

⁹ 왕은 군지휘관 한 명과 부하 쉰 명을 엘리야에게 보냈다. 그때에 엘리야는 산꼭대기에 앉아 있었다. 군지휘관이 말했다. "거룩한 사람이여! 왕의 명령이니 내려오시오!"

¹⁰ 엘리야가 쉰 명의 부하를 둔 군지휘관에게 대답했다. "내가 참으로 거룩한 사람이라면, 번개가 너와 네 부하 쉰 명을 칠 것이다." 그러자 마른 하늘에서 번개가 내리쳐 군지휘관과 그의 부하 쉰 명을 태워 버렸다.

¹¹ 왕은 또 다른 군지휘관과 부하 쉰 명을 보냈다. "거룩한 사람이여! 왕의 명령이니 지금 당장 내려오시오!"

¹² 엘리야가 대답했다. "내가 참으로 거룩한 사람이라면, 번개가 너와 네 부하 쉰 명을 칠 것이다." 곧바로 하나님의 번개가 내리쳐 군지휘관과 그의 부하 쉰 명을 태워 버렸다.

¹³⁻¹⁴ 그러자 왕은 세 번째 군지휘관과 그의 부하 쉰 명을 보냈다. 세 번째로 군지휘관이 부하 쉰 명과 함께 엘리야에게 다가갔다. 그 세 번째 군지휘관은 무릎을 꿇고 애원했다. "거룩한 사람이여, 제 목숨과 이 쉰 명의 목숨을 생각해 주십시오! 벌써 두 번씩이나 마른 하늘에서 번개가 내리쳐 군지휘관들과 그들의 부하 각 쉰 명을 태워 버렸습니다. 부디 제 목숨을 생각해 주십시오!"

¹⁵ **하나님**의 천사가 엘리야에게 말했다. "가거라. 두려워하지 마라." 엘리야가 일어나, 그와 함께 왕에게 갔다.

¹⁶ 엘리야가 왕에게 말했다. "**하나님**의 말씀입니다. '너는 이스라엘에 네가 기도할 하나님이 없다는 듯이 에그론의 신 바알세붑에게 전령들을 보내 묻게 했으니, 절대로 그 침상에서 살아 내려오지 못할 것이다. 너는 이미 죽은 목숨이나 다름없다.'"

¹⁷ 과연 엘리야가 전한 **하나님**의 말씀대로 그가 죽었다.

아하시야는 아들이 없었으므로, 그의 동생 요람이 뒤를 이어 왕이 되었다. 때는 유다 왕 여호사밧의 아들 여호람 이년이었다.

¹⁸ 아하시야의 나머지 생애는 '이스라엘 왕 연대기'에 기록되어 있다.

엘리야가 하늘로 올라가다

2 ¹⁻² **하나님**께서 엘리야를 회오리바람에 실어 하늘로 데려가시기 직전의 일이다. 엘리야와 엘리사가 길갈을 벗어나 걸어가고 있었다. 엘리야가 엘리사에게 말했다. "너는 여기 남아 있거라. **하나님**께서 나를 베델로 보내셨다."

엘리사가 말했다. "그럴 수 없습니다! 저는 스승님을 절대 떠나지 않겠습니다!" 그래서 그들은 함께 베델로 갔다.

³ 베델의 예언자 수련생들이 엘리사를 만나 말했다. "**하나님**께서 오늘 당신의 스승을 데려가실 텐데, 알고 계십니까?"

"그렇소." 엘리사가 말했다. "나도 알고 있으니, 조용히 하시오."

⁴ 엘리야가 엘리사에게 말했다. "너는 여기 남아 있거라. **하나님**께서 나를 여리고로 보내셨다."

엘리사가 말했다. "그럴 수 없습니다! 저는 스승님을 절대 떠나지 않겠습니다!" 그래서 그들은 함께 여리고로 갔다.

⁵ 여리고의 예언자 수련생들이 엘리사에게 와서 말했다. "**하나님**께서 오늘 당신의 스승을 데려가실 텐데, 알고 계십니까?"

"그렇소." 그가 말했다. "나도 알고 있으니, 조용히 하시오."

⁶ 엘리야가 엘리사에게 말했다. "너는 여기 남아 있거라. **하나님**께서 나를 요단으로 보내셨다."

엘리사가 말했다. "그럴 수 없습니다! 저는 스승님을 절대 떠나지 않겠습니다!" 그래서 두 사람은 함께 길을 떠났다.

⁷ 그들 두 사람이 요단 강가에 섰을 때, 따라온 예언자 수련생 쉰 명이 멀찍이 모여 있었다.

⁸ 엘리야가 겉옷을 벗어 말아 들고 그것으로 강물을 치니, 물이 갈라져 두 사람은 마른 땅을 밟으며 강을 건넜다.

⁹ 건너편에 이르러 엘리야가 엘리사에게 말했다. "주께서 나를 데려가시기

전에, 네가 내게 바라는 것이 있느냐? 무엇이든 구하여라."
엘리사가 말했다. "저는 스승님을 따라 살기 원합니다. 저도 스승님처럼 거룩한 사람이 되고 싶습니다."

10 "어려운 부탁을 하는구나!" 엘리야가 말했다. "하지만 나를 데려가시는 것을 네가 지켜보고 있으면, 네가 구한 것을 받게 될 것이다. 반드시 지켜보아야 한다."

11-14 실제로 그렇게 되었다. 그들이 함께 이야기하며 걷고 있는데, 갑자기 불전차와 불말이 두 사람 사이에 끼어들더니, 엘리야만 회오리바람에 싣고 하늘로 올라갔다. 엘리사가 그 모든 것을 보고 소리쳤다. "나의 아버지, 나의 아버지! 이스라엘의 전차와 기병이시여!" 더 이상 아무것도 보이지 않자, 엘리사는 자기 옷을 잡고 찢었다. 그러고는 엘리야가 떨어뜨린 겉옷을 집어 들고 요단 강가로 돌아와 그곳에 섰다. 그는 엘리야의 겉옷—엘리야가 남긴 것은 그것뿐이었다!—을 들고 강물을 치며 말했다. "엘리야의 하나님, 어디 계십니까?"

그가 강물을 치자, 물이 갈라져 엘리사는 걸어서 강을 건넜다.

15 여리고에서 온 예언자 수련생들은 자신들이 서 있던 곳에서 그 모든 광경을 보았다. 그들은 "엘리야의 영이 엘리사 안에 살아 있다!"고 말하면서 예를 갖춰 그를 맞이했다.

16 이어서 그들이 말했다. "우리에게 무슨 일이든 시키십시오. 여기 믿을 만한 사람 쉰 명이 있습니다. 그들을 보내어 선생님의 스승을 찾게 하십시오. 하나님의 영이 그를 어떤 산으로 쓸어 가셨거나 먼 골짜기에 떨어뜨리셨을지 모릅니다."
엘리사가 말했다. "아니다. 보내지 마라."

17 그런데도 그들이 성가시게 간청하자 결국 그는 뜻을 굽혔다. "그렇다면 사람들을 보내 찾아보아라."

그들이 쉰 명을 보내어 사흘 동안이나 샅샅이 살폈으나, 아무것도 찾지 못했다.

18 마침내 그들이 여리고에 있는 엘리사에게 돌아왔다. 그가 그들에게 말했다. "그것 보아라. 내가 말하지 않았느냐?"

¹⁹ 하루는 그 성읍 사람들이 엘리사에게 말했다. "선생님께서도 아시는 것처럼, 우리 성읍은 위치가 아주 좋습니다. 그러나 물이 더러워서 아무것도 자라지 못합니다."

²⁰ 그가 말했다. "새 대접에 소금을 조금 넣어 내게 가져오십시오." 그러자 그들이 그 말대로 했다.

²¹⁻²² 엘리사는 샘으로 가서 그 안에 소금을 뿌리고 이렇게 선포했다. "**하나님**의 말씀입니다. '내가 이 물을 깨끗하게 했다. 다시는 이 물이 너희를 죽이거나 너희 땅을 오염시키지 못할 것이다.'" 엘리사의 말대로 물은 깨끗하게 되었고, 오늘까지도 그대로 남아 있다.

²³ 또 한번은 엘리사가 베델로 가고 있는데, 어린아이들이 성읍에서 나와 "어이, 대머리 늙은이야! 저리 꺼져라, 대머리야!" 하며 그를 조롱했다.

²⁴ 엘리사가 돌아서서 그들을 보고는, **하나님**의 이름으로 저주했다. 그때 곰두 마리가 수풀에서 튀어나와, 마흔두 명의 아이들을 모두 덮쳐 갈기갈기 찢어 놓았다!

²⁵ 엘리사는 계속해서 갈멜 산으로 갔다가, 거기서 다시 사마리아로 돌아왔다.

이스라엘 왕 요람

3

¹⁻³ 유다의 여호사밧 왕 십팔년에, 아합의 아들 요람이 사마리아에서 이스라엘의 왕이 되어 십이 년 동안 다스렸다. 그는 **하나님** 보시기에 악한 왕이었으나, 자기 아버지와 어머니만큼 악하지는 않았다. 그가 자기 아버지가 만든 가증한 바알 석상을 부순 것은 잘한 일이었지만, 느밧의 아들 여로보암의 죄악된 행위들, 그토록 오랫동안 이스라엘을 타락하게 만든 행위들을 고수했고, 그것을 떨쳐 버리지 못했다.

⁴⁻⁷ 모압 왕 메사는 양을 치는 사람이었다. 그는 어린양 100,000마리와 숫양 100,000마리를 이스라엘 왕에게 바쳐야 했다. 아합이 죽자, 모압 왕은 이스라엘 왕에게 반기를 들었다. 그래서 요람 왕은 사마리아에서 나와 전쟁 준비를 했다. 먼저 그는 유다의 여호사밧 왕에게 메시지를 보냈다. "모압 왕이 나

에게 반기를 들었습니다. 나와 함께 가서 그와 싸우겠습니까?"

7-8 여호사밧이 말했다. "끝까지 당신과 함께하겠습니다. 내 군대가 곧 당신의 군대고 내 말이 곧 당신의 말입니다. 어느 길로 가면 좋겠습니까?"

"에돔 황무지를 지나서 가는 것이 좋겠습니다."

9 그리하여 이스라엘 왕과 유다 왕과 에돔 왕이 길을 떠났는데, 그만 길을 돌아서 가게 되었다. 칠 일이 지나자 군대와 짐승이 마실 물이 떨어졌다.

10 이스라엘 왕이 말했다. "큰일이다! 하나님께서 우리 세 왕을 여기까지 데려오셔서 모압의 손에 넘기려 하시는구나."

11 그러자 여호사밧이 물었다. "혹시 주위에 하나님의 예언자가 있습니까? 하나님의 뜻을 알아보게 말입니다."

이스라엘 왕의 신하들 가운데 한 사람이 말했다. "가까운 곳에 사밧의 아들 엘리사가 있습니다. 그는 엘리야의 오른팔이었습니다."

12 여호사밧이 말했다. "좋습니다! 그는 우리가 믿을 수 있는 사람입니다!" 그래서 그들 세 사람—이스라엘 왕, 여호사밧, 에돔 왕—은 엘리사를 찾아가서 만났다.

13 엘리사가 이스라엘 왕에게 말했다. "무슨 일로 내게 오셨습니까? 왕의 아버지와 어머니의 꼭두각시 예언자들에게 가서 물으십시오."

이스라엘 왕이 말했다. "그런 말씀 마십시오! 하나님께서 우리 세 왕을 곤경에 빠뜨려 모압의 손에 넘기려 하십니다."

14-15 엘리사가 말했다. "내가 늘 섬기는 만군의 하나님께서 살아 계심을 두고 맹세합니다. 유다 왕 여호사밧을 존중하는 마음이 없었다면, 나는 왕을 쳐다보지도 않았을 것입니다. 하지만 여호사밧 왕을 생각하지 않을 수 없으니, 내게 악기를 타는 사람을 불러 주십시오." (악기를 타는 사람이 연주하자 하나님의 능력이 엘리사에게 임했다.)

16-19 엘리사가 말했다. "하나님께서 말씀하시기를, '이 골짜기 곳곳에 도랑을 파라'고 하십니다. 그러면 이렇게 될 것입니다. '너희가 바람소리도 듣지 못하고 비도 보지 못하겠으나, 이 골짜기에 물이 가득 차서 너희 군대와 짐승이 마음껏 마시게 될 것이다.' 이 일이 하나님께는 쉬운 일입니다. 그분께서

는 또한 모압을 왕들의 손에 넘기실 것입니다. 왕들께서는 그 땅을 황폐하게 만들고, 그 땅의 요새를 무너뜨리고, 주요 마을을 짓밟고, 과수원을 허물고, 샘을 막고, 밭을 돌밭으로 만들 것입니다."

20 아침이 되어 아침 제사를 드릴 때에, 물이 서쪽 에돔에서 쏟아져 들어와 순식간에 홍수처럼 골짜기를 가득 메웠다.

21-22 모압의 모든 사람은 이스라엘의 왕들이 싸우러 올라왔다는 소식을 들었다. 그래서 칼을 쓸 줄 아는 사람을 모두 소집해 국경에 자리를 잡았다. 그들이 아침 일찍 일어나 준비하고 있는데, 해가 물 위로 떠올랐다. 모압 사람이 선 곳에서 보니, 햇빛에 반사된 물이 피처럼 붉게 보였다.

23 그들이 말했다. "피다! 저 피를 보아라! 왕들이 서로 싸워 죽인 것이 분명하다! 모압 사람들아, 약탈하러 가자!"

24-25 모압이 이스라엘 진에 들어오자, 이스라엘 사람이 일어나 모압 사람을 닥치는 대로 죽였다. 모압 사람은 필사적으로 도망쳤고, 이스라엘 사람은 거침없이 추격해 그들을 죽였다. 그들은 성읍을 짓밟고, 밭을 돌밭으로 만들고, 샘을 막고, 과수원을 허물었다. 수도인 길하레셋만 무사했으나, 그것도 오래가지 않았다. 그들은 수도마저 포위하고 돌을 마구 던져 공격했다.

26-27 모압 왕은 자기가 지는 싸움을 하고 있음을 알고는, 칼 쓰는 사람 칠백 명을 데리고 에돔 왕이 있는 쪽으로 돌파해 가려 했다. 그러나 뜻대로 되지 않자, 그는 자기를 이어 왕이 될 맏아들을 잡아 성벽 위에서 제물로 바쳤다. 그 일은 이스라엘에 격한 분노를 불러일으켰다. 이스라엘은 물러나 자기 나라로 돌아갔다.

4 1 하루는 예언자 수련생들 가운데 한 사람의 아내가 엘리사에게 부르짖었다. "선생님의 종인 제 남편이 죽었습니다. 선생님도 잘 아시는 것처럼, 남편은 하나님께 헌신된 아주 선한 사람이었습니다. 그런데 남편에게 돈을 꾸어 준 자가 저의 두 아이를 종으로 잡아가겠다고 지금 오고 있습니다."

2 엘리사가 말했다. "내가 어찌하면 그대를 도울 수 있을지 말해 보시오. 집

안에 무엇이 남아 있소?"

여인이 말했다. "기름 조금 말고는 아무것도 없습니다."

3-4 엘리사가 말했다. "그러면 이렇게 하시오. 길을 다니면서 모든 이웃에게 빈 그릇과 대접을 빌려 오시오. 몇 개만 아니라 얻을 수 있는 만큼 많이 빌려 오시오. 그런 다음 아들들과 함께 집으로 들어가 문을 닫고, 그릇마다 기름을 부어 가득 차는 대로 옆으로 밀어 놓으시오."

5-6 여인은 그의 말대로 아들들과 함께 집 안으로 들어가 문을 닫고, 아들들이 그릇을 가져오는 대로 기름을 채웠다. 모든 그릇과 대접에 기름이 다 차자, 여인이 한 아들에게 말했다. "다른 통을 가져오너라."

아들이 말했다. "그게 다입니다. 그릇이 더 없습니다."

그러자 기름이 그쳤다.

7 여인은 하나님의 사람에게 가서 그 이야기를 전했다. 하나님의 사람이 말했다. "가서 기름을 팔아 빚을 갚고, 남은 것은 그대와 아들들의 생활비로 쓰도록 하시오."

엘리사와 수넴 여인

8 하루는 엘리사가 수넴을 지나가는데, 그 성읍의 어느 귀부인이 그를 초대하여 식사를 대접했다. 그래서 엘리사는 그 지역을 지날 때마다 그 집에 들러서 식사를 하게 되었다.

9-10 그 여인이 남편에게 말했다. "우리 집에 항상 들르는 이 사람은 분명히 하나님의 거룩한 사람입니다. 그러니 위층에 작은 방을 하나 더 내고 침대와 책상, 의자와 등잔을 갖추어, 그가 이곳을 지날 때마다 우리 집에 묵게 하면 어떨까요?"

11 그래서 다음부터 그곳을 지날 때 엘리사는 그 방에 가서 잠시 누워 쉬게 되었다.

12 그는 자기 종 게하시에게 말했다. "수넴 여인에게 내가 좀 보잔다고 전하여라." 그러자 그 여인이 엘리사에게 왔다.

13 엘리사는 게하시를 통해 말했다. "그대는 도리에 넘치도록 우리를 잘 돌보

아 주었소. 그대에게 무언가를 해주고 싶은데, 혹 왕이나 군사령관에게 부탁할 만한 청이 있으시오?"

여인이 대답했다. "아무것도 없습니다. 저는 집에서 평안하고 만족스럽게 살고 있습니다."

14 엘리사가 게하시와 의논했다. "우리가 이 여인에게 해줄 수 있는 일이 분명 있을 텐데, 무엇을 해주면 좋겠느냐?"

게하시가 말했다. "이 여인에게는 아들이 없습니다. 그리고 남편은 나이가 들었습니다."

15 "여인을 불러다오." 엘리사가 말했다. 게하시가 여인을 부르자, 여인이 열린 문 앞에 섰다.

16 엘리사가 여인에게 말했다. "내년 이맘때 그대는 사내아이에게 젖을 먹이고 있을 것이오."

여인이 대답했다. "내 거룩한 주인이시여, 그런 허황된 말로 저를 놀리지 마십시오!"

17 그러나 그 여인은 임신했고, 엘리사의 말대로 일 년 후에 아들을 낳았다.

18-19 그 아이가 자라났다. 하루는 아이가 추수꾼들과 함께 일하고 있는 아버지에게 가서 아프다고 호소했다. "아이고 머리야, 아이고 머리야!"

아버지가 종에게 명령했다. "아이를 어머니에게 데려가거라."

20 종은 아이를 안고 어머니에게 데려갔다. 아이는 어머니의 무릎에 정오까지 누워 있다가 죽었다.

21 여인이 아이를 데리고 올라가 하나님의 사람의 침대 위에 눕히고, 아이를 혼자 둔 채 문을 닫고 나왔다.

22 그러고 나서 여인은 남편을 불렀다. "종 하나와 나귀 한 마리를 내주세요. 급히 그 거룩한 사람에게 다녀와야겠습니다."

23 "오늘 꼭 가야겠소? 오늘은 초하루나 안식일 같은 거룩한 날이 아니지 않소." 여인이 말했다. "묻지 마세요. 지금 당장 가야 합니다. 저를 믿어 주세요."

24-25 여인이 가서 나귀에 안장을 얹고 종에게 말했다. "앞장서거라. 최대한 빨리 가자. 네가 너무 빠르면 내가 말하겠다." 여인은 길을 떠나서 갈멜 산에

있는 거룩한 사람에게 이르렀다.

25-26 거룩한 사람은 멀리서 여인이 오는 것을 보고 종 게하시에게 말했다. "저기를 보아라. 수넴 여인이다! 빨리 가서 '무슨 문제라도 있습니까? 괜찮습니까? 남편과 아이는 별일 없습니까?' 하고 물어보아라."

게하시가 가서 묻자, 여인이 대답했다. "별일 없소."

27 그러나 여인은 산에 있는 거룩한 사람에게 이르자, 그 발밑에 엎드려 그를 꼭 붙들었다.

게하시가 여인을 떼어 내려 했으나, 거룩한 사람이 말했다. "그냥 두어라. 괴로워하는 모습이 보이지 않느냐? 하지만 **하나님**께서 내게 그 이유를 알려 주지 않으시니 나도 모르겠구나."

28 그때 여인이 입을 열었다. "주인님, 제가 언제 아들을 달라고 했습니까? 헛된 희망으로 저를 놀리지 말라고 말씀드리지 않았던가요?"

29 그러자 엘리사가 게하시에게 명령했다. "잠시도 지체하지 말고 내 지팡이를 들고 최대한 빨리 달려가거라. 도중에 누구를 만나더라도 인사를 해서는 안된다. 누가 너에게 인사를 하더라도 대꾸하지 마라. 도착하거든, 내 지팡이를 아이의 얼굴 위에 놓아라."

30 아이의 어머니가 말했다. "**하나님**께서 살아 계심과 당신이 살아 계심을 두고 맹세하는데, 당신이 나를 두고 갈 수는 없습니다." 그래서 게하시는 여인을 앞장서게 하고 그 뒤를 따랐다.

31 게하시가 먼저 도착하여 아이의 얼굴에 지팡이를 놓았다. 하지만 아무 소리도 없었다. 생명의 조짐이 보이지 않았다. 게하시가 다시 돌아가 엘리사에게 말했다. "아이가 깨어나지 않습니다."

32-35 엘리사가 집에 들어가 보니 아이가 죽은 채로 침대에 누워 있었다. 그는 방 안에 들어가 문을 잠그고―방에는 그 둘만 있었다―**하나님**께 기도했다. 그는 아이가 누운 침대에 올라가 입과 입, 눈과 눈, 손과 손을 맞대어 자기 몸으로 아이를 덮었다. 그가 그렇게 아이 위에 엎드리자 아이 몸이 따뜻해졌다. 엘리사는 일어나 방 안을 왔다갔다 했다. 그러다가 다시 가서 아이 위에 엎드렸다. 그러자 아이가 재채기를 시작하더니―재채기를 일곱 번 했다!―

눈을 떴다.

36 그는 게하시를 불러 말했다. "수넴 여인을 안으로 들여라!" 그가 부르자 여인이 들어왔다.

엘리사가 말했다. "그대의 아들을 안으시오!"

37 여인은 깊이 존경하는 마음으로 얼굴을 땅에 대고 엘리사의 발 앞에 엎드렸다. 그러고는 아들을 안고 밖으로 나갔다.

38 엘리사가 다시 길갈로 내려갔다. 그곳에 기근이 들었다. 그가 예언자 수련생들에게 조언하던 중에 자기 종에게 말했다. "불 위에 큰 솥을 걸고 예언자들이 먹을 국을 끓여라."

39-40 한 사람이 나물을 구하러 들에 나갔다. 그는 우연히 들포도덩굴을 보고 거기에 달린 박들을 따서 마대자루에 가득 담았다. 그는 그것을 가져와 썰어서 국에 넣었으나, 그것이 어떤 식물인지는 아무도 몰랐다. 드디어 국을 사람들에게 대접하여 먹게 했다. 그들이 먹기 시작하더니 잠시 후에 소리쳤다. "하나님의 사람이여, 솥 안에 죽음이 있습니다! 솥 안에 죽음이 있습니다!" 아무도 그 국을 먹을 수 없었다.

엘리사가 명령했다. "밀가루를 좀 가져오너라." 그러더니 그것을 솥 안에 뿌렸다.

41 엘리사가 말했다. "이제 사람들에게 나누어 주어라." 그들은 국을 먹었고 아무 이상도 없었다. 국은 아무 문제 없었다!

42 하루는 어떤 사람이 바알살리사에서 도착했다. 그는 이른 추수에서 난 갓 구운 빵 스무 덩이와 과수원에서 딴 사과 몇 개를 하나님의 사람에게 가져왔다. 엘리사가 말했다. "사람들에게 돌려서 먹게 하여라."

43 그의 종이 말했다. "백 명이나 되는 사람에게 말입니까? 어림도 없습니다!" 엘리사가 말했다. "가서 그대로 하여라. **하나님**께서 충분하다고 말씀하신다."

44 정말로 충분했다. 그는 자기가 가진 음식을 돌렸다. 사람들이 충분히 먹고도 음식이 남았다.

나아만이 고침을 받다

5

¹⁻³ 나아만은 아람 왕의 군사령관으로, 그의 주인에게 중요한 사람이었다. 하나님께서 그를 통해 아람에게 승리를 주셨으므로, 왕은 그를 더할 나위 없이 귀히 여겼다. 그는 참으로 훌륭한 사람이었는데, 다만 심한 피부병을 앓고 있었다. 전에 아람이 이스라엘을 원정 기습할 때 한 어린 소녀를 붙잡아 왔는데, 그 소녀는 나아만의 아내의 종이 되었다. 하루는 소녀가 여주인에게 말했다. "주인께서 사마리아의 예언자를 만나시면, 피부병을 고치실 수 있을 텐데요."

⁴ 나아만은 곧바로 자기 주인에게 가서 이스라엘 소녀가 한 말을 보고했다.

⁵ 아람 왕이 말했다. "그렇다면 가시오. 내가 이스라엘 왕에게 소개 편지를 보내리다."

그래서 그는 은 340킬로그램, 금 68킬로그램, 옷 열 벌을 가지고 떠났다.

⁶ 나아만은 이스라엘 왕에게 편지를 전했다. 편지에는 이렇게 쓰여 있었다. "왕께서 이 편지를 받으면 아시겠지만, 내가 개인적인 일로 신하 나아만을 왕께 보냈습니다. 그의 피부병을 고쳐 주시기 바랍니다."

⁷ 이스라엘 왕은 편지를 읽고 근심에 사로잡혀 옷을 잡아 찢었다. 그가 말했다. "나에게 이 사람의 병을 고쳐 주라니, 내가 사람을 죽이거나 살릴 능력이 있는 신이라도 된다는 말인가? 이것은 아람 왕이 시비를 걸려는 수작이다!"

⁸ 이스라엘 왕이 너무 괴로워서 옷을 잡아 찢었다는 말을 하나님의 사람 엘리사가 들었다. 그는 왕에게 전갈을 보냈다. "어찌하여 옷을 찢을 정도로 근심하고 계십니까? 그 사람을 내게 보내십시오. 그가 이스라엘에 예언자가 있다는 것을 알게 될 것입니다."

⁹ 그리하여 나아만은 거창하게 자기 소유의 말과 전차를 거느리고 와서 엘리사의 집 문 앞에 섰다.

¹⁰ 엘리사가 종을 보내 그를 맞이하면서 메시지를 전했다. "요단 강에 가서 일곱 번 몸을 담그십시오. 그러면 살갗이 나아서 새 살처럼 될 것입니다."

¹¹⁻¹² 나아만은 화가 치밀어 발길을 돌리며 말했다. "적어도 엘리사가 직접 나와서 나를 맞이하고, 하나님의 이름을 부르며 상처 위에 손을 얹어 병을 없

앨 줄 알았다. 다마스쿠스의 아바나 강과 바르발 강이 이스라엘의 강보다 훨씬 깨끗한데, 거기서 목욕하면 안된단 말인가? 그러면 몸이라도 깨끗해질 것 아닌가!" 그는 노발대발하며 떠나가 버렸다.

¹³ 그러나 그의 부하들이 따라와서 말했다. "장군님, 예언자가 어렵고 거창한 일을 주문했어도 그대로 따르지 않았겠습니까? 그저 씻기만 하면 된다는데, 그 간단한 일을 못할 이유가 무엇입니까?"

¹⁴ 그래서 그는 거룩한 사람의 명령대로 요단 강에 내려가서 일곱 번 몸을 담갔다. 그러자 그의 피부가 어린아이처럼 깨끗해졌다.

¹⁵ 나아만은 수행원을 데리고 거룩한 사람에게 돌아가 그 앞에 서서 말했다. "나는 이제야 이스라엘의 하나님 외에는 세상 어디에도 하나님이 계시지 않다는 것을 알게 되었습니다. 너무나 감사하여 선물을 드리고자 합니다."

¹⁶ 엘리사가 대답했다. "**하나님** 곧 내가 섬기는 하나님께서 살아 계심을 두고 맹세하는데, 나는 당신에게서 아무것도 받지 않겠습니다." 나아만은 선물로 무엇이든 주려고 했지만, 엘리사는 받지 않았다.

¹⁷⁻¹⁸ 나아만이 말했다. "아무것도 받지 않으시겠다면, 내가 당신에게 부탁드릴 것이 있습니다. 내게 나귀 한 떼에 실을 수 있을 만큼의 흙을 주십시오. 이제 내가 다시는 **하나님** 외에 다른 신에게 예배하지 않겠습니다. 다만 한 가지 일만큼은 **하나님**의 용서를 구합니다. 내가 모시는 주인이 내 팔에 기대어서 림몬 산당에 들어가 예배하면 나도 그분과 함께 거기서 림몬을 예배해야 할 텐데, 그 일만큼은 **하나님**께서 나를 용서해 주시도록 기도해 주십시오."

¹⁹⁻²¹ 엘리사가 말했다. "다 잘될 것이니 평안히 가십시오."

나아만이 떠난 지 오래되지 않았을 때, 거룩한 사람 엘리사의 종 게하시가 혼자 중얼거렸다. "내 주인께서는 감사의 표시 하나 받지 않고 아람 사람 나아만을 그냥 돌려보냈구나. **하나님**이 살아 계심을 두고 맹세하는데, 내가 그를 쫓아가서 무엇이든 얻어 와야겠다!" 게하시는 나아만을 쫓아갔다.

나아만은 게하시가 자기를 쫓아오는 것을 보고 전차에서 뛰어내려 그를 맞이했다. "무슨 문제라도 있소?"

²² "문제가 아니라 일이 좀 생겼습니다. 제 주인께서 저를 보내어 '방금 에브

라임 산지에서 두 청년이 나타났는데, 그들은 예언자 수련생의 형제들입니다. 은 34킬로그램과 옷 두 벌을 선물로 주어 그들에게 부족한 것을 채워 주십시오' 하고 전하라고 말씀했습니다."

23 나아만이 말했다. "물론이오. 68킬로그램은 어떻소?" 나아만이 우겨서 은을 두 자루에 넣어 묶고 그에게 옷 두 벌을 주었다. 그리고 선물을 나르도록 두 명의 종까지 붙여 주었다.

24 언덕에 있는 요새에 이르자, 게하시는 종들에게서 선물을 받아 안에 보관해 두고 종들을 돌려보냈다.

25 그가 돌아와 주인 앞에 섰다. 엘리사가 말했다. "게하시야, 지금까지 무엇을 하다 왔느냐?"

"아무 일도 아닙니다." 그가 말했다.

26-27 엘리사가 말했다. "그 사람이 전차에서 내려 너를 맞이할 때 내가 영으로 너와 함께 있던 것을 몰랐느냐? 말해 보아라. 지금이 네 자신을 돌보고 선물로 네 주머니를 채울 때냐? 이제 나아만의 피부병이 너와 네 집안에 옮아서, 영영 낫지 않을 것이다."

게하시가 물러나오니, 피부병으로 그의 살갗이 벗겨져 눈처럼 하얗게 되었다.

6 1-2 하루는 예언자 수련생들이 엘리사에게 와서 말했다. "우리가 선생님을 모시고 살고 있는 이곳은, 보시는 것처럼 거동조차 어려울 정도로 비좁습니다. 허락해 주시면, 우리가 요단으로 내려가 각각 통나무를 구해다 더 넓은 집을 짓겠습니다."

엘리사가 말했다. "그렇게 하여라."

3 그러자 그들 중 한 사람이 말했다. "선생님도 우리와 함께 가 주십시오!"

엘리사가 말했다. "좋다."

4-5 엘리사는 그들과 함께 갔다. 그들은 요단에 이르러 나무를 베기 시작했다. 그들 중 한 사람이 나무를 넘어뜨리는데, 그만 도끼머리가 떨어져 강 속에 빠져 버렸다.

그가 외쳤다. "큰일났습니다, 주인님! 이것은 빌려 온 도끼입니다!"

6 거룩한 사람이 물었다. "어디에 빠뜨렸느냐?"

그 사람이 엘리사에게 자리를 일러 주었다.

엘리사가 나뭇가지를 꺾어 그 지점으로 던지자, 도끼머리가 떠올랐다.

7 엘리사가 "저것을 집어라" 하고 말하니, 그 사람이 손을 내밀어 도끼를 건져 냈다.

아람 군대를 물리치다

8 한번은 아람 왕이 이스라엘과 전쟁중일 때, 신하들과 의논한 뒤에 "내가 이러이러한 곳에 복병을 두고자 한다"고 말했다.

9 그러자 거룩한 사람이 이스라엘 왕에게 메시지를 보냈다. "그곳을 지날 때 조심하십시오. 아람 사람이 그곳에 매복해 있습니다."

10 이 말을 듣고 이스라엘 왕은 거룩한 사람이 경고한 곳에 대해 지시를 내렸다. 이와 같은 일이 한두 번이 아니었다.

11 아람 왕은 몹시 화가 나서 신하들을 불러모아 놓고 말했다. "이스라엘 왕에게 정보를 흘리는 자가 누구인지 말하여라! 도대체 우리 가운데 적과 내통하는 자가 누구냐?"

12 그의 신하들 중 한 사람이 말했다. "내 주인인 왕이시여, 우리 가운데는 그런 자가 없습니다. 그것은 이스라엘의 예언자 엘리사의 짓입니다. 그가 왕의 모든 말을, 심지어 침실에서 속삭이는 귓속말까지도 다 이스라엘 왕에게 알려 주고 있습니다."

13 왕이 말했다. "가서 그 자가 있는 곳을 알아내라. 내가 사람을 보내 그를 잡고야 말겠다."

그러자 "그가 도단에 있습니다" 하는 보고가 들어왔다.

14 왕이 말과 전차를 보냈는데, 엄청난 전투병력이었다. 그들이 밤중에 가서 그 성읍을 포위했다.

15 이른 아침에 거룩한 사람의 종이 일어나 밖으로 나가 보니, 말과 전차가 성읍을 포위하고 있었다! 종이 소리를 질렀다. "주인님! 이제 우리는 어찌해

야 합니까?"

16 엘리사가 말했다. "걱정하지 마라. 우리 편이 그들보다 많다."

17 그는 기도했다. "**하나님**, 그의 눈을 열어서 보게 해주십시오."
청년의 눈이 열리자 그의 눈에 뭔가가 보였다. 놀랍게도, 온 산기슭에 불전 차와 불말이 가득하여 엘리사를 둘러싸고 있었다!

18 아람 사람이 공격하자 엘리사가 **하나님**께 기도했다. "저들의 눈을 멀게 해주십시오!" 엘리사의 말대로 **하나님**께서 그들의 눈을 멀게 하셨다.

19 그러자 엘리사가 그들에게 큰소리로 말했다. "그 길이 아니다! 이 성읍이 아니다! 나를 따라오너라. 너희가 찾는 사람에게로 내가 너희를 인도하겠다." 그러고 나서 엘리사는 그들을 사마리아로 인도했다.

20 그들이 성읍에 들어갈 때 엘리사가 기도했다. "**하나님**, 저들의 눈을 열어 여기가 어딘지 보게 해주십시오." **하나님**께서 그들의 눈을 열어 주셨다. 그들이 둘러보니, 비로소 자기들이 사마리아에 갇혔다는 사실을 알게 되었다!

21 이스라엘 왕이 그들을 보고 엘리사에게 말했다. "아버지여, 내가 이 무리를 쳐서 죽여도 되겠습니까?"

22 엘리사가 말했다. "절대로 안됩니다! 왕께서는 그들을 붙잡는 일에 손 하나 까딱하지 않으셨는데, 이제 그들을 죽이려고 하십니까? 안될 말입니다. 그들을 위해 잔치를 베풀고 주인에게로 돌려보내십시오."

23 그래서 왕은 그들을 위해 큰 잔치를 준비했다. 그들을 실컷 먹이고 마시게 한 뒤에 해산시켰다. 그러자 그들은 고향에 있는 주인에게로 돌아갔다. 이후 다시는 아람의 기습부대가 이스라엘을 괴롭히지 않았다.

24-25 얼마 후에 이런 일이 있었다. 아람 왕 벤하닷이 군대를 정비하고 사마리아 포위에 나섰다. 그로 인해 극심한 기근이 발생했다. 음식 값이 천문학적으로 치솟아 나귀 머리 하나에 팔십 세겔, 야채 한 대접에 오 세겔이었다!

26 하루는 이스라엘 왕이 성벽 위를 걷고 있을 때 한 여인이 소리쳤다. "왕이시여, 도와주십시오!"

27 왕이 대답했다. "**하나님**께서 너희를 돕지 않으시는데, 내가 무슨 수로 도

울 수 있겠느냐? 곡물 창고 일을 돕겠느냐, 아니면 농장 일을 돕겠느냐?"
28-29 그러면서 왕이 말했다. "네 사연이나 들어 보자."

여인이 말했다. "이 여자가 저한테 와서 하는 말이 '네 아들을 내놓아라. 오늘은 네 아들을 저녁식사로 먹고 내일은 내 아들을 먹자'고 했습니다. 그래서 제 아들을 삶아서 같이 먹었습니다. 이튿날 제가 이 여자에게 '이제 네 차례다. 저녁식사로 먹게 네 아들을 데려오라'고 했더니, 이 여자가 자기 아들을 감추어 버렸습니다."

30-31 왕은 그 여인의 사연을 듣고 옷을 찢었다. 그가 성벽 위를 걸을 때, 모든 사람이 맨살 위에 거친 삼베를 입고 있는 그의 모습을 보았다. 왕이 큰소리로 말했다. "사밧의 아들 엘리사의 머리가 오늘이 다 가도록 그 어깨 위에 붙어 있으면, 하나님께서 내게 천벌을 내리시고 또 내리시기를 바란다."

32 엘리사는 집에 앉아 있었고 원로들도 그와 함께 있었다. 왕이 이미 사형 집행인을 보냈으나, 그가 도착하기 전에 엘리사가 원로들에게 말했다. "이 살인자가 내 머리를 베려고 방금 사람을 보낸 것을 아십니까? 사형 집행인이 도착하면 문을 닫아 잠그십시오. 그를 뒤따라오는 그 주인의 발자국 소리가 벌써 저렇게 들리지 않습니까?"

33 엘리사가 지시를 내리는 동안, 왕이 나타나서 비난했다. "이 재앙은 하나님이 직접 내린 것이다! 다음은 또 무엇이냐? 이제 **하나님**이라면 지긋지긋하다!"

7 1 엘리사가 말했다. "들으십시오! **하나님**의 말씀입니다! 기근은 끝났습니다. 내일 이맘때면 양식이 풍부해져 곡식 가루 한 움큼에 한 세겔, 곡물 두 움큼에 한 세겔이 될 것입니다. 성문 앞 장터가 활기를 되찾을 것입니다."

2 왕을 부축하고 있던 수행원이 거룩한 사람에게 말했다. "지금 우리에게 그 말을 믿으라는 겁니까? 하늘 문이 열려 양식이 쏟아지기라도 한다는 말입니까?" 엘리사가 말했다. "당신이 두 눈으로 보게 될 것이오. 하지만 당신은 한 입도

먹지 못할 것이오."

3-4 나병환자 네 사람이 성문 밖에 앉아 있다가 서로 말했다. "우리가 이 죽음의 문턱에 앉아서 무엇을 하고 있는 거지? 우리는 기근에 찌든 성 안에 들어가도 죽고 여기 있어도 죽는다. 그러니 아람 사람의 진에 들어가서 그들에게 자비를 구해 보자. 그들이 받아 주면 우리는 사는 것이고, 죽이면 죽는 것이다. 어차피 잃을 게 없지 않은가."

5-8 그래서 그들은 해가 진 뒤에 자리에서 일어나 아람 사람의 진으로 갔다. 진 입구에 이른 그들은 깜짝 놀랐다! 진에 사람이 하나도 없었다! 주께서 이미 아람 군대에게 말과 막강한 군대의 진군소리를 듣게 하셨던 것이다. 군인들은 "이스라엘 왕이 우리를 공격하려고 헷 사람의 왕들과 이집트 왕들을 고용했다!"고 서로 말하면서, 겁에 질려 천막과 말과 나귀를 포함한 진 전체를 그대로 버려둔 채 어둠 속으로 죽기 살기로 달아났다. 필사적으로 도망쳤다. 네 명의 나병환자는 진 안의 한 장막 안으로 들어갔다. 그들은 우선 실컷 먹고 마셨다. 그러고 나서 은과 금과 옷을 가지고 나와 숨겨 두고는, 다른 장막에도 들어가 물건들을 약탈하고 다시 그것을 숨겨 두었다.

9 이윽고 그들이 서로 말했다. "우리가 이러고 있으면 안되지! 오늘은 기쁜 소식이 있는 날인데 우리만 즐기고 있지 않은가! 빈둥대며 아침까지 기다린다면, 우리는 잡혀서 벌을 받을 것이다. 가자! 가서 이 소식을 왕궁에 알리자!"

10 그래서 그들은 성문 앞으로 가서 큰소리로 외쳐 상황을 알렸다. "우리가 아람 사람의 진에 갔더니, 그곳이 버려져 있었습니다! 사람 하나 없고 소리 하나 들리지 않았습니다! 말과 나귀는 묶인 채로 버려져 있고, 장막도 그대로 버려져 있었습니다."

11-12 성 문지기들은 왕궁에 그 전말을 알렸다. 왕은 한밤중에 일어나 신하들에게 말했다. "아람이 한 일을 그대들에게 말하겠소. 그들은 우리가 굶주리고 있다는 것을 알고 있소. 그래서 '저들이 성 밖으로 나오면 생포하고 성을 취하겠다'는 생각으로 진을 떠나 들판에 숨은 것이오."

13 보좌관 하나가 대답했다. "몇 사람을 보내어 성 안에 남아 있는 말 다섯 마리를 가져오게 하십시오. 무슨 일을 당한다 한들, 온 성에 닥칠 일만 하겠습

니까? 사람들을 보내서 어찌 된 일인지 알아보게 하십시오."

¹⁴ 그들은 전차 둘과 말들을 가져왔다. 왕은 그들을 아람 군대 뒤로 보내면서 지시했다. "그들을 정탐하여 무슨 일인지 알아보아라."

¹⁵ 그들은 요단 강까지 아람 사람의 흔적을 따라갔다. 아람 사람이 겁에 질려 도망치느라 버린 옷이며 장비가 온 길에 흩어져 있었다. 정찰대가 돌아와 왕에게 보고했다.

¹⁶ 그때부터 백성은 아람 사람의 진을 약탈했다. 하룻밤 사이에 양식 값이 뚝 떨어져 곡식 가루 한 움큼이나 곡물 두 움큼이 한 세겔에 불과했다. **하나님**의 말씀이 그대로 다 이루어졌다!

¹⁷ 왕은 자신을 부축하던 수행원에게 명령하여 성문을 관리하게 했다. 그런데 폭도로 변한 백성이 성문으로 쏟아져 나오다 그를 밟아 죽였다. 왕이 거룩한 사람을 찾아왔을 때 그가 했던 말 그대로였다.

¹⁸⁻²⁰ 그때 거룩한 사람이 왕에게 이렇게 말했었다. "내일 이맘때면 사마리아 성문에서 곡식 가루 한 움큼에 한 세겔, 곡물 두 움큼에 한 세겔이 될 것입니다." 그러자 그 수행원이 빈정대며 "지금 우리에게 그 말을 믿으라는 겁니까? 하늘 문이 열려 양식이 쏟아지기라도 한다는 말입니까?"라고 대답했고, 다시 거룩한 사람이 "당신이 두 눈으로 보게 될 것이오. 하지만 당신은 한 입도 먹지 못할 것이오" 하고 말했다. 그 말이 그대로 이루어져, 결국 그는 백성에게 짓밟혀 죽고 말았다.

8

¹⁻³ 전에 엘리사가 죽은 아이를 살린 일이 있었는데, 그 아이의 어머니에게 이렇게 말했었다. "그대는 가족을 데리고 이곳을 떠나 다른 곳으로 가서 사시오. **하나님**께서 이 땅에 기근을 명령하셨으니 기근이 칠 년 동안 계속될 것이오." 여인은 거룩한 사람의 말대로 그곳을 떠났다. 그녀와 가족은 칠 년 동안 블레셋 땅에서 외국인으로 살았다. 그러다가 칠 년이 다 되어서 고향으로 돌아왔다. 여인은 곧바로 왕에게로 가서 자기 집과 밭을 돌려달라고 청했다.

4-5 왕은 거룩한 사람의 종인 게하시와 이야기를 나누던 중이었다. "엘리사가 행했다는 큰일들을 내게 말해 보아라." 그래서 게하시가 죽은 자를 살린 일을 왕에게 이야기하고 있는데, 바로 그때 엘리사가 살린 아이의 어머니가 나타나 자기 집과 농지를 돌려달라고 청한 것이다.

게하시가 말했다. "내 주인인 왕이시여, 이 여인이 바로 그 여인입니다! 그리고 이 아이가 엘리사가 살린 그 아들입니다!"

6 왕이 그 일을 자세히 알고 싶어 했기 때문에, 여인은 그 이야기를 왕에게 들려주었다. 왕은 한 관리에게 명령하여 그 여인을 돌보게 하고 이렇게 말했다. "이 여인의 재산을 모두 돌려주고, 여인이 떠난 때부터 지금까지 그 농지에서 거둔 모든 수익도 함께 돌려주어라."

7 엘리사는 다마스쿠스로 갔다. 그때 아람 왕 벤하닷이 병들어 있었는데, "거룩한 사람이 성읍에 와 있습니다" 하는 말이 그에게 전해졌다.

8 왕이 하사엘에게 명령했다. "선물을 가지고 가서 거룩한 사람을 만나시오. 그를 통해 '제가 이 병에서 낫겠습니까?' 하고 **하나님**께 여쭈어 보게 하시오."

9 하사엘이 가서 엘리사를 만났다. 그는 자기가 알고 있는 다마스쿠스의 모든 고급 물품을 가져갔는데, 낙타 사십 마리에 실을 만큼의 양이었다! 그가 도착해서 엘리사 앞에 서서 말했다. "당신의 아들 아람 왕 벤하닷이 나를 여기로 보내어, '제가 이 병에서 낫겠습니까?' 하고 당신에게 물어보라고 했습니다."

10-11 엘리사가 대답했다. "가서 '왕께서는 살게 될 테니 걱정하지 마십시오' 하고 전하시오. 하지만 **하나님**께서 내게 보여주셨는데, 사실 그는 죽을 운명이오." 그러더니 엘리사는 하사엘을 뚫어져라 쳐다보며 그의 마음을 읽었다. 하사엘은 속내를 들킨 것 같아 고개를 떨구었다. 그때 거룩한 사람이 눈물을 흘렸다.

12 하사엘이 말했다. "내 주인께서 어찌하여 우십니까?"

엘리사가 말했다. "그대가 장차 이스라엘 자손에게 무슨 일을 행할지 내가 알기 때문이오.

그들의 성을 불태우고
젊은이들을 살해하고
아기들을 메어치고
임신부들의 배를 가를 것이오."

13 하사엘이 말했다. "개보다도 나을 것이 없는 제가 어찌 그런 끔찍한 일을
저지른다는 말입니까?"
엘리사가 말했다. "그대가 아람 왕이 될 것을 **하나님**께서 내게 보이셨소."
14 하사엘은 엘리사를 떠나 자기 주인에게 돌아갔다. 왕은 "엘리사가 뭐라 했
소?" 하고 물었다.
"그가 '왕께서는 살게 될 테니 걱정하지 마십시오' 하고 말했습니다."
15 그러나 그 이튿날, 누군가가 무거운 이불에 물을 흠뻑 적셔서 왕의 얼굴을
덮어 질식시켜 죽였다.
그리고 하사엘이 왕이 되었다.

유다 왕 여호람

16-19 이스라엘 왕 아합의 아들 요람 오년에, 유다 왕 여호사밧의 아들 여호람
이 왕이 되었다. 그는 서른두 살에 왕위에 올라 예루살렘에서 팔 년 동안 다
스렸다. 그는 이스라엘 왕들의 삶을 따랐고, 아합 집안과 결혼하여 그 가문
의 죄를 이어 갔다. 그는 **하나님** 보시기에 악했다. 그러나 **하나님**께서는 그
분의 종 다윗을 생각하여 유다를 선뜻 멸하지 않으셨다. 다윗의 자손을 통해
등불이 계속 타오르게 하겠다고 약속하셨기 때문이다.
20-21 여호람이 다스리는 동안, 에돔이 유다의 통치에 반기를 들고 자신들의
왕을 세웠다. 그래서 여호람은 전차부대를 거느리고 사일로 갔다.
에돔에게 포위되었지만, 여호람은 한밤중에 전차병들과 함께 전선을 뚫고
나가서 에돔에 큰 타격을 입혔다. 그러나 보병들은 그를 버리고 도망쳤다.
22 에돔은 오늘까지도 계속해서 유다에 반역하고 있다. 작은 성읍인 립나도
그때 반역했다.

23-24 여호람의 나머지 생애와 시대, 그의 통치에 대한 기록은 '유다 왕 연대기'에 남아 있다. 여호람은 죽어서 다윗 성의 가족 묘지에 묻혔다. 그의 아들 아하시야가 뒤를 이어 왕이 되었다.

유다 왕 아하시야

25-27 이스라엘 왕 아합의 아들 요람 십이년에, 유다 왕 여호람의 아들 아하시야가 유다의 왕이 되어 다스리기 시작했다. 아하시야는 스물두 살에 왕위에 올라 예루살렘에서 일 년밖에 통치하지 못했다. 그의 어머니는 이스라엘 왕 오므리의 손녀 아달랴다. 그는 아합 가문이 행한 대로 살고 다스렸으며, **하나님** 보시기에 악한 죄의 길을 이어 갔다. 결혼이나 죄짓는 것으로도 아합 가문과 한통속이었다.

28-29 그는 이스라엘 왕 아합의 아들 요람과 연합하여 길르앗 라못에서 아람 왕 하사엘과 전쟁을 벌였다. 활 쏘는 자들이 요람에게 부상을 입혔다. 요람은 하사엘과 싸우다 입은 부상을 치료하기 위해 이스르엘로 물러났다. 유다 왕 여호람의 아들 아하시야는 병상에 있는 아합의 아들 요람을 문병하러 이스르엘로 갔다.

이스라엘 왕 예후

9 1-3 하루는 예언자 엘리사가 한 예언자 수련생에게 명령했다. "너는 기름 한 병을 준비하여 길르앗 라못으로 가서, 님시의 손자요 여호사밧의 아들인 예후를 찾아라. 그를 찾거든 동료들로부터 불러내어 뒷방으로 데리고 들어가, 기름병을 꺼내 그의 머리에 붓고 '**하나님**의 말씀이다. 내가 네게 기름을 부어 이스라엘의 왕으로 삼는다' 하고 말하여라. 그러고 나서 문을 열고 속히 거기서 도망쳐라. 잠시도 지체해서는 안된다."

4-5 그 젊은 예언자가 길르앗 라못으로 갔다. 그가 도착해 보니 군지휘관들이 모두 둘러 앉아 있었다. 그가 말했다. "장군님, 드릴 말씀이 있습니다."

예후가 말했다. "우리 가운데 누구를 말하는 것이오?"

"바로 장군님입니다."

⁶⁻¹⁰ 예후가 일어나 건물 안으로 들어가자, 젊은 예언자가 그의 머리에 기름을 붓고 말했다. "**하나님** 이스라엘의 하나님의 말씀이다. 내가 너에게 기름을 부어 **하나님**의 백성 이스라엘의 왕으로 삼았다. 너의 임무는 너의 주인인 아합 가문을 치는 것이다. 내가 나의 종 예언자들이 죽임당한 일—이세벨이 **하나님**의 모든 예언자를 죽인 일—을 되갚아 줄 것이다. 아합 가문은 모조리 망할 것이다. 그 딱한 무리를 내가 모두 없애 버릴 것이다. 내가 반드시 아합 가문도 느밧의 아들 여로보암 가문, 아히야의 아들 바아사 가문과 똑같은 운명을 맞게 할 것이다. 이세벨은 죽어서 이스르엘 넓은 들판에 있는 개들에게 먹힐 것이요, 땅에 묻히지도 못할 것이다!" 그러고 나서 그는 문을 열고 급히 도망쳤다.

¹¹ 예후가 자기 주인의 지휘관들에게로 다시 나가자 그들이 물었다. "별일 없소? 그 미친 녀석이 그대에게 뭘 원하는 거요?"

그가 말했다. "그런 부류의 인간들이 하는 말은 그대들도 잘 알지 않소."

¹² "어물쩍 넘어갈 생각 마시오!" 그들이 말했다. "무슨 일인지 우리에게 말해 보시오."

예후가 말했다. "그가 내게 이러저러하게 말하더니, 진정 '**하나님**의 말씀이다. 내가 네게 기름을 부어 이스라엘의 왕으로 삼는다!' 하더군요."

¹³ 그러자 그들이 즉각 움직였다. 각 사람이 자기 옷을 집어서 계단 꼭대기에 쌓아 임시 보좌를 만들고, 나팔을 불며 "예후가 왕이시다!" 하고 선포했다.

¹⁴⁻¹⁵ 그리하여 님시의 손자요 여호사밧의 아들인 예후가 요람에게 반역하는 모의가 본격적으로 시작되었다.

한편, 요람과 그의 온 군대는 아람 왕 하사엘에 맞서 길르앗 라못을 방어하고 있었다. 그때 요람은 아람 왕 하사엘과의 전투에서 입은 부상을 치료하기 위해 이스르엘로 물러나 있었다.

예후가 말했다. "그대들이 정말 나를 왕으로 삼기 원한다면, 누구도 이 성에서 몰래 빠져나가 이스르엘에 이 소식을 알리지 못하게 하시오."

¹⁶ 그런 다음 예후는 전차를 타고 요람이 침상에 누워 요양중인 이스르엘로 갔다. 마침 유다의 아하시야 왕이 요람을 문병하러 내려와 있었다.

¹⁷ 이스르엘 망대에서 근무중이던 초병이 예후 일행이 오는 것을 보고 말했다. "한 무리의 사람들이 보입니다."

요람이 말했다. "말 탄 병사를 보내 그들을 맞고, 무슨 일이 있는지 묻게 하여라."

¹⁸ 말 탄 병사가 나가서 예후를 맞이하며 말했다. "무슨 일이 있는지 왕께서 알고자 하십니다."

예후가 말했다. "무슨 일이 있든 말든, 그게 너와 무슨 상관이냐? 내 뒤로 물러나거라."

초병이 말했다. "그들에게 간 병사가 돌아오지 않습니다."

¹⁹ 그러자 왕은 두 번째로 말 탄 병사를 보냈다. 병사가 예후에게 이르러 말했다. "무슨 잘못된 일이라도 있는지 왕께서 알고자 하십니다."

예후가 말했다. "잘못된 일이든 아니든, 그게 너와 무슨 상관이냐? 내 뒤로 물러나거라."

²⁰ 초병이 말했다. "그들에게 간 병사가 또 돌아오지 않습니다. 그런데 미친 듯이 전차를 모는 모습이 꼭 님시의 아들 예후 같습니다!"

²¹ 요람이 명령했다. "내 전차를 준비시켜라!" 그들은 그의 전차에 말을 맸다. 이스라엘 왕 요람과 유다 왕 아하시야가 각자 자기 전차를 타고 예후를 만나러 나갔다. 그들은 이스르엘 사람 나봇의 땅에서 마주쳤다.

²² 요람이 예후를 보고 큰소리로 말했다. "좋은 날이오, 예후!"

예후가 대답했다. "좋기는 뭐가 좋다는 말이오? 당신 어머니 이세벨의 음란한 창녀 짓과 주술이 나라를 더럽히고 있는데, 어찌 좋은 일이 있을 수 있겠소?"

²³ 요람이 전차를 돌려 도망치면서 아하시야에게 외쳤다. "아하시야, 함정이오!"

²⁴ 예후가 활을 당겨 화살을 쏘자, 화살이 요람의 양 어깨뼈 사이에 맞아 심장을 관통했다. 요람은 전차 안에 쓰러졌다.

²⁵⁻²⁶ 예후가 부관 빗갈에게 명령했다. "어서 그를 이스르엘 사람 나봇의 밭에 던져라. 너와 내가 그의 아버지 아합 뒤에서 전차를 몰던 때를 기억하느냐? 그때 하나님께서 그에게 이렇게 될 운명을 선고하셨다. '내가 어제 살해당한 나봇과 그 아들들의 피를 분명히 보았으니, 네가 정확히 이 땅 위에서 그 값

을 치를 것이다. **하나님**의 말씀이다!' 그러니 그를 들어다 이 밭에 던져 버려라. **하나님**의 말씀이 다 그대로 이루어졌다!"

²⁷ 유다 왕 아하시야는 사태를 파악하고 벳하간 쪽 길로 도망쳤다. 예후는 그를 추격하며 외쳤다. "저 자도 잡아라!" 이블르암 근처 구르로 올라가는 언덕에서 예후의 군대가 전차 안에 있는 아하시야를 찔러 부상을 입혔다. 그는 므깃도까지 갔으나, 거기서 죽었다.

²⁸ 그의 측근들이 예루살렘까지 전차를 몰고 가서 다윗 성의 가족 묘지에 그를 묻었다.

²⁹ 아합의 아들 요람 왕 십일년에, 아하시야가 유다의 왕이 되었다.

이세벨의 최후

³⁰⁻³¹ 예후가 이스르엘에 도착했다는 말을 들은 이세벨은, 눈화장을 하고 머리를 만져 단장한 뒤에 유혹하는 모습으로 창가에 서 있었다. 예후가 성문에 들어서자, 그녀는 아래를 내려다보며 외쳤다. "무참하게 왕을 죽인 '시므리' 같은 놈아, 그래 어쩌냐?"

³² 예후가 창을 올려다보며 외쳤다. "그 위에 내 편이 될 사람이 있느냐?" 왕궁 내시 두세 명이 내다보았다.

³³ 예후가 "그 여자를 아래로 던져라!" 하고 명령하니, 그들이 이세벨을 들어 창밖으로 던졌다. 그녀의 피가 벽과 말에 튀었고, 예후는 자기가 탄 말의 말발굽으로 그녀를 짓밟았다.

³⁴ 그런 다음 예후는 안으로 들어가 점심을 먹었다. 점심을 먹으면서 그가 명령했다. "저 저주받은 여자를 거두어서 안장해 주어라. 그래도 왕의 딸이 아니더냐."

³⁵⁻³⁶ 그들이 그녀를 묻으러 나갔으나, 두개골과 손발 외에는 남은 것이 없었다. 그들이 돌아와서 예후에게 말하니, 그가 말했다. "**하나님**의 말씀, 곧 디셉 사람 엘리야가 전한 말씀이다.

이스르엘 밭에서
개들이 이세벨을 먹을 것이다.
37 이세벨의 몸은 이스르엘 땅에서
개의 배설물처럼 될 것이다.
옛 친구와 연인들이
'이것이 정말 이세벨이 맞는가?' 하고 말할 것이다."

아합의 자손이 살해되다

10

1-2 아합의 아들 일흔 명이 아직 사마리아에 살고 있었다. 예후는 사마리아에 있는 이스르엘 관리와 성읍 원로와 아합의 아들들을 맡고 있는 자들 앞으로 편지를 써서 보냈다. 편지 내용은 이러했다.

2-3 이 편지는 정당한 경고요. 그대들은 주인의 자녀들과 전차와 말과 요새와 무기를 책임지고 있소. 주인의 아들들 가운데서 가장 훌륭하고 유능한 사람을 뽑아 왕위에 앉히시오. 그리고 주인의 지위를 위해 싸울 준비를 하시오.

4 그들은 편지를 읽고 완전히 겁에 질려서 말했다. "그가 이미 두 왕을 제거했는데, 우리에게 무슨 희망이 있겠는가?"

5 그래서 그들은 왕궁 관리와 성읍 시장, 원로, 후견인들을 예후에게 보내며 메시지를 전했다. "우리는 당신의 종이니, 당신이 뭐라고 말씀하시든 그대로 행하겠습니다. 우리는 이쪽에서 누구도 왕으로 삼지 않겠습니다. 당신이 책임자입니다. 당신 생각에 좋은 대로 하십시오."

6-7 그러자 예후가 두 번째 편지를 썼다.

그대들이 내 편이고 기꺼이 내 명령에 따르겠다면, 이렇게 하시오. 주인의 아들들의 목을 베어 내일 이맘때까지 그 머리를 이스르엘에 있는 내게 가져오시오.

왕자들은 일흔 명이었다. 성읍 지도자들이 그들을 돌보고 있었다. 그들은 편지를 받고 나서, 왕자들을 잡아 일흔 명을 모두 죽였다. 그런 다음 그 머리를 광주리에 담아 이스르엘에 있는 예후에게 보냈다.

8 전령이 예후에게 보고했다. "그들이 왕자들의 머리를 가져왔습니다."

그가 말했다. "그 머리들을 두 무더기로 나누어 아침까지 성문 앞에 쌓아 두어라."

9-10 아침에 예후가 백성 앞에 나가 공식적으로 말했다. "여러분이 오늘 **하나님**께서 펼치시는 의로운 일에 참여하고 있다는 것을 알겠습니까? 그렇습니다. 내 주인에게 반역하여 음모를 꾸미고 그를 암살한 사람이 나입니다. 하지만 여기 쌓인 머리들은 누가 한 일이겠습니까? 분명히 아십시오. **하나님**께서 아합 가문의 심판에 대해 하신 말씀이 한 글자도 취소되지 않았다는 것을 지금 여러분의 눈으로 똑똑히 보고 있습니다. **하나님**께서는 엘리야를 통해 말씀하신 일을 그대로 행하셨습니다."

11 그런 다음 예후는 아합 가문과 조금이라도 관계가 있는 이스르엘 사람을 전부 죽였다. 또 아합 가문의 지도자와 친구와 제사장들을 모조리 없애 버렸다.

12-13 그 일을 마치자, 예후는 자리를 털고 일어나 사마리아로 떠났다. 가는 길에 목자들의 벳에켓(묶는 집)에서 유다 왕 아하시야의 친척 몇 사람을 만났다. 예후가 말했다. "여러분은 누구시오?"

그들이 말했다. "우리는 아하시야의 친척인데, 왕실 가족모임을 하러 내려왔습니다."

14 "이들을 잡아라!" 예후가 명령했다. 부하들이 그들을 잡아 벳에켓 우물가에서 죽였다. 모두 마흔두 명이었는데, 그들 중 살아남은 자는 아무도 없었다.

15 예후가 거기서 계속 가다가 레갑 사람 여호나답과 마주쳤다. 여호나답은 예후를 만나러 오던 길이었다. 예후가 그에게 인사하며 말했다. "우리가 한 편이며 이 일에 한마음이오?"

여호나답이 말했다. "그렇습니다. 믿어 주십시오."

예후가 말했다. "그렇다면 그대의 손을 내미시오."

그들은 악수로 뜻이 같음을 확인했고, 여호나답은 예후가 탄 전차에 올라섰다.

¹⁶ 예후가 말했다. "나와 함께 가서, **하나님**을 위한 내 열심이 어느 정도인지 보시오." 그들은 함께 전차를 타고 나아갔다.

¹⁷ 사마리아에 도착하자, 예후는 그곳에 남아 있던 아합과 조금이라도 관계 있는 사람들을 모두 죽였다. **하나님**께서 엘리야에게 말씀하신 대로 수많은 사람들이 죽었다.

¹⁸⁻¹⁹ 그 후에 예후는 온 백성을 모아 놓고 말했다.

"아합은 바알을 대단찮게 섬겼으나
예후는 확실하게 섬길 것입니다.

바알의 모든 예언자, 바알을 섬긴 모든 사람과 모든 제사장을 이곳에 모아 주십시오. 내가 바알께 큰 제사를 드리려고 하니, 한 사람도 빠뜨리지 말고 모두 모아 주셔야 합니다. 나타나지 않는 자는 살아남지 못할 것입니다." (물론 예후는 거짓말을 하고 있었다. 그는 바알을 섬기는 자들을 모두 죽일 작정이었다.)

²⁰ 예후가 명령했다. "바알을 위해 거룩한 집회를 준비하여라." 그러자 집회가 준비되고 날짜가 공포되었다.

²¹ 이어 예후가 이스라엘 모든 사람을 불러 모으자, 나라 안에 있던 바알을 섬기는 자들이 한 명도 빠짐없이 무리를 지어 왔다. 그들이 와서 바알 신전을 가득 채웠다.

²² 예후가 예복을 관리하는 사람에게 지시했다. "바알의 모든 종에게 예복을 주어라." 예복을 관리하는 사람이 그들의 예복을 내왔다.

²³⁻²⁴ 예후와 레갑 사람 여호나답이 드디어 바알 신전에 들어가서 말했다. "다시 한번 확인하여 이곳에 **하나님**을 예배하는 자가 한 사람도 없게 하십시오. 바알 예배자만 들어올 수 있습니다." 그들은 제물과 번제를 바쳐 예배를 시작했다.

한편, 예후는 바깥에 여든 명을 배치하고 이렇게 명령했다. "단 한 사람도 도망치게 해서는 안된다. 도망치게 했다가는 자기 목숨으로 대가를 치러야 할 것이다."

25-27 제사 의식을 마친 뒤에, 예후는 지휘관과 호위병들에게 신호를 보냈다. "안으로 들어가서, 한 사람도 살려 두지 말고 모조리 죽여라!"

피비린내 나는 살육이 시작되었다. 지휘관과 호위병들은 시체들을 밖으로 내던지며 바알 산당의 내실로 들어가는 길을 만들었다. 그들은 바알 신전에서 남근 모양의 석상을 끌어내 깨부수었다. 바알의 제단들을 때려 부수고 바알 신전을 허물었다. 그 후로 그곳은 공중화장실이 되었다.

28 그렇게 해서 예후는 이스라엘에서 바알을 완전히 몰아냈다.

29 그 모든 일에도 불구하고, 예후는 느밧의 아들 여로보암의 죄, 곧 이스라엘을 죄악된 삶으로 끌어들인 죄에서는 돌아서지 않았다. 베델과 단의 금송아지들을 남겨 두었던 것이다.

30 **하나님**께서 예후를 칭찬하셨다. "너는, 내가 보기에 일을 가장 잘 처리했다. 아합 가문에 대해 내가 명령한 대로 행했다. 그 상으로 네 자손이 사 대에 걸쳐 이스라엘의 왕위를 차지할 것이다."

31 그러나 그 후로 예후는 주의하여 **하나님**의 길로 가지 않았고, 한마음으로 이스라엘의 하나님을 높이지도 않았다. 그는 이스라엘을 죄악된 삶으로 끌어들인 느밧의 아들 여로보암의 죄에서 돌아서지 않았다.

32-33 이때부터 **하나님**께서 이스라엘을 줄어들게 하셨다. 하사엘이 요단 강 동쪽에서 이스라엘의 국경을 침략해 왔다. 그는 아르논 시냇가 근처의 아로엘에서부터 길르앗, 갓, 르우벤, 므낫세의 영토 전역, 곧 길르앗과 바산 전체를 공격했다.

34-36 예후의 나머지 생애와 시대, 그의 업적과 명성은 '이스라엘 왕 연대기'에 기록되어 있다. 예후는 죽어서 사마리아의 가족 묘지에 묻혔다. 그의 아들 여호아하스가 뒤를 이어 왕이 되었다. 예후는 사마리아에서 이십팔 년 동안 이스라엘을 다스렸다.

유다 여왕 아달랴

11 1-3 아하시야의 어머니 아달랴는 아들이 죽은 것을 보고는, 정권을 잡았다. 그녀는 먼저 왕족을 모두 죽이기 시작했다. 그러나 여호람 왕의 딸이요 아하시야의 누이인 여호세바가 죽을 운명에 처한 왕자들 중에서 아하시야의 아들 요아스를 몰래 빼냈다. 그녀가 아달랴를 피해 요아스와 그 유모를 은밀한 곳에 숨겨서, 요아스는 죽음을 면할 수 있었다. 요아스는 여호세바와 함께 육 년 동안 **하나님**의 성전에서 숨어 지냈다. 아달랴는 그가 살아 있는 줄 모른 채 나라를 다스렸다.

4 칠 년째 되던 해에, 여호야다가 사람을 보내 경호대 지휘관과 왕궁 호위대 지휘관들을 불렀다. 그들은 **하나님**의 성전에서 여호세바를 만났다. 여호야다는 그들과 언약을 맺고 비밀을 엄수할 것을 맹세하게 한 뒤, 어린 왕자를 보여주었다.

5-8 그리고 그들에게 명령했다. "여러분은 이렇게 하십시오. 여러분 가운데 안식일에 당번이어서 왕궁을 지키는 자들과 안식일에 비번이어서 **하나님**의 성전을 지키는 자들은 호위병 교대 시간에 무장한 채로 합세하여 어린 왕을 둘러싸십시오. 여러분의 대열을 뚫고 지나가려는 자는 누구를 막론하고 죽여야 합니다. 왕이 출입하실 때에는 언제 어디서나 왕 옆을 지켜야 합니다."

9-11 군지휘관들은 제사장 여호야다의 지시에 따랐다. 각자 안식일에 당번인 부하들과 비번인 부하들을 데리고 제사장 여호야다에게로 왔다. 제사장은 **하나님**의 성전에 보관되어 있던 다윗 왕의 창과 방패로 지휘관들을 무장시켰다. 무장한 호위병들은 왕을 보호하기 위해 성전 한쪽 끝에서 반대쪽 끝까지 저마다 맡은 자리로 가서 제단과 성전을 에워쌌다.

12 그때 제사장이 왕자를 데리고 나와 그에게 왕관을 씌우고, 하나님의 언약이 담긴 두루마리를 준 뒤에 그를 왕으로 세웠다. 그에게 기름을 붓자, 모두가 손뼉을 치며 "요아스 왕 만세!"를 외쳤다.

13-14 아달랴가 호위병들과 백성의 함성을 듣고 **하나님**의 성전에 모여 있는 무리에게로 갔다. 그녀는 왕이 보좌 옆에서 양옆에 군지휘관과 전령의 호위를 받으며 서 있는 모습을 보고 깜짝 놀랐다. 모두 나팔을 불며 크게 기뻐했

다. 아달랴는 당황하여 옷을 찢으며 "반역이다! 반역이다!" 하고 소리쳤다.

15-16 제사장 여호야다가 군지휘관들에게 명령했다. "저 여자를 밖으로 끌어 내시오. 저 여자를 따르는 자는 모두 쳐죽이시오!" (제사장은 "하나님의 성전 안 에서는 그녀를 죽이지 말라"고 일러두었다.) 그래서 그들은 그녀를 끌어내어 왕 궁 마구간 앞에서 죽였다.

17 여호야다는 하나님과 왕과 백성 사이에 언약을 맺었다. 그들은 이제 하나 님의 백성이었다. 왕과 백성 사이에도 따로 언약을 맺었다.

18-20 백성은 바알 신전으로 몰려가 그 신전을 허물고, 제단과 우상들을 산산 이 깨뜨려 부수었다. 제사장 맛단을 제단 앞에서 죽였다.

그런 다음 여호야다는 하나님의 성전에 경비병들을 배치했다. 그는 경호대 지휘관과 왕궁 호위대 지휘관, 그리고 백성과 함께 왕을 호위하여 하나님의 성전에서 내려와 호위대 문을 지나서 왕궁으로 들어갔다. 왕이 왕좌에 앉자 모두가 기뻐했다. 무리가 아달랴를 왕의 검으로 죽인 이후, 그 도성은 안전 하고 평온한 곳이 되었다.

21 요아스가 왕이 되었을 때 그의 나이 일곱 살이었다.

유다 왕 요아스

12 ¹ 예후 칠년에, 요아스가 왕이 되어 예루살렘에서 사십 년 동안 다스렸다. 그의 어머니는 브엘세바 출신 시비아(영양)다.

2-3 제사장 여호야다의 가르침을 받은 요아스는 살아 있는 동안 하나님을 기 쁘게 해드렸다. (그럼에도 다산 산당들은 제거하지 않아서, 백성이 여전히 그곳을 찾아 제사를 지내고 향을 피웠다.)

4-5 요아스가 제사장들에게 지시했다. "하나님의 성전에 들어오는 거룩한 헌 금, 곧 의무적으로 바치는 헌금과 자원하여 바치는 헌금을 잘 계산하여, 성 전 안에 파손된 곳이 있거든 그것으로 보수하시오."

6 그러나 요아스가 왕이 된 지 이십삼 년이 지나도록 제사장들은 아무 일도 하지 않았다. 성전은 전에 없이 황폐해졌다.

7 요아스 왕이 제사장 여호야다와 다른 제사장들을 불러 놓고 말했다. "어찌하여 초라하기 짝이 없는 이 성전을 아직까지 보수하지 않고 있소? 성전 보수를 위해 돈을 거두는 일을 이제 금지하겠소. 이제부터는 들어오는 돈을 모두 넘기도록 하시오."

8 제사장들은 더 이상 돈을 거두거나 성전을 보수하는 일에 관여하지 않기로 했다.

9-16 그러자 여호야다는 궤 하나를 가져다가 뚜껑에 구멍을 뚫어 하나님의 성전 정문 오른쪽에 두었다. 문을 지키는 제사장들은 하나님의 성전에 가져오는 모든 헌금을 그 궤에 넣었다. 궤 안에 돈이 가득 차면, 왕의 서기관과 대제사장이 궤를 비우고 헌금을 계산하곤 했다. 그들은 계산한 돈을 성전 사업 관리자들에게 주었고, 그들은 그것을 다시 목수, 건축 일꾼, 석수, 석공, 그리고 하나님의 성전 수리와 보수에 쓸 재목과 다듬은 돌을 구입하는 사람들에게 지불했다. 성전 보수에 관계된 모든 비용을 댄 것이다. 그러나 하나님의 성전에 들어오는 돈을 예전용 추가물품(은잔, 초의 심지를 자르는 도구, 나팔, 각종 금은 그릇 등)을 구입하는 데는 사용하지 않았다. 장인들에게 주어 하나님의 성전 보수에만 쓰게 했다. 또한 이 사업에 쓰는 돈을 취급하는 사람들에 대해 확인할 필요가 없었는데, 그것은 그들이 정직한 사람들이었기 때문이다. 보상 제물과 속죄 제물로 지정된 헌물은 건물 사업에 들어가지 않고 바로 제사장들에게 갔다.

17-18 이즈음 아람 왕 하사엘이 용감히 나아가 가드를 공격하여 그곳을 점령했다. 그는 내친김에 예루살렘도 치기로 했다. 이에 대한 대책으로 유다 왕 요아스는 모든 신성한 기념물—조상인 유다 왕 여호사밧과 여호람과 아하시야가 거룩한 용도로 바친 예물, 자기 자신이 받았던 거룩한 기념물, 성전과 왕궁 창고들에 있는 모든 금까지—을 모아다가 아람 왕 하사엘에게 보냈다. 하사엘은 만족하여 자기 길로 갔고 예루살렘을 공격하지 않았다.

19-21 요아스의 나머지 생애와 시대, 그가 행한 모든 일은 '유다 왕 연대기'에 기록되어 있다. 말년에 그의 신하들이 모의하여, 외곽 요새 성벽의 진입로를 거닐고 있는 요아스를 암살했다. 암살자들은 시므앗의 아들 요사갈과 소멜

의 아들 여호사바드였다. 요아스는 그렇게 죽어서 다윗 성의 가족 묘지에 묻
혔다. 그의 아들 아마샤가 뒤를 이어 왕이 되었다.

이스라엘 왕 여호아하스

13 ¹⁻³ 유다 왕 아하시야의 아들 요아스 이십삼년에, 예후의 아들 여
호아하스가 사마리아에서 이스라엘의 왕이 되어 십칠 년 동안 다
스렸다. 그는 이스라엘을 죄악된 삶으로 끌어들인 느밧의 아들 여로보암의
길을 그대로 밟았다. 왼쪽으로나 오른쪽으로 치우치는 법도 없이, 하나님 앞
에서 한결같이 악하게 살았다. 하나님께서 크게 노하셔서, 이스라엘을 아람
왕 하사엘과 하사엘의 아들 벤하닷의 손에 넘기셨다. 그들의 지배는 오랫동
안 계속되었다.

⁴⁻⁶ 여호아하스는 하나님의 진노가 누그러지기를 기도했고, 하나님께서 그
기도를 들으셨다. 아람 왕의 압제 아래서 이스라엘이 얼마나 비참해졌는지
그분께서 아셨다. 그래서 하나님께서는 구원자를 보내셔서, 아람의 압제에
서 그들을 이끌어 내게 하셨다. 이스라엘 자손은 다시 고향에서 평화롭게 살
수 있게 되었다. 하지만 달라진 것은 없었다. 그들은 자신들의 삶을 고치지
않았고, 이제는 이스라엘의 특징이 되어 버린 여로보암의 죄에서 돌아서지
않았다. 사마리아에 여전히 성행하고 있던 아세라의 음란한 종교 산당이 그
중 하나였다.

⁷ 하사엘의 압제를 겪고 난 여호아하스의 군대에는 기병 쉰 명과 전차 열 대
와 보병 만 명밖에 남지 않았다. 나머지는 아람 왕에 의해 초토화되어 남은
것이라고는 쭉정이뿐이었다.

⁸⁻⁹ 여호아하스의 나머지 생애와 시대, 그의 업적에 대한 기록은 '이스라엘 왕
연대기'에 남아 있다. 여호아하스는 죽어서 자기 조상과 함께 사마리아에 묻
혔다. 그의 아들 여호아스가 뒤를 이어 왕이 되었다.

이스라엘 왕 여호아스

¹⁰⁻¹¹ 유다의 요아스 왕 삼십칠년에, 여호아하스의 아들 여호아스가 사마리아

에서 이스라엘의 왕이 되어 십육 년 동안 다스렸다. 그는 **하나님** 앞에서 악하게 살았다. 그는 이스라엘을 죄악된 삶으로 끌어들인 느밧의 아들 여로보암의 죄에서 한 걸음도 벗어나지 않았다. 그와 똑같은 길을 그대로 걸었다.
12-13 여호아스의 나머지 생애와 시대, 그의 업적과 유다 왕 아마샤와의 전쟁에 대한 기록은 '이스라엘 왕 연대기'에 남아 있다. 여호아스는 죽어서 자기 조상에게 돌아갔다. 여로보암이 그의 왕위를 이어받았다. 여호아스는 사마리아 왕실 묘지에 묻혔다.

14 엘리사가 병이 들었다. 곧 죽게 될 병이었다. 이스라엘 왕 여호아스가 그에게 문병을 갔다. 그는 엘리사를 보더니 흐느껴 울며 외쳤다. "내 아버지여, 내 아버지여, 이스라엘의 전차와 기병이시여!"
15 엘리사가 그에게 말했다. "가서 활과 화살을 가져오십시오." 왕은 활과 화살을 가져왔다.
16 그러자 엘리사가 왕에게 말했다. "손으로 활을 잡으십시오." 왕이 손으로 활을 잡자, 엘리사가 왕의 손 위에 자기 손을 얹었다.
17 엘리사가 말했다. "이제 동쪽 창문을 여십시오." 왕이 창문을 열었다.
그러자 엘리사가 말했다. "쏘십시오!" 왕이 활을 쏘았다.
엘리사가 큰소리로 말했다. "**하나님**의 구원의 화살입니다! 아람에게서 구하시는 화살입니다! 아람이 하나도 남지 않을 때까지 왕께서 아람과 싸울 것입니다."
18 엘리사가 말했다. "이번에는 다른 화살을 드십시오." 그는 화살을 들었다.
그러자 엘리사가 이스라엘 왕에게 말했다. "바닥을 치십시오."
왕이 바닥을 세 번 치고 그쳤다.
19 거룩한 사람은 왕에게 화를 냈다. "어찌하여 바닥을 대여섯 번 치지 않았습니까? 그랬더라면 아람이 끝장날 때까지 왕께서 아람을 쳐부수었을 것입니다. 그러나 이제 왕은 그를 세 번밖에 물리치지 못할 것입니다."
20-21 그런 다음 엘리사가 죽으니, 사람들이 그를 묻었다.

얼마 후에 모압 부족의 도적떼가, 종종 그랬듯이 그 땅을 침략했다. 하루는 사람들이 어떤 사람의 주검을 묻다가 그 도적떼를 보게 되었다. 그들은 주검을 엘리사의 무덤 속에 던지고 달아났다. 그런데 그 주검이 엘리사의 뼈에 닿자, 그 사람이 살아나 일어서서 두 발로 걸어 나왔다.

²²⁻²⁴ 아람 왕 하사엘은 여호아하스가 다스리는 동안 계속해서 이스라엘을 괴롭히며 못살게 굴었다. 그러나 **하나님**께서 이스라엘에게 은혜를 베푸시고 그들을 불쌍히 여기셨다. 그분은 아브라함과 이삭과 야곱과 맺은 언약을 기억하셔서 그들과 함께하셨다. 그분은 그들을 포기하지 않으셨고, 오늘까지도 그들을 버리지 않으셨다. 아람 왕 하사엘이 죽고, 그의 아들 벤하닷이 뒤를 이어 왕이 되었다.

²⁵ 여호아하스의 아들 여호아스가 상황을 역전시켜, 전에 자기 아버지 여호아하스가 하사엘의 아들 벤하닷에게 **빼앗겼던** 성읍들을 되찾았다. 여호아스는 세 번 전쟁에 나갔고, 그때마다 그를 물리쳐 이스라엘의 성읍들을 되찾았다.

유다 왕 아마샤

14 ¹⁻² 이스라엘 왕 여호아하스의 아들 여호아스 이년에, 요아스의 아들 아마샤가 유다의 왕이 되었다. 그는 스물다섯 살에 왕위에 올라 예루살렘에서 이십구 년 동안 다스렸다. 그의 어머니는 예루살렘 출신 여호앗단이다.

³⁻⁴ 아마샤는 **하나님**께서 원하시는 모습으로 살며 옳은 일을 행했으나, 조상 다윗의 수준에는 미치지 못했다. 그 대신 그는 자기 아버지 요아스와 아주 비슷하게 살았다. 지역의 음란한 종교 산당들은 여전히 문을 열었고 백성이 자주 그곳을 찾아갔다.

⁵⁻⁶ 아마샤는 왕권을 확고히 장악하게 되자, 그의 아버지 요아스를 암살한 왕궁 경비대들을 처형했다. 하지만 암살자들의 자녀는 죽이지 않았는데, 모세에게 계시된 말씀에 기록된 명령—자녀의 죄 때문에 부모를, 부모의 죄 때문

에 자녀를 처형하지 말라고 하신 **하나님**의 명령—에 순종했기 때문이다. 이
는 각자가 자기 죗값을 직접 치르게 한 것이다.

7 아마샤는 소금 골짜기에서 에돔을 물리치고 만 명을 죽였다. 다른 전투에
서 그는 '바위'를 점령하여 그 이름을 욕드엘이라 했는데, 오늘까지 그 이름
으로 불린다.

8 하루는 아마샤가 이스라엘 왕 예후의 손자요 여호아하스의 아들인 여호아
스에게 사절을 보내 싸움을 걸었다. "와서 나와 한번 겨루어 보겠는가? 어
디, 한판 붙어 보자!"

9-10 이스라엘 왕 여호아스는 유다 왕 아마샤에게 회답했다. "하루는 레바논
의 엉겅퀴가 레바논의 백향목에게 '네 딸을 내 아들한테 시집보내라' 하고 전
갈을 보냈다. 그런데 레바논의 들짐승이 지나가다 엉겅퀴를 밟아 뭉개 버렸
다. 네가 전투에서 에돔을 물리쳤다는 이유로 스스로 대단한 줄 아는 모양인
데, 으스대는 건 괜찮다만 집에 가만히 있는 편이 좋을 것이다. 욕심을 부리
다 일을 그르칠 까닭이 무엇이냐? 네 자신과 유다의 멸망을 자초할 이유가
무엇이냐 말이다!"

11 그러나 아마샤는 그 말을 듣지 않았다. 그래서 이스라엘 왕 여호아스는 마
지못해 유다 왕 아마샤와의 전투에 응했다. 그들은 유다의 한 성읍 벳세메스
에서 마주쳤다.

12 유다는 이스라엘에 완전히 패했고, 유다의 군사들은 모두 집으로 도망쳤다.

13-14 이스라엘 왕 여호아스는 아하시야의 손자요 요아스의 아들인 유다 왕
아마샤를 벳세메스에서 붙잡았다. 그는 거기서 그치지 않고 예루살렘까지
공격했다. 예루살렘 성벽을 에브라임 문에서 모퉁이 문까지 180미터 정도
허물고, 왕궁과 **하나님**의 성전에서 금, 은, 비품 등 가져갈 만한 것은 닥치는
대로 약탈했다. 거기다 인질들까지 사로잡아 사마리아로 돌아갔다.

15-16 여호아스의 나머지 생애와 시대, 그의 중요한 업적과 유다 왕 아마샤와
의 싸움은 '이스라엘 왕 연대기'에 모두 기록되어 있다. 여호아스는 죽어서

사마리아에 있는 이스라엘 왕들의 묘지에 묻혔다. 그의 아들 여로보암이 뒤를 이어 왕이 되었다.

17-18 유다 왕 요아스의 아들 아마샤는 이스라엘 왕 여호아하스의 아들 여호아스가 죽은 뒤로도 십오 년 동안 왕으로 다스렸다. 아마샤의 나머지 생애와 시대는 '유다 왕 연대기'에 기록되어 있다.

19-20 결국 사람들이 예루살렘에서 아마샤에게 반역하는 음모를 꾸몄다. 그는 라기스로 도망쳤다. 그러나 사람들이 라기스까지 쫓아가서 그를 죽였다. 그들은 아마샤를 말에 싣고 돌아와, 예루살렘에 있는 다윗 성에 그의 조상과 함께 묻었다.

21-22 유다 백성은 만장일치로 당시 열여섯 살밖에 되지 않았던 아사랴를 택하여 그의 아버지 아마샤의 뒤를 이어 왕이 되게 했다. 아버지가 죽은 뒤에, 아사랴는 엘랏을 재건하여 유다에 귀속시켰다.

이스라엘 왕 여로보암 2세

23-25 유다의 요아스 왕의 아들 아마샤 십오년에, 여호아스의 아들 여로보암이 사마리아에서 이스라엘의 왕이 되어 사십일 년 동안 다스렸다. 하나님 보시기에 그는 이스라엘을 죄악된 삶으로 끌어들인 느밧의 아들 여로보암의 모든 죄에서 한 걸음도 벗어나지 않고 악하게 살았다. 그러나 그는 이스라엘 국경을 북쪽 끝의 르보하맛까지 그리고 남쪽의 사해까지 회복했다. 이것은 **하나님** 이스라엘의 하나님께서 가드헤벨 출신의 예언자, 곧 그분의 종 아밋대의 아들 요나를 통해 선언하신 대로 이루어진 것이다.

26-27 **하나님**께서는 이스라엘의 괴로움을, 그 쓰라린 시련을 다 아셨다. 종이든 일반 백성이든 예외가 없었고, 구원의 희망은 어느 곳에도 보이지 않았다. 하지만 **하나님**께서는 아직 이스라엘의 이름을 역사에서 지우실 마음이 없으셨다. 그래서 여호아스의 아들 여로보암을 사용하여 그들을 구원하셨다.

28-29 여로보암의 나머지 생애와 시대, 그의 승전과 유다에 속했던 다마스쿠

스와 하맛을 되찾은 일, 이 모두가 '이스라엘 왕 연대기'에 기록되어 있다. 여로보암은 죽어서 자기 조상과 함께 왕실 묘지에 묻혔다. 그의 아들 스가랴가 뒤를 이어 왕이 되었다.

유다 왕 아사랴(웃시야)

15 ¹⁻⁵ 이스라엘의 여로보암 왕 이십칠년에, 아마샤의 아들 아사랴가 유다의 왕이 되었다. 그는 열여섯 살에 왕위에 올라, 예루살렘에서 오십이 년 동안 다스렸다. 그의 어머니는 예루살렘 출신 여골리야다. 그는 아버지 아마샤를 본받아 **하나님** 보시기에 바르게 행했다. 그러나 그 또한 지역의 음란한 종교 산당들은 없애지 못했다. 그곳은 여전히 백성에게 인기가 좋았다. **하나님**께서 왕에게 악성 피부병이 걸리게 하셔서, 죽는 날까지 그를 괴롭게 하셨다. 그는 왕궁에 살았지만 더 이상 왕노릇을 할 수 없었다. 그의 아들 요담이 정부를 지휘하며 나라를 다스렸다.

⁶⁻⁷ 아사랴의 나머지 생애와 시대, 그가 이룬 모든 일은 '유다 왕 연대기'에 기록되어 있다. 아사랴는 죽어서 자기 조상과 함께 다윗 성에 묻혔다. 그의 아들 요담이 뒤를 이어 왕이 되었다.

이스라엘 왕 스가랴

⁸⁻⁹ 유다의 아사랴 왕 삼십팔년에, 여로보암의 아들 스가랴가 사마리아에서 이스라엘의 왕이 되어 여섯 달 동안 다스렸다. 그는 자기 조상과 다름없이 **하나님** 앞에서 악하게 살았다. 그는 이스라엘을 죄악된 삶으로 끌어들인 느밧의 아들 여로보암의 길을 이어 갔다.

¹⁰ 야베스의 아들 살룸이 반역 음모를 꾸며, 사람들이 보는 앞에서 그를 죽이고 왕이 되었다.

¹¹⁻¹² 스가랴의 나머지 생애와 시대는 '이스라엘 왕 연대기'에 분명히 기록되어 있다. 이로써 **하나님**께서 예후에게 주신 "네 자손이 사 대에 걸쳐 이스라엘의 왕위에 앉을 것이다"라고 하신 말씀이 이루어졌다. 스가랴가 사 대째였다.

이스라엘 왕 살룸

13 유다의 아사랴 왕 삼십구년에, 야베스의 아들 살룸이 이스라엘의 왕이 되었다. 그는 사마리아에서 겨우 한 달 동안 왕으로 있었다.

14 가디의 아들 므나헴이 디르사에서 사마리아로 올라와, 야베스의 아들 살룸을 공격하여 죽이고 왕이 되었다.

15 살룸의 나머지 생애와 시대, 그가 꾸민 음모 이야기는 '이스라엘 왕 연대기'에 기록되어 있다.

이스라엘 왕 므나헴

16 디르사에 기반을 둔 므나헴은 왕권을 잡자마자 딥사를 쳐부수고, 그 성읍뿐 아니라 근교까지 전부 파괴했다. 이는 그들이 두 팔 벌려 그를 환영하지 않았기 때문이다. 그는 잔인하게도 모든 임신부의 배를 갈랐다.

17-18 유다의 아사랴 왕 삼십구년에, 가디의 아들 므나헴이 이스라엘의 왕이 되어 사마리아에서 십 년 동안 다스렸다. **하나님** 보시기에 그는 악하게 살았다. 그는 이스라엘을 죄악된 삶으로 끌어들인 느밧의 아들 여로보암의 죄를 하나씩 그대로 되풀이했다.

19-20 그때 앗시리아 왕 디글랏빌레셀 3세가 나타나 그 땅을 공격했다. 그러나 므나헴은 그와 거래를 했다. 37톤가량의 은을 넘겨주고 그의 지지를 얻어 낸 것이다. 므나헴은 돈을 조달하기 위해 이스라엘의 모든 지주로 하여금 앗시리아 왕에게 50세겔씩 바치게 했다. 앗시리아 왕은 그것에 만족하여 그 땅을 떠났다.

21-22 므나헴의 나머지 생애와 시대, 그가 행한 모든 일은 '이스라엘 왕 연대기'에 기록되어 있다. 므나헴은 죽어서 자기 조상에게 돌아갔다. 그의 아들 브가히야가 뒤를 이어 왕이 되었다.

이스라엘 왕 브가히야

23-24 유다의 아사랴 왕 오십년에, 므나헴의 아들 브가히야가 이스라엘의 왕이 되어 사마리아에서 이 년 동안 다스렸다. **하나님** 보시기에 그는 악하게

살았다. 그는 이스라엘을 죄악된 삶으로 끌어들인 느밧의 아들 여로보암의
오래된 죄의 길에서 떠나지 않았다.

²⁵ 그러다가 그의 군보좌관인 르말랴의 아들 베가가 반역 음모를 꾸미며, 사마
리아에 있는 왕궁 막사에서 그를 무참히 죽이고 아르곱과 아리에도 죽였다.
갓 지파 사람 쉰 명이 그의 음모에 가담했다. 그는 왕을 죽이고 그 뒤를 이어
왕이 되었다.

²⁶ 브가히야의 나머지 생애와 시대, 그가 행한 모든 일은 '이스라엘 왕 연대
기'에 기록되어 있다.

이스라엘 왕 베가

²⁷⁻²⁸ 유다의 아사랴 왕 오십이년에, 르말랴의 아들 베가가 사마리아에서 이
스라엘의 왕이 되어 이십 년 동안 다스렸다. 하나님 보시기에 그는 악하게
살았다. 그는 이스라엘을 죄악된 삶으로 끌어들인 느밧의 아들 여로보암이
닦아 놓은 길에서 조금도 벗어나지 않았다.

²⁹ 이스라엘의 베가 왕이 다스리는 동안, 앗시리아 왕 디글랏빌레셀 3세가 그
땅을 침략했다. 그는 이욘, 아벨벳마아가, 야노아, 게데스, 하솔, 길르앗, 갈릴
리와 납달리 온 땅을 점령하고 모든 사람을 포로로 잡아 앗시리아로 끌고 갔다.

³⁰ 그때 엘라의 아들 호세아가 르말랴의 아들 베가를 상대로 반역 음모를 꾸
몄다. 그는 베가를 암살하고 왕이 되었다. 웃시야의 아들 요담 이십년에 일
어난 일이다.

³¹ 베가의 나머지 생애와 시대, 그가 행한 모든 일은 '이스라엘 왕 연대기'에
기록되어 있다.

유다 왕 요담

³²⁻³⁵ 이스라엘의 르말랴 왕의 아들 베가 이년에, 웃시야의 아들 요담이 유다
의 왕이 되었다. 그는 스물다섯 살에 왕위에 올라 예루살렘에서 십육 년 동
안 다스렸다. 그의 어머니는 사독의 딸 여루사다. 그는 아버지 웃시야를 본
받아 하나님 보시기에 바르게 행했다. 그러나 백성이 지역의 음란한 종교 산

당들을 오가는 일에는 간섭하지 않아서, 백성이 계속해서 그곳을 드나들었다. 하나님의 성전에 있는 높은 문은 그가 건축한 것이다.

36-38 요담의 나머지 생애와 시대, 그가 행한 일에 대한 기록은 '유다 왕 연대기'에 남아 있다. 바로 이때부터 하나님께서 아람 왕 르신과 르말랴의 아들 베가를 보내어 유다를 공격하게 하셨다. 요담은 죽어서 자기 조상에게 돌아갔다. 사람들이 그를 다윗 성의 가족 묘지에 묻었다. 그의 아들 아하스가 뒤를 이어 왕이 되었다.

유다 왕 아하스

16

1-4 르말랴의 아들 베가 십칠년에, 요담의 아들 아하스가 유다의 왕이 되었다. 아하스는 스무 살에 왕위에 올라 예루살렘에서 십육 년 동안 다스렸다. 그는 하나님 보시기에 바르게 행하지 못했고, 조상 다윗을 전혀 본받지 않았다. 오히려 그는 이스라엘 왕들의 길을 따랐다. 심지어는 "자기 아들을 불 가운데로 지나게 하는" 극악무도한 행위까지 일삼았다. 그는 참으로 가증한 행위를 하나님께서 일찍이 그 땅에서 쫓아내신 이방인들에게서 배웠다. 또한 사방 곳곳에서 성행하는 지역의 음란한 종교 산당들의 활동에도 참여했다.

5 그때 아람 왕 르신과 이스라엘 왕 르말랴의 아들 베가가 연합하여 아하스가 있는 예루살렘을 공격하고 그 성을 포위했으나, 정복하지는 못했다.

6 비슷한 시기에 에돔 왕은 다른 곳을 침략하여 엘랏 포구를 되찾고 유다 사람들을 쫓아냈다. 에돔 사람은 엘랏을 점령한 이후 오늘까지 그곳에 살고 있다.

7-8 아하스는 앗시리아 왕 디글랏빌레셀에게 사절을 보내어 이런 메시지를 전했다. "나는 왕의 신하요 왕의 아들입니다. 오셔서 나를 아람 왕과 이스라엘 왕의 무자비한 침략에서 구해 주십시오. 그들이 지금 나를 공격하고 있습니다." 아하스는 왕궁과 하나님의 성전 보물 보관소에서 금과 은을 강제로 꺼내어 앗시리아 왕에게 뇌물로 보냈다.

9 앗시리아 왕은 이에 응하여 다마스쿠스를 공격하고 점령했다. 그는 사람들을 포로로 사로잡아 니느웨로 이주시켰다. 그리고 르신을 죽였다.

10-11 아하스 왕은 앗시리아 왕 디글랏빌레셀을 만나러 다마스쿠스로 갔다. 그는 다마스쿠스에 있는 제단을 보고 큰 감동을 받았다. 그는 그 제단의 도면과 청사진 일체를 제사장 우리야에게 보냈다. 제사장 우리야는 아하스 왕이 다마스쿠스에서 보내 온 규격대로 제단을 만들었다. 왕이 다마스쿠스에서 돌아오기 전에 우리야는 제단을 모두 완성했다.

12-14 왕은 제단을 보고 경건한 마음으로 다가가, 각종 제물을 갖추고 예배를 준비했다. 연기 자욱한 번제물, 곡식 제물, 부어 드리는 제물, 화목 제물로 뿌리는 피 등 빠진 것이 없었다. 그러나 그는 **하나님**의 임재의 증표인 옛 청동제단을 가운데 자리에서 옮겨, 자신이 세운 새 제단 옆으로 밀어 두었다.

15 아하스 왕은 제사장 우리야에게 명령했다. "이제부터는 아침의 번제물, 저녁의 곡식 제물, 왕의 번제물과 곡식 제물, 백성의 번제물과 곡식 제물과 부어 드리는 제물까지 모든 제물을 새 제단, 큰 제단에서 바치시오. 번제물과 희생 제물의 모든 피를 이 제단에 뿌리시오. 옛 청동제단은 내가 개인적으로 쓸 것이오."

16 제사장 우리야는 아하스의 명령을 그대로 따랐다.

17-18 아하스 왕은 성전 가구에서 청동을 모두 압수했다. 성전 비품에서 청동을 벗기고, 커다란 대야 곧 바다를 떠받치고 있는 네 마리 청동황소까지 훔치고, 바다는 예법을 무시한 채 돌바닥 위에 놓았다. 마지막으로, 그는 성전 안에 있는 물건 중에서 앗시리아 왕의 비위에 거슬릴 만한 것들을 모두 치웠다.

19-20 아하스의 나머지 생애와 시대는 '유다 왕 연대기'에 기록되어 있다. 아하스는 죽어서 자기 조상과 함께 다윗 성에 묻혔다. 그의 아들 히스기야가 뒤를 이어 왕이 되었다.

이스라엘 왕 호세아

17

1-2 유다의 아하스 왕 십이년에, 엘라의 아들 호세아가 이스라엘의 왕이 되어 사마리아에서 구 년 동안 다스렸다. **하나님** 보시기에 그는 악하게 살았으나 선왕들만큼 악하지는 않았다.

3-5 그때 앗시리아 왕 살만에셀이 공격해 왔다. 호세아는 이미 앗시리아 왕의

꼭두각시로, 정기적으로 그에게 조공을 바치고 있었다. 살만에셀은 호세아가 몰래 이집트 왕 소와 손잡고 반역을 꾸미고 있다는 것을 알게 되었다. 더구나 호세아는 앗시리아에 보내야 할 연례 조공의 기한을 한참 넘기고 있었다. 그래서 앗시리아 왕은 그를 잡아 감옥에 가두고, 온 나라를 침략해 왔다. 그는 사마리아를 포위 공격했는데, 공격이 삼 년간 계속되었다.

6 호세아 구년에, 앗시리아 왕이 사마리아를 점령하고 백성을 포로로 잡아 앗시리아로 끌고 갔다. 그는 그들을 할라, 하볼 강가의 고산, 메대 사람들의 여러 성읍으로 이주시켰다.

7-12 그들이 포로로 끌려간 것은 죄 때문이었다. 이스라엘 자손은 자신들을 이집트와 바로 왕의 가혹한 압제에서 구해 낸 **하나님** 그들의 하나님께 죄를 지었다. 그들은 다른 신들과 친해졌고, **하나님**께서 쫓아내신 이방 나라들의 생활방식에 빠져들었으며, 왕들이 하는 대로 무엇이든 따라 했다. 그들은 남몰래 **하나님**을 거스르는 온갖 일들을 행했고, 파렴치하게도 어디든 자리만 있으면 공공연히 음란한 종교 산당들을 지었다. 그들은 거의 모든 교차로에 음란한 종교 상징물을 세웠다. 어디를 둘러보아도 그들이 이방 신들에게 바치는 제사의 연기가 피어올랐다. 전에 이방 나라들을 포로 신세로 전락하게 만든 바로 그 제사였다. 그들은 온갖 악한 짓을 저질렀다. "절대 그러지 말라!"는 **하나님**의 명령이 있었음에도 마른 나무를 깎거나 흙을 빚어 만든 신들을 고집스레 숭배했고, 결국 **하나님**께서는 더 이상 그들을 참아 낼 수 없으셨다.

13 그동안 **하나님**께서 수없이 많은 거룩한 예언자와 선견자들을 보내, 이스라엘과 유다에 맞서 몇 번이나 분명히 말씀하셨다. "너희는 악한 생활방식에서 돌아서라. 내가 명령하는 대로 행하여라. 내가 너희 조상에게 명령했고, 그 뒤로도 내 종 예언자들을 통해 누누이 일깨워 준 그 계시대로 행하여라."

14-15 그러나 그들은 듣지 않았다. 어떻게 그럴 수 있을까 싶을 만큼, 그들은 고집불통인 그들의 조상보다 더한 고집을 부렸다. 그들은 하나님의 지침, 곧 그분이 그들의 조상과 맺으신 엄숙하고 거룩한 언약을 거듭 일깨워 주는 경고를 업신여겼다. 주변의 이방 민족들처럼 "아무것도 아닌" 삶을 살았고 "아

무엇도 아닌 자들"이 되었다. 그들은 "하지 말라!"는 **하나님**의 경고를 받을
만큼 받았으나, 그것을 무시했다.

16-17 그들은 **하나님** 그들의 하나님께서 하신 모든 말씀을 버리고, 하나님 대
신 수송아지 형상의 두 신상과 창녀 여신 아세라를 위한 남근 목상을 섬겼다.
그들은 우주의 하늘 신과 여신을 숭배하고, 바알의 음란한 종교 산당들에 자
주 드나들었다. 급기야는 자신들의 자녀를 불살라 제물로 바치는 지경에까지
이르렀다! 그들은 마법과 주술에 빠져들었다. 한마디로 그들은 온갖 악한 일
로 스스로를 더럽혔다. 결국 **하나님**께서는 더 이상 참을 수가 없으셨다.

18-20 **하나님**께서 매우 진노하셔서 그들을 없애 버리고 그 땅에서 영원히 몰
아내시니, 오직 유다 지파만 남았다. (사실 유다도 크게 나을 것은 없었다. 유다
도 **하나님**의 명령을 지키지 않았고, 이스라엘이 택한 것과 똑같은 생활방식에 빠져들
었다.) **하나님**께서 이스라엘과 관계된 자들을 모두 버리셨고, 그들의 삶을 괴
롭게 하셨으며, 침략자들에게 착취당하도록 내버려 두셨다. 그리고 마침내
그들을 눈앞에서 쫓아내셨다.

21-23 전에 하나님께서 이스라엘을 다윗 가문에서 찢어 내실 때에 그들은 느
밧의 아들 여로보암을 왕으로 삼았고, 여로보암은 이스라엘을 타락하게 만
들었다. **하나님**을 섬기지 못하게 내몰고, 총체적인 죄악으로 끌어들였다. 이
스라엘 자손은 조금도 저항하지 않고 여로보암의 모든 죄를 그대로 따라 했
다. 결국 **하나님**께서는 이스라엘을 거절하시고 그들에게서 등을 돌리셨다.
그분께서는 그분의 종인 예언자들의 설교를 통해 그들에게 타당한 경고와
함께 충분한 시간을 주셨으나, 결국에는 이스라엘을 앗시리아에 포로로 보
내셨다. 그래서 그들은 오늘까지 그곳에 있다.

24-25 앗시리아 왕은 포로로 잡혀간 이스라엘 백성을 대신하여 바빌론, 구다,
아와, 하맛, 스발와임에서 사람들을 데려다가 사마리아 성읍들에 이주시켰
다. 그들은 그곳이 자기 소유인 것처럼 이주해 들어와서 정착했다. 앗시리아
사람들이 처음 들어올 때, 그들에게 **하나님**은 또 하나의 신에 지나지 않았
다. 그들은 그분을 높이지도 않고 예배하지도 않았다. 그래서 **하나님**께서는

그들 사이로 사자들을 보내서서 사람들을 물어 죽이게 하셨다.

²⁶ 그러자 이 일이 앗시리아 왕에게 전해졌다. "왕께서 사마리아의 성읍으로 데려온 사람들은 이 땅의 신이 그들에게 무엇을 바라는지 모릅니다. 그래서 그 신이 사자들을 보내어 사람들을 닥치는 대로 물어 죽이게 한 것입니다. 이 땅의 신이 그들에게 무엇을 바라는지 아무도 모르기 때문입니다."

²⁷ 앗시리아 왕이 명령했다. "그 지역에서 포로로 끌려온 제사장 몇 사람을 돌려보내라. 그들이 돌아가 거기 살면서, 그 땅의 신이 그들에게 무엇을 바라는지 가르치게 하여라."

²⁸ 사마리아에서 포로로 잡혀 와 있던 제사장들 가운데 한 사람이 돌아가 베델로 이주했다. 그는 그들에게 **하나님**을 높이고 예배하는 법을 가르쳤다.

²⁹⁻³¹ 하지만 앗시리아가 이주시킨 각 민족은 그들의 신들을 만들어, 사마리아 사람들이 남기고 간 지역의 음란한 종교 산당들 안에 세웠다. 각 민족마다 입맛에 맞는 지역 신이 있었다.

바빌론 사람은 숙곳브놋
구다 사람은 네르갈
하맛 사람은 아시마
아와 사람은 닙하스와 다르닥
스발와임 사람은 아드람멜렉과 아남멜렉(그들은 자녀를 불살라서 이 신들에게 희생 제물로 바쳤다!)

³²⁻³³ 그들은 **하나님**을 높이고 예배했으나, **하나님**만 섬기지는 않았다. 또 자격과 상관없이 온갖 사람들을 제사장으로 임명하여, 지역에 있는 다산의 산당들에서 갖가지 의식을 거행하게 했다. 그들은 **하나님**을 높이고 예배했으나, 그들이 살다 온 지역의 옛 신들을 섬기는 일도 버리지 않았다.

³⁴⁻³⁹ 그들은 오늘까지도 옛 관습을 따르고 있다. 향수를 불러일으키는 옛 신이면 무엇이든 예배한다. 그들은 **하나님**을 진정으로 예배하지 않는다. 어떻게 행동하고 무엇을 믿어야 할지에 대해서 그분이 하시는 말씀, 그분이 이

스라엘로 이름 지어 주신 야곱의 자손에게 계시해 주신 말씀을 진지하게 여기지 않는다. **하나님**은 그분의 백성과 언약을 맺으시며 이렇게 명령하셨다. "다른 신들을 높이지 마라. 그들을 예배하지 말고 그들을 섬기지 말며, 그들에게 제사 지내지 마라. **하나님** 곧 큰 능력으로 너희를 친히 이집트에서 구해 내신 그 하나님을 예배하여라. 그분을 공경하고 경외하여라. 그분을 예배하여라. 그분께 제사를 드려라. 오직 그분께만! 무엇을 믿고 어떻게 행동해야 할지 그분이 가르치신 것, 너희를 위해 기록해 두신 모든 것을 너희가 사는 날 동안 행하여라. 너희는 어떤 경우에도 다른 신들을 예배해서는 안된다! 그분이 너희와 맺으신 언약에서 너희가 지켜야 할 것을 잊지 마라. 다른 신들을 예배하지 마라! **하나님**, 오직 **하나님**만 예배하여라. 너희를 원수의 압제에서 구원하실 이는 바로 그분이시다."

40-41 그러나 그들은 전혀 신경 쓰지 않았다. 그들은 늘 하던 대로, 겉으로는 **하나님**을 예배하면서, 동시에 자신들의 지역 신들을 섬겼다. 그들의 자녀들도 조상이 한 일을 오늘까지 그대로 따르고 있다.

유다 왕 히스기야

18 1-4 이스라엘의 엘라 왕의 아들 호세아 삼년에, 아하스의 아들 히스기야가 유다의 왕이 되었다. 그는 스물다섯 살에 왕위에 올라 예루살렘에서 이십구 년 동안 다스렸다. 그의 어머니는 스가랴의 딸 아비야다. **하나님** 보시기에 그는 선한 왕이었다. 그는 조상 다윗을 그대로 본받았다. 지역에 있는 다산의 산당들을 없애고, 남근 석상들을 깨부수고, 음란한 여신 아세라의 목상을 베었다. 결정적으로 그는 모세가 만들었던 옛 청동뱀을 가루로 만들었다. 당시 이스라엘 백성 사이에는 그 뱀에게 제사하는 풍습이 있었다. 그들은 그것을 느후스단(옛 뱀)이라는 이름으로 부르며 고상하게 여기기까지 했다.

5-6 히스기야는 이스라엘의 **하나님**을 온전히 신뢰했다. 그와 같은 왕은 전에도 없었고 후에도 없었다. 그는 **하나님**을 꼭 붙들고—잡은 손을 절대 놓지 않고—그분이 모세에게 명령하신 모든 말씀에 그대로 순종했다. **하나님**께서

는 그를 저버리지 않으시고 그가 행하는 모든 일에 함께하셨다.

7-8 그는 앗시리아 왕에게 반기를 들었다. 더 이상 그를 섬기지 않기로 결단했다. 그는 또 전초기지와 요새 성읍에 있던 블레셋 사람을 가사와 그 국경까지 쫓아냈다.

9-11 히스기야 사년, 이스라엘 왕 엘라의 아들 호세아 칠년에, 앗시리아 왕 살만에셀이 사마리아를 공격했다. 그는 그곳을 포위하여 삼 년 만에 점령했다. 이때는 히스기야 육년, 곧 호세아 구년이었다. 앗시리아 왕은 이스라엘 사람을 포로로 잡아 할라, 하볼 강가의 고산, 메대 사람의 여러 성읍으로 이주시켰다.

12 이 모든 일은 그들이 **하나님**의 음성을 듣지 않고, 경솔하게 그분의 언약을 멸시했기 때문에 일어났다. 그들은 **하나님**의 종 모세가 명령한 것을 한 마디도 듣지 않았고 행하지도 않았다.

13-14 히스기야 왕 십사년에, 앗시리아 왕 산헤립이 유다 외곽의 요새 성읍을 공격하여 모두 점령했다. 히스기야 왕은 라기스 본부에 있는 앗시리아 왕에게 메시지를 보냈다. "내가 잘못했습니다. 군대를 후퇴시켜 주십시오. 당신이 정하시는 대로 조공을 바치겠습니다."

14-16 앗시리아 왕은 유다의 히스기야 왕에게 은 11톤과 금 1톤을 조공으로 요구했다. 히스기야는 **하나님**의 성전과 왕궁 보물 보관소에 있던 은을 모두 넘겼다. 히스기야는 **하나님**의 성전 문과 자기가 금을 입혔던 문기둥까지 뜯어서 앗시리아 왕에게 주었다.

17 그러자 앗시리아 왕은 군 최고지휘관 세 사람(다르단, 랍사리스, 랍사게)에게 막강한 병력을 주어서 라기스에서부터 히스기야 왕이 있는 예루살렘으로 보냈다. 예루살렘에 도착한 그들은 빨래터로 가는 길에 있는 '윗저수지' 수로에 멈추었다.

18 그들이 큰소리로 왕을 부르자, 왕궁을 책임지고 있는 힐기야의 아들 엘리아김과 왕의 서기관 셉나, 궁중 사관 아삽의 아들 요아가 그들을 맞으러 나갔다.

19-22 셋째 지휘관인 랍사게가 앗시리아 왕의 대변인 역할을 했다. 그가 말했다. "히스기야에게 전하여라. 위대한 왕이신 앗시리아 왕의 메시지다. '너는 지금 거짓의 세계, 종교적 환상의 세계에 살고 있다. 고작 말 몇 마디로 군사

전략과 병력을 대신할 수 있다고 보느냐? 이제 네가 내게 반역했으니 누구의 도움을 바랄 수 있겠느냐? 너는 이집트가 도와줄 줄로 알았겠지만, 이집트는 종이호랑이에 지나지 않아서 바람 한번 불면 쓰러진다. 이집트 왕 바로는 속 빈 강정이다. 아니면 너희가 "우리는 **하나님**을 의지한다"고 말하겠느냐? 하지만 히스기야, 너는 사람들이 하나님께 갈 수 있는 길을 이미 없애 버렸다. 유다와 예루살렘의 모든 사람에게 "너희는 예루살렘 제단에서만 예배해야 한다"고 명령하면서, 지역에 있는 하나님의 산당을 모두 없애지 않았느냐?'

23-24 그러니 이치에 맞게 생각해 보아라. 내 주인 앗시리아 왕과 겨루어 보는 건 어떠냐. 네가 말 타는 사람들을 내놓을 수 있다면, 내가 네게 말 이천 마리를 주겠다. 내놓을 수 없다고? 그러면서 어떻게 내 주인의 군대중에서 신병 하나라도 칠 수 있겠느냐? 너는 언제까지 그 공상을 붙들고 있을 셈이냐? 언제까지 이집트 전차와 말들에 의존할 셈이냐?

25 너는 내가 **하나님**의 허락 없이 이 땅을 멸하러 왔다고 생각하느냐? 사실은 **하나님**께서 내게 '이 땅을 공격하여 멸하라!'고 분명히 명령하셨다."

26 힐기야의 아들 엘리아김과 셉나와 요아가 랍사게에게 말했다. "우리가 아람 말을 알아들으니, 제발 아람 말로 말씀하십시오. 히브리 말로 말씀하지 말아 주십시오. 성벽 위에 가득 모인 사람들이 당신의 말을 듣겠습니다."

27 그러자 랍사게가 말했다. "이것은 너희의 주인과 너희에게만 전하는 사적인 전갈이 아니다. 들릴 만한 거리에 있는 사람이면 누구나 들어야 할 공적인 메시지다. 어차피 그들과도 관계된 일이 아니냐. 네가 항복하지 않으면, 그들도 너희와 함께 자기 똥을 먹고 자기 오줌을 마시게 될 것이다."

28-32 그러더니 그는 앞으로 나아와 모두에게 들릴 만큼 크게 히브리 말로 말했다. "위대한 왕이신 앗시리아 왕의 말씀을 잘 들어라. '히스기야에게 속지 마라. 그는 너희를 구원할 수 없다. 히스기야가 "**하나님**께서 우리를 구원하실 것입니다. 이 성은 절대로 앗시리아 왕의 손에 넘어가지 않을 것입니다" 하며 **하나님**을 신뢰하자고 말하지 못하게 하여라. 히스기야의 말에 귀를 기울이지 마라. 그는 자기가 무슨 말을 하는지도 모른다.' 앗시리아 왕의 말씀을 들어라. '내 통치를 받아들여 행복한 삶을 살아라. 내가 너희 모두에게 각

자의 토지와 밭과 우물을 보장하겠다! 내가 너희를 지금보다 훨씬 기름진 땅, 곡식과 포도주와 빵과 포도원과 올리브 과수원과 꿀의 땅으로 데려다 주 겠다. 인생은 한 번뿐이다. 그러니 제대로 사는 것처럼 살아 보아라!

32-35 절대 히스기야의 말을 듣지 마라. "**하나님**께서 우리를 구원하실 것입니 다" 하는 그의 거짓말에 귀를 기울이지 마라. 앗시리아 왕의 손에서 한 사람 이라도 자기 백성을 구해 낸 신이 있었느냐? 하맛과 아르밧의 신들은 어디 있느냐? 스발와임, 헤나, 아와의 신들은 어디 있느냐? 그리고 사마리아, 그 들의 신들이 그들을 구원했느냐? 어디서든 나 앗시리아 왕의 손에서 한 사 람이라도 구원한 신의 이름을 너희가 댈 수 있느냐? 그런데 어찌하여 너희 는 **하나님**이 내 손에서 예루살렘을 구원할 수 있다고 생각하느냐?'"

36 백성은 침묵했다. 왕이 이미 "누구도 말하지 마시오. 한 마디도 하지 마시 오!" 하고 명령했기 때문에 아무도 입을 열지 않았다.

37 왕궁 관리 힐기야의 아들 엘리아김과 왕의 서기관 셉나와 궁중 사관 아삽 의 아들 요아가 히스기야에게 돌아갔다. 그들은 절망하여 옷을 찢었다. 그리 고 랍사게의 말을 히스기야에게 보고했다.

19 1-3 이 말을 모두 들은 히스기야도 옷을 찢고 굵은 베옷을 입었다. 그리고 **하나님**의 성전으로 들어갔다. 그는 왕궁을 책임지고 있 는 엘리아김과 서기관 셉나와 원로 제사장들을 아모스의 아들 예언자 이사야 에게 보냈는데, 그들도 모두 굵은 베옷을 입었다. 그들이 이사야에게 말했다. "히스기야 왕의 메시지입니다. '오늘은 참담한 날, 비참한 날, 심판의 날입니다!

아이를 낳을 때가 되었으나
출산할 힘이 없습니다.

4 **하나님** 당신의 하나님께서 랍사게의 신성모독 발언을 들으셨을 것입니다. 그의 주인인 앗시리아 왕이 그를 보내어, 살아 계신 하나님을 모욕하게 했습

니다. **하나님** 당신의 하나님께서 그런 말을 한 그를 그냥 두지 않으실 것입니다. 당신은 남은 이 백성을 위해 기도해 주십시오.'"

⁵ 이것이 히스기야 왕의 신하들이 이사야에게 전한 메시지였다.

⁶⁻⁷ 이사야가 그들에게 대답했다. "당신들의 주인에게 이렇게 전하십시오. **하나님**의 말씀입니다. '너는 앗시리아 왕의 아첨쟁이 심부름꾼들에게서 들은 그 무엄한 신성모독 발언을 조금도 두려워하지 마라. 내가 그의 자신감을 앗아 갈 것이다. 그는 한 소문을 듣고 겁에 질려서 자기 나라로 돌아갈 것이다. 돌아간 뒤에는 내가 반드시 그를 죽게 할 것이다.'"

⁸⁻¹³ 랍사게가 돌아가서 보니, 앗시리아 왕이 이미 라기스에서 진을 거두고 가서 립나와 싸우고 있었다. 그때에 산헤립은 구스 왕 디르하가가 자기와 싸우러 오고 있다는 소식을 들었다. 그래서 그는 유다의 히스기야 왕에게 또 다른 사신을 보내어 이런 메시지를 전하게 했다. "네가 그토록 소중히 여기는 그 신이 '예루살렘은 절대로 앗시리아 왕에게 무너지지 않는다'고 말하더라도 속지 마라. 새빨간 거짓말이다. 앗시리아 왕들의 업적은 너도 아는 바다. 여러 나라들이 줄줄이 짓밟혀 폐허가 되었다. 그런데 어째서 너희만은 예외일 것이라고 생각하느냐? 내 조상들에게 망하여 폐허가 된 나라들을 잘 살펴보아라. 그들의 신들이 그들에게 조금이라도 도움이 되었느냐? 고산, 하란, 레셉, 들라살의 에덴 민족을 보아라. 이미 폐허가 되었다. 하맛 왕, 아르밧 왕, 스발와임과 헤나와 이와의 왕들에게 무엇이 남았느냐? 오직 **뼈**뿐이다."

¹⁴⁻¹⁵ 히스기야가 사신에게서 편지를 받아 읽었다. 그는 **하나님**의 성전으로 가서 편지를 **하나님** 앞에 펼쳐 놓았다. 그리고 기도했다. 참으로 간절히 기도했다!

위엄으로 그룹 보좌에 앉으신
하나님 이스라엘의 하나님,
주님은 세상 모든 나라를 다스리시는
한분 하나님이시며
하늘을 지으시고

땅을 지은 분이십니다.

16 **하나님**, 귀를 열어 들으시고

눈을 떠서 보십시오.

살아 계신 하나님을 뻔뻔스레 모욕하는,

산헤립이 보낸 이 편지를 보십시오!

17 **하나님**, 과연 그의 말대로 앗시리아 왕들은

여러 땅과 나라를 폐허로 만들었습니다.

18 그들은 나무와 돌을 가지고 손으로 만든 그곳 신들로

신도 아닌 것들로, 큰 모닥불을 피웠습니다.

19 그러나 **하나님** 우리 하나님, 이제

건방진 앗시리아의 무력에서 우리를 구원해 주십시오.

주님만이 **하나님** 오직 한분 하나님이심을

세상 모든 나라로 알게 하십시오.

20-21 얼마 후에 아모스의 아들 이사야가 히스기야에게 말을 전했다.

하나님의 말씀입니다. "네가 앗시리아 왕 산헤립의 일로 내게 기도했다.
내가 네 기도를 들었다. 산헤립에 대한 나의 응답은 이러하다.

처녀 딸 시온이

너를 잔뜩 멸시한다.

딸 예루살렘이 보기에

너는 찌끼에 지나지 않는다.

22 네가 누구를 모욕했느냐?

네가 누구를 욕했느냐?

네가 누구 앞에서 으스댔느냐?

바로, 이스라엘의 거룩한 이다!

23 너는 네 심부름꾼들을 보내어

주를 모욕했다.

너는 자랑했다. '나는 전차부대로

가장 높은 산들,

눈 덮인 레바논 고산들에 올랐다!

그곳의 거대한 백향목들을 베고

수려한 소나무들을 베어 넘어뜨렸다.

온 세상을 돌아다니며

절경의 깊은 숲에 가 보았다.

24 나는 먼 곳에 우물을 파서

다른 나라의 물을 마셨다.

이집트의 강들을

맨발로 첨벙첨벙 걸었다.'

25 이 모든 일 뒤에 내가 있다는 생각을

너는 한 번도 해본 적이 없느냐?

아주 먼 옛날 내가 계획을 세웠고

이제 그것을 실행에 옮겼다.

내가 너를 심판 날의 무기로 사용하여

교만한 성읍들을 잔해 더미로 만들었고,

26 그곳 백성을 낙담하게 하고

절망하게 하고, 무기력하게 만들었다.

그들은 잡초처럼 쓸모없고 풀처럼 약하며

바람에 날리는 겨처럼 힘을 잃었다.

27 나는 네가 언제 앉고, 언제 오며,

언제 가는지를 다 안다.

네가 나에게 화내며 대든 일도

하나하나 유심히 보았다.

28 너의 그 성미 때문에,

신성을 모독한 몹쓸 성미 때문에
이제 내가 네 코에 갈고리를 꿰고
네 입에 재갈을 물려서
네가 왔던 곳으로
되돌려 보낼 것이다.
²⁹ 그리고 히스기야야, 이것은 네게 주는 확실한 표징이다.

올해는 네가 수확하고 남은 것을 먹고, 내년에는
되는 대로 구걸하거나 빌리거나 훔쳐서 먹을 것이다.
그러나 내후년에는 네가 씨를 뿌려 수확할 것이며
포도원을 가꾸어 포도를 먹을 것이다.
³⁰ 유다 가문의 남은 자들이 다시금
뿌리를 내리고 열매를 맺을 것이다.
³¹ 남은 자들이 예루살렘에서,
살아남은 자들이 시온 산에서 올 것이다.
하나님의 열심이
이 일을 이룰 것이다."

³² 요컨대, **하나님**께서 앗시리아 왕에 대해 하신 말씀은 이러합니다.

그는 이 성에 들어오지 못하고
이리로 화살 하나도 쏘지 못할 것이다.
방패를 휘두르지 못하고
포위 공격을 시작조차 못할 것이다.
³³ 그는 자기가 왔던 길, 본국으로 돌아갈 것이다.
이 성에는 들어오지 못한다. **하나님**의 말씀이다!
³⁴ 내가 나를 위해, 다윗을 위해

이 성을 보호하고 이 성을 구원할 것이다.

35 그리하여 그날 밤 **하나님**의 천사가 와서 앗시리아 사람 185,000명을 죽였다. 이튿날 아침에 예루살렘 백성이 일어나 보니, 온 진이 주검 천지였다! 36-37 앗시리아 왕 산헤립은 거기서 재빨리 빠져나와 곧장 본국의 니느웨로 가서 그곳에 머물렀다. 하루는 그가 자기의 신 니스록의 신전에서 예배하고 있는데, 그의 아들 아드람멜렉과 사레셀이 그를 죽이고 아라랏 땅으로 도망쳤다. 그의 아들 에살핫돈이 뒤를 이어 왕이 되었다.

20

1 얼마 후에 히스기야가 죽을병이 들었다. 아모스의 아들 예언자 이사야가 그에게 문병을 와서 말했다. "일들을 정리하십시오. 왕께서는 곧 돌아가실 것입니다. 살 날이 얼마 남지 않았습니다."

2-3 히스기야가 이사야에게서 고개를 돌려 **하나님**을 향해 기도했다.

> **하나님**, 제가 누구이며 어떻게 살아왔는지 기억해 주십시오!
> 제가 주님 앞에서 정직했고
> 제 마음이 한결같이 진실했습니다.
> 주님을 기쁘게 해드리고, 주님께 인정받는 삶을 살았습니다.

그러고 나서 히스기야의 눈에서 눈물이 흘러내렸다. 그가 슬피 울었다.

4-6 이사야가 그곳을 떠나서 안뜰을 지나기 전에 **하나님**의 말씀이 그를 잡아세웠다. "돌아가서 내 백성의 지도자인 히스기야에게 말하여라. '히스기야야, **하나님**의 말씀이다! 네 조상 다윗의 하나님에게서 온 말씀이다. 내가 네 기도를 듣고 네 눈물을 보았다. 내가 너를 낫게 할 것이다. 사흘 후에는 네가 네 발로 걸어 **하나님**의 성전에 들어갈 것이다. 내가 방금 네 수명에 십오 년

을 더했다. 나를 위해, 내 종 다윗을 위해 내가 너를 앗시리아 왕의 손에서 구원하고, 이 성을 내 방패로 보호할 것이다.'"

7 이사야가 말했다. "무화과 반죽을 가져오십시오."

사람들이 반죽을 준비하여 종기에 바르자, 히스기야는 점차 회복되었다.

8 히스기야가 이사야에게 말했다. "이것이 무화과 반죽 때문이 아니라 하나님께서 하신 일이라는 것을 내가 어떻게 알겠습니까? 하나님께서 나를 낫게 하셔서, 사흘 후에는 내 발로 걸어 하나님의 성전에 들어가게 된다는 확실한 표징이 무엇입니까?"

9 이사야가 말했다. "하나님께서 그 말씀대로 행하시리라는 표징은 이것입니다. 해시계의 그림자가 십 도 앞으로 가면 좋겠습니까, 십 도 뒤로 가면 좋겠습니까? 선택하십시오."

10 히스기야가 말했다. "해시계의 그림자가 십 도 앞으로 가는 것은 쉬울 테니, 십 도 뒤로 가게 해주십시오."

11 이사야가 하나님께 부르짖어 기도하자, 아하스의 해시계 그림자가 십 도 뒤로 물러났다.

12-13 그 일이 있고 나서 얼마 후에, 왕이 병들었다는 소식을 들은 바빌론 왕 발라단의 아들 므로닥발라단이 쾌유를 비는 편지와 선물을 히스기야에게 보내왔다. 히스기야는 기뻐서 사신들에게 은과 금과 향료와 향기로운 기름과 무기 등 자신의 값진 물건이 보관되어 있는 곳을 직접 안내하며 구경시켜 주었다. 왕궁과 나라 안의 모든 것을 빠짐없이 그들에게 보여주었다.

14 그때 예언자 이사야가 나타났다. "이 사람들은 여기서 무엇을 하고 있는 것입니까? 이들이 어디서 왔으며, 무엇 때문에 온 것입니까?"

히스기야가 말했다. "그들은 멀리 바빌론에서 왔습니다."

15 "이들이 왕궁에서 무엇을 보았습니까?"

"모든 것을 보았습니다." 히스기야가 말했다. "내가 그들에게 보여주지 않은 것이 하나도 없습니다. 왕궁 일주를 시켜 주었습니다."

16-18 그러자 이사야가 히스기야에게 말했다. "이 일에 대해 하나님께서 하시

는 말씀을 들으십시오. '네 모든 소유물과 네 조상들이 네게 물려 준 모든 것
이, 받침접시 딸린 마지막 잔 하나까지 이곳에서 몽땅 치워질 날이 올 것이
다. 모두 약탈당해 바빌론으로 옮겨질 것이다. 나 **하나님**의 말이다! 그뿐 아
니라 네 아들들, 네가 낳은 아들들의 자손이 결국에는 바빌론 왕궁의 내시가
될 것이다.'"

¹⁹ 히스기야가 이사야에게 말했다. "**하나님**께서 그렇게 말씀하시면, 그것은
분명 지당한 말씀일 것입니다." 그러나 그는 속으로 "내 평생에는 그런 일이
일어나지 않을 테니, 내가 사는 동안에는 평안과 안전을 누릴 것이다" 하고
생각했다.

²⁰⁻²¹ 히스기야의 나머지 생애와 시대, 그가 벌인 사업, 특히 윗저수지를 공사
하여 성 안으로 물을 끌어들인 일은 '유다 왕 연대기'에 기록되어 있다. 히스
기야는 죽어서 자기 조상과 함께 묻혔다. 그의 아들 므낫세가 뒤를 이어 왕
이 되었다.

유다 왕 므낫세

21 ¹⁻⁶ 므낫세는 왕이 되었을 때 열두 살이었다. 그는 예루살렘에서
오십오 년 동안 다스렸다. 그의 어머니는 헵시바다. **하나님** 보시
기에 그는 나쁜 왕, 악한 왕이었다. 그는 **하나님**께서 이스라엘 자손을 위해
이방 민족들을 쫓아내시던 때에, 그 땅에서 사라졌던 모든 도덕적 부패와 영
적 타락을 다시 들여놓기 시작했다. 아버지 히스기야가 허물어 버린 모든 음
란한 종교 산당들을 다시 지었고, 이스라엘 왕 아하스가 했던 것과 같이 음
란한 신 바알과 아세라를 위해 제단과 남근 목상을 세웠다. 그는 또 일월성
신을 숭배하여 별자리의 지시에 따랐다. 그는 **하나님**께서 정하신 대로("내가
예루살렘에 내 이름을 두겠다") 오직 **하나님**의 이름만 예배하도록 드려진 예루
살렘 성전 안에까지 이러한 이방 제단들을 세웠다. 그는 일월성신을 위한 산
당들을 지어 **하나님**의 성전 양쪽 안뜰에 두었다. 자기 아들을 희생 제물로
불살라 바쳤고, 악한 마술과 점술을 행했다. 그는 지하의 혼백을 불러내 궁

금한 것들을 묻기도 했다. 그에게 악이 넘쳐났다. **하나님** 보시기에, 악으로 일관된 생애였다. **하나님**께서 진노하셨다.

7-8 결정적으로 그는 음란한 여신 아세라 목상을 **하나님**의 성전 안에 두었는데, 이것은 **하나님**께서 다윗과 솔로몬에게 주신 다음의 말씀을 명백히, 보란 듯이 범한 일이었다. "내가 이스라엘 모든 지파 가운데서 택한 이 성전과 이 예루살렘 성에 내 이름을 영원히 두겠다. 내가 다시는 내 백성 이스라엘로 하여금 내가 그들의 조상에게 준 이 땅을 떠나서 방황하지 않게 할 것이다. 그러나 조건이 있다. 그들이 내 종 모세가 전해 준 지침에 따라 내가 명령한 모든 것을 지켜야 한다."

9 그러나 백성은 이 말씀을 따르지 않았다. 므낫세는 그들을 그 길에서 벗어나게 했고, 일찍이 **하나님**께서 멸망시키신 이방 민족들의 악행을 넘어서는 악한 행위로 그들을 이끌었다.

10-12 **하나님**께서는 더 이상 참을 수 없어 그분의 종 예언자들을 통해 말씀을 보내셨다. "유다 왕 므낫세가 이런 극악무도한 죄를 짓고 그 앞에 있던 아모리 사람의 죄를 넘어서는 더 큰 악을 범하여 유다를 더러운 우상들이 판치는 죄인의 나라로 전락시켰으니, 이제 나 **하나님**이 너희를 심판하겠다. 나 이스라엘의 하나님이 예루살렘과 유다에 큰 재앙을 내릴 것이다. 사람들이 듣고도 믿어지지 않아 고개를 저으며 '도저히 믿지 못하겠다!'고 할 정도로 처참한 재앙이 될 것이다.

13-15 내가 사마리아가 맞은 운명을 예루살렘에도 내릴 것이니, 곧 아합을 향한 심판이 재현될 것이다. 너희가 그릇을 씻고 엎어서 말리듯이, 내가 예루살렘을 깨끗이 씻어 버릴 것이다. 내 유산으로 남은 그들을 없애고, 그 원수들의 손에 떨구어 버릴 것이다. 원수들이 닥치는 대로 그들을 약탈할 것이다. 그들의 조상이 이집트를 떠나던 날부터 지금까지, 그들은 내게 괴로움만 주었다. 그들이 나를 한계까지 몰아붙였으니, 나는 더 이상 그들의 악을 참지 않을 것이다."

16 므낫세에 대한 최종 평가는 그가 무차별적인 살인자라는 것이었다. 그는

백성을 죄로 끌어들였을 뿐 아니라, 무죄한 자들의 피로 예루살렘을 물들였다. 하나님 보시기에 그는 유다를 죄인의 나라로 만들었다.

17-18 므낫세의 나머지 생애와 시대, 그가 행한 모든 일과 어리석은 죄의 기록이 '유다 왕 연대기'에 남아 있다. 므낫세는 죽어서 자기 조상에게 돌아갔다. 그는 왕궁 동산, 곧 웃사의 동산에 묻혔다. 그의 아들 아몬이 뒤를 이어 왕이 되었다.

유다 왕 아몬

19-22 아몬은 왕이 되었을 때 스물두 살이었다. 그는 예루살렘에서 이 년 동안 다스렸다. 그의 어머니는 욧바 출신 하루스의 딸 므술레멧이다. 하나님 보시기에 그는 그의 아버지 므낫세처럼 악하게 살았다. 그는 아버지의 뒤를 따라, 아버지가 섬겼던 더러운 우상들을 섬기고 숭배했다. 그는 조상의 하나님을 완전히 버렸고, 하나님의 방식대로 살지 않았다.

23-24 결국 아몬의 신하들이 반역하여 왕궁에서 그를 암살했다. 그러나 백성이 아몬 왕에게 반역한 세력을 죽이고 아몬의 아들 요시야를 왕으로 삼았다. 25-26 아몬의 나머지 생애와 시대는 '유다 왕 연대기'에 기록되어 있다. 사람들은 아몬을 웃사의 동산에 있는 그의 묘지에 묻었다. 그의 아들 요시야가 뒤를 이어 왕이 되었다.

유다 왕 요시야

22 1-2 요시야는 왕이 되었을 때 여덟 살이었다. 그는 예루살렘에서 삼십일 년 동안 다스렸다. 그의 어머니는 보스갓 출신 아다야의 딸 여디다. 그는 하나님이 원하시는 모습으로 살았다. 그의 조상 다윗이 밝히 보여준 길을 똑바로 따라갔고, 왼쪽으로나 오른쪽으로나 한 걸음도 벗어나지 않았다.

3-7 요시야 왕 십팔년 어느 날에, 왕은 므술람의 손자요 아살리야의 아들인 왕의 서기관 사반을 하나님의 성전으로 보내며 지시했다. "대제사장 힐기야에게 가서 백성이 하나님의 성전에 가져온 헌금, 곧 성전 문지기들이 백성에

게서 거둔 돈을 계산하게 하시오. 그 돈을 **하나님**의 성전 공사를 관리하는 감독관들에게 넘겨주어, **하나님**의 성전을 보수하는 일꾼들인 모든 목수와 건축자와 석수들에게 지불하게 하시오. 또한 그들에게 성전 보수에 필요한 목재와 석재를 구입할 권한을 주시오. 그들은 모두 정직하니, 그들에게 돈을 줄 때는 영수증을 받지 않아도 될 것이오."

⁸ 대제사장 힐기야가 왕의 서기관 사반에게 소식을 전했다. "내가 방금 **하나님**의 길을 일러 주는 **하나님**의 계시의 책을 발견했습니다. 성전에서 찾았습니다!" 그가 그 책을 사반에게 주자 사반이 받아 읽어 보았다.

⁹ 그러고 나서 사반은 왕에게 돌아와 그동안의 일을 보고했다. "왕의 신하들이 성전을 위해 거둔 돈을 자루에 담아, 성전 일꾼들에게 지불하도록 감독관들에게 주었습니다."

¹⁰ 왕의 서기관 사반은 또 왕에게 말했다. "제사장 힐기야가 저에게 책을 하나 주었습니다." 사반은 그 책을 왕에게 읽어 주었다.

¹¹⁻¹³ 왕은 그 책, 곧 **하나님**의 계시에 기록된 내용을 듣고, 크게 놀라며 자기 옷을 찢었다. 왕은 제사장 힐기야와 사반의 아들 아히감, 미가야의 아들 악볼, 서기관 사반, 왕의 개인 보좌관 아사야를 불러 그들 모두에게 명령했다. "가서 나와 이 백성과 온 유다를 위해 **하나님**께 기도하시오! 방금 발견한 이 책에 기록된 내용에 우리가 어떻게 반응해야 하는지 알아보시오! **하나님**의 진노가 우리를 향해 불같이 타오르고 있는 것이 분명하오. 우리 조상은 이 책에 기록된 말씀에 조금도 순종하지 않았고, 하나님께서 주신 지침을 하나도 따르지 않았소."

¹⁴⁻¹⁷ 제사장 힐기야와 아히감, 악볼, 사반, 아사야는 곧바로 여예언자 훌다를 찾아갔다. 훌다는 할하스의 손자요 디과의 아들이요 왕궁 예복을 맡은 살룸의 아내로, 예루살렘 둘째 구역에 살고 있었다. 그 다섯 사람이 찾아가 그녀의 의견을 구했다. 훌다는 그들에게 이렇게 답했다. "**하나님** 이스라엘의 하나님의 말씀입니다. '너희를 이곳으로 보낸 사람에게 전하여라. "내가 이곳과 이 백성에게 심판의 재앙을 내릴 것이다. 유다 왕이 읽은 그 책에 기록된 모든 말씀이 그대로 이루어질 것이다. 그들이 나를 버리고 다른 신들을 가까

이했고, 신상을 만들고 팔아 나를 더없이 노하게 했기 때문이다. 내 진노가
이곳을 향해 뜨겁게 타오르고 있으니, 아무도 그 불을 끌 수 없을 것이다.'"
¹⁸⁻²⁰ 또 유다 왕이 **하나님**의 인도하심을 구했으니 왕께 전하십시오. 왕이 책
에서 읽은 내용에 대한 **하나님**의 말씀입니다. '내가 이곳과 이 백성에게 심
판의 재앙을 내리겠다고 한 말을 네가 진심으로 받아들이고 겸손하게 회개
하며, 크게 놀라 옷을 찢고 내 앞에서 울었으니, 내가 너를 진심으로 대하겠
다. **하나님**의 말씀이다. 내가 너를 돌볼 것이다. 너는 평안히 죽어서 묻힐 것
이다. 내가 이곳에 내릴 재앙을 너는 보지 못할 것이다.'"
그들이 훌다의 메시지를 가지고 왕에게 돌아갔다.

23

¹⁻³ 왕은 곧바로 행동에 나서, 유다와 예루살렘의 모든 장로를 소
집했다. 그런 다음, 모든 백성—유명인부터 무명인에 이르기까
지 모든 제사장과 예언자와 백성—을 거느리고 **하나님**의 성전으로 나아왔
다. **하나님**의 성전에서 발견된 언약책에 기록된 내용을 모든 사람 앞에서 큰
소리로 낭독했다. 왕은 그의 자리에 서서 그들 모두가 **하나님** 앞에 엄숙히
맹세하게 했다. 믿음과 순종으로 **하나님**을 따르고, 무엇을 믿고 행해야 할지
그분이 지시하신 대로 온 마음을 다해 따르며, 그 책에 기록된 모든 언약을
지키게 한 것이다. 백성이 서서 한마음으로 동의했다. 그들은 만장일치로 다
짐했다.
⁴⁻⁹ 이어서 왕은 대제사장 힐기야와 부제사장, 성전 문지기들에게 성전을 깨
끗이 정화하도록 명령했다. 바알과 아세라와 일월성신을 숭배하기 위해 만
든 모든 것을 **하나님**의 성전에서 없애게 했다. 왕은 그것들을 예루살렘 바깥
기드론 들판에서 불사르고 그 재를 베델에 버리게 했다. 그는 유다 각 성읍
과 예루살렘 인근 지역의 음란한 종교 산당들을 감독하도록 유다 왕들이 고
용한 이방 제사장들을 내쫓았다. 바알과 해와 달과 별 등 모든 일월성신을
숭배하며 하루 종일 풍기는 더러운 악취를, 그 땅에서 단번에 깨끗이 제거했
다. 그는 **하나님**의 성전에 있던 음란한 아세라 목상을 예루살렘 바깥 기드론

골짜기로 가져다가 불사른 다음, 그 재를 갈아서 묘지에 뿌렸다. 또한 하나님의 성전에 있던 신전 남창들의 방을 허물었다. 그곳은 여인들이 아세라를 위해 천을 짜던 공간이기도 했다. 왕은 유다 전역의 성읍에서 이방 제사장들을 모두 쫓아냈고, 나라 이쪽 끝에서 저쪽 끝까지, 곧 게바에서 브엘세바까지 그들이 관리하던 음란한 종교 산당들을 모두 부수었다. 그는 성읍의 지도자 여호수아가 성문 왼쪽에 개인 전용으로 지은 음란한 종교 산당도 부수었다. 이러한 음란한 종교의 제사장들이 성전의 제단을 더럽힌 것은 아니었지만, 타락한 제사장 전체 조직의 일부를 이루고 있었으므로 그들을 내쫓았던 것이다.

10-11 또한 요시야는 도벳, 곧 자녀들을 제물로 불 속에 불살라 바치기 위해 벤힌놈 골짜기에 세운 가마 철판을 부수었다. 더 이상 누구도 아들이나 딸을 몰렉 신에게 불살라 바칠 수 없게 했다. 그는 유다 왕들이 태양신을 기리기 위해 성전 입구에 세워 놓은 말 동상들을 끌어내렸다. 그것들은 관리 나단멜렉의 집무실 옆 안뜰에 있었다. 그는 태양 전차들을 불살라 쓰레기로 만들어 버렸다.

12-15 왕은 모든 제단, 곧 아하스의 산당 옥상에 세운 제단, 유다 왕들이 만든 갖가지 제단, 성전 안뜰에 어지럽게 널린 므낫세의 제단들을 산산이 부숴 조각냈다. 그 모두를 부순 뒤에 파편은 가루로 만들어, 그 재를 기드론 골짜기에 뿌렸다. 왕은 또 예루살렘 동쪽, 가증한 산 남쪽 비탈에 우후죽순처럼 생겨난 음란한 종교 산당들을 깨끗이 제거했다. 이 산당들은 이스라엘 왕 솔로몬이 시돈의 음란한 여신 아스다롯과 모압 사람의 음란한 신 그모스와 암몬 사람의 타락한 신 밀곰을 위해 지은 것들이었다. 요시야 왕은 제단들을 부수고, 남근 모양의 아세라 목상을 찍어 내고, 그곳에 오래된 뼈들을 뿌렸다. 또한 느밧의 아들 여로보암—이스라엘을 죄악된 삶으로 끌어들인 바로 그 여로보암—이 세웠던 베델 산당의 제단을 제거했다. 제단을 부수고 산당을 불살라 잿더미로 만든 다음, 아세라 목상을 불태웠다.

16 현장을 둘러보던 요시야 왕이 산허리에 있는 무덤들을 보았다. 그는 그 무덤들을 파헤쳐 뼈를 꺼낸 다음, 무너진 제단들 위에서 불태워 그 악한 제단

들을 더럽히라고 명령했다. 이로써 옛날 여로보암이 거룩한 집회로 제단 옆에 섰을 때 거룩한 사람이 전한 **하나님**의 말씀이 이루어졌다.

¹⁷ 그러고 나서 왕이 물었다. "저 비석은 누구의 것이오?"

성읍 사람들이 말했다. "왕께서 방금 이루신 베델 제단에 대한 말씀을 전한 거룩한 사람의 무덤입니다."

¹⁸ 요시야가 말했다. "그의 뼈는 건드리지 마라." 그래서 사람들은 그의 뼈와 사마리아에서 온 예언자의 뼈는 손대지 않고 그대로 두었다.

¹⁹⁻²⁰ 그러나 요시야는 거기서 멈추지 않았다. 그는 이스라엘 왕들이 지어 **하나님**을 그토록 진노케 한 지역의 음란한 종교 산당들이 있는 사마리아의 모든 성읍을 두루 다녔다. 그는 베델에서 한 것과 똑같이 산당들을 허물어 폐허로 만들었다. 희생 제사를 바치던 모든 제사장들을 죽이고 그들의 제단 위에서 불태워, 그 제단들을 부정하게 만들었다. 그러고 나서 요시야는 예루살렘으로 돌아왔다.

²¹ 왕이 백성에게 명령했다. "이 언약책에 지시된 대로, **하나님** 여러분의 하나님 앞에서 유월절을 경축하십시오."

²²⁻²³ 유월절을 지키는 일은 명령이었으나, 사사들이 이스라엘을 다스리던 시대 이후로 지켜진 적이 없었다. 이스라엘과 유다의 어떤 왕도 유월절을 지키지 않았다. 요시야 왕 십팔년에 이르러, 비로소 예루살렘에서 **하나님** 앞에서 유월절을 기쁘게 지키게 되었다.

²⁴ 요시야는 그 땅을 깨끗이 정리하여 영매와 주술사, 토착 신과 조각상들, 곧 유다와 예루살렘 어디서나 볼 수 있었던 더럽고 음란한 유물과 엄청난 양의 우상들을 모두 치웠다. 요시야는 제사장 힐기야가 **하나님**의 성전에서 발견한 책에 기록된 **하나님**의 계시의 말씀에 순종하여 그렇게 행한 것이다.

²⁵ 요시야에 견줄 왕은 없었다. 그는 회개하고 온전히 **하나님**께 순종했다. 그처럼 마음과 뜻과 힘을 다해 하나님을 사랑하고, 모세가 계시를 받아 기록한 지침들을 그대로 따른 왕은 그 전에도 없었고 그 후에도 없었다. 요시야 같은 왕은 세상에 다시 없었다.

26-27 요시야가 그렇게 행했음에도 불구하고, **하나님**의 불타는 진노는 식지 않았다. 므낫세로 인해 불붙은 격한 진노가 걷잡을 수 없이 타올랐다. **하나님**께서는 변함없이 심판을 선고하셨다. "내가 이스라엘을 없애 버린 것과 똑같이 내 앞에서 유다를 없애 버릴 것이다. 내가 택한 이 성 예루살렘과, 내가 '내 이름이 여기 있다'고 말한 이 성전에서까지 등을 돌릴 것이다."

28-30 요시야의 나머지 생애와 시대는 '유다 왕 연대기'에 기록되어 있다. 요시야는 이집트 왕 바로 느고가 앗시리아 왕과 손을 잡으려고 유프라테스 강으로 진군해 나오던 때에 죽었다. 요시야 왕이 므깃도 평원에서 느고를 가로막자, 느고가 그를 죽였다. 요시야의 신하들이 그의 시신을 전차에 싣고 예루살렘으로 옮겨 와서, 그의 무덤에 묻었다. 백성의 지지를 받은 요시야의 아들 여호아하스가 기름부음을 받고 아버지의 뒤를 이어 왕이 되었다.

유다 왕 여호아하스

31 여호아하스는 왕이 되었을 때 스물세 살이었다. 그는 예루살렘에서 석 달 동안 다스렸다. 그의 어머니는 립나 출신 예레미야의 딸 하무달이다.

32 **하나님** 보시기에 그는 조상의 악한 행실로 되돌아간 악한 왕이었다.

33-34 바로 느고가 하맛 땅 리블라에서 여호아하스를 사로잡고 감금하여 예루살렘에서 다스리지 못하게 했다. 그는 유다에게 은 4톤가량과 금 34킬로그램을 조공으로 바칠 것을 요구했다. 그러고 나서 바로 느고는 요시야의 아들 엘리아김을 요시야의 후계자로 삼고 그 이름을 여호야김으로 고쳤다. 여호아하스는 이집트로 끌려가 그곳에서 죽었다.

35 한편 여호야김은 말 잘 듣는 꼭두각시가 되어 바로가 요구한 은과 금을 충실히 바쳤다. 그는 백성을 착취하고 모두에게 세금을 부과해서 돈을 모았다.

유다 왕 여호야김

36-37 여호야김은 왕이 되었을 때 스물다섯 살이었다. 그는 예루살렘에서 십일 년 동안 다스렸다. 그의 어머니는 루마 출신 브다야의 딸 스비다다. **하나님** 보시기에 그는 조상의 악한 행실을 이어받은 악한 왕이었다.

24

¹ 여호야김이 다스릴 때에 바빌론 왕 느부갓네살이 그 땅을 침략해 왔다. 여호야김은 그의 꼭두각시 노릇을 하다가, 더는 참을 수 없어 삼 년 만에 반기를 들었다.

²⁻⁴ 하나님께서는 바빌론, 아람, 모압, 암몬의 기습부대를 연이어 그에게 보내셨다. 그분의 전략은 유다를 멸망시키는 것이었다. 하나님께서는 일찍부터 그분의 종들 곧 예언자들의 설교를 통해 이 일을 말씀하셨고, 마침내 그 일을 행하셨다. 이것은 결코 우연이 아니라 하나님의 심판이었다. 므낫세—예루살렘 거리마다 피해자들의 무고한 피가 넘쳐나게 한 살인자 므낫세 왕—의 극악무도한 죄 때문에 그분은 유다에게 등을 돌리셨다. 하나님께서는 그러한 범죄를 간과할 수 없으셨다.

⁵⁻⁶ 여호야김의 나머지 생애와 시대는 '유다 왕 연대기'에 기록되어 있다. 여호야김은 죽어서 자기 조상과 함께 묻혔다. 그의 아들 여호야긴이 뒤를 이어 왕이 되었다.

⁷ 이제 이집트의 위협은 끝나서, 더는 이집트 왕이 유다를 침략해 오지 않았다. 이즈음에 바빌론 왕이 이집트 시내와 유프라테스 강 사이의 모든 땅, 전에 이집트 왕이 다스리던 땅을 점령했기 때문이다.

유다 왕 여호야긴

⁸⁻⁹ 여호야긴은 왕이 되었을 때 열여덟 살이었다. 예루살렘에서 그의 통치는 석 달밖에 가지 못했다. 그의 어머니는 예루살렘 출신 엘나단의 딸 느후스다다. 하나님 보시기에 그는 자기 아버지와 조금도 다를 바 없는 악한 왕이었다.

¹⁰⁻¹² 그때에 바빌론 왕 느부갓네살의 지휘관들이 예루살렘을 공격하여 성을 포위했다. 지휘관들이 성을 포위하고 있는 동안, 바빌론 왕 느부갓네살이 직접 성을 찾아왔다. 그러자 유다의 여호야긴 왕은 그의 어머니와 지휘관과 보좌관과 정부 지도자들과 함께 항복했다.

¹²⁻¹⁴ 느부갓네살 재위 팔년에, 여호야긴은 바빌론 왕에게 포로로 잡혔다. 느부갓네살은 하나님의 성전과 왕궁의 보물 보관소들을 비우고, 이스라엘 왕

솔로몬이 **하나님**의 성전을 위해 만들었던 모든 금 기구들을 약탈했다. 이것
은 전혀 놀랄 일이 아니었다. **하나님**께서 이미 그렇게 될 것을 말씀하셨기
때문이다. 그런 다음 느부갓네살은 예루살렘의 모든 사람, 곧 지도자와 군
인, 장인과 기술자를 강제 이주시켰다. 그는 그들을 포로로 끌고 갔는데, 그
수가 만 명에 달했다! 그가 남겨 둔 이들은 가난한 사람들뿐이었다.

15-16 느부갓네살은 여호야긴을 포로로 사로잡아 바빌론으로 끌고 갔다. 왕의
어머니와 그의 아내들, 고관들, 사회 지도자들, 그 밖에 주요 인물들도 모두
그와 함께 끌고 갔다. 군인 칠천 명에 장인과 기술자의 수가 천 명 정도 되었다.

17 그 후 바빌론 왕은 여호야긴의 삼촌 맛다니야를 꼭두각시 왕으로 세우고,
그 이름을 시드기야로 고쳤다.

유다 왕 시드기야

18 시드기야는 왕이 되었을 때 스물한 살이었다. 그는 예루살렘에서 십일 년
동안 다스렸다. 그의 어머니는 립나 출신 예레미야의 딸 하무달이다.

19 **하나님** 보시기에 시드기야 역시 악한 왕, 여호야김을 그대로 베껴 놓은 자
에 지나지 않았다.

20 예루살렘과 유다가 맞게 된 이 모든 파멸의 근원에는 **하나님**의 진노가 있
었다. **하나님**께서는 심판의 행위로 그들에게 등을 돌리셨다. 그 후에 시드기
야가 바빌론 왕에게 반역했다.

25

1-7 반역은 시드기야 구년 열째 달에 시작되었다. 느부갓네살은
곧바로 모든 군대를 이끌고 예루살렘으로 향했다. 그는 진을 치
고 성 둘레에 토성을 쌓아 성을 봉쇄했다. 성은 열아홉 달 동안 (시드기야 십
일년까지) 포위되어 있었다. 시드기야 십일년 넷째 달, 곧 그달 구일에는 기
근이 너무 심하여 빵 부스러기 하나 남지 않았다. 그러다가 돌파구가 열렸
다. 밤중에 야음을 틈타 모든 군대가 성벽 통로(왕의 동산 위쪽에 있는 두 성벽
사이의 문)로 도망친 것이다. 그들은 성을 에워싸고 있던 바빌론 군사들의 전

선을 몰래 뚫고 나가 아라바 골짜기 길을 지나 요단 강으로 향했다. 그러나 바빌론 군사들이 곧 왕을 추격하여 여리고 평원에서 그를 따라잡았다. 시드기야의 군대는 이미 흩어져 도망친 뒤였다. 바빌론 군사들이 시드기야를 사로잡아 리블라에 있는 바빌론 왕에게 끌고 가자, 왕은 그 자리에서 그를 재판하고 선고를 내렸다. 시드기야의 아들들은 그의 눈앞에서 처형되었다. 아들들의 즉결 처형을 마지막으로, 그는 더 이상 앞을 볼 수 없었다. 바빌론 군사들이 그의 눈을 멀게 했기 때문이다. 그는 사슬에 단단히 묶여 바빌론으로 끌려갔다.

8-12 바빌론 왕 느부갓네살 십구년 다섯째 달 칠일에, 바빌론 왕의 수석 부관인 느부사라단이 예루살렘에 도착했다. 그는 **하나님**의 성전과 왕궁과 성까지 모두 불태워 없앴다. 그리고 자기가 데려온 바빌론 군대를 투입하여 성벽을 허물었다. 마지막으로, 전에 바빌론 왕에게 투항했던 사람들을 포함해서 예루살렘 성에 남아 있던 사람들을 모두 포로로 잡아갔다. 그는 가난한 농부 일부를 남겨서 포도원과 밭을 관리하게 했다.

13-15 바빌론 사람들은 **하나님**의 성전 안에 있는 청동기둥과 청동세면대와 커다란 청동대야(바다)를 깨뜨려 바빌론으로 가져갔다. 또 성전 예배에 쓰이는 예배용 청동기구들과 금과 은으로 만든 향로와 뿌리는 대접들도 가져갔다. 왕의 부관은 귀금속 조각이라면 하나도 빠뜨리지 않고 눈에 띄는 대로 다 가져갔다.

16-17 솔로몬이 **하나님**의 성전을 위해 만든 두 기둥과 바다와 모든 세면대에서 뜬 청동의 양은 어마어마해서 무게를 달 수조차 없었다! 각 기둥의 높이가 8.1미터인데다, 청동세공물과 장식용 과일로 꾸민 기둥머리만도 1.35미터였다.

18-21 왕의 부관은 특별한 포로들을 많이 데려갔다. 대제사장 스라야, 부제사장 스바냐, 성전 관리 세 명, 남아 있던 군 최고지휘관, 왕의 고문 다섯 명, 회계, 군 최고 모병지휘관, 백성 가운데서 지위가 높은 사람 예순 명이었다. 왕의 부관 느부사라단은 그들을 모두 리블라에 있는 바빌론 왕에게 끌고 갔다. 바빌론 왕은 그곳 하맛 땅 리블라에서 그들 무리를 처참하게 죽였다.

유다는 자기 땅을 잃고 포로로 끌려갔다.

²²⁻²³ 남겨진 백성에 관해서는 이러하다. 바빌론 왕 느부갓네살은 사반의 손자요 아히감의 아들인 그달리야를 그들의 총독으로 임명했다. 백성 가운데 퇴역한 군지휘관들은 바빌론 왕이 그달리야를 총독으로 임명했다는 말을 듣고 미스바에 있는 그를 찾아갔다. 그들 가운데는 느다니야의 아들 이스마엘, 가레아의 아들 요하난, 느도바 부족 단후멧의 아들 스라야, 마아가 사람의 아들 야아사니야, 그리고 그들을 좇는 무리도 있었다.

²⁴ 그달리야는 지휘관과 부하들을 안심시키며 이렇게 약속했다. "바빌론 관리들을 두려워하지 마시오. 여러분의 농지와 가정으로 돌아가 살면서 바빌론 왕을 섬기시오. 그러면 모든 일이 다 잘될 것이오."

²⁵ 얼마 후에─일곱째 달이었다─엘리사마의 손자요 느다니야의 아들인 이스마엘이(그는 왕족이었다) 부하 열 명을 데리고 가서 그달리야와 유대인 반역자들과 미스바에 와 있던 바빌론 관리들을 죽였다. 피의 살육이었다.

²⁶ 그러나 그 후에, 바빌론 사람들에게 당할 일이 두려워, 높은 사람 낮은 사람 할 것 없이 지도자와 백성이 모두 이집트로 피신했다.

²⁷⁻³⁰ 유다의 여호야긴 왕이 포로로 있은 지 삼십칠 년째 되던 해에, 에윌므로 닥이 바빌론 왕이 되어 여호야긴을 감옥에서 풀어 주었다. 석방은 열두째 달 이십칠일에 있었다. 왕은 그에게 극진한 호의를 베풀어, 바빌론에 억류되었던 다른 어떤 포로들보다 그를 높이 대우했다. 여호야긴은 죄수복을 벗었고 남은 여생 동안 왕과 함께 식사를 했다. 왕은 그가 편히 살도록 필요한 것들을 모두 마련해 주었다.

역대상하 | 머리말

같은 이야기라도 이야기하는 방식은 여러 가지로 달라질 수 있다. 이스라엘 왕들의 이야기는 먼저 사무엘서와 열왕기에 등장했다. 그로부터 백여 년 후, 같은 이야기를 다른 목소리, 다른 관점에서 이야기한 책이 바로 역대기다. 앞의 내용 중 얼마가 빠지고 상당한 양의 내용이 추가되었지만, 누구라도 같은 이야기임을 쉽게 알 수 있다. 그러나 과거 권위 있는 저술들(창세기부터 열왕기까지)의 시대 이래로, 이스라엘의 운명은 상당한 변화를 겪었다. 이제 하나님의 백성은 그들을 하나님의 백성이 되게 한 가치를 상실할 위험에 처해 있다. 돌이켜 보면, 그들의 역사는 강대국들의 끊임없는 침략으로 점철되어 왔다. 앗시리아와 이집트, 바빌론과 페르시아가 잇달아 출현하여 세상을 좌지우지했다. 이제도 이스라엘 백성의 운명은 외세에 저당 잡힌 상황이고, 내부적으로도 잡다한 종교 문제에 발목이 잡혀 있다. 그들은 과연 이대로 멸절되고 말 것인가?

이때 한 저자(아마 에스라일 것이다)가 팔을 걷고 나서서, 이미 익숙해진 오래된 이야기를 새로운 시각으로 다시 들려준다. 그의 임무는 이스라엘이 하나님의 백성임을 다시금 확신하게 만들고 하나님을 향한 순종을 이끌어 내는 일이었다. 놀랍게도—당대의 정치적·문화적 조건들을 볼 때, 거의 있을 수 없는 일이었다—이 사람은 동족의 외면을 받으면서도 이스라엘의 핵심 정체성은 다윗 전통에 입각한 예배 공동체에 있다고 끈질기게 주장했다. 그는 이 일을 이제 우리가 읽게 될 이 책을 쓰는 것으로 완수했다. 그 덕분에, 이스라엘은 고대 근동의 폭력과 섹스와 종교의 잡탕 속에 섞여 사라지는 비극을 모면할 수 있었다.

이 이야기는 이름으로 시작한다. 어마어마한 이름, 이름의 목록, 몇 장씩 이어지는 개개의 이름이 등장한다. 이름 없이는 이야기를 풀어 나갈 수 없고, 이 이름들의 바다에 잠길 때 우리는 개인적이고 유일하고 인격적인 고유의 영적 차원에 눈뜨게 된다. 성경의 다른 책(창세기, 민수기, 마태복음, 누가복음)들에도 이름의 목록(족보)이 등장하지만, 이렇게까지 차고 넘치지는 않는다. 거룩한 역사는 비인격적인 힘이나 추상적인 개념으로 만들어지는 게 아니다. 그것은 이름들로 짜여 만들어진다. 저마다 독특한 개개인들로 말이다. 역대기는 종교의 탈인격화를 막아 주는 강력한 방어물이다.

역대기는 또 인간의 삶에서 바른 예배가 차지하는 핵심적 위치를 증언하는 책이다. 역대기 서술의 중추는 예배다. 예배 장소(예루살렘 성전), 예배 사역자들(제사장과 레위인들), 예배 음악(성악과 기악), 그리고 예배의 장인(匠人)이자 예배의 충실한 수호자인 다윗 왕의 역할에 대한 이야기가 이 책의 중심을 이룬다. 전 생애에 걸쳐 하나님을 찬양했던 다윗은, 죽기 얼마 전 백성의 넉넉한 마음에 감동하여 하나님께 찬양을 드린다.

다윗은 온 회중 앞에서 하나님을 찬양했다.

우리 조상 이스라엘의 하나님,
옛적부터 영원까지 찬양받으소서.
오 하나님, 위대하심과 능력,
영광과 승리와 위엄과 영화가 모두 주의 것입니다.
그렇습니다! 하늘과 땅의 모든 것, 모든 나라가 주의 것입니다!
주께서 친히 모든 것 위에 높아지셨습니다.
부귀와 영광이 주께로부터 나오며
주께서 모든 것을 다스리십니다.
그 손안의 힘과 능력으로
모든 것을 세우시고 강하게 하십니다.
오 하나님, 우리 하나님, 이제 우리가 주께 감사하며

주의 영화로운 이름을 찬송합니다(대상 29:10-13).

시간이 흘러, 다윗의 아들 솔로몬이 성전 건축을 마친 뒤에,

그는 온 회중이 보는 앞에서 무릎을 꿇은 채 하늘을 향해 두 팔을 들고 기도했다.

하나님 이스라엘의 하나님, 위로 하늘이나 아래로 땅 그 어디에도 주와 같은 신이 없습니다. 주의 종들이 주의 길을 따르며 성실하게 살아갈 때, 주께서는 그들과 맺은 언약을 확실히 지키시며 그들을 변함없이 사랑해 주십니다. 주께서는 제 아버지 다윗에게 주신 말씀, 곧 주의 약속을 지키셨습니다. 작은 것까지 모두 약속하신 대로 행하셨습니다. 그 증거가 오늘 우리 앞에 있습니다!
하나님께서 참으로 우리가 사는 곳에 오셔서 거하시겠습니까? 우주조차도 주께서 편히 숨 쉴 만큼 넓지 못한데, 제가 지은 이 성전이야 더 말할 것도 없습니다. 그러할지라도 담대히 구합니다. **하나님** 나의 하나님, 제가 드리는 중보기도와 간구에 귀를 기울여 주십시오. 지금 주 앞에 아뢰는 이 뜨겁고 진실한 기도를 들어주십시오. 주께서 주의 이름으로 존귀하게 하겠다고 약속하신 이곳, 이 성전을 밤낮으로 지켜보시고, 제가 이곳에서 드리는 기도를 들어주십시오. 또 주님의 백성 이스라엘이 이곳에서 기도할 때 그들의 말에 귀 기울여 주십시오(대하 6:13-15, 18-21).

이스라엘의 이러한 과거 이야기가 말해 주는바, 하나님의 백성인 우리의 정체성을 기르고 지키는 데 있어서 무엇보다 선행되어야 할 것은 예배다. 정치나 경제나 가정이나 예술이 아니다. 또한 예배를 준비하고 드리는 일에 있어서 그때그때의 기분이나 운에 맡겨도 좋을 만큼 사소하게 여겨도 될 것은 아무것도 없다. 예배당 건축, 예배위원 세우는 일, 예배 음악, 신학에 있어서도 그렇다.

전에는 하나님의 백성인 이스라엘의 정체성과 생존을 위협하는 요소가 외부의 적대 세력들—이집트, 가나안, 블레셋, 아말렉 같은—이라고 보았다. 그러나 정말 중요한 것이 무엇인지를 따져 묻는 이 책에 따르면, 이스라엘에게 무엇보다 중요한 것은 올바르고 충실한 예배다. 하나님의 백성은 근본적으로 정치 공동체도, 군사 공동체도, 경제 공동체도 아니다. 하나님의 백성은 예배로 모인 거룩한 회중이다. (모세에 뿌리를 둔) 다윗 전통의 예배를 잃어버리는 것은 곧 거룩한 백성의 와해를 의미한다. 주변 문화의 대중적 세속 예배에 미혹되어 거기 빠져드는 일 역시 거룩한 백성의 멸절로 이어진다.

이 책을 읽다가 이 책의 이름 목록에서 자기 이름을 발견하게 될 독자는 많지 않을 것이다. 또 여기에 묘사된 성전과 건축학적으로 유사한 예배당을 가진 지역교회 회중도 많지 않을 것이다. 레위 족속 가운데서 찬양대원과 예배위원을 모집하고 임명할 수 있는 교회들 역시 많지 않을 것이다. 그렇다면 남는 것은 무엇인가?

예배가 남는다. 그리고 이름들이 남는다. 예수 그리스도를 통해 자신을 계시하시는 하나님께서 규정하고 채우시는 바른 예배와, 하나님의 백성인 거룩한 예배 회중을 이루는 개개인의 이름들 말이다. 그동안 그리스도인들은 신앙과 실천의 제반 문제의 중심부에 해당하는 인격적 차원에서 늘 깨어 있기 위해, 또 구속받은 삶을 온전하게 살아 내는 근본 토대는 바로 예배라는 인식을 늘 새롭게 다지기 위해, 역대기를 읽고 기도해 왔다.

역대상

이스라엘의 족보: 줄기

1 **1-4** 아담
셋
에노스
게난
마할랄렐
야렛
에녹
므두셀라
라멕
노아
셈, 함, 야벳.

야벳의 가지

5 야벳은 고멜, 마곡, 마대, 야완, 두발, 메섹, 디라스를 낳았다.

6 고멜은 아스그나스, 디밧, 도갈마를 낳았다.

7 야완은 엘리사, 다시스, 깃딤, 로다님을 낳았다.

함의 가지

8 함은 구스, 미스라임, 붓, 가나안을 낳았다.

9 구스는 쓰바, 하윌라, 삽다, 라아마, 삽드가를 낳았다.
라아마는 스바, 드단을 낳았다.

10 구스는 이 땅의 위대한 첫 영웅 니므롯을 낳았다.

11-12 미스라임은 루드인, 아남인, 르합인, 납두인, 바드루스인, 가슬루인, 갑돌인의 조상이며, 블레셋 사람은 갑돌인의 후손이다.

13-16 가나안은 (맏아들) 시돈과 헷을 낳았고, 그에게서 여부스 사람, 아모리 사람, 기르가스 사람, 히위 사람, 알가 사람, 신 사람, 아르왓 사람, 스말 사람, 하맛 사람이 나왔다.

셈의 가지

17 셈은 엘람, 앗수르, 아르박삿, 룻, 아람, 우스, 훌, 게델, 메섹을 낳았다.

18-19 아르박삿은 셀라를 낳고, 셀라는 에벨을 낳았다. 에벨은 두 아들을 낳았는데, 하나는 그의 시대에 땅이 나뉘어졌다고 해서 벨렉(분열)이라 했고 그의 동생은 욕단이다.

20-23 욕단은 알모닷, 셀렙, 하살마웻, 예라, 하도람, 우살, 디글라, 에발, 아비마엘, 스바, 오빌, 하윌라, 요밥을 낳았다. 이들은 모두 욕단의 아들이다.

24-28 세 개의 큰 가지를 요약하면 셈, 아르박삿, 셀라, 에벨, 벨렉, 르우, 스룩, 나홀, 데라, 아브람(아브라함)이다. 아브라함은 이삭, 이스마엘을 낳았다.

아브라함 가문

29-31 아브라함의 족보는 다음 계열을 따라 퍼져 나갔다. 이스마엘은 (맏아들) 느바욧, 게달, 앗브엘, 밉삼, 미스마, 두마, 맛사, 하닷, 데마, 여둘, 나비스, 게드마를 낳았다. 이들은 이스마엘의 가지다.

32-33 아브라함의 첩 그두라는 시므란, 욕산, 므단, 미디안, 이스박, 수아를 낳았다. 그 후에 욕산은 스바, 드단을 낳았다. 또 미디안은 에바, 에벨, 하녹, 아비다, 엘다아를 낳았다. 이들은 그두라의 가지를 이루었다.

³⁴⁻³⁷ 아브라함은 이삭을 낳고, 이삭은 에서와 이스라엘(야곱)을 낳았다. 에서
는 엘리바스, 르우엘, 여우스, 얄람, 고라를 낳았다. 엘리바스는 데만, 오말,
스보, 가담, 그나스, 딤나, 아말렉을 낳았다. 또 르우엘은 나핫, 세라, 삼마,
밋사를 낳았다.

³⁸⁻⁴² 그 후에 세일은 로단, 소발, 시브온, 아나, 디손, 에셀, 디산을 낳았다.
로단은 호리, 호맘을 낳았다. 딤나는 로단의 누이였다. 소발은 알략, 마나핫,
에발, 스보, 오남을 낳았다. 시브온은 아야, 아나를 낳았다. 아나는 디손을
낳았다. 디손은 헴단, 에스반, 이드란, 그란을 낳았다. 에셀은 빌한, 사아완,
아간을 낳았다. 디산은 우스, 아란을 낳았다.

에돔 땅을 다스린 왕들

⁴³⁻⁵¹ 이스라엘에 왕이 있기 전에 에돔 땅을 다스린 왕들의 이름은 이러하다.
브올의 아들 벨라. 그의 성읍은 딘하바다.
벨라가 죽자, 보스라 출신 세라의 아들 요밥이 왕이 되었다.
요밥이 죽자, 데만 지방 사람 후삼이 왕이 되었다.
후삼이 죽자, 모압 땅에서 미디안을 물리친 브닷의 아들 하닷이 왕이 되었
다. 그의 성읍은 아윗이다.
하닷이 죽자, 마스레가 출신 사믈라가 왕이 되었다.
사믈라가 죽자, 강가의 르호봇 출신 사울이 왕이 되었다.
사울이 죽자, 악볼의 아들 바알하난이 왕이 되었다.
바알하난이 죽자, 하닷이 왕이 되었다. 그의 성읍은 바이고, 그의 아내는 메
사합의 손녀요 마드렛의 딸 므헤다벨이다.
마지막으로 하닷이 죽었다.

⁵¹⁻⁵⁴ 그 후에 이어진 에돔의 족장은 딤나 족장, 알랴 족장, 여뎃 족장, 오홀리
바마 족장, 엘라 족장, 비논 족장, 그나스 족장, 데만 족장, 밉살 족장, 막디
엘 족장, 이람 족장이다. 이들은 에돔의 족장들이다.

이스라엘(야곱) 가문

2

¹⁻² 이스라엘(야곱)의 아들들은 르우벤, 시므온, 레위, 유다, 잇사갈, 스불론, 단, 요셉, 베냐민, 납달리, 갓, 아셀이다.

³⁻⁹ 유다는 에르, 오난, 셀라를 낳았다. 그들의 어머니는 가나안 사람 밧수아다. 유다의 맏아들 에르는 하나님 앞에서 아주 악하여, 하나님께서 그를 죽이셨다. 유다는 또 자기 며느리 다말에게서 베레스, 세라를 낳았다. 유다의 아들은 이렇게 모두 다섯이다. 베레스는 헤스론, 하물을 낳았다. 세라는 시므리, 에단, 헤만, 갈골, 다라 이렇게 다섯 아들을 낳았다. 갈미는 아갈을 낳았는데, 그가 거룩한 금지명령을 어겨 이스라엘이 심판을 받았다. 에단의 아들은 아사랴다. 또 헤스론은 여라므엘, 람, 글루배를 낳았다.

¹⁰⁻¹⁷ 람은 암미나답을 낳고, 암미나답은 유다 집안의 탁월한 지도자 나손을 낳았다. 나손은 살마를 낳고, 살마는 보아스를 낳았다. 보아스는 오벳을 낳고, 오벳은 이새를 낳았다. 이새의 맏아들은 엘리압이고 그 아래로 아비나답, 시므아, 느다넬, 랏대, 오셈 그리고 마지막이 다윗이다. 다윗은 일곱째였다. 여자 형제로는 스루야, 아비가일이 있었다. 스루야는 아비새, 요압, 아사헬 이렇게 세 아들을 낳았다. 아비가일은 아마사의 어머니였다(아마사의 아버지는 이스마엘 사람 예델이었다).

갈렙 가문

¹⁸⁻²⁴ 헤스론의 아들 갈렙은 아내 아수바와 여리옷에게서 자녀를 낳았다. 아수바의 아들들은 예셀, 소밥, 아르돈이다. 아수바가 죽은 뒤에 갈렙은 에브랏과 결혼했고 에브랏은 훌을 낳았다. 훌은 우리를 낳고, 우리는 브살렐을 낳았다. 그리고 얼마 후에 헤스론은 길르앗의 아버지 마길의 딸과 결혼했다. 결혼할 당시 그는 예순 살이었다. 새 아내는 스굽을 낳았다. 그 후 스굽은 야일을 낳았는데, 야일은 길르앗 땅 스물세 개의 성읍을 소유했다. 그술과 아람이 야일과 그낫의 유목 마을들과 거기에 딸린 정착지 예순 개의 성읍을 점령했다. 이 모두가 길르앗의 아버지 마길의 것이었다. 헤스론이 죽은 뒤에 갈렙은 아버지 헤스론의 아내 에브라다와 결혼했다. 그 후 그녀는 드고아의

아버지인 아스훌을 낳았다.

여라므엘 가문

25-26 헤스론의 맏아들 여라므엘의 아들들은 이러하다. 람이 그의 맏아들이고 그 아래로 브나, 오렌, 오셈, 아히야가 있다. 여라므엘에게는 아다라라는 또 다른 아내가 있었는데, 그녀는 오남을 낳았다.

27 여라므엘의 맏아들 람의 아들들은 마아스, 야민, 에겔이다.

28-29 오남의 아들들은 삼매, 야다다.

삼매의 아들들은 나답, 아비술이다. 아비술의 아내는 아비하일이며, 그녀는 아반, 몰릿을 낳았다.

30 나답은 셀렛, 압바임을 낳았다. 셀렛은 아들을 낳지 못하고 죽었다.

31 압바임은 이시를 낳고, 이시는 세산을 낳고, 세산은 알래를 낳았다.

32 삼매의 동생 야다는 예델, 요나단을 낳았다. 예델은 아들을 낳지 못하고 죽었다.

33 요나단은 벨렛, 사사를 낳았다.

이것이 여라므엘 자손의 족보다.

34-41 세산은 아들이 없고 딸들만 있었다. 그러나 세산에게는 야르하라는 이 집트인 종이 있었다. 세산은 딸을 야르하와 결혼시켰고 그녀는 앗대를 낳았다. 앗대는 나단을 낳고, 나단은 사밧을 낳고, 사밧은 에블랄을 낳고, 에블랄은 오벳을 낳고, 오벳은 예후를 낳고, 예후는 아사랴를 낳고, 아사랴는 헬레스를 낳고, 헬레스는 엘르아사를 낳고, 엘르아사는 시스매를 낳고, 시스매는 살룸을 낳고, 살룸은 여가먀를 낳고, 여가먀는 엘리사마를 낳았다.

42 여라므엘의 동생 갈렙이 첫아들을 낳았는데, 이름은 메사다. 메사는 십을 낳았고, 십의 아들은 헤브론의 아버지인 마레사다.

43-44 헤브론의 아들들은 고라, 답부아, 레겜, 세마다. 세마는 요르그암의 아버지 라함을 낳고, 레겜은 삼매를 낳았다.

45 삼매의 아들은 마온이며, 마온은 벳술의 아버지다.

46 갈렙의 첩 에바는 하란, 모사, 가세스를 낳고, 하란은 가세스를 낳았다.

47 야대의 아들들은 레겜, 요담, 게산, 벨렛, 에바, 사압이다.

48-50 갈렙의 다른 첩 마아가는 세벨, 디르하나를 낳았다. 그녀는 또 맛만나의 아버지 사압과, 막베나와 기브아의 아버지 스와를 낳았다. 갈렙의 딸은 악사다. 이들은 갈렙의 가지를 이루었다.

50-51 에브라다의 맏아들 훌의 아들들은 기럇여아림을 낳은 소발, 베들레헴을 낳은 살마, 그리고 벳가델의 아버지 하렙이다.

52-53 기럇여아림의 아버지 소발의 가문에는 하로에, 마나핫 인구의 절반, 기럇여아림 가문들, 이델 사람, 붓 사람, 수맛 사람, 미스라 사람이 있다. 소라 사람과 에스다올 사람도 이 가문에서 나왔다.

54-55 살마의 자손은 베들레헴, 느도바 사람, 아다롯벳요압, 마나핫 사람의 절반, 소라 사람, 야베스에 살던 소베림 가문—디랏 사람, 시므앗 사람, 수갓 사람—이다. 이들은 레갑 가문의 조상 함맛에게서 나온 겐 사람을 이루었다.

다윗 가문

3 1-3 다윗이 헤브론에 살 때에 낳은 아들들은 이러하다.

이스르엘 사람 아히노암이 낳은 맏아들 암논

갈멜 사람 아비가일이 낳은 둘째 아들 다니엘

그술 왕 달매의 딸 마아가가 낳은 셋째 아들 압살롬

학깃이 낳은 넷째 아들 아도니야

아비달이 낳은 다섯째 아들 스바댜

다윗의 아내 에글라가 낳은 여섯째 아들 이드르암.

4-9 다윗은 헤브론에 있을 때 이 여섯 아들을 낳았다. 그는 거기서 칠 년 반 동안 왕으로 다스렸다.

이어서 다윗은 예루살렘에서 삼십삼 년 동안 왕으로 다스렸다. 그가 예루살렘에서 낳은 아들들은 이러하다. 첫째가 시므아고 그 아래로 소밥, 나단, 솔로몬이다. 암미엘의 딸 밧세바가 이 네 아들의 어머니다. 그 외에도, 입할, 엘리수아, 엘리벨렛, 노가, 네벡, 야비아, 엘리사마, 엘랴다, 엘리벨렛 이렇게 아홉 아들이 더 있다. 이들 외에 이들의 누이 다말이 있다. 또 다윗의 첩들이 낳은 아들들도 있다.

10-14 그 다음 대에서 솔로몬은 르호보암을 낳고, 르호보암은 아비야를 낳고, 아비야는 아사를 낳고, 아사는 여호사밧을 낳고, 여호사밧은 요람을 낳고, 요람은 아하시야를 낳고, 아하시야는 요아스를 낳고, 요아스는 아마샤를 낳고, 아마샤는 아사랴를 낳고, 아사랴는 요담을 낳고, 요담은 아하스를 낳고, 아하스는 히스기야를 낳고, 히스기야는 므낫세를 낳고, 므낫세는 아몬을 낳고, 아몬은 요시야를 낳았다.

15 요시야의 맏아들은 요하난이고 그 아래로 여호야김, 시드기야, 마지막이 살룸이다.

16 여호야김의 아들들은 여고냐(여호야긴), 시드기야다.

17-18 여고냐가 바빌론에 포로로 있을 때 낳은 아들들은 스알디엘, 말기람, 브다야, 세낫살, 여가먀, 호사마, 느다뱌다.

19-20 브다야는 스룹바벨과 시므이를 낳고, 스룹바벨은 므술람과 하나냐를 낳았다. 슬로밋은 그들의 누이다. 그 외에도 하수바, 오헬, 베레갸, 하사댜, 유삽헤셋 이렇게 다섯이 더 있다.

21 하나냐의 아들들은 블라야, 여사야다. 또한 르바야의 아들들, 아르난의 아들들, 오바댜의 아들들, 스가냐의 아들들도 있다.

22 스가냐는 스마야를 낳고, 스마야는 다시 핫두스, 이갈, 바리야, 느아랴, 사밧을 낳아 모두 여섯 아들을 두었다.

23 느아랴는 엘료에내, 히스기야, 아스리감 이렇게 세 아들을 낳았다.

24 엘료에내는 호다위야, 엘리아십, 블라야, 악굽, 요하난, 들라야, 아나니 이렇게 일곱 아들을 낳았다.

그 밖의 유다 가문

4 1-2 유다의 아들들은 베레스, 헤스론, 갈미, 훌, 소발이다. 소발의 아들 르아야는 야핫을 낳고, 야핫은 아후매와 라핫을 낳았다. 이들은 소라 사람의 가문을 이루었다.

3-4 에담의 아들들은 이스르엘, 이스마, 잇바스다. 그들의 누이 이름은 하슬렐보니다. 브누엘은 그돌을 낳고, 에셀은 후사를 낳았다. 이들은 에브라다의 맏아들이요 베들레헴의 아버지인 훌의 자손이다.

5-8 드고아의 아버지 아스훌에게는 헬라와 나아라라는 두 아내가 있었다. 나아라는 아훗삼, 헤벨, 데므니, 하아하스다리를 낳았다. 이들은 나아라의 자녀들이다. 헬라의 아들들은 세렛, 소할, 에드난, 고스다. 고스는 아눕과 소베바를 낳고, 하룸의 아들 아하헬의 가문을 낳았다.

❧

9-10 야베스는 형제들 가운데서 가장 존경받는 사람이었다. 일찍이 그의 어머니는 "출산이 이토록 고통스럽다니! 내가 큰 고통 중에 그를 낳았다!" 하며 아이의 이름을 야베스(아, 고통!)라고 지었다. 야베스는 이스라엘의 하나님께 기도했다. "제게 복을 주십시오. 제게 복을 주십시오! 제게 넓은 땅, 넓은 지경을 주십시오. 주께서 친히 보호하셔서, 악이 저를 해치지 못하게 해주십시오." 하나님께서는 그가 구한 대로 이루어 주셨다.

❧

11-12 수하의 형 글룹은 므힐을 낳고, 므힐은 에스돈을 낳고, 에스돈은 벳라바, 바세아, 드힌나를 낳았는데, 드힌나는 이르나하스(대장장이들의 성읍)를 세웠다. 이들이 레가 사람이다.

13 그나스의 아들들은 옷니엘, 스라야다.

옷니엘의 아들들은 하닷, 므오노대다.

14 므오노대는 오브라를 낳고, 스라야는 게하라심(장인들의 거주지)을 세운 요압을 낳았다.

¹⁵ 여분네의 아들인 갈렙의 아들들은 이루, 엘라, 나암이다.
엘라의 아들은 그나스다.
¹⁶ 여할렐렐의 아들들은 십, 시바, 디리아, 아사렐이다.
¹⁷⁻¹⁸ 에스라의 아들들은 예델, 메렛, 에벨, 얄론이다. 메렛의 아내들 중 한 사람인 바로의 딸 비디아는 미리암, 삼매, 그리고 에스드모아의 아버지인 이스바를 낳았다. 또 유다 지파인 그의 다른 아내는 그돌의 아버지 예렛, 소고의 아버지 헤벨, 사노아의 아버지 여구디엘을 낳았다.
¹⁹ 호디야의 아내, 곧 나함의 누이의 아들들은 가미 사람 그일라의 아버지와 마아가 사람 에스드모아다.
²⁰ 시몬의 아들들은 암논, 린나, 벤하난, 딜론이다.
이시의 아들들은 소헷, 벤소헷이다.
²¹⁻²³ 유다의 아들인 셀라의 자손은 레가의 아버지 에르, 마레사의 아버지 라아다, 벳아스베야에 살던 세마포 일꾼들 집안, 요김, 고세바 사람들, 요아스, 그리고 모압과 야수비레헴에서 다스린 사람이다. (이 기록들은 아주 오랜 전승에서 온 것이다.) 그들은 느다임과 그데라에 살던 도공들인데, 왕을 섬기면서 일한 주재 도공들이었다.

시므온 가문

²⁴⁻²⁵ 시므온의 족보는 이러하다. 그의 아들들은 느무엘, 야민, 야립, 세라, 사울이다. 사울은 살룸을 낳고, 살룸은 밉삼을 낳고, 밉삼은 미스마를 낳았다.
²⁶ 미스마의 아들 함무엘은 삭굴을 낳고, 삭굴은 시므이를 낳았다.
²⁷⁻³³ 시므이는 아들 열여섯 명과 딸 여섯 명을 두었으나, 그의 형제들은 그만큼 자녀를 낳지 못했고 유다처럼 큰 집안을 이루지 못했다. 그들이 살던 곳은 브엘세바, 몰라다, 하살수알, 빌하, 에셈, 돌랏, 브두엘, 호르마, 시글락, 벳말가봇, 하살수심, 벳비리, 사아라임으로, 다윗이 왕위에 오를 때까지 이 성읍들에서 살았다. 인근의 다른 정착지로는 에담, 아인, 림몬, 도겐, 아산 다섯 성읍과 바알랏까지 이르는 이 성읍들 주변에 있는 모든 마을이었다. 이곳이 그들의 정착지였다. 이 내용은 족보에 잘 기록되어 있다.

34-40 메소밥, 야믈렉, 아마시야의 아들 요사, 요엘, 예후가 있는데, 예후는 요시비야의 아들이고, 요시비야는 스라야의 아들, 스라야는 아시엘의 아들이다. 또 엘료에내, 야아고바, 여소하야, 아사야, 아디엘, 여시미엘, 브나야, 시사가 있는데, 시사는 시비의 아들이고, 시비는 알론의 아들, 알론은 여다야의 아들, 여다야는 시므리의 아들, 시므리는 스마야의 아들이다. 이들은 모두 자기 가문의 지도자들이다. 이들은 크게 번성하고 수가 많아져서, 양 떼를 칠 목장을 찾아 골짜기 동편의 그돌(그랄)까지 가야 했다. 이들은 초목이 무성한 목초지를 찾아냈다. 충분히 넓고 평온하고 한적한 곳이었다.

40-43 전에는 함 사람 중 일부가 그곳에 살았다. 그러나 이 족보에 기록된 사람들이 유다 왕 히스기야 시대에 이곳으로 와서, 함 사람을 공격하여 그들의 장막과 집들을 부수었다. 오늘 보는 것처럼, 함 사람은 하나도 살아남지 못했다. 그들은 풍성한 목초지가 있는 것을 보고 이주하여 그곳을 차지했다. 이들 시므온 사람 가운데 오백 명이 계속해서 세일 산지를 습격했는데, 이시의 아들들인 블라댜, 느아랴, 르바야, 웃시엘이 그 무리를 이끌었다. 그들은 피신하여 살아남은 아말렉 사람들을 모두 죽였다. 그리고 오늘까지 그곳에 살고 있다.

르우벤 가문

5 1-2 이스라엘의 맏아들 르우벤의 가문은 이러하다. 르우벤은 이스라엘의 맏아들이었으나 그가 아버지의 첩과 잠자리를 같이하는 부정한 행위를 저질러서, 맏아들의 권리가 이스라엘의 아들 요셉의 아들들에게 넘어갔다. 그는 족보에서 맏아들의 자리를 잃었다. 유다가 형제들 중 가장 강하고 그의 가문에서 다윗 왕이 나왔지만, 맏아들의 권리는 요셉에게 있었다.

3 이스라엘의 맏아들 르우벤의 아들들은 하녹, 발루, 헤스론, 갈미다.

4-6 요엘의 자손은 이러하다. 요엘의 아들은 스마야고, 그 아들은 곡, 그 아들은 시므이, 그 아들은 미가, 그 아들은 르아야, 그 아들은 바알, 그 아들은 브에라다. 브에라는 르우벤 지파의 지도자였는데, 앗시리아 왕 디글랏빌레셀에게 포로로 잡혀갔다.

⁷⁻¹⁰ 브에라의 형제들은 가문별로 족보에 올랐다. 첫째는 여이엘이고, 그 다음은 스가랴, 그 다음은 벨라인데, 벨라는 아사스의 아들이고, 아사스는 세마의 아들, 세마는 요엘의 아들이다. 요엘은 아로엘에서 느보와 바알므온에 이르는 지역에 살았다. 그의 가문은 멀리 유프라테스 강에서부터 사막 끝까지 걸쳐 있는 땅에 거주했다. 그들의 가축 떼가 점점 많아져서 길르앗에 차고 넘쳤기 때문이다. 사울이 다스리던 시대에 그들은 하갈 사람과 싸워 이겼고, 길르앗 동쪽 변방에 있던 하갈 사람의 장막들을 빼앗아 거기서 살았다.

¹¹⁻¹² 르우벤 가문의 이웃인 바산의 갓 가문은 살르가까지 이르는 지역에 살았다. 요엘은 족장이고, 사밤은 부족장이며, 야내는 바산의 재판관이었다.
¹³⁻¹⁵ 그들의 형제는 가문별로 미가엘, 므술람, 세바, 요래, 야간, 시아, 에벨 이렇게 모두 일곱이었다. 이들은 아비하일의 자손인데, 아비하일은 후리의 아들이고, 후리는 야로아의 아들, 야로아는 길르앗의 아들, 길르앗은 미가엘의 아들, 미가엘은 여시새의 아들, 여시새는 야도의 아들, 야도는 부스의 아들이다. 아히가 그들의 족장이었는데, 아히는 압디엘의 아들이고, 압디엘은 구니의 아들이다.
¹⁶ 갓 가문은 주변 마을들을 포함해 샤론 목초지까지 뻗어 나간 길르앗과 바산에서 살았다.
¹⁷ 그들 모두 유다 왕 요담과 이스라엘 왕 여로보암이 다스리던 시대에 공식 족보에 올랐다.

¹⁸⁻²² 르우벤과 갓과 므낫세 반쪽 지파 가문들에는 군사훈련을 받은 용사 44,760명이 있었는데, 신체가 건장하고 방패와 칼과 활을 다루는 솜씨가 좋았다. 그들은 하갈 사람, 여두르, 나비스, 노답과 싸웠다. 그들이 싸울 때 하나님께서 도우셨다. 그들이 전쟁중에 하나님께 부르짖었으므로, 하나님께서 하갈 사람과 이들의 모든 연합군을 그들 손에 넘겨주셨다. 그들이 하나님을

신뢰했으므로 하나님께서 그들의 기도에 응답하셨다. 그들은 하갈 사람의 가축 떼와 양 떼, 곧 낙타 50,000마리, 양 250,000마리, 나귀 2,000마리를 전리품으로 취했다. 포로 100,000명도 사로잡았다. 그 전투는 하나님의 전투였으므로 많은 사람들이 죽었다. 이 가문들은 포로로 잡혀갈 때까지 그 땅에서 살았다.

❧

23-26 므낫세 반쪽 지파는 인구가 많았다. 그들은 바산에서 바알헤르몬까지, 곧 스닐(헤르몬 산)에 이르는 땅에 거주했다. 그들의 족장은 에벨, 이시, 엘리엘, 아스리엘, 예레미야, 호다위야, 야디엘이었다. 그들은 용감한 군인들로, 각 가문의 유명한 족장이었다. 그러나 그들은 조상의 하나님께 충실하지 못했다. 그들은 자신들이 도착하기 전에 하나님께서 쫓아내신 그 땅 백성의 경건치 못한 신들을 가까이했다. 그래서 이스라엘의 하나님께서는 앗시리아 왕 불(디글랏빌레셀)의 마음을 움직이셔서, 르우벤, 갓, 므낫세 반쪽 지파 가문들을 포로로 잡아가게 하셨다. 불은 그들을 할라, 하볼, 하라, 고산 강으로 이주시켰다. 그 후로 오늘까지 그들은 그곳에서 살고 있다.

레위 가문

6 1-14 레위의 아들들은 게르손, 고핫, 므라리다. 고핫의 아들들은 아므람, 이스할, 헤브론, 웃시엘이다. 아므람의 자녀는 아론, 모세, 미리암이다. 아론의 아들들은 나답, 아비후, 엘르아살, 이다말이다. 엘르아살은 비느하스를 낳고, 비느하스는 아비수아를 낳고, 아비수아는 북기를 낳고, 북기는 웃시를 낳고, 웃시는 스라히야를 낳고, 스라히야는 므라욧을 낳고, 므라욧은 아마랴를 낳고, 아마랴는 아히둡을 낳고, 아히둡은 사독을 낳고, 사독은 아히마아스를 낳고, 아히마아스는 아사랴를 낳고, 아사랴는 요하난을 낳고, 요하난은 아사랴를 낳았다(그는 솔로몬이 예루살렘에 지은 성전에서 제사장으로 섬겼다). 아사랴는 아마랴를 낳고, 아마랴는 아히둡을 낳고, 아히둡은 사독을 낳고, 사독은 살룸을 낳고, 살룸은 힐기야를 낳고, 힐기야는 아사랴

를 낳고, 아사랴는 스라야를 낳고, 스라야는 여호사닥을 낳았다.

15 **하나님**께서 느부갓네살을 일으켜 유다와 예루살렘 백성을 포로로 잡아가게 하실 때에 여호사닥도 붙잡혀 갔다.

❀

16-30 레위의 아들들은 게르손, 고핫, 므라리다. 게르손의 아들들의 이름은 립니, 시므이다. 고핫의 아들들은 아므람, 이스할, 헤브론, 웃시엘이다. 므라리의 아들들은 말리, 무시다. 레위의 가문은 이러하다. 게르손의 아들은 립니고, 그 아들은 야핫, 그 아들은 심마, 그 아들은 요아, 그 아들은 잇도, 그 아들은 세라, 그 아들은 여아드래다. 고핫의 아들은 암미나답이고, 그 아들은 고라, 그 아들은 앗실, 그 아들은 엘가나, 그 아들은 에비아삽, 그 아들은 앗실, 그 아들은 다핫, 그 아들은 우리엘, 그 아들은 웃시야, 그 아들은 사울이다. 엘가나의 아들들은 아마새와 아히못이고, 그 아들은 엘가나, 그 아들은 소배, 그 아들은 나핫, 그 아들은 엘리압, 그 아들은 여로함, 그 아들은 엘가나다. 사무엘의 아들들은 맏아들 요엘, 둘째 아비야다. 므라리의 아들은 말리고, 그 아들은 립니, 그 아들은 시므이, 그 아들은 웃사, 그 아들은 시므아, 그 아들은 학기야, 그 아들은 아사야다.

다윗의 예배 인도자들

31-32 다윗이 언약궤를 **하나님**의 집에 모신 뒤에 그곳에서 찬양을 인도할 사람들을 임명했는데, 그들은 솔로몬이 예루살렘에 **하나님**의 성전을 지을 때까지 예배 처소인 회막에서 찬양하는 일을 맡았다. 그들은 주어진 지침에 따라 직무를 수행했다.

33-38 예배를 준비하고 지도하는 일로 섬긴 사람과 그 자손은 이러하다. 고핫 사람의 집안에서 헤만이 찬양대 지휘자로 섬겼는데, 그는 요엘의 아들이고, 요엘은 사무엘의 아들, 사무엘은 엘가나의 아들, 엘가나는 여로함의 아들, 여로함은 엘리엘의 아들, 엘리엘은 도아의 아들, 도아는 숩의 아들, 숩은 엘가나의 아들, 엘가나는 마핫의 아들, 마핫은 아마새의 아들, 아마새는 엘가

나의 아들, 엘가나는 요엘의 아들, 요엘은 아사랴의 아들, 아사랴는 스바냐
의 아들, 스바냐는 다핫의 아들, 다핫은 앗실의 아들, 앗실은 에비아삽의 아
들, 에비아삽은 고라의 아들, 고라는 이스할의 아들, 이스할은 고핫의 아들,
고핫은 레위의 아들, 레위는 이스라엘의 아들이다.

39-43 헤만의 동료 아삽은 그의 오른편에 섰다. 아삽은 베레갸의 아들이고, 베
레갸는 시므아의 아들, 시므아는 미가엘의 아들, 미가엘은 바아세야의 아들,
바아세야는 말기야의 아들, 말기야는 에드니의 아들, 에드니는 세라의 아들,
세라는 아다야의 아들, 아다야는 에단의 아들, 에단은 심마의 아들, 심마는
시므이의 아들, 시므이는 야핫의 아들, 야핫은 게르손의 아들, 게르손은 레
위의 아들이다.

44-47 그의 왼편에 선 동료들, 곧 므라리의 자손 가운데 에단이 있었다. 에단
은 기시의 아들이고, 기시는 압디의 아들, 압디는 말룩의 아들, 말룩은 하사
뱌의 아들, 하사뱌는 아마시야의 아들, 아마시야는 힐기야의 아들, 힐기야는
암시의 아들, 암시는 바니의 아들, 바니는 세멜의 아들, 세멜은 말리의 아들,
말리는 무시의 아들, 무시는 므라리의 아들, 므라리는 레위의 아들이다.

48 나머지 레위인들은 예배 처소, 곧 하나님의 집에서 필요한 다른 모든 일을
맡았다.

49 아론과 그의 자손은 번제단과 분향단에 제물을 바쳤고, 지성소의 모든 일
을 맡았다. 그들은 하나님의 종 모세가 내린 지침에 따라 이스라엘을 위해
속죄했다.

50-53 아론의 자손은 이러하다. 그의 아들은 엘르아살이고, 그 아들은 비느하
스, 그 아들은 아비수아, 그 아들은 북기, 그 아들은 웃시, 그 아들은 스라히
야, 그 아들은 므라욧, 그 아들은 아마랴, 그 아들은 아히둡, 그 아들은 사독,
그 아들은 아히마아스다.

제사장의 성읍들

54-81 제사장 가문에 분배된 거주지는 이러하다. 고핫 가문의 아론 자손이 첫 번째로 제비를 뽑았다. 그들은 유다 땅 헤브론과 그 주변의 모든 목초지를 받았다. 여분네의 아들 갈렙은 그 성읍 주변의 들판과 마을들을 얻었다. 아론 자손은 또 헤브론, 립나, 얏딜, 에스드모아, 힐렌, 드빌, 아산, 벳세메스 등의 도피성과 그 주변의 목초지를 받았다. 그리고 베냐민 지파에게서 게바, 알레멧, 아나돗과 그 주변의 목초지를 받았다. 그 고핫 가문에게는 모두 열세 개의 성읍이 분배되었다. 나머지 고핫 자손은 므낫세 반쪽 지파의 땅에서 열 개의 성읍을 제비 뽑아 나누어 받았다. 게르손 자손은 잇사갈, 아셀, 납달리, 바산에 있는 므낫세 지파의 땅에서 가문별로 열세 개의 성읍을 받았다. 므라리 자손에게는 르우벤, 갓, 스불론 지파의 땅에서 제비를 뽑아 가문별로 열두 개 성읍이 분배되었다. 이스라엘 자손은 레위 지파에게 그 성읍들과 그 주변 목초지를 함께 주었다. 그들은 유다, 시므온, 베냐민 지파의 땅에 있는 성읍들도 제비를 뽑아 분배했다. 일부 고핫 가문들은 에브라임 지파의 땅에 있는 성읍들을 받았는데, 곧 에브라임 산지의 세겜, 게셀, 욕므암, 벳호론, 아얄론, 가드림몬 등의 도피성과 거기에 딸린 목초지였다. 나머지 고핫 자손은 므낫세 반쪽 지파의 땅에서 아넬과 빌르암을 받았고 거기에 딸린 목초지도 함께 받았다. 게르손 자손은 므낫세 반쪽 지파의 땅에서 바산의 골란과 아스다롯을, 잇사갈 지파의 땅에서 게데스와 다브랏과 라못과 아넴을, 아셀 지파의 땅에서 마살과 압돈과 후곡과 르홉을, 납달리 지파의 땅에서 갈릴리의 게데스와 함몬과 기랴다임을 받았다. 나머지 므라리 자손은 스불론 지파의 땅에서 림모노와 다볼을, 요단 강 동쪽 르우벤 지파의 땅에서 사막의 베셀과 야사와 그데못과 메바앗을, 갓 지파의 땅에서 길르앗의 라못과 마하나임과 헤스본과 야셀을 받았다. 이 모든 성읍에는 목초지가 딸려 있었다.

잇사갈 가문

7 1-5 잇사갈의 아들들은 돌라, 부아, 야숩, 시므론 이렇게 넷이었다. 돌라의 아들들은 웃시, 르바야, 여리엘, 야매, 입삼, 스므엘로, 각자 자

기 가문의 족장이었다. 다윗이 통치하던 시대에 돌라 집안은 그 혈통의 용사가 22,600명이었다. 웃시의 아들은 이스라히야고, 이스라히야의 아들들은 미가엘, 오바댜, 요엘, 잇시야인데, 이 다섯 자손이 모두 족장이었다. 그들은 다른 형제들보다 아내와 아들들이 더 많았으므로 그 혈통의 용사가 36,000명이었다. 잇사갈의 가문에서 87,000명의 용사가 나왔으며, 그들 모두가 족보에 올랐다.

베냐민 가문

6-12 베냐민은 벨라, 베겔, 여디아엘 이렇게 세 아들을 두었다. 벨라는 에스본, 우시, 웃시엘, 여리못, 이리까지 다섯 아들을 두었는데, 이들은 모두 용사들로 각 가문의 족장이었다. 그들의 족보에 이름이 오른 사람은 22,034명이었다. 베겔의 아들들은 스미라, 요아스, 엘리에셀, 엘료에내, 오므리, 여레못, 아비야, 아나돗, 알레멧이다. 이 족장들을 통해서 20,200명의 용사가 족보에 올랐다. 여디아엘의 아들은 빌한이고, 빌한의 아들들은 여우스, 베냐민, 에훗, 그나아나, 세단, 다시스, 아히사할이다. 이들은 모두 여디아엘의 자손으로 각 가문의 족장이었다. 전쟁에 나갈 준비가 된 용사는 17,200명이었다. 숩빔과 훕빔은 일의 아들이고, 후심은 아헬 가문 출신이다.

납달리 가문

13 납달리의 아들들은 야시엘, 구니, 예셀, 살룸이다. 이들은 할아버지의 첩 빌하 쪽으로 모계 족보에 올랐다.

므낫세 가문

14-19 므낫세의 아들들은 아람 사람인 첩에게서 낳은 아스리엘과, 길르앗의 아버지 마길이다. 마길은 훕빔과 숩빔의 누이인 마아가를 아내로 맞았다. 므낫세의 또 다른 아들의 이름은 슬로브핫인데, 그에게는 딸들밖에 없었다. 마길의 아내 마아가는 아들을 낳고 그의 이름을 베레스라고 지었다. 그의 동생 이름은 세레스고, 세레스의 아들들은 울람과 라겜이다. 울람의 아들은 브단

이다. 이들은 길르앗의 자손인데, 길르앗은 마길의 아들이고, 마길은 므낫세의 아들이다. 그의 누이 함몰레겟은 이스홋, 아비에셀, 말라를 낳았다. 스미다의 아들들은 아히안, 세겜, 릭히, 아니암이다.

에브라임 가문

20-24 에브라임의 아들은 수델라고, 그 아들은 베렛, 그 아들은 다핫, 그 아들은 엘르아다, 그 아들은 다핫, 그 아들은 사밧, 그 아들은 수델라, 그리고 가드 원주민의 습격으로 죽은 소도둑 에셀과 엘르앗이다. 그들의 아버지 에브라임이 오랫동안 슬퍼했으므로 가족들이 와서 그를 위로했다. 그 후에 그가 다시 아내와 잠자리를 같이하자, 그녀가 임신하여 아들을 낳았다. 그는 집안에 닥쳤던 불운을 생각하여 아이 이름을 브리아(불운)라고 지었다. 그의 딸은 세에라다. 그녀는 아랫 벳호론과 윗 벳호론, 우센세에라를 세웠다.

25-29 에브라임의 아들들은 레바, 레셉이다. 레셉의 아들은 델라고, 그 아들은 다한, 그 아들은 라단, 그 아들은 암미훗, 그 아들은 엘리사마, 그 아들은 눈, 그 아들은 여호수아다. 그들은 베델과 그 주변의 땅, 곧 동쪽으로 나아란에서 서쪽으로 게셀과 그 주변 마을들까지와 세겜과 그 주변 마을들에 거주했고, 아야와 그 주변 마을들까지 관할했다. 므낫세와의 경계를 따라 벳산, 다아낙, 므깃도, 돌이 주변 마을들과 함께 뻗어 있었다. 이스라엘의 아들 요셉의 가문은 이 모든 곳에 흩어져 살았다.

아셀 가문

30-32 아셀의 아들들은 임나, 이스와, 이스위, 브리아고, 그들의 누이는 세라다. 브리아의 아들들은 헤벨과 말기엘이고, 말기엘은 비르사잇을 낳았다. 헤벨은 야블렛, 소멜, 호담, 그리고 그들의 누이 수아를 낳았다.

33-40 야블렛은 바삭, 빔할, 아스왓을 낳았다. 야블렛의 동생 소멜은 로가, 호바, 아람을 낳았다. 소멜의 동생 헬렘은 소바, 임나, 셀레스, 아말을 낳았다. 소바는 수아, 하르네벨, 수알, 베리, 이므라, 베셀, 홋, 사마, 실사, 이드란, 브에라를 낳았다. 예델은 여분네, 비스바, 아라를 낳았다. 울라는 아라, 한니

엘, 리시아를 낳았다. 이들은 아셀 자손으로, 모두 책임감 있고 성품이 뛰어 났으며 전쟁에 용감한 자요 훌륭한 지도자들이었다. 전쟁에 나갈 준비가 된 사람 26,000명이 족보에 올랐다.

베냐민 가문

8 ¹⁻⁵ 베냐민의 맏아들은 벨라고, 그 아래로 아스벨, 아하라, 노하, 라바 이렇게 모두 다섯 아들을 두었다. 벨라의 아들들은 앗달, 게라, 아비 훗, 아비수아, 나아만, 아호아, 게라, 스부반, 후람이다.

⁶⁻⁷ 게바에 살다가 마나핫으로 잡혀간 에훗 가문은 나아만, 아히야, 게라인 데, 이들이 잡혀갈 때 게라가 인도했다. 게라는 웃사, 아히훗을 낳았다.

⁸⁻¹² 사하라임은 모압 땅에서 두 아내 후심, 바아라를 내보낸 뒤에 자녀를 낳 았다. 그는 새 아내 호데스에게서 요밥, 시비야, 메사, 말감, 여우스, 사캬, 미르마를 낳았다. 이들은 족장이 되었다. 이전 아내 후심에게서는 아비둡, 엘바알을 낳았다. 엘바알의 아들들은 에벨, 미삼, 세멧인데, 세멧은 오노와 롯과 거기에 딸린 모든 마을을 세웠다.

¹³⁻²⁸ 브리아와 세마는 아얄론에 살던 가문의 족장이었다. 그들은 가드 주민 을 쫓아냈다. 그들의 형제는 사삭, 여레못이다. 브리아의 아들들은 스바댜, 아랏, 에델, 미가엘, 이스바, 요하다. 엘바알의 아들들은 스바댜, 므술람, 히 스기, 헤벨, 이스므래, 이슬리아, 요밥이다. 시므이의 아들들은 야김, 시그 리, 삽디, 엘리에내, 실르대, 엘리엘, 아다야, 브라야, 시므랏이다. 사삭의 아들들은 이스반, 에벨, 엘리엘, 압돈, 시그리, 하난, 하나냐, 엘람, 안도디 야, 이브드야, 브누엘이다. 여로함의 아들들은 삼스래, 스하랴, 아달랴, 야아 레시야, 엘리야, 시그리다. 이들은 각 가문의 족장이 되었고 족보에 올랐다. 이들은 예루살렘에서 살았다.

²⁹⁻³² 기브온의 아버지 여이엘은 기브온에서 살았다. 그의 아내 이름은 마아 가다. 그의 맏아들은 압돈이고 그 아래로 술, 기스, 바알, 나답, 그돌, 아히 오, 세겔, 미글롯이 있다. 미글롯은 시므아를 낳았다. 이들은 예루살렘에서 친족과 한동네에 살았다.

33-40 넬은 기스를 낳고, 기스는 사울을 낳고, 사울은 요나단과 말기수아와 아비나답과 에스바알을 낳았다. 요나단은 므립바알을 낳고, 므립바알은 미가를 낳았다. 미가의 아들들은 비돈, 멜렉, 다레아, 아하스다. 아하스는 여호앗다를 낳고, 여호앗다는 알레멧, 아스마윗, 시므리를 낳았다. 시므리는 모사를 낳고, 모사는 비느아를 낳았다. 비느아의 아들은 라바고, 그 아들은 엘르아사, 그 아들은 아셀이다. 아셀은 여섯 아들을 두었는데, 그들의 이름은 아스리감, 보그루, 이스마엘, 스아랴, 오바댜, 하난이다. 그의 동생 에섹은, 맏아들 울람과 그 아래로 여우스와 엘리벨렛을 두었다. 울람의 아들들은 활을 잘 쏘는 자로 알려진 용사들이었다. 그들은 아들과 손자들을 아주 많이 두어 적어도 150명은 되었다. 그들 모두 베냐민의 족보에 올랐다.

9

1 이것은 이스라엘 전체의 완성된 족보로, 그들이 불신앙과 불순종으로 바빌론에 포로로 잡혀간 때에 '이스라엘과 유다 왕 연대기'에 기록되었다.

포로 공동체의 귀환

2 포로로 살다가 자신들의 고향과 성읍으로 처음 귀환한 이스라엘 사람은 제사장과 레위인과 성전 봉사자들이었다.

3-6 유다, 베냐민, 에브라임, 므낫세 가문에서 예루살렘으로 돌아온 사람은 이러하다. 유다의 아들 베레스의 자손 중에 우대라는 사람이 있었는데, 그는 암미훗의 아들이고, 암미훗은 오므리의 아들, 오므리는 이므리의 아들, 이므리는 바니의 아들이다. 실로 사람들 중에는 맏아들 아사야와 그의 아들들, 세라 가문에서는 여우엘이 돌아왔다. 유다 가문에서 모두 690명이 돌아왔다.

7-9 베냐민 가문에서는 살루, 이브느야, 엘라, 므술람이 돌아왔다. 살루는 므술람의 아들이고, 므술람은 호다위아의 아들, 호다위아는 핫스누아의 아들이다. 이브느야는 여로함의 아들이다. 엘라는 웃시의 아들이고, 웃시는 미그리의 아들이다. 므술람은 스바댜의 아들이고, 스바댜는 르우엘의 아들, 르우

엘은 이브니야의 아들이다. 베냐민 가문에서 모두 956명이 돌아왔다. 이들은 모두 각 가문의 족장이다.

10-13 제사장 가운데서는 여다야, 여호야립, 야긴, 하나님의 성전 관리를 맡은 아사랴, 아다야, 마아새가 돌아왔다. 아사랴는 힐기야의 아들이고, 힐기야는 므술람의 아들, 므술람은 사독의 아들, 사독은 므라욧의 아들, 므라욧은 아히둡의 아들이다. 아다야는 여로함의 아들이고, 여로함은 바스홀의 아들, 바스홀은 말기야의 아들이다. 마아새는 아디엘의 아들이고, 아디엘은 야세라의 아들, 야세라는 므술람의 아들, 므술람은 므실레밋의 아들, 므실레밋은 임멜의 아들이다. 제사장들은 모두 족장으로 1,760명이었으며, 하나님을 예배하는 일에 능숙하고 노련한 종들이었다.

14-16 레위인 가운데서는 스마야, 박박갈과 헤레스와 갈랄, 맛다냐, 오바댜, 그리고 느도바 사람의 마을에 살던 베레갸가 돌아왔다. 므라리 자손인 스마야는 핫숩의 아들이고, 핫숩은 아스리감의 아들, 아스리감은 하사뱌의 아들이다. 맛다냐는 미가의 아들이고, 미가는 시그리의 아들, 시그리는 아삽의 아들이다. 오바댜는 스마야의 아들이고, 스마야는 갈랄의 아들, 갈랄은 여두둔의 아들이다. 베레갸는 아사의 아들이고, 아사는 엘가나의 아들이다.

17-18 문지기는 살룸, 악굽, 달몬, 아히만과 그들의 형제들이었다. 그 우두머리는 살룸인데, 그때까지 동쪽에 있는 왕의 문의 문지기였다. 그들은 레위 가문의 진에서도 문지기로 일했다.

19-25 살룸은 고라 가문에 속한 형제들과 함께 성막 문지기로 예배를 섬겼는데, 그는 고레의 아들이고, 고레는 에비아삽의 아들, 에비아삽은 고라의 아들이다. 그들의 조상도 하나님의 진 입구를 지키는 사람들이었다. 예전에는 엘르아살의 아들 비느하스가 문지기들을 책임졌는데, 하나님께서 그와 함께 하셨다! 이후 므셀레먀의 아들 스가랴가 회막 입구에서 문지기를 맡았다. 문지기로 뽑힌 사람의 수는 212명으로, 그들 모두 각자가 속한 진에 정식으로 등록되었다. 다윗과 선견자 사무엘이 그들을 직접 뽑아 이 일을 맡겼다. 그들과 그들 자손은 하나님의 성전, 곧 예배 처소의 문을 지키는 책임을 영구히 맡았다. 동서남북 네 입구에 기간 문지기들이 배치되었고, 각 마을에 있

는 그들의 형제들이 매주 그들과 교대하도록 되어 있었다. 네 명의 기간 문지기들이 책임지고 밤낮으로 순찰을 돌았다.

²⁶⁻³² 레위인인 그들은 하나님의 성전에 있는 모든 비품과 귀중품의 안전을 책임졌다. 그들은 밤새도록 근무를 섰고, 열쇠를 맡아 가지고 있으면서 아침마다 문을 열었다. 그들 중 몇 사람은 성전 예배에 쓰는 기구를 맡아, 그것을 들이거나 내올 때에 그 수를 세었다. 다른 몇 사람은 밀가루, 포도주, 기름, 향, 향료 등 성소 안의 물자를 맡았다. 제사장 가운데서 몇 사람은 기름을 섞어 향유를 만드는 일을 맡았다. 고라 자손 살룸의 맏아들인 맛디댜는 예배에 쓸 빵을 굽는 책임을 맡았다. 고핫 자손의 몇몇 형제는 안식일마다 상에 차릴 빵을 준비하는 일을 맡았다.

³³⁻³⁴ 그리고 음악을 맡은 사람들이 있었는데, 모두 레위 지파의 족장들이었다. 성전 안에 그들의 숙소가 있었고, 밤낮으로 근무했으므로 다른 일은 면제되었다. 그들은 족보에 기록된 레위인 족장들이었다. 그들은 예루살렘에서 살았다.

³⁵⁻³⁸ 기브온의 아버지 여이엘은 기브온에 살았고, 그의 아내는 마아가다. 그의 맏아들은 압돈이고 그 아래로 술, 기스, 바알, 넬, 나답, 그돌, 아히오, 스가랴, 미글롯이 있다. 미글롯은 시므암을 낳았다. 이들은 예루살렘에서 친족과 한동네에 살았다.

³⁹⁻⁴⁴ 넬은 기스를 낳고, 기스는 사울을 낳고, 사울은 요나단과 말기수아와 아비나답과 에스바알을 낳았다. 요나단의 아들은 므립바알이고, 므립바알은 미가를 낳았다. 미가의 아들들은 비돈, 멜렉, 다레아다. 아하스는 야라를 낳고, 야라는 알레멧과 아스마웻과 시므리를 낳았다. 시므리는 모사를 낳고, 모사는 비느아를 낳았다. 비느아의 아들은 르바야고, 그 아들은 엘르아사, 그 아들은 아셀이다. 아셀은 여섯 아들을 두었다. 아스리감, 보그루, 이스마엘, 스아랴, 오바댜, 하난이 아셀의 아들들이다.

사울 왕의 죽음

10

¹⁻⁵ 블레셋 사람이 이스라엘과 전쟁을 벌였다. 이스라엘 사람이 필사적으로 도망치다가, 길보아 산에서 살육당하여 쓰러졌다. 블레셋 사람은 사울과 그의 아들들에게 집중하여, 요나단과 그의 형제 아비나답과 말기수아를 죽였다. 전투는 사울을 궁지로 몰아갔다. 활 쏘는 자들이 그를 찾아내어 그에게 중상을 입혔다. 사울은 자신의 무기를 드는 자에게 말했다. "저 이교도들이 와서 내 몸을 조롱하기 전에, 네 칼을 뽑아서 나를 죽여라." 그러나 사울의 무기를 드는 자는 몹시 두려운 나머지 찌르려고 하지 않았다. 그러자 사울은 자신의 칼을 뽑아 스스로 목숨을 끊었다. 사울이 죽자, 그의 무기를 드는 자도 공포에 질려 스스로 목숨을 끊었다.

⁶⁻⁷ 이렇게 사울과 그의 세 아들이 모두 한날에 죽었다. 골짜기에 있던 온 이스라엘 사람은, 군사들이 도망친 것과 사울과 그의 아들들이 죽은 것을 보고 성읍들을 버리고 도망쳤다. 블레셋 사람이 들어와 그곳들을 차지했다.

⁸⁻¹⁰ 이튿날, 블레셋 사람이 죽은 자들을 약탈하러 왔다가 길보아 산에 쓰러져 있는 사울과 그의 세 아들의 시신을 보았다. 그들은 사울의 머리를 베고 갑옷을 벗겨서 블레셋 전역에 전시하고, 그들이 섬기는 우상과 백성에게 승리의 소식을 알렸다. 그러고 나서 사울의 갑옷을 그들의 신전에 전시하고 그의 머리는 다곤 신전 안에 전리품으로 두었다.

¹¹⁻¹² 야베스 길르앗 사람들은 블레셋 사람이 사울에게 한 일을 전해 들었다. 용사들이 모두 나서서 사울과 그의 아들들의 주검을 되찾아 야베스로 가져왔다. 그들은 예를 갖추어 야베스에 있는 상수리나무 아래 사울과 그 아들들을 묻고 칠 일 동안 애도했다.

¹³⁻¹⁴ 사울이 죽은 것은 **하나님**께 불순종했기 때문이었다. 그는 **하나님**의 말씀에 순종하지 않았다. 기도하기보다는 무당을 찾아가 앞으로 있을 일을 알고자 점을 쳤다. 그가 **하나님**께 나아가 도움을 구하지 않았기 때문에, **하나님**께서는 그를 죽이시고 이새의 아들 다윗에게 나라를 넘겨주셨다.

다윗이 온 이스라엘의 왕이 되다

11 1-3 그 후에 온 이스라엘이 헤브론의 다윗 앞에 모여서 말했다. "보십시오. 우리는 왕의 혈육입니다! 과거에 사울이 왕이었을 때도, 왕께서 이스라엘의 참지도자였습니다. 하나님께서는 왕에게 '너는 내 백성 이스라엘의 목자가 되고 내 백성 이스라엘의 통치자가 될 것이다' 하고 말씀하셨습니다." 이스라엘의 모든 장로가 헤브론으로 왕을 찾아오자, 다윗은 헤브론에서 하나님 앞에 나아가 그들과 언약을 맺었다. 이어서 그들은 하나님께서 사무엘을 통해 명령하신 대로, 다윗에게 기름을 부어 이스라엘의 왕으로 삼았다.

4-6 다윗과 온 이스라엘이 예루살렘(여부스 사람이 살던 옛 여부스)으로 갔다. 여부스 주민이 다윗에게 "너는 여기 들어올 수 없다" 하고 말했다. 그러나 다윗은 그 성을 쳐서 시온 성채, 곧 다윗 성을 점령했다. 다윗은 "가장 먼저 여부스 사람을 죽이는 자가 군사령관이 될 것이다" 하고 말했는데, 스루야의 아들 요압이 맨 처음으로 그들을 죽여서 사령관이 되었다.

7-9 다윗이 그 요새 성읍에 거주했으므로, 그곳을 '다윗 성'이라고 불렀다. 다윗은 바깥 성채(밀로)와 외벽을 쌓아 그 성을 요새화했다. 요압은 성문을 재건했다. 다윗의 걸음은 더 커지고 그의 품은 더 넓어졌다. 참으로 만군의 하나님께서 그와 함께 계셨다!

다윗의 용사들

10-11 다윗이 거느린 용사들의 우두머리는 이러하다. 이들은 다윗이 왕위에 오를 때 그와 손을 맞잡고, 온 이스라엘과 더불어 하나님께서 이스라엘에 대해 말씀하신 대로, 그가 왕이 되도록 도왔다. 다윗이 거느린 용사들의 이름은 이러하다.

학모니의 아들 야소브암은 삼십 인의 우두머리였다. 그는 혼자서 삼백 명을 죽였는데, 단 한 번의 접전으로 그들을 모두 죽였다.

12-14 다음은 아호아 사람 도도의 아들 엘르아살로, 최고 세 용사 가운데 하나였다. 그가 다윗과 함께 바스담밈에 있을 때, 블레셋 사람이 싸우려고 그곳에

군대를 소집했다. 그 부근에 보리밭이 있었는데, 처음에 블레셋 사람을 피하여 도망치던 이스라엘 군대가 그 보리밭에 버티고 서자 전세는 역전되었다! **하나님**의 도우심으로 그들은 블레셋 사람을 쳐죽였다. 큰 승리를 거두었다.

¹⁵⁻¹⁹ 블레셋 사람의 부대가 르바임 골짜기에 진 치고 있는 동안, 삼십 인 중 최고 세 용사가 바윗길을 내려가 아둘람 굴에 있는 다윗에게로 갔다. 그때에 다윗은 굴 속에 숨어 있었고, 블레셋 사람은 베들레헴에서 전투 준비를 하고 있었다. 다윗이 갑자기 목이 말랐다. "베들레헴 성문 곁에 있는 우물물을 마실 수만 있다면, 무엇을 주어도 아깝지 않으련만!" 그러자 세 용사가 블레셋 진을 뚫고 들어가, 베들레헴 성문 곁에 있는 우물물을 길어 어깨에 메고 다윗에게 가져왔다. 그러나 다윗은 그 물을 마시지 않았다! 그는 그것을 **하나님**께 거룩한 제물로 부어 드리며 말했다. "이 물을 마시느니 차라리 하나님의 저주를 받겠습니다! 이것은 저들이 목숨을 걸고 가져온 것이니, 이 물을 마시는 것은 저들의 생명의 피를 마시는 것과 같습니다." 그는 끝내 물을 마시지 않았다. 용사들 중에 최고 세 용사가 바로 이러한 일을 했다.

²⁰⁻²¹ 요압의 동생 아비새는 삼십 인의 우두머리였다. 그는 혼자서 삼백 명과 싸워 그들을 죽였지만, 세 용사에는 들지 못했다. 그는 삼십 인에게 크게 존경을 받아 그들의 우두머리가 되었지만, 세 용사에는 미치지 못했다.

²²⁻²⁵ 여호야다의 아들 브나야는 갑스엘 출신의 용사로 많은 공을 세워 명예를 얻었다. 그는 유명한 모압 사람 두 명을 죽였고, 눈 오는 날 구덩이에 내려가 사자를 죽였으며, 키가 2미터 30센티미터나 되는 이집트 사람을 죽였다. 그 이집트 사람은 배의 활대 같은 창을 가지고 있었으나, 브나야가 막대기 하나로 그를 쳐서 손에서 창을 빼앗고 그 창으로 그를 죽였다. 이것이 여호야다의 아들 브나야가 한 일이다. 그러나 그는 세 용사에는 들지 못했다. 삼십 인 사이에서 크게 존경을 받았지만, 세 용사에는 미치지 못했다. 다윗은 그에게 자신의 개인 경호 책임을 맡겼다.

²⁶⁻⁴⁷ 군대의 용사들은 이러하다. 요압의 동생 아사헬, 베들레헴 사람 도도의 아들 엘하난, 하롤 사람 삼못, 블론 사람 헬레스, 드고아 사람 익게스의 아들 이라, 아나돗 사람 아비에셀, 후사 사람 십브개, 아호아 사람 일래, 느도바

사람 마하래, 느도바 사람 바아나의 아들 헬렛, 베냐민 자손으로 기브아 사
람 리배의 아들 이대, 비라돈 사람 브나야, 가아스 골짜기에 사는 후래, 아르
바 사람 아비엘, 바하룸 사람 아스마웻, 사알본 사람 엘리아바, 기손 사람 하
셈의 아들들, 하랄 사람 사게의 아들 요나단, 하란 사람 사갈의 아들 아히암,
울의 아들 엘리발, 므게랏 사람 헤벨, 블론 사람 아히야, 갈멜 사람 헤스로,
에스배의 아들 나아래, 나단의 동생 요엘, 하그리의 아들 밉할, 암몬 사람 셀
렉, 스루야의 아들 요압의 무기를 드는 자 브에롯 사람 나하래, 이델 사람 이
라, 이델 사람 가렙, 헷 사람 우리아, 알래의 아들 사밧, 르우벤 자손 시사의
아들로 삼십 인의 르우벤 자손 우두머리인 아디나, 마아가의 아들 하난, 미
덴 사람 요사밧, 아스드랏 사람 웃시야, 아로엘 사람 호담의 아들들 사마와
여이엘, 시므리의 아들 여디아엘, 그의 동생 디스 사람 요하, 마하위 사람 엘
리엘, 엘나암의 아들들 여리배와 요사위야, 모압 사람 이드마, 엘리엘, 오벳,
므소바 사람 야아시엘이다.

12

¹⁻² 다윗이 기스의 아들 사울에게 쫓겨 다닐 때에, 시글락에서 다
윗에게 합류한 사람들이 있었다. 그들은 용사, 곧 훌륭한 군인들
이었다. 활로 무장한 그들은 양손으로 물맷돌을 던질 줄 알았고 화살을 잘
쏘았다. 그들은 사울이 속한 베냐민 지파 사람들이었다.

³⁻⁷ 첫째는 아히에셀이고, 그 아래로 기브아 사람 스마아의 아들 요아스, 아
스마웻의 아들들 여시엘과 벨렛과 브라가, 아나돗 사람 예후, 삼십 인 중에
하나요 삼십 인의 지도자인 기브온 사람 이스마야, 예레미야, 야하시엘, 요
하난, 그데라 사람 요사밧, 엘루새, 여리못, 브아랴, 스마랴, 하룹 사람 스바
댜, 엘가나, 잇시야, 아사렐, 요에셀, 야소브암, 고핫 사람들, 그돌 사람 여
로함의 아들들인 요엘라와 스바댜다.

⁸⁻¹⁵ 갓 사람들 가운데 다윗을 찾아 광야의 요새로 탈주해 온 사람들이 있었
다. 그들은 방패와 창을 다룰 줄 아는 노련하고 열정적인 용사였다. 그들의
모습은 사자처럼 사나웠고, 산을 가로질러 달리는 영양처럼 민첩했다. 첫째

는 에셀이고, 그 아래로 오바댜, 엘리압, 미스만나, 예레미야, 앗대, 엘리엘,
요하난, 엘사밧, 예레미야, 막반내 이렇게 모두 열한 명이다. 이들 갓 사람들
은 그야말로 군계일학이었다. 각 사람이 백 명의 몫을 했고, 그들 중 최고는
천 명의 몫을 했다. 그들은 물이 범람하는 첫째 달에 요단 강을 건너, 저지대
에 사는 사람들을 동서로 피하게 했다.

16-17 또 광야의 요새로 다윗을 찾아와 합류한 베냐민 지파와 유다 지파 사람
들도 있었다. 다윗은 그들을 맞으러 나가 이렇게 말했다. "여러분이 나를 돕
고자 평화로이 왔다면 얼마든지 이 무리와 함께해도 좋습니다. 그러나 무죄
한 나를 적에게 팔아넘기려 왔다면, 우리 조상의 하나님께서 꿰뚫어 보시고
여러분에게 심판을 내리실 것입니다."

18 바로 그때, 삼십 인의 우두머리인 아마새가 하나님의 영에 감동을 받아 말
했다.

> 다윗이여, 우리는 당신 편입니다.
> 이새의 아들이여, 우리를 당신께 맡깁니다.
> 당신은 평안할 것입니다. 참으로 평안할 것입니다.
> 누구든 당신을 돕는 자마다 모두 평안할 것입니다.
> 당신의 하나님께서 당신을 도우셨고 지금도 도우시기 때문입니다.

그래서 다윗은 그들을 받아들여 습격대 우두머리들 밑으로 배치했다.

19 다윗이 블레셋 사람과 함께 출정하여 사울과 전쟁하려 할 때에, 일부 므낫
세 지파 사람들도 탈주하여 다윗에게 왔다. 실제로 그들은 싸우지 못했는데,
블레셋의 지도자들이 의논 끝에 "우리 목숨을 저들에게 맡길 수 없다. 저들
은 원래 주인인 사울에게 우리를 팔아넘길 것이다" 하며 그들을 돌려보냈기
때문이다.

20-22 시글락의 다윗에게로 탈주해 온 므낫세 지파 사람들은 아드나, 요사밧,
여디아엘, 미가엘, 요사밧, 엘리후, 실르대다. 이들은 모두 므낫세 가문의 지
도자들이었다. 그들은 다윗을 도와 사막의 도적떼를 급습했다. 그들 모두 건

장한 용사들이요 다윗의 습격대를 훌륭하게 이끌었다. 사람들이 날마다 돕겠다고 찾아와서, 다윗의 무리는 금세 하나님의 군대와 같이 크게 되었다!

❧

23-37 **하나님**의 말씀대로 사울의 나라를 넘기려고 북쪽에서 헤브론에 있는 다윗을 찾아온 노련한 용사들의 수는 이러하다. 유다에서는 방패와 창으로 무장한 자 6,800명, 시므온에서는 건장한 용사 7,100명, 레위에서는 3,700명을 거느리고 온 아론 가문의 지도자 여호야다와 가문의 지도자 22명과 함께 온 젊고 건장한 사독을 포함해 4,600명, 베냐민 곧 사울의 집안에서는 그때까지 사울을 지키던 이들 3,000명이 왔다. 에브라임에서는 용맹한 용사이자 고향에서 유명세를 떨치던 20,800명, 므낫세 반쪽 지파에서는 다윗을 왕으로 추대하기 위해 선출된 자 18,000명, 잇사갈에서는 시대와 이스라엘의 본분을 아는 지도자 200명과 그들의 가문 사람들, 스불론에서는 충성심이 강하고 잘 무장된 베테랑 용사 50,000명, 납달리에서는 중무장한 37,000명과 그들을 인솔한 지휘관 1,000명, 단에서는 전투 준비를 마친 자 28,600명, 아셀에서는 전투 준비를 마친 베테랑 군사 40,000명, 요단 동쪽에서는 중무장한 르우벤과 갓과 므낫세 반쪽 지파 사람 120,000명이 왔다.

38-40 이 모든 군사들이 싸울 준비를 갖추고 헤브론으로 다윗을 찾아왔다. 그들은 다윗을 온 이스라엘의 왕으로 삼기로 뜻을 굳혔고, 모두가 한마음이 되어 있었다. 이스라엘의 다른 모든 사람들도 같은 마음이었다. "다윗을 왕으로 삼자!" 그들은 사흘 동안 다윗과 함께 있으면서 각자의 가문에서 준비한 음식과 마실 것으로 풍성한 잔치를 벌였다. 멀리 북쪽의 잇사갈, 스불론, 납달리에서도 나귀와 낙타와 노새와 소에 잔치 음식을 싣고 사람들이 도착했다. 그들이 밀가루, 무화과빵, 건포도빵, 포도주, 기름, 소, 양을 가져오니, 이스라엘에 기쁨이 넘쳤다!

다윗이 하나님의 궤를 옮기다

13

¹⁻¹⁴ 다윗은 모든 지도자, 곧 천부장과 백부장과 함께 의논했다. 그러고 나서 이스라엘 온 회중 앞에서 말했다. "여러분이 옳게 여기고 그것이 하나님의 뜻이라면, 이스라엘 전역에 있는 우리의 친족과 그들의 친족, 각자의 성읍과 주변 목초지에 사는 제사장과 레위인들까지 모두 초청하여 한자리에 모이게 합시다. 그런 다음, 사울의 시대 동안 보이지 않아 마음에서 멀어진 우리 하나님의 궤를 다시 가져옵시다." 이스라엘 온 회중이 그것을 옳게 여기고 동의했다. 그래서 다윗은 기럇여아림에 있는 하나님의 궤를 가져오기 위해, 남서쪽으로는 이집트의 호루스 연못에서부터 북동쪽으로 하맛 고갯길에 이르기까지 온 이스라엘을 불러 모았다. 이어서 다윗과 온 이스라엘은 하나님의 궤를 다시 가져오려고 유다의 바알라(기럇여아림)로 갔다. 그 궤는 '하나님의 그룹 보좌'이며, 거기서 하나님의 이름을 불렀다. 그들은 아비나답의 집으로 가서 하나님의 궤를 새 수레에 싣고 옮겨 왔는데, 웃사와 아히오가 그 일을 맡았다. 다윗과 온 이스라엘은 하나님의 궤와 함께 행렬을 이루어, 온갖 악기를 든 악대와 함께 노래하고 춤추며 마음껏 예배했다. 그들이 기돈의 타작마당에 이르렀을 때, 소들이 비틀거려 궤가 떨어지려고 하자 웃사가 손을 내밀어 궤를 잡았다. 웃사가 궤를 잡은 일로 하나님께서 진노를 발하셔서 그를 죽이셨다. 그는 하나님 앞에서 죽었다. 하나님께서 웃사에게 진노를 발하시자 다윗은 성질을 부리며 화를 냈다. 그래서 그곳은 오늘까지 베레스웃사(웃사에 대해 폭발하심)라고 불린다. 그날 다윗은 하나님이 두려워 "이래서야 어떻게 하나님의 궤를 모시고 계속해서 갈 수 있겠는가?" 하고 말했다. 그래서 다윗은 다윗 성으로 궤를 옮기지 않고, 가드 사람 오벳에돔의 집에 보관했다. 하나님의 궤는 오벳에돔의 집에 석 달 동안 머물렀다. 하나님께서 오벳에돔의 집과 그의 주변 모든 것에 복을 주셨다.

14

¹⁻⁷ 두로 왕 히람이 다윗에게 사절단과 함께 백향목 재목과 석공과 목수들을 보내어 그의 왕궁을 짓게 했다. 다윗은 하나님께서

자신을 이스라엘의 왕으로 인정해 주셨음을 분명히 깨달았다. **하나님께서** 그분의 백성 이스라엘을 위해 그 나라의 명성을 높여 주셨기 때문이다. 다윗은 예루살렘에서 아내를 더 맞아들였고 자녀를 더 낳았다. 그가 예루살렘에서 낳은 자녀들은 삼무아, 소밥, 나단, 솔로몬, 입할, 엘리수아, 엘벨렛, 노가, 네벡, 야비아, 엘리사마, 브엘랴다, 엘리벨렛이다.

❖

8-9 다윗이 통일 이스라엘의 왕이 되었다는 소식을 듣고 블레셋 사람이 그를 잡으러 몰려왔다. 보고를 들은 다윗은 그들과 맞서 싸우기 위해 나갔다. 블레셋 사람은 중간에 르바임 골짜기에 이르러 그곳을 약탈했다.

10 다윗이 하나님께 기도했다. "지금 블레셋 사람을 공격해도 되겠습니까? 주께서 저에게 승리를 주시겠습니까?"

하나님께서 대답하셨다. "공격하여라. 내가 너에게 승리를 주겠다."

11-12 다윗은 바알브라심에서 공격하여 그들을 철저히 쳐부수었다. 그러고 나서 이렇게 말했다. "콸콸 솟구치는 물처럼 하나님께서 내 적들을 쓸어버리셨다." 이후 사람들은 그곳을 바알브라심(바알에게 솟구치심)이라고 불렀다. 블레셋 사람은 그들의 신상들을 버려두고 도망쳤고, 다윗은 그것들을 불태워 버리라고 명령했다.

13-15 그 후에 블레셋 사람이 또다시 쳐들어와 골짜기를 약탈했다. 다윗이 또 하나님께 기도했다. 하나님께서 대답하셨다. "이번에는 정면에서 공격하지 말고, 그들 뒤로 돌아가 뽕나무 숲에서 덮쳐라. 뽕나무 숲 꼭대기에서 발소리가 들리면, 그때 공격하여라. 나 하나님이 너보다 두 걸음 앞서 가서 블레셋 사람을 쳐부술 것이다."

16 다윗은 하나님께서 명령하신 대로 하여, 기브온에서 게셀에 이르기까지 블레셋 사람을 쳐서 무찔렀다.

17 다윗의 명성이 곧 사방으로 퍼졌고, **하나님께서는** 그분을 모르는 나라들 안에 하나님에 대한 두려움을 심으셨다.

15 ¹⁻² 다윗은 다윗 성에 자신의 집을 지은 뒤에 하나님의 궤를 둘 자리를 마련하고 장막을 쳤다. 그런 다음 이렇게 명령했다. "레위인들 외에는 누구도 하나님의 궤를 나를 수 없다. 하나님께서 그들을 선택하셔서, 오직 그들만이 하나님의 궤를 나르게 하셨고 장막 안에 머무르면서 예배를 섬기게 하셨다."

³⁻¹⁰ 다윗은 특별히 준비해 둔 곳으로 하나님의 궤를 옮겨 오려고 이스라엘 모든 백성을 예루살렘에 불러 모았다. 다윗은 아론 집안과 레위인들도 불러 들였다. 고핫 가문에서 족장 우리엘과 그의 친족 120명, 므라리 가문에서 족장 아사야와 그의 친족 220명, 게르손 가문에서 족장 요엘과 그의 친족 130명, 엘리사반 가문에서 족장 스마야와 그의 친족 200명, 헤브론 가문에서 족장 엘리엘과 그의 친족 80명, 웃시엘 가문에서 족장 암미나답과 그의 친족 112명이 왔다.

¹¹⁻¹³ 그리고 나서 다윗은 제사장 사독과 아비아달, 레위인 우리엘, 아사야, 요엘, 스마야, 엘리엘, 암미나답을 불러 그들에게 말했다. "여러분은 레위 가문의 책임자들입니다. 이제 여러분과 여러분의 친족들은 자신을 정결하게 하고 이스라엘의 하나님의 궤를 내가 따로 마련해 둔 곳으로 옮겨 오십시오. 지난번에 이 일을 할 때는 여러분 레위인들이 궤를 메지 않았습니다. 우리가 규정대로 제대로 준비하지 않았기 때문에 하나님께서 진노하신 것입니다."

¹⁴⁻¹⁵ 그러자 제사장과 레위인들은 이스라엘의 하나님의 궤를 옮겨 오기 위해 자신들을 정결하게 했다. 레위인들은 하나님의 지시에 따라 모세가 명령한 대로, 하나님의 궤에 채를 끼워 어깨에 메고 손으로 만지지 않도록 주의했다.

¹⁶ 다윗은 레위인 족장들에게 지시하여 그들의 친족들을 찬양대로 세우고, 잘 구비된 악대의 연주에 맞추어 노래할 때에 흥겨운 소리가 하늘 가득 울리게 했다.

¹⁷⁻¹⁸ 레위인들은 요엘의 아들 헤만과 그의 친족인 베레갸의 아들 아삽을, 므라리 가문에서는 구사야의 아들 에단을 찬양대로 임명했다. 그들 외에 두 번째 서열도 그들의 형제 스가랴, 야아시엘, 스미라못, 여히엘, 운니, 엘리압, 브나야, 마아세야, 맛디디야, 엘리블레후, 믹네야, 문지기 오벳에돔, 여이엘

을 임명했다.

19-22 찬양대와 악대 대원들은 이러하다. 헤만, 아삽, 에단은 청동심벌즈를 쳤
다. 스가랴, 아시엘, 스미라못, 여히엘, 운니, 엘리압, 마아세야, 브나야는
수금으로 멜로디를 연주했다. 맛디디야, 엘리블레후, 믹네야, 오벳에돔, 여
이엘, 아사시야는 하프로 화음을 넣었다. 음악을 책임진 레위인 그나냐는 타
고난 음악가요 지휘자였다.

23-24 베레갸와 엘가나는 궤를 나르는 자였다. 제사장 스바냐, 요사밧, 느다
넬, 아미새, 스가랴, 브나야, 엘리에셀은 하나님의 궤 앞에서 나팔을 불었다.
오벳에돔과 여히야도 궤를 나르는 자였다.

언약궤를 예루살렘으로 옮기다

25-28 마침내 그들이 모든 준비를 마쳤다. 다윗과 이스라엘의 장로와 천부장
들은 오벳에돔의 집으로 가서 **하나님**의 언약궤를 가지고 올라왔다. 그들은
기쁜 마음으로 길을 갔다. 하나님께서 레위인들을 도우셔서, **하나님**의 언약
궤를 나르는 그들에게 힘을 주셨다. 그들은 멈추어 서서 소 일곱 마리와 숫
양 일곱 마리를 제물로 바쳐 예배했다. 다윗과 궤를 나르는 레위인과 찬양대
와 악대와 음악을 지휘하는 그나냐를 포함한 모든 사람이 고운 세마포 옷을
입었다. 다윗은 (에봇이라고 하는) 세마포로 만든 겉옷까지 입었다. 온 이스라
엘이 행진하며 나아갔고, 온갖 관악기와 타악기와 현악기를 연주하면서 소
리치고 환호하며 **하나님**의 언약궤를 옮겼다.

29 **하나님**의 언약궤가 다윗 성으로 들어올 때에, 사울의 딸 미갈이 창가에서
그 광경을 보았다. 다윗 왕이 기뻐 어쩔 줄 모르며 춤추는 모습을 보고서, 그
녀는 마음속으로 다윗을 업신여겼다.

❧

16 1-3 그들은 하나님의 궤를 가져다가 다윗이 따로 쳐 놓은 장막 한
가운데 두고, 하나님께 번제와 화목제를 드려 예배했다. 두 가지
제물을 바치고 예배를 마친 다윗은 **하나님**의 이름으로 백성을 축복하고, 남

녀 할 것 없이 그곳에 모인 모든 사람에게 **빵** 한 덩이와 구운 고기 한 점과
건포도과자 하나씩을 돌렸다.

4-6 또한 다윗은 레위인에게 **하나님**의 궤 앞에서 예배를 인도하는 일을 맡겨
이스라엘의 **하나님**께 중보하고 감사하며 찬양하게 했다. 그 일의 책임자는
아삽이었고, 그 아래로 악기를 연주하는 스가랴, 여이엘, 스미라못, 여히엘,
맛디디야, 엘리압, 브나야, 오벳에돔, 여이엘이 있었다. 아삽은 타악기를 맡
았다. 제사장 브나야와 야하시엘은 매일 정해진 시간에 하나님의 언약궤 앞
에서 **나팔**을 불었다.

7 그날 다윗은 **하나님**께 드리는 찬양예배를 처음 시작하면서, 아삽과 그의
동료가 예배를 인도하게 했다.

8-19 **하나님**께 감사하여라! 그분의 이름을 소리쳐 불러라!
온 세상에 그분이 어떤 분이신지, 어떤 일을 하셨는지 알려라!
그분께 노래하여라! 그분을 위해 연주하여라!
그분께서 행하신 모든 놀라운 일을 방방곡곡에 전파하여라!
하나님을 찾는 이들아,
그분의 거룩한 이름을 한껏 즐거라. 환호성을 올려라!
하나님과 그분의 능력을 배우고
밤낮으로 그분의 임재를 구하여라.
그분께서 행하신 놀라운 일들,
그분 입에서 나온 기적과 심판을 기억하여라.
그분의 종 이스라엘의 자손들아!
그분께서 가장 아끼시는 야곱의 자녀들아!
그분은 **하나님** 곧 우리 하나님이시다.
그분의 심판과 판결은 어디든 미친다.
그분께서는 약속하신 바를 지키신다.
명령하신 그 언약,
아브라함과 맺으신 그 언약,

이삭에게 맹세하신 그 언약을 수천 대까지 지키신다.
그 언약을 야곱에게 대문짝만하게 적어 주셨다.
이스라엘과 이 영원한 언약을 맺으셨다.
"내가 너희에게 가나안 땅을 주노라.
유산으로 주노라.
별 볼 일 없는 너희,
한 줌 나그네에 불과한 너희에게."

20-22 그들은 이곳저곳을 방황했고,
이 나라 저 나라로 옮겨 다녔다.
그러나 그분께서는 누구도 그들을 괴롭히지 못하게 하셨고,
그들 편이 되어 폭군들에 맞서 주셨다.
"감히 내가 기름부은 이들을 건드리지 마라.
내 예언자들에게 손대지 마라."

23-27 만민들아, 만물들아, **하나님**께 노래하여라!
그분의 구원 소식을 날마다 전파하여라!
이방 민족들 가운데 그분의 영광을 선포하여라.
그분께서 행하신 놀라운 일들을 모든 종족과 종교 가운데 널리 알려라.
하나님께서 위대하시니! 찬양받으시기에 합당하시니!
어떤 신이 그분 영광에 이를 수 있으랴.
세상 신들 다 헛것이요 헛소리일 뿐이나
하나님은 우주를 지은 분이시다!
영광과 위엄이 그분에게서 흘러나오고,
능력과 기쁨이 그분 계신 곳에 가득하다.

28-29 만방의 민족들아, **하나님**께 환호성을 올려라!
그분의 경이로운 영광에! 그분의 경이로운 능력에!

그분의 높으신 이름에 환호성을 올려라!
예물을 높이 들고 그분 앞에 나아가라!
그분의 거룩하심을 옷 입고 그분 앞에 서라!

30-33 하나님은 엄위로운 분이시다. 경외할 분이시다.
세상을 제자리에 두어 요동하지 않게 하는 분이시다.
그러니 하늘에 명령하여 "기뻐하여라" 하고, 땅에 명령하여 "환호하여라" 하며,
민족들 가운데 소식을 전하여라. "하나님께서 통치하신다!"
바다와 거기 가득한 생명들에게 명령하여 "함성을 올려라" 하고,
들과 거기 모든 생물에게 명령하여 "환호성을 올려라" 하여라.
그러면 숲의 모든 나무도, 하나님 앞에서 즐거워하는 모든 것과 함께
손뼉 치며 외칠 것이다.
그분께서 오고 계신다! 모든 것을 바로잡으러 오고 계신다!

34-36 하나님께 감사하여라. 그분은 선하시며
그분의 사랑은 끝이 없으시다.
너희는 말하여라. "구원자 하나님, 저희를 구해 주십시오.
저희 모두를 모아, 이 이방 나라들에서 건져 주십시오.
그리하여 저희로 주의 거룩한 이름에 감사드리며
주를 찬양하는 삶을 누릴 수 있게 해주십시오."
하나님, 이스라엘의 하나님,
영원부터 영원까지 찬양받으시기를 원합니다.

그러자 모든 이들이 말했다. "그렇습니다! 아멘!", "하나님을 찬양하여라!"

❧

37-42 다윗은 아삽과 그의 동료들을 하나님의 언약궤 앞에 머물게 하고 예배
일을 맡겼다. 그들은 하루 종일 그곳에 머물면서 예배에 필요한 일을 담당했

다. 다윗은 또 오벳에돔과 그의 친족 예순여덟 명을 임명하여 그들을 돕게 했다. 여두둔의 아들 오벳에돔과 호사는 문지기 일을 맡았다. 제사장 사독과 그의 집안 제사장들에게는 기브온의 거룩한 언덕에 있는 **하나님**의 회막을 맡겨 날마다 아침저녁으로 예배를 드리게 하고, 이스라엘의 규범인 **하나님**의 율법에 기록된 대로 번제단 위에서 번제를 드리게 했다. 그들과 함께 헤만과 여두둔과 그 밖에 따로 임명된 자들의 직무 내역서에는 이렇게 적혀 있었다. "하나님께 감사하여라. 그분의 사랑은 끝이 없으시다." 헤만과 여두둔은 거룩한 노래를 연주할 나팔과 심벌즈와 그 밖의 악기들을 구비해 두었다. 여두둔의 아들들은 문지기를 맡았다.

⁴³ 직무 배치가 완료되자, 백성은 모두 집으로 돌아갔다. 다윗도 그의 가족을 축복하기 위해 왕궁으로 돌아갔다.

다윗에 대한 하나님의 약속

17 ¹ 왕은 안정을 찾은 뒤에, 예언자 나단에게 말했다. "보십시오. 나는 여기 호화로운 백향목 궁에서 편히 살고 있는데 하나님의 언약궤는 허술한 장막 안에 있습니다."

² 나단이 왕에게 말했다. "무엇이든 왕의 마음에 좋은 대로 행하십시오. **하나님**께서 왕과 함께 계십니다."

³⁻⁶ 그러나 그날 밤 하나님의 말씀이 나단에게 임했다. "너는 가서 내 종 다윗에게 전하여라. '이 일에 대한 **하나님**의 말씀이다. 너는 내가 살 집을 짓지 못할 것이다. 이스라엘 자손을 이집트에서 이끌어 내던 날부터 지금까지, 나는 한 번도 집에서 산 적이 없다. 장막과 임시 거처를 옮겨 다니며 지냈다. 내가 이스라엘과 함께 다니면서 목자로 지명한 지도자들 중 누구에게 "어찌하여 내게 백향목 집을 지어 주지 않느냐?"고 물은 적이 있느냐?'

⁷⁻¹⁰ 그러니 너는 내 종 다윗에게 이렇게 말하여라. '만군의 **하나님**이 네게 주는 말씀이다. 내가 양의 뒤를 따라다니던 너를 목장에서 데려다가 내 백성 이스라엘의 지도자로 삼았다. 네가 어디로 가든지 내가 너와 함께 있었고, 네 앞의 모든 적을 물리쳤다. 이제 나는 네 이름을 높여서 땅의 위대한 이름

들과 어깨를 겨루게 할 것이다. 그리고 내 백성 이스라엘을 위해 한 곳을 따로 떼어 그들을 그곳에 심고, 각자 자기 집을 갖게 하여 더 이상 떠돌지 않게 할 것이다. 또한 내 백성 이스라엘 위에 사사들을 두던 시절과는 달리, 악한 나라들이 그들을 괴롭히지 못하게 할 것이다. 마침내, 너의 모든 적을 네 앞에 무릎 꿇게 할 것이다.

10-14 이제 네게 말한다. 나 하나님이 친히 네게 집을 지어 주겠다! 네 일생이 다하여 조상과 함께 묻힐 때에, 내가 네 자식, 네 몸에서 난 혈육을 일으켜 네 뒤를 잇게 하고 그의 통치를 견고히 세울 것이다. 그가 나를 높여 집을 지을 것이며, 나는 그 나라의 통치를 영원히 보장할 것이다. 나는 그에게 아버지가 되고 그는 내게 아들이 될 것이다. 앞선 왕에게서는 내 자비로운 사랑을 거두었으나, 그에게서는 절대로 내 사랑을 거두지 않을 것이다. 내가 그를 내 집과 내 나라 위에 영원히 세울 것이다. 그의 왕좌는 바위처럼 언제나 든든히 그 자리에 있을 것이다.'"

15 나단은 환상 중에 보고 들은 모든 것을 다윗에게 빠짐없이 전했다.

16-27 다윗 왕이 들어가서, 하나님 앞에서 기도했다.

내 주 하나님, 제가 누구이며 저의 집안이 무엇이기에 주께서 저를 이 자리에 이르게 하셨습니까? 그러나 앞으로 있을 일에 비하면 이것은 아무것도 아닙니다. 주 하나님, 주께서는 제 집안의 먼 앞날에 대해서 말씀하시며 장래 일을 엿보게 해주시고, 저를 대단한 사람처럼 봐 주셨습니다! 제 실상이 어떤지 아시면서도 주의 종을 높여 주시니 이 다윗이 무슨 할 말이 있겠습니까? 하나님, 주께서 그 선하신 마음으로 저를 취하셔서 이 큰일을 행하게 하시고 주의 크신 일을 나타내게 하셨습니다. 주님 같은 분이 없습니다. 주님과 같은 하나님이 없습니다. 주님 외에는 하나님이 없습니다. 우리 귀로 들은 그 어떤 이야기도 주님과 비할 수 없습니다. 누가 이 땅에 하나뿐인 나라, 주의 백성 이스라엘과 같겠습니까? 하나님께서 친히 나서서 그들을 구해 내시고 그분의 백성 삼으셨습니다(그 일로 주의 이름을 널리 알리셨습니다). 그들을 이집트에서 구원하여 내심으로 여러 민족과 그

신들을 사방으로 내쫓으시며 크고 두려운 일을 행하셨습니다. 주께서 자신을 위해 한 백성─주님 소유의 이스라엘!─을 영원히 주의 백성으로 세우셨습니다. 그리고 주 **하나님**께서 그들의 하나님이 되셨습니다.

위대하신 **하나님**, 저와 제 집안에 주신 이 말씀을 영원히 보장해 주십시오! 약속하신 대로 이루어 주십시오! 그러면 주의 명성이 굳건해지고 영원히 높아져 사람들이 '만군의 **하나님**, 이스라엘을 다스리시는 하나님이 이스라엘의 하나님이시다!' 하고 외칠 것입니다. 그리고 주의 종 다윗의 집은, 보살펴 주시는 주의 임재 안에 바위처럼 굳건히 남을 것입니다. 주 나의 하나님께서 '내가 네게 집을 지어 주겠다'고 제게 밝히 말씀하시니, 제가 용기를 내어 주께 이 기도를 감히 드립니다. **하나님**, 신실하신 주께서 이 모든 놀라운 말씀을 친히 제게 해주셨습니다. 저의 집안에 복을 내려 주셔서, 늘 주의 임재 안에 머물게 해주십시오. **하나님**, 주께서 복을 내리시니, 참으로 복되고 복됩니다. 영원히 복됩니다!

다윗의 승전 기록

18 ¹ 그 후 다윗은 블레셋 사람을 크게 쳐서 굴복시키고, 가드를 점령하여 그 주변 지역을 지배했다.

² 그는 또 모압과 싸워 그들을 물리쳤다. 모압 사람은 다윗의 통치를 받으며 정기적으로 조공을 바쳤다.

³⁻⁴ 다음으로 유프라테스 강 유역의 통치권을 회복하러 가는 길에 다윗은 소바 왕 하닷에셀을 (멀리 하맛까지) 물리쳤다. 다윗은 그에게서 전차 천 대와 기병 칠천 명, 보병 이만 명을 빼앗았다. 그는 전차를 끄는 말 백 마리만 남기고, 나머지 모든 말의 뒷발 힘줄을 끊었다.

⁵⁻⁶ 다마스쿠스의 아람 사람이 소바 왕 하닷에셀을 도우러 오자, 다윗은 그들 이만이천 명을 모두 죽였다. 그는 아람─다마스쿠스에 꼭두각시 정부를 세웠다. 아람 사람은 다윗의 종이 되어 조공을 바쳐야 했다. 다윗이 어디로 진군하든지 **하나님**께서 그에게 승리를 주셨다.

⁷⁻⁸ 다윗은 하닷에셀의 신하들이 가지고 있던 금방패를 전리품으로 취하여

예루살렘으로 가져왔다. 또 하닷에셀의 성읍인 데바와 군에서 청동을 아주 많이 빼앗았는데, 나중에 솔로몬이 그것으로 커다란 청동바다와 기둥과 성전 안의 청동기구들을 만들었다.

9-11 다윗이 소바 왕 하닷에셀의 군대를 모두 쳐부수었다는 소식을 하맛 왕 도우가 들었다. 그는 아들 하도람을 다윗 왕에게 보내어 안부를 묻고 하닷에셀과 싸워 이긴 것을 축하했다. 도우와 하닷에셀은 오랜 원수관계였기 때문이다. 하도람은 다윗에게 은과 금과 청동으로 된 각종 물건을 가져왔다. 다윗 왕은 이 물건을 에돔, 모압, 암몬 사람, 블레셋 사람, 아말렉 등 다른 나라에서 빼앗은 은금과 함께 거룩하게 구별했다.

12-13 스루야의 아들 아비새는 소금 골짜기에서 에돔 사람과 싸워 그들 만팔천 명을 물리쳤다. 다윗이 에돔에 꼭두각시 정부를 세우니, 에돔 사람이 다윗의 지배를 받았다.

다윗이 어디로 진군하든지 하나님께서 그에게 승리를 주셨다.

❧

14-17 이렇게 해서 다윗은 온 이스라엘을 다스렸다. 무슨 일을 하든지 누구를 대하든지, 그의 다스림은 공명정대했다.

스루야의 아들 요압은 군사령관이었다.

아힐룻의 아들 여호사밧은 공문서를 맡은 기록관이었다.

아히둡의 아들 사독과 아비아달의 아들 아히멜렉은 제사장이었다.

사워사는 서기관이었다.

여호야다의 아들 브나야는 특수부대인 그렛 사람과 블렛 사람을 지휘했다.

그리고 다윗의 아들들은 왕을 모시는 측근들로 높은 자리에 앉았다.

❧

19 1-2 시간이 흘러, 암몬 사람의 왕 나하스가 죽고 그의 아들이 뒤를 이어 왕이 되었다. 이에 다윗은 "나하스의 아들 하눈에게 친절을 베풀고 싶구나. 그의 아버지가 내게 한 것처럼 나도 그를 잘 대해 주고 싶다"

다윗의 인구조사

21 ¹⁻² 사탄이 등장하여 다윗을 꾀어 이스라엘의 인구를 조사하게 했다. 다윗은 요압과 자기 밑의 군사령관에게 명령을 내렸다. "단에서 브엘세바까지 이스라엘의 모든 지파를 두루 다니며 인구를 조사하시오. 내가 그 수를 알고 싶소."

³ 요압이 만류했다. "**하나님**께서 그분의 백성을 백 배나 늘어나게 하시기를 빕니다! 그들은 모두 내 주인이신 왕의 백성이 아닙니까? 그런데 왕께서는 도대체 왜 이 일을 하시려는 것입니까? 어찌하여 이스라엘과 하나님과의 관계를 어렵게 만들려고 하십니까?"

⁴⁻⁷ 그러나 다윗은 뜻을 굽히지 않았고, 요압은 가서 명령대로 행했다. 그는 그 땅을 두루 다닌 다음 예루살렘으로 돌아와 인구조사 결과를 보고했다. 군사가 1,100,000명이었고, 그 가운데 유다가 470,000명을 차지했다. 요압은 왕의 명령이 몹시 못마땅하여, 항의의 뜻으로 레위와 베냐민의 인구는 조사하지 않았다. 하나님께서 이 모든 일로 노하시고 이스라엘을 벌하셨다.

⁸ 그러자 다윗이 기도했다. "이 일로 제가 큰 죄를 지었습니다. 하나님을 신뢰하는 대신에 통계 수치를 의지했습니다. 제가 지은 죄를 용서하여 주십시오. 제가 참으로 어리석었습니다."

⁹⁻¹⁰ **하나님**께서 다윗의 목자인 갓을 통해 대답하셨다. "가서 다윗에게 이 메시지를 전하여라. '나 **하나님**이 말한다. 너는 세 가지 벌 중에서 하나를 택하여라. 나머지는 내가 알아서 하겠다.'"

¹¹⁻¹² 갓이 다윗에게 메시지를 전했다. "삼 년 동안 기근이 드는 것이 좋겠습니까? 아니면, 왕이 원수들에게 쫓겨 석 달 동안 도망 다니시는 것이 좋겠습니까? 아니면, 사흘 동안 **하나님**의 칼―**하나님**의 천사가 이 땅에 풀어 놓을 전염병―을 받는 것이 좋겠습니까? 생각해 보시고 마음을 정하십시오. 저를 보내신 분께 어떻게 아뢰면 되겠습니까?"

¹³ 다윗이 갓에게 말했다. "모두 끔찍한 일입니다! 하지만 사람의 손에 넘겨지기보다는 차라리 자비가 많으신 **하나님**께 벌을 받겠습니다."

¹⁴⁻¹⁵ 그래서 **하나님**께서 이스라엘에 전염병을 풀어 놓으셨고, 이스라엘 백성

칠만 명이 죽었다. 곧이어 하나님께서 예루살렘을 멸망시키려고 천사를 보내셨다. 그러나 멸망이 시작되려는 것을 보시고, 하나님께서는 그들을 불쌍히 여겨 뜻을 바꾸시고, 죽음의 천사에게 명령하셨다. "이제 됐다! 그만 물러나거라!"

15-16 그때 **하나님**의 천사는 여부스 사람 아라우나의 타작마당에 이르러 있었다. 다윗이 눈을 들어 보니, 천사가 땅과 하늘 사이를 돌며 칼을 뽑아 들고 예루살렘을 치려고 했다. 다윗과 장로들이 엎드려 기도하며 굵은 베로 몸을 덮었다.

17 다윗이 기도했다. "죄를 지은 것은 저입니다! 제가 죄인입니다. 이 양들이 무슨 잘못을 했습니까? 그들이 아니라 저를, 저와 제 집안을 벌해 주십시오. 그들에게 벌을 내리지 말아 주십시오."

18-19 **하나님**의 천사가 갓에게 명령했다. 다윗에게 말하기를, 여부스 사람 아라우나의 타작마당으로 가서 **하나님**께 제단을 쌓으라고 했다. 다윗은 **하나님**의 명령에 순종하여 갓이 전해 준 대로 행했다.

20-21 그때 아라우나는 타작을 멈추고 천사를 지켜보고 있었다. 그의 네 아들은 천사를 피하여 숨었다. 다윗이 아라우나에게 다가갔다. 다윗을 본 아라우나는 타작마당에서 나와 그 앞에 엎드려 절하며 왕에게 예를 갖추었다.

22 다윗이 아라우나에게 말했다. "이 타작마당을 내게 주어 **하나님**께 제단을 쌓을 수 있게 해주시오. 제값을 받고 내게 파시오. 그러면 우리가 이 재앙을 끝낼 수 있을 것이오."

23 아라우나가 말했다. "내 주인이신 왕이여, 그냥 가져가셔서, 왕께서 원하시는 대로 사용하십시오! 보십시오. 여기 소는 번제물로, 타작기구는 땔감으로, 밀은 곡식 제물로 쓰십시오. 이 모두가 왕의 것입니다!"

24-27 다윗이 아라우나에게 대답했다. "아니오. 내가 제값을 치르고 사겠소. **하나님**께 희생 없는 제사를 드릴 수 없소." 그래서 다윗은 금 육백 세겔을 주고 아라우나에게서 그 땅을 샀다. 그는 그곳에서 **하나님**께 제단을 쌓고 번제와 화목제를 드렸다. 그가 **하나님**께 부르짖자 **하나님**께서 번제단에 번개를 쳐서 응답하셨다. **하나님**께서 천사에게 명령하여 칼을 칼집에 꽂게 하셨다.

28 이것은 다윗이 여부스 사람 아라우나의 타작마당에서 제사를 드리고 **하나
님**께서 그에게 응답하시는 것을 보았을 때 벌어진 일이다.

29-1 그 당시, 모세가 광야에서 지은 성막과 번제단이 기브온 예배 처소에 세
워져 있었는데, 다윗은 천사의 칼이 두려워 더 이상 그곳으로 가서 하나님께
기도할 수 없었다. 그래서 그는 이렇게 선포했다. "이제부터 이곳은 **하나님**
을 예배하는 곳이며, 이스라엘의 번제단이다."

다윗이 솔로몬에게 성전 건축을 당부하다

22 2-4 다윗이 명령하여 그 땅에 사는 모든 외국인을 한곳에 모이게
했다. 그는 그들을 채석장으로 보내어 하나님의 성전을 지을 돌
을 다듬게 했다. 또 입구의 문에 쓸 못과, 꺽쇠를 만들 엄청난 양의 철과, 무
게를 달 수 없을 정도로 많은 청동과, 셀 수 없이 많은 백향목 재목을 준비했
다(시돈 사람과 두로 사람이 다윗에게 엄청난 양의 백향목 재목을 보내온 것이다).
5-6 다윗은 생각했다. "내 아들 솔로몬이 이 일을 미리 계획하기에는 너무 어
리고, **하나님**을 위해 지을 성전은 모든 나라에 소문이 날 만큼 더없이 장대
해야 하니, 내가 건축 자재를 준비해야겠다." 그래서 다윗은 죽기 전까지 엄
청난 양의 건축 자재를 준비했다. 그 후에 그는 아들 솔로몬을 불러 이스라
엘의 **하나님**을 위해 성전을 지을 것을 명령했다.
7-10 다윗이 솔로몬에게 말했다. "나는 성전을 지어 내 **하나님**을 높이고 싶은
마음이 간절했다. 그러나 **하나님**께서 나를 막으시며 말씀하셨다. '너는 너
무 많은 사람을 죽였고 너무 많은 전쟁을 치렀다. 성전을 지어 나를 높일 사
람은 네가 아니다. 지금까지 너 때문에 너무나 많은 사람이 죽고 피를 흘렸
다. 그러나 네가 한 아들을 낳을 것인데, 그는 유순하고 온화한 사람이 될 것
이며, 내가 그의 적들을 사방으로 잠잠하게 할 것이다. 평화를 뜻하는 솔로
몬이라는 이름 그대로, 그가 다스리는 동안 내가 평화와 안식을 선사할 것이
다. 그가 바로 나를 높여 성전을 지을 사람이다. 그는 내 귀한 양자가 되고

나는 그의 아버지가 될 것이다. 나는 반드시 이스라엘을 다스리는 그의 권세가 영원히 이어지게 할 것이다.'

¹¹⁻¹⁶ 그러니 아들아, 하나님께서 너와 함께하시기를 빈다. 하나님께서 네게 맡기신 일이니, 네 하나님을 위해 성전을 짓는 너를 형통케 해주시기를 빈다. 또한 하나님께서 네게 분별력과 이해력을 주셔서, 네가 하나님의 계시대로 경건하게 순종하며 이스라엘을 다스리게 되기를 빈다. 하나님께서 이스라엘을 위해 모세에게 명령하신 것들을 행하고 그 지침을 따르면, 네가 형통할 것이다. 용기를 내어라! 담대하게 나서거라! 겁내지 말고 망설이지도 마라. 보아라, 내가 하나님의 성전에 쓸 자재를 힘써 비축해 두었다. 금 십만 달란트(3,775톤), 은 백만 달란트(37,750톤), 너무 많아 무게를 잴 수 없을 정도의 청동과 철, 그리고 많은 양의 목재와 석재가 있다. 네가 얼마든지 더 보태도 좋다. 또 석수, 석공, 목수, 금은과 청동과 철을 다루는 장인들도 준비되어 있고 그 숫자도 아주 많다. 다 준비되었으니 일을 시작하도록 하여라! 하나님께서 형통케 해주시기를 빈다!"

¹⁷⁻¹⁹ 다윗은 이스라엘의 모든 지도자에게 명령하여 그의 아들 솔로몬을 돕게 했다. "여러분의 하나님께서 여러분과 함께하셔서, 주변 모든 사람과 평화롭게 지내게 하시지 않았습니까? 이곳에서 내 역할은 적들을 물리치고 이 땅을 하나님과 그분의 백성에게 굴복시키는 일이었습니다. 여러분의 몫은 여러분의 마음과 뜻을 온전히 드려 여러분의 하나님께 기도하는 일입니다. 그러니 이제 움직이십시오. 하나님께 거룩한 예배 처소를 지어 드리십시오! 그리고 하나님을 높이기 위한 성전 안에 하나님의 언약궤와 예배를 위한 모든 거룩한 기구를 들여 놓으십시오."

23

¹ 다윗이 나이가 들어 늙었을 때에, 아들 솔로몬을 이스라엘의 왕으로 세웠다.

²⁻⁵ 동시에 그는 이스라엘의 모든 지도자와 제사장과 레위인들을 한데 모았다. 서른 살 이상 된 레위인을 세어 보니 모두 삼만팔천 명이었다. 다윗은 그

들을 직무에 따라 나누었다. "이만사천 명은 성전에서 예배를 담당하고, 육천 명은 관리와 재판관이고, 사천 명은 문지기며, 사천 명은 찬양대에서 봉사하면서 내가 찬양을 위해 마련한 악기들로 **하나님**을 찬양할 것이다."

[6] 이어서 다윗은 레위의 아들들인 게르손, 고핫, 므라리의 이름을 따라 여러 그룹으로 레위인들을 나누었다.

[7-11] 게르손 자손은 라단, 시므이다. 라단의 세 아들은 여히엘, 세담, 요엘이다. 시므이의 세 아들은 슬로못, 하시엘, 하란으로, 모두 라단 가문의 족장이 있다. 시므이의 네 아들은 야핫, 시나, 여우스, 브리아다. 야핫이 첫째고 그 다음은 시사다. 여우스와 브리아는 아들이 많지 않아서 한 직무를 맡은 한 가문으로 계수되었다.

[12-14] 고핫의 네 아들은 아므람, 이스할, 헤브론, 웃시엘이다. 아므람의 아들들은 아론, 모세다. 아론은 특별히 위임받아 지성소에서 일했는데, **하나님** 앞에 향을 피우고 항상 하나님을 섬기며 그분의 이름을 찬양했다. 이것은 아론과 그의 아들들에게 대대로 내려진 직무였다. 모세와 그의 아들들은 레위 지파에 포함되었다.

[15-17] 모세의 아들들은 게르솜, 엘리에셀이다. 수바엘은 게르솜의 맏아들이다. 르하뱌는 엘리에셀의 맏아들이자 외아들이다. 엘리에셀은 다른 아들이 없었으나, 르하뱌는 아들이 많았다.

[18-23] 슬로밋은 이스할의 맏아들이다. 헤브론은 네 아들을 두었는데, 여리야, 아마랴, 야하시엘, 여가므암이다. 웃시엘은 미가와 잇시야 두 아들을 두었다. 므라리의 아들들은 마흘리, 무시다. 마흘리의 아들들은 엘르아살, 기스다. 엘르아살은 아들 없이 딸들만 두고 죽었다. 그의 딸들은 사촌인 기스의 아들들과 결혼했다. 무시는 마흘리, 에델, 여리못 이렇게 세 아들을 두었다.

[24] 이들은 스무 살 이상 된 레위 자손으로 가문과 족장에 따라 구분되었고, **하나님**의 성전 예배에서 맡은 직무에 따라 그룹별로 명단에 올랐다.

[25-27] 다윗이 말했다. "이제 이스라엘의 **하나님**께서 그분의 백성에게 안식을 주시고 예루살렘을 그분의 영원한 집으로 삼으셨으니, 레위인은 더 이상 성막이나 예배를 섬기는 데 필요한 기구들을 옮길 필요가 없다." 다윗의 이 유

언은 스무 살 이상 된 레위인에게만 해당되었다.

²⁸⁻³¹ 이때부터 레위인들은 아론 자손을 도와 **하나님**의 집에서 예배의 일을 섬겼다. 안뜰과 골방을 관리하고, 예배용 기구와 도구를 청결히 유지하고, 그 밖에 예배를 섬기는 데 필요한 모든 일을 처리하며, 상에 차릴 빵과 곡식 제물의 밀가루와 누룩을 넣지 않은 과자를 준비하는 일, 곧 굽고 반죽하고 양을 재고 무게를 다는 모든 일을 맡았다. 또한 그들은 아침기도와 저녁기도 에 참석해 **하나님**께 감사와 찬양을 드리고, 안식일과 초하루와 모든 절기에 **하나님**께 번제를 드리는 의식에 참석해야 했다. 그들은 맡은 일과 필요에 따라 정해진 시간에 하나님을 섬겼다.

³² 이렇게 레위인은 거룩한 예배 사역에서 아론 자손과 동역하며, 예배 장소 와 시간과 순서 등 예배와 관련된 모든 책임을 맡았다.

제사장의 직무

24 ¹⁻⁵ 아론 가문은 다음과 같이 나뉘었다. 아론의 아들들은 나답, 아 비후, 엘르아살, 이다말이다. 나답과 아비후는 아들을 남기지 않 고 아버지보다 먼저 죽었다. 그래서 엘르아살과 이다말이 제사장 직분을 맡 았다. 다윗은 엘르아살 가문의 사독과 이다말 가문의 아히멜렉을 책임자로 세워 두 가문이 맡겨진 직무를 나누어 수행하게 했다. 지도자가 될 만한 사 람이 이다말 가문보다 엘르아살 가문에 더 많았으므로, 그 수를 고려하여 나 누었다. 엘르아살 가문에서 족장 지도자 열여섯 명, 이다말 가문에서 족장 지도자 여덟 명이었다. 성전에서 하나님의 일을 맡을 지도자들이 모두 엘르 아살 가문과 이다말 가문에 있었으므로, 그들은 양쪽 가문을 똑같이 대하여 제비를 뽑아 지도자들을 임명했다.

⁶ 레위인 느다넬의 아들 서기관 스마야가 왕과 관리들, 제사장 사독과 아비 아달의 아들 아히멜렉, 제사장과 레위인 가문의 지도자들 앞에서 그들의 이 름을 기록했다. 그들은 엘르아살 가문에서 한 집, 이다말 가문에서 한 집씩 교대로 제비를 뽑았다.

7-18 첫째로 제비 뽑힌 사람은 여호야립

둘째는 여다야

셋째는 하림

넷째는 스오림

다섯째는 말기야

여섯째는 미야민

일곱는 학고스

여덟째는 아비야

아홉째는 예수아

열째는 스가냐

열한째는 엘리아십

열두째는 야김

열셋째는 훕바

열넷째는 예세브압

열다섯째는 빌가

열여섯째는 임멜

열일곱째는 헤실

열여덟째는 합비세스

열아홉째는 브다히야

스무째는 여헤스겔

스물한째는 야긴

스물두째는 가물

스물셋째는 들라야

스물넷째는 마아시야다.

19 그들은 정해진 순서대로 **하나님**의 성전에 들어가 섬기되, **하나님** 이스라엘의 하나님께서 그들의 조상 아론에게 명령하신 그대로 아론이 정한 규례에 따라 행했다.

²⁰ 나머지 레위인은 이러하다.

아므람의 아들들 중에서 수바엘, 수바엘의 아들들 중에서 예드야.

²¹ 르하뱌의 아들들 중에서는 잇시야가 첫째였다.

²² 이스할 자손 중에서 슬로못, 슬로못의 아들들 중에서 야핫.

²³ 헤브론의 아들들은 첫째 여리야, 둘째 아마랴, 셋째 야하시엘, 넷째 여가므암이다.

²⁴⁻²⁵ 웃시엘의 아들 미가, 미가의 아들들 중에서 사밀. 또한 미가의 동생 잇시야, 잇시야의 아들들 중에서 스가랴.

²⁶⁻²⁷ 므라리의 아들들인 마흘리와 무시, 또 야아시야의 아들 브노. 므라리의 자손인 야아시야의 가문에서 브노, 소함, 삭굴, 이브리.

²⁸ 마흘리 가문에서는 엘르아살인데, 그는 아들이 없었다.

²⁹ 기스 가문에서는 기스의 아들 여라므엘이다.

³⁰⁻³¹ 무시의 아들들 중에서는 마흘리, 에델, 여리못이다.

이들은 가문에 따라 기록된 레위인이다. 그들도 친족인 아론 자손처럼, 다윗 왕과 사독과 아히멜렉과 제사장과 레위인 가문의 지도자들 앞에서 제비를 뽑았다. 맏형의 가문과 막내 동생의 가문이 모두 같은 대우를 받았다.

음악으로 예배를 섬긴 사람들

25 ¹⁻⁷ 그 후에 다윗과 예배 인도자들은 아삽, 헤만, 여두둔 가문에서 특별히 설교와 음악으로 섬길 사람들을 뽑았다. 그 이름과 맡은 일의 목록은 이러하다. 아삽 가문에서는 삭굴, 요셉, 느다냐, 아사렐라다. 아삽이 이들을 감독했는데, 그는 왕의 명령에 따라 하나님의 말씀을 대언하는 자였다. 여두둔 가문에서는 그달리야, 스리, 여사야, 시므이, 하사뱌, 맛디디야 이렇게 여섯 아들이다. 그들의 아버지 여두둔이 이들을 감독했는데, 그는 설교도 하고 수금으로 직접 연주도 하며 하나님께 드리는 감사의 찬양을 인도했다. 헤만 가문에서는 북기야, 맛다냐, 웃시엘, 수바엘, 여리못, 하나냐, 하나니, 엘리아다, 깃달디, 로맘디에셀, 요스브가사, 말로디, 호딜, 마하시옷

이다. 이들은 왕의 선견자 헤만의 아들들이다. 이들은 아버지가 임명받은 거룩한 일을 잘 수행하도록 지원하고 보조했다. 하나님은 헤만에게 열네 명의 아들과 세 명의 딸을 주셨다. 아버지의 감독 아래 이들은 하나님의 성전 예배에서 찬양을 인도하고 연주하는 일을 맡았다(아삽, 여두둔, 헤만은 직접 왕의 명령을 받았다). 이들은 거룩한 음악에 능숙한 명인들로, 모두 288명이었다.

⁸ 이들은 제비를 뽑아 누가 무슨 일을 할지를 정했다. 나이가 많든 적든, 스승이든 제자든, 어느 누구에게도 특혜나 우위를 주지 않았다.

⁹⁻³¹ 아삽의 가문에서 첫째로 제비 뽑힌 이름은 요셉과 그 아들과 형제 열두 명이고, 둘째는 그달리야와 그 아들과 형제 열두 명, 셋째는 삭굴과 그 아들과 형제 열두 명, 넷째는 이스리와 그 아들과 형제 열두 명, 다섯째는 느다냐와 그 아들과 형제 열두 명, 여섯째는 북기야와 그 아들과 형제 열두 명, 일곱째는 여사렐라와 그 아들과 형제 열두 명, 여덟째는 여사야와 그 아들과 형제 열두 명, 아홉째는 맛다냐와 그 아들과 형제 열두 명, 열째는 시므이와 그 아들과 형제 열두 명, 열한째는 아사렐과 그 아들과 형제 열두 명, 열두째는 하사뱌와 그 아들과 형제 열두 명, 열셋째는 수바엘과 그 아들과 형제 열두 명, 열넷째는 맛디디야와 그 아들과 형제 열두 명, 열다섯째는 여리못과 그 아들과 형제 열두 명, 열여섯째는 하나냐와 그 아들과 형제 열두 명, 열일곱째는 요스브가사와 그 아들과 형제 열두 명, 열여덟째는 하나니와 그 아들과 형제 열두 명, 열아홉째는 말로디와 그 아들과 형제 열두 명, 스무째는 엘리아다와 그 아들과 형제 열두 명, 스물한째는 호딜과 그 아들과 형제 열두 명, 스물두째는 깃달디와 그 아들과 형제 열두 명, 스물셋째는 마하시옷과 그 아들과 형제 열두 명, 스물넷째는 로맘디에셀과 그 아들과 형제 열두 명이었다.

성전 문지기

26 ¹⁻¹¹ 문지기들은 고라 가문 출신이었다. (아삽 자손 중 하나인) 고레의 아들 므셀레먀와 므셀레먀의 맏아들 스가랴, 그 아래로 여디야엘, 스바댜, 야드니엘, 엘람, 여호하난, 엘여호에내 이렇게 일곱 아들이 있었다. 오벳에돔의 아들로는 맏아들 스마야, 그 아래로 여호사밧, 요아, 사갈,

느다넬, 암미엘, 잇사갈, 브울래대가 있었다. 하나님께서 그에게 여덟 아들의 복을 주셨다. 그의 아들인 스마야의 아들들인 오드니, 르바엘, 오벳, 엘사밧은 가문의 탁월한 지도자가 되었고, 그의 친족 엘리후와 스마갸 또한 출중했다. 이들 모두 오벳에돔의 자손으로 탁월하고 유능했으며, 그 수는 예순두 명이었다. 므셀레먀의 아들과 친족 열여덟 명도 훌륭했다. 므라리의 자손인 호사의 아들들은 시므리(그는 맏아들이 아니었지만 아버지가 그를 맏아들로 삼았다), 그 다음은 힐기야, 그 뒤로는 드발리야, 스가랴였다. 호사 가문은 모두 열세 명이었다.

12-16 조상의 전통을 이어받은 이들 문지기들은 지도자들의 감독 아래 하나님의 성전 치안을 책임졌다. 이들은 각 가문의 지명도와 관계없이 똑같이 제비를 뽑아 각자 맡을 구역을 배정받았다. 셀레먀는 동문에 배정되었고, 참모이자 통찰력 있는 그의 아들 스가랴는 북문을 제비 뽑았다. 오벳에돔은 남문을 제비 뽑았고, 그의 아들들은 창고 근무를 제비 뽑았다. 숩빔과 호사는 서문과 큰길가에 있는 살래겟 문에 배치되었다.

16-18 문지기들은 나란히 서서 지켰다. 동문에는 하루에 레위인 여섯 명, 북문과 남문에는 하루에 네 명, 창고에는 한 번에 두 명이 배치되었다. 출입이 자유로운 서쪽 뜰에는 길에 네 명, 뜰에 두 명이 배치되었다.

19 이들은 고라 자손과 므라리 자손의 문지기들이다.

재무: 회계와 장부정리

20-22 하나님의 성전 재무는 다른 레위인들이 맡았다. (모두 게르손 자손인) 라단 가문에서는 여히엘리와 그의 아들들, 곧 스담과 그의 동생 요엘이 있었다. 이들은 하나님의 성전 재정을 감독했다.

23-28 아므람 자손, 이스할 자손, 헤브론 자손, 웃시엘 자손에서는 모세의 아들인 게르솜 자손 수바엘이 최고 재무책임자로 일했다. 수바엘의 형제인 엘리에셀의 친족으로는 엘리에셀의 아들 르하뱌, 그 아들 여사야, 그 아들 요람, 그 아들 시그리, 그 아들 슬로밋이 있다. 슬로밋과 그의 친족은 다윗 왕과 각 가문의 우두머리와 여러 군지휘관들이 구별해 바친 귀중품을 맡았다.

이들은 전에 전쟁에서 얻은 전리품을 **하나님**을 예배하는 일에 바쳤다. 아울러 선견자 사무엘과 기스의 아들 사울과 넬의 아들 아브넬과 스루야의 아들 요압이 바친 모든 것, 그들이 그때까지 바친 모든 헌물을 슬로밋과 그 집안이 관리했다.

29-30 이스할 자손의 가문에서는, 예배와 성전 직무 외의 일들을 책임지는 관리와 재판관으로 그나냐와 그의 아들들이 임명되었다. 헤브론 자손의 가문에서는 하사뱌와 그의 친족—자격을 갖춘 1,700명—이 요단 강 서쪽 영토를 관할하는 일과 **하나님**을 예배하는 일에 관련된 모든 행정을 책임졌다.

31-32 헤브론 자손의 족보에 따르면, 여리야가 그들의 우두머리였다. 다윗 왕은 재위 사십년(곧 마지막 해)이 되던 해에 헤브론의 족보를 살펴, 길르앗의 야스엘에서 탁월한 사람들을 찾아냈다. 여리야와 그의 친족 2,700명이었다. 다윗 왕은 그들에게 요단 강 동쪽 영토—르우벤 지파, 갓 지파, 므낫세 반쪽 지파—를 관할하는 일과 하나님을 예배하는 일에 관련된 모든 행정을 맡겼다.

군대 조직

27 ¹ 이스라엘 자손 가운데서 각 지파의 족장과 군지휘관과 군과 관련된 모든 일로 왕을 섬긴 관리들의 이름은 이러하다. 그들은 한 달씩 번갈아 가며 일 년 열두 달 동안 임무를 수행했다. 각 부대는 24,000명으로 구성되었다.

2-3 첫째 달에 복무할 부대는 삽디엘의 아들 야소브암이 맡아 24,000명을 거느렸다. 그는 베레스의 자손으로 첫째 달 동안 모든 군지휘관을 이끌었다.

⁴ 둘째 달에 복무할 부대는 아호아 사람 도대가 맡아 24,000명을 거느렸다. 미글롯이 부대의 지도자였다.

5-6 셋째 달에 복무할 부대의 지휘관은 제사장 여호야다의 아들 브나야로 24,000명을 거느렸다. 이 사람이 바로 삼십 인 중의 용장이자 우두머리인 브나야였다. 그의 아들 암미사밧이 부대를 맡았다.

⁷ 넷째 달에 복무할 부대의 지휘관은 요압의 동생 아사헬로 그의 아들 스바댜가 그의 뒤를 이어 24,000명을 거느렸다.

⁸ 다섯째 달에 복무할 부대의 지휘관은 이스라 사람 삼훗으로 24,000명을 거느렸다.

⁹ 여섯째 달에 복무할 부대의 지휘관은 드고아 사람 익게스의 아들 이라로 24,000명을 거느렸다.

¹⁰ 일곱째 달에 복무할 부대의 지휘관은 에브라임 자손인 발론 사람 헬레스로 24,000명을 거느렸다.

¹¹ 여덟째 달에 복무할 부대의 지휘관은 세라 자손인 후사 사람 십브개로 24,000명을 거느렸다.

¹² 아홉째 달에 복무할 부대의 지휘관은 베냐민 자손인 아나돗 사람 아비에셀로 24,000명을 거느렸다.

¹³ 열째 달에 복무할 부대의 지휘관은 세라 자손인 느도바 사람 마하래로 24,000명을 거느렸다.

¹⁴ 열한째 달에 복무할 부대의 지휘관은 에브라임 자손인 비라돈 사람 브나야로 24,000명을 거느렸다.

¹⁵ 열두째 달에 복무할 부대의 지휘관은 옷니엘 가문인 느도바 사람 헬대로 24,000명을 거느렸다.

각 지파의 행정관

16-22 각 지파의 행정 업무를 맡은 행정관들은 이러하다.

르우벤 지파에는 시그리의 아들 엘리에셀

시므온 지파에는 마아가의 아들 스바댜

레위 지파에는 그무엘의 아들 하사뱌

아론 지파에는 사독

유다 지파에는 다윗의 형 엘리후

잇사갈 지파에는 미가엘의 아들 오므리

스불론 지파에는 오바댜의 아들 이스마야

납달리 지파에는 아스리엘의 아들 여리못

에브라임 지파에는 아사시야의 아들 호세아

므낫세 반쪽 지파에는 브다야의 아들 요엘

길르앗의 므낫세 반쪽 지파에는 스가랴의 아들 잇도

베냐민 지파에는 아브넬의 아들 야아시엘

단 지파에는 여로함의 아들 아사렐.

이들은 이스라엘 각 지파에 임명된 행정관들이다.

23-24 다윗은 스무 살 미만의 사람들 수는 세지 않았는데, 그것은 하나님께서 전에 하늘의 별처럼 많은 인구를 이스라엘에 주시기로 약속하셨기 때문이다. 스루야의 아들 요압이 인구조사를 시작했으나, 그 일로 하나님께서 이스라엘에 진노를 발하셔서 끝마치지 못했다. 그래서 결국 그 숫자는 다윗 왕의 실록에 기록되지 못했다.

왕실 재산 관리자

25 아디엘의 아들 아스마윗은 왕의 창고 시설을 감독했다. 웃시야의 아들 요나단은 외곽 지역의 창고를 책임졌다.

26 글룹의 아들 에스리는 농장의 농부들을 관리했다.

27 라마 사람 시므이는 포도원을 맡고, 스밤 사람 삽디는 포도주 통에 담을 포도를 맡았다.

28 게델 사람 바알하난은 서쪽 산지의 올리브나무와 뽕나무를 맡고, 요아스는 올리브기름을 맡았다.

29 샤론 사람 시드래는 샤론에서 풀을 뜯는 소 떼를 맡고, 아들래의 아들 사밧은 골짜기의 소 떼를 맡았다.

30-31 이스마엘 사람 오빌은 낙타를 맡고, 메로놋 사람 예드야는 나귀를 맡았으며, 하갈 사람 야시스는 양 떼를 맡았다.

이들은 다윗 왕의 재산 관리를 책임진 사람들이다.

다윗의 참모들

32 다윗의 숙부이자 지혜롭고 박식한 참모인 요나단과 학모니의 아들 여히엘은, 왕자들을 양육하는 책임을 맡았다.

33-34 아히도벨은 왕의 참모였고, 아렉 사람 후새는 왕의 친구였다. 나중에 브나야의 아들 여호야다와 아비아달이 아히도벨의 뒤를 이었다.

요압은 왕의 군사령관이었다.

다윗의 고별 연설

28

¹ 다윗은 이스라엘의 모든 지도자—각 지파의 행정관, 여러 정부 부처의 책임자, 군지휘관, 왕과 왕자들 소유의 재산과 가축을 맡은 관리인 등 나랏일을 맡은 모든 사람—를 불러 모았다.

2-7 다윗 왕이 일어나서 이렇게 말했다. "나의 백성들이여, 내 말을 들으십시오. 나는 **하나님**의 언약궤, 곧 하나님의 발 받침대를 영구히 둘 성전을 짓기를 간절히 원했습니다. 그래서 모든 준비를 다 마쳤으나 하나님께서 말씀하셨습니다. '너는 나를 높일 집을 지을 수 없다. 너는 너무 많이 싸웠고 너무 많은 사람을 죽였다.' **하나님**께서는 내 집안에서 나를 택하시고 영원히 이스라엘의 왕이 되게 하셨습니다. 먼저 그분은 유다 지파를 지도자로 택하셨고, 그런 다음 내 집안을, 마지막으로 내 아버지의 아들들 중에서 나를 택하셔서 즐거이 온 이스라엘의 왕으로 삼으셨습니다. 그 다음에 내 모든 아들 중에서—**하나님**께서 내게 아들을 많이 주셨습니다!—솔로몬을 택하시고 **하나님**께서 통치하시는 이스라엘의 왕위에 앉히셨습니다. 그리고 이렇게 말씀하셨습니다. '네 아들 솔로몬이 내 집과 내 뜰을 지을 것이다. 내가 그를 택하여 내 귀한 양자로 삼았으니 나는 그에게 아버지가 될 것이다. 그가 계속해서 한결같은 마음으로 내 명령을 행하고 지금처럼 내 결정들을 힘써 지키면, 나는 그의 나라가 영원히 지속되게 할 것이다.'

⁸ 이제 여러분은 온 이스라엘이 지켜보고 하나님께서 들으시는 이 공적인 장소에서, **하나님**의 백성으로 **하나님**의 계명을 마지막 하나까지 살피고 순종하십시오. 그러면 이 좋은 땅에서 삶을 마음껏 누리고 이 땅을 여러분의 자손에게 흠 없이 물려주어, 그들에게 복된 미래를 보증할 수 있을 것입니다.

9-10 그리고 나의 아들 솔로몬아, 너는 네 아버지의 하나님을 바로 알고 온 마음과 뜻을 다해 그분을 섬겨라. **하나님**께서는 마음을 살피시고 그 모든 중심

을 꿰뚫어 보신다. 네가 그분을 구하면, 반드시 너를 만나 주실 것이다. 그러나 네가 그분을 버리면, 그분도 너를 영원히 떠나실 것이다. 이제 잘 들어라! **하나님**께서 너를 택하셔서 그분의 거룩한 집을 짓게 하셨다. 용기를 내고 마음을 굳게 먹어라! 그것을 시행하여라!"

¹¹⁻¹⁹ 그리고 나서 다윗은 성전의 현관과 창고와 집회소와 속죄 제물을 바칠 장소의 설계도를 아들 솔로몬에게 건네주었다. 하나님의 영이 머릿속에 떠오르게 하신 모든 것, 곧 안뜰의 구도와 주위 모든 방의 배치, 모든 거룩한 물건을 보관할 창고의 설계도도 넘겨주었다. 또한 레위인과 제사장들을 조직하여 하나님의 집에서 예배를 인도하고 주관하게 할 계획과 함께, 예배에 사용하는 기구들을 관리할 계획을 그에게 알려 주었다. 금은 등잔대와 등잔, 거룩하게 구별된 **빵**을 차릴 상, 금갈고리와 대접과 병, 분향단 등 예배에 사용할 각 기구에 금과 은이 얼마나 필요한지에 대해서도 구체적으로 일러 주었다. 그는 또 **하나님**의 언약궤―그룹 보좌―위로 날개를 펼친 그룹들을 조각할 도면도 주었다. 다윗은 "**하나님**께서 내게 주신 전체 청사진이 여기 있다" 하고 말했다.

²⁰⁻²¹ 다윗은 계속해서 솔로몬에게 말했다. "담대하게 일을 해나가거라! 걱정하거나 낙심하지 마라. **하나님** 나의 하나님께서 이 일에 너와 함께 계신다. 그분은 곤경에 처한 너를 두고 떠나지 않으실 것이다. 네가 **하나님**께 예배 드릴 수 있도록 마지막 세부 사항이 완성되기까지 네 곁에 함께 계실 것이다. 모든 제사장과 레위인들이 도울 준비를 마쳤고, 숙련된 기술자와 장인들도 일할 준비가 되어 있다. 지도자와 백성도 모두 준비되었다. 이제 명령만 하여라."

성전 건축에 쓸 예물

29 ¹⁻⁵ 다윗 왕이 회중에게 말했다. "하나님께서 내 아들 솔로몬을 택하셔서 이 일을 행하게 하셨습니다. 그러나 그는 어리고 경험이 없으며, 이것은 너무도 큰일입니다. 이 성전은 그저 사람들이 만나는 장소가 아니라 **하나님**께서 우리를 만나 주시는 집입니다. 나는 내 하나님을 위해 이

집을 짓고자 최선을 다해 모든 것을 준비했습니다. 금과 은, 청동, 철, 재목, 각양각색의 보석과 건축용 석재 등 필요한 모든 자재를 산더미처럼 준비해 두었습니다. 더욱이 내 마음이 이 일을 간절히 원하므로, 내게 있는 금과 은도 내 하나님을 위한 예배 처소를 짓는 데 바치겠습니다. 오빌에서 난 최상품 금 3,000달란트(약 113톤)와 은 7,000달란트(214톤)입니다. 이것으로 성전 벽을 입히고, 기술자와 장인들이 각종 금과 은으로 작업하는 데 쓸 것입니다. 이제 여러분은 어떻습니까? 여러분 가운데 자원하여 기꺼이 나와 함께 바칠 사람이 있습니까?"

6-8 그러자 각 가문의 족장과 이스라엘 각 지파의 지도자와 군지휘관과 왕의 사무를 맡은 관리자들이 자원하여 기꺼이 바쳤다. 그들은 금 5,000달란트(188톤)와 금 10,000다릭(83.9킬로그램), 은 10,000달란트(377톤), 청동 18,000달란트(679톤), 철 100,000달란트(3,775톤)를 바쳤다. 보석을 가진 사람은 게르손 사람 여히엘의 관리 아래 하나님의 성전 보물 보관소로 가져다 바쳤다.

9 백성은 그들이 바친 모든 것으로 기뻐하며 환호했다! 모두가 자원해서, 아낌없이 바친 물건이었다! 다윗 왕도 크게 기뻐했다.

10-13 다윗은 온 회중 앞에서 하나님을 찬양했다.

우리 조상 이스라엘의 하나님,
옛적부터 영원까지 찬양받으소서.
오 하나님, 위대하심과 능력,
영광과 승리와 위엄과 영화가 모두 주의 것입니다.
그렇습니다! 하늘과 땅의 모든 것, 모든 나라가 주의 것입니다!
주께서 친히 모든 것 위에 높아지셨습니다.
부귀와 영광이 주께로부터 나오며
주께서 모든 것을 다스리십니다.
그 손안의 힘과 능력으로
모든 것을 세우시고 강하게 하십니다.

오 하나님, 우리 하나님, 이제 우리가 주께 감사하며

주의 영화로운 이름을 찬송합니다.

14-19 "제가 누구이며 이 백성이 누구이기에, 우리가 감히 주께 그 무엇을 바칠 수 있겠습니까? 모든 것이 주께로부터 옵니다. 다만 우리는 주의 넉넉하신 손에서 받은 것을 돌려드릴 뿐입니다. 주님 보시기에 우리는, 우리 조상들처럼 집 없고 힘없는 방랑자에 불과하며, 우리의 삶은 그림자와 같이 보잘것없습니다. **하나님** 우리 하나님, 이 모든 자재—주님의 거룩하신 이름을 높이고 예배 드릴 처소를 짓기 위한 물건들—는 다 주께로부터 왔습니다! 처음부터 다 주님의 것이었습니다! 사랑하는 하나님, 주께서는 겉모습에 전혀 관심이 없으시고 우리 자신, 우리의 참된 마음을 원하시는 것을 잘 압니다. 그래서 제가 마음으로부터 정직하고 기쁘게 바쳤습니다. 이 백성도 똑같이 자원하여 아낌없이 바치는 것을 보십시오. 얼마나 기쁜 일입니까! **하나님** 우리 조상 아브라함과 이삭과 이스라엘의 하나님, 아낌없이 드리는 이 마음이 이 백성 안에 영원히 살아 있게 하시고, 이들의 마음이 주께만 머물게 하십시오. 제 아들 솔로몬에게 흐트러짐 없는 굳건한 마음을 주셔서, 주님의 명령에 순종하고 주님의 지침과 권고대로 살아가게 하시며, 제가 준비한 성전 건축을 완수하게 해주십시오."

20 그러고 나서 다윗은 회중에게 말했다. "**하나님** 여러분의 하나님을 찬양하십시오!" 그러자 그들은 **하나님** 그들 조상의 하나님을 찬양하고, **하나님**과 왕 앞에서 경건하게 예배했다.

21-22 이튿날 그들은 희생 제물로 바칠 짐승을 잡았다. 수소 천 마리, 숫양 천 마리, 양 천 마리, 부어 드리는 제물 등 많은 제물을 준비하여 하나님께 바쳤다. 그들은 기쁨에 넘쳐 온종일 잔치를 벌이며 **하나님** 앞에서 먹고 마셨다.

22-25 그 후에 그들은 솔로몬의 대관식을 다시 거행했는데, **하나님** 앞에서 다윗의 아들에게 기름을 부어 그들의 지도자로 삼고, 사독에게 기름을 부어 제사장으로 세웠다. 솔로몬은 아버지 다윗의 뒤를 이어 **하나님**께서 허락하신 왕위에 앉아 왕이 되었다. 그가 하는 모든 일이 잘되었으므로, 온 이스라엘

이 그에게 순종했다. 다윗 왕의 모든 아들을 포함한 백성의 지도자들이 솔로
몬을 그들의 왕으로 인정하고 충성을 맹세했다. 솔로몬에게 쏟아진 대중의
갈채는 절정에 달했다. 모든 것이 **하나님**께서 행하신 일이었다. **하나님**께서
는 과거 이스라엘의 어떤 왕도 누리지 못한 지위와 명예를 그에게 주셨다.

❦

26-30 이새의 아들 다윗은 온 이스라엘의 왕이 되어 사십 년 동안 다스렸다.
그는 헤브론에서 칠 년, 예루살렘에서 삼십삼 년을 다스렸다. 그는 부와 영
광과 장수를 누리다가 수를 다하고 죽었다. 다윗 왕의 역사는 선견자 사무
엘, 예언자 나단, 선견자 갓의 연대기에 처음부터 끝까지 다 기록되어 있다.
그의 통치와 업적, 그와 이스라엘과 주변 나라들이 겪은 당대의 역사가 그
안에 상세히 기록되어 있다.

역대하

솔로몬이 지혜를 구하다

1 ¹⁻⁶ 다윗의 아들 솔로몬은 왕위를 튼튼히 굳혔다. **하나님**께서 그와 함께 계시며 그에게 큰 도움을 베풀어 주셨다. 솔로몬은 온 이스라엘, 곧 군지휘관과 재판관과 모든 지도자와 족장을 불러서, 그들과 함께 기브온의 예배 처소로 갔다. **하나님**의 종 모세가 광야에서 만든 하나님의 회막이 바로 그곳에 있었다. 그러나 하나님의 궤는 예루살렘에 있었다. 전에 다윗이 궤를 둘 특별한 곳을 마련하여 장막을 치고, 기럇여아림에서 그 궤를 예루살렘으로 옮겨 두었기 때문이다. 그러나 훌의 손자요 우리의 아들인 브살렐이 만든 청동제단은 기브온에 있는 **하나님**의 성막 앞에 있었다. 솔로몬과 회중은 그곳에 모여 기도했다. 솔로몬은 회막 앞 청동제단에서 **하나님**을 예배했다. 그는 그 제단 위에 번제물 천 마리를 바쳤다.

⁷ 그날 밤 하나님께서 솔로몬에게 나타나 말씀하셨다. "나에게 무엇을 원하느냐? 구하여라."

⁸⁻¹⁰ 솔로몬이 대답했다. "주께서는 제 아버지 다윗에게 더할 나위 없이 너그러우셨고, 이제 그를 대신하여 저를 왕으로 삼으셨습니다. **하나님**, 주께서 제 아버지에게 하신 말씀을 확증해 주십시오. 주께서 이 백성을 다스리는 엄청난 일을 제게 맡기셨으니, 제가 이 백성 사이를 오갈 때에 저에게 지혜와

지식을 주십시오. 주님의 영화로운 백성을 어느 누가 자기 힘으로 다스릴 수 있겠습니까?"

11-12 하나님께서 솔로몬에게 대답하셨다. "그것이 네 마음의 소원이로구나. 너는 부나 재물이나 명예나 원수의 멸망을 구하지 않았고, 오래 살기를 구하지도 않았다. 내가 너를 내 백성의 왕으로 삼았더니, 너는 그들을 잘 통치할 수 있도록 지혜와 지식을 구했다. 그러므로 나는 네가 구한 대로 지혜와 지식을 네게 줄 것이다. 또한 나머지도 네게 덤으로 줄 것이다. 네 앞의 어떤 왕도 누린 적 없고 네 뒤의 어떤 왕도 누리지 못할 부와 재물과 명예를 줄 것이다."

13 그 후에 솔로몬은 기브온의 예배 처소와 회막을 떠나 예루살렘으로 갔다. 그는 이스라엘의 왕으로 다스리기 시작했다.

14-17 솔로몬은 전차와 말을 모았다. 그가 모은 전차가 천사백 대, 말이 만이천 마리였다! 그는 그 말들을 예루살렘뿐 아니라 전차가 주둔해 있는 특별 성읍들에도 두었다. 왕 덕분에 은과 금이 돌처럼 흔했고, 백향목도 낮은 산지의 무화과나무만큼이나 흔했다. 왕이 타는 말은 이집트와 실리시아에서 들여왔는데, 특별히 왕의 중개인들이 매입했다. 이집트에서 들여온 전차는 은 6.8킬로그램, 말은 은 1.7킬로그램에 거래되었다. 솔로몬은 헷과 아람 왕실을 상대로 말 무역업을 벌여 호황을 누렸다.

2

1 솔로몬은 하나님을 높이는 예배 처소와 자신을 위한 왕궁을 건축하도록 명령했다.

2 그는 막일꾼 칠만 명, 산에서 채석할 일꾼 팔만 명, 노역 책임자 삼천육백 명을 임명했다.

3-4 이어서 솔로몬은 두로의 히람 왕에게 메시지를 보냈다. "왕께서 왕궁 건축을 위해 내 아버지 다윗에게 보냈던 것과 같은 백향목 재목을 내게 보내 주십시오. 나는 하나님을 높이는 예배 처소를 지으려고 합니다. 그곳은 향기로운 향을 피우고, 거룩한 빵을 차리고, 아침과 저녁 예배 때 번제를 드리며, 안식일과 초하루와 거룩한 날에 예배를 드릴 거룩한 곳입니다. 이것은 이스

라엘이 반드시 지켜야 하는 예배입니다.

5-10 우리 하나님은 다른 어떤 신보다 뛰어난 하나님이시니, 내가 지으려는 성전도 가장 뛰어나야 합니다. 하지만 누가 능히 그런 건물을 지을 수 있겠습니까? 하늘이라도, 온 우주라도 그분을 담을 수 없습니다! 하물며, 내가 감히 누구라고 하나님께 합당한 집을 지어 드릴 수 있겠습니까? 나는 그저 그분께 향을 피우는 일이나 할 수 있을 뿐입니다! 왕의 도움이 필요합니다. 금, 은, 청동, 철을 다룰 줄 알고, 자주색과 홍색과 청색 천을 짤 줄 알며, 조각도 할 줄 아는 장인 한 명을 내게 보내 주십시오. 내 아버지가 준비해 둔 유다와 예루살렘의 숙련된 장인들을 그가 감독할 것입니다. 또 레바논의 백향목, 잣나무, 백단목 재목을 보내 주십시오. 레바논 숲에서 경험을 쌓은 벌목꾼들이 왕께 많이 있음을 내가 잘 알고 있습니다. 나도 일꾼들을 보내어 왕의 인부들과 함께 재목을 베게 하겠습니다. 눈부시게 아름다운 건물, 당당하게 내보일 성전을 지으려면 재목이 많이 필요합니다! 나무를 베고 운반할 왕의 인부들에게 필요한 양식은 내가 모두 대겠습니다. 밀 4,400킬로리터, 포도주 440킬로리터, 올리브기름 440킬로리터를 인부들에게 주겠습니다."

11 두로 왕 히람이 솔로몬에게 답신을 썼다. "하나님께서 그분의 백성을 사랑하시는 것이 분명합니다. 당신을 그들의 왕으로 삼으셨으니 말입니다!"

12-14 그는 계속해서 이렇게 썼다. "하늘과 땅을 지으신 하나님, 다윗 왕에게 이처럼 지혜롭고 총명하고 통찰력 있는 아들을 주셔서 하나님의 성전과 그의 왕궁을 짓게 하신 이스라엘의 하나님을 찬양합니다. 내가 건축 일을 속속들이 아는 전문가 후람아비를 왕께 보냈습니다. 그는 지금 그곳으로 향하고 있습니다. 그의 어머니는 단 사람이고 아버지는 두로 사람입니다. 그는 금, 은, 청동, 철, 돌, 나무를 다룰 줄 알고, 자주색과 청색 천과 홍색 직물을 짤 줄 아는 사람입니다. 그는 또한 전문 조각가이며, 왕의 장인과 건축가들뿐 아니라 왕의 아버지요 내 주인이신 다윗의 장인과 건축가들과도 함께 문양을 만들어 낼 만한 유능한 사람입니다.

15-16 내 작업 인부들을 위해 왕께서 약속하신 밀, 보리, 올리브기름, 포도주를 보내 주십시오. 우리가 왕께 필요한 재목을 레바논 숲에서 베어 욥바까지

뗏목으로 나르겠습니다. 재목을 예루살렘으로 운반하는 일은 그쪽에서 해야
할 것입니다."

17-18 솔로몬은 전에 아버지가 했던 것과 같은 방법으로, 이스라엘에 살고 있
는 모든 외국인의 인구를 조사했다. 그 수가 모두 153,600명이었다. 그는 그
가운데 70,000명은 막일꾼으로, 80,000명은 산에서 채석하는 일꾼으로, 그
리고 3,600명은 노역 책임자로 임명했다.

성전 건축을 시작하다

3 1-4 솔로몬은 예루살렘의 모리아 산, 곧 **하나님**께서 그의 아버지 다윗
에게 나타나셨던 곳에 **하나님**의 성전을 짓기 시작했다. 정확한 위치
는 여부스 사람 아라우나의 타작마당이었는데, 다윗이 미리 정해 둔 곳이었
다. 성전을 짓기 시작한 때는, 솔로몬이 왕위에 오른 지 사 년째 되는 해 둘
째 달 이일이었다. 솔로몬이 정한 하나님의 성전 규모는 길이 27미터, 너비 9
미터였다. 앞쪽 현관의 폭은 건물 너비와 같이 9미터였고 높이도 9미터였다.

4-7 성전 내부에는 금을 입혔다. 또 본당에 잣나무 널판지를 대고 순금을 입
힌 뒤 그 위에 종려나무와 사슬 문양을 새겼다. 그리고 보석과 바르와임에서
난 금으로 건물을 장식했다. 들보, 문지방, 벽, 문 등 모든 것에 금박을 입혔
다. 벽에는 그룹을 새겼다.

8-9 그는 또 지성소를 지었는데, 길이, 너비, 높이가 모두 9미터인 정육면체가
되게 만들었다. 그리고 금 600달란트(22톤가량)를 입혔다. 금못의 무게는 50
세겔(0.6킬로그램가량)이었다. 다락방에도 금을 입혔다.

10-13 그는 지성소에 놓을 거대한 천사 형상의 그룹 조각상 둘을 만들어 금을
입혔다. 나란히 선 두 그룹의 날개 길이를 합하면(각 날개는 2.25미터) 벽에서
벽까지 9미터에 달했다. 그룹은 본당 쪽을 향하여 똑바로 서 있었다.

14 또 청색과 자주색과 홍색 천으로 휘장을 만들고, 그 안에 그룹 문양을 수
놓았다.

15-17 그리고 따로 세울 거대한 기둥 두 개를 만들었는데, 각각 높이가 15.75
미터에 기둥머리만 2.25미터였다. 각 기둥의 꼭대기는 정교한 사슬 세공으

로 목걸이처럼 장식했고, 그 사슬들에는 석류 모양 백 개를 달았다. 두 기둥은 성전 앞에 세웠는데, 하나는 오른쪽에 다른 하나는 왼쪽에 세웠다. 오른쪽 기둥은 야긴(안전)이라 하고 왼쪽 기둥은 보아스(안정)라 했다.

성전 기구들

4 ¹ 솔로몬은 길이 9미터, 너비 9미터, 높이 3미터의 청동제단을 만들었다.

²⁻⁵ 그 다음 바다를 만들었다. 바다는 금속을 주조해 만든 거대한 둥근 대야로, 지름 4.5미터, 높이 2.25미터, 둘레 13.5미터였다. 가장자리 아래에 평행하게 두 줄로 황소처럼 생긴 형상을 둘렀는데, 45센티미터마다 열 마리씩이었다. 그 형상은 바다와 함께 한 덩어리로 주조해 만들었다. 열두 마리 황소가 바다를 떠받치고 있는데, 세 마리는 북쪽을 향하고 세 마리는 서쪽을 향하고 세 마리는 남쪽을 향하고 세 마리는 동쪽을 향했다. 황소는 모두 얼굴을 바깥쪽으로 향하고 뒤쪽 몸으로 바다를 떠받쳤다. 바다의 두께는 8센티미터였고, 가장자리는 잔이나 백합꽃처럼 벌어져 있었다. 그 용량은 66킬로리터 정도 되었다.

⁶ 또 대야 열 개를 만들어 다섯 개는 오른쪽에 두고 다섯 개는 왼쪽에 두었는데, 이는 번제를 드릴 때 쓰는 기물들을 씻는 데 사용했다. 제사장들은 바다에서 몸을 씻었다.

⁷ 솔로몬은 정해진 문양대로 등잔대 열 개를 만들어, 다섯 개는 오른쪽에 두고 다섯 개는 왼쪽에 두었다.

⁸ 또 상 열 개를 만들어, 다섯 개는 오른쪽에 두고 다섯 개는 왼쪽에 두었다. 금대접도 백 개를 만들었다.

⁹ 그는 또 특별히 제사장을 위해 뜰을 만들고, 이어서 큰 뜰과 뜰로 통하는 문을 만들었다. 문에는 청동을 입혔다.

¹⁰ 바다는 성전 오른편 남동쪽 모퉁이에 두었다.

¹¹⁻¹⁶ 들통, 부삽, 대접도 만들었다.

이렇게 해서 일이 마무리되었다. 후람은 솔로몬 왕에게 약속한 일을 모두 마쳤다.

기둥 둘

기둥 꼭대기에 얹은 대접 모양의 기둥머리 둘

기둥머리의 장식용 세공물 둘

두 세공물에 달린 석류 모양 사백 개(각 세공물마다 겹줄의 석류)

세면대 열 개와 거기에 딸린 대야

바다 하나와 그 밑의 황소 열두 마리

그 밖의 들통, 고기 갈고리, 부삽, 대접.

16-18 후람아비가 **하나님**의 성전을 위해 솔로몬 왕에게 만들어 준 이 모든 기구는 광택이 나는 청동으로 만든 것이었다. 왕은 숙곳과 사르단 사이에 있는 요단 평지의 주물 공장에서 진흙에 부어 주조하는 방법으로 그것들을 만들게 했다. 이 기구들은 수가 너무 많아서 무게를 달지 않았다! 청동이 얼마나 쓰였는지 아무도 모른다.

19-22 솔로몬은 또 하나님의 성전에서 쓸 가구와 부속물도 만들었다.

금제단

임재의 빵을 차려 놓는 상

성소 내실, 곧 지성소 앞에 켜 놓을 순금 등잔대와 거기에 딸린 등잔들

금꽃, 등잔, 부젓가락(모두 순금)

금으로 만든 심지 자르는 가위, 대접, 국자, 향로들

금을 입힌 성전 문, 지성소 문, 본당 문.

5 ¹ 이렇게 해서 솔로몬 왕은 **하나님**의 성전과 관련된 모든 일을 끝마쳤다. 그는 아버지 다윗이 바친 거룩한 예물, 곧 은과 금과 기구들을 가져다가 하나님의 성전 보물 보관소에 두었다.

언약궤를 성전으로 옮기다

²⁻³ 이 모든 일의 가장 중요한 순서로, 솔로몬은 **하나님**의 언약궤를 시온에서 옮겨 성전 안에 모시기 위해 모든 지도자, 곧 모든 지파의 대표와 각 가문의 족장들을 예루살렘으로 불러 모았다. 일곱째 달 절기, 곧 초막절에 이스라엘의 모든 사람이 왕 앞에 모였다.

⁴⁻⁶ 이스라엘의 모든 지도자가 모이자, 레위인들이 궤를 멨다. 그들은 궤와 회막과 예배에 쓰는 회막 안의 모든 거룩한 물건을 옮겼다. 레위인 제사장들이 그것들을 옮겼다. 솔로몬 왕과 이스라엘 온 회중은 궤 앞에서 예배하며 셀 수 없이 많은 양과 소로 제사를 드렸다. 그 수가 너무 많아 자세히 기록할 수 없었다.

⁷⁻¹⁰ 제사장들은 **하나님**의 언약궤를 제자리, 곧 성전 내실의 지성소 안 그룹들의 날개 아래에 가져다 놓았다. 그룹들의 펼친 날개가 궤와 그 채를 덮었다. 채 끝은 아주 길어서 내실 입구에서 밖으로 튀어나왔는데, 멀리서는 보이지 않았다. 그 채는 오늘까지 그곳에 있다. 궤 안에는 호렙에서 모세가 넣어 둔 두 돌판 외에는 아무것도 없었다. 호렙은 **하나님**께서 이스라엘을 이집트에서 이끌어 내신 뒤에 그들과 언약을 맺으신 곳이다.

¹¹⁻¹³ 제사장들이 성소에서 나왔다. 그곳에 들어간 제사장은 서열이나 직무와 관계없이 모두 거룩하게 구별되었다. 음악을 맡은 레위인 아삽과 헤만과 여두둔과 그들의 가족도 모두 예배 예복을 입고 함께 자리했다. 찬양대와 악기 연주자들은 제단 동쪽에 모여 섰고, 제사장 120명이 그 옆에서 나팔을 불었다. 찬양대의 노랫소리와 나팔소리가 하나가 되어 **하나님**께 찬양과 감사를 드렸다. 악기 연주자들과 찬양대가 완벽한 조화를 이루어 노래와 연주로 **하나님**을 찬양했다.

하나님은 선하시다!
그분의 신실한 사랑은 영원하시다!

¹³⁻¹⁴ 그러자 **하나님**의 성전에 구름이 가득 찼다. 성전에 가득한 구름—하나

님의 영광!─때문에 제사장들이 직무를 수행할 수 없었다.

솔로몬의 기도와 성전 봉헌

6 ¹⁻² 그때 솔로몬이 말했다.

하나님께서는 구름 속에 거하겠다고 말씀하셨지만
제가 더없이 훌륭한 성전을 지었으니,
이곳은 주께서 영원히 사실 곳입니다.

³ 왕은 모여 있는 회중 쪽으로 돌아서서 그들을 축복했다.

⁴⁻⁶ "내 아버지 다윗에게 친히 말씀하신 **하나님** 이스라엘의 하나님을 찬양합니다. 그분께서 '내 백성 이스라엘을 이집트에서 이끌어 낸 날부터 오늘까지, 나는 내 이름을 높이는 성전을 지으려고 이스라엘 지파들 가운데서 한 성읍을 따로 떼어 구별하지 않았고, 지도자가 될 한 사람을 택하지도 않았다. 그러나 이제 내가 성읍과 사람 모두를 택했으니, 곧 내 이름을 높일 예루살렘과 내 백성 이스라엘을 다스릴 다윗이다'라고 하신 말씀을 이제 행하셨습니다.

⁷⁻⁹ 내 아버지 다윗은 **하나님** 이스라엘의 하나님의 이름을 높이는 성전을 간절히 짓기 원했으나, **하나님**께서는 '네가 나를 높이는 성전을 짓기 원하니, 좋은 일이고 더없이 칭찬할 만한 일이다! 그러나 그 일을 할 사람은 네가 아니다. 네 왕조를 이을 네 아들이 내 이름을 위해 성전을 지을 것이다' 하고 말씀하셨습니다.

¹⁰⁻¹¹ 이제 여러분은 그 약속이 성취된 것을 보고 있습니다. **하나님**께서는 말씀하신 대로 행하셨습니다. 내가 내 아버지 다윗의 뒤를 이어 지금 이스라엘을 다스리고 있습니다. 또 나는 **하나님** 이스라엘의 하나님을 높여 드리는 성전을 지었고, **하나님**의 언약, 곧 그분께서 이스라엘 백성과 맺으신 언약을 넣은 궤를 둘 자리를 마련했습니다."

¹²⁻¹⁶ 솔로몬은 이스라엘 온 회중이 지켜보는 가운데, **하나님**의 제단 앞에 자리를 잡고 두 팔을 들어 폈다. 그는 가로와 세로 각각 2.25미터에 높이 1.35

미터인 청동연단을 만들어 뜰 안에 두었는데, 바로 그 연단에 올라 온 회중이 보는 앞에서 무릎을 꿇은 채 하늘을 향해 두 팔을 들고 기도했다.

하나님 이스라엘의 하나님, 위로 하늘이나 아래로 땅 그 어디에도 주와 같은 신이 없습니다. 주의 종들이 주의 길을 따르며 성실하게 살아갈 때, 주께서는 그들과 맺은 언약을 확실히 지키시며 그들을 변함없이 사랑해 주십니다. 주께서는 제 아버지 다윗에게 주신 말씀, 곧 주의 약속을 지키셨습니다. 작은 것까지 모두 약속하신 대로 행하셨습니다. 그 증거가 오늘 우리 앞에 있습니다!
하나님 이스라엘의 하나님, 계속 그렇게 해주십시오! 제 아버지 다윗에게 하신 약속, 곧 "네 자손이 주의하여 네가 내 앞에서 행한 것처럼 순종하여 살면, 네 자손이 항상 이스라엘의 왕위에 앉아 나를 대신해 다스릴 것이다"라고 하신 그 약속을 계속해서 지켜 주십시오.

[17] **하나님** 이스라엘의 하나님, 이 모든 것이 이루어지게 해주십시오. 확실하게 증명해 주십시오!

[18-21] 하나님께서 참으로 우리가 사는 곳에 오셔서 거하시겠습니까? 우주조차도 주께서 편히 숨 쉴 만큼 넓지 못한데, 제가 지은 이 성전이야 더 말할 것도 없습니다. 그러할지라도 담대히 구합니다. **하나님** 나의 하나님, 제가 드리는 중보기도와 간구에 귀를 기울여 주십시오. 지금 주 앞에 아뢰는 이 뜨겁고 진실한 기도를 들어주십시오. 주께서 주의 이름으로 존귀하게 하겠다고 약속하신 이곳, 이 성전을 밤낮으로 지켜보시고, 제가 이곳에서 드리는 기도를 들어주십시오. 또 주님의 백성 이스라엘이 이곳에서 기도할 때 그들의 말에 귀 기울여 주십시오.

주께서는 주님 계신 곳 하늘에서 들으시고
들으실 때 용서해 주십시오.

22 이웃에게 해를 끼친 사람이 잘못을 바로잡기로 약속하고 이 성전 안에 있는 주님의 제단 앞에 나와 그 약속을 아뢰면,

23 주께서는 하늘에서 들으시고 행하시되
주님의 종들을 판결하셔서 가해자는 그 대가를 치르게 하시고
피해자는 모든 혐의를 벗도록
무죄를 선고해 주십시오.

24-25 주님의 백성 이스라엘이 주께 죄를 지어 적에게 패할 때라도 주께 돌이켜 이 성전에서 간절하고 진실한 기도로 주님의 통치를 인정하면,

주께서는 주님 계신 곳 하늘에서 들으시고
주님의 백성 이스라엘의 죄를 용서하시며
주께서 그들과 그들 조상에게 주신 땅으로 돌아오게 해주십시오.

26-27 주님의 백성이 주께 죄를 지어서 하늘이 마르고 비가 오지 않을 때, 주께 벌을 받은 그들이 이곳에서 기도하며 주님의 통치를 인정하고 그 죄를 멈추면,
주께서는 주님 계신 곳 하늘에서 들으시고
주님의 종, 주님의 백성 이스라엘의 죄를 용서해 주십시오.
그들과 다시 시작해 주십시오.
그들을 가르쳐 바르게 살게 하시고
주님의 백성에게 유산으로 주신 이 땅에
비를 내려 주십시오.

28-31 기근이나 재해, 흉작이나 질병, 메뚜기 떼나 병충해 같은 재앙이 닥치거나 원수가 요새로 쳐들어와 온갖 재난이 닥칠 때, 주님의 백성 이스라엘 가운데 누구라도 재앙이 일어났음을 깨닫고 이 성전을 향해 손과 팔을 들

어 도움을 구하는 기도를 드리면,

주께서는 주님 계신 곳 하늘에서 들으시고
우리를 용서하시며 우리에게 보상해 주십시오.
주께서는 각 사람의 마음을 아시니
(오직 주님만이 사람의 속마음을 아십니다!)
각 사람이 살아온 대로, 처한 형편에 따라 보상해 주십시오.
그리하면 주께서 우리 조상에게 주신 이 땅에서 사는 동안, 그들이
주님을 경외하고 믿고 순종하게 될 것입니다.

32 주님의 백성 이스라엘에 속하지 않지만 주님의 명성을 듣고 먼 나라에
서 온 외국인들도 기억해 주십시오. 그들은 분명 주님의 큰 명성을 듣고
기적을 행하시는 주님의 능력에 이끌려 이 성전에 나와 기도할 것입니다.

33 주께서는 주님 계신 곳 하늘에서 들으시고
그 외국인들이 드리는 기도에 응답해 주십시오.
그러면 주님이 누구시며 어떤 분이신지
온 세상 사람들이 알게 될 것이고,
주님의 백성 이스라엘처럼
주님을 경외하고 순종하며 살게 될 것입니다.
또한 그들은 주께서 제가 지은 이곳을 친히
성전으로 여기신다는 것을 알게 될 것입니다.

34-35 주님의 백성이 주님의 때에 주님이 보내시는 곳으로 가서 적과 싸울
때에, 주님이 택하신 이 성읍과 제가 주님의 이름을 위해 지은 이 성전을
향해 기도하면,

주께서는 그들이 기도하고 구하는 것을 하늘에서 들으시고

그들의 형편에 맞게 행하여 주십시오.

36-39 그들이 주께 죄를 지어—죄가 없는 사람은 아무도 없으니 그들도 분명히 죄를 지을 것입니다!—주의 진노를 사서 원수의 손에 넘겨져 멀든 가깝든 원수의 나라에 포로로 잡혀갈지라도, 그 나라에서 회개하고 포로생활 중에 마음을 돌이켜 "우리가 죄를 지었습니다. 잘못을 저질렀습니다. 사악한 짓을 행했습니다"라고 고백하면, 또한 원수의 땅에서 마음을 다해 주께로 돌이키며 주님이 그들 조상에게 주신 고향 땅과 주님이 택하신 이 성읍과 제가 주님의 이름을 위해 지은 이 성전을 향해 기도하면,

주께서는 그들의 간절하고 진실한 기도를
주님 계신 곳 하늘에서 들으시고
그들에게 가장 좋은 것을 행하여 주십시오.
주께 죄를 지은 주님의 백성을 용서해 주십시오.

40 사랑하는 하나님, 이곳에서 드리는 모든 기도에 늘 귀 기울여 주십시오.

41-42 **하나님,** 일어나셔서 주님의 능력의 언약궤와 함께
주님의 평온한 새 안식처에 들어가 주십시오.
주님의 제사장들에게 구원의 옷을 입히시고
주님의 거룩한 백성이 주님의 선하심을 찬양하게 해주십시오.
하나님, 주님의 기름부음 받은 이들을 버리지 마시고
주님의 종 다윗에게 약속하신 사랑을 잊지 말아 주십시오.

7 1-3 솔로몬이 기도를 마치자 하늘에서 번갯불이 일어 번제물과 제물 위에 내리쳤고, **하나님**의 영광이 성전에 가득 찼다. 그 영광이 성전에 가득 차서 제사장들이 성전 안에 들어갈 수 없었다. **하나님**께서 성전을 가득

채우셨으므로 제사장들이 들어설 수 없었다! 하늘에서 불이 내리고 **하나님**의 영광이 성전에 가득한 것을 보고, 온 이스라엘이 무릎 꿇고 엎드려 예배하며 **하나님**께 감사를 드렸다.

하나님은 선하시다!
그분의 사랑은 끝이 없으시다!

4-6 그 후에 왕과 온 이스라엘이 **하나님**께 제사를 드리며 예배했다. 솔로몬왕은 성전 봉헌식에서 소 22,000마리, 양 120,000마리를 제물로 바쳤다. 제사장들은 맡은 일에 따라 모두 제자리에 섰고, 다윗이 **하나님**을 높이는 사랑의 찬송을 노래하고 연주하도록 준비한 레위인 찬양대와 악기 연주자들도 모두 함께 있었다. 맞은편 뜰에서는 제사장들이 나팔을 불었다. 이스라엘 백성은 모두 서 있었다.

7-10 솔로몬은 **하나님**의 성전 앞 뜰 한가운데를 거룩한 장소로 구별하고, 거기서 번제물과 곡식 제물, 화목 제물의 지방을 바쳤다. 청동제단은 너무 작아서 이 모든 제물을 다 바칠 수 없었기 때문이다. 이렇게 솔로몬은 큰 가을 절기인 초막절을 지켰다. 북동쪽 끝(하맛 입구)에서부터 남서쪽 끝(이집트 시내)에 이르는 지역에 사는 백성이 칠 일 동안 모여, 큰 회중을 이루었다. 그들은 칠 일을 계획하여 축제를 시작했다가 칠 일을 더 늘렸는데, 한 주는 제단 봉헌을 위해, 다음 한 주는 절기를 지키기 위해서였다. 축제는 꼬박 이 주 동안 계속되었다! 일곱째 달 이십삼일에 솔로몬은 회중을 돌려보냈다. 그들은 **하나님**께서 다윗과 솔로몬과 그분의 백성 이스라엘에게 베푸신 모든 선한 일을 기뻐하며 돌아갔다.

11 솔로몬은 **하나님**의 성전과 왕궁을 건축하는 일, 곧 그가 마음먹었던 모든 일을 마쳤다. 모든 것이 성공적으로 끝났고 만족스러웠다!

12-18 밤에 **하나님**께서 솔로몬에게 나타나 말씀하셨다. "내가 네 기도를 듣고 이곳을 제사 드리는 성전이요 예배하는 집으로 택했다. 내가 하늘에서 비를

내리지 않거나 메뚜기 떼를 동원해 작물을 먹어 치우게 하거나 전염병을 보낼 때에, 하나님의 백성이라 불리는 내 백성이 스스로를 낮추고 기도하며 내 임재를 구하고 악한 삶을 버리면, 내가 항상 너희 곁에 있을 것이다. 내가 하늘에서 듣고 그들의 죄를 용서하며 그들의 땅을 회복시켜 줄 것이다. 이제부터 나는 이곳에서 드리는 기도에 밤낮 귀를 기울일 것이다. 나는 네가 지은 이 성전을 택하여 거룩하게 했다. 이제 내 이름이 그 위에 영원히 새겨졌으니, 내 눈이 그 위에, 내 마음이 그 안에 언제나 머물 것이다. 네가 네 아버지 다윗처럼 순전한 마음으로 내 앞에서 행하고 내가 정해 준 삶을 따라 살며 내 가르침과 판단에 주의하여 순종하면, 이스라엘을 다스리는 너의 왕권이 든든한 기초 위에 서게 될 것이다. 네 아버지 다윗에게 언약으로 보증했던 것처럼 네게도 이것을 보증하겠다. '이스라엘의 왕위에서 네 자손이 항상 끊이지 않을 것이다.'

¹⁹⁻²² 그러나 너와 네 자손이 내게 반역하고 내 가르침과 판단을 무시하며 이방 신들과 어울리면서 그것들을 섬기고 예배하면, 그때에는 이 보증이 무효가 될 것이다. 나는 이스라엘을 멸하고 내 이름을 높이도록 거룩하게 구별한 이 성전에서 등을 돌릴 것이다. 그러면 이스라엘은 세상 민족들 사이에서 흉한 농담거리가 되고 말 것이다. 지금은 이렇게 훌륭한 이 성전도 비웃음거리가 되고 말 것이다. 지나가는 사람들이 고개를 저으며 '이게 어찌 된 일인가? 어쩌다가 이렇게 망해 버렸는가?' 하고 물을 것이다. 그러면 그들은 이런 답을 듣게 될 것이다. '한때 여기 살던 민족은 그들의 하나님, 곧 그들 조상을 이집트에서 구해 낸 하나님께 반역했다. 그들은 이방 신들과 어울리며 그것들을 예배하고 섬겼다. 그래서 하나님께서 이렇게 폐허로 만들어 버리신 것이다.'"

솔로몬의 업적

8 ¹⁻⁶ 솔로몬은 이십 년 만에 놀랄 만한 업적을 이루었다. 그가 한 일은 이러하다.

하나님의 성전과 자신의 왕궁을 지었다.

히람에게서 얻은 성읍들을 재건하고 그곳에 이스라엘 백성을 이주시켰다.
하맛소바로 진군하여 그곳을 점령했다.
광야의 다드몰과 하맛에 건축했던 곡식을 쌓아 두는 모든 성읍을 요새화
했다.
요새 성읍인 윗 벳호론과 아랫 벳호론을 건축하고 성벽, 문, 빗장을 완비
했다.
바알랏과 곡식을 쌓아 두는 성읍들과
말과 전차를 둘 성읍들을 건축했다.

솔로몬은 한번 마음이 동하면 가리지 않고 건축을 시작했다. 예루살렘이든 레
바논이든 자기 마음에 드는 곳이면 어디에나 대대적인 건축 공사를 벌였다.
7-10 솔로몬은 그 땅 원주민(이스라엘 자손이 아닌 헷 사람, 아모리 사람, 브리스 사
람, 히위 사람, 여부스 사람) 가운데서 살아남은 무리, 곧 거룩한 전쟁에서 살아
남은 자들을 강제노역 부대로 편성했는데, 이 정책은 오늘까지 시행되고 있
다. 그러나 이스라엘 사람은 그런 대우를 받지 않았다. 그들은 솔로몬의 군
대와 행정부에서 정부 지도자, 전차와 전차병 지휘관으로 일했다. 또한 그들
은 솔로몬의 건축 공사를 책임지는 관리가 되었는데, 모두 250명이 노역자
들을 감독했다.
11 솔로몬은 바로의 딸을 다윗 성에서 데려와 특별히 그녀를 위해 지은 집에
서 살게 했다. 그는 말했다. "하나님의 궤가 있는 곳은 거룩하니, 내 아내를
이스라엘 왕 다윗의 집에서 살게 할 수 없다."
12-13 그 후에 솔로몬은 그가 성전 현관 앞에 세운 하나님의 제단에서 하나님께
번제를 드렸다. 그는 모세가 정해 둔 정기 예배 일정에 따라 안식일과 초하
루, 그리고 삼대 절기인 무교절(유월절)과 칠칠절(오순절)과 초막절을 지켰다.
14-15 또 아버지 다윗이 정한 규례대로 제사장들을 세워 예배 직무를 수행하
게 했다. 그리고 레위인들을 임명하여 하나님의 찬양대를 이끌고 매일 예배
를 드릴 때 제사장들을 돕게 했다. 그는 또 문지기들을 임명하여 각 문을 지
키게 했다. 이것은 하나님의 사람 다윗이 명령한 일이었다. 제사장과 레위인

과 재정 관리자들은 왕이 내린 지시에 따라 국고를 비롯해 세세한 부분까지 그대로—고치지 않고—지켰다.

16 하나님의 성전 착공에서 준공까지, 솔로몬이 마음먹었던 모든 일이 마침내 완성되었다.

17-18 그 후 솔로몬은 에돔 땅 해변의 에시온게벨과 엘랏으로 갔다. 히람이 그에게 배 여러 척과 숙련된 뱃사람들을 보냈다. 그들은 솔로몬의 사람들과 함께 (동아프리카의) 오빌로 항해해서 금 15톤을 실어다가 솔로몬 왕에게 바쳤다.

❧

9 1-4 스바 여왕이 솔로몬의 명성을 듣고는, 어려운 질문으로 그의 명성을 시험해 보기 위해 예루살렘으로 찾아왔다. 그녀는 수행원을 잔뜩 거느리고 향료와 많은 금과 값진 보석을 낙타에 싣고, 호화롭게 예루살렘에 입성했다. 그녀는 평소 관심 있던 온갖 주제를 논하며 자신의 생각을 솔로몬에게 모두 이야기했다. 솔로몬은 그녀가 내놓은 모든 주제에 답했고, 어떤 질문에도 말문이 막히지 않았다. 솔로몬의 지혜를 직접 경험한 스바 여왕은 그가 지은 왕궁, 잘 차려 놓은 식사, 멋지게 줄지어 선 왕궁 관리들, 단정하게 차려입은 시종들, 술잔을 맡은 관리들, 그리고 하나님의 성전에서 아낌없이 번제를 드리는 정성스런 예배를 보며 그 모든 것에 감탄했다.

5-8 그녀가 왕에게 말했다. "모두 사실이었군요! 왕의 업적과 지혜에 대한 명성이 내 나라에까지 들려왔는데, 이제 모두 확인했습니다. 내가 직접 보지 않았으면 믿지 못했을 것입니다. 사람들의 말이 과장이 아니었군요! 왕의 지혜와 기품은 내가 상상한 것보다 훨씬 뛰어납니다. 왕 밑에서 일하는 사람들은 날마다 왕 곁에서 지혜로운 말을 직접 들으니 얼마나 복됩니까! 당신을 총애하셔서 왕으로 삼으신 당신의 하나님을 찬양합니다. 그분이 당신을 왕으로 삼아 공의로 질서를 유지하게 하시고 소중한 백성을 보살피게 하신 것은, 이스라엘을 향한 그분의 사랑에서 비롯된 것임이 분명합니다."

9-11 그런 다음 그녀는 4.5톤가량의 금과 수많은 향료와 값비싼 보석을 왕에게 주었다. 스바 여왕이 솔로몬 왕을 위해 향료를 가져온 이후로, 그처럼 많

은 향료가 배로 들어온 일은 다시 없었다. 히람의 배들은 오빌에서 금을 수입해 오면서 향기로운 백단목과 값비싼 보석도 함께 가져왔다. 왕은 백단목으로 하나님의 성전과 왕궁에 들일 세련된 가구를 제작하고 음악인들을 위해 하프와 수금을 만들었다. 그만한 백단목을 들여온 경우는 이후로 없었다. ¹² 솔로몬 왕은 스바 여왕이 원하는 것을 모두 주었다. 구하는 것은 무엇이든 다 주었다. 가져온 것보다 더 많이 가져가게 된 그녀는, 흡족해 하며 신하들을 이끌고 자기 나라로 돌아갔다.

⚜

¹³⁻¹⁴ 솔로몬은 매년 금 25톤을 받았다. 이것은 상인과 무역업자들과의 무역에서 나오는 세금과 수익 외의 수입이었다. 아라비아의 모든 왕과 크고 작은 지방 장관들도 솔로몬에게 은과 금을 바쳤다.

¹⁵⁻¹⁶ 솔로몬 왕은 얇게 두들겨 편 금으로 사람 키만한 방패 이백 개—방패 하나에 금 6.8킬로그램씩 들어갔다—와 그 절반 크기의 작은 방패 삼백 개를 만들었다. 그는 그 방패들을 레바논 숲 궁전에 두었다.

¹⁷⁻¹⁹ 왕은 상아로 큰 보좌를 만들고 겉에 금을 입혔다. 보좌 아래에는 여섯 개의 층계가 있고, 층계와 연결된 보좌의 받침대는 금으로 만들었다. 양쪽 팔걸이 옆으로 사자상을 두었는데, 여섯 층계의 양쪽 끝에도 각각 사자상이 하나씩 서 있었다. 주변 어느 나라에도 그와 같은 보좌는 없었다.

²⁰ 솔로몬 왕의 잔과 컵은 금으로 만들었고, 레바논 숲 궁전의 식기도 모두 순금으로 만들었다. 은으로 만든 것은 하나도 없었다. 솔로몬 시대에 은은 흔하고 값싼 것이었다.

²¹ 왕의 배들은 히람의 뱃사람들을 태우고 삼 년에 한 번씩 다시스를 오가며 금과 은, 상아, 원숭이, 공작을 싣고 돌아왔다.

²²⁻²⁴ 솔로몬 왕은 지상의 그 어떤 왕보다 부유하고 지혜로웠다. 그는 모든 왕보다 뛰어났다. 온 세상 왕들이 하나님께서 솔로몬에게 주신 지혜를 얻으려고 찾아왔다. 오는 사람마다 금은 기구, 고급 예복과 의복, 최신 무기, 외국산 향료, 말과 노새 같은 선물을 가져왔다. 방문객들의 행렬이 매년 줄을 이었다.

25-28 솔로몬은 말과 전차를 모았다. 말과 전차를 두는 마구간이 사천 칸 있었고, 전차가 주둔해 있는 성읍과 예루살렘의 병영에 기병 만이천 명이 있었다. 그는 동쪽으로 유프라테스 강에서부터 블레셋 땅 전역과 서쪽으로 이집트 경계에 이르는 지역의 모든 왕을 다스렸다. 그의 시대에는 은이 돌처럼 흔했고 백향목도 낮은 산지의 무화과나무만큼이나 흔했다. 그는 이집트와 그 밖의 나라들을 상대로 말 무역업을 벌여 호황을 누렸다.

✳

29-31 솔로몬의 나머지 생애와 통치는 예언자 나단의 역사책, 실로 사람 아히야의 예언서, 느밧의 아들 여로보암에 관한 선견자 잇도의 묵시록에서 처음부터 끝까지 읽을 수 있다. 솔로몬은 예루살렘에서 사십 년 동안 온 이스라엘을 다스렸다. 그는 죽어서 아버지 다윗의 성에 묻혔다. 그의 아들 르호보암이 뒤를 이어 왕이 되었다.

북쪽 지파들의 반란

10

1-2 르호보암은 세겜으로 갔다. 온 이스라엘이 그를 왕으로 세우려고 그곳에 모여 있었다. 당시 솔로몬을 피해 이집트에 숨어 있던 여로보암은, 솔로몬이 죽었다는 소식을 듣고 돌아왔다.

3-4 이스라엘이 불러낸 여로보암과 온 이스라엘 사람이 르호보암에게 가서 말했다. "왕의 아버지께서 등골이 휘도록 우리에게 일을 시켜 삶이 아주 고달팠습니다. 이제 좀 쉬게 해주시고 우리의 짐을 가볍게 해주시면, 우리가 기꺼이 왕을 섬기겠습니다."

5 르호보암이 말했다. "생각할 시간이 필요하니 사흘 후에 다시 오시오." 그래서 백성은 돌아갔다.

6 르호보암 왕은 그의 아버지가 살아 있을 때 조언을 구했던 원로들과 의논했다. "그대들의 생각은 어떠하오? 내가 백성에게 뭐라고 답하면 좋겠소?"

7 그들이 말했다. "왕께서는 이 백성의 종이 되셔서 그들의 필요를 잘 헤아리고 긍휼을 베푸시며 원만히 일을 해결해 나가십시오. 그러면 결국 백성이 왕

을 위해 무슨 일이든지 할 것입니다."

⁸⁻⁹ 그러나 그는 원로들의 조언을 물리치고, 그와 함께 자라서 지금은 왕의 비위만 맞추려 드는 젊은 신하들에게 물었다. "그대들 생각은 어떻소? '왕의 아버지처럼 혹독하게 하지 말고 좀 쉽게 해주십시오. 우리의 짐을 가볍게 해주십시오' 하고 말하는 이 백성에게 내가 뭐라고 해야 되겠소?"

¹⁰⁻¹¹ 왕과 함께 자란 철없는 젊은이들이 말했다. "'왕의 아버지께서 우리에게 너무 심하게 하셨으니, 짐을 가볍게 해주십시오' 하고 불평하는 이 백성에게 이렇게 말씀하십시오. '내 새끼손가락이 내 아버지의 허리보다 굵다. 내 아버지의 다스림이 고달팠다고 여긴다면, 너희는 아직 고달픔의 맛을 제대로 보지 못한 것이다. 내 아버지는 너희를 채찍으로 때렸지만, 나는 너희가 피투성이가 될 때까지 사슬로 칠 것이다!'"

¹²⁻¹⁴ 르호보암이 백성을 향해 "생각할 시간이 필요하니 사흘 후에 다시 오시오" 하고 지시한 대로, 사흘 후에 여로보암과 백성이 나타났다. 왕의 대답은 가혹하고 거칠었다. 그는 원로들의 조언을 무시하고 젊은이들의 제안을 따랐다. "내 아버지의 다스림이 고달팠다고 여긴다면, 너희는 아직 고달픔의 맛을 제대로 보지 못한 것이다. 내 아버지는 너희를 채찍으로 때렸지만, 나는 너희가 피투성이가 될 때까지 사슬로 칠 것이다!"

¹⁵ 르호보암은 백성의 말에 귀를 막았다. 하나님께서 이 모든 일의 배후에 계셨고, 이로써 실로 사람 아히야를 통해 느밧의 아들 여로보암에게 주신 메시지를 확증하셨다.

¹⁶⁻¹⁷ 온 이스라엘은 왕이 그들의 말을 한 마디도 듣지 않은 것을 알고, 왕에게 맞서서 말했다.

꺼져 버려라, 다윗!
이새의 아들아, 우리는 이제 너한테 질렸다!
이스라엘아, 어서 여기서 떠나자!
다윗, 이제 더 이상 우리 일에 참견하지 마라.

그런 다음, 백성이 떠나갔다. 그러나 르호보암은 유다 성읍들에 사는 사람들을 계속 다스렸다.

¹⁸⁻¹⁹ 그 후에 르호보암 왕이 노역 책임자인 아도니람을 보내자, 이스라엘 백성이 모여서 그를 돌로 쳐죽였다. 르호보암 왕은 재빨리 전차에 뛰어올라 예루살렘으로 피했다. 그때부터 오늘까지 이스라엘은 다윗 왕조에 계속 대항했다.

11

¹ 예루살렘으로 돌아온 르호보암은 유다와 베냐민 지파 사람들을 소집하고 정예군 180,000명을 동원했다. 그는 이스라엘과 전쟁을 벌여 나라를 되찾으려고 했다.

²⁻⁴ 그때 하나님의 말씀이 거룩한 사람 스마야에게 임했다. "솔로몬의 아들 유다 왕 르호보암과 유다와 베냐민의 모든 이스라엘 백성에게 전하여라. '이것은 하나님의 말씀이다. 너희는 진군하지 마라. 너희 형제 이스라엘 자손과 싸우지 마라. 너희는 한 사람도 남김없이 다 집으로 돌아가거라. 이 모든 것이 나의 뜻이다.'" 그들은 하나님께서 말씀하신 대로 집으로 돌아갔다.

⁵⁻¹² 르호보암은 계속해서 예루살렘에 살면서 유다 곳곳에 방어체제를 구축했다. 베들레헴, 에담, 드고아, 벳술, 소고, 아둘람, 가드, 마레사, 십, 아도라임, 라기스, 아세가, 소라, 아얄론, 헤브론이 그가 유다와 베냐민을 보호하기 위해 세운 방어선이었다. 그는 요새 성읍을 강화하고, 지휘관들을 임명하며, 비상식량과 올리브기름과 포도주를 비축했다. 그는 모든 성읍에 큰 방패와 창들을 갖추어 두고, 성읍의 방비를 크게 강화했다. 그래서 유다와 베냐민은 한동안 안전했다.

¹³⁻¹⁷ 이스라엘 전역에서 제사장과 레위인들이 르호보암에게 왔다. 레위인들이 자기 목초지와 재산을 버리고 유다와 예루살렘으로 이주한 것은, 여로보암과 그의 아들들이 그들에게서 하나님의 제사장직을 박탈하고 제사장을 따로 세워, 여러 예배 처소에서 그가 만든 숫염소와 송아지 우상을 섬기게 했기 때문이다. 이스라엘의 모든 지파 가운데서 이스라엘의 하나님을 찾기로 결심한 모든 사람은, 제사장과 레위인들과 함께 예루살렘으로 이주하여 그

곳에서 그들 조상의 **하나님**께 제사를 드려 예배했다. 이것이 유다 나라에 엄청난 힘이 되었다. 그들은 삼 년 동안 솔로몬의 아들 르호보암 곁을 지키면서, 다윗과 솔로몬의 길을 충실히 따랐다.

18-21 르호보암은 다윗의 아들 여리못과 이새의 아들 엘리압의 딸 아비하일 사이에서 태어난 마할랏과 결혼했다. 마할랏은 여우스, 스마랴, 사함을 낳았다. 그 후에 르호보암은 압살롬의 딸 마아가와 결혼했는데, 마아가는 아비야, 앗대, 시사, 슬로밋을 낳았다. 마아가는 르호보암이 가장 사랑한 아내였다. 그는 다른 아내나 첩들(그는 아내 열여덟 명과 첩 예순 명을 두었는데, 그들이 아들 스물여덟 명과 딸 예순 명을 낳았다!)보다 그녀를 더 사랑했다.

22-23 르호보암은 마아가의 아들 아비야를 맏아들, 곧 형제들의 지도자로 삼았다. 그를 다음 왕으로 삼을 생각이었다. 그는 지혜롭게 아들들을 유다와 베냐민의 방어체제를 이루는 모든 요새 성읍에 배치했다. 그리고 풍부한 양식과 많은 아내를 주어 그들을 행복하게 해주었다.

12

¹ 르호보암이 나라를 안정시켜 다시 세력이 강해지자, 그와 온 이스라엘은 사실상 **하나님**과 그분의 길을 버렸다.

❋

2-4 그와 그의 백성이 **하나님**께 신실하지 않았으므로, 르호보암 오년에 이집트 왕 시삭이 예루살렘으로 쳐들어왔다. 그는 전차 천이백 대와 기병 육만 명, 리비아와 숩과 에티오피아 사람들로 구성된 이집트 군대를 거느리고 왔다. 그들은 유다의 요새 성읍들을 빼앗고 예루살렘까지 진격해 왔다.

⁵ 그때 예언자 스마야가 시삭을 피해 예루살렘으로 후퇴한 유다 지도자들과 함께 르호보암에게 가서 말했다. "**하나님**께서 말씀하십니다. '네가 나를 버렸으니, 이제 나도 너를 버려 시삭에게 넘기겠다.'"

⁶ 이스라엘의 지도자들과 왕이 회개하며 말했다. "**하나님**께서 옳으십니다."

7-8 **하나님**께서 그들이 겸손히 회개하는 모습을 보셨다. 그러자 **하나님**의 말

씀이 스마야에게 임했다. "그들이 겸손히 뉘우치니, 내가 그들을 멸하지 않겠다. 그들을 너그럽게 봐줄 것이다. 시삭을 통해 예루살렘에 나의 진노를 드러내지 않을 것이다. 그러나 나는 그들을 시삭의 신하로 만들 것이다. 그들은 나를 섬기는 것과 세상의 왕을 섬기는 것이 어떻게 다른지 알게 될 것이다."

⁹ 그때 이집트 왕 시삭이 예루살렘을 공격했다. 그는 **하나님**의 성전과 왕궁의 보물 보관소에서 무엇이든 손에 잡히는 대로 약탈하고, 솔로몬이 만든 금방패까지 가져갔다.

10-11 르호보암 왕은 금방패 대신 청동방패를 만들어 왕궁 입구를 지키는 경비대에게 주었다. 왕이 **하나님**의 성전에 갈 때 경비대가 방패를 들고 왕을 수행했다가, 일이 끝나면 경비대실에 다시 가져다 놓았다.

¹² 르호보암이 회개했으므로, **하나님**께서 진노를 거두셨고 그를 완전히 멸하지 않으셨다. 유다에 선한 일도 벌어지고 있었으니 상황이 암담하지만은 않았다.

13-14 르호보암 왕은 예루살렘에서 자신의 통치체제를 개편하고 왕권을 다시 굳게 세웠다. 르호보암은 왕위에 오를 때 마흔한 살이었다. 그는 이스라엘의 모든 지파 가운데서 **하나님**께서 친히 임재하시는 특별한 처소로 택하신 예루살렘 성에서 십칠 년 동안 다스렸다. 그의 어머니는 암몬 사람 나아마다. 그러나 르호보암에 대한 최종 평가는 그가 악한 왕이라는 것이었다. 그에게 **하나님**은 중요하지 않았다. **하나님**께 관심이 없었을 뿐 아니라 그분을 마음으로 찾지도 않았다.

15-16 르호보암의 역사는 예언자 스마야와 선견자 잇도의 회고록에 처음부터 끝까지 족보와 함께 기록되어 있다. 르호보암과 여로보암 사이에는 전쟁이 끊이지 않았다. 르호보암은 죽어서 자기 조상과 함께 다윗 성에 묻혔다. 그의 아들 아비야가 뒤를 이어 왕이 되었다.

유다 왕 아비야

13

1-2 여로보암 왕 십팔년에, 아비야가 유다 왕위에 올랐다. 그는 예루살렘에서 삼 년 동안 다스렸다. 그의 어머니는 기브아 사람 우리엘의 딸 마아가다.

²⁻³ 아비야와 여로보암 사이에 전쟁이 벌어졌다. 아비야는 정예군 400,000명을 이끌고 싸움에 나섰고, 여로보암 또한 정예군 800,000명으로 맞섰다.

⁴⁻⁷ 아비야가 에브라임 산지 스마라임 산의 잘 보이는 곳에 서서 말했다. "여로보암과 온 이스라엘은 들어라! **하나님** 이스라엘의 유일하신 하나님께서 다윗과 그 후손을 이스라엘의 영원한 통치자로 세우시고, **하나님**의 나라는 **하나님**의 왕이 다스린다고 '소금 언약'으로 확증하신 것을 너희가 알지 못하느냐? 그런데 어떻게 되었느냐? 솔로몬의 종 느밧의 아들 여로보암이 자기 주인에게 반역했다. 온갖 불량배들이 그와 함께 작당하니, 솔로몬의 후계자 르호보암이 당해 내지 못했다. 르호보암은 어찌할 바를 몰랐다. 게다가 그는 겁이 많아서 그들과 맞서지 못했다.

⁸⁻⁹ 너희는 그 약점을 이용하여 다윗의 후손에게 위임된 **하나님**의 통치에 주제넘게 맞서고 있다. 큰 군대를 거느리고, 거기다 여로보암이 너희에게 신으로 만들어 준 금송아지 우상들 때문에 너희가 아주 대단한 줄 아는구나! 하지만 지금까지 너희가 한 일을 보아라. 너희는 아론 자손인 **하나님**의 제사장과 레위인들을 쫓아 내고 이방인들처럼 너희 멋대로 제사장을 세웠다. 누구든지 돈을 충분히 들고 가서 값만 치르면 제사장이 될 수 있다! 하나님 아닌 거짓 우상들의 제사장 말이다!

¹⁰⁻¹¹ 하지만 유다의 남은 우리는 **하나님**께 머물러 있다. 우리는 그분을 최신 우상으로 바꾸지 않았다. 확실히 검증된 아론의 제사장들이 우리를 **하나님**께로 인도하고, 또 레위인들이 우리의 예배를 인도하여 날마다 아침과 저녁 기도 때 **하나님**께 번제와 향기로운 향을 드리고, 깨끗한 상에 갓 구운 거룩한 빵을 차려 내며, 밤마다 금등잔대에 불을 밝히고 있다. 우리는 **하나님**께서 명령하신 일을 그분이 말씀하신 방식대로 지키고 있다. 그러나 너희는 그분을 버렸다.

¹² 너희 눈에는 보이지 않느냐? 하나님께서 우리 편이시며 우리의 지도자이시다. 그분의 제사장들은 나팔을 들고 전투 신호를 보낼 태세가 되어 있다. 이스라엘 백성아, **하나님** 너희 조상의 하나님과 싸우지 마라. 너희는 절대 이 전투에서 이기지 못한다."

13-18 아비야가 말하는 동안, 여로보암은 사람들을 뒤로 보내서 그들을 기습하게 했다. 유다 앞에는 여로보암, 뒤에는 복병이 있었다. 뒤를 돌아본 유다는 자기들이 앞뒤로 공격받고 있음을 알았다. 그들은 **하나님**께 간절히 기도했다. 제사장들은 나팔을 불고 유다 군사들은 크게 부르짖었다. 그때 하나님께서 아비야와 유다 앞에서 여로보암과 온 이스라엘을 치셨다. 이스라엘 군은 유다 군 앞에서 흩어졌다. 하나님께서 유다에게 승리를 주셨다. 아비야와 그의 병력은 이스라엘을 크게 무찔렀다. 그날 이스라엘 정예군 500,000명이 죽었다. 이스라엘 군은 처참하게 무너졌다. 아주 치욕스러운 패배였다. 유다 군이 힘들이지 않고 이긴 것은 그들이 **하나님** 그들 조상의 하나님을 신뢰했기 때문이다.

19-21 아비야는 승리의 여세를 몰아 여로보암을 추격하여 베델, 여사나, 에브론 성읍과 그 주변 마을들을 빼앗았다. 여로보암은 아비야가 살아 있는 동안 이 패배에서 끝내 빠져나오지 못했다. 이후에 **하나님**께서 그를 치시니 그가 죽었다. 반면에 아비야는 번성했다. 그는 열네 명의 아내와 결혼하여 아들 스물둘, 딸 열여섯의 한 가문을 이루었다.

22 아비야의 나머지 역사, 곧 그의 언행은 예언자 잇도가 쓴 연구서에 기록되어 있다.

유다 왕 아사

14 1 아비야는 죽어서 자기 조상과 함께 다윗 성에 묻혔다. 그의 아들 아사가 뒤를 이어 왕이 되었다.

아사가 다스리던 십 년 동안 그 땅은 평화로웠다.

2-6 아사는 선한 왕이었다. 그는 **하나님** 보시기에 바르게 행했다. 그는 이방 제단과 산당들을 없애고, 신성하게 여기는 돌기둥들을 부수고, 음란한 종교의 목상들(아세림)을 베었다. 그는 또 유다 백성에게 명령하여 삶의 중심을 **하나님** 그들 조상의 하나님께 두고, 율법대로 행하며 계명에 따르도록 했다. 그가 유다 성읍들에서 모든 이방 산당과 제단들을 없앴으므로 나라가 평화로웠다. 그 땅이 평온하고 전쟁이 없어서 아사는 튼튼한 방어체제를 구축할

수 있었다. **하나님**께서 평화를 지켜 주셨다.

7 아사는 백성에게 말했다. "우리에게 기회가 있고 이 땅이 평온할 때 든든한 방어체제를 구축하여 성벽, 망대, 문, 빗장으로 성읍들을 요새화합시다. 이 땅이 이처럼 평화로운 것은 우리가 **하나님**을 찾았기 때문입니다. 그분이 우리를 모든 고난으로부터 지켜 주셨습니다." 그래서 그들은 성읍을 튼튼히 하고 번영을 누렸다.

8 아사의 군대에는 방패와 창으로 무장한 유다 사람 300,000명과, 방패를 들고 활을 쏘는 베냐민 사람 280,000명이 있었다. 그들 모두 용감한 군사들이었다.

9-11 에티오피아 사람 세라가 아사와 전쟁을 벌이려고 백만 군대와 전차 삼백 대를 이끌고 마레사까지 쳐들어왔다. 아사는 그에 맞서, 마레사 근처 스바다 골짜기에서 싸울 준비를 했다. 거기서 아사가 **하나님**께 기도했다. "**하나님**, 주께서는 한번 돕기로 작정하시면 적군의 많고 적음이 문제 되지 않고 그들의 세력에도 눌리지 않으십니다. 오 **하나님**, 우리를 도와주십시오. 우리는 주님과 주님의 성품을 신뢰하기에 이 큰 군대에 맞서 싸우러 나왔습니다. 한낱 인간들이 주께 대적하지 못하게 해주십시오!"

12-15 **하나님**께서 에티오피아 사람을 아사와 유다 앞에서 물리치셨다. 에티오피아 사람은 필사적으로 도망쳤다. 아사와 그의 용사들이 그랄까지 그들을 쫓아갔다. 죽은 자가 얼마나 많았던지 에티오피아 사람은 전의를 완전히 상실했다. **하나님**과 그분의 군대 앞에서 어마어마한 살육이 벌어졌다. 유다는 많은 전리품들을 실어 날랐다. 그들은 그랄 주변의 모든 성읍을 폐허로 만들고 그 땅을 약탈했다. 그곳 사람들이 안절부절못한 채 **하나님**에 대한 두려움으로 벌벌 떨었다. 또 유다는 가축 지키는 자들을 공격하여 많은 양과 낙타를 빼앗아서 예루살렘으로 돌아왔다.

15

1-6 그때 오벳의 아들 아사랴가 하나님의 영에 감동하니, 그가 나가서 아사를 맞이했다. "아사 왕이시여, 잘 들으십시오. 유다와 베냐민도 들으시오. 여러분이 **하나님**과 함께 있는 한 **하나님**께서도 여러분

과 함께 계실 것입니다. 여러분이 그분을 찾으면 그분이 만나 주실 것입니다. 그러나 여러분이 그분을 버리면 그분도 여러분을 버리실 것입니다. 오랫동안 이스라엘은 참 하나님을 모시지 않았고 제사장이나 스승이나 계시의 책의 도움도 받지 않았습니다. 그러나 고난이 찾아와 상황이 어려워지자, 그들이 **하나님** 이스라엘의 하나님을 찾았습니다. 그러자 **하나님**께서 그들을 만나 주셨습니다. 그때는 먹고 먹히는 살벌한 세상이었고, 먼저 차지하는 자가 주인이 되는 때였습니다. 어느 땅을 막론하고 다음 날 무슨 일이 벌어질지 아무도 몰랐습니다. 나라가 나라를 치고 성읍이 성읍을 쳤습니다. 하나님께서 그들에게 온갖 고난을 풀어 놓으셨습니다.

7 그러나 여러분은 다릅니다. 힘을 내십시오. 용기를 내십시오. 주께서 곧 갚아 주실 것입니다!"

8-9 아사는 오벳의 아들 아사랴의 예언을 듣고 마음을 가다듬은 다음, 소매를 걷어붙이고 일을 시작했다. 그는 유다와 베냐민 온 땅과 그가 빼앗은 에브라임 산지 성읍들에서 음란하고 더러운 종교 산당들을 깨끗이 없애 버렸다. 성전 현관 앞에 있는 **하나님**의 제단도 정비했다. 이어서 그는 온 유다와 베냐민을 불러 모았는데, 그곳에 살던 에브라임, 므낫세, 시므온 사람들도 포함되었다(하나님께서 아사 편에 계시는 것을 보고, 많은 이스라엘 사람들이 고향을 떠나 아사에게 합류했다).

10-15 아사 왕 십오년 셋째 달에, 그들이 모두 예루살렘에 도착하여 큰 집회를 열었다. 그들은 이전의 전리품들 중에서 황소 칠백 마리와 양 칠천 마리를 제물로 바쳐 예배했다. 그들은 전심으로 **하나님** 그들 조상의 하나님만 찾기로 언약을 맺었다. 또 **하나님** 이스라엘의 하나님을 찾지 않는 자는 남녀노소를 막론하고 누구든지 죽이기로 했다. 그들은 그 자리에서 한 약속을 **하나님** 앞에서 큰소리로 외쳤다. 즐거운 함성과 함께 나팔과 숫양 뿔 부는 소리가 울려 퍼졌다. 온 백성이 그 언약을 기뻐하며 마음을 다해 맹세했다. 그들은 가장 좋은 것을 기대하며 하나님을 찾았고, 그분은 기다리셨다는 듯 그들에게 오셨다. 하나님께서 안팎으로 평화를 주셨다. 더없이 평화로운 나라가 되었다!

16-19 아사는 나라를 깨끗이 정화하면서, 음란한 여신 아세라 목상을 만든 어머니 마아가를 대비의 자리에서 폐위시켰다. 아사는 그 목상을 허물어 부수고 기드론 골짜기에서 불태워 버렸다. 아쉽게도 지역의 음란한 종교 산당들은 그대로 두었지만, 그는 선한 뜻과 바른 마음으로 **하나님**께 집중했다. 그는 자신과 그의 아버지가 거룩하게 구별하여 바친 모든 금은 그릇과 기구를 하나님의 성전에 두었다. 이후 아사 왕 삼십오년까지 전쟁이 없었다.

16

1 그러나 아사 왕 삼십육년에, 이스라엘 왕 바아사가 쳐들어왔다. 그는 라마에 요새를 짓고 이스라엘과 유다 사이의 국경을 폐쇄하여 유다 왕 아사가 드나들지 못하게 함으로써 전쟁을 시작했다.

2-3 아사는 **하나님**의 성전과 왕궁의 보물 보관소에 있던 은과 금을 다 꺼내어, 다마스쿠스에 있던 아람 왕 벤하닷에게 보내며 메시지를 전했다. "나의 아버지와 당신의 아버지가 조약을 맺은 것처럼 우리도 조약을 맺읍시다. 내가 이 은금 예물로 성의를 표하니, 부디 이스라엘 왕 바아사와 맺은 조약을 깨뜨려 그가 더 이상 나와 싸우지 못하게 해주십시오."

4-5 벤하닷은 아사 왕과 뜻을 같이하여 이스라엘 성읍들로 군대를 보냈다. 그들은 이욘과 단과 아벨마임과 곡식을 쌓아 두는 납달리의 모든 성읍을 약탈했다. 이 보고를 받은 바아사는 라마에 요새를 짓던 일을 멈추었다.

6 그러자 아사 왕은 유다 백성에게 명령하여 바아사가 라마 요새를 건축할 때 쓰던 목재와 석재를 실어 오게 했고, 그것으로 게바와 미스바에 요새를 건축했다.

7-9 그 일 후에 선견자 하나니가 유다 왕 아사에게 와서 말했다. "왕께서 아람 왕에게 도움을 구하고 **하나님**께 도움을 구하지 않으셨으니, 이제 왕께서는 아람 왕의 군대에 맞서 승리할 기회를 잃어버렸습니다. 에티오피아와 리비아 사람이 왕을 완전히 압도하는 전차와 기병의 우세한 병력으로 왕을 치러 오지 않았습니까? 하지만 왕께서 **하나님**께 도움을 구함으로 그분이 왕께 승리를 주셨습니다. **하나님**께서는 항상 깨어 있어서 그분을 온전히 의지하는

사람들을 찾으십니다. 하나님의 도움을 받을 수 있는데도 왕께서는 어리석
게 인간의 도움을 구했습니다. 이제 왕께서 곤경에 처하게 되었으니, 앞으로
는 이 땅에 전쟁이 끊이지 않을 것입니다."

10 아사는 그 말에 몹시 화가 나서, 하나니를 감옥에 가두어 버렸다. 그때에
그는 백성을 학대하기도 했다.

11-14 아사에 대한 기록은 '유다 왕 연대기'에 남아 있다. 아사는 왕이 된 지 삼
십구 년이 되던 해에 발에 균이 감염되어 중병이 들었다. 그는 **하나님**께 도
움을 구하지 않고 대신에 의사들을 찾았다. 그러다 왕이 된 지 사십일 년이
되던 해에 죽었다. 사람들은 그를 그 자신을 위해 다윗 성에 마련해 둔 웅장
한 무덤에 묻었다. 그들은 향기로운 기름과 향료가 가득한 지하실에 그를 안
장하고, 큰 모닥불을 피워 그를 기념했다.

유다 왕 여호사밧

17 1-6 아사의 아들 여호사밧이 뒤를 이어 왕이 되었다. 그는 먼저 이
스라엘의 침략에 대비한 방어체제부터 정비했다. 유다의 모든 요
새 성읍에 군대를 두고, 유다 전역과 그의 아버지 아사가 점령한 에브라임
성읍들에 수비대를 배치했다. 여호사밧이 그의 아버지 아사가 처음에 걸었
던 길을 따랐으므로, **하나님**께서 그의 편에 계셨다. 그는 한창 성행하던 바
알 종교에 관심을 두지 않았다. 그는 그의 아버지의 하나님을 구하고 따랐으
며 그분께 순종했다. 그는 이스라엘과 같지 않았다. 그러므로 **하나님**께서 그
의 통치 아래 나라를 안전히 지켜 주셨고, 그가 나라를 완전히 장악하게 하
셨다. 유다의 모든 사람이 감사의 표시로 예물을 가져왔고, 여호사밧은 큰
부귀영화를 누렸다. 그는 일편단심으로 **하나님**을 따랐고, 지역의 음란한 종
교 산당들을 없애 버렸다.

7-9 그는 왕이 된 지 삼 년째 되는 해에, 자신의 관리들인 벤하일, 오바댜, 스
가랴, 느다넬, 미가야—하나같이 탁월한 인재였다—에게 가르치는 임무를
맡겨서 유다 각 성읍들로 보냈다. 레위인들—스마야, 느다냐, 스바댜, 아사
헬, 스미라못, 여호나단, 아도니야, 도비야, 도바도니야—도 함께 보냈는데,

제사장 엘리사마와 여호람도 그 일행 중에 있었다. 그들은 유다 성읍들을 돌면서 **하나님**의 계시의 책으로 백성을 가르쳤다.

10-12 유다 주변에 있는 모든 나라는 **하나님**이 두려워, 감히 여호사밧에게 전쟁을 걸지 못했다. 일부 블레셋 사람들은 여호사밧에게 많은 예물과 은을 가져왔고, 사막의 베두인 사람들은 가축 떼, 곧 숫양 7,700마리와 염소 7,700마리를 가져왔다. 그리하여 여호사밧은 날로 더 강해졌고, 곡식을 쌓아 두는 성읍과 요새들을 더 많이 세웠다. 유다의 번성기였다!

13-19 또 여호사밧은 탁월한 전사들을 예루살렘에 주둔시켰다. 유다 군지휘관들을 가문별로 구분하면, 사령관 아드나가 군사 30만, 부사령관 여호하난이 28만, 부사령관이자 **하나님**을 위해 자원한 시그리의 아들 아마시야가 20만의 군사를 거느렸다. 군지휘관 엘리아다는 활과 방패로 완전무장한 베냐민 가문과 군사 20만의 대표였고, 그의 부지휘관 여호사밧은 군사 18만을 거느렸다. 이들은 왕의 직속 명령을 받았다. 이 밖에도 왕은 온 유다에 흩어져 있는 요새 성읍들에도 병력을 배치했다.

18 1-3 여호사밧은 이렇게 큰 부귀영화를 누리면서도 이스라엘의 아합과 정략결혼을 했다. 얼마 후 그는 사마리아로 가서 아합을 만났다. 아합은 그의 방문을 기념하여 잔치를 베풀었다. 양고기와 소고기를 원 없이 먹을 수 있는 성대한 바비큐 파티였다. 그러나 아합에게는 속셈이 있었다. 길르앗 라못을 공격하는 일에 여호사밧이 지원해 주기를 바랐던 것이다. 마침내 아합은 속내를 털어놓았다. "나와 함께 길르앗 라못을 치러 가시겠습니까?" 여호사밧이 말했다. "물론입니다. 나는 끝까지 왕의 편입니다. 나와 내 군대를 믿어도 좋습니다."

4 여호사밧이 말했다. "하지만 무슨 일이든 시작하기 전에 **하나님**의 인도하심을 구해야 합니다."

5 이스라엘 왕은 예언자 사백 명을 모아 놓고 이렇게 물었다. "내가 길르앗 라못을 공격하는 것이 좋겠소? 아니면 이대로 가만히 있는 것이 좋겠소?"

그들이 말했다. "공격하십시오. 하나님께서 길르앗 라못을 왕에게 넘겨주실 것입니다."

⁶ 그러나 여호사밧은 머뭇거렸다. "이 근처에 우리가 의견을 들을 만한 하나님의 예언자가 또 있습니까? 다른 의견을 들어 봅시다."

⁷ 이스라엘 왕이 여호사밧에게 말했다. "사실 한 사람이 있기는 합니다. 이믈라의 아들 미가야라는 자인데, 나는 그를 싫어합니다. 그는 내게 좋은 말을 전한 적이 한 번도 없고, 오직 파멸만을 예언합니다."

여호사밧이 말했다. "왕께서는 예언자에 대해 그런 식으로 말씀하시면 안됩니다."

⁸ 그러자 이스라엘 왕은 한 신하에게 명령했다. "당장 이믈라의 아들 미가야를 데려오너라!"

⁹⁻¹¹ 그 사이, 이스라엘 왕과 여호사밧은 화려한 왕복 차림으로 사마리아 성문 앞에 마련된 왕좌에 앉아 있었다. 모든 예언자들이 그들을 위해 공연이라도 하듯 예언을 펼쳤다. 그나아나의 아들 시드기야는 철로 뿔까지 한 쌍 만들어 그것을 휘두르며 외쳤다. "하나님의 말씀입니다! 왕께서 이 뿔들로 아람을 들이받아 아람에는 결국 아무것도 남지 않게 될 것입니다!" 모든 예언자가 맞장구를 쳤다. "맞습니다! 길르앗 라못을 치십시오. 쉽게 이길 것입니다! 왕께 주시는 하나님의 선물입니다!"

¹² 미가야를 데리러 간 신하가 그에게 말했다. "예언자들이 하나같이 왕의 승리를 예언했습니다. 만장일치가 되도록 당신도 찬성표를 던지시오!"

¹³ 그러나 미가야는 말했다. "하나님께서 참으로 살아 계심을 두고 맹세하는데, 나는 하나님께서 말씀하시는 것만을 말할 것이오."

¹⁴ 미가야가 왕 앞에 나아오자 왕이 물었다. "미가야여, 우리가 길르앗 라못을 공격하는 것이 좋겠소, 아니면 가만히 있는 것이 좋겠소?"

미가야가 말했다. "공격하십시오. 쉽게 이길 것입니다. 왕께 주시는 하나님의 선물입니다."

¹⁵ 왕이 말했다. "잠깐, 나에게 진실만을 말하라고 그대에게 몇 번이나 맹세를 시켜야 하겠소?"

¹⁶ 미가야가 말했다. "정 그러시다면, 좋습니다.

나는 온 이스라엘이 목자 없는 양처럼
산에 흩어져 있는 것을 보았습니다.
그때 **하나님**께서 말씀하셨습니다. '이 불쌍한 백성에게
어찌해야 할지 일러 주는 자가 없구나.
그들을 집으로 돌려보내
각자 생업에 충실하게 하여라.'"

¹⁷ 그러자 이스라엘 왕이 여호사밧을 보며 말했다. "보십시오! 내가 뭐라고
했습니까? 이 자는 내게 **하나님**의 좋은 말씀은 전하지 않고, 오직 파멸만 전
할 뿐입니다."

¹⁸⁻²¹ 미가야가 말을 이었다. "아직 끝나지 않았습니다. **하나님**의 말씀을 들으
십시오.

나는 **하나님**께서 왕좌에 앉아 계시고
하늘의 모든 군대가
그분의 오른쪽과 왼쪽에
늘어서 있는 것을 보았습니다.
하나님께서 말씀하셨습니다. '우리가 어찌하면 아합을 꾀어
길르앗 라못을 공격하게 할 수 있겠느냐?'
그러자 누구는 이렇게 말하고
누구는 저렇게 말했습니다.
그때 한 천사가 담대히 나서서
하나님 앞에 서서 말했습니다.
'제가 그를 꾀어내겠습니다.'
'그래 어떻게 꾀어내려느냐?' **하나님**께서 말씀하셨습니다.
'쉽습니다.' 그 천사가 말했습니다.

'모든 예언자를 시켜 거짓말을 하게 하겠습니다.'
'그러면 되겠구나.' **하나님**께서 말씀하셨습니다.
'어서 가서 그를 꾀어라!'

²² 그래서 그대로 되었습니다. **하나님**께서 왕의 꼭두각시 예언자들의 입에 꾀는 거짓말을 가득 채우셨습니다. **하나님**께서 왕의 파멸을 선고하셨습니다."
²³ 바로 그때, 그나아나의 아들 시드기야가 다가와 미가야의 얼굴을 치며 말했다. "언제부터 **하나님**의 영이 나를 떠나 너와 함께하셨더냐?"
²⁴ 미가야가 말했다. "네가 곧 알게 될 것이다. 미친 듯이 숨을 곳을 찾지만 모든 것이 부질없음을 네가 깨닫게 될 것이다."
²⁵⁻²⁶ 이스라엘 왕은 더 듣고 싶지 않았다. "미가야를 데려가거라! 그를 성읍 재판관 아몬과 왕자 요아스에게 넘기고 이렇게 전하여라. '왕의 명령이다! 그를 감옥에 가두고, 내가 무사히 돌아올 때까지 죽지 않을 만큼만 빵과 물을 먹여라.'"
²⁷ 미가야가 말했다.

왕께서 무사히 돌아오신다면
나는 **하나님**의 예언자가 아닙니다.

그리고 덧붙였다.

백성들이여, 일이 이루어지거든
이 말을 어디서 들었는지 잊지 마십시오!

²⁸⁻²⁹ 이스라엘 왕과 유다 왕 여호사밧이 나가서 길르앗 라못을 공격했다. 이스라엘 왕이 여호사밧에게 말했다. "나는 변장하고 전쟁터에 들어갈 테니, 왕은 내 왕복을 입으십시오." 이스라엘 왕은 변장하고 전쟁터에 들어갔다.
³⁰ 한편 아람 왕은 자신의 전차 지휘관 서른두 명에게 명령했다. "다른 자들

은 신경 쓰지 말고, 오직 이스라엘 왕만 쫓아라."

31-32 전차 지휘관들은 여호사밧을 보고 "저기 있다! 이스라엘 왕이다!" 하며 쫓아갔다. 여호사밧이 소리를 지르자, 전차 지휘관들은 그가 이스라엘 왕이 아니고 엉뚱한 사람이라는 것을 알아차렸다. 하나님께서 개입하셔서 그를 놓아주게 하셨다.

33 바로 그때, 누군가가 무심코 쏜 화살이 이스라엘 왕의 갑옷 이음새 사이에 꽂혔다. 왕이 전차병에게 말했다. "방향을 돌려라! 내가 부상을 입었으니, 여기서 빠져나가자."

34 싸움은 온종일 치열하게 계속되었다. 왕은 전차 안에 기대어 앉은 채 싸움을 지켜볼 수밖에 없었다. 그는 그날 저녁에 죽었다.

19

1-3 그러나 유다 왕 여호사밧은 무사히 궁으로 돌아왔다. 하나니의 아들 선견자 예후가 여호사밧 앞에 나아가 말했다. "**하나님**을 미워하는 자들의 비위를 맞추며 악을 거드시다니요! 그것은 왕이 할 일이 아닙니다. 이 일로 인해 **하나님**께서 왕에게 진노하셨습니다. 그러나 왕께서 악한 일만 한 것은 아닙니다. 왕께서는 더럽고 음란한 종교 산당들을 깨끗이 제거하셨습니다. 또한 일편단심으로 하나님을 찾으셨습니다."

여호사밧의 개혁

4 여호사밧은 예루살렘에 거주하면서 남쪽 브엘세바에서 북쪽 에브라임 산에 이르기까지 백성이 사는 곳을 정기적으로 방문했으며, 그들에게 **하나님** 그들 조상의 하나님께 돌아올 것을 촉구했다.

5-7 그는 공들여 그 땅 각 요새 성읍에 재판관들을 임명하여 세우고, 그들에게 이렇게 당부했다. "그대들의 일은 매우 중대하니, 신중을 기하시오. 그대들은 그저 사람들 사이에서 재판하는 것이 아니오. 그대들이 하는 재판은 **하나님**의 재판이오. 그러니 **하나님**을 두려워하는 마음으로 임하시오. **하나님**께서는 부정직과 불공정과 뇌물을 싫어하시니, 각별히 조심하시오."

8-10 여호사밧은 또 레위인과 제사장과 각 가문의 지도자들 중에서 사람을 **뽑**아 예루살렘에 보내어 예배와 관련된 일, 지방의 분쟁 조정과 관련된 일들을 판결하게 했다. 왕은 그들에게 이렇게 당부했다. "하나님을 두려워하는 마음으로 일하시오. 그대들이 맡은 직무를 믿음직하고 정직하게 감당해야 하오. 성읍 주민과 관련된 사건을 맡게 되거든, 살인처럼 큰 문제이든 법 해석의 문제처럼 작은 것이든 상관없이, 그들이 하나님을 상대하고 있음을 그대들이 책임지고 알려야 하오. 그 점을 그들에게 분명히 말해 주시오. 그렇지 않으면 그대들이나 그들 모두가 하나님의 진노를 사게 될 것이오. 그대들이 일을 제대로 수행하지 않으면, 그대들 역시 그들처럼 유죄 판결을 받게 될 것이오.
11 대제사장 아마랴는 하나님께 드리는 예배와 관련된 모든 사건을 맡고 있으며, 유다 지파 지도자 이스마엘의 아들 스바댜는 그 외의 일반 백성에 관한 사건을 전담하고 있소. 레위인들은 법정의 질서를 유지할 것이오. 담대히, 힘써 행하시오. 하나님께서 최선을 다하는 그대들과 함께하시기를 바라오."

20 1-2 얼마 후에 모압 사람과 암몬 사람이 마온 사람과 결탁하여 여호사밧에게 싸움을 걸어왔다. "엄청난 군대가 왕과 싸우려고 사해 너머에서 쳐들어오고 있습니다. 지체할 시간이 없습니다. 그들이 벌써 하사손다말, 곧 엔게디 오아시스에 이르렀습니다"라는 정보가 여호사밧에게 전해졌다.

3-4 두려움에 사로잡힌 여호사밧이 기도했다. 그는 하나님께 나아가 도움을 구하고 온 나라에 금식령을 내렸다. 유다는 한마음으로 하나님의 도우심을 구했다. 유다 온 성읍에서 백성이 나아와 하나님께 기도했다.

5-9 그때 여호사밧이 하나님의 성전의 새 안뜰 앞쪽, 유다와 예루살렘 회중 앞에 자리하고 하나님께 아뢰었다. "하나님 우리 조상의 하나님, 주께서는 위로 하늘의 하나님이시요 아래로 온 나라의 통치자가 아니십니까? 모든 권세와 능력이 주님의 손안에 있으니 누구도 주님을 당해 낼 수 없습니다! 주께서는 이 땅 원주민들을 내보내시고 주의 백성 이스라엘을 들이셨으며, 이

땅을 주님의 백성 이스라엘, 곧 주님의 친구 아브라함의 후손에게 영원히 넘기지 않으셨습니까? 우리는 그동안 이곳에 살면서, 주님을 높이는 거룩한 예배 처소를 짓고 이렇게 아뢰었습니다. '최악의 사태가 벌어질 때─전쟁이든 홍수든 질병이든 기근이든─우리가 이 성전 앞에 나아와(우리는 주께서 친히 이곳에 임재하심을 압니다!) 고통과 환난 가운데 부르짖어 기도하면, 주께서 들으시고 승리를 주실 줄 믿습니다.'

10-12 그런데 지금 그런 상황이 벌어졌습니다. 암몬 사람과 모압 사람과 세일 산 사람들이 나타났습니다. 우리가 처음 이곳에 이르렀을 때, 주께서는 이스라엘이 그들을 건드리지 못하게 하셨습니다. 우리는 그들을 돌아서 갔고 해를 입히지 않았습니다. 그런데 이제 그들이 주께서 우리에게 주신 이 땅에서 우리를 쫓아내려 합니다. 사랑하는 하나님, 주께서 그들을 처치해 주지 않으시겠습니까? 우리를 공격하려는 저 야만의 무리 앞에서 우리는 무력합니다. 우리가 어찌할 바를 모르고 주님만 바라보고 있습니다."

13 온 유다 사람이 거기 있었다. 어린아이와 아내와 자녀들 할 것 없이 모두가 **하나님** 앞에서 그분께 집중하고 있었다.

14-17 그때 **하나님**의 영에 감동을 받은 야하시엘이 회중 가운데서 말했다(야하시엘은 아삽 가문의 레위인 스가랴의 아들이고, 스가랴는 브나야의 아들, 브나야는 여이엘의 아들, 여이엘은 맛다냐의 아들이다). "모두 잘 들으십시오. 성읍에서 온 여러분, 예루살렘에 사는 여러분, 그리고 여호사밧 왕이시여, **하나님**의 말씀입니다. '두려워하지 마라. 너희는 저 야만의 무리에 조금도 마음 쓸 필요 없다. 이것은 너희의 전쟁이 아니라 하나님의 전쟁이다. 내일 너희가 그들을 쫓아 내려가면, 그들이 이미 시스 비탈을 올라오고 있을 것이다. 여루엘 광야 근처 골짜기 끝에서 너희가 그들과 마주칠 것이다. 이 싸움에서 너희는 손 하나 까닥할 필요 없다. 유다와 예루살렘아, 그저 굳건히 서서, **하나님**이 너희를 어떻게 구원하는지 지켜보아라. 두려워하지 마라. 흔들리지 마라. 내일 담대히 진군해 나가거라. **하나님**이 너희와 함께할 것이다.'"

18-19 그러자 여호사밧이 무릎을 꿇어 얼굴을 땅에 대고 엎드렸다. 온 유다와 예루살렘도 그와 똑같이 하나님 앞에 엎드려 예배했다. 레위인들(고핫 자손

과 고라 자손 모두)은 일어서서 **하나님** 이스라엘의 하나님을 찬양했다. 그들은 목청껏 소리 높여 찬양했다!

²⁰ 유다는 아침 일찍 일어나 드고아 광야로 진격할 준비를 마쳤다. 그들이 떠날 때 여호사밧이 일어서서 말했다. "유다와 예루살렘이여, 내가 하는 말을 들으시오! **하나님** 여러분의 하나님을 굳건히 믿어야 합니다. 그러면 여러분의 목숨도 굳건할 것입니다! 여러분의 예언자들을 믿으십시오. 그러면 여러분이 승리할 것입니다!"

²¹ 여호사밧은 백성과 의논하여 **하나님**을 위한 찬양대를 임명했다. 그들은 거룩한 예복을 입고 군대 앞에 서서 행진하며 노래했다.

> **하나님**께 감사하여라.
> 그분의 사랑은 끝이 없으시다.

²²⁻²³ 그들이 외치며 찬송하기 시작하자, **하나님**께서 유다를 치러 온 암몬, 모압, 세일 산 사람들을 칠 복병을 두셔서, 그들을 모두 처리하셨다. 먼저 암몬과 모압 사람들이 잘못 알고 세일 산 사람들을 쳐서 죽였다. 그 다음에는 그들이 더 큰 혼란에 빠져서, 서로를 공격하여 결국에는 다 죽고 말았다.

²⁴ 유다 사람들이 등성이 위로 올라가 광야의 야만인 무리를 찾아보니, 시체들로 가득한 살육의 현장이 펼쳐져 있었다. 생존자가 아무도 없었다.

²⁵⁻²⁶ 여호사밧과 그의 백성이 전리품을 챙기려고 가 보니, 한번에 다 챙길 수 없을 정도로 장비, 의복, 귀중품들이 많이 있었다. 그것들을 모두 실어 나르는 데 사흘이나 걸렸다! 나흘째 되던 날에 그들은 찬양(브라가)의 골짜기에 모여 **하나님**을 찬양했다(그래서 찬양의 골짜기라는 이름이 붙었다).

²⁷⁻²⁸ 여호사밧은 유다와 예루살렘의 모든 사람을 이끌고 예루살렘으로 돌아왔다. 흥겨운 행렬이었다. **하나님**께서 그들을 적들에게서 구해 내시고 큰 기쁨을 주셨다! 그들은 모든 악기를 연주하며 예루살렘에 들어가 **하나님**의 성전에 이르렀다.

²⁹⁻³⁰ **하나님**께서 이스라엘의 적들과 싸우셨다는 소문이 주변 나라에 퍼지자,

하나님을 두려워하는 마음이 그들을 사로잡았다. 여호사밧은 이후로 그들에 관한 소식을 듣지 못했다. 여호사밧이 통치하는 동안 평화가 임했다.

31-33 여호사밧의 유다 통치는 다음과 같이 요약된다. 그는 왕이 되었을 때 서른다섯 살이었고, 예루살렘에서 이십오 년 동안 다스렸다. 그의 어머니는 실히의 딸 아수바다. 여호사밧은 아버지 아사가 걸어간 길에서 멈춰 서거나 벗어나지 않고, 그의 삶으로 **하나님**을 기쁘게 해드렸다. 그러나 지역의 음란한 종교 산당들은 없애지 않았으므로, 백성이 계속해서 이 산당들을 찾아가 기도하고 예배했다.

34 여호사밧의 나머지 생애는 '이스라엘 왕 연대기'에 들어 있는 하나니의 아들 예후의 회고록에 처음부터 끝까지 기록되어 있다.

35-37 여호사밧은 늘그막에 이스라엘 왕 아하시야와 무역 협정을 맺었는데, 이는 아주 잘못된 일이었다. 여호사밧은 다시스와 거래하기 위해 아하시야의 동업자가 되어 에시온게벨에서 원양 선박들을 지었다. 그러자 마레사 사람 도다와후의 아들 엘리에셀이 여호사밧의 위험한 시도를 나무랐다. "왕이 아하시야와 손을 잡았으므로, **하나님**께서 왕의 일을 무산시키셨습니다." 선박들은 난파되어 완전히 부서졌고, 여호사밧은 그 무역 협정에서 아무런 성과도 얻지 못했다.

21

1 여호사밧은 죽어서 다윗 성의 가족 묘지에 묻혔다. 그의 아들 여호람이 뒤를 이어 왕이 되었다.

유다 왕 여호람

2-4 여호람의 형제들은 아사랴, 여히엘, 스가랴, 아사랴후, 미가엘, 스바댜다. 이들은 유다 왕 여호사밧의 아들들이다. 이들의 아버지는 아들들에게 은과 금과 다른 귀중품에 더하여 유다의 요새 성읍들까지 아낌없이 선물로 주었다. 하지만 왕권은 맏아들인 여호람에게 물려주었다. 그러나 여호람은 아버지의 나라를 물려받아 왕위를 굳건하게 하고 나서, 몇몇 관리와 자기 형제들

을 모두 죽였다.

5-7 여호람은 왕이 되었을 때 서른두 살이었고, 예루살렘에서 팔 년 동안 다스렸다. 그는 이스라엘 왕들을 본받았고 아합 왕조와 결혼했다. 하나님께서는 그를 악한 왕으로 여기셨다. 그러나 다윗과의 언약을 생각하여 다윗 자손을 선뜻 멸하지 않으셨다. 다윗과 그의 자손을 위해 등불이 계속 타오르게 하겠다고 약속하셨기 때문이다.

8-9 여호람이 다스리는 동안, 에돔이 유다의 통치에 반기를 들고 자신들의 왕을 세웠다. 그래서 여호람은 지휘관과 전차들을 거느리고 출정했다. 에돔에게 포위되었지만, 여호람은 한밤중에 전차병들과 함께 전선을 뚫고 나가서 에돔에 큰 타격을 입혔다.

10-11 에돔은 오늘까지도 계속해서 유다에 반역하고 있다. 작은 성읍인 립나도 그때 반역했다. 여호람이 하나님 자기 조상의 하나님을 버렸으므로, 하나님께서도 그를 버리신 것이다. 심지어 그는 유다 산지에 이방 종교 산당들을 짓기까지 했다. 그는 뻔뻔스럽게도 예루살렘이 하나님을 떠나게 했고, 온 나라를 미혹되게 이끌었다.

12-15 하루는 예언자 엘리야가 그에게 다음과 같은 편지를 보냈다. "하나님 왕의 조상 다윗의 하나님의 메시지입니다. '네가 유다 왕들, 곧 네 아버지 여호사밧과 할아버지 아사의 길을 따르지 않고 북쪽 이스라엘 왕들의 길로 빠져, 유다와 예루살렘이 하나님을 떠나게 하고 아합과 그 무리가 걸었던 배교의 길을 한 걸음씩 따라갔으니—너는 네 친형제들까지 죽였으니 오히려 그들보다 못한 자다!—하나님이 네 백성, 네 아내, 네 아들, 네 모든 소유를 끔찍한 재앙으로 칠 것이다. 그리고 너는 창자에 고통스럽고 수치스런 중병이 들 것이다.'"

16-20 재앙은 침략으로 시작되었다. 하나님께서 블레셋 사람과 에티오피아 근처에 사는 아랍 사람을 일으켜 여호람을 공격하게 하셨다. 그들은 유다 국경을 넘어 쳐들어와 유다를 약탈했다. 왕의 아내와 아들들까지, 왕궁에 있는 모든 것을 약탈했다. 남은 사람이라고는 막내아들 아하시야뿐이었다. 이 일이 있은 뒤에, 여호람의 창자에 끔찍한 중병이 들었다. 이 년쯤 후에 그는 대

변마저 가리지 못하게 되었고, 결국 고통 가운데 몸부림치며 죽었다. 백성은
그를 높이지 않았고, 왕이 죽을 때 큰 모닥불을 피우는 관례마저 따르지 않
았다. 여호람은 왕이 되었을 때 서른두 살이었고, 예루살렘에서 팔 년 동안
통치했다. 그가 죽었을 때는 아무도 눈물을 흘리지 않았다—오히려 그가 죽
어 속이 다 시원했다!—사람들은 그를 다윗 성에 묻었으나, 왕실 묘지에 안
장하지는 않았다.

유다 왕 아하시야

22 ¹⁻⁶ 예루살렘 백성이 여호람의 막내아들 아하시야를 왕으로 삼았
다. 그 위의 아들들은 전에 아랍 사람과 함께 유다 진영에 쳐들어
왔던 사막의 습격대에게 모두 학살당했다. 그렇게 해서 유다 왕 여호람의 아
들 아하시야가 왕이 되었다. 아하시야는 스물두 살에 왕위에 올라 예루살렘
에서 일 년밖에 통치하지 못했다. 그의 어머니는 오므리의 손녀 아달랴다.
아달랴가 그를 악한 길로 이끌어, 그는 아합 가문이 행한 대로 살고 다스렸
으며, 하나님 보시기에 악한 길을 이어 갔다. 결혼이나 죄짓는 것으로도 아
합 가문과 한통속이었다. 아버지가 죽은 뒤에 그는 아합의 죄를 배우고 또
배우다가 결국 파멸을 맞이했다. 그는 아합 가문 사람들이 가르친 대로 행하
여, 이스라엘 왕 아합의 아들 요람과 함께 길르앗 라못에서 아람 왕 하사엘
과 전쟁을 벌였다. 아람 사람에게 부상을 입은 요람은, 전쟁중에 라마에서
입은 부상을 치료하기 위해 이스르엘로 물러났다. 유다 왕 여호람의 아들 아
하시야는 병상에 있는 아합의 아들 요람을 문병하러 이스르엘로 갔다.

⁷⁻⁹ 문병을 간 아하시야에게는 하나님의 심판이 기다리고 있었다. 이스르엘
에 도착한 그는 요람과 함께 님시의 아들 예후와 마주쳤다. 하나님께서는 이
미 예후에게 아합 왕조를 멸망시킬 권한을 주셨다. 아합 왕조를 멸하기 시작
한 예후는, 아하시야 위문단의 일부인 유다의 군지휘관들과 아하시야의 조
카들을 우연히 만난 자리에서 그들을 죽였다. 그는 또 수색대를 보내 아하시
야를 찾게 했다. 수색대가 사마리아에 숨어 있던 아하시야를 찾아내 예후에
게로 끌고 오자, 예후가 그를 죽였다.

그러나 그들은 그의 시체를 그곳에 버려두지 않았다. **하나님**을 전심으로 찾았던 그의 할아버지 여호사밧을 존중하여 정성껏 장례를 치러 주었다. 아하시야 가문에는 나라를 다스릴 만한 사람이 하나도 남아 있지 않았다.

유다 여왕 아달랴

10-12 아하시야의 어머니 아달랴는 아들이 죽은 것을 보고는, 정권을 잡았다. 그녀는 먼저 왕족을 모두 죽이기 시작했다. 그러나 여호람 왕의 딸 여호세바가 죽을 운명에 처한 왕자들 중에서 아하시야의 아들 요아스를 몰래 **빼냈다**. 그녀는 아달랴를 피해 요아스와 그 유모를 은밀한 곳에 숨겼다. 이렇게 해서 여호람 왕의 딸이자 아하시야의 누이인 여호세바는—그녀는 제사장 여호야다의 아내이기도 했다—잔인무도한 아달랴 여왕의 손에서 요아스를 구해 냈다. 요아스는 여호세바와 함께 육 년 동안 하나님의 성전에서 숨어 지냈다. 아달랴는 그가 살아 있는 줄 모른 채 나라를 다스렸다.

23 1-3 칠 년째 되던 해에, 제사장 여호야다는 행동에 나서기로 결심하고, 몇몇 영향력 있는 군지휘관들과 함께 작전을 짰다. 그는 여로함의 아들 아사랴, 여호하난의 아들 이스마엘, 오벳의 아들 아사랴, 아다야의 아들 마아세야, 시그리의 아들 엘리사밧을 조력자로 선택했다. 그들은 유다 전역으로 흩어져, 모든 성읍에서 각 가문의 족장과 레위인들을 불러들였다. 그들은 예루살렘에 모였다. 하나님의 성전 안에서 회합을 열고, 그곳에서 그들은 언약을 맺었다.

3-7 제사장 여호야다는 그들에게 어린 왕자를 보이며 이렇게 말했다. "여기 왕의 아들이 있습니다. **하나님**께서 다윗의 자손을 두고 약속하신 대로 그가 다스려야 합니다. 여러분은 이제 이렇게 하십시오. 안식일에 당번인 제사장과 레위인들 가운데 삼분의 일은 문지기로 배치하고, 삼분의 일은 왕궁을 지키고, 나머지 삼분의 일은 기초 문을 지키십시오. 백성은 모두 **하나님**의 성전 안뜰에 모일 것입니다. 제사장과 지정된 레위인들 외에는 아무도 **하나님**의

성전에 들어갈 수 없습니다. 그들은 거룩하게 구별되었으니 들어가도 되지만, 일반 백성은 맡은 일을 해야 합니다. 레위인들은 무장한 채로 어린 왕을 둘러싸십시오. 여러분의 대열을 뚫고 지나가려는 자는 누구를 막론하고 죽여야 합니다. 왕이 출입하실 때에는 언제 어디서나 왕 옆을 지켜야 합니다."

8-10 모든 레위인과 지휘관들은 제사장 여호야다의 지시에 따랐다. 각자 안식일에 당번인 부하들과 비번인 부하들을 통솔했다. 제사장 여호야다가 안식일에 비번인 사람들마저 집으로 돌려보내지 않았기 때문이다. 이어서 제사장은 다윗 왕이 준비해 하나님의 성전에 보관해 두었던 창과 크고 작은 방패로 지휘관들을 무장시켰다. 무장한 호위병들은 왕을 보호하기 위해 성전 한쪽 끝에서 반대쪽 끝까지 저마다 맡은 자리로 가서 제단과 성전을 에워쌌다.

11 그때 제사장이 왕자를 데리고 나와 그에게 왕관을 씌우고, 하나님의 언약이 담긴 두루마리를 준 뒤에 그를 왕으로 삼았다. 여호야다와 그의 아들들이 그에게 기름을 붓자, 사람들이 "요아스 왕 만세!"를 외쳤다.

12-13 아달랴가 이 모든 소동과 사람들이 돌아다니는 소리와 왕을 칭송하는 함성을 듣고, 무슨 일인가 보려고 성전으로 갔다. 그녀는 어린 왕이 성전 입구에서 양옆에 군지휘관과 전령들의 호위를 받으며 서 있는 모습을 보고 깜짝 놀랐다. 모두 나팔을 불며 크게 기뻐했다. 찬양대와 악기 연주자들이 찬송을 인도했다. 아달랴는 당황하여 옷을 찢으며 "반역이다! 반역이다!" 하고 소리쳤다.

14-15 제사장 여호야다가 군지휘관들에게 명령했다. "저 여자를 밖으로 끌어내시오. 저 여자를 따르는 자는 모두 쳐죽이시오!" (제사장은 "하나님의 성전 안에서는 그녀를 죽이지 말라"고 일러두었다.) 그래서 그들은 그녀를 끌어내어 왕궁 마구간 앞에서 죽였다.

16 여호야다는 자신과 왕과 백성 사이에 언약을 맺었다. 그들은 이제 **하나님**의 특별한 백성이 되기로 맹세했다.

17 백성은 바알 신전으로 몰려가 그 신전을 허물고, 제단과 우상들을 산산이 깨뜨려 부수었다. 바알의 제사장 맛단을 제단 앞에서 죽였다.

18-21 여호야다는 다윗이 처음에 지시한 대로, **하나님**의 성전 관리를 제사장

과 레위인들에게 맡겼다. 그들은 모세의 계시에 나와 있는 대로 하나님께 번제를 드리되, 다윗이 지시한 찬양과 노래와 함께 드려야 했다. 그는 또 하나님의 성전 문마다 문지기를 배치하여, 준비되지 않은 자는 아무도 들어가지 못하게 했다. 그러고 나서 모인 모든 사람—군지휘관과 귀족과 지방 행정관과 모든 백성—과 함께 왕을 호위했다. 그들은 하나님의 성전에서 내려와 윗문을 지나서 왕을 왕좌에 앉혔다. 모두가 이를 기뻐했다. 아달랴의 죽음으로 공포 정치가 사라지자, 도성은 안전하고 평온한 곳이 되었다.

유다 왕 요아스

24 [1] 요아스는 왕이 되었을 때 일곱 살이었다. 그는 예루살렘에서 사십 년 동안 다스렸다. 그의 어머니는 브엘세바 출신 시비아(영양)다.
[2-3] 제사장 여호야다의 가르침을 받은 요아스는 여호야다가 살아 있는 동안 하나님을 기쁘게 해드렸다. 여호야다가 그에게 두 아내를 골라 주어, 그는 아들딸을 두고 한 가문을 이루었다.

[4-6] 그 후에 요아스는 하나님의 성전을 새롭게 단장하기로 결심했다. 그는 제사장과 레위인들을 모아 놓고 말했다. "해마다 유다 성읍들을 두루 다니며 하나님의 성전을 보수할 돈을 백성에게서 거두시오. 여러분이 책임지고 이 일을 수행해야 하오." 그러나 레위인들은 꾸물거리며 아무 일도 하지 않았다.

[7] 그러자 왕은 대제사장 여호야다를 불러들여 말했다. "그대는 어찌하여 레위인들로 하여금 하나님과 회중의 종 모세가, 예배 처소의 유지를 위해 정한 세금을 유다와 예루살렘에서 거둬들이게 하지 않았소? 보다시피 상황이 아주 심각하오. 악한 아달랴 여왕과 그 아들들이 하나님의 성전을 파괴하고 그 안에 있는 거룩한 기물들을 모두 가져다가 바알을 숭배하는 데 사용했소."

[8-9] 레위인들은 왕의 지시에 따라, 궤 하나를 만들어 하나님의 성전 입구에 두었다. 그리고 온 유다와 예루살렘에 공포하여 세금을 내도록 했다. "이스라엘이 광야에 있을 때 하나님의 종 모세가 정한 세금을 바치시오."

[10] 백성과 지도자들이 즐거운 마음으로 돈을 가져오자 마침내 궤가 가득 찼다.
[11-14] 레위인들은 왕궁의 감사를 받기 위해 궤를 가져왔는데, 그들이 궤가 가

득 찬 것을 보여주면 그때마다 왕의 서기관과 대제사장의 관리가 궤를 비우고 제자리에 도로 가져다 놓았다. 그들은 날마다 그렇게 하여 많은 돈을 모았다. 왕과 여호야다는 돈을 성전 사업 관리자들에게 주었고, 그들은 그것을 다시 **하나님**의 성전 보수 작업을 하는 석수와 목수들에게 지불했다. 일꾼들이 꾸준히 일에 매진하여 마침내 성전이 복원되었다. 하나님의 집이 새것처럼 되었다! 작업을 마친 뒤에 그들은 남은 돈을 왕과 여호야다에게 돌려주었고, 왕과 여호야다는 그 돈으로 성전 예배에 쓸 거룩한 그릇들, 곧 매일 드리는 예배와 번제에 쓸 그릇과 대접과 기타 금은 기구들을 만들었다.

14-16 여호야다의 평생 동안, **하나님**의 성전에서 번제가 정기적으로 드려졌다. 그는 백서른 살까지 살다 죽었다! 그가 남달리 이스라엘과 하나님과 하나님의 성전을 섬기는 삶을 살았으므로, 사람들은 그를 왕실 묘지에 묻었다.

17-19 여호야다가 죽자 모든 것이 무너졌다. 유다 지도자들이 왕에게 나아가 그를 부추기자, 왕은 그들과 함께 행동하기 시작했다. 상황은 갈수록 악화되었다. 그들은 **하나님**의 성전을 버리고 음란한 여신들을 섬기는 이교에 빠져들었다. 이 죄 때문에 진노의 기운이 온 유다와 이스라엘을 덮었다. **하나님**께서는 그들을 바로잡으려고 예언자들을 보내셨다. 하지만 심판을 경고하는 그들의 말을 아무도 귀담아듣지 않았다.

20 그러자 하나님의 영이 제사장 여호야다의 아들 스가랴를 감동시켜 분명히 말하게 하셨다. "하나님의 말씀이다. 너희가 어찌하여 **하나님**의 계명을 거역하고 떠나느냐? 절대 그렇게 살아서는 안된다! 너희가 **하나님**을 버리면, 그분도 너희를 버리실 것이다."

21-22 그러나 사람들은 스가랴를 해칠 음모를 꾸몄고, 왕과 공모하여—실제로 그가 명령을 내렸다!—바로 **하나님**의 성전 뜰에서 돌로 쳐 그를 살해했다. 요아스 왕은 자기를 왕으로 세워 준 충성된 제사장 여호야다의 은혜를 그렇게 갚았다. 그는 여호야다의 아들을 살해했다. 스가랴는 죽으면서 이렇게 말했다. "보십시오, **하나님**! 저들로 하여금 이 일의 대가를 치르게 해주십시오!"

23-24 이듬해에 아람 군대가 요아스를 공격했다. 그들은 유다와 예루살렘을 침략하여 지도자들을 닥치는 대로 죽이고, 모든 전리품을 다마스쿠스의 왕

에게 실어 갔다. 아람 군대는 보잘것없었지만, **하나님**께서는 그들을 사용하셔서 요아스의 대군을 쓸어버리셨다. 유다 백성이 **하나님** 그들 조상의 하나님을 버렸기 때문에 받은 벌이었다. 아람 사람들은 요아스를 심판하시는 하나님의 도구였다.

25-27 아람 군대는 요아스에게 중상을 입히고 물러갔는데, 결국 그는 신하들의 손에 죽었다. 요아스가 제사장 여호야다의 아들을 살해한 것을 복수하려는 왕궁과 성전 사람들의 음모였다. 그들은 요아스를 왕의 침대에서 죽였다. 나중에 그들이 그를 다윗 성에 묻었으나, 왕실 묘지의 무덤에 안장하는 영예는 베풀지 않았다. 공모자는 암몬 출신 시므앗의 아들 사밧과 모압 출신 시므릿의 아들 여호사밧이었다. 요아스의 아들들의 이야기, 요아스가 전해 들은 많은 말씀들, 그가 하나님의 성전을 보수한 기사는 왕조실록 주석에 기록되어 있다.

요아스의 아들 아마샤가 뒤를 이어 왕이 되었다.

유다 왕 아마샤

25 1-4 아마샤는 왕이 되었을 때 스물다섯 살이었고, 예루살렘에서 이십구 년 동안 다스렸다. 그의 어머니는 예루살렘 출신 여호앗단이다. 그는 **하나님** 앞에서 바르게 살았고 대부분 옳은 일을 행했으나, 하나님께 온 마음을 드리지는 않았다. 아마샤는 왕권을 확고히 장악하게 되자, 그의 아버지 요아스를 암살한 왕궁 경비대들을 처형했다. 하지만 암살자들의 자녀는 죽지 않았는데, 모세에게 계시된 말씀에 나오는 명령—자녀의 죄 때문에 부모를, 부모의 죄 때문에 자녀를 처형하지 말라고 하신 **하나님**의 명령—을 유념했기 때문이다. 이는 각자가 자기 죄값을 직접 치르게 한 것이다.

5-6 아마샤는 유다 지파를 정비하고 유다와 베냐민 지파를 가문과 부대별로 나누었다. 스무 살 이상 된 남자들을 명부에 등록하니, 군에 복무할 수 있는 사람이 300,000명이었다. 또 그는 은 약 4.5톤을 들여 북쪽 이스라엘에서 군사 100,000명을 고용했다.

7-8 그러자 거룩한 사람이 나타나 말했다. "왕이시여, 안됩니다. 북쪽 이스라

엘 군사들을 왕의 군대에 넣지 마십시오. **하나님**께서는 그들 편이 아니시며 에브라임 자손 누구와도 함께하지 않으십니다. 홀로 힘써 싸우십시오. 오직 하나님만이 왕의 일을 돕거나 막으실 수 있습니다."

⁹ 아마샤가 거룩한 사람에게 물었다. "하지만 그들을 고용하려고 이미 지불한 수톤의 은은 어떻게 하면 좋겠소?"

거룩한 사람이 대답했다. "그것보다 **하나님**의 도움이 왕께 훨씬 더 가치 있습니다."

¹⁰ 그래서 아마샤는 고용한 북쪽 군사들을 해임하고 집으로 돌려보냈다. 일자리를 잃은 그들은 잔뜩 화가 나서 집으로 돌아갔다.

¹¹⁻¹² 아마샤는 사태를 낙관했다. 그는 군대를 이끌고 소금 골짜기로 가서 세일 사람들 만 명을 죽였다. 또 다른 만 명을 포로로 잡아 바위 꼭대기로 끌고 가서, 그들을 벼랑에서 떨어뜨렸다. 포로들은 모두 돌 위로 떨어져 몸이 산산이 부서진 채 죽었다.

¹³ 그러나 아마샤가 되돌려 보낸 북쪽 군사들이 약탈할 기회를 잃은 데 분노하여, 사마리아부터 벳호론까지 온 유다 성읍들을 미친 듯이 돌아다니며, 백성 삼천 명을 죽이고 많은 전리품을 **빼앗아** 갔다.

¹⁴⁻¹⁵ 에돔 사람을 멸하고 돌아오는 길에, 아마샤는 세일 사람의 신상을 가져와 자신의 신으로 세우고 그것들을 숭배하며 향을 피웠다. 그 일로 하나님께서 크게 진노하셨다. 하나님께서 보내신 한 예언자가 불같이 맹렬한 **하나님**의 진노를 이렇게 표현했다. "이게 어찌 된 일입니까? 그 신들은 왕에게서 자기 백성을 구하지도 못했는데, 어찌 왕께서는 그 열등한 신들, 왕보다 약한 신들에게 기도한단 말입니까?"

¹⁶ 아마샤가 그의 말을 가로막았다. "내가 언제 네게 의견을 구했더냐? 닥쳐라! 그렇지 않으면 없애 버리겠다!"

예언자가 말을 그쳤지만, 마지막으로 한 마디 덧붙였다. "단언하건대, 왕께서 제 말을 듣지 않고 이렇게 하시는 것을 보니, 하나님께서 왕을 내치기로 작정하신 모양입니다."

17 하루는 아마샤가 이스라엘 왕 예후의 손자요 여호아하스의 아들인 여호아
스에게 사절을 보내 싸움을 걸었다. "와서 나와 한번 겨루어 보겠는가? 어
디, 한판 붙어 보자!"
18-19 이스라엘 왕 여호아스는 유다 왕 아마샤에게 회답했다. "하루는 레바논
의 엉겅퀴가 레바논의 백향목에게 '네 딸을 내 아들한테 시집보내라' 하고 전
갈을 보냈다. 그런데 레바논의 들짐승이 지나가다 엉겅퀴를 밟아 뭉개 버렸
다. 네가 전투에서 에돔을 물리쳤다는 이유로 스스로 대단한 줄 아는 모양인
데, 으스대는 건 괜찮다만 집에 가만히 있는 편이 좋을 것이다. 욕심을 부리
다 일을 그르칠 까닭이 무엇이냐? 네 자신과 유다에 멸망을 자초할 이유가
무엇이냔 말이다!"
20-22 그러나 아마샤는 그 말을 듣지 않았다. 그가 에돔 신들에게로 돌아섰기
때문에, 하나님께서는 여호아스를 들어 그를 치기로 작정하셨다. 이스라엘
왕 여호아스가 먼저 쳐들어가서 유다 왕 아마샤에게 맞섰다. 그들은 유다의
한 성읍 벳세메스에서 마주쳤다. 유다는 이스라엘에 완전히 패했고, 유다의
군사들은 뿔뿔이 흩어져 집으로 돌아갔다.
23-24 이스라엘 왕 여호아스는 아하시야의 손자요 요아스의 아들인 유다 왕
아마샤를 벳세메스에서 붙잡았다. 그는 거기서 그치지 않고 예루살렘까지
공격했다. 예루살렘 성벽을 에브라임 문에서 모퉁이 문까지 약 180미터 정
도 허물고, 왕궁과 하나님의 성전에서 금, 은, 비품 등 가져갈 만한 것은 닥
치는 대로 약탈했다. 거기다 인질들까지 사로잡아 사마리아로 돌아갔다.
25-26 유다 왕 요아스의 아들 아마샤는, 이스라엘 왕 여호아하스의 아들 여호
아스가 죽은 뒤로도 십오 년 동안 왕으로 다스렸다. 아마샤의 나머지 생애와
시대는 '유다와 이스라엘 왕 연대기'에 처음부터 끝까지 기록되어 있다.
27-28 아마샤의 말년, 곧 그가 **하나님**에게서 등을 돌린 뒤에, 사람들이 예루살
렘에서 아마샤에게 반역하는 음모를 꾸몄다. 그는 라기스로 도망쳤다. 그러
나 사람들이 라기스까지 쫓아가서 그를 죽였다. 그들은 아마샤를 말에 싣고

돌아와, 예루살렘에 있는 다윗 성에 그의 조상과 함께 묻었다.

유다 왕 웃시야

26 ¹⁻² 유다 백성은 열여섯 살밖에 되지 않은 웃시야를 데려다가 그의 아버지 아마샤를 대신하여 왕으로 삼았다. 아버지가 죽어 묻힌 뒤에, 웃시야는 가장 먼저 엘랏을 재건하여 유다에 귀속시켰다.

³⁻⁵ 웃시야는 왕이 되었을 때 열여섯 살이었고, 예루살렘에서 오십이 년 동안 다스렸다. 그의 어머니는 예루살렘 출신 여골리야다. 그는 아버지 아마샤를 본받아 **하나님** 보시기에 바르게 행했다. 그는 하나님을 신실하게 찾았다. 그의 목자이자 스승인 스가랴에게 가르침을 잘 받아, 하나님 앞에 순종하며 경건하게 살았다. 스가랴가 살아 있는 동안 웃시야는 경건한 삶을 살았다. 하나님께서 그에게 복을 주셨다.

⁶⁻⁸ 웃시야는 위험을 무릅쓰고 블레셋 사람과 싸워 요새 성읍인 가드, 야브네, 아스돗을 뚫고 쳐들어갔다. 그는 또 아스돗과 기타 블레셋 지역에 성읍들을 세웠다. 하나님께서는 블레셋 사람, 구르바알의 아랍 사람, 마온 사람과의 여러 전쟁에서 웃시야를 도우셨다. 암몬 사람도 그에게 조공을 바쳤다. 웃시야의 명성은 멀리 이집트에까지 퍼졌다. 그는 아주 막강해졌다.

⁹⁻¹⁰ 웃시야는 예루살렘의 성 모퉁이 문과 골짜기 문, 성벽 모퉁이에 방어 망대를 세웠다. 지방에도 망대들을 세우고 물웅덩이를 팠다. 그는 아래 구릉지대와 바깥 평지에 소 떼를 길렀고, 산지와 들판에 농부와 포도나무 가꾸는 사람들도 두었다. 그는 이것저것 기르기를 좋아했다.

¹¹⁻¹⁵ 웃시야에게는 언제라도 싸울 수 있게 잘 준비된 막강한 군대가 있었다. 그의 군대는 서기관 여이엘, 야전 사령관 마아세야, 작전 참모 하나냐의 지휘 아래 중대별로 조직되었다. 군사들을 관할하는 가문 지도자들의 명단이 2,600명에 달했다. 그들 밑으로 307,000명 규모의 증원부대가 있고, 그중 500명이 상시경계에 임했다. 모든 공격에 대비한 왕의 막강한 방어전략이었다. 웃시야는 방패, 창, 투구, 갑옷, 활, 물맷돌로 군사들을 철저히 무장시켰다. 또 예루살렘 망대와 모퉁이마다 최신기술의 군 장비를 설치하여, 그것으

로 화살을 쏘고 돌을 던지게 했다. 이 모든 일로 그의 명성이 사방으로 퍼졌다. 모든 것이 그의 뜻대로 되는 듯했다.

16-18 그러나 웃시야의 힘과 성공은 그를 자만에 빠뜨렸다. 그는 거만하고 교만해져 마침내 넘어지고 말았다. 어느 날 웃시야는 **하나님**을 업신여기고 **하나님**의 성전이 제 소유인 양 그 안에 들어가서, 향 제단에 직접 향을 피웠다. 제사장 아사랴가 그를 말렸고 **하나님**의 용감한 제사장 팔십 명도 만류했다. 그들은 웃시야를 가로막고 말했다. "웃시야 왕이시여, 이러시면 안됩니다. 이것은 있을 수 없는 일입니다. 거룩하게 구별된 아론 자손의 제사장들만이 향을 피울 수 있습니다. 하나님의 성전에서 나가십시오. 이는 옳지 않으며 부끄러운 일입니다!"

19-21 그러나 손에 향로를 들고 이미 분향을 시작한 웃시야는, 화를 내며 제사장들을 물리쳤다. 그는 제정신이 아니었다. 그들이 서로 분노의 말을 쏟아내며 말다툼하고 있는 중에, 웃시야 왕의 이마에 피부병이 생겼다. 그것을 보자마자, 대제사장 아사랴와 다른 제사장들이 재빨리 그를 성전에서 내보냈다. 그가 급히 나갔다. **하나님**께서 자기에게 병을 주셨음을 웃시야도 알았다. 웃시야는 죽을 때까지 피부병을 앓았고 격리된 채 여생을 보냈다. 그는 **하나님**의 성전에 발을 들여놓을 수 없었다. 왕궁을 관리하던 그의 아들 요담이 왕위를 이어받았다.

22-23 웃시야의 나머지 역사는 아모스의 아들인 예언자 이사야가 처음부터 끝까지 기록했다. 웃시야가 죽자, 사람들은 그를 왕실 묘지 옆의 밭에 그의 조상과 함께 묻었다. 피부병 때문에 그는 왕실 묘지에 묻힐 수 없었다. 그의 아들 요담이 뒤를 이어 왕이 되었다.

유다 왕 요담

27 1-2 요담은 왕이 되었을 때 스물다섯 살이었고, 예루살렘에서 십육 년 동안 다스렸다. 그의 어머니는 사독의 딸 여루사다. 그는 아버지 웃시야를 본받아 **하나님** 보시기에 선한 삶을 살았다. 다만 아버지와 달리 그는 **하나님**의 성전을 모독하지 않았다. 그러나 백성은 무섭게 타락해 갔다.

3-6 요담은 **하나님**의 성전 윗문을 건축하고 오벨 성벽도 크게 연장했다. 유다 고지대에 성읍을 세우고 아래 숲 속에 성채와 망대를 지었다. 그는 암몬 사람의 왕과 싸워 이겼다. 그해 암몬 사람은 은 3.25톤, 밀 약 2,200킬로리터, 보리 2,200킬로리터를 바쳤다. 그들은 그 다음 두 해에도 똑같이 바쳤다. 요담의 능력은 **하나님**께 순종하려는 단호하고 한결같은 삶에서 나왔다.

7-9 요담이 치른 여러 전쟁과 그의 업적을 비롯한 나머지 역사는 '이스라엘과 유다 왕 연대기'에 모두 기록되어 있다. 그는 왕이 되었을 때 스물다섯 살이었고, 예루살렘에서 십육 년 동안 다스렸다. 요담은 죽어서 다윗 성에 묻혔다. 그의 아들 아하스가 뒤를 이어 왕이 되었다.

유다 왕 아하스

28 1-4 아하스는 왕이 되었을 때 스무 살이었고, 예루살렘에서 십육 년 동안 다스렸다. 그는 **하나님** 보시기에 바르게 살지 못했고, 조상 다윗을 전혀 본받지 않았다. 오히려 그는 북쪽 이스라엘의 길을 따랐고, 이방 바알 신들을 숭배하기 위해 금속 신상을 부어 만들기까지 했다. 그는 벤힌놈 골짜기에서 금지된 향을 피우는 일에 가담했고, "자기 아들들을 불 가운데로 지나게 하는" 극악무도한 행위를 일삼았다. 그는 참으로 가증한 일들을 **하나님**께서 일찍이 그 땅에서 쫓아내신 이방인들에게서 배웠다. 또 곳곳에서 성행하는 지역의 음란한 종교 산당들의 활동에도 가담했다.

5-8 **하나님**께서는 그 모든 일을 더 이상 참으실 수 없어, 아하스를 아람 왕 손에 넘기셨다. 아람 왕이 그를 치고 수많은 포로를 다마스쿠스로 데려갔다. 또 하나님께서 그를 이스라엘에 맡기신 결과 끔찍한 살육이 벌어졌다. 르말랴의 아들 베가는 하루에 120,000명을 죽였는데, 모두 최고의 용사들이었다. 이 모든 일이 일어난 것은, 유다가 **하나님** 그들 조상의 하나님을 버렸기 때문이다. 뿐만 아니라 에브라임의 영웅 시그리는 왕의 아들 마아세야, 왕궁 관리인 아스리감, 왕의 다음 서열인 엘가나를 죽였다. 그것이 끝이 아니었다. 이스라엘 사람들은 사마리아로 엄청난 양의 전리품을 실어 갔을 뿐만 아니라, 남자와 여자와 아이들 200,000명을 사로잡아 갔다.

⁹⁻¹¹ **하나님**의 예언자 오뎃이 그 가까이에 있었다. 그는 사마리아로 들어가는 군대를 맞으며 말했다. "그 자리에 멈추어 들으시오! **하나님** 당신들 조상의 하나님께서 유다에 진노하셔서, 당신들을 사용해 그들을 벌하신 것은 사실이오. 하지만 당신들은 주제넘게 나서서, 부당하고 불합리한 분노를 쏟아내며 유다와 예루살렘에서 온 형제들을 종으로 삼으려고 하고 있소. 이것이 당신들의 **하나님**께 끔찍한 죄를 짓는 일인지 모르겠소? 이제 주의하여 행동해야 하오. 정확히 내가 이르는 대로 하시오. 이 포로들을 마지막 한 사람까지 다 돌려보내시오. 그렇게 하지 않으면, 당신들은 **하나님**의 진노가 어떻게 나타나는지 똑똑히 보게 될 것이오."

¹²⁻¹³ 몇몇 에브라임 지도자들—요하난의 아들 아사랴, 무실레못의 아들 베레갸, 살룸의 아들 여히스기야, 하들래의 아들 아마사—이 귀환하는 군대를 막아서며 말했다. "포로들을 이곳으로 들이지 마시오! 우리는 이미 **하나님**께 죄를 지었소. 그런데 지금 당신들은 우리의 죄와 허물을 더 심각하게 만들려 하고 있소. 이대로도 우리는 죄가 너무 많아서, 하나님의 진노가 언제 폭발할지 모르는 상황이오."

¹⁴⁻¹⁵ 그러자 군사들은 포로와 전리품을 모두 지도자와 백성에게 넘겼다. 그들 중에 지명된 사람들이 포로들을 모아 놓고, 벌거벗은 사람에게는 전리품 가운데서 옷을 찾아 입혀 주었다. 맨발인 사람에게는 신을 신겨 주고, 모두에게 먹을 것도 충분히 주었다. 또 부상자들은 응급치료를 해주고, 약한 사람들은 나귀에 태워 야자수 성읍 여리고로 데려가서, 가족들에게 돌려보냈다. 그러고 나서 그들은 사마리아로 돌아갔다.

¹⁶⁻²¹ 그 즈음에 아하스 왕은 앗시리아 왕에게 사람을 보내어 직접 도움을 구했다. 에돔 사람이 다시 쳐들어와서 유다에 엄청난 타격을 입히고 많은 사람들을 포로로 잡아갔기 때문이다. 엎친 데 덮친 격으로, 블레셋 사람이 서쪽 구릉지대와 남쪽 광야의 성읍들을 습격하여 벳세메스, 아얄론, 그데롯과 소고, 딤나, 김소와 그 주변 마을들까지 점령하여 그곳에 들어와 살았다. 교만한 아하스 왕은 마치 하나님의 도움이 없어도 된다는 듯 행세하여, 타락을 전염병처럼 퍼지게 했다. **하나님**께서는 유다를 낮추셔서 도움을 구하러 다

니는 처지가 되게 하셨다. 그러나 앗시리아 왕 디글랏빌레셀은 그를 도울 마음이 전혀 없었다. 오히려 아하스를 공격하고 괴롭혀 그에게 굴욕만 안겨 주었다. 다급해진 아하스는, **하나님**의 성전과 왕궁과 생각나는 곳을 샅샅이 털어 긁어모은 것들을 앗시리아 왕에게 주었다. 그러나 그 대가로 그가 얻은 것은 하나도 없었다. 손톱만큼의 도움도 받지 못했다.

²²⁻²⁵ 상황이 이러한데도 아하스 왕은 깨닫지 못했다. 사방에서 공격을 받고 있는데도 계속해서 **하나님**을 대적했다! 그는 다마스쿠스의 신들에게 제물을 바쳤다. 막 다마스쿠스에 패한 그는 "내가 다마스쿠스를 도운 신들을 섬기면 그 신들도 나를 도와주겠지" 하고 생각했다. 그러나 상황은 더 악화될 뿐이었다. 아하스의 삶이 먼저 망가지더니, 결국 나라 전체가 폐허가 되고 말았다. 아하스는 하나님의 성전에서 쓸 만한 귀중품들을 모조리 꺼내고는 성전 문들에 판자를 쳐서 막아 버렸고, 예루살렘 곳곳에 자기가 드나들 이방 산당들을 세웠다. 예루살렘뿐 아니라 유다 온 지역에도 산당들을 짓고, 시장에 나와 있는 신이라는 신은 모조리 숭배했다. **하나님**께서 크게 진노하셨다!

²⁶⁻²⁷ 악명 높은 아하스의 나머지 생애와 그가 행한 모든 일이 '유다와 이스라엘 왕 연대기'에 처음부터 끝까지 기록되어 있다. 아하스가 죽자, 사람들은 그를 예루살렘에 묻었다. 그러나 그는 왕들의 묘지에 안장되는 영예는 누리지 못했다. 그의 아들 히스기야가 뒤를 이어 왕이 되었다.

유다 왕 히스기야

29 ¹⁻² 히스기야는 왕이 되었을 때 스물다섯 살이었다. 그는 예루살렘에서 이십구 년 동안 다스렸다. 그의 어머니는 스가랴의 딸 아비야다. **하나님** 보시기에 그는 선한 왕이었다. 그는 조상 다윗을 그대로 본받았다.

³⁻⁹ 왕이 되던 첫해 첫째 달에, 히스기야는 **하나님**의 성전 문들을 먼저 보수한 뒤에 그 문을 백성에게 활짝 열었다. 그는 또 제사장과 레위인들을 동쪽 뜰에 모아 놓고 이렇게 말했다. "레위인들이여, 들으시오! 그대들은 스스로를 정결하게 하고 **하나님**의 성전을 성결하게 하시오. 더럽혀질 대로 더럽혀진 이곳을 깨끗이 청소하시오. 우리 조상들은 잘못된 길로 갔고 **하나님** 앞에

악하게 살았소. 그들은 하나님을 버리고, **하나님**을 만나는 곳인 이 집을 등지고 떠났소. 문마다 판자를 쳐서 막고, 등불을 끄고, 거룩한 성전에서 이스라엘의 **하나님**께 드리는 예배를 모두 없애 버렸소. 그 때문에 **하나님**의 진노가 활활 타올라 그분께서 그들을 재앙의 본보기, 교훈을 주는 경계의 표본으로 삼으셨소. 이것을 보고 들으시오! 우리 조상들이 죽임을 당한 것도, 우리 아내와 아들딸들이 포로로 잡혀가 종이 된 것도 이 때문이오.

10-11 나는 이스라엘의 **하나님**과 언약을 맺고 역사의 방향을 바꾸기로 결심했소. **하나님**께서 더 이상 우리에게 진노하시지 않도록 말이오. 레위 자손들이여, 이 일에 꾸물거리지 마시오! **하나님**께서 그대들을 택하시고 그분 앞에 서서 예배를 드리고 인도하는 일로 섬기게 하셨소. 이것이 그대들의 평생의 직무요. 이 일을 잘 완수하시오."

12-17 레위인들이 일어서니, 고핫 자손 중에 아마새의 아들 마핫과 아사랴의 아들 요엘, 므라리 자손 중에 압디의 아들 기스와 여할렐렐의 아들 아사랴, 게르손 자손 중에 심마의 아들 요아와 요아의 아들 에덴, 엘리사반 자손 중에 시므리와 여우엘, 아삽 자손 중에 스가랴와 맛다냐, 헤만 가문 중에 여후엘과 시므이, 여두둔 가문 중에 스마야와 웃시엘이 나왔다. 그들은 형제들과 함께 나와서 스스로를 정결하게 하고, 왕이 지시한 대로―**하나님**께서 지시하신 대로!―**하나님**의 성전 정화 작업에 착수했다. 제사장들은 안에서부터 시작해서 밖으로 작업해 나갔다. 성전 안에 쌓여 있는 더러운 잡동사니―거룩한 곳에 있어서는 안될 이방 종교의 쓰레기들―를 치우고, 레위인들이 그것을 기드론 골짜기로 가져갔다. 그들은 첫째 달 초하루에 성전 정화를 시작하여, 여덟째 날에는 바깥 현관까지 작업했다. 성전을 깨끗이 하고 성결하게 하는 데만 팔 일이 걸렸고, 성전 보조물까지 마치는 데 또 팔 일이 걸렸다.

18-19 그리고 나서 그들은 히스기야 왕에게 보고했다. "번제단과 임재의 **빵**을 차려 놓는 상과 거기에 딸린 기구들까지 포함하여 **하나님**의 성전 전체를 깨끗이 했습니다. 또 아하스 왕이 악한 정치를 하면서 치워 둔 그릇들도 모두 깨끗이 닦고 성결하게 했습니다. 보십시오. 우리가 그것들을 원래대로 복구하여 **하나님**의 제단 앞에 모두 가져다 놓았습니다."

20-24 그러자 히스기야 왕은 일을 시작했다. 그는 성읍 지도자들을 모두 불러 모아, 하나님의 성전으로 나아왔다. 그들은 왕실과 성소와 유다 전체의 죄를 속죄 받으려고 황소 일곱 마리, 숫양 일곱 마리, 어린양 일곱 마리, 숫염소 일곱 마리를 속죄 제물로 가져왔다. 히스기야는 아론의 자손 제사장들에게 지시하여 그것들을 하나님의 제단에 제물로 바치게 했다. 제사장들은 황소들을 잡아 그 피를 제단 위에 뿌리고, 이어 숫양과 어린양들도 똑같이 했다. 마지막으로 그들이 염소들을 데려오자, 왕과 회중이 그 위에 손을 얹었다. 제사장들은 염소들을 잡고 그 피를 제단에 속죄 제물로 드려, 온 이스라엘의 죄를 속죄했다. 온 이스라엘을 위해 번제와 속죄제를 드리라는 왕의 명령이 있었기 때문이다.

25-26 왕은 레위인들에게 명령하여 다윗, 왕의 선견자 갓, 예언자 나단의 지침에 따라 악기─심벌즈, 하프, 수금─를 들고 하나님의 성전에 자리하게 했다. 이것은 하나님의 예언자들이 전한 하나님의 명령이었다. 레위인들은 다윗의 악기를 들고, 제사장들은 나팔을 들었다.

27-30 그때 히스기야가 시작 신호를 보냈다. 제단에서는 번제가 드려지고, 나팔과 다윗의 악기 연주에 맞추어 거룩한 찬양대가 찬양을 부르는 가운데 온 회중이 예배를 드렸다. 번제를 드리는 내내 찬양대원들은 노래를 부르고 나팔을 든 사람들은 나팔을 불었다. 제사를 마치자, 왕과 거기에 모인 모든 사람이 바닥에 무릎을 꿇고 엎드려 예배했다. 이어 히스기야 왕과 지도자들은 레위인들을 시켜, 다윗과 선견자 아삽이 지은 가사로 하나님을 찬양하는 찬송을 불러 순서를 마치게 했다. 그들은 무릎을 꿇은 채 기쁘고 경건한 마음으로 찬양을 부르며 예배했다.

31-35 그러자 히스기야가 이렇게 답했다. "봉헌이 끝났습니다. 여러분은 하나님 앞에서 정결해졌습니다. 이제 준비가 되었으니, 앞으로 나아와 여러분이 준비한 제물과 감사 제물을 하나님의 성전으로 가져오십시오."

그들이 나아왔다. 모든 회중이 제물과 감사 제물을 가져왔고, 어떤 사람은 자원하는 마음이 넘쳐흘러 번제물까지 가져왔다. 그 넉넉한 마음은 황소 칠십 마리, 숫양 백 마리, 어린양 이백 마리로 표현되었다. 모두가 하나님께 번제물로 바치기 위한 것이었다! 그날 제물로 거룩하게 구별된 짐승의 수는 황소가 육백 마리, 양이 삼천 마리에 이르렀다. 번제물을 잡을 자격이 되는 제사장들이 모자라 그들의 형제 레위인들까지 거들었고, 그동안 다른 제사장들은 그 일을 위해 스스로를 정결하게 했다. 사실 레위인들이 제사장들보다 더 책임감 있게 자신들의 정결을 지켰다. 성전에는 많은 양의 번제물 외에도, 화목 제물로 쓸 양질의 고기와, 번제와 함께 전제에 드릴 술도 풍성하게 있었다. 하나님의 성전에서 드리는 예배는 다시 굳건히 자리 잡게 되었다!

³⁶ 히스기야와 회중은 이를 경축했다. 하나님께서 백성의 삶에 든든한 기초를 다져 주셨기 때문이다. 그것도 아주 신속히!

30

¹⁻⁵ 그 후에 히스기야는 이스라엘과 유다의 모든 사람을 초청하고, 에브라임과 므낫세에 직접 편지를 보내어, 예루살렘에 있는 하나님의 성전으로 와서 이스라엘 하나님의 유월절을 기념하여 지키도록 했다. 왕이 그의 관리 및 예루살렘 회중과 의논하여 둘째 달에 유월절을 지키기로 한 것이다. 그들이 이처럼 유월절을 제때에 지킬 수 없었던 것은, 준비된 제사장들이 부족했고 백성이 예루살렘에 모일 시간도 없었기 때문이다. 상황이 그러하므로 왕과 백성이 변경된 날짜를 승인하고, 나라 이 끝에서 저 끝, 곧 남쪽 브엘세바에서 북쪽 단에 이르기까지 초청장을 보냈다. "예루살렘으로 와서, 이스라엘 하나님의 유월절을 지키십시오." 백성 가운데 어느 누구도 전에 유월절을 제대로 지켜 본 적이 없었다.

⁶⁻⁹ 왕이 명령을 내리자, 전령들이 이스라엘과 유다 전역에 왕과 지도자들의 초청장을 전달했다. 초청장의 내용은 이러하다. "이스라엘 사람들이여! 하나님 곧 아브라함과 이삭과 이스라엘의 하나님께 돌아오라. 그러면 그분께서도 앗시리아 왕들의 강탈 가운데서 살아남은 너희에게 돌아오실 것이다. 하나님 너희의 하나님께 등을 돌린 조상들의 죄를 답습하지 말라. 그 죄 때문에 하나님께서 그들을 망하게 하셨다. 그 잔해가 사방에 널려 있지 않느냐. 너희 조상들처럼 고집부리지 말고 하나님께서 내미신 손을 붙들라. 거룩한

예배를 드리는 그분의 성전, 영원히 거룩하게 하신 그곳으로 오라. **하나님** 너희 하나님을 섬겨라. 그러면 더 이상 그분의 불같은 진노가 임하지 않을 것이다. 너희가 **하나님**께로 돌아오면, 너희 친족과 자녀들을 포로로 잡아간 자들이 그들을 불쌍히 여겨 이 땅으로 돌려보낼 것이다. 너희 **하나님**은 은혜롭고 자비로우시니 너희를 냉대하지 않으실 것이다. 돌아오라. 그러면 그분께서 두 팔 벌려 너희를 반겨 주실 것이다."

10-12 전령들이 떠나서 에브라임과 므낫세 땅의 각 성읍을 두루 거쳐 북쪽 스불론까지 이르렀다. 백성은 그들을 조롱하고 비웃었다. 하지만 모두가 그런 것은 아니었다. 아셀, 므낫세, 스불론 일부 사람들은 겸손히 초청을 수락하여 예루살렘으로 왔다. 유다의 상황은 그보다 나았다. 하나님께서 유다 가운데 강력하게 역사하셔서, 왕과 관리들이 보낸 명령, 곧 **하나님** 말씀에 따른 명령에 모두가 응하게 하셨다.

13-17 유월절(때로 무교절이라고도 함)을 지키는 둘째 달이 되자, 어마어마한 백성의 무리가 모여들었다. 먼저 그들은 예루살렘에 있는 이방 제단들을 모두 없애고, 그 잔해를 가져다가 기드론 골짜기에 던졌다. 둘째 달 십사일에는 유월절 어린양을 잡았다. 미처 준비하지 못한 제사장과 레위인들은 자신들의 게으름이 부끄러워, 스스로를 정결하게 한 뒤 번제물을 **하나님**의 성전으로 가져왔다. 준비를 마치자, 그들은 거룩한 사람 모세의 계시에 따라 지정된 자리에 섰다. 제사장들은 레위인들에게서 피를 받아 뿌렸다. 회중 가운데 아주 많은 사람들이 정결예식을 치르지 않아 자격을 얻지 못했다. 그래서 그들이 **하나님** 앞에서 정결해질 수 있도록 레위인들이 유월절 어린양들을 잡고 정결예식을 치렀다.

18-19 회중 가운데는 에브라임, 므낫세, 잇사갈, 스불론 사람들이 많았는데, 그들은 정결예식을 치르지 않아 유월절 식사를 하지 못했다. 히스기야는 그들을 위해 다음과 같이 기도했다. "모든 것이 선하신 **하나님**, 우리 조상의 하나님을 진심으로 구하는 모든 사람을 용서해 주십시오. 특별히 성전 출입의 규정에 부합되지 않는 이들을 용서해 주십시오."

20 **하나님**께서 히스기야의 기도에 응답하셔서, 백성을 용서해 주셨다.

²¹⁻²² 예루살렘에 있는 모든 이스라엘 백성은 칠 일 동안 유월절(무교절)을 지키며 한없이 즐거워했다. 레위인과 제사장들은 날마다 **하나님**을 찬양했다. 타악기와 관악기의 찬양소리가 하늘 가득 울려 퍼졌다. 히스기야는, 백성을 탁월하게 인도하여 **하나님**을 예배하게 한 레위인들을 칭찬했다.

²²⁻²³ 절기와 축제—칠 일 동안 드린 영광스러운 예배와 제사, **하나님** 그들 조상의 하나님께 드린 찬양—가 끝나 상을 닦고 바닥을 쓸고 난 회중은 절기를 칠 일 더 연장하기로 결정했다! 그들은 처음 시작할 때처럼 기쁨에 넘쳐 절기를 이어 갔다.

²⁴⁻²⁶ 유다 왕 히스기야는 회중의 예배를 위해 황소 천 마리, 양 칠천 마리를 주었고, 관리들이 따로 황소 천 마리와 양 만 마리를 더 주었다. 자격을 얻고 잘 준비된 정결해진 제사장들도 더 많아졌다. 유다 온 회중—제사장과 레위인, 이스라엘에서 온 회중, 이스라엘과 유다에 사는 외국인들—이 모두 즐겁게 절기에 참여했다. 예루살렘은 온통 기쁨으로 가득 찼다. 이스라엘 왕 다윗의 아들 솔로몬이 성전을 건축하여 봉헌한 이래, 예루살렘에 이와 같은 일이 없었다.

²⁷ 제사장과 레위인들이 일어나 마지막으로 백성을 축복했다. 그들의 기도소리가 하나님이 계신 거룩한 곳 하늘에까지 올라가, 그분께서 들으셨다.

히스기야의 종교개혁

31 ¹ 유월절을 지킨 뒤에, 이스라엘 사람들은 모두 유다 성읍으로 가서 남근 모양의 석상들을 산산이 부수고, 그들이 신성하게 여기는 아세라 목상들을 베어 내고, 지역의 음란한 종교 산당과 지역 신상들을 허물었다. 그들은 유다, 베냐민, 에브라임, 므낫세를 다 돌고 나서야 멈추었다. 그들은 모두 집으로 돌아가서 일상생활에 복귀했다.

² 히스기야는 제사장과 레위인들을 그룹별로 조직하여 각각 일을 맡기고, 직무 내역서를 나누어 주어 예배 직무를 수행하게 했다. 그들은 각종 제사를 드리고 언제 어디서 **하나님**을 예배하든지 늘 감사와 찬양을 드렸다.

³ 히스기야는 아침과 저녁 예배, 안식일, 초하루 절기, **하나님**의 계시에 정해

진 특별한 예배일을 위해 자기 소유를 번제물로 쓰게 했다.

⁴ 그는 또 제사장과 레위인들이 근심 걱정 없이 **하나님**의 계시에 전적으로 헌신할 수 있도록, 예루살렘에 사는 백성이 책임지고 그들을 돌보게 했다.

⁵⁻⁷ 히스기야가 명령을 내리자, 이스라엘 백성은 수확한 곡식, 새 포도주, 기름, 꿀 등 그해에 재배한 모든 것의 첫 열매를 넉넉하게 가져왔다. 백성은 아끼지 않고 모든 것의 십일조를 바쳤다. 그들은 또 소와 양, **하나님**께 드려진 다른 모든 소유의 십일조도 가져왔다. 이렇게 가져온 것들을 구분하여 차곡차곡 쌓았다. 그들은 셋째 달에 이 일을 시작하여 일곱째 달에야 끝마쳤다.

⁸⁻⁹ 히스기야와 지도자들이 와서 쌓여 있는 예물의 규모를 보고는, **하나님**을 찬양하고 하나님의 백성 이스라엘을 칭찬했다. 히스기야는 어떻게 그 많은 예물들을 쌓을 수 있었는지 제사장과 레위인들에게 물었다.

¹⁰ 사독 가문의 대제사장 아사랴가 대답했다. "백성이 **하나님**의 성전에 예물을 쏟아 놓기 시작하면서, 우리 모두가 충분히 먹고도 이렇게 양식이 남았습니다. **하나님**께서 그분의 백성에게 복을 주셨습니다. 그 증거를 보십시오!"

¹¹⁻¹⁸ 히스기야는 **하나님**의 성전에 창고를 짓도록 명령했다. 창고가 마련되자, 제사장들은 모든 예물, 곧 십일조와 거룩한 헌물들을 들여놓았다. 그들은 레위인 고나냐를 책임자로, 그의 동생 시므이를 부책임자로 정했다. 고나냐와 시므이는 여히엘, 아사시야, 나핫, 아사헬, 여리못, 요사밧, 엘리엘, 이스마갸, 마핫, 브나야를 관리자로 세워, 히스기야 왕과 하나님의 성전 대제사장 아사랴의 명령을 수행하게 했다. 동문 문지기인 레위인 임나의 아들 고레는 하나님께 드리는 자원 제물을 관리하고, 그 제물과 거룩한 헌물을 나누어 주었다. 제사장들이 사는 바깥 성읍들에서는 에덴, 미냐민, 예수아, 스마야, 아마랴, 스가냐가 그 일을 성실하게 도왔다. 그들은 그날그날 **하나님**의 성전에 들어가 그룹별(그들의 일은 그룹별로 모두 조직되어 있었다)로 정해진 일을 하는 동료들(서른 살 이상 된 모든 남자)에게 몫을 공평하게 나누어 주었다. 공식적으로 명부에 오른 제사장은 가문별로, 스무 살 이상 된 레위인들은 직무별로 각 그룹을 구성했다. 공식 족보에는 어린아이와 아내와 아들과 딸들을 비롯한 전체 회중이 다 들어 있었다. 그들은 열과 성을 다해 예배를 섬기

며 예물을 바쳤다. 모두가 참여하는 전적인 헌신이었다.

¹⁹ 제사장 성읍들에 딸린 목초지에 사는 아론의 자손 제사장들은 평판이 좋은 사람들을 세워, 모든 제사장—레위인의 공식 족보에 오른 모든 사람—에게 정기적으로 먹을 몫을 나누어 주게 했다.

²⁰⁻²¹ 히스기야는 이 일을 유다 전역에서 지속적으로 시행했다. 그는 단연 최고의 왕이었다. 그는 하나님 앞에서 선하고 의로우며 진실했다. 하나님의 성전에서 예배를 드리는 일이든, 하나님의 율법과 계명을 지키는 일이든, 그 모든 일을 기도하고 예배하는 마음으로 행했다. 그래서 그는 하는 일마다 형통했다.

❧

32

¹ 히스기야 왕이 이처럼 본이 되는 행적을 남긴 이후, 앗시리아 왕 산헤립이 유다를 공격했다. 그는 요새화된 성읍들을 포위하고, 그것을 빼앗을 작정이었다.

²⁻⁴ 예루살렘을 빼앗는 것이 산헤립의 전략임을 알고, 히스기야는 보좌관과 군지도자들과 의논하여 성 밖의 물 공급을 모두 끊기로 했다. 그들은 그 방책을 좋게 여겼다. 많은 사람들이 몰려 나가 샘을 막고 수로를 허물었다. 그들이 말했다. "앗시리아 왕들이 쳐들어와서 이 물을 얻게 할 수는 없지 않은가?"

⁵⁻⁶ 히스기야는 또 성벽의 파손된 부분을 모두 보수하고, 그 위에 방어 망대를 쌓고 외곽으로 방벽을 쌓았다. 그리고 옛 다윗 성의 방어시설(밀로)을 보강했다. 그는 창과 방패 등 병기도 많이 만들었다. 또한 군지휘관들을 임명하여 백성을 책임지게 하고, 그들 모두를 성문 앞 광장에 불러 모았다.

⁶⁻⁸ 히스기야는 그곳에 모인 백성 앞에서 말했다. "힘을 내십시오! 용기를 내야 합니다! 앗시리아 왕과 그의 군대에 겁먹지 마십시오. 우리 편이 그들 편보다 많습니다. 그는 한낱 인간 무리를 가졌을 뿐이지만, 우리에게는 우리를 도우시고 우리를 위해 싸우시는 하나님이 계십니다!"

히스기야의 말에 백성이 힘을 얻어 사기가 충천했다.

⁹⁻¹⁵ 몇 킬로미터 떨어진 라기스에 진 치고 있던 산헤립이 예루살렘으로 전령

들을 보내어 히스기야 왕과 유다 백성에게 이렇게 말했다. "앗시리아 왕 산헤립이 선포한다. 너희 어리석은 백성아, 너희가 요새라고 부르는 그 예루살렘 안에서 안전할 것 같으냐? 너희는 독 안에 든 쥐다. 히스기야가 너희를 구해 줄 것 같으냐? 어리석게 굴지 마라. 히스기야는 그동안 너희에게 거짓말만 늘어놓았다. '하나님께서 우리를 앗시리아 왕의 손에서 구원하실 것이다'라는 말은 거짓이다. 너희는 결국 모두 죽고 말 것이다. 지역의 산당들을 모두 없애고 '참된 예배 처소는 한 곳뿐이다'라고 한 자가 히스기야 아니더냐? 나와 내 조상들이 이 주변 모든 나라에게 어떻게 했는지 너희는 알지 못하느냐? 내게 맞설 만큼 강력한 신이 어디 하나라도 있었더냐? 나와 내 조상들이 파괴한 모든 나라 중에, 내게 맞서 손가락 하나라도 까닥했던 신의 이름을 너희가 하나라도 댈 수 있느냐? 그런데 어째서 너희 신은 다를 거라고 생각하느냐? 히스기야에게 속지 마라. 그런 뻔뻔스런 거짓말을 늘어놓는 그를 그냥 두지 마라. 그를 믿지도 마라. 지금까지 어느 땅, 어느 나라의 신도 나와 내 조상들에 맞서는 데 조금도 도움이 되지 못했다. 하물며 너희 신이 이길 확률은 얼마나 되겠느냐?"

¹⁶ 산헤립의 부하들은 거리낌 없이 자신의 생각을 쏟아 놓으며 하나님과 그분의 종 히스기야를 비방했다.

¹⁷ 또한 산헤립은 편지를 보내 이스라엘의 **하나님**을 모욕했다. "어느 나라의 신들도 제 백성을 돕지 못했다. 그들은 무기력했다. 히스기야의 신이라고 해서 나을 것이 없다. 오히려 더 못할 것이다."

¹⁸⁻¹⁹ 산헤립의 부하들은 예루살렘 성벽까지 와서, 성벽 위에 서 있는 백성에게 히브리 말로 소리쳤다. 그들에게 겁을 주어 사기를 잃고 항복하게 만들려고 한 것이다. 그들은 인간이 만든 다른 민족의 신들에게 하듯이 예루살렘의 하나님을 업신여겼다.

²⁰⁻²¹ 이에 대해 히스기야 왕은 아모스의 아들 예언자 이사야와 함께 기도하며 하늘을 향해 부르짖었다. **하나님**께서 응답으로 천사를 보내셔서, 앗시리아 진의 모든 용사와 지휘관들을 다 쓸어버리셨다. 망신을 당한 산헤립은 기가 죽어서 고국으로 돌아갈 수밖에 없었다. 그가 자기 신의 신전에 들어갔을

때, 그의 친아들들이 그를 죽였다.

²²⁻²³ **하나님**께서는 이렇게 히스기야와 예루살렘 주민들을 앗시리아 왕 산헤립과 다른 모든 자에게서 구원하셨다. 그분은 계속해서 그들을 보살펴 주셨다. 사람들은 **하나님**을 예배할 예물과 유다 왕 히스기야에게 줄 값비싼 선물들을 가지고 예루살렘에 몰려들었다. 주변 모든 나라들이 깊이 감동했고, 히스기야는 널리 명성을 얻었다.

※

²⁴ 얼마 후에 히스기야가 죽을병이 들었다. 그는 **하나님**께 기도했고 확실한 표징을 받았다.

²⁵⁻²⁶ 그러나 히스기야는 그 표징에 감사할 줄 모르고 교만해졌다. 그것이 **하나님**을 진노케 하여 유다와 예루살렘에 하나님의 진노가 가득 찼다. 그러나 히스기야가 자신의 교만을 회개하고 예루살렘도 그와 함께했으므로, 히스기야가 살아 있는 동안에는 **하나님**께서 진노를 거두셨다.

²⁷⁻³¹ 히스기야는 큰 부귀영화를 누렸다. 그는 모든 금과 은과 보석과 향료와 방패와 귀중품을 보관할 장소와, 곡식과 새 포도주와 올리브기름을 저장해 둘 곳간, 여러 품종의 소들을 둘 외양간, 양 떼를 둘 우리를 지었다. 그는 자신을 위해 성읍들을 짓고, 양 떼와 소 떼 보유량도 크게 늘렸다. 하나님은 그를 큰 부자가 되게 해주셨다. 기혼 샘 위쪽 물줄기의 방향을 틀어서 다윗 성 서쪽으로 돌린 것도 히스기야였다. 그가 손대는 일마다 다 잘되었다. 그러나 바빌론 통치자들이 그전에 있었던 하나님의 기적에 대해 알아보려고 사절단을 보냈을 때, 하나님은 히스기야가 어떻게 하는지 보려고 그를 내버려 두셨다. 그의 마음을 시험하고자 하신 것이다.

※

³²⁻³³ 히스기야의 나머지 역사와 충성된 생애는 '유다와 이스라엘 왕 연대기'에 나오는 아모스의 아들 예언자 이사야의 묵시록에 기록되어 있다. 히스기야가 죽자 사람들은 그를 다윗 왕 묘지의 위쪽에 묻었다. 유다와 예루살렘의

모든 사람이 장례식에 참석한 가운데, 그는 아주 영예롭게 장사되었다.
그의 아들 므낫세가 뒤를 이어 왕이 되었다.

유다 왕 므낫세

33

¹⁻⁶ 므낫세는 왕이 되었을 때 열두 살이었다. 그는 예루살렘에서 오십오 년 동안 다스렸다. **하나님** 보시기에 그는 나쁜 왕, 악한 왕이었다. 그는 **하나님**께서 이스라엘 자손을 위해 이방 민족들을 쫓아내시던 때에, 그 땅에서 사라졌던 모든 도덕적 부패와 영적 타락을 다시 들여놓기 시작했다. 아버지 히스기야가 허물어 버린 음란한 종교 산당들을 다시 지었고, 음란한 신 바알과 아세라를 위해 제단과 남근 목상을 세웠다. 그는 또 일월성신을 숭배하여 별자리의 지시에 따랐다. 그는 일월성신을 위한 산당들을 짓고, 하나님께서 정하신 대로("내가 예루살렘에 내 이름을 두겠다") 오직 **하나님**의 이름만 예배하도록 드려진 예루살렘 성전의 두 뜰에 그것들을 두었다. 벤힌놈 골짜기에서 자기 아들들을 희생 제물로 불살라 바쳤고, 악한 마술과 점술을 행했다. 그는 지하의 혼백을 불러내 궁금한 것들을 묻기도 했다. 그에게 악이 넘쳐났다. **하나님** 보시기에, 악으로 일관된 생애였다. **하나님**께서 진노하셨다.

⁷⁻⁸ 결정적으로 그는 음란한 여신 아세라 목상을 하나님의 성전 안에 두었는데, 이것은 하나님께서 다윗과 솔로몬에게 명령하신 다음의 말씀을 명백히, 보란 듯이 범한 일이었다. "내가 이스라엘 모든 지파 가운데서 택한 이 성전과 이 예루살렘 성에 내 이름을 영원히 두겠다." 그분은 이렇게 약속하셨다. "내가 다시는 내 백성 이스라엘로 하여금 내가 그들의 조상에게 준 이 땅을 떠나서 방황하지 않게 할 것이다. 그러나 조건이 있다. 그들이 내 종 모세가 전해 준 지침에 따라 내가 명령한 모든 것을 지켜야 한다."

⁹⁻¹⁰ 그러나 므낫세는 유다와 예루살렘 주민들을 그 길에서 벗어나게 했고, 일찍이 **하나님**께서 멸망시키신 이방 민족들의 악행을 넘어서는 악한 행위로 그들을 이끌었다. **하나님**께서 이 일로 므낫세와 그의 백성에게 말씀하셨지만, 그들은 **하나님**을 무시했다.

11-13 그러자 **하나님**께서는 앗시리아 왕의 군지도자들을 시켜 므낫세를 뒤쫓게 하셨다. 그들은 그의 코에 갈고리를 꿰고 발에는 족쇄를 채워 바빌론으로 끌고 갔다. 곤경에 처하자, 므낫세는 무릎 꿇고 기도하며 하나님께 도우심을 구했다. 그는 그의 조상의 하나님 앞에서 철저히 회개했다. **하나님**께서 마음이 움직이셔서 그의 기도를 들어주시고, 그를 다시 예루살렘으로 데려와 왕이 되게 하셨다. 그제야 므낫세는 **하나님**께서 모든 것을 다스리심을 확실하게 깨달았다.

14-17 그 후 므낫세는 기혼 샘 서쪽 골짜기에 다윗 성의 바깥쪽 방벽을 재건했다. 방벽은 물고기 문에서 시작하여 오벨 산을 돌아 나갔다. 그는 방벽도 더 높이 쌓았다. 유다 모든 요새 성읍에 군지휘관들을 주둔시켜 방어체제를 강화했다. 그는 또 대대적인 성전 정화를 실시하여, 이방 우상과 여신상을 제거했다. 또한 성전이 있는 산 위와 예루살렘 전역에 세워 놓은 모든 이교의 제단을 가져다가 성 바깥에 버렸다. 그는 **하나님**의 제단을 다시 사용할 수 있게 보수하고, 예배를 회복하여 화목제와 감사제를 드렸다. 그는 백성에게 "**하나님** 이스라엘의 하나님을 섬기고 예배하라"고 명령했다. 그러나 백성은 그의 말을 진지하게 받아들이지 않았다. 그들은 '**하나님**'이라는 이름은 사용했지만, 계속해서 지역의 옛 이방 산당들을 다니며 전과 똑같이 행했다.

18-19 므낫세의 나머지 역사, 그가 하나님께 드린 기도, 예언자들이 **하나님** 이스라엘의 하나님의 권세로 직접 전한 말씀들은 '이스라엘 왕 연대기'에 모두 기록되어 있다. 그의 기도와 그 기도에 하나님의 마음이 움직이신 일, 그의 모든 죄와 허물들, 그가 이방 산당을 지은 장소들, 음란한 여신 아세라를 세운 곳들, 그가 회심 전에 숭배한 우상들, 이 모두가 예언자들의 역사책에 기록되어 있다.

20 므낫세가 죽자, 사람들은 그를 왕궁 동산에 묻었다. 그의 아들 아몬이 뒤를 이어 왕이 되었다.

유다 왕 아몬

21-23 아몬은 왕이 되었을 때 스물두 살이었다. 그는 예루살렘에서 이 년 동안

다스렸다. **하나님** 보시기에 그는 아버지 므낫세처럼 악하게 살았다. 그러나 므낫세와 달리, 그는 끝내 **하나님**께 회개하지 않았다. 끝까지 여러 악한 행위를 일삼았다.

24-25 결국 아몬의 신하들이 반역하여 왕궁에서 그를 암살했다. 그러나 백성이 아몬 왕의 암살자들을 죽이고 아몬의 아들 요시야를 왕으로 삼았다.

유다 왕 요시야

34 1-2 요시야는 왕이 되었을 때 여덟 살이었다. 그는 예루살렘에서 삼십일 년 동안 다스렸다. 그는 **하나님** 앞에서 바르게 행했다. 그의 조상 다윗이 밝히 보여준 길을 똑바로 따라갔고, 왼쪽으로나 오른쪽으로나 한 걸음도 벗어나지 않았다.

3-7 요시야는 왕이 된 지 팔 년째 되던 해에―아직 겨우 십대였다―자기 조상 다윗의 하나님을 찾기 시작했다. 사 년 후 재위 십이년이 되던 해에는, 지역의 음란한 종교 산당과 신성하게 여기는 아세라 목상들을 제거하고, 조각한 것이든 부어 만든 것이든 상관없이, 그 우상들은 유다에서 모조리 없앴다. 그는 바알 산당들을 부수고, 제단들을 허물고, 그 파편과 재를 거기서 예배하던 자들의 무덤 위에 뿌렸다. 또한 그 제사장들의 뼈를 그들이 살아 있을 때 사용하던 바로 그 제단 위에서 불태웠다. 그는 그 땅, 유다와 예루살렘을 안팎으로 깨끗이 정화했다. 정화 작업은 밖으로 므낫세, 에브라임, 시므온 성읍과 그 주변 마을들, 그리고 북쪽 납달리에까지 이르렀다. 이스라엘 전역에서 그는 제단과 아세라 목상들을 부수고, 그 우상들을 빻아 가루로 만들고, 지역의 산당들을 찍어 장작감으로 만들었다. 이스라엘이 원래의 모습을 되찾자, 그는 예루살렘으로 돌아왔다.

계시의 책을 발견하다

8-13 요시야 왕 십팔년 어느 날에, 왕은 그 땅과 성전 정화를 마치고, 아살랴의 아들 사반과 성읍 책임자 마아세야와 요아하스의 아들 사관 요아를 보내어 **하나님**의 성전을 새롭게 단장하게 했다. 먼저 그들은 므낫세와 에브라임

과 나머지 이스라엘, 그리고 유다와 베냐민과 예루살렘 주민들에게서 레위인 문지기들이 거둔 헌금을 모두 대제사장 힐기야에게 넘겼다. 힐기야는 그 돈을 다시 **하나님**의 성전 공사를 관리하는 감독관들의 손에 넘겼고, 그들은 다시 그것을 **하나님**의 성전을 보수하는 일꾼들인 목수와 건축자와 석수들에게 전했다. 일꾼들은 그 돈으로 목재와 석재를 구입하여, 그동안 유다 왕들이 완전히 허물었던 성전 기초를 다시 세웠다. 일꾼들은 정직하고 부지런했다. 그들을 감독하고 공사를 관리하는 사람은 모두 레위인이었는데, 므라리 자손 중에 야핫과 오바댜, 고핫 자손 중에 스가랴와 무술람이 있었다. 레위인들—모두 숙련된 음악인이었다—은 막일꾼들을 관할하고, 이 일 저 일을 살피며 노역자들을 감독했다. 또 레위인들은 회계, 관리, 문지기로 섬겼다.

¹⁴⁻¹⁷ 대제사장 힐기야는 **하나님**의 성전을 위해 바친 돈을 접수하고 분배하던 중에, 모세의 계시의 책 사본을 발견했다. 그는 왕의 서기관 사반에게 소식을 전했다. "내가 방금 **하나님**의 길을 일러 주는 하나님의 계시의 책을 발견했습니다. 성전에서 찾았습니다!" 그가 그 책을 사반에게 주자, 사반은 그것을 다시 왕에게 가지고 가서 이렇게 보고했다. "왕께서 명령하신 일을 다 마쳤습니다. **하나님**의 성전에서 거둔 돈을 모두 가져다 관리자와 일꾼들에게 주었습니다."

¹⁸ 사반은 또 왕에게 말했다. "제사장 힐기야가 저에게 책을 하나 주었습니다." 사반은 그 책을 왕에게 읽어 주었다.

¹⁹⁻²¹ 왕은 그 책, 곧 **하나님**의 계시에 기록된 내용을 듣고, 크게 놀라며 자기 옷을 찢었다. 왕은 힐기야와 사반의 아들 아히감, 미가의 아들 압돈, 서기관 사반, 왕의 개인 보좌관 아사야를 불러 그들 모두에게 명령했다. "가서 나와 이스라엘과 유다에 남아 있는 백성을 위해 **하나님**께 기도하시오! 방금 발견한 이 책에 기록된 내용에 우리가 어떻게 반응해야 하는지 알아보시오! **하나님**의 진노가 우리를 향해 불같이 타오르고 있는 것이 분명하오. 우리 조상은 이 **하나님**의 책에 기록된 말씀에 조금도 순종하지 않았고, **하나님**께서 주신 지침을 하나도 따르지 않았소."

²²⁻²⁵ 힐기야와 왕에게 뽑힌 사람들은 곧바로 여예언자 훌다를 찾아갔다. 훌

다는 하스라의 손자요 독핫의 아들이요 왕궁 예복을 맡은 살룸의 아내로, 예루살렘 둘째 구역에 살고 있었다. 그들이 찾아가 그녀의 의견을 구했다. 훌다는 그들에게 이렇게 답했다. "**하나님** 이스라엘의 하나님의 말씀입니다. '너희를 이곳으로 보낸 사람에게 전하여라. "내가 이곳과 이 백성에게 심판의 재앙을 내릴 것이다. 유다 왕이 읽은 그 책에 기록된 모든 말씀이 그대로 이루어질 것이다. 그들이 나를 버리고 다른 신들을 가까이했고, 신상을 만들고 팔아 나를 더없이 노하게 했기 때문이다. 내 진노가 이곳을 향해 뜨겁게 타오르고 있으니, 아무도 그 불을 끌 수 없을 것이다."'

²⁶⁻²⁸ 또 유다 왕이 **하나님**의 인도하심을 구했으니 왕께 전하십시오. 왕이 책에서 읽은 내용에 대한 **하나님**의 말씀입니다. '내가 이곳과 이 백성에게 심판의 재앙을 내리겠다고 한 말을 네가 진심으로 받아들이고 겸손하게 회개하며, 크게 놀라 옷을 찢고 내 앞에서 울었으니, 내가 너를 진심으로 대하겠다. **하나님**의 말씀이다. 내가 너를 돌볼 것이다. 너는 평안히 죽어서 묻힐 것이다. 내가 이곳에 내릴 재앙을 너는 보지 못할 것이다.'"

그들이 훌다의 메시지를 가지고 왕에게 돌아갔다.

²⁹⁻³¹ 왕은 곧바로 행동에 나서, 유다와 예루살렘의 모든 장로를 소집한 다음, 모든 백성—가장 작은 자부터 가장 큰 자에 이르기까지 모든 제사장과 예언자와 백성—을 거느리고 **하나님**의 성전으로 나아왔다. 그리고 **하나님**의 성전에서 발견된 언약책에 기록된 내용을 모든 사람 앞에서 큰소리로 낭독했다. 왕은 그의 자리에 서서 **하나님** 앞에 엄숙히 맹세했다. 믿음과 순종으로 **하나님**을 따르고, 무엇을 믿고 행해야 할지 그분이 지시하신 대로 온 마음을 다해 따르며, 그 책에 기록된 모든 언약대로 살기로 굳게 맹세한 것이다.

³² 그리고 나서 그는 모든 예루살렘과 베냐민 사람이 언약에 참여하게 했다. 그러자 그들은 왕의 명령을 따라 하나님 그들 조상의 하나님과의 언약을 온전히 지키기로 했다.

³³ 요시야는 이스라엘 땅에 두루 퍼져 있던 더러운 것들을 완전히 제거하고, 모든 사람이 새롭게 시작하여 그들의 **하나님**을 섬기고 예배하게 했다. 요시야가 살아 있는 동안, 백성은 곧고 좁은 길을 지키며, **하나님** 그들 조상의 하

나님께 순종했다.

🌿

35 1-4 요시야는 예루살렘에서 **하나님**께 유월절을 지켰다. 사람들은 첫째 달 십사일에 유월절 어린양을 잡았다. 그는 제사장들에게 상세한 지침을 주었고, 그들을 격려하여 **하나님**의 성전에서 예배를 인도하게 했다. 그는 또 이스라엘 백성에게 예배와 관련된 제반 사항을 가르치고 지도하는 일을 맡은 레위인들(이 일을 위해 거룩하게 구별된 자들이었다)에게 이렇게 말했다. "거룩한 궤를 이스라엘 왕 다윗의 아들 솔로몬이 지은 성전 안에 두시오. 당신들은 더 이상 그것을 어깨에 메고 다닐 필요가 없소! **하나님**과 하나님의 백성 이스라엘을 섬기시오. 당신 자신들을 가문별로 조직하고, 이스라엘 왕 다윗과 그 아들 솔로몬이 남긴 지침에 따라 각자 책임을 다하시오.

5-6 성소에 나가서 각자 자리를 잡되, 당신들의 동족인 일반 백성의 각 가문을 레위인 한 조가 맡아야 합니다. 당신들이 할 일은 유월절 어린양을 잡는 것입니다. 당신들 자신을 정결하게 하고 어린양을 준비하여, 모든 사람이 **하나님**께서 모세를 통해 명령하신 대로 유월절을 지킬 수 있게 해야 하오."

7-9 요시야 왕이 자기 소유의 양과 어린양과 염소 삼만 마리, 황소 삼천 마리를 내놓음으로써, 유월절을 지키는 데 필요한 모든 것이 마련되었다. 그의 관리들도 제사장과 레위인을 비롯한 백성을 위해 나섰는데, 하나님의 성전 지도자들인 힐기야, 스가랴, 여히엘은 어린양 이천육백 마리, 황소 삼백 마리를 유월절 제물로 제사장들에게 내놓았다. 고나냐와 그의 동생 스마야와 느다넬은 레위인 지도자인 하사뱌, 여이엘, 요사밧과 함께, 어린양 오천 마리와 황소 오백 마리를 유월절 제물로 레위인들에게 내놓았다.

10-13 예배 준비가 모두 끝났다. 제사장들은 각자 자기 위치에 서고 레위인들도 왕의 지시대로 각자 맡은 자리로 갔다. 그들은 유월절 어린양을 잡았다. 제사장들이 어린양의 피를 뿌리는 동안, 레위인들은 가죽을 벗겼다. 이어서 그들은 번제물을 따로 챙겨 백성에게 가문별로 나누어 주어, 각 가문이 모세

의 책에 나온 지침에 따라 **하나님**께 바칠 수 있게 했다. 소도 같은 방법으로 했다. 그들은 지침대로 유월절 어린양을 굽고, 거룩하게 구별된 제물들을 솥과 가마와 냄비에 삶아서 신속히 백성에게 대접했다.

¹⁴ 백성이 거룩한 식사를 마친 다음, 레위인들은 자기들도 먹고 아론의 자손 제사장들에게도 대접했다. 제사장들은 밤늦게까지 제단에서 제사를 드리느라 몹시 분주했다.

¹⁵ 아삽 찬양대들은 다윗, 아삽, 헤만, 왕의 선견자 여두둔의 지침에 따라 각자의 자리에 섰다. 각 문을 지키는 문지기들이 맡은 자리를 떠날 수 없었으므로, 레위인들은 그들에게도 음식을 대접했다.

¹⁶⁻¹⁹ 그날 **하나님**을 예배하는 모든 일이 아무 문제없이 진행되었다. 그들은 유월절을 지키며 **하나님**의 제단에 번제를 드렸다. 모든 절차가 요시야의 명령대로 이루어졌다. 이스라엘 백성은 무교절로도 알려진 유월절을 칠 일 동안 지켰다. 예언자 사무엘 시대 이후로 이처럼 유월절이 지켜진 적은 없었다. 어떤 왕도 유월절을 지키지 않았다. 그러나 요시야와 제사장과 레위인과, 그 주에 거기 모인 온 유다와 이스라엘 그리고 예루살렘 주민들은 유월절을 지켰다. 이렇게 유월절을 지킨 것은, 요시야 왕이 다스린 지 십팔 년이 되던 해의 일이었다.

❀

²⁰ 요시야가 성전 개혁을 마치고 나서 얼마 후, 이집트의 느고 왕이 전쟁을 하려고 유프라테스 강가의 갈그미스를 향해 진군했다. 요시야는 그와 싸우러 나갔다.

²¹ 느고는 요시야에게 전령을 보내 말했다. "유다 왕이여, 우리가 서로에게 무슨 반감이 있겠소? 나는 당신과 싸우러 온 게 아니라 지금 전쟁중인 나라를 치러 왔소. 하나님께서 내게 서두르라 명령하셨으니 내 앞을 가로막지 마시오. 공연히 나섰다가는 하나님만 방해하게 될 뿐이오. 하나님이 이번 일에는 내 편이시니 당신을 멸하실 것이오."

²²⁻²³ 그러나 싸우고 싶어 못 견딘 요시야는 느고의 말을 전혀 듣지 않았다(사

실 느고에게 말씀하신 분은 하나님이셨다). 그들이 므깃도 평원에서 마주쳤을 때 요시야 왕은 변장을 하고 있었지만, 적의 활 쏘는 자들이 그에게 화살을 쏘아 맞추었다.

왕이 부하들에게 말했다. "나를 여기서 데리고 나가라. 내가 중상을 입었다."

24-25 부하들은 그를 전차에서 끌어내 구급 전차에 뉘어 예루살렘으로 데려왔다. 그는 거기서 죽어 가족 묘지에 묻혔다. 유다와 예루살렘 모든 사람이 요시야의 장례식에 참석했고, 예레미야는 그를 위해 애가를 지었다. 오늘까지도 이스라엘 찬양대가 부르는 그 노래는 애가집에 기록되어 있다.

26-1 요시야의 나머지 역사, 하나님의 계시에 기록된 대로 살았던 그의 모범적이고 경건한 삶은 '이스라엘과 유다 왕 연대기'에 처음부터 끝까지 기록되어 있다. 백성의 지지를 받은 요시야의 아들 여호아하스가 아버지의 뒤를 이어 예루살렘에서 왕이 되었다.

유다 왕 여호아하스

36 2-3 여호아하스는 왕이 되었을 때 스물세 살이었다. 그는 예루살렘에서 석 달 동안 다스렸다. 이집트 왕이 그를 왕위에서 물러나게 하고, 강제로 은 4톤가량과 금 34킬로그램을 바치게 했다.

유다 왕 여호야김

4 이어서 이집트 왕 느고는 여호아하스의 형제 엘리아김을 유다와 예루살렘의 왕으로 삼고, 그 이름을 여호야김으로 고쳤다. 그 후 여호아하스를 사로잡아 이집트로 돌아갔다.

5 여호야김은 왕이 되었을 때 스물다섯 살이었다. 그는 예루살렘에서 십일 년 동안 다스렸다. 하나님 보시기에 그는 악한 왕이었다.

6-7 바빌론 왕 느부갓네살이 전쟁을 일으켜 그를 청동사슬로 결박하고, 바빌론에 포로로 잡아갔다. 느부갓네살은 하나님의 성전 기구들도 가져가 바빌론의 자기 왕궁에 두었다.

8 여호야김의 나머지 역사, 그가 저지른 악한 신성모독과 그 결과로 당한 일

은 '이스라엘과 유다 왕 연대기'에 모두 기록되어 있다.

그의 아들 여호야긴이 뒤를 이어 왕이 되었다.

유다 왕 여호야긴

9-10 여호야긴은 왕이 되었을 때 열여덟 살이었다. 그러나 그는 예루살렘에서 석 달 열흘밖에 다스리지 못했다. **하나님** 보시기에 그는 악한 왕이었다. 그 해 봄에 느부갓네살 왕이 **하나님**의 성전에 남아 있는 귀중품들과 함께 여호야긴을 바빌론으로 사로잡아 오도록 명령했다. 그 후 느부갓네살은 여호야긴의 삼촌 시드기야를 유다와 예루살렘의 꼭두각시 왕으로 세웠다.

유다 왕 시드기야

11-13 시드기야는 왕이 되었을 때 스물한 살이었다. 그는 예루살렘에서 십일 년 동안 다스렸다. **하나님** 보시기에 시드기야 역시 악한 왕에 지나지 않았다. 예언자 예레미야가 그에게 **하나님**의 말씀을 전했을 때, 그는 조금도 뉘우치지 않았다. 오히려 느부갓네살 왕에게 반역하여 재난을 더 키웠다. 느부갓네살 왕은 일찍이 그에게 하나님의 이름으로 충성을 맹세하게 했다. 그러나 시드기야는 자신의 완고한 방식을 고집했다. **하나님** 생각은 안중에도 없었고, 회개할 마음도 전혀 없었다.

14 그의 악한 사고방식은 지도자와 제사장들에게로 퍼졌고, 백성에게도 스며들었다. 악이 전염병처럼 퍼져 이방인들의 가증한 일들이 되풀이되었다. 이제 겨우 성결해진 예루살렘의 **하나님**의 성전이 다시 더럽혀지고 말았다.

15-17 **하나님** 그들 조상의 하나님께서는 거듭 경고의 말씀을 보내셨다. 백성과 성전을 궁휼히 여기시는 마음에서, 그분은 그들에게 최대한 기회를 주기 원하셨다. 그러나 그들은 들으려고 하지 않았다. 그들은 하나님의 전령들을 조롱하고, 말씀 자체를 멸시했으며, 예언자들을 바보 취급했다. **하나님**의 진노가 거세어져, 마침내 상황은 돌이킬 수 없게 되었다. **하나님**께서 바빌론 왕 느부갓네살을 불러들이셨고, 그는 와서 닥치는 대로 쳐죽였다. 그것도 성전 안에서 그렇게 했다. 인정사정없는 살육이었다. 젊은 남자와 처녀와 노약

자를 가리지 않았다.

18-20 나아가 그는, 성전의 귀중품을 모조리 약탈하여 바빌론으로 가져갔다. 하나님의 성전 안에 있는 보물 보관소와 왕과 관리들의 보물 보관소를 모두 비우고 약탈해 갔다. 재물과 함께 사람들도 모두 바빌론으로 끌고 갔다. 그는 하나님의 성전을 불사르고, 예루살렘 성벽을 허물며, 모든 건물에 불을 질렀다. 그 안에 있던 각종 귀중품들이 모두 불에 타고 말았다. 생존자는 너나 할 것 없이 바빌론에 포로로 잡혀가서 느부갓네살과 그 집안의 종이 되었다. 포로와 종의 생활은 페르시아 왕국이 세워질 때까지 계속되었다.

21 이것은 예레미야가 전한 하나님의 메시지 그대로 이루어진 것이다. 황폐한 땅은 긴 시간 안식에 들어갔다. 그동안 지켜지지 않았던 모든 안식일을 채우는 칠십 년 동안의 안식이었다.

페르시아 왕 고레스의 귀국 명령

22-23 페르시아 왕 고레스 일년에, 하나님께서는 예레미야를 통해 주신 메시지를 이루시려고, 페르시아 왕 고레스의 마음을 움직여 온 나라에 공포하게 하셨다. 그 내용은 이러하다. "페르시아 왕 고레스가 선포한다. 하나님 하늘의 하나님께서 내게 지상의 모든 나라를 주셨다. 또 내게 명령하여, 유다에 있는 예루살렘에 그분을 예배할 성전을 짓게 하셨다. 하나님의 백성에 속한 사람들은 모두 돌아가라. 너희 하나님께서 너희와 함께하시기를 빈다! 자, 이제 나아가거라!"

에스라 | 머리말

역사는 이스라엘 백성에게 모질었고, 그들은 쇠락의 길로 접어들었다. 초강대국 바빌론 군대가 쳐들어와 그들의 성읍과 성전을 초토화시켰고, 그들을 포로로 끌고 갔다. 그로부터 128년이 지난 후, 예루살렘으로 돌아온 소수의 유대인들은 허물어진 것들을 다시 일으켜 세우기 위해 안간힘을 썼다. 그러나 그러한 노력은 아무런 성과가 없었고, 그들의 형편은 금방이라도 무너져 내릴 듯 위태로웠다. 바로 그때, 에스라가 등장한다.

이는 외양만 다를 뿐 어느 시대 어느 곳에서나 되풀이되는 익숙한 패턴의 이야기다. 이스라엘의 경우는 그 패턴의 극단적인 사례라 할 수 있다. 이스라엘과 메시아를 통해 자신을 계시하시는 하나님 안에서 정체성을 찾는 사람의 길은 순탄치 않다. 과거에도 그랬고, 앞으로도 그럴 것이다. 때로는 적대세력의 공격이, 때로는 교묘한 유혹이 끊임없이 그들의 정체성을 위협한다. 하나님의 백성은 노골적인 공격 또는 교활한 유혹을 받으며 역사 속에서 숱한 멸절의 위기를 겪었다. 우리는 그러한 위험에서 벗어나 본 적이 없다.

이스라엘은 에스라 덕분에 그 위험을 극복할 수 있었다. 그런데 하나님께서는 에스라가 그 일을 혼자 하도록 내버려 두지 않으셨다. 하나님께서는, 그분의 섭리로 에스라와 같은 일을 하고 있던 느헤미야라는 인물을 통해 에스라의 구원 사역을 실질적이고 결정적으로 도우셨다. (에스라 이야기의 중요한 세부사항은, 이 책에 이어지는 느헤미야의 회고록에 기록되어 있다.) 그로 인해 하나님 백성의 정체성이 회복되고 보존된 것이다. 에스라는 예배와 성경으로 이 일을 해냈다. 먼저 그는 사람들을 이끌어 하나님을 예배하게 했다. 예배는 사람이 할 수 있는 가장 전인적이고 포괄적인 행위이며, 예배 가운데 하나님의 선물인 우리의 정체성이 우리 안에 깊이 새겨지기 때문이다. 결국, 백성을 대표하는 한 사람이 에스라에게 다음과 같은 고백을 하기에 이른다. "지금 당장 우리 하나님과 언약을 맺고……계시에 명시되어 있으니 그대로 시행하겠습니다. 에스라여, 이제 일어나십시오. 우리가 뒤를 따를 테니 앞장 서십시오. 물러나지 마십시오"(스 10:3-4). 또한 에스라는 그들이 성경 말씀 을 잘 듣고 거기에 순종하도록 인도했다. 무엇보다 하나님의 계시를 듣고 따 를 때에야 비로소 우리 가운데 계시는 하나님께 지속적으로 주목하고 순종 할 수 있기 때문이다.

에스라는 뚜렷한 족적을 남겼다. 예배와 성경은 이후 하나님 백성의 정체 성을 회복하고 유지하게 하는 근간이 되었다.

에스라

페르시아 왕 고레스: 하나님의 성전을 지어라!

1 ¹⁻⁴ 페르시아 왕 고레스 일년에, **하나님**께서는 예레미야를 통해 주신 메시지를 이루시려고, 페르시아 왕 고레스를 일으켜 온 나라에 공포하게 하셨다. 그 내용은 이러하다.

페르시아 왕 고레스가 선포한다. **하나님** 하늘의 하나님께서 내게 지상의 모든 나라를 주셨다. 또 내게 명령하여, 유다에 있는 예루살렘에 그분을 예배할 성전을 짓게 하셨다. 너희 가운데 그분의 백성에 속한 자들이 누구냐? 하나님께서 너희와 함께하시기를 빈다! 유다에 있는 예루살렘으로 돌아가, **하나님** 이스라엘의 하나님, 예루살렘의 하나님의 성전을 지어라. 남아 있는 백성이 있거든, 거주지에 상관없이 예루살렘에 건축할 하나님의 성전에 바칠 은, 금, 연장, 짐 싣는 동물과 함께 자원 예물도 주어서 보내도록 하여라.

⁵⁻⁶ 유다와 베냐민 가문의 우두머리와 제사장과 레위인들, 곧 하나님께서 일으키신 모든 사람이 **하나님**의 성전을 짓기 위해 예루살렘으로 함께 떠났다. 그들의 이웃은 저마다 은, 금, 연장, 짐 싣는 동물, 값비싼 선물에 더하여 자

원 예물로 그들을 열심히 도왔다.

7-10 아울러 고레스 왕은 전에 느부갓네살이 예루살렘에 있는 **하나님**의 성전에서 가져와 자기 신들의 신전에 두었던 그릇과 도구들을 모두 그들에게 넘겨주었다. 페르시아 왕 고레스는 그 일을 재무관 미드르닷에게 맡겼다. 미드르닷은 유다 지도자 세스바살에게 물품을 모두 넘겼는데, 그 목록은 이러하다.

금접시 30개
은접시 1,000개
은냄비 29개
금대접 30개
버금가는 은대접 410개
그 밖의 그릇 1,000개.

11 모두 합하여 금그릇과 은그릇이 5,400개였다. 세스바살은 포로로 잡혀 바빌론에 있던 이들을 예루살렘으로 데리고 오면서 이 그릇들을 모두 가지고 왔다.

2 1-58 바빌론 왕 느부갓네살에게 사로잡혀 포로생활하던 사람들 가운데 많은 이들이 고향 땅인 예루살렘과 유다로 돌아왔는데, 스룹바벨, 예수아, 느헤미야, 스라야, 르엘라야, 모르드개, 빌산, 미스발, 비그왜, 르훔, 바아나와 함께 왔다.
돌아온 이스라엘 백성의 출신 가문별 숫자는 이러하다.

바로스 자손 2,172명
스바댜 자손 372명
아라 자손 775명
바핫모압(예수아와 요압의 자손) 자손 2,812명

엘람 자손 1,254명

삿두 자손 945명

삭개 자손 760명

바니 자손 642명

브배 자손 623명

아스갓 자손 1,222명

아도니감 자손 666명

비그왜 자손 2,056명

아딘 자손 454명

아델(히스기야의 자손) 자손 98명

베새 자손 323명

요라 자손 112명

하숨 자손 223명

깁발 자손 95명.

출신 지역별로 파악된 이스라엘 백성은 이러하다.

베들레헴 사람 123명

느도바 사람 56명

아나돗 사람 128명

아스마웻 사람 42명

기럇여아림과 그비라와 브에롯 사람 743명

라마와 게바 사람 621명

믹마스 사람 122명

베델과 아이 사람 223명

느보 사람 52명

막비스 사람 156명

엘람(다른 엘람) 사람 1,254명

하림 사람 320명

로드와 하딧과 오노 사람 725명

여리고 사람 345명

스나아 사람 3,630명.

제사장 가문은 이러하다.

여다야(예수아의 자손) 자손 973명

임멜 자손 1,052명

바스훌 자손 1,247명

하림 자손 1,017명.

레위 가문은 이러하다.

예수아와 갓미엘(호다위야의 자손) 자손 74명.

노래하는 사람은 이러하다.

아삽 자손 128명.

문지기 가문은 이러하다.

살룸 자손과 아델 자손과 달문 자손과 악굽 자손과 하디다 자손과 소배 자손이 모두 139명.

성전 봉사자 가문은 이러하다.

시하 자손과 하수바 자손과 답바옷 자손

게로스 자손과 시아하 자손과 바돈 자손

르바나 자손과 하가바 자손과 악굽 자손

하갑 자손과 살매 자손과 하난 자손

깃델 자손과 가할 자손과 르아야 자손

르신 자손과 느고다 자손과 갓삼 자손

웃사 자손과 바세아 자손과 베새 자손

아스나 자손과 므우님 자손과 느부심 자손

박북 자손과 하그바 자손과 할훌 자손

바슬룻 자손과 므히다 자손과 하르사 자손

바르고스 자손과 시스라 자손과 데마 자손

느시야 자손과 하디바 자손.

솔로몬의 신하들 가문은 이러하다.

소대 자손과 하소베렛 자손과 브루다 자손
야알라 자손과 다르곤 자손과 깃델 자손
스바댜 자손과 핫딜 자손과 보게렛하스바임 자손과 아미 자손.
성전 봉사자와 솔로몬의 신하들은 모두 392명이다.

59-60 델멜라, 델하르사, 그룹, 앗돈, 임멜에서 온 사람들도 있었는데, 이들은 조상이 밝혀지지 않아 이스라엘 백성인지 아닌지 알 수 없었다.

61 이들은 들라야 자손과 도비야 자손과 느고다 자손인데, 모두 652명이다. 제사장 가문 중에도 그런 사람들이 있었다.
이들은 호바야 자손과 학고스 자손과 바르실래 자손인데, 바르실래는 길르앗 사람 바르실래 가문의 딸과 결혼하여 그 이름을 취했다.

62-63 이들은 족보를 최대한 뒤졌지만 자신들의 이름을 찾지 못했고, 부정하게 여겨져 제사장직에서 제외되었다. 총독은 제사장이 우림과 둠밈을 가지고 그들의 신분을 판정할 때까지 거룩한 음식을 먹지 말라고 그들에게 명령했다.
64-67 회중의 수는 모두 42,360명이었다. 7,337명에 달하는 남녀 종은 그 수에 포함되지 않았다. 또 노래하는 사람이 남녀 200명이었고, 말 736마리, 노새 245마리, 낙타 435마리, 나귀가 6,720마리였다.

❧

68-69 예루살렘에 있는 **하나님**의 성전에 도착하자, 각 가문의 우두머리 가운데 일부가 그 부지에 하나님의 성전을 재건하고자 자원 예물을 바쳤다. 그들은 힘닿는 대로 금 500킬로그램, 은 3톤, 제사장 예복 100벌을 건축 기금으로 바쳤다.
70 제사장과 레위인과 일부 백성은 예루살렘에 살았고, 노래하는 사람과 문지기와 성전 봉사자들은 저마다 고향에 터를 잡았다. 모든 이스라엘 백성이 살 곳을 찾았다.

성전 기초를 놓다

3 [1-2] 이스라엘 백성은 각자 성읍에 자리를 잡은 지 일곱째 달이 되었을 때에 일제히 예루살렘에 모였다. 요사닥의 아들 예수아와 그의 형제 제사장들은 스알디엘의 아들 스룹바벨 및 그의 친족과 함께 하나님의 사람 모세의 계시에 기록된 대로 이스라엘의 하나님께 번제를 드리려고 제단을 만들었다.

[3-5] 그들은 이스라엘 백성이 아닌 이웃들이 어떻게 나올지 두려웠지만, 우선 일을 추진하여 옛 성전 기초 위에 제단을 세우고 아침저녁으로 그 위에 번제를 드렸다. 또 규정대로 초막절을 지키고, 매일의 규례대로 번제도 날마다 드렸다. 안식일과 초하루와 하나님의 거룩한 절기마다 번제를 드리고 하나님께 자원 예물도 바쳤다.

[6] 하나님의 성전 기초는 아직 놓지 않았지만, 그들은 일곱째 달 첫째 날부터 하나님께 번제를 드리기 시작했다.

[7] 그들은 돈을 주고 석공과 목수들을 고용했다. 또 페르시아 왕 고레스가 허가한 대로, 시돈 사람과 두로 사람에게 먹고 마실 것과 기름을 주고, 그들이 레바논에서 욥바까지 바닷길로 보낸 백향목 재목을 받았다.

[8-9] 예루살렘에 있는 하나님의 성전에 도착한 지 이 년 하고도 둘째 달에, 스알디엘의 아들 스룹바벨과 요사닥의 아들 예수아는 그들의 형제 제사장과 레위인과, 사로잡혀 갔다가 예루살렘에 돌아온 다른 모든 사람과 함께 성전 건축을 시작했다. 그들은 스무 살 이상 된 레위인들을 지명하여 하나님의 성전 재건을 감독하게 했다. 예수아와 그 일가족은 갓미엘, 빈누이, 호다위야, 헤나닷의 대가족과 한마음 한뜻이 되어—곧 모든 레위인들이—하나님의 성전 작업 일꾼들을 감독했다.

[10-11] 일꾼들이 하나님의 성전 기초를 놓자 예복을 입은 제사장들은 나팔을 들고, 아삽 자손 레위인들은 심벌즈를 들고, 이스라엘 왕 다윗의 전통에 따라 하나님을 찬양했다. 그들은 서로 번갈아 노래하며 하나님께 찬양과 감사를 드렸다.

진실로, **하나님**은 선하십니다!
그렇습니다. 이스라엘에 대한 그분의 사랑은 끝이 없습니다!

11-13 **하나님**의 성전 기초를 놓고 나서, 온 백성이 큰소리로 환호하며 **하나님**을 찬양했다. 많은 사람들이 즐거워할 때에, 첫 성전을 보았던 나이 많은 제사장과 레위인과 가문의 우두머리들은 기뻐서 소리내어 울었다. 함성과 울음소리를 분간할 수 없었다. 그들의 목소리가 사방으로 멀리까지 울려 퍼졌다.

성전 건축을 방해하는 사람들

4 **1-2** 포로들이 이스라엘 **하나님**의 성전을 건축하고 있다는 소식을 유다와 베냐민의 옛 원수들이 들었다. 그들은 스룹바벨과 각 가문의 우두머리들에게 와서 말했다. "우리도 당신들의 건축을 돕겠소. 우리도 당신들과 똑같이 당신들의 하나님을 예배하고 있소. 앗시리아 왕 에살핫돈이 이곳으로 우리를 데려온 뒤로 줄곧 그분께 제사를 드렸소."

3 스룹바벨과 예수아와 이스라엘 각 가문의 우두머리들이 그들에게 말했다. "그럴 수 없소. 우리 하나님의 성전을 건축하는 일은 당신들이 생각하는 성전 건축과는 차원이 다른 일이오. 이스라엘 **하나님**을 위해 성전을 짓는 것은 오로지 우리가 할 일이오. 페르시아 왕 고레스가 이 일을 위해 명령한 사람들은 바로 우리요."

4-5 그러자 그 사람들은 유다 백성의 사기를 떨어뜨리고 성전 건축을 방해하기 시작했다. 백성의 의지를 꺾기 위해 심지어 선전요원들까지 고용했다. 그들은 페르시아 왕 고레스의 재위 기간뿐 아니라 페르시아 왕 다리오가 다스리던 때까지 약 십오 년 동안 그러기를 계속했다.

6 아하수에로가 왕위에 오르자, 그들은 유다와 예루살렘에 사는 사람들을 고발하는 편지를 썼다.

7 그 후 아닥사스다 왕 때에도 비슬람, 미드르닷, 다브엘과 그들의 동료들이 페르시아 왕 아닥사스다에게 예루살렘 일로 편지를 썼다. 편지는 아람어로 쓴 뒤 번역했다. (다음은 아람어로 된 것이다.)

8-16 사령관 르훔과 서기관 심새는 아닥사스다 왕에게 다음과 같이 예루살렘을 고발하는 편지를 썼다.

사령관 르훔과 서기관 심새가 다른 동료들과 뜻을 합하여 아룁니다. 저희 동료들은 재판관과 관리들로서, 트리폴리스와 페르시아와 아렉과 바빌론에서 온 사람과 수사의 엘람 사람과 그 밖에 위대하고 존귀하신 오스납발께서 사마리아 성과 유프라테스 건너편 땅에 이주 정착시킨 모든 사람을 관할하고 있습니다.

(이것은 그들이 왕에게 보낸 편지의 사본이다.)

유프라테스 건너편 땅에서 종들이 아닥사스다 왕께 아룁니다.
왕께서 다스리시는 곳에서 살다가 저희가 사는 이곳 예루살렘에 도착한 유대인들이, 반역을 일삼던 악한 성읍을 다시 세우기 시작했음을 왕께 아룁니다. 그들은 기초를 다지고 성벽을 쌓아 올리는 공사로 분주합니다. 일단 이 성읍이 재건되고 성벽이 완공되면, 그들은 조공이나 조세나 세금을 더 이상 한 푼도 내지 않을 것입니다. 왕께서는 이 사실을 아셔야 합니다. 분명 왕의 국고에 손해를 끼칠 것입니다. 왕의 충복인 저희는 왕께서 모욕당하시는 것을 가만히 보고만 있을 수 없어 이렇게 전합니다. 선왕들의 궁중 실록을 살펴보면 아시겠지만, 이 성읍은 반역을 일삼던 성읍이요 여러 왕들과 지역에 눈엣가시였으며, 소요와 반역의 역사적 중심지입니다. 이 성읍이 망한 것도 그 때문입니다. 이 성읍이 재건되고 성벽이 복원되면, 유프라테스 건너편 땅에는 왕의 소유가 결국 아무것도 남지 않을 것임을 알려드립니다.

17-22 왕은 사령관 르훔과 서기관 심새 그리고 사마리아와 유프라테스 건너편 땅에 사는 그들의 동료들에게 답신을 보냈다.

너희의 평안을 빈다. 너희가 보낸 편지를 번역하여 내 앞에서 읽게 했다.
실록을 살펴보니, 과연 그 성읍은 여러 차례 왕들에게 반역한 것으로 드러
났다. 그곳에서 반역은 흔한 일이다. 알아보니, 그 땅에도 과거에 강한 왕
들이 제법 있어 유프라테스 건너편을 지배하며 조세와 조공과 세금을 거
두었다. 그러니, 그들에게 명령을 내려 공사를 즉시 중단하게 하여라. 내
명령이 없는 한 그 성읍의 재건에 손도 대지 못하게 하여라. 신속하고 단
호하게 행동하여라. 그들이 입힌 해는 과거로 족하다!

²³ 르훔과 서기관 심새와 그들의 동료들은 아닥사스다 왕의 편지를 받아 읽
었다. 그들은 한시도 지체하지 않고 예루살렘의 유대인들에게 달려가 공사
를 중지시켰다.
²⁴ 이렇게 해서 예루살렘에 있는 하나님의 성전 공사가 중단되었다. 페르시
아 왕 다리오 이년까지 그 상태로 있었다.

하나님의 성전을 재건하다

5 ¹⁻² 한편, 예언자 학개와 잇도의 아들 예언자 스가랴는 이스라엘을 다
스리시는 하나님의 권위로 유다와 예루살렘의 유대인들에게 설교하
기 시작했다. 스알디엘의 아들 스룹바벨과 요사닥의 아들 예수아는 예루살
렘에 하나님의 성전을 재건하기 시작했다. 하나님의 예언자들이 바로 옆에
서 그들을 도왔다.
³⁻⁴ 당시 유프라테스 건너편 땅 총독은 닷드내였다. 닷드내와 스달보스내와
그들의 동료들이 이스라엘 백성에게 와서 말했다. "누가 당신들에게 이 성전
을 다시 짓고 복원하여 사용하라는 허가를 내렸소?" 사람들은 그들에게 성
전 건축 공사 책임자들의 이름을 말해 주었다.
⁵ 그러나 하나님께서 유다의 지도자들에게서 눈길을 떼지 않으셨으므로, 보고
서가 다리오에게 갔다가 공식 답변이 돌아오기까지 공사는 중단되지 않았다.

⁶⁻⁷ 유프라테스 건너편 땅 총독 닷드내와 스달보스내와 그 땅을 관리하는 동

료들이 다리오 왕에게 편지를 보냈다. 편지의 내용은 이러하다.

다리오 왕께 아룁니다. 평안하시기를 빕니다!

8 저희가 유다 지방에서 큰 돌들로 재건되고 있는, 크신 하나님의 성전에 갔던 일을 왕께 보고하고자 합니다. 그들은 지금 성벽에 재목을 끼워 맞추고 있습니다. 공사는 활기차고 빈틈없이 잘 진행되고 있습니다.

9-10 저희는 지도자들에게 "누가 당신들에게 이 성전을 다시 짓고 복원하여 사용하라는 허가를 내렸소?" 하고 물었습니다. 또 건축 공사를 주도하는 자들을 파악하여 왕께 전하고자 그들의 이름을 물었습니다.

11-12 그들은 저희에게 이렇게 대답했습니다. "우리는 하늘과 땅을 주관하시는 하나님의 종들입니다. 우리는 오래전에 지어졌던 성전을 다시 짓는 중입니다. 사실 이 성전은 이스라엘의 어떤 큰 왕께서 완공했던 것입니다. 그러나 우리 조상들이 하늘의 하나님을 진노케 하여 하나님께서 그들을 갈대아 사람 바빌론 왕 느부갓네살에게 넘기셨고, 그 왕은 이 성전을 무너뜨리고 백성을 사로잡아 바빌론으로 끌고 갔습니다.

13-16 하지만 고레스 왕께서 바빌론 왕이 되시던 첫해에, 이 하나님의 성전을 다시 지으라는 건축 허가를 내리셨습니다. 그뿐 아니라, 전에 느부갓네살 왕이 옮겨다 바빌론 신전에 두었던 하나님의 성전의 금은 그릇들도 돌려주셨습니다. 고레스 왕께서는 그것들을 바빌론 신전에서 꺼내어 왕이 총독으로 임명한 세스바살에게 넘기셨습니다. 왕께서는 그에게 '이 그릇들을 가져다 예루살렘 성전 안에 두고, 그 본래 터에 하나님의 성전을 다시 세우라'고 하셨습니다. 세스바살은 그대로 행했습니다. 그는 예루살렘에 하나님의 성전 기초를 놓았습니다. 그 후로 지금까지 공사를 진행하고 있지만 아직 끝내지 못했습니다."

17 그러니, 괜찮으시다면 왕께서 바빌론 왕궁 문서실의 기록을 살펴보시고, 고레스 왕께서 예루살렘에 하나님의 성전 재건을 승인하는 공식 건축 허가를 내리신 것이 과연 사실인지 확인해 보시는 것이 좋겠습니다. 그 후에, 이 일을 어떻게 하면 좋을지 왕께서 판결을 내려 주시기 바랍니다.

6 $^{1-3}$ 그래서 다리오 왕은 바빌론 문서실의 기록을 살펴보도록 명령했다. 마침내 메대 지방의 엑바타나 요새에서 두루마리 하나가 나왔는데, 거기에 이렇게 기록되어 있었다.

회람

고레스 왕 일년에, 왕께서 예루살렘에 있는 하나님의 성전에 관하여 다음과 같은 공식 칙령을 내리시다.

$^{3-5}$ 제물을 바치는 곳인 그 성전을 새 기초 위에 다시 세우도록 한다. 높이 27미터, 너비 27미터로 하여 큰 돌들로 세 층을 쌓고 맨 위에 목재를 한 층 얹되, 그 비용은 왕실 금고에서 지불하도록 하라. 전에 느부갓네살이 하나님의 성전에서 바빌론으로 가져온 금그릇과 은그릇은 예루살렘 성전으로 돌려보내되, 각각 하나님의 성전 안 본래 있던 자리에 두도록 하라.

다리오 왕의 명령

$^{6-7}$ 이제 유프라테스 건너편 땅 총독 닷드내와 스달보스내와 동료 관리와 그 땅 모든 관리들은 들어라. 너희는 그들의 성전 짓는 일을 막지 마라. 유대인 총독과 지도자들을 방해하지 말고 하나님의 성전을 건축하여 다시 세울 수 있게 하여라.

$^{8-10}$ 이에 나는, 하나님의 성전을 재건하는 유대인 지도자들을 너희가 어떻게 도와야 할지에 관하여 공식 명령을 내린다.

첫째, 모든 건축 비용은 왕실 금고에서, 곧 유프라테스 건너편 땅에서 들어오는 세금으로 충당하되, 지체하지 말고 제때에 지불하도록 하여라.

둘째, 그들의 예배에 필요한 것이면 무엇이든 주어라. 곧 하늘의 하나님께 번제 드리는 데 쓸 수송아지, 숫양, 어린양, 그리고 예루살렘 제사장들이 요구한 밀, 소금, 포도주, 기름을 지체 없이 날마다 공급하여, 그들이 하늘의 하나님께 제사를 드리고 왕과 왕자들의 생명을 위하여 기도하게 하여라.

11-12 내가 공식 칙령을 내리노니, 누구든지 이 명령을 어기는 자는 그의 집에서 들보를 빼내어 거기에 매달고, 그의 집을 두엄자리로 삼도록 하여라. 또 누구든지 이 칙령을 무시하고 예루살렘에 있는 하나님의 성전을 허물면, 그곳에 자기 이름을 두신 하나님이 그 나라의 왕이나 백성을 멸하실 것이다.

나 다리오가 내리는 공식 칙령이니, 신속 정확하게 시행하도록 하여라.

13 유프라테스 건너편 땅 총독 닷드내와 스달보스내와 그들의 동료들은 다리오의 칙령에 기록된 대로 신속 정확하게 시행했다.

성전 봉헌식을 거행하다

14-15 그리하여 유대인의 지도자들은 성전 건축을 계속했다. 공사는 예언자 학개와 잇도의 아들 예언자 스가랴의 설교에 힘입어 순조롭게 진행되었다. 그들은 이스라엘 하나님의 명령과 페르시아 왕 고레스와 다리오와 아닥사스다의 허가에 따라 성전 재건을 마쳤다. 성전은 다리오 왕 육년 아달월 삼일에 완공되었다.

16-18 그리고 나서 이스라엘 백성은 축하행사를 벌였다. 제사장과 레위인과 사로잡혀 갔다가 돌아온 사람들이 하나같이 기뻐하며 하나님의 성전 봉헌식을 거행했다. 그들은 황소 백 마리, 숫양 이백 마리, 어린양 사백 마리를 제물로 바쳤다. 또 온 이스라엘을 위한 속죄 제물로 숫염소 열두 마리를 바쳤는데, 이스라엘 열두 지파에 각각 한 마리씩이었다. 그들은 제사장을 분과별로, 레위인을 무리별로 배치하여 예루살렘에서 하나님을 섬기게 했는데, 모두 모세의 책에 기록된 그대로였다.

19 바빌론에 사로잡혀 갔다가 돌아온 사람들은 첫째 달 십사일에 유월절을

지켰다.

²⁰ 모든 제사장과 레위인은 정결예식을 치렀다. 누구도 예외가 없었다. 그 의식으로 그들 모두 깨끗해졌다. 레위인들은 사로잡혀 갔다가 돌아온 사람과 형제 제사장과 자신들을 위해 유월절 양을 잡았다.

²¹⁻²² 그러고 나서, 사로잡혀 갔다가 돌아온 이스라엘 백성이 유월절 음식을 먹었다. 다른 민족의 더러운 것들을 떠나서 그들과 합류하여 **하나님** 이스라엘의 하나님을 찾게 된 모든 사람도 함께했다. 그들은 크게 기뻐하며 칠 일 동안 무교절을 지켰다. **하나님**께서 앗시리아 왕의 마음을 바꾸시고 하나님 이스라엘의 하나님의 성전을 다시 짓는 일을 지원하게 하셨으므로, 그들은 말할 수 없이 기뻤다.

에스라의 등장

7 ¹⁻⁵ 이 모든 일이 있은 뒤에, 에스라가 등장한다. 때는 페르시아 왕 아닥사스다가 다스리던 시절이었다. 에스라는 대제사장 아론의 십육대손이요 엘르아살의 십오대손이요 비느하스의 십사대손이요 아비수아의 십삼대손이요 북기의 십이대손이요 웃시엘의 십일대손이요 스라히야의 십대손이요 므라욧의 구대손이요 아사랴의 팔대손이요 아마랴의 칠대손이요 아히둡의 육대손이요 사독의 오대손이요 살룸의 현손이요 힐기야의 증손이요 아사랴의 손자요 스라야의 아들이었다.

⁶⁻⁷ 에스라가 바빌론에서 돌아왔는데, 그는 이스라엘의 **하나님**께서 주신 모세의 계시에 통달한 학자였다. **하나님**의 손이 에스라 위에 머물렀으므로, 왕은 그가 요청하는 것은 무엇이든 다 주었다. 일부 이스라엘 백성, 곧 제사장과 레위인과 노래하는 사람과 성전 문지기와 성전 일꾼들이 그와 함께 예루살렘으로 왔다. 아닥사스다 왕 칠년의 일이었다.

⁸⁻¹⁰ 그들이 예루살렘에 도착한 시기는 왕이 다스린 지 칠 년이 되던 해 다섯째 달이었다. 에스라는 예정대로 첫째 달 첫째 날에 바빌론을 떠났고, 하나님의 은혜로우신 인도에 힘입어 다섯째 달 첫째 날에 예루살렘에 도착했다. 에스라는 **하나님**의 계시를 연구하고, 거기에 순종하여 살며, 이스라엘 사람

들에게 그 진리와 규례를 가르치는 일에 헌신했다.

¹¹ 다음은 아닥사스다 왕이 제사장이자 학자이며 이스라엘을 향한 **하나님**의 진리와 규례의 전문가인 에스라에게 보낸 편지다.

¹²⁻²⁰ 왕 중의 왕 아닥사스다는 하늘의 하나님의 가르침에 밝은 학자이자 제사장인 에스라에게 이른다.

평안을 빌며, 칙령을 내린다. 제사장과 레위인들을 포함하여 내 나라에 살고 있는 이스라엘 백성 중에서 예루살렘으로 가기 원하는 사람은 누구나 그대와 함께 가도 좋다. 나와 내 일곱 보좌관이 그대를 보내니, 그대는 그대의 하나님의 가르침에 비추어 유다와 예루살렘의 상황이 어떠한지 조사하여라. 또한 그대에게 권한을 주니, 나와 내 보좌관들이 예루살렘에 거하시는 이스라엘의 하나님께 드리는 은과 금을 가져가라. 아울러 백성과 제사장들이 바친 예물과 예루살렘의 하나님 성전을 위해 바빌론 전역에서 넉넉하게 바친 예물들이 있으니, 그 은과 금도 모두 가져가라. 그 돈으로 황소, 숫양, 어린양, 곡식 제물과 부어 드리는 제물을 사서 예루살렘에 있는 그대의 하나님의 성전 제단에 바쳐라. 남는 은과 금은 그대가 섬기는 하나님의 뜻에 맞게 그대와 그대 형제들이 판단하여 자유롭게 쓰면 된다. 그대에게 준 그릇들은 예루살렘의 하나님께 바쳐 성전 예배에 쓰게 하여라. 그 밖에 무엇이든 하나님의 성전에 필요한 것이 있거든, 왕실 금고에서 충당하도록 하여라.

²¹⁻²³ 나 아닥사스다 왕은 유프라테스 건너편 땅의 모든 재무관들에게 이미 공식 명령을 내린다. 하늘의 하나님의 가르침에 밝은 학자이자 제사장인 에스라가 무엇을 구하든 최대한으로 주되, 은 3.75톤, 밀 22킬로리터, 포도주와 올리브기름 각각 2.2킬로리터까지 주도록 하여라. 소금은 제한 없이 주어라. 하늘의 하나님께서 그분의 성전을 위해 요구하시는 것이면 무엇이든 주저 없이 바쳐야 한다. 나와 내 자손이 그분의 진노를 초래할 까

닭이 무엇이냐?

²⁴ 또한 제사장, 레위인, 노래하는 사람, 성전 문지기, 성전 일꾼, 그 밖에 하나님의 성전과 관계된 일꾼에게는 그 누구도 조공이나 조세나 세금을 부과할 수 없음을 밝힌다.

²⁵ 내가 그대 에스라에게 위임하니, 그대 손에 있는 하나님의 지혜를 펼쳐 행정관과 재판관들을 임명하고 그대의 하나님의 가르침대로 사는 유프라테스 건너편 땅의 모든 백성 사이에서 재판을 맡아 보게 하여라. 그 가르침을 모르는 사람들은 그대들이 가르쳐라.

²⁶ 누구든지 그대의 하나님의 가르침과 왕의 명령에 순종하지 않는 자는 즉시 재판하여 사형, 유배, 벌금, 투옥 등으로 엄히 다스려라.

²⁷⁻²⁸ 왕에게 예루살렘에 있는 **하나님의 성전을 영화롭게 할 마음을 주신 하나님** 우리 조상의 하나님을 찬양하여라! 그분은 왕과 모든 보좌관과 영향력 있는 관리들이 진정 나를 좋아하고 지원하게 만드셨다. 하나님께서 내 편이시고 나는 떠날 채비를 마쳤다. 그리하여 나와 함께 갈 이스라엘 지도자들도 모두 조직했다.

에스라와 함께 돌아온 백성들

8

¹⁻¹⁴ 아닥사스다 왕이 다스릴 때에 바빌론에서 나와 함께 떠나기로 하고 등록한 사람과 각 가문의 우두머리들은 이러하다.

비느하스 가문에서 게르솜
이다말 가문에서 다니엘
다윗 가문에서 핫두스
스가냐 가문
바로스 가문에서 스가랴와 그와 함께 지원한 남자 150명
바핫모압 가문에서 스라히야의 아들 엘여호에내와 그와 함께 지원한 남자 200명

삿두 가문에서 야하시엘의 아들 스가냐와 그와 함께 지원한 남자 300명

아딘 가문에서 요나단의 아들 에벳과 그와 함께 지원한 남자 50명

엘람 가문에서 아달리야의 아들 여사야와 그와 함께 지원한 남자 70명

스바댜 가문에서 미가엘의 아들 스바댜와 그와 함께 지원한 남자 80명

요압 가문에서 여히엘의 아들 오바댜와 그와 함께 지원한 남자 218명

바니 가문에서 요시뱌의 아들 슬로밋과 그와 함께 지원한 남자 160명

베배 가문에서 베배의 아들 스가랴와 그와 함께 지원한 남자 28명

아스갓 가문에서 학가단의 아들 요하난과 그와 함께 지원한 남자 110명

아도니감 가문에서 (남은 자들 모두의) 이름은 엘리벨렛과 여우엘과 스마야와 그와 함께 지원한 남자 60명

비그왜 가문에서 우대와 삭굴과 그와 함께 지원한 남자 70명.

15-17 나는 아하와로 흐르는 운하에 그들을 불러 모았다. 사흘 동안 거기에 머물면서 그들을 조사해 보니, 모두 일반 백성과 제사장들이고 레위인은 하나도 없었다. 그래서 나는 사람을 보내어 지도자인 엘리에셀, 아리엘, 스마야, 엘라단, 야립, 엘라단, 나단, 스가랴, 므술람과 교사인 요야립, 엘라단을 불러왔다. 그리고 그들을 가시뱌 지방의 지도자 잇도에게 보내며, 그와 그의 친족들에게 전할 말을 일러 주었다. "우리에게 하나님의 성전에서 섬길 사람을 보내 주시오."

18-20 우리 하나님의 너그러우신 손이 우리를 도우셨고, 그들은 이스라엘의 손자요 레위의 아들인 말리 가문 출신의 지혜로운 사람 하나를 데려왔다. 그의 이름은 세레뱌였다. 그는 아들과 형제들까지 모두 18명을 데려왔다. 지도자들은 또 하사뱌와 므라리 가문의 여사야를 데려왔는데, 형제와 아들들까지 모두 20명이었다. 성전 일꾼 220명도 따라왔다. 그들은 다윗과 대신들이 레위인들의 일을 돕도록 임명했던 성전 일꾼들의 후손들이었다. 그들의 이름이 모두 등록되었다.

21-22 나는 그곳 아하와 운하 옆에서 금식을 선포했다. 우리 하나님 앞에서 자신을 낮추고, 앞으로 펼쳐질 여정에서 우리 모든 인원과 소유물을 지혜롭게

인도해 주시기를 구하는 금식이었다. 나는 왕에게 도적떼들의 공격에 대비해 우리를 보호해 줄 경호 기병대를 청하기가 부끄러웠다. 떠나오기 직전에 왕에게 한 말이 있었기 때문이다. "우리 하나님은 그분을 구하는 모든 사람을 사랑으로 보살펴 주시지만, 그분을 떠나는 자에게는 질색하며 등을 돌리십니다." ²³ 그래서 우리는 이런 문제들을 가지고 금식하며 기도했다. 그러자 하나님께서는 우리의 기도를 들어주셨다.

²⁴⁻²⁷ 그리고 나서 나는 지도자급 제사장 열둘을 뽑았다. 세레뱌와 하사뱌와 그들의 형제 열 명이었다. 나는 왕과 보좌관들과 온 이스라엘 백성이 우리 하나님의 성전을 위해 바친 은, 금, 그릇, 예물의 무게를 달아 그들에게 주었다.

  은 25톤
  금 3.75톤 가치의 은접시 100개
  무게 8.4킬로그램의 금대접 20개
  금값에 맞먹는 선홍색 구리그릇 2개.

²⁸⁻²⁹ 나는 그들에게 말했다. "그대들은 **하나님** 앞에서 거룩하며 이 그릇들도 거룩하오. 여기에 있는 은과 금은 사람들이 그대들의 조상의 **하나님**께 바친 자원 예물이오. 예루살렘에 있는 우리 하나님의 성전에서 담당 제사장과 레위인과 각 가문의 우두머리들에게 무게를 달아 넘길 때까지, 이것들을 목숨 걸고 잘 보살피시오."
³⁰ 제사장과 레위인들은 무게를 달아 받은 것들을 모두 맡아서, 우리 하나님의 성전 예루살렘에 가지고 갈 채비를 갖추었다.

³¹ 우리는 첫째 달 십이일에 아하와 운하를 떠나 예루살렘으로 향하는 길에 올랐다. 하나님께서 가는 길 내내 우리와 함께하시며 도적떼와 노상강도들로부터 안전하게 지켜 주었다.
³²⁻³⁴ 우리는 예루살렘에 도착하여 거기서 사흘 동안 기다렸다. 나흘째 되는

날에, 하나님의 성전에서 은과 금과 그릇들의 무게를 달아 제사장 우리아의 아들 므레못에게 넘겼다. 비느하스의 아들 엘르아살이 그와 함께 있었고, 레위인 예수아의 아들 요사밧과 빈누이의 아들 노아댜도 있었다. 그들은 모든 기물의 수를 세고 무게를 달아 총계를 기록했다.

35 포로로 사로잡혀 갔다가 이제서야 돌아온 사람들은, 도착하여 이스라엘의 하나님께 번제를 드렸다.

온 이스라엘을 나타내는 황소 12마리
숫양 96마리
어린양 77마리
속죄 제물로 숫염소 12마리.

이것들을 모두 번제물로 하나님께 바쳤다.

36 그들은 또 유프라테스 건너편 땅을 관할하는 지방 행정관들에게 왕의 명령을 전했다. 그러자 그들도 돌아온 백성과 하나님의 성전을 지원했다.

에스라의 회개 기도

9 1-2 이 모든 일을 마친 뒤에, 지도자들이 내게 와서 말했다. "이스라엘 백성이 제사장과 레위인들까지 포함하여 주변의 이웃 민족인 가나안 사람, 헷 사람, 브리스 사람, 여부스 사람, 암몬 사람, 모압 사람, 이집트 사람, 아모리 사람과의 관계를 끊지 않고 그들의 저속한 음행을 그대로 따라 하고 있습니다. 자기 딸을 그들에게 시집보내고 그들의 딸을 며느리로 맞았습니다. 거룩한 자손이 이들 이방 민족과 뒤섞이고 있습니다. 게다가 우리 지도자들이 이 반역에 앞장서고 있습니다."

3 이 모든 말을 들은 나는 어이가 없어, 속옷과 겉옷을 찢고 머리털과 수염을 뜯으며 바닥에 주저앉았다.

4-6 그러나 포로생활에서 돌아온 사람들의 반역에 대해 하나님께서 하신 말

씀을 두려워하는 사람들도 많았다. 그들은, 넋을 잃고 앉아 저녁제사를 기다리고 있는 내 주변에 모여들었다. 저녁제사 때 나는 망연자실하게 있다가 일어났다. 찢겨진 속옷과 겉옷을 입은 채 무릎을 꿇고서, **하나님** 내 하나님께 손을 들고 기도했다.

⁶⁻⁷ "사랑하는 나의 하나님, 한없이 부끄러워 감히 주께 얼굴을 들 수가 없습니다. 오 나의 하나님, 우리의 악은 앞을 내다볼 수 없을 만큼 높이 쌓였고, 우리의 죄는 하늘에 닿았습니다. 조상의 때부터 지금까지 우리는 죄의 수렁에 처박혀 있습니다. 우리의 죄 때문에 우리 자신과 우리 왕과 제사장들이 다른 나라 왕들에게 넘겨져 살상과 포로생활과 약탈과 공개적인 수치를 당했으니, 주께서 지금 보시는 바와 같습니다.

⁸⁻⁹ 이제 잠시나마 **하나님** 우리 하나님께서 만신창이가 된 우리 무리를 들어 당신의 거룩한 곳에 든든히 발을 딛게 하신 것은, 우리 눈을 밝게 하시고 혹독한 형벌을 감내하는 우리의 짐을 덜어 주시기 위해서입니다. 우리가 종의 신분이었으나 하나님께서 우리를 종살이하도록 내버려 두지 않으셨습니다. 오히려 페르시아 왕들의 총애를 받게 하셔서, 우리 하나님의 성전을 짓고 폐허가 된 성전을 복구하며 유다와 예루살렘에 방벽을 쌓을 마음을 우리에게 주셨습니다.

¹⁰⁻¹² 그러므로 하나님, 이 모든 일을 겪은 우리가 감히 무어라 말할 수 있겠습니까? 주의 명령, 곧 주의 종 예언자들을 통해 주신 명령을 우리가 내팽개쳤으니 말입니다. 그들은 우리에게 이렇게 말했습니다. '너희가 차지하려는 땅은 더럽혀진 땅, 그곳 백성의 음란하고 저속한 행위로 더럽혀진 땅이다. 그들은 그 땅을 이쪽 끝에서 저쪽 끝까지 도덕적 부패로 가득 채웠다. 분명히 말하지만, 너희 딸을 그들의 아들에게 시집보내지 말고 너희 아들을 그들의 딸과 결혼시키지 마라. 그들의 호감을 사려고 하지 마라. 그들을 달래서 너희를 좋게 여기게 하지도 마라. 그래야 너희가 많은 부를 일구고 재산을 쌓아 너희 자손에게 물려줄 수 있다.'

¹³⁻¹⁵ 그런데 우리는 악한 습성과 쌓인 죄 때문에 이미 당한 모든 일로도 모자라, 여전히 똑같은 일을 반복하고 있습니다. 사랑하는 하나님, 주께서는 우

리가 마땅히 당해야 할 심판보다 훨씬 적게 벌하시고 목숨까지 건져 주셨는데, 우리는 또 이렇게 범죄합니다. 음행을 일삼는 백성과 섞이고 그들과 결혼하여 주의 계명을 어기고 있습니다! 주께서는 우리에게 노하셔서 우리를 완전히 멸하려 하십니까? 탈출구도 남겨 두지 않으시렵니까? 주님은 이스라엘의 의로운 **하나님**이시고, 지금 우리는 겨우 목숨을 건진 한 줌의 무리일 뿐입니다. 여기 숨을 데 없이 서 있는 우리를 보십시오. 주 앞에서 우리는 죄인입니다. 우리 가운데 누구도 살아남을 수 없습니다.”

10 ¹ 에스라는 하나님의 성전 앞에 엎드려 울었다. 그가 기도하며 죄를 자백하고 있는데, 많은 수의 이스라엘 남자와 여자와 아이들이 그 주변에 모여들었다. 그들 모두가 가슴이 찢어질 듯 큰소리로 슬피 울었다. ²⁻³ 엘람 가문 여히엘의 아들 스가냐가 대표로 에스라에게 말했다. “우리가 주변 민족의 외국인 여자들과 결혼하여 우리 하나님께 죄를 지었습니다. 그러나 다 끝난 것은 아닙니다. 아직도 이스라엘에 희망이 있습니다. 지금 당장 우리 하나님과 언약을 맺고, 모든 외국인 아내와 그 자녀들을 내보내도록 하겠습니다. 당신의 말대로, 하나님의 계명을 존중하는 사람들의 가르침대로 따르겠습니다. 계시에 명시되어 있으니 그대로 시행하겠습니다.

⁴ 에스라여, 이제 일어나십시오. 우리가 뒤를 따를 테니 앞장서십시오. 물러나지 마십시오.”

⁵ 그러자 에스라가 일어나 지도자급 제사장과 레위인과 온 이스라엘로 하여금 스가냐의 제안대로 엄숙히 맹세하게 하니, 그들이 그대로 맹세했다.

⁶ 그리고 나서 에스라는 하나님의 성전 앞 광장을 떠나 엘리아십의 아들 여호하난의 집으로 갔다. 그는 그곳에 있으면서 음식은 물론이고 물조차 입에 대지 않고 금식하면서, 포로로 잡혀갔다가 돌아온 사람들의 반역을 줄곧 슬퍼했다.

7-8 그 후, 사로잡혀 갔다가 돌아온 사람들은 모두 예루살렘에 모이라는 명령이 유다와 예루살렘 전역에 전달되었다. 사흘 안에 오지 않는 사람에 대해서는 지도자와 장로들의 결정으로 전 재산을 몰수하고 백성의 공동체에서 쫓아내기로 했다.

9 유다와 베냐민 모든 사람이 사흘 안에 예루살렘에 모였다. 아홉째 달 이십일이었다. 그들은 하나님의 성전 앞 광장에 모두 앉았다. 눈앞에 닥친 일도 엄청난데 억수 같은 비까지 쏟아져, 그들은 불안에 떨며 안절부절못했다.

10-11 제사장 에스라가 일어나 말했다. "여러분은 신의를 저버리고, 외국인 여자들과 결혼했습니다. 이스라엘에 죄를 쌓았습니다. 이제 하나님 여러분 조상의 하나님께 죄를 자백하고, 그분이 원하시는 대로 행하십시오. 이 땅 백성들, 그리고 외국인 아내와의 관계를 끊으십시오."

12 온 회중이 큰소리로 대답했다. "예, 말씀하신 대로 하겠습니다!"

13-14 그들이 또 말했다. "하지만 보십시오. 여기 모인 사람들이 얼마나 많은지 보이십니까? 게다가 지금은 우기입니다. 일이 끝날 때까지 이렇게 흠뻑 젖은 채로 바깥에 서 있을 수는 없습니다. 아무래도 시일이 걸릴 것입니다! 이 죄에 깊이 관여된 사람들이 많습니다. 온 회중을 위해 지도자들이 나서는 것이 좋겠습니다. 성읍에 살면서 외국인 여자와 결혼한 모든 사람은 각기 정해진 시간에 오되, 각 성읍 장로와 재판관들도 함께 오게 하십시오. 이 일로 인한 하나님의 진노가 가라앉을 때까지 이 일을 확실하게 처리해야 할 것입니다."

15-17 아사헬의 아들 요나단과 디과의 아들 야스야만이 이 의견에 반대했고, 그들에게 동조한 사람은 므술람과 레위인 삽브대뿐이었다. 그래서 포로로 사로잡혀 갔다가 돌아온 사람들은 그 방안대로 추진했다. 제사장 에스라는 각 가문의 우두머리를 지목하여 뽑았다. 그들은 열째 달 첫째 날에 모여 외국인 여자와 결혼한 남자를 처리하는 일을 시작하여, 이듬해 첫째 달 첫째 날에 모두 끝마쳤다.

❧

18-19 제사장 가문 중에서 외국인 여자와 결혼한 것으로 밝혀진 사람들은 이

러하다.

요사닥의 아들 예수아와 그 형제들의 집안 가문에서는 마아세야, 엘리에셀, 야립, 그달랴. 그들은 모두 아내와 이혼하기로 약속하고 악수로 보증했다. 또 지은 죄가 있으므로 속죄 제물로 양 떼에서 숫양 한 마리를 가져왔다.

20 임멜 가문에서 하나니, 스바댜.

21 하림 가문에서 마아세야, 엘리야, 스마야, 여히엘, 웃시야.

22 바스훌 가문에서 엘료에내, 마아세야, 이스마엘, 느다넬, 요사밧, 엘라사.

23 레위인들 중에서 요사밧, 시므이, 글리다라고도 하는 글라야, 브다히야, 유다, 엘리에셀.

24 노래하는 사람들 중에서 엘리아십.

성전 문지기들 중에서 살룸, 델렘, 우리.

25 기타 이스라엘 백성의

바로스 가문에서 라먀, 잇시야, 말기야, 미야민, 엘르아살, 말기야, 브나야.

26 엘람 가문에서 맛다냐, 스가랴, 여히엘, 압디, 여레못, 엘리야.

27 삿두 가문에서 엘료에내, 엘리아십, 맛다냐, 여레못, 사밧, 아시사.

28 베배 가문에서 여호하난, 하나냐, 삽배, 아들래.

29 바니 가문에서 므술람, 말룩, 아다야, 야숩, 스알, 여레못.

30 바핫모압 가문에서 앗나, 글랄, 브나야, 마아세야, 맛다냐, 브살렐, 빈누이, 므낫세.

31-32 하림 가문에서 엘리에셀, 잇시야, 말기야, 스마야, 시므온, 베냐민, 말룩, 스마랴.

33 하숨 가문에서 맛드내, 맛닷다, 사밧, 엘리벨렛, 여레매, 므낫세, 시므이.

34-37 바니 가문에서 마아대, 아므람, 우엘, 브나야, 베드야, 글루히, 와냐, 므레못, 엘랴십, 맛다냐, 맛드내, 야아수.

38-42 빈누이 가문에서 시므이, 셀레먀, 나단, 아다야, 막나드배, 사새, 사래, 아사렐, 셀레먀, 스마랴, 살룸, 아마랴, 요셉.

43 느보 가문에서 여이엘, 맛디디야, 사밧, 스비내, 잇도, 요엘, 브나야.

44 이들은 모두 외국인 여자와 결혼했고, 일부는 그 사이에서 자녀도 낳았다.

느헤미야 | 머리말

삶을 '성'과 '속'으로 나누어 그 둘을 분리시키는 일은 온전하고 충만한 삶, 의미와 목적을 갖춘 일관된 삶, 하나님의 영광을 위한 삶을 살려는 모든 시도를 손상시킨다. 때로는 치명적인 손상을 입히기도 한다. 그럼에도, 우리 가운데 그런 식의 이분법적 태도가 만연되어 있다. 자신과 주변 세상을 두 영역으로 나누어 분리시키는 습관을 사람들은 대체 어디서 배운 것일까? 분명, 성경으로부터는 아니다. 거룩한 성경은 처음부터 끝까지 그러한 분리를 완강히 거부한다.

그러한 분리가 일으키는 해악이 가장 잘 드러나는 곳은 바로 우리의 일상이다. 흔히 우리는 목사나 사제나 선교사가 하는 일은 '성스러운' 일이고, 변호사나 농부나 엔지니어가 하는 일은 '세속적인' 일이라 여긴다. 이것은 아주 틀린 말이다. 모든 일은 본질에 있어 다 거룩하다. 성경 이야기에 등장하는 이들을 보면, 정원사, 목자, 군인, 정치가, 목수, 천막 제작자, 주부, 어부 등 다양하다.

느헤미야도 그들 가운데 하나였다. 그는 타국 왕에게 고용되어 정부 일을 하는 관료였는데, 그의 회고록인 이 책이 말해 주듯, 후에 예루살렘 성벽을 재건하는 일을 맡게 된다. 학자이자 선생인 에스라가 그의 일을 도왔다. 에스라는 성경을 가지고 일했고, 느헤미야는 돌과 회반죽을 가지고 일했다. 이 두 사람의 이야기는 서로 엮이면서 하나의 거룩한 일을 이루었다. 실제로 느헤미야 6:16에서는, 심지어 "주변 모든 나라가……이 일의 배후에 하나님이 계신 것을 알게 되었다"고 말한다. 두 일 가운데 어느 하나가 다른 하나보다 더 거룩하거나 덜 중요하지 않았다. 느헤미야에게는 에스라가 꼭 있어야 했고, 에스라에게는 느헤미야가 꼭 있어야 했다. 하나님의 백성에게는 두 사람의 일이 모두 필요했다. 우리에게도 그렇다.

느헤미야

느헤미야가 예루살렘을 위해 기도하다

1

¹⁻² 하가랴의 아들 느헤미야의 회고록이다.

때는 이십년 기슬르월이었다. 당시 나는 수사 궁전에 있었다. 그때 막내 형제인 하나니가 동포 유대인 몇과 함께 유다에서 왔다. 나는 그들에게, 사로잡혀 오지 않고 유다에 남아 있는 유대인들의 상황이 어떠한지, 예루살렘의 형편은 어떠한지 물어보았다.

³ 그들의 대답은 이러했다. "그 지방에 남아 있는 사람들은 사정이 그리 좋지 못합니다. 그야말로 형편없지요. 예루살렘 성벽은 허물어진 채로 있고, 성문들도 불에 탄 채 그대로 있습니다."

⁴ 이 말을 듣고서, 나는 주저앉아 슬피 울었다. 슬픔에 잠긴 채 며칠 동안 금식하며 하늘의 하나님 앞에 기도했다.

⁵⁻⁶ **"하나님** 하늘의 하나님, 주님의 언약에 충실하시며 주님을 사랑하고 주님의 명령에 순종하는 이들에게 신실하신 크고 엄위로우신 하나님, 저를 보시고 제 말을 들어주십시오. 주님의 종, 곧 이스라엘 백성을 위해 밤낮으로 중보기도하며 이스라엘 백성의 죄를 자백하는 이 종의 기도에 귀를 기울여 주십시오. 주께 범죄한 자들 가운데는 저와 제 조상도 있습니다.

7-9 우리는 주님을 하찮게 대했습니다. 주께서 하라고 하시는 대로 하지 않았고 주님의 명령을 따르지 않았으며, 주님의 종 모세에게 주신 결정들을 존중하지도 않았습니다. 그럴지라도, 주님의 종 모세에게 하신 말씀을 기억하여 주십시오. '너희가 나를 반역하면 내가 너희를 사방으로 흩을 것이다. 그러나 너희가 내게 돌아와서 내 말대로 행하면, 그 흩어진 사람들이 어디에 가 있든 내가 그들을 다 모아서 내 이름을 나타내려고 택한 곳에 돌려놓을 것이다.'

10-11 여기 그들이 있습니다. 그들은 주님의 종이며 크신 능력의 주께서 극적으로 구해 내신 주님의 백성입니다. 주님, 제 말을 들어주십시오. 주님의 종의 기도를, 주님을 경외하기를 기뻐하는 모든 종의 말을 들으시고, 저로 하여금 형통케 하셔서, 오늘 제가 왕에게 원하는 바를 얻게 해주십시오."

그때에 나는 왕의 술잔을 맡아보고 있었다.

2

1-2 아닥사스다 왕 이십년 니산월이었다. 술을 올릴 시간이 되어, 나는 술을 가지고 들어가 왕께 따라 드렸다. 그때까지 왕 앞에서 어두운 모습을 보인 적이 없었으므로, 왕께서 내게 물으셨다. "어째서 얼굴이 어두운 것이냐? 어디 아픈 것 같지는 않은데, 무슨 우울한 일이라도 있느냐?"

2-3 그 말에 나는 몸 둘 바를 몰라, "왕께서 만수무강하시기를 빕니다! 제 조상이 묻힌 성읍이 폐허가 되고 성문들이 모두 잿더미로 변했다고 하니, 어찌 우울하지 않겠습니까?" 하고 아뢰었다.

4-5 그러자 왕께서 내게 물으셨다. "그러면 네가 바라는 것이 무엇이냐?"

나는 속으로 하늘의 하나님께 기도하며 말씀드렸다. "왕께서 저를 좋게 여기신다면, 저를 유다로 보내셔서, 제 조상이 묻힌 성읍을 다시 세우게 해주십시오."

6 그때 왕비도 곁에 앉아 있었는데, 왕께서 말씀하셨다. "공사가 얼마나 걸리겠으며, 네가 언제쯤 돌아올 수 있겠느냐?"

내가 기한을 정해 말씀드리자, 왕께서는 나의 청을 승낙하셨다.

7-8 나는 또 이렇게 말씀드렸다. "괜찮으시다면, 유프라테스 건너편 총독들에게 유다까지 이어질 제 여행을 승인하는 편지를 내려 주시기 바랍니다. 또

왕의 삼림 관리인 아삽에게 명령을 내리셔서, 성전 옆에 있는 성채와 성벽과 제가 살 집의 들보로 쓸 재목을 공급하게 해주시기 바랍니다."

8-9 내 하나님의 너그러우신 손이 나를 도우셔서, 왕께서 나의 청을 들어주셨다. 나는 (유프라테스) 강 건너편 총독들을 만나 왕의 편지를 보여주었다. 왕께서는 호위 기병대까지 함께 보내 주셨다.

10 호론 사람 산발랏과 암몬 사람 관리 도비야는 이 소식을 듣고 몹시 못마땅해 했다. 이스라엘 백성의 이익을 위해 누가 온다는 것이 그들로서는 언짢은 일이었다.

오라, 예루살렘 성벽을 건축하자

11-12 그렇게 해서 나는 예루살렘에 도착했다. 거기서 사흘을 머문 후, 나는 한밤중에 일어나 밖으로 나섰다. 측근 몇 사람이 나와 함께했다. 하나님께서 예루살렘을 위해 내 마음속에 두신 일을 나는 아무에게도 말하지 않았다. 우리에게 짐승이라고는 내가 탄 것밖에 없었다.

13-16 나는 야음을 틈타 골짜기 문을 나서서 용의 샘을 지나 거름 문에 이르는 예루살렘 성벽을 둘러보았다. 성벽은 허물어지고 성문들은 불탄 채 버려져 있었다. 거기서 샘 문으로 건너가 왕의 연못에 이르자 내가 타고 있던 나귀가 지나갈 공간이 없었다. 그래서 나는 골짜기를 타고 올라가며 어둠 속에서 성벽을 계속 살핀 뒤에 골짜기 문을 통해 되돌아왔다. 지방 관리들은 내가 어디로 갔는지, 무슨 일을 했는지 전혀 몰랐다. 유대인이나 제사장이나 귀족이나 지방 관리나, 직책을 가진 그 누구에게도 내가 한 마디도 하지 않았기 때문이다.

17-18 성벽을 돌아보고 난 뒤에야 나는 그들에게 말했다. "현실을 똑바로 보십시오. 우리는 지금 어려운 고비에 처해 있습니다. 예루살렘은 폐허가 되었고 성문들은 불타 버렸습니다. 어서 예루살렘 성벽을 쌓아서, 다시는 이런 수모를 받으며 살지 말아야 합니다." 나는 하나님께서 어떻게 나를 지지하시며 왕이 어떻게 나를 후원하고 있는지 그들에게 말했다.

그러자 그들이 대답했다. "같은 생각입니다. 어서 시작해야겠습니다." 그들은 당장이라도 나설 듯이 소매를 걷어붙였다.

¹⁹ 호론 사람 산발랏과 암몬 사람 관리 도비야와 아랍 사람 게셈이 이 소식을 듣고 우리를 비웃으며 조롱했다. "하! 당신들이 도대체 뭘 하겠다는 거요? 감히 왕을 배반하겠다는 거요?"

²⁰ 내가 되받아쳤다. "하늘의 하나님께서 반드시 우리를 도와 성공하게 하실 것이오. 우리는 그분의 종이니, 열심히 일하여 성벽을 재건할 것이오. 쓸데 없는 간섭은 마시오. 당신들은 이 일에 발언권이 없을뿐더러, 예루살렘과도 아무 상관이 없소!"

✤

3 ¹⁻² 대제사장 엘리아십과 동료 제사장들이 함께 일어나 밖으로 나섰다. 그들은 양 문에서부터 시작했다. 그것을 보수하여 문짝을 달고 일백 망대와 하나넬 망대에까지 성벽을 쌓았다. 여리고 사람들이 그들과 나란히 작업했고, 그들 옆에서는 이므리의 아들 삭굴이 작업했다.

³⁻⁵ 물고기 문은 하스나아 형제들이 세웠다. 그들은 그것을 보수하여 문짝을 달고 자물쇠와 빗장을 만들어 달았다. 그 옆에서는 학고스의 손자요 우리아의 아들인 므레못이 작업했다. 그 옆은 므세사벨의 손자요 베레갸의 아들인 므술람이 작업했다. 그 옆은 바아나의 아들인 사독이 작업했다. 그 옆은 드고아 사람들이 작업했다(다만, 귀족들은 예외였다. 그들은 자기들 공사 책임자와 함께 일하려 하지 않았고, 그런 일로 손을 더럽히는 것을 거절했다).

⁶⁻⁸ 여사나 문은 바세아의 아들 요야다와 브소드야의 아들 므술람이 맡았다. 그들은 그것을 보수하여 문짝을 달고 자물쇠와 빗장을 만들어 달았다. 기브온 사람 믈라댜와 메로놋 사람 야돈 그리고 유프라테스 건너편 총독의 관할 아래 있는 기브온과 미스바 사람들이 그들과 나란히 작업했다. 할해야의 아들 금세공업자 웃시엘이 그 옆에서 작업했고, 그 옆은 향수를 만드는 하나냐가 작업했다. 그들은 넓은 벽에 이르기까지 예루살렘 성벽을 다시 세웠다.

⁹⁻¹⁰ 다음 구간은 예루살렘 반쪽 구역의 책임자이자 후르의 아들인 르바야가 작업했다. 그 옆으로 하루맙의 아들 여다야가 자기 집 앞의 성벽을 다시 세

왔다. 하삽느야의 아들 핫두스가 그 옆에서 작업했다.

¹¹⁻¹² 하림의 아들 말기야와 바핫모압의 아들 핫숩은 풀무 망대가 포함된 다른 구간을 보수했다. 그 옆에서 작업한 사람은 예루살렘 나머지 반쪽 구역의 책임자이자 할로헤스의 아들인 살룸과 그의 딸들이었다.

¹³ 골짜기 문은 사노아 마을 사람들과 하눈이 맡았다. 그들은 그것을 보수하여 문들을 달고 자물쇠와 빗장을 만들어 달았다. 그들은 계속해서 거름 문에 이르기까지 성벽 450미터를 보수했다.

¹⁴ 거름 문 자체는 벳학게렘 구역의 책임자이자 레갑의 아들인 말기야가 맡았다. 그는 그것을 보수하여 문짝을 달고 자물쇠와 빗장을 만들어 달았다.

¹⁵ 샘 문은 미스바 구역의 책임자이자 골호세의 아들인 살룬이 맡았다. 그는 그것을 보수하여 지붕을 얹고 문짝을 달고 자물쇠와 빗장을 만들어 달았다. 그는 또 다윗 성에서 내려가는 계단에 이르기까지, 왕의 동산에 있는 실로암 연못의 벽을 다시 세웠다.

¹⁶ 그 다음은 벳술 반쪽 구역의 책임자이자 아스북의 아들인 느헤미야가 맡았다. 그는 다윗의 묘 바로 앞에서 연못과 영웅들의 집에 이르기까지 작업했다.

¹⁷⁻¹⁸ 그 다음 이어지는 부분은 레위인들이 바니의 아들 르훔 밑에서 작업했다. 그들 옆에서는 그일라 반쪽 구역의 책임자인 하사뱌가 자기 구역을 맡아 다시 세웠다. 그 옆으로 그일라 나머지 반쪽 구역의 책임자이자 헤나닷의 아들인 빈누이가 그 레위인들의 형제들과 함께 작업을 이어 갔다.

¹⁹⁻²³ 무기고 언덕배기 앞에서부터 모퉁이까지의 구간은 미스바 구역의 책임자이자 예수아의 아들인 에셀이 다시 세웠다. 모퉁이부터 대제사장 엘리아십의 집 문까지는 삽배의 아들 바룩이 맡았다. 학고스의 손자요 우리야의 아들인 므레못은 엘리아십의 집 문에서부터 엘리아십의 집 맨 끝까지 맡았다. 거기서부터는 그 주변의 제사장들이 작업을 이어 갔다. 베냐민과 핫숩은 집 앞의 성벽을 작업했고, 아나냐의 손자요 마아세야의 아들인 아사랴는 집 옆쪽의 성벽을 작업했다.

²⁴⁻²⁷ 아사랴의 집에서부터 구석 모퉁이까지의 구간은 헤나닷의 아들 빈누이가 다시 세웠다. 우새의 아들 발랄은 모퉁이와 망대 맞은편을 작업했는데,

망대는 수비대 뜰 근처의 위 왕궁에서 튀어나와 있었다. 그 옆으로 바로스의 아들 브다야와 오벨 언덕에 사는 성전 봉사자들이 동쪽 수문과 튀어나온 망대 맞은편 지점까지 작업했다. 튀어나온 큰 망대에서부터 오벨 성벽까지의 구간은 드고아 사람들이 맡았다.

28-30 말 문 위로는 제사장들이 작업했는데, 각 제사장이 자기 집 앞의 성벽을 보수했다. 그들 다음으로 임멜의 아들 사독이 자기 집 앞의 성벽을 다시 세웠고, 그 다음은 동문 문지기 스가냐의 아들 스마야가 다시 세웠다. 그 다음은 셀레먀의 아들 하나냐와 살랍의 여섯째 아들 하눈이 다시 세웠다. 그 다음으로 베레갸의 아들 므술람이 자기 헛간 앞의 성벽을 재건했다.

31-32 금세공업자 말기야는 성전 봉사자와 상인들의 집에까지, 그리고 검사문과 모퉁이 다락까지의 성벽을 보수했다. 모퉁이 다락과 양 문 사이는 금세공업자와 상인들이 보수했다.

4

1-2 산발랏은 우리가 성벽을 다시 쌓아 올리고 있다는 말을 듣고 노발대발하며 유대인들을 비방했다. 그는 사마리아인 측근들과 군대 앞에서 거침없이 말했다. "이 비천한 유대인들이 지금 무엇을 하는 거냐? 하룻밤 사이에 모든 것을 정상으로 되돌릴 수 있다고 생각하는 건가? 생각만 하면 건축자재가 나온다더냐?"

3 옆에 있던 암몬 사람 도비야도 합세했다. "그러게 말이오! 도대체 무엇을 쌓겠다는 거지? 여우 한 마리만 올라가도 무게를 이기지 못하고 산산이 무너져 버릴 텐데."

✢

4-5 느헤미야는 기도했다. "사랑하는 하나님, 우리의 기도를 들어주십시오. 우리가 이토록 멸시당하고 있습니다. 제발, 저들의 조롱이 저들 머리 위로 되돌아가게 해주십시오. 저들의 원수들이 저들을 붙잡아서, 다시는 돌아올 수 없는 땅에 전리품으로 끌고 가게 해주십시오. 저들의 죄악을 용서하지 마

시고, 저들의 죄를 없애지 마십시오. 저들이 건축자들을 모욕했습니다!"

6 우리는 성벽을 보수하고 쌓는 일에 속도를 냈다. 백성이 마음을 다해 일하여 성벽 전체가 금세 하나로 이어졌고, 높이도 목표치의 절반에 이르렀다.

7-9 산발랏과 도비야와 아랍 사람과 암몬 사람과 아스돗 사람들은, 예루살렘 성벽 보수가 아주 순조롭게 진행되고 있으며 성벽의 끊어진 곳들이 메워지고 있다는 소식을 듣고 몹시 화를 냈다. 그들은 예루살렘과 싸워 최대한 분란을 일으키기로 머리를 맞대고 결의했다. 우리는 하나님께 기도하면서 맞섰고, 하루 종일 보초를 세워 그들의 공격에 대비했다.

10 그러나 머지않아 유다에 이런 말이 나돌았다.

건축하는 자들은 지쳤는데
쓰레기 더미만 쌓여 간다.
우리도 어쩔 수 없다.
이 성벽을 쌓을 수 없다.

11-12 그러는 동안 우리의 원수들은 다음과 같이 떠들고 다녔다. "저들은 누가 자신들을 공격했는지도 모르겠지. 쥐도 새도 모르게 우리가 쳐들어가 저들을 닥치는 대로 죽이자. 그러면 공사가 중단되겠지!" 그들과 이웃하여 사는 유대인들이 계속 소식을 전해 왔다. "그들이 우리를 포위했습니다. 이제 곧 공격할 것입니다!" 우리는 이 말을 적어도 열 번은 들었다.

13-14 그래서 나는 성벽의 가장 취약한 곳에 무장 보초를 세우고, 칼과 창과 활을 든 사람을 가문별로 배치했다. 나는 상황을 살핀 뒤에 일어나서 귀족과 관리와 다른 사람들에게 말했다. "그들을 두려워하지 말고, 크고 두려우신 주님을 기억하십시오. 그리고 여러분의 형제와 자녀와 아내와 집을 위해 싸우십시오."

15-18 원수들은 우리가 그들의 계략을 모두 알고 있다는 것도, 하나님께서 그 계략을 무산시키셨다는 것도 깨닫게 되었다. 우리는 다시 성벽으로 돌아가 작업에 임했다. 그때부터 우리 젊은이들 가운데 반은 일을 하고, 나머지 반

은 창과 방패와 활을 들고 갑옷 차림으로 보초를 섰다. 관리들은 성벽 재건 공사를 하는 모든 유다 백성의 후방을 지켜 주었다. 일반 일꾼들은 한 손에는 연장을, 다른 한 손에는 창을 들었다. 성벽을 쌓는 사람들은 허리에 칼을 차고 일했다. 나는 제때 경보를 울리기 위해 나팔수를 곁에 두었다.

19-20 나는 귀족과 관리와 다른 사람들에게 말했다. "공사가 워낙 커서 우리가 서로 성벽을 따라 흩어져 있습니다. 나팔소리가 들리거든 소리 나는 곳으로 달려와 합류하십시오. 하나님께서 우리를 위해 싸우실 것입니다."

21 우리는 동틀 때부터 별이 뜰 때까지 일했고, 우리 가운데 반은 창을 들고 일했다.

22 나는 또 백성에게 이렇게 지시했다. "밤에는 각 사람이 조수들과 함께 예루살렘 안에 머무르며 보초를 서고, 낮에는 일을 하십시오."

23 나와 내 형제와 내 일꾼과 나를 지원하는 보초를 비롯한 우리 모두는 옷을 입은 채 잠자리에 들었고, 물을 뜨러 갈 때도 손에서 창을 놓지 않았다.

5 1-2 여자들을 포함한 모든 백성이 동포 유대인들에게 거세게 항의했다. 어떤 사람들은 이렇게 말했다. "우리는 가족이 많으니, 살아남으려면 양식이 필요합니다."

3 다른 사람들은 이렇게 외쳤다. "입에 풀칠이라도 할 만큼 곡식을 얻으려면 우리 밭과 포도원, 집을 저당 잡혀야 합니다."

4-5 또 다른 사람들은 이렇게 말했다. "왕에게 세금을 내려면 우리 밭과 포도원을 저당 잡히고 돈을 빌려야 합니다. 보다시피, 우리는 유대인 형제들과 똑같은 살과 피를 가지고 있으며, 우리 자녀들도 그들의 자녀들과 다를 바 없습니다. 그런데도 우리는 이제 자녀들까지 종으로 팔아야 할 처지가 되었습니다! 우리 딸들 가운데는 이미 팔려 간 경우도 있는데, 우리 밭과 포도원이 다른 사람 소유이니 어쩔 도리가 없습니다."

6-7 그들의 항의와 불만을 들은 나는 정말 화가 났다. 그 내용을 신중히 생각한 끝에, 나는 귀족과 관리들을 불러 꾸짖었다. "당신들은 형제를 갈취하고 있소."

7-8 이어서 나는 큰 회의를 소집하여 그 문제를 다루었다. "우리는 외국인에게 종으로 팔릴 수밖에 없는 유대인 형제들을 애써 값을 치르고 찾아왔소. 그런데 이제 당신들이 빚을 빌미로 그 형제들을 다시 종으로 팔고 있소! 우리더러 그들을 다시 사오라는 말입니까?"

그들은 아무 말이 없었다. 무슨 말을 할 수 있겠는가.

9 "이것은 정말 악한 짓이오. 당신들에게는 하나님을 경외하는 마음이 조금도 남아 있지 않은 겁니까? 주변 나라와 우리의 원수들이 우리를 어떻게 생각할지 신경도 안 쓴단 말입니까?

10-11 나와 내 형제와 내 밑에서 일하는 사람들도 백성에게 돈을 빌려 주고 있소. 이제 이자로 그들을 갈취하는 일은 당장 그만두어야 하오. 저당 잡은 백성의 밭과 포도원과 올리브 과수원과 집을 당장 돌려주시오. 그리고 그들에게 돈과 곡식과 새 포도주와 올리브기름을 꾸어 주고 받는 이자도 탕감해 주시오."

12-13 그들이 말했다. "모두 돌려주겠습니다. 그들에게 더 이상 요구하지 않겠습니다. 말씀하신 대로 다 하겠습니다."

나는 제사장들을 불러 놓고 그들이 한 말을 지키도록 서약하게 했다. 그리고 내 주머니를 뒤집어 털면서 말했다. "누구든지 이 약속을 지키지 않는 자는 하나님께서 그의 주머니와 집도 이렇게 뒤집어 털어 버리실 것이오."

모두가 전심으로 "예, 우리가 그렇게 하겠습니다!" 하며 하나님을 찬양했다. 그리고 그들은 그 약속을 지켰다.

나의 하나님, 제게 은혜를 베풀어 주십시오

14-16 나는 아닥사스다 왕 이십년에 유다 땅 총독으로 임명받아 아닥사스다 왕 삼십년까지 십이 년 동안 총독으로 있었지만, 나와 내 형제들은 총독으로서 받아야 할 녹을 받지 않았다. 내 전임 총독들은 양식과 포도주를 사기 위해 하루에 은 40세겔(약 0.5킬로그램)씩을 백성에게서 거두어들여 그들을 착취했고, 그 아랫사람들도 무자비하게 백성을 괴롭혔다. 그러나 나는 하나님을 두려워했으므로 그런 일을 절대 하지 않았다. 그보다 내가 한 일은 성벽을 쌓는 일이었다. 내 모든 부하들도 성벽을 쌓는 데 몰두했다. 우리는 사

리사욕을 채우고 있을 시간이 없었다.

17-18 나는 내 식탁에서 유대인과 관리들 150명을 먹였고 그 외에 주변 나라에서 오는 사람들도 있었으므로, 날마다 황소 한 마리, 기름진 양 여섯 마리, 닭 여러 마리를 준비했다. 열흘에 한 번씩은 많은 양의 포도주도 마련해야 했다. 그런데도 나는 총독이 받아야 할 녹을 받지 않았다. 백성의 삶이 이미 몹시도 힘겨웠기 때문이다.

19 나의 하나님, 제가 이 백성을 위해 행한 모든 일을 기억하시고
제게 은혜를 베풀어 주십시오.

하나님, 제게 힘을 주십시오

6 **1-2** 내가 성벽을 다 쌓아 올려 더 이상 성벽에 끊어진 곳이 없게 되었다는 말이 산발랏과 도비야, 아랍 사람 게셈을 비롯한 우리 원수들의 귀에까지 들어갔다. 아직 성문의 문짝은 달지 않은 상태였는데, 산발랏과 게셈이 내게 전갈을 보내왔다. "오노 골짜기 그비림으로 오시오. 거기서 좀 봅시다."

2-3 나는 그들이 나를 해치려고 수작을 부리는 것을 알고, 심부름꾼을 돌려보내며 다음과 같이 전했다. "나는 지금 큰 공사를 하고 있어 내려갈 수 없소. 어찌 이 일을 중단하고 당신들을 보러 간단 말이오?"

4 그들은 네 번씩이나 같은 전갈을 보내왔고, 그때마다 나도 같은 답변을 했다.

5-6 다섯 번째에도 산발랏은 같은 내용의 편지를 봉하지 않은 채, 같은 심부름꾼을 시켜 보내왔다.

6-7 "당신과 유대인들이 반역을 꾀하고 있다는 소문이 여러 민족들 사이에 돌고 있고, 게셈도 그것이 사실이라고 말했소. 당신들이 성벽을 쌓는 것도 그러한 이유에서라고 말이오. 당신이 왕이 되려고 하고 있으며, '유다에 왕이 있다!'고 예루살렘에 공포하기 위해 예언자들까지 세웠다는 말을 들었소. 이제 이 일은 모두 왕의 귀에 들어가게 될 것이오. 그러니 우리가 함께 앉아 대화할 필요가 있지 않겠소?"

8 나는 심부름꾼을 돌려보내며 다음과 같이 전했다. "당신의 말은 사실무근

이오. 모두 당신이 꾸며낸 것이오."

⁹ 그들은 우리를 위협하여 성전 건축을 그만두게 하려고 했다. "저들은 포기할 것이며, 절대 공사를 끝마치지 못할 것이다." 이것이 그들의 생각이었다. 나는 기도했다. "하나님, 제게 힘을 주십시오."

❧

¹⁰ 그 후에 나는 므헤다벨의 손자요 들라야의 아들인 스마야를 그의 집에서 은밀히 만났다. 그가 말했다.

우리, 하나님의 집,
성전 안에서 만납시다.
그들이 당신을 죽이러 올 거요.
밤중에 반드시 죽이러 올 테니
성전 안에 들어가 문을 잠급시다.

¹¹ 나는 이렇게 대답했다. "나더러 도망쳐 숨으란 말입니까? 나 같은 사람이 어찌 성전에 숨는단 말입니까? 그럴 수 없습니다."

¹²⁻¹³ 나는 그가 하나님께서 보내신 사람이 아니라는 것을 알아차렸다. 그가 내게 말한 예언이란 것도 도비야와 산발랏의 작품이었다. 그들이 스마야를 매수한 것이다. 그렇게 해서 내게 겁을 주고—나를 꾀어—일반인의 몸으로 성전을 더럽히는 죄를 짓게 하여, 그동안의 좋은 평판을 떨어뜨리고 나를 마음껏 헐뜯으려는 속셈이었다.

¹⁴ "나의 하나님, 이 모든 악을 저지른 도비야와 산발랏을 내버려 두지 마십시오. 내 확신을 꺾으려 한 여예언자 노아댜와 다른 예언자들도 그냥 내버려 두지 마십시오."

❧

¹⁵⁻¹⁶ 성벽은 오십이 일 만인 엘룰월 이십오일에 완공되었다. 우리의 모든 원

수들이 이 소식을 들었고, 주변 모든 나라가 이 일을 직접 보았다. 그제야 원수들의 기가 완전히 꺾였다. 이 일의 배후에 하나님이 계신 것을 알게 되었기 때문이다.

17-19 그 기간 내내 유다 귀족들과 도비야 사이에 편지가 오갔다. 그는 아라의 아들 스가냐의 사위인 데다, 그의 아들 여호하난도 베레갸의 아들 므술람의 딸과 결혼한 터라 많은 유대 귀족들과 친분이 있었다. 그들은 그가 행한 좋은 일들을 내 앞에서 떠벌였고, 반대로 내가 한 말들을 그에게 일일이 보고했다. 그러면 도비야는 나를 위협하는 편지를 보내곤 했다.

마침내 성벽이 재건되다

7 1-2 성벽이 재건되어 나는 성문의 문짝들을 달았고, 문지기와 노래하는 사람과 레위인들을 임명했다. 그 후에 내 동생 하나니와 성채 지휘관 하나냐에게 예루살렘을 지키는 임무를 맡게 했다. 하나냐는 정직한 사람이요 누구보다도 하나님을 경외했기 때문이다.

3 나는 그들에게 이렇게 명령했다. "해가 높이 뜰 때까지 예루살렘 성문들을 열지 마시오. 그리고 문지기들이 임무를 마치기 전에 성문들을 닫고 빗장을 지르도록 하시오. 문지기는 예루살렘 주민 중에서 임명하고, 각자 자기 집 앞 초소에 배치하시오."

4 성은 크고 넓었으나 인구가 얼마 되지 않았고, 완성된 집들도 거의 없었다.

5 하나님께서는 귀족과 관리와 일반 백성을 모아 그 수를 등록하게 하셨다. 나는 바빌론에서 일차로 돌아온 사람들의 족보 기록을 얻었는데, 그 내용은 이러하다.

6-60 바빌론 왕 느부갓네살에게 사로잡혀 포로생활하던 사람들 가운데 많은 이들이 고향 땅인 예루살렘과 유다로 돌아왔는데, 스룹바벨, 예수아, 느헤미야, 아사랴, 라아먀, 나하마니, 모르드개, 빌산, 미스베렛, 비그왜, 느훔, 바아나와 함께 왔다.

이스라엘 남자들의 출신 가문별 숫자는 이러하다.

바로스 자손 2,172명

스바댜 자손 372명

아라 자손 652명

바핫모압(예수아와 요압의 자손) 자손 2,818명

엘람 자손 1,254명

삿두 자손 845명

삭개 자손 760명

빈누이 자손 648명

브배 자손 628명

아스갓 자손 2,322명

아도니감 자손 667명

비그왜 자손 2,067명

아딘 자손 655명

아델(히스기야의 자손) 자손 98명

하숨 자손 328명

베새 자손 324명

하립 자손 112명

기브온 자손 95명.

출신 지역별로 파악된 이스라엘 백성은 이러하다.

베들레헴과 느도바 사람 188명

아나돗 사람 128명

벳아스마윗 사람 42명

기럇여아림과 그비라와 브에롯 사람 743명

라마와 게바 사람 621명

믹마스 사람 122명

베델과 아이 사람 123명

느보(다른 느보) 사람 52명

엘람(다른 엘람) 사람 1,254명

하림 사람 320명

여리고 사람 345명

로드와 하딧과 오노 사람 721명

스나아 사람 3,930명.

제사장 가문은 이러하다.

여다야(예수아의 자손) 자손 973명

임멜 자손 1,052명

바스훌 자손 1,247명

하림 자손 1,017명.

레위 가문은 이러하다.

예수아(갓미엘과 호드야의 자손) 자손 74명.

노래하는 사람은 이러하다.

아삽 자손 148명.

문지기 가문은 이러하다.

살룸 자손과 아델 자손과 달문 자손과 악굽 자손과 하디다 자손과 소배 자손이 모두 138명.

성전 봉사자 가문은 이러하다.

시하 자손과 하수바 자손과 답바옷 자손

게로스 자손과 시아 자손과 바돈 자손

르바나 자손과 하가바 자손과 살매 자손

하난 자손과 깃델 자손과 가할 자손

르아야 자손과 르신 자손과 느고다 자손

갓삼 자손과 웃사 자손과 바세아 자손

베새 자손과 므우님 자손과 느비스심 자손

박북 자손과 하그바 자손과 할훌 자손

바슬롯 자손과 므히다 자손과 하르사 자손

바르고스 자손과 시스라 자손과 데마 자손

느시야 자손과 하디바 자손.

솔로몬의 신하들 가문은 이러하다.

소대 자손과 소베렛 자손과 브리다 자손

야알라 자손과 다르곤 자손과 깃델 자손

스바댜 자손과 핫딜 자손과 보게렛하스바임 자손과 아몬 자손.

성전 봉사자와 솔로몬의 신하들은 모두 392명이다.

61-63 델멜라, 델하르사, 그룹, 앗돈, 임멜에서 온 사람들도 있었는데, 이들은 조상이 밝혀지지 않아 이스라엘 백성인지 아닌지 알 수 없었다.

이들은 들라야 자손과 도비야 자손과 느고다 자손인데, 모두 642명이다. 제사장 가문 중에도 그런 사람들이 있었다.

이들은 호바야 자손과 학고스 자손과 바르실래 자손인데, 바르실래는 길르앗 사람 바르실래 가문의 딸과 결혼하여 그 이름을 취했다.

64-65 이들은 족보를 샅샅이 뒤졌지만 자신들의 이름을 찾지 못했고, 부정하게 여겨져 제사장직에서 제외되었다. 총독은 제사장이 우림과 둠밈을 가지고 그들의 신분을 판정할 때까지 거룩한 음식을 먹지 말라고 그들에게 명령했다.

66-69 회중의 수는 모두 42,360명이었다. 7,337명에 달하는 남녀 종은 그 수에 포함되지 않았다. 또 노래하는 사람이 남녀 245명이었고, 말 736마리, 노새 245마리, 낙타 435마리, 나귀가 6,720마리였다.

70-72 각 가문의 우두머리들 가운데 일부는 성벽 건축을 위해 자원하여 예물을 바쳤다. 총독도 금 1,000드라크마(약 8.6킬로그램), 대접 50개, 제사장 예복 530벌을 건축 기금으로 바쳤다. 각 가문의 우두머리들 가운데 일부가 성벽 재건을 위해 기금으로 바친 것은 금 20,000드라크마, 은 2,200마네(약 1.3톤)였다. 나머지 백성이 기부한 것은 모두 금 20,000드라크마(약 170킬로그램), 은 2,000마네, 제사장 예복 67벌이었다.

73 제사장과 레위인과 문지기와 노래하는 사람과 성전 봉사자와 일부 다른 지역에서 온 사람과 나머지 이스라엘 백성은 저마다 고향에 살 곳을 찾았다.

백성에게 계시의 책을 낭독하다

8 ¹ 일곱째 달 즈음이 되자, 이스라엘 백성이 모두 성읍에 정착했다. 그때 모든 백성이 수문 앞 성읍 광장에 모였다. 그들은 에스라에게 청하여, 하나님께서 이스라엘에게 명령하신 모세의 계시의 책을 가져오게 했다.

²⁻³ 그래서 에스라는 회중 앞에 계시의 책을 가져왔는데, 그 자리에는 남녀 할 것 없이 알아들을 만한 사람은 모두 나와 있었다. 때는 일곱째 달 첫째 날이었다. 남자든 여자든 알아들을 만한 사람이 모두 듣는 가운데, 에스라가 수문 앞 성읍 광장 쪽을 향해 새벽부터 정오까지 계시의 책을 낭독했다. 모든 백성이 그의 책 읽는 소리에 귀를 기울였다.

⁴ 학자 에스라는 특별히 만든 나무 연단 위에 섰다. 그의 오른쪽에는 맛디댜, 스마, 아나야, 우리야, 힐기야, 마아세야가 섰고, 왼쪽에는 브다야, 미사엘, 말기야, 하숨, 하스밧다나, 스가랴, 므술람이 섰다.

⁵⁻⁶ 에스라는 책을 폈다. 모든 시선이 그에게 집중되었고(그는 높은 연단 위에서 있었다), 그가 책을 펴자 모두 자리에서 일어났다. 에스라는 **하나님** 크신 하나님을 찬양했고, 모든 백성은 손을 높이 들고 "그렇습니다! 그렇습니다!" 하며 화답했다. 이어서 그들은 무릎 꿇은 채 얼굴을 땅에 대고 하나님을 예배했다.

⁷⁻⁸ 레위인인 예수아, 바니, 세레뱌, 야민, 악굽, 사브대, 호디야, 마아세야, 그리다, 아사랴, 요사밧, 하난, 블라야가 계시를 설명하는 동안, 백성은 서서 그것을 귀 기울여 들었다. 그들은 백성이 알아들을 수 있도록 하나님의 계시의 책을 통역하고, 낭독한 내용을 설명했다.

⁹ 총독 느헤미야와, 제사장이자 학자인 에스라와 백성을 가르치는 레위인들이 백성에게 말했다. "오늘은 **하나님** 여러분의 하나님의 거룩한 날입니다. 울지도 슬퍼하지도 마십시오." 그들이 이렇게 말한 것은 온 백성이 계시의 말씀을 들으며 울고 있었기 때문이다.

¹⁰ 느헤미야는 말을 이었다. "집에 가서 명절 음식과 음료를 준비하여 잔치를 벌이십시오. 그리고 아무것도 가진 것이 없는 이들에게 음식을 나눠 주십시오. 이날은 하나님께 거룩한 날이니, 슬퍼하지 마십시오. **하나님**을 기뻐하는

것이 여러분의 힘입니다!"

¹¹ 레위인들이 백성을 진정시켰다. "이제 진정하십시오. 이날은 거룩한 날이니, 근심하지 마십시오."

¹² 백성은 돌아가서 잔치를 벌이고, 가난한 사람들과 함께 먹고 마시며 크게 즐거워했다. 그제야 그들은 계시의 내용을 깨닫고, 그 낭독한 내용을 이해했던 것이다.

❧

¹³⁻¹⁵ 이튿날에, 백성을 대표한 각 가문의 우두머리와 제사장과 레위인들이 계시의 말씀을 더 깊이 깨닫고자 학자 에스라 주위에 모여들었다. 그들은 계시의 기록을 보다가 **하나님**께서 모세를 통해 이스라엘 백성에게 일곱째 달 절기 동안 초막에서 지내라고 명령하신 대목을 발견했다. 그래서 그들은 그 명령을 공포하고 모든 성읍과 예루살렘에 게시했다. "기록된 대로 산으로 가서 올리브 가지, 솔가지, 향나무 가지, 야자수 가지, 기타 잎이 많은 가지를 모아다 초막을 짓도록 하십시오."

❧

¹⁶⁻¹⁷ 그러자 백성은 나가서 나뭇가지를 구해다가 지붕 위, 뜰, 하나님의 성전 뜰, 수문 광장, 에브라임 문 광장에 초막을 지었다. 바빌론 포로생활에서 돌아온 모든 회중이 초막을 짓고 그 안에서 지냈다. 이스라엘 백성은 눈의 아들 여호수아 때부터 그날까지 이처럼 축제를 즐긴 적이 없었다. 굉장한 날이었다! ¹⁸ 에스라는 첫날부터 마지막 날까지 날마다 하나님의 계시의 책을 낭독했다. 그들은 칠 일 동안 절기를 지켰다. 그리고 팔 일째 되는 날에, 그들은 명령에 따라 엄숙한 집회를 열었다.

백성이 죄를 자백하다

9 ¹⁻³ 이어 그달 이십사일에, 이스라엘 백성은 함께 모여서 금식하며 회개의 표시로 베옷을 입고 얼굴에 재를 묻혔다. 그들은 외국인과의 관계

를 모두 끊고, 일어나 자신의 죄와 조상들의 잘못을 자백했다. 그렇게 자리에 선 채로 반나절 동안 **하나님** 그들 하나님의 계시의 책을 낭독했다. 또 반나절 동안은 죄를 자백하며 **하나님**을 예배했다.

4-5 여러 레위인—예수아, 바니, 갓미엘, 스바냐, 분니, 세레뱌, 바니, 그나니—이 연단에 서서 **하나님** 그들의 하나님께 큰소리로 부르짖었다. 레위인인 예수아, 갓미엘, 바니, 하삽느야, 세레뱌, 호디야, 스바냐, 브다히야가 외쳤다. "일어나, **하나님** 우리 하나님을 영원토록 찬양합시다!"

5-6 그 무엇으로도 기릴 수 없는
주의 영화로우신 이름을 찬양합니다!
오직 주님만이 홀로 **하나님**이십니다.
주께서는 하늘과 하늘의 하늘과
모든 천사를 지으셨습니다.
땅과 그 위의 모든 것,
바다와 그 속의 모든 것을
주께서 살게 하시니,
하늘의 천사들이 주를 경배합니다!

7-8 주께서 곧 **하나님**이시니,
아브람을 택하셔서
갈대아 우르에서 이끌어 내시고
그 이름을 아브라함으로 고친 분이십니다.
주께 한결같은 그 마음의 진실함을 보시고
주께서 그와 언약을 맺으셨습니다.
가나안 사람, 헷 사람, 아모리 사람,
브리스 사람, 여부스 사람, 기르가스 사람의
땅을 그에게,
그의 후손에게 주시겠다는 언약.

의로우신 주께서는
그 약속을 지키셨습니다.

9-15 주께서는 이집트에서 우리 조상의 고통을 보셨습니다.
홍해에서 그들의 부르짖음을 들으셨습니다.
이적과 기적으로 바로와 그 신하들,
그 땅 백성을 놀라게 하셨습니다.
주의 백성을 괴롭히는 그들의 교만을 아셨고
오늘까지 이어지는 명성을 친히 얻으셨습니다.
주께서는 우리 조상 앞에서 바다를 가르시고
그들이 발에 물 한 방울 묻히지 않고 건너게 하셨습니다.
주께서 그 추격자들을 깊은 곳에 던지시자
그들이 풍랑 이는 바다에 돌처럼 가라앉았습니다.
낮에는 구름기둥으로
밤에는 불기둥으로 인도하시고
그들이 이동할 길을
주께서 보이셨습니다.
시내 산에 친히 내려오셔서
하늘에서 그들에게 말씀하셨습니다.
올바르게 사는 길의 지침,
참된 가르침, 온전한 계명과 명령을 주셨습니다.
주께서는 주의 거룩한 안식일을
그들에게 새롭게 알려 주셨습니다.
주의 종 모세를 통해
명령과 계명과 지침을 주셨습니다.
그들이 배고플 때 하늘에서 빵을 내리시고
목마를 때 바위에서 물을 내보내셨으며,
주기로 약속하신 땅에 들어가

그것을 취하라고 그들에게 명령하셨습니다.

16-19 그러나 우리 조상은 교만했습니다.
고집스레 주의 명령에 순종하지 않았습니다.
그들은 귀 기울이지 않았고, 주께서 그들을 위해
행하신 기적들을 기억하지 않았습니다.
그들은 완고해져, 종으로 살던 이집트로
다시 돌아갈 생각까지 했습니다.
주께서는 용서하시는 하나님,
은혜로우시고 긍휼이 많으시며
오래 참으시고 사랑이 넘치시는 분,
그래서 그들을 버리지 않으셨습니다.
그들이 송아지 상을 만들어
"이것이 너희를 이집트에서 이끌어 낸
너희 신이다" 하고 외치며
계속해서 반역할 때도
주께서는 크신 긍휼을 베푸셔서
그들을 사막에 버린 채 떠나지 않으셨습니다.
구름기둥이 그들을 떠나지 않고
날마다 갈 길을 보여주었으며,
밤이면 불기둥도
그들이 가야 할 길을 보여주었습니다.

20-23 그들에게 주의 선하신 영을 주셔서
지혜롭게 살게 하셨습니다.
주의 만나를 아끼신 적 없고,
마실 물도 풍성히 주셨습니다.
사막에서 사십 년 동안 주께서 친히 돌보셨으므로

그들에게는 부족함이 없었습니다.
옷은 해어지지 않았고
발은 한 번도 부르트지 않았습니다.
주께서 그들에게 나라와 민족들을 넘겨주시고
넉넉한 영토를 갖게 하셨습니다.
그들은 헤스본 왕 시혼의 땅과
바산 왕 옥의 땅을 차지했습니다.
주께서는 밤하늘의 뭇별처럼
그들의 자손이 많아지게 하셨습니다.
그리고 그들을
조상에게 약속하신 땅으로 인도해
마침내 그곳을 차지하게 하셨습니다.

24-25 그곳에 들어간 그들이
그 땅에 정착했습니다.
주께서는 거기 살던 가나안 사람들을
그들 앞에 무릎 꿇게 하셨습니다.
그 땅과 왕과 민족들을 주셔서
그들의 뜻대로 처리하게 하셨습니다.
그들은 강한 성읍과 비옥한 밭을 취하고
잘 갖추어진 집과
물웅덩이, 포도원, 올리브 과수원,
무성하고 광활한 과수원을 차지했습니다.
그들은 그 땅의 기름진 것을 마음껏 먹고 배불렀으며,
주께서 풍성하게 베푸신 복을 한껏 누렸습니다.

26-31 그러다 그들은 주께 불순종하고 반역했습니다.
주의 율법을 버리고 주의 예언자들,

그들을 주의 곁으로 되돌리려 한 바로 그 예언자들을 죽였습니다.
시간이 갈수록 그들의 사정은 더 나빠졌습니다.
결국 주께서 그들을 원수들에게 넘기셔서
그들의 삶을 고달프게 만드셨습니다.
그러나 그들이 고통 중에 부르짖어 도움을 구하면
주께서는 하늘에서 그 소리를 들으셨습니다.
그리고 주의 다함없는 긍휼을 베푸시고
그들에게 구원자를 보내 주셨습니다.
구원자들은 원수들의 잔인한 압제에서
그들을 구했습니다.
그러나 다시 편안하게 살 만하면
그들이 이전 삶으로 다시 돌아갔고, 오히려 더 악해졌습니다.
주께서 돌이켜 그들을 다시 운명에 맡기시니
원수들이 곧바로 들이닥쳤습니다.
그들은 다시 주께 부르짖었고, 주께서는 다시 크신 긍휼로
그들을 도우셨습니다.
이런 일이 수없이 되풀이되었습니다.
주께서 당신의 계시를 따르라고 경고하셨지만
그들의 반응은 막무가내였습니다.
그들은 주의 명령을 업신여기고
주의 계명, 곧 삶의 지침이 될 바로 그 말씀을 무시했습니다!
그들은 이를 악물고 대들며,
주께 등을 돌린 채 듣지 않았습니다.
주께서는 긴긴 세월 그들을 참으시며
주의 예언자들을 통해 주의 영으로 경고하셨습니다.
그래도 그들이 듣지 않자,
마침내 주께서는 그들을 이방 나라에게 넘기셨습니다.
그럼에도 주의 크신 긍휼 때문에

그들을 완전히 끝장내지는 않으셨습니다.
그들을 아주 버리고 떠나지 않으셨으니,
과연 주께서는 은혜와 긍휼의 하나님이십니다.

32-37 우리 크신 하나님,
언약과 사랑에 충실하시며 엄위하고 두려우신 하나님,
우리에게 닥친 환난, 앗시리아 왕들이 쳐들어온 때부터 지금까지
우리 왕과 대신과 제사장과 예언자와 우리 조상들,
그리고 주의 모든 백성에게 닥친 이 환난을
가볍게 여기지 마십시오.
우리에게 닥친 이 모든 일은
주의 탓이 아닙니다.
주께서는 모든 일을 의롭게 행하셨고
우리는 모든 일을 악하게 행했습니다.
우리의 왕과 대신과 제사장과 조상들 가운데
주의 계시를 따른 자가 아무도 없습니다.
그들은 주의 명령을 무시했고
주께서 주신 경고를 애써 거부했습니다.
그들의 나라에서
주의 너그러움과 선하심을 누리고
주께서 펼쳐 두신
광대하고 비옥한 땅에 살면서도
그들은 주를 섬기지 않았고
악한 행실을 버리지도 않았습니다.
그래서 오늘 우리는 다시 종이 되었습니다.
주께서 배불리 먹고 행복한 삶을 누리라고
우리 조상에게 주신 땅에서 말입니다.
이제 우리를 보십시오. 이 땅에서 우리는 종과 다를 바 없습니다.

우리의 죄 때문에 이 땅의 풍작은
주께서 우리 위에 두신 왕들에게 돌아갑니다.
그들은 우리가 자기 소유인 양 행세하며
우리의 가축도 마음대로 합니다.
우리의 고통이 말할 수 없이 심합니다.

38 "이 모든 일을 돌이켜 보면서, 이제 우리는 언약을 굳게 세우고 문서로 작성하여 우리 대신과 레위인과 제사장들의 서명을 받아 봉인합니다."

❧

10

1-8 봉인한 문서에 서명한 사람들은 이러하다.
하가랴의 아들인 총독 느헤미야
시드기야, 스라야, 아사랴, 예레미야
바스훌, 아마랴, 말기야
핫두스, 스바냐, 말룩
하림, 므레못, 오바댜
다니엘, 긴느돈, 바룩
므술람, 아비야, 미야민
마아시야, 빌개, 스마야.
이들은 제사장들이다.

9-13 레위인 가운데서는,
아사냐의 아들 예수아, 헤나닷 자손인 빈누이, 갓미엘
그리고 그들의 친척인
스바냐, 호디야, 그리다, 블라야, 하난
미가, 르홉, 하사뱌
삭굴, 세레뱌, 스바냐
호디야, 바니, 브니누.

14-27 백성의 지도자 가운데서는,
바로스, 바핫모압, 엘람, 삿두, 바니
분니, 아스갓, 베배
아도니야, 비그왜, 아딘
아델, 히스기야, 앗술
호디야, 하숨, 베새
하립, 아나돗, 노배
막비아스, 므술람, 헤실
므세사벨, 사독, 얏두아
블라댜, 하난, 아나야
호세아, 하나냐, 핫숩
할르헤스, 빌하, 소벡
르훔, 하삽나, 마아세야
아히야, 하난, 아난
말룩, 하림, 바아나.

28-30 나머지 백성과 제사장과 레위인과 문지기와 노래하는 사람과 성전 봉사자, 그리고 하나님의 계시를 지키려고 외국인과 관계를 끊은 모든 사람과 그 아내와 아들딸들과 알아들을 만한 나이가 된 모든 사람이, 귀족 친척과 더불어 하나님의 종 모세를 통해 주신 하나님의 계시를 따르고, 우리 주 하나님의 모든 계명과 결정과 기준을 지키고 이행하기로 굳게 맹세했다. 그 내용은 이러하다.

우리는 딸들을 외국인에게 시집보내거나 아들들을 그들의 딸과 결혼시키지 않는다.
31 외국인들이 물건이나 곡식을 팔러 오더라도, 안식일이나 다른 모든 거룩한 날에는 그들과 교역하지 않는다.
우리는 칠 년마다 땅을 묵히고 모든 빚을 탕감해 준다.

³²⁻³³ 우리는 매년 삼분의 일 세겔(약 4그램)의 세금을 바쳐 하나님의 성전에 드릴 다음의 제물을 마련한다.

상에 차려 놓는 빵

정기적인 곡식 제물

정기적인 번제물

안식일, 초하루, 지정된 절기에 쓸 제물

봉헌 제물

이스라엘을 속죄하는 속죄 제물

우리 하나님의 성전 유지비.

³⁴ 우리 제사장과 레위인과 백성은 계시에 정해진 연간 일정에 따라 각 가문이 하나님의 제단에 필요한 장작을 공급할 수 있도록 제비를 뽑아 순서를 정한다.

³⁵⁻³⁶ 우리는 하나님의 성전에서 섬기는 제사장들을 위해 작물과 과수원의 첫 수확과 맏아들과 가축과 소 떼와 양 떼의 처음 난 것을 해마다 하나님의 성전에 가져가되, 계시의 책에 정해진 대로 한다.

³⁷⁻³⁹ 우리는 곡식, 예물, 모든 나무열매, 포도주, 기름을 최상품으로 준비하고 제사장들에게 가져가 하나님의 성전 창고에 둔다. 우리가 일하는 성읍들에서 십일조를 거두는 일을 위해 레위인들이 세워졌으므로, 밭의 십일조를 레위인들에게 가져간다. 십일조를 거두는 레위인들을 아론 자손의 제사장들이 감독하며, 레위인들은 받은 십일조의 십분의 일을 우리 하나님의 성전 창고로 가져간다. 이스라엘 백성과 레위인들은 곡식과 포도주와 기름을 가져가되, 성전 그릇을 보관하는 장소이자 성전을 섬기는 제사장과 문지기와 찬양대원들이 모이는 곳인 창고로 가져간다. 우리는 우리 하나님의 성전을 아무렇게나 내버려 두지 않는다.

11 ¹⁻² 백성의 지도자들은 이미 예루살렘에 살고 있었으므로, 나머지 백성이 제비를 뽑아 열 명 중 하나는 거룩한 성 예루살렘으로 이사

하고 나머지 아홉은 자기 성읍에 자리를 잡았다. 예루살렘에 살기로 자진하여 나서는 사람들에게는 백성이 박수를 보내 주었다.

3-4 예루살렘에 거주한 지방의 지도자들은 이러하다(일부 이스라엘 백성, 제사장, 레위인, 성전 봉사자, 솔로몬의 종들의 자손은 유다 여러 성읍에 있는 각자의 소유지에서 살았고, 유다와 베냐민 가문 중 일부가 예루살렘에 살았다).

4-6 유다 가문에서는,

베레스 가문 계열에서 아다야가 있는데, 아다야는 웃시야의 아들이고, 웃시야는 스가랴의 아들, 스가랴는 아마랴의 아들, 아마랴는 스바댜의 아들, 스바댜는 마할랄렐의 아들이다. 또 마아세야가 있는데, 마아세야는 바룩의 아들이고, 바룩은 골호세의 아들, 골호세는 하사야의 아들, 하사야는 아다야의 아들, 아다야는 요야립의 아들, 요야립은 스가랴의 아들, 스가랴는 실로 사람의 아들이다. 예루살렘에 자리 잡은 베레스 자손의 수는 용맹한 사람 468명이었다.

7-9 베냐민 가문에서는,

살루와 그의 형제 갑배와 살래가 있다. 살루는 므술람의 아들이고, 므술람은 요엣의 아들, 요엣은 브다야의 아들, 브다야는 골라야의 아들, 골라야는 마아세야의 아들, 마아세야는 이디엘의 아들, 이디엘은 여사야의 아들이다. 그를 따르는 장정은 모두 928명이었다. 시그리의 아들 요엘이 그들의 우두머리였고, 핫스누아의 아들 유다는 그 성을 관할하는 부책임자였다.

10-14 제사장 가운데서는,

요야립의 아들 여다야와 야긴과, 하나님의 성전 감독인 스라야가 있다. 스라야는 힐기야의 아들이고, 힐기야는 므술람의 아들, 므술람은 사독의 아들, 사독은 므라욧의 아들, 므라욧은 아히둡의 아들이다. 성전 일을 책임진 그들의 동료는 모두 822명이었다. 또 아다야가 있는데, 아다야는 여로함의 아들이고, 여로함은 블라야의 아들, 블라야는 암시의 아들, 암시는 스가랴의 아들, 스가랴는 바스훌의 아들, 바스훌은 말기야의 아들이다. 그의 동료이자 각 가문의 우두머리는 모두 242명이었다. 또 아맛새가 있는데, 아맛새는 아사렐의 아들이고, 아사렐은 아흐새의 아들, 아흐새는 므실레못의 아들, 므실레못은 임멜의 아들이다. 그의 용맹한 동료는 모두 128명이었다. 이들의 지도자는 하그돌림의 아들 삽디엘이었다.

15-18 레위인 가운데서는,

스마야, 하나님의 성전 바깥일을 맡은 두 레위인 지도자 삽브대와 요사밧, 감사와 기도를 인도하는 책임자인 맛다냐, 그의 동료 중 부책임자인 박부갸, 압다가 있다. 스마야는 핫숩의 아들이고, 핫숩은 아스리감의 아들, 아스리감은 하사뱌의 아들, 하사뱌는 분니의 아들이다. 맛다냐는 미가의 아들이고, 미가는 삽디의 아들, 삽디는 아삽의 아들이다. 압다는 삼무아의 아들이고, 삼무아는 갈랄의 아들, 갈랄은 여두둔의 아들이다. 거룩한 성의 레위인은 모두 284명이었다.

19 문지기 가운데서는,

악굽과 달몬 그리고 성문을 지키는 그들의 동료가 모두 172명이었다.

20 나머지 이스라엘 백성과 제사장과 레위인들은 유다 각 성읍의 자기 집안 소유지에서 살았다.

21 성전 봉사자들은 오벨 언덕에 살았다. 시하와 기스바가 그들을 지휘했다.

22-23 예루살렘의 레위인들을 관할하는 최고 책임자는 웃시였다. 웃시는 바니의 아들이고, 바니는 하사뱌의 아들, 하사뱌는 맛다냐의 아들, 맛다냐는 미가의 아들이다. 웃시는 하나님의 성전에서 예배를 인도하는 노래하는 사람들, 곧 아삽 자손이었다. 노래하는 사람들은 왕의 명령을 받았는데, 왕이 그들의 하루 일과를 정했다.

24 유다의 아들 세라 자손 가운데 므세사벨의 아들 브다히야가 왕궁에서 백성과 관련된 일을 처리했다.

25-30 일부 유다 사람들은 자기 농지 부근의 다음 마을에서 살았다.

기럇아르바(헤브론)와 그 외곽

디본과 그 외곽

여갑스엘과 그 외곽

예수아

몰라다

벳벨렛

하살수알

브엘세바와 그 외곽

시글락

므고나와 그 외곽

에느림몬

소라

야르뭇

사노아

아둘람과 거기에 딸린 마을들

라기스와 거기에 딸린 들판

아세가와 그 외곽.

이들은 브엘세바에서 힌놈 골짜기에 걸쳐 살았다.

31-36 게바 출신 베냐민 사람들이 자리 잡은 곳은 이러하다.

믹마스

아야

베델과 그 외곽

아나돗

놉과 아나냐

하솔

라마와 깃다임

하딧, 스보임, 느발랏

로드와 오노 그리고 장인들의 골짜기.

유다의 일부 레위인들도 베냐민 지역을 할당받았다.

12

¹⁻⁷ 스알디엘의 아들 스룹바벨과 예수아와 함께 올라온 제사장과 레위인들은 이러하다.

스라야, 예레미야, 에스라

아마랴, 말룩, 핫두스

스가냐, 르훔, 므레못

잇도, 긴느돈, 아비야

미야민, 모아댜, 빌가

스마야, 요야립, 여다야

살루, 아목, 힐기야, 여다야.

이들은 예수아 때의 제사장 지도자들이다.

⁸⁻⁹ 또 레위인들은,

예수아, 빈누이, 갓미엘, 세레뱌, 유다.

맛다냐는 그의 형제들과 함께 찬양을 맡았고, 그들의 형제인 박부갸와 운니가 그들 맞은편에 서서 예배를 섬겼다.

¹⁰⁻¹¹ 예수아는 요야김을 낳고

요야김은 엘리아십을 낳고

엘리아십은 요야다를 낳고

요야다는 요나단을 낳고

요나단은 얏두아를 낳았다.

¹²⁻²¹ 다음은 요야김 때의 제사장 가문의 우두머리들이다.

스라야 가문에 므라야

예레미야 가문에 하나냐

에스라 가문에 므술람

아마랴 가문에 여호하난

말룩 가문에 요나단

스가냐 가문에 요셉

하림 가문에 아드나
므레못 가문에 헬개
잇도 가문에 스가랴
긴느돈 가문에 므술람
아비야 가문에 시그리
미냐민과 모아댜 가문에 빌대
빌가 가문에 삼무아
스마야 가문에 여호나단
요야립 가문에 맛드내
여다야 가문에 웃시
살루 가문에 갈래
아목 가문에 에벨
힐기야 가문에 하사뱌
여다야 가문에 느다넬.

²² 레위인들은 엘리아십과 요야다와 요하난과 얏두아 때에 가문의 우두머리
로 등록되었다. 제사장들은 페르시아 왕 다리오 때에 등록되었다.

²³⁻²⁴ 레위인 가문의 우두머리들은 엘리아십의 아들 요하난 때까지 역대기에
등록되었다. 그들의 이름은 이러하다.

하사뱌
세레뱌
갓미엘의 아들 예수아.

그들의 형제들은 하나님의 사람 다윗이 지시한 대로 그들 맞은편에 서서, 양
쪽이 서로 화답하며 찬양과 감사를 드렸다.

²⁵⁻²⁶ 문지기에는 다음 사람들이 포함되었다.

맛다냐
박부갸
오바댜

므술람

달몬

악굽.

이들은 각 성문의 창고를 지켰다. 이들은 요사닥의 손자요 예수아의 아들인 요야김 때, 곧 총독 느헤미야와 제사장이자 학자인 에스라 때에 활동했다.

성벽을 봉헌하다

27-29 성벽을 봉헌할 때가 되자 사람들은 예루살렘의 곳곳에서 레위인들을 불러들여 감사 찬송, 노래, 심벌즈, 하프, 비파 등으로 봉헌식을 성대히 거행하게 했다. 노래하는 사람들이 예루살렘 주변 일대와 느도바 사람의 마을, 벳길갈, 게바와 아스마웻 농지 등에서 모여들었다. 이들은 예루살렘 주변에 마을을 세워 살고 있었다.

30 제사장과 레위인들은 정결예식으로 스스로를 깨끗하게 했다. 이어서 백성과 성문과 성벽에 대해서도 정결예식을 치렀다.

31-36 나는 유다 지도자들을 성벽 위로 올라서게 하고, 큰 찬양대 두 무리를 세웠다. 한 무리는 성벽 위에서 오른쪽으로 거름 문을 향하여 행진했다. 하사야와 유다 지도자 절반이 그들을 따랐는데, 아사랴, 에스라, 므술람, 유다, 베냐민, 스마야, 예레미야도 그 무리 안에 있었다. 일부 젊은 제사장들은 나팔을 들었다. 그 뒤로 스가랴와 그의 형제들 스마야, 아사렐, 밀랄래, 길랄래, 마애, 느다넬, 유다, 하나니가 하나님의 사람 다윗의 악기들을 연주하며 행진했다. 스가랴는 요나단의 아들이고, 요나단은 스마야의 아들, 스마야는 맛다냐의 아들, 맛다냐는 미가야의 아들, 미가야는 삭굴의 아들, 삭굴은 아삽의 아들이다. 학자 에스라가 그들을 이끌었다.

37 그들은 샘 문에서 똑바로 행진하여, 다윗의 집 위쪽 성벽 층계로 해서 다윗 성 계단을 올라 동쪽 수문까지 갔다.

38-39 다른 찬양대 무리는 왼쪽으로 행진했다. 나는 백성 절반과 함께 성벽 위에서 그들을 따라갔다. 풀무 망대에서 넓은 벽, 에브라임 문, 여사나 문, 물고기 문, 하나넬 망대와 일백 망대, 양 문을 지나 감옥 문에서 멈추었다.

⁴⁰⁻⁴² 이어서 두 찬양대는 하나님의 성전 안에 자리를 잡았다. 나도 관리들 절반과 함께 자리를 잡았고, 제사장 엘리아김, 마아세야, 미냐민, 미가야, 엘료에내, 스가랴, 하나냐가 나팔을 들었다. 성전 안에는 마아세야, 스마야, 엘르아살, 웃시, 여호하난, 말기야, 엘람, 에셀도 있었다. 예스라히야의 지휘 아래 노래하는 사람들의 소리로 서까래가 들썩일 정도였다.

⁴³ 하나님께서 큰 기쁨으로 충만케 하시니, 그날 그들은 큰 제사를 드리며 마음껏 즐거워했다. 여자와 아이들까지도 모두 즐겁게 목소리를 높이니, 그 소리가 예루살렘 멀리까지 퍼져 나갔다.

✤

⁴⁴⁻⁴⁶ 같은 날, 그들은 제물과 첫 열매와 십일조를 보관할 창고를 맡을 사람들을 세웠다. 그들은 계시의 책에 명시된 제사장과 레위인들의 몫을 각 성읍에 딸린 농지에서 들여오게 했다. 유다 사람들은 제사장과 레위인들의 섬김을 감사히 여겼다. 그들은 노래하는 사람과 문지기들과 더불어 모든 일을 능숙하게 해냈는데, 하나님을 예배하고 정결예식을 거행하는 그들의 모습은 다윗과 그 아들 솔로몬이라도 대견하게 여겼을 것이다. 옛날 다윗과 아삽의 시절에도 찬양대 지휘자들이 있어서 노래로 하나님께 찬양과 감사를 드렸다.

⁴⁷ 스룹바벨과 느헤미야 때에, 온 이스라엘은 노래하는 사람과 문지기들에게 날마다 쓸 것을 주었다. 그들은 또 레위인들에게 할당된 몫을 떼어 놓았고, 레위인들도 아론 자손에게 똑같이 했다.

느헤미야의 개혁

13

¹⁻³ 그날, 백성이 듣는 가운데 모세의 책이 낭독되었다. 거기 기록된 내용을 보니, 암몬 사람이나 모압 사람은 하나님의 회중에 들지 못하게 되어 있었다. 일찍이 그들은 먹을 것과 마실 것으로 이스라엘 백성을 환영하지 않았기 때문이다. 그들은 이스라엘을 저주하여 방해하려고 발람을 고용하기까지 했으나, 하나님께서 그 저주를 복으로 바꾸셨다. 계시의 낭독을 들은 백성은 이스라엘에서 모든 외국인을 몰아냈다.

4-5 이 일이 있기 얼마 전에, 제사장 엘리아십이 하나님의 성전 창고를 책임지고 있었다. 그는 도비야와 가까운 사이여서 큰 창고 하나를 그에게 내주었는데, 그 창고는 곡식 제물, 향, 예배용 그릇, 레위인과 노래하는 사람과 문지기들에게 줄 곡식과 포도주, 기름의 십일조, 제사장들을 위한 제물 등을 보관해 두던 곳이었다.

6-9 이 일이 있을 때에 나는 예루살렘에 없었다. 바빌론 왕 아닥사스다 삼십이년에, 나는 왕께 돌아가 거기서 머물렀다. 나중에 왕의 승낙을 구하고 다시 돌아왔다. 나는 예루살렘에 도착해서야 엘리아십이 하나님의 성전 뜰에 있는 방을 도비야에게 내어준 악한 일을 알게 되었다. 나는 화를 참을 수 없어 그 방에 있던 모든 것, 곧 도비야의 물건을 길 바깥으로 내던졌다. 그리고 그 방을 깨끗하게 치우도록 명령했다. 그러고 나서야 하나님의 성전 예배용 그릇을 곡식 제물과 향과 함께 다시 그 방에 들여다 놓게 했다.

10-13 또한 나는 레위인들이 정기적으로 배당되는 양식을 받지 못하고 있음을 알게 되었다. 그래서 예배를 인도하던 레위인과 노래하는 사람들이 모두 성전을 떠나 각자의 농지로 돌아가게 되었다. 나는 관리들을 꾸짖었다. "하나님의 성전이 왜 버려졌소?" 나는 모든 사람을 다시 불러들여 각자의 자리에 배치했다. 그러자 온 유다 사람이 곡식과 포도주와 기름의 십일조를 다시 창고에 들여다 놓았다. 나는 제사장 셀레먀, 서기관 사독, 레위인 브다야에게 창고의 책임을 맡겼다. 그리고 맛다냐의 손자요 삭굴의 아들인 하난을 그들의 오른팔로 삼았다. 이들은 정직하고 근면하기로 정평이 난 사람들이었다. 그들이 책임지고 자기 형제들에게 돌아갈 몫을 골고루 나누어 주었다.

14 나의 하나님, 이 일로 저를 기억해 주십시오. 제가 하나님의 성전과 예배를 위해 헌신적으로 행한 이 일을 잊지 마십시오.

15-16 유다에 돌아와 있던 그 시기에, 나는 백성이 안식일에 포도주 틀을 밟고

곡식 자루를 들이며, 나귀에 짐을 싣는 것을 보았다. 그들은 안식일에 장사하기 위해 포도주와 포도와 무화과와 각종 물건을 가져왔다. 그래서 나는 안식일에는 먹을 것을 팔면 안된다고 분명하게 경고했다. 예루살렘에 사는 두로 사람들이 생선 등을 가져와서, 안식일에 그것도 예루살렘에서 유다 사람들에게 팔고 있었다.

17-18 나는 유다 지도자들을 꾸짖었다. "이게 무슨 일이오? 어찌하여 이런 악을 들여와서 안식일을 더럽히는 거요! 당신들의 조상도 꼭 이같이 하지 않았소? 하나님께서 그 때문에 우리와 이 성에 이 모든 불행을 내리신 것이 아니오? 그런데 당신들은 거기에다 기름을 끼얹고 있소. 안식일을 더럽혀 예루살렘에 진노를 쌓고 있단 말이오."

19 안식일이 다가오면서 예루살렘 성문들에 그림자가 드리우면, 나는 성문들을 닫고 안식일이 끝날 때까지 열지 말라고 명령했다. 그리고 내 종 몇을 성문마다 세워, 안식일에 팔 물건들을 들이지 못하게 했다.

20-21 각종 물건을 파는 상인들이 한두 번 성문 밖에서 잠을 잤다. 나는 그들을 엄히 꾸짖었다. "여러분은 여기 성벽 밑에서 잠잘 권한이 없소. 내 눈에 다시 띄었다가는 큰일을 당하게 될 줄 아시오."

그것으로 문제가 해결되었다. 그들이 다시는 안식일에 나타나지 않았다.

22 나는 또 레위인들에게 지시하여 스스로를 정결하게 하고, 성문마다 보초를 서서 안식일을 거룩하게 지키게 했다.

나의 하나님, 제가 한 이 일도 기억해 주십시오. 주의 크고 한결같은 사랑을 따라 저를 자비로 대해 주십시오.

✢

23-27 그 무렵에, 나는 아스돗과 암몬과 모압 여자들과 결혼한 유대인들을 보았다. 그 사이에서 태어난 자녀들 가운데 절반은 유다 말을 할 줄 몰랐다. 그들이 아는 것이라고는 아스돗 말이나 다른 지방의 언어뿐이었다. 그래서 나는 그 남자들을 꾸짖어 크게 나무랐다. 그 가운데 몇 명을 때리고 머리털을

잡아당기기까지 했다. 그런 다음 나는 그들을 불러 하나님께 맹세하게 했다. "당신들의 딸을 외국인의 아들에게 시집보내지 말고, 그들의 딸을 당신들의 아들과 결혼시키지 마시오. 당신들 자신도 그들과 결혼하지 마시오! 이스라엘 왕 솔로몬이 바로 이런 여자들 때문에 죄를 짓지 않았소? 비록 그와 같은 왕이 없었고 하나님께서 그를 사랑하셔서 온 이스라엘의 왕으로 삼으셨지만, 그는 외국 여자들 때문에 파멸하고 말았소. 외국인 아내와 결혼하여 이렇듯 큰 악을 저지르고 하나님을 거역하는데, 이것을 어찌 순종이라 할 수 있겠소?"

28 대제사장 엘리아십의 손자요 요야다의 아들인 하나는 호론 사람 산발랏의 사위였다. 나는 그를 내 앞에서 쫓아냈다.

29 나의 하나님, 저들을 잊지 마십시오. 저들은 제사장직을 더럽히고 제사장과 레위인들의 언약을 저버렸습니다.

❧

30-31 나는 외국인의 모든 부정한 것으로부터 그들을 깨끗게 했다. 나는 제사장과 레위인들이 할 일의 순서를 정하여, 각자 맡은 일을 하게 했다. 또 때를 정해 주어, 제단에서 쓸 장작을 규칙적으로 공급하고 첫 열매를 바치도록 했다.

나의 하나님, 저를 기억하시고 복을 내려 주십시오.

에스더 | 머리말

알다가도 모를 일이지만, 어떤 자들은 하나님이나 하나님의 사람들을 인식하기만 해도 최악의 악한으로 돌변한다. 모든 선과 복과 기쁨의 원천이신 하나님이 때로 어떤 자들에게는 상상을 초월하는 잔인무도한 악행의 구실이 되는 것이다.

인류의 역사는, 살아 계신 하나님을 전하거나 대변한다는 이유만으로 수많은 사람들이 죽임을 당한 일들로 점철되어 있다. 마치 하나님을 예배하는 이들을 죽이면 하나님이 제거되기라도 할 것처럼 말이다. 우리가 막 지나온 세기는 '신'을 죽이려는 그러한 시도들이 광기로 치달은 시간이었다. 그러나 하나님께서는 지금도 살아 계시며 우리 가운데 임재하신다.

에스더서는 하나님과 하나님의 백성을 향해 공공연히 혹은 암암리에 가해지는 이러한 폭력을 보여주는 창문이다. 이 창문을 통해 우리는 이 책의 사건에만 국한되지 않는 광범위한 시각을 얻게 되는데, 그 사건의 내용은 이러하다. 주전 5세기, 대제국 페르시아에서 포로로 살고 있던 유대인들을 모두 학살하려는 흉악한 음모가 있었다. 줄거리를 이끄는 인물은 셋이다. 먼저, 이야기 속에서 통상 '그 유대인'으로 등장하는 모르드개인데, 사건의 뼈대 역할을 하는 그는 견실하고 신실하며 지각 있고 경건한 인물이다. 이런 그와 극명한 대립을 보이는 인물로, 대학살 음모의 주모자인 오만한 악인 하만이 있다. 또 부모를 잃고 난 뒤 사촌 오라버니 모르드개의 집에서 자란 매혹적인 여인 에스더가 있는데, 그녀는 후미진 후궁의 처소를 나와 담대하게 주인공으로 나선다.

이 이야기에서는 하나님을 대변하는 백성이 한 사람도 죽임을 당하지 않는다. 극적인 반전을 통해 대학살 음모는 결국 무산되고 만다.

> 아하수에로 왕은 왕비 에스더와 유대인 모르드개에게 말했다. "하만이 유
> 대인을 공격했으므로, 내가 그의 재산을 에스더에게 주고 그를 교수대에
> 매달게 했소. 그러니 이제 그대들의 판단대로 유대인들을 위해 무엇이든
> 글로 쓰도록 하시오."……왕이 명령한 내용은, 모든 성읍의 유대인들이 무
> 장하여 스스로를 지키고, 그들과 그들의 아내와 자녀들을 위협하는 사람
> 은 누구든 죽이며……누구도 그들을 당해 낼 수 없었다. 두려워서 모두들
> 겁쟁이가 되었다(에 8:7-8, 11; 9:2).

그러나 이 이야기 전후로 수없이 많은 사람들이 죽임을 당했거니와, 앞으로
도 그럴 것이다. 거의 모든 시대, 모든 사회마다 하만 같은 자들이 나타나서
하나님의 증거나 증인들을 모조리 없애려 들었다. 그러나 에스더서는 "하나
님의 백성은 멸절되지 않는다"고 끊임없이 분명하고 확실하게 말하고 있다.
그들을 아무리 많이 잡아다 죽인다 해도, 온 땅에 흩어져 있는 하나님의 백
성—하나님을 경외하며, 하나님을 섬기며, 하나님을 예배하는—의 공동체
를 멸절시킬 수는 없다. 어느 누구도, 그 어떤 세력도 불가능하다. 지금도 분
명하고 확실하게 그렇게 말할 수 있다.

에스더

1 ¹⁻³ 이것은 아하수에로 왕 때에 있었던 일이다. 아하수에로는 인도에서 에티오피아에 이르기까지 모두 127개 지방을 다스린 왕이다. 아하수에로 왕은 수사 궁전 왕좌에서 다스렸다. 다스린 지 삼 년째 되던 해에, 그는 모든 관리와 대신들을 위해 연회를 베풀었다. 페르시아와 메대의 군 고위 지휘관, 각 지방의 관원과 총독들이 그 자리에 참석했다.

⁴⁻⁷ 여섯 달 동안 왕은 제국의 어마어마한 부와 눈부시게 찬란한 왕의 위엄을 과시했다. 그 행사를 마치면서, 왕은 지위의 높고 낮음을 따지지 않고 수도 수사에 살고 있는 모든 사람을 위해 일주일 동안 잔치를 베풀었다. 잔치는 왕의 여름 별궁 정원 뜰에서 열렸다. 뜰에는 흰색과 파란색의 무명 커튼을 드리웠는데, 자주색 세마포 줄로 대리석 기둥의 은고리에 매달아 정성들여 장식했다. 화반석, 백석, 운모석, 색색의 돌을 깐 모자이크 바닥 위에는 은과 금 의자들이 놓였다. 술은 금잔에 대접했는데, 잔마다 모양이 모두 달랐다. 왕의 인심이 후한지라, 왕이 내리는 술은 흘러넘쳤다!

⁸⁻⁹ 왕의 지시가 따로 있었으므로 손님들은 마시고 싶은 만큼 마셨고, 술 심부름꾼들이 옆에서 계속 잔을 채워 주었다. 한편, 왕비 와스디는 아하수에로 왕의 왕궁에서 여자들을 위해 따로 잔치를 베풀었다.

¹⁰⁻¹¹ 잔치 칠 일째 되던 날, 술에 한껏 취한 왕은 자기 종인 일곱 내시(므후만,

비스다, 하르보나, 빅다, 아박다, 세달, 가르가스)에게 명령하여, 화려한 관을 쓴 왕비 와스디를 데려오게 했다. 왕비의 미모가 뛰어났으므로, 왕은 손님과 관리들에게 왕비의 아름다움을 과시하고자 했다.

12-15 그러나 왕비 와스디는 내시들이 전한 명령을 거절하고 오지 않았다. 왕은 몹시 화가 났다. 그는 와스디의 오만함에 분노하여 법적인 문제에 밝은 측근들을 불러들였다. 전문 보좌관들의 자문을 받는 것은 왕의 관행이었다. 왕과 가장 가까운 사람들은 가르스나, 세달, 아드마다, 다시스, 메레스, 마르스나, 므무간으로, 페르시아와 메대의 최고위 일곱 대신이자 왕에게 영향력을 행사하는 최측근들이었다. 왕은 자신의 부름을 거절한 왕비 와스디를 법적으로 어떻게 처리할 수 있는지 그들에게 물었다.

16-18 왕과 대신들의 회의에서 므무간이 말했다. "와스디 왕비는 왕만 모욕한 것이 아닙니다. 아하수에로 왕께서 다스리시는 모든 지방의 지도자와 백성할 것 없이 우리 모두를 모욕했습니다. 이제 이런 말이 나돌 것입니다. '최근에 와스디 왕비 소식 들었나? 아하수에로 왕이 왕비를 자기 앞에 나아오게 명령했는데도 왕비가 가지 않았다지 뭔가!' 여자들이 그 말을 들으면 그때부터 남편을 우습게 알 것입니다. 페르시아와 메대 관리의 아내들이 왕비의 오만함을 듣는 그날로부터 그들도 오만방자하게 될 것입니다. 자기 본분을 모르고 날뛰는 성난 여자들의 나라, 그것이 우리가 바라는 나라인지요?

19-20 그러니 왕께서 동의하신다면, 와스디 왕비를 아하수에로 왕 앞에서 영영 추방하는 왕령을 내리시고 그것을 철회하지 못하도록 페르시아와 메대의 법에 기록하십시오. 그리고 왕비의 지위는 자기 본분을 아는 여자에게 주십시오. 왕의 판결이 이 광대한 온 나라에 알려지면, 사회적 지위와 관계없이 모든 여자가 자기 남편을 마땅히 존중할 것입니다."

21-22 그의 말은 왕과 대신들의 마음에 쏙 들었다. 왕은 므무간의 건의대로 시행했다. 왕은 각 지방의 문자와 각 민족의 언어로 모든 지방에 공문을 보냈다. "남자가 자기 집을 주관해야 하며, 무엇이든 그의 말대로 해야 한다."

2 ¹⁻⁴ 그 후에 아하수에로 왕의 분노가 가라앉아 와스디가 행한 일과 자신이 그녀에게 내린 명령을 다시 생각하고 있을 때, 왕의 젊은 수행원들이 끼어들어 이야기를 꺼냈다. "왕을 모실 어여쁜 젊은 처녀들을 찾아보게 하십시오. 왕께서는 나라의 각 지방에 관리들을 임명하시고, 어여쁜 젊은 처녀들을 도성 수사에 있는 규방으로 데려오게 하십시오. 그곳의 책임자인 왕의 내시 헤개가 그들의 몸단장을 맡을 것입니다. 그 후에 왕께서 가장 마음에 드는 처녀를 고르셔서 와스디를 대신하여 왕비로 삼으십시오."

왕은 그 제안이 마음에 들어 그대로 받아들였다.

⁵⁻⁷ 한편, 수사 궁전에 한 유대인이 살고 있었다. 그는 기스의 증손이요 시므이의 손자요 야일의 아들인 모르드개로, 베냐민 사람이었다. 일찍이 바빌론 왕 느부갓네살이 그의 조상을 예루살렘에서 포로로 사로잡아 유다 왕 여호야긴과 함께 끌고 왔다. 모르드개에게는 에스더라고 하는 사촌 누이동생 하닷사가 있었다. 아버지와 어머니를 여읜 후부터 그녀를 그가 길러 온 터였다. 소녀는 몸매가 아름답고 얼굴도 예뻤다. 부모가 죽은 후에 모르드개가 그녀를 딸로 삼았다.

⁸ 왕의 명령이 공포되자, 사람들이 많은 젊은 처녀들을 수사 궁전으로 데려와 여자들을 감독하는 헤개에게 넘겼다. 에스더도 그 가운데 있었다.

⁹⁻¹⁰ 헤개는 에스더가 마음에 들어 특별히 관심을 두었다. 곧바로 그는 에스더의 몸단장을 시작했다. 특별 식단을 주문하고 궁의 시녀 일곱을 붙여 주어, 그녀와 시녀들이 규방의 가장 좋은 방에서 지내게 했다. 에스더는 자신과 가문과 민족 배경에 대해 아무 말도 하지 않았다. 모르드개가 말하지 말라고 일러두었기 때문이다.

¹¹ 모르드개는 에스더가 어떻게 지내는지, 무엇을 하고 있는지 소식을 듣고자 날마다 규방 뜰 옆을 거닐었다.

¹²⁻¹⁴ 처녀들은 아하수에로 왕 앞에 차례대로 나아갈 때까지, 정해진 대로 열두 달—몰약 기름으로 여섯 달, 향수와 각종 화장품으로 여섯 달—의 몸단

장 과정을 거쳤다. 왕 앞에 나아갈 때가 된 처녀에게는 무엇이든 본인이 원하는 것을 주어, 왕의 방으로 갈 때 가지고 가게 했다. 그들은 저녁때 왕의 방에 갔다가 아침에 사아스가스가 감독하는 별궁으로 돌아왔는데, 그는 후궁들을 관리하는 왕의 내시였다. 왕이 특별히 마음에 들어 하여 이름을 불러 찾지 않는 한, 그들은 다시 왕 앞에 나아가지 못했다.

15 에스더는 왕 앞에 나아갈 차례가 되자(에스더는 모르드개의 삼촌 아비하일의 딸이었으나 모르드개가 자기 딸로 삼았다) 규방을 관리하는 왕의 내시 헤개가 권한 것 말고는 아무것도 구하지 않았다. 그 모습 그대로 에스더는 보는 이들의 찬탄을 자아냈다.

16 그녀는 아하수에로 왕이 다스린 지 칠 년째 되는 해 열째 달 곧 데벳월에, 왕이 있는 왕궁으로 불려 들어갔다.

17-18 왕은 에스더를 보고 한눈에 반했다. 어떤 궁녀, 어떤 처녀보다도 그녀가 마음에 들었다. 그녀에게 완전히 매료되었다. 그는 에스더의 머리에 관을 씌우고, 와스디를 대신하여 왕비로 삼았다. 그리고 모든 귀족과 관리들을 위해 큰 연회를 베풀었다. '에스더의 연회'였다. 그는 모든 지방에 휴일을 선포하고, 왕의 선물을 후히 내렸다.

✤

19-20 이후 처녀들이 다시 한번 소집되었는데, 모르드개가 왕의 문에서 일을 맡아보고 있었다. 그때까지 에스더는 모르드개가 말한 대로 자신의 가문 배경과 민족에 대해 입을 다물고 있었다. 에스더는 모르드개 밑에서 자라면서 그의 말에 늘 순종했고 지금도 마찬가지였다.

21-23 그날 모르드개가 왕의 문에서 일을 맡아보고 있는데, 입구를 지키는 왕의 두 내시 빅다나와 데레스가 원한을 품고 아하수에로 왕을 죽일 계략을 꾸미고 있었다. 그러나 모르드개가 그 음모를 알아채고 왕비 에스더에게 그 사실을 알렸고, 에스더는 그것을 모르드개에게서 들었다고 하면서 아하수에로 왕에게 알렸다. 조사 결과 진상이 드러나면서 두 사람은 교수형에 처해졌다. 이 모든 일이 왕의 일지에 기록되었다.

3 ¹⁻² 얼마 후에, 아하수에로 왕은 아각 사람 함므다다의 아들 하만을 최고위 관직에 앉혔다. 왕의 문에서 일하는 모든 신하는 왕의 명령에 따라 하만 앞에 무릎 꿇고 절하며 그에게 예를 갖추었다.

²⁻⁴ 그러나 모르드개만은 예외였다. 그는 무릎 꿇고 절하지 않았다. 왕의 문에서 일하는 신하들이 그 일로 모르드개에게 물었다. "어째서 왕의 명령을 거역하는 거요?" 그들이 날마다 타일렀으나 그는 듣지 않았다. 그래서 그들은 무슨 조치를 취해야겠다 싶어 하만에게 갔다. 모르드개는 그들에게 자신이 유대인임을 밝힌 상태였다.

⁵⁻⁶ 하만은 모르드개가 자기 앞에 무릎 꿇고 절하지 않는 것을 보고는 화가 치밀었다. 그런데 모르드개가 유대인인 것을 알고 나자, 유대인 한 사람을 죽이는 것으로는 성이 차지 않았다. 그는 모르드개뿐 아니라 아하수에로의 나라에 있는 모든 유대인을 제거할 방도를 궁리했다.

⁷ 아하수에로 왕 십이년 첫째 달 곧 니산월에, 하만의 주도로 유대인들을 제거할 적당한 시기를 정하기 위해 부르, 곧 제비를 뽑았다. 제비는 열두째 달곧 아달월 십삼일로 정해졌다.

⁸⁻⁹ 그러자 하만은 아하수에로 왕에게 말했다. "백성 가운데 잘 어울리지 않는 이상한 민족 하나가 왕의 나라 각 지방에 흩어져 있습니다. 그들의 관습과 풍속은 다른 민족들과 다릅니다. 뿐만 아니라, 그들은 왕의 법을 무시하기까지 합니다. 왕께서는 그들의 무례한 행동을 참으시면 안됩니다. 왕께서 괜찮으시다면, 그들을 모두 없애라는 명령을 내려 주시기 바랍니다. 비용은 제가 직접 대겠습니다. 이번 일의 자금으로 은 375톤을 왕실 금고에 예치하겠습니다."

¹⁰ 왕은 손에 끼고 있던 인장 반지를 빼서 아각 사람 함므다다의 아들이자 유대인의 큰 원수인 하만에게 주었다.

¹¹ 왕이 말했다. "그대의 돈이니, 그 민족에게 그대가 원하는 대로 하시오."

¹² 첫째 달 십삼일에 왕의 서기관들이 소집되었다. 그들은 하만이 불러 주는

대로 왕의 대신과 각 지방 총독과 모든 민족의 관리들 앞으로 보내는 명령을
토씨 하나까지 모두 기록했다. 명령은 아하수에로 왕의 이름으로 각 지방의
문자와 각 민족의 언어로 기록한 후에 왕의 인장 반지로 날인했다.

13-14 전령들 편으로 왕의 모든 지방에 공문이 발송되었다. 열두째 달 곧 아달
월 십삼일 하루 동안 모든 유대인—어린이와 노인, 여자와 아기들까지—을
학살하고 그들의 재산을 약탈하라는 명령이 담긴 공문이었다. 공문 사본을
각 지방에 게시하여 모든 민족이 공개적으로 알고 그날을 준비하게 했다.

15 왕의 명령대로 전령들이 떠났다. 공문은 수사 궁전에도 게시되었다. 왕과
하만은 마음 편히 앉아 술잔을 기울였으나, 수사 성은 그 소식으로 인해 술
렁거렸다.

4 1-3 이 모든 일을 알게 된 모르드개는 자기 옷을 찢어 베옷을 입고 재
를 뒤집어쓴 채, 대성통곡하며 성의 거리로 나갔다. 베옷을 입은 사
람은 누구도 왕의 문 안으로 들어갈 수 없었으므로, 그는 왕의 문 앞까지 와
서 멈추어 섰다. 왕의 명령이 모든 지방에 게시되자 유대인들이 크게 애통해
했다. 그들은 금식하면서, 슬피 울며 부르짖었다. 그들 대부분이 베옷 차림
으로 재를 뒤집어쓰고 드러누웠다.

4-8 에스더의 시녀와 내시들이 이 일을 에스더에게 전하니, 왕비는 크게 충격
을 받았다. 에스더가 모르드개에게 새옷을 보내 베옷을 벗도록 했지만, 그는
받으려 하지 않았다. 에스더는 왕이 그녀를 시중들도록 붙여 준 왕궁 내시
하닥을 불러, 모르드개에게 가서 무슨 일인지 전말을 알아 오게 했다. 하닥
은 왕의 문 앞 성읍 광장에 있는 모르드개에게 갔다. 모르드개는 그동안 있
었던 일을 그에게 모두 말했다. 그는 또 하만이 유대인 학살 자금으로 왕실
금고에 예치하기로 약속한 돈의 액수까지 정확히 말해 주었다. 모르드개는
수사에 게시된 왕의 공문 사본을 그에게 주면서, 에스더에게 돌아가 보고할
때 그것을 보이라고 말했다. 그리고 왕에게 나아가서 자기 민족을 위해 간절
히 구하고 탄원하라는 당부도 전했다.

⁹⁻¹¹ 하닥이 돌아와서 모르드개의 말을 에스더에게 모두 전했다. 하닥의 이
야기를 전해 들은 에스더는 다시 그를 모르드개에게 보내어 이렇게 말했다.
"여기 왕 밑에서 일하는 사람과 각 지방의 백성도 다 아는 것처럼, 왕의 부름
없이 왕께 나아가는 모든 사람의 운명은 오직 죽음뿐입니다. 왕께서 금홀을
내밀 때에만 예외입니다. 그러면 그 사람은 살 수 있습니다. 내가 부름을 입
어 왕 앞에 나아간 지 벌써 삼십 일이 지났습니다."

¹²⁻¹⁴ 하닥이 모르드개에게 에스더의 말을 전하자, 모르드개는 다시 에스더에
게 이렇게 말했다. "왕비께서 왕궁에 있다는 이유만으로 이 일에서 홀로 살
아남으리라고 생각지 마십시오. 이러한 때에 왕비께서 계속 침묵하면 유대
인들은 다른 데서 도움을 얻어 구원을 받겠지만, 왕비와 왕비의 집안은 멸망
하고 말 것입니다. 그대가 왕비로 세워진 것이, 바로 이때를 위함인지 누가
알겠습니까?"

¹⁵⁻¹⁶ 에스더는 모르드개에게 다시 답변을 보냈다. "어서 수사에 사는 유대인
들을 모두 모으시고, 나를 위해 금식하게 하십시오. 사흘 동안 밤낮으로 먹
지도 말고 마시지도 마십시오. 나와 내 시녀들도 함께 금식할 것입니다. 그
렇게 해주신다면, 비록 금지된 일이지만 내가 왕께 나아가겠습니다. 그러다
가 죽으면, 죽겠습니다."

¹⁷ 모르드개가 떠나서 에스더가 일러 준 대로 시행했다.

5 ¹⁻³ 사흘 후에 에스더는 왕비의 예복을 입고 왕의 알현실이 있는 왕궁
안뜰에 들어섰다. 그때에 왕은 입구 쪽을 향하여 왕좌에 앉아 있었다.
뜰에 서 있는 왕비 에스더의 모습이 눈에 띄자, 왕은 반가워하며 손에 들고
있던 금홀을 내밀었다. 에스더가 가까이 다가가 그 홀의 끝에 손을 대었다.
왕이 물었다. "왕비 에스더여, 그대의 소원이 무엇이오? 그대가 원한다면 내
나라의 절반이라도 주겠소."

⁴ 에스더가 말했다. "왕께서 괜찮으시다면, 제가 왕을 위해 준비한 저녁식사
에 하만과 함께 오셨으면 합니다."

5-6 왕이 말했다. "당장 하만을 부르거라. 그와 함께 왕비 에스더가 준비한 저녁을 들겠다."

그래서 왕과 하만은 에스더가 마련한 저녁식사 자리에 동석했다. 함께 술을 마시던 중에, 왕이 에스더에게 말했다. "이제, 그대가 원하는 것을 말해 보시오. 내 나라의 절반을 달라고 해도 지나치지 않으니, 말만 하시오!"

7-8 에스더가 대답했다. "제가 원하는 것은 이것입니다. 왕께서 제게 은혜를 베푸시고 제 소원과 간구대로 해주기를 기뻐하신다면, 제가 내일도 저녁식사를 차려 왕과 하만을 모시고 싶습니다. 왕께서는 하만과 함께 오시기 바랍니다. 그때는 왕께서 물으시면 바로 제 소원을 아뢰겠습니다."

✻

9-13 그날 하만은 아주 즐거운 기분으로 궁을 나섰다. 그런데 그때 왕의 문을 지키고 앉아서 자기를 무시하고 본체만체하는 모르드개가 보였다. 하만은 화가 치밀어 올랐지만, 꾹 참고 곧바로 집으로 갔다. 그는 친구들과 아내 세레스를 불러 놓고, 자신의 엄청난 재물과 많은 자녀들, 그리고 왕이 자기를 높여 주던 일이며, 최고위직에 오른 일을 자랑하기 시작했다. 하만은 말을 이었다. "그뿐만이 아니오. 에스더 왕비가 왕을 대접하는 사적인 저녁식사에 나를 초대했지 뭐요. 우리 셋뿐이었소. 왕비는 내일 저녁식사에도 나를 초대했다오. 그런데 왕의 문에 앉아 있는 그 유대인 모르드개만 보면, 이 모든 게 하나도 즐겁지 않단 말이오."

14 그의 아내 세레스와 친구들이 말했다. "높이 23미터의 교수대를 세우십시오. 내일 아침 가장 먼저 왕께 구하여, 모르드개를 거기 매달라는 명령을 받아 내십시오. 그러고 나서 즐거이 왕과 함께 저녁식사에 가면 되지 않겠습니까." 하만은 그 말이 마음에 들었다. 그는 교수대를 세우게 했다.

✻

6 1-2 그날 밤 왕은 잠이 오지 않아서, 매일의 사건을 기록하는 실록을 가져다가 자기 앞에서 읽도록 명령했다. 실록을 읽던 중에 우연히, 모르

드개가 빅다나와 데레스의 음모를 폭로했던 일에 관한 기록이 나왔다. 그 둘은 문 입구를 지키는 왕궁 내시로, 아하수에로 왕을 암살하려고 모의했었다. ³ 왕이 물었다. "이런 일을 한 모르드개에게 상을 내려 그 공을 치하했느냐?" 시중들던 왕의 시종들이 대답했다. "그에게 해준 것이 하나도 없습니다." ⁴ 왕이 말했다. "거기 뜰에 누구 있느냐?"

마침 하만이 자기가 세운 교수대에 모르드개를 매다는 일을 왕에게 말하려고 왕궁 바깥뜰에 들어서던 참이었다.

⁵ 왕의 시종들이 말했다. "하만이 뜰에 대기하고 있습니다."

"안으로 들게 하여라." 왕이 말했다.

⁶⁻⁹ 하만이 들어오자 왕이 그에게 말했다. "내가 특별히 높이고자 하는 사람이 있는데, 그에게 무엇을 해주면 좋겠소?"

하만은 속으로 생각했다. "나를 높이겠다는 말씀이로구나. 나 말고 또 누가 있겠는가?" 그래서 그는 왕에게 대답했다. "왕께서 높이기를 기뻐하시는 사람이라면 이렇게 하시는 것이 좋을 듯합니다. 왕께서 입으시는 옷과 왕께서 타시는 말을 내어 오게 하십시오. 그런 다음에 그 말의 머리에 왕의 관을 씌우고 그 옷과 말을 왕의 가장 높은 대신에게 맡기셔서, 왕께서 특별히 높이시려는 그 사람에게 입히게 하십시오. 그리고 그를 말에 태워 성읍 광장을 지나면서 '왕께서 특별히 높이고자 하시는 사람에게는 이렇게 하신다!' 하고 외치게 하십시오."

¹⁰ 왕이 하만에게 말했다. "바로 가서, 그 말대로 시행하시오. 한시도 지체하지 마시오. 내 옷과 말을 가지고 왕의 문에 앉아 있는 유대인 모르드개에게 가서, 그대가 말한 그대로 하시오. 사소한 것 하나라도 빠뜨려서는 안되오."

¹¹ 그래서 하만은 왕의 옷과 말을 가지고 가서 모르드개에게 옷을 입히고 그를 이끌어 성읍 광장을 지나면서 그 앞에서 선포했다. "왕께서 특별히 높이고자 하시는 사람에게는 이렇게 하신다!"

¹²⁻¹³ 그 후 모르드개가 왕의 문으로 돌아갔으나, 하만은 더없이 분해서 얼굴을 가리고 급히 자기 집으로 돌아갔다. 하만은 그날 있었던 일을 아내 세레스와 친구들에게 모두 말했다. 그러자 그 자리에 있던 똑똑한 친구와 아내

세레스가 말했다. "모르드개가 정말 유대인이라면 당신의 불운은 이제 시작에 불과합니다. 당신에게 승산이 없으니 이제 망한 것이나 다름없습니다."

[14] 그들이 아직 이야기하고 있는데 왕의 내시들이 와서, 에스더가 준비한 저녁식사 장소로 하만을 급히 데리고 갔다.

❁

7 [1-2] 왕과 하만은 왕비 에스더와 함께하는 저녁식사에 참석했다. 두 번째 저녁식사에서도, 왕은 술을 마시면서 에스더에게 물었다. "왕비 에스더여, 무엇을 원하시오? 내 나라의 절반이라도 좋으니 말만 하시오. 모든 게 당신 것이오."

[3] 왕비 에스더가 대답했다. "왕이시여, 제가 왕께 은혜를 입어 왕께서 저를 기쁘게 여기신다면, 저와 제 민족을 살려 주십시오.

[4] 저와 제 민족이 팔려서, 이제 망하게 되었습니다. 살육당하여 망하게 되었습니다. 우리가 종으로만 팔렸어도 제가 감히 왕께 이런 말씀을 드리지 않을 것입니다. 우리의 근심도 왕을 성가시게 할 정도는 아니었을 것입니다."

[5] 아하수에로 왕이 크게 화를 냈다. "그런 극악무도한 짓을 꾸민 자가 누구요? 그 자가 지금 어디 있소?"

[6] 에스더가 말했다. "그 원수, 그 대적은 바로 이 악한 자 하만입니다."

순간 하만은 왕과 왕비 앞에서 공포에 질렸다.

[7-8] 왕이 크게 분노하여, 술잔을 내려놓고 자리를 박차고 일어나 왕궁 정원으로 들어갔다.

하만은 거기 서서 왕비 에스더에게 살려 달라고 애원했다. 왕이 자신을 끝장내리라는 것과 자신의 운이 다한 것을 그도 알 수 있었다. 왕이 왕궁 정원에서 연회장으로 돌아오니, 하만이 에스더가 기대 누운 침상에 엎드려 있었다. 왕이 버럭 소리를 질렀다. "이 자가 나를 지척에 두고 왕비를 겁탈하려 드는구나!" 왕의 입에서 그 말이 떨어지자, 하만의 얼굴에서 핏기가 가셨다.

[9] 왕을 시중들던 내시 가운데 하르보나가 말했다. "저쪽을 보십시오! 하만이 왕의 목숨을 구한 모르드개를 매달려고 세운 교수대입니다. 하만의 집 바로

옆에 있는데, 높이가 23미터입니다!"

왕이 말했다. "이 자를 거기에 매달아라!"

¹⁰ 하만은 모르드개를 매달려고 직접 세운 바로 그 교수대에 자신이 매달렸다. 그제야 왕의 불같은 분노가 가라앉았다.

✤

8 ¹⁻² 그날 아하수에로 왕은 유대인의 대적 하만의 재산을 왕비 에스더에게 주었다. 에스더가 모르드개와의 관계를 설명하자, 모르드개가 왕 앞에 나아오게 되었다. 왕은 하만에게서 돌려받은 자신의 인장 반지를 빼서 모르드개에게 맡겼다. 에스더는 하만의 재산을 그가 관리하게 했다.

³⁻⁶ 에스더는 또다시 왕에게 나아가, 아각 사람 하만의 악을 저지하고 유대인을 해치려고 꾸민 그의 계략을 철회해 달라고 왕의 발 앞에 엎드려 눈물로 간청했다. 왕이 에스더에게 금홀을 내밀자, 에스더가 일어나 왕 앞에 서서 말했다. "왕께서 저를 기쁘게 여기시고 이 일이 옳다고 생각하시면, 그리고 왕께서 정말 저에게 은혜를 베푸신다면, 명령을 내리셔서 아각 사람 함므다다의 아들 하만의 계략, 곧 각 지방의 모든 유대인을 몰살시키려는 계획을 승인하는 공문을 취소하여 주십시오. 제 민족이 진멸당하는 참사를 제가 어찌 눈 뜨고 볼 수 있겠으며, 제 친족이 살육당하는 것을 제가 어찌 바라보고만 있겠습니까?"

⁷⁻⁸ 아하수에로 왕은 왕비 에스더와 유대인 모르드개에게 말했다. "하만이 유대인을 공격했으므로, 내가 그의 재산을 에스더에게 주고 그를 교수대에 매달게 했소. 그러니 이제 그대들의 판단대로 유대인들을 위해 무엇이든 글로 쓰도록 하시오. 그리고 이 인장 반지로 날인하시오." (왕의 이름으로 기록하고 그의 인장 반지로 날인한 명령은 철회할 수 없다.)

⁹ 그래서 셋째 달 곧 시완월 이십삼일에, 왕의 서기관들이 소집되었다. 유대인들에 관한 왕의 명령이 모르드개가 불러 주는 대로 토씨 하나까지 기록되었다. 그것은 인도에서 에티오피아까지 127개 모든 지방의 대신과 총독과 관리들 앞으로 보내는 것으로, 유대인의 문자와 언어를 포함해 각 지방의 문

자와 각 민족의 언어로 기록되었다.

¹⁰ 모르드개는 아하수에로 왕의 이름으로 명령을 기록하고, 왕의 인장 반지로 날인했다. 그리고 말 탄 전령들 편으로 공문을 발송했는데, 그들은 왕궁 사육장에서 기른 왕의 가장 빠른 말을 탔다.

¹¹⁻¹³ 왕이 명령한 내용은, 모든 성읍의 유대인들이 무장하여 스스로를 지키고, 그들과 그들의 아내와 자녀들을 위협하는 사람은 누구든 죽이며, 원수들의 소유를 무엇이든 빼앗을 수 있게 한 것이었다. 아하수에로 왕이 다스리는 모든 지방에서 이 일이 허용된 날은 열두째 달 곧 아달월 십삼일이었다. 명령은 각 지방의 공공장소에 게시하여 누구나 읽게 했고, 유대인들에게는 그 날을 준비하여 원수들에게 복수할 수 있도록 승인했다.

¹⁴ 왕의 명령이 긴급하므로, 전령들은 왕의 말을 타고 급히 떠났다. 왕의 명령은 수사 궁전에도 게시되었다.

¹⁵⁻¹⁷ 모르드개는 보라색과 흰색 예복, 큰 금관, 가는 모시실로 지은 자주색 겉옷 차림으로 왕 앞에서 물러 나왔다. 수사 성에 기쁨이 흘러넘쳤다. 유대인들에게 밝은 빛과 웃음이 찾아온 것이다. 즐겁고 기쁘고 자랑스러운 날이었다. 왕의 공문이 게시된 모든 성읍, 모든 지방, 각 나라 어디에서나 유대인들은 거리로 나가 축하하고 환호하며 잔치를 벌였다. 뿐만 아니라 유대인이 아닌 많은 사람들도 유대인이 되었다. 이제는 오히려 유대인이 아닌 사람들이 위험해졌다!

❖

9 ¹⁻⁴ 열두째 달 곧 아달월 십삼일에, 왕의 명령이 시행되었다. 유대인의 원수들이 그들을 제압하려고 했던 바로 그날, 상황은 역전되어 유대인들을 미워하는 자들을 유대인들이 제압하게 된 것이다! 유대인들은 아하수에로 왕이 다스리는 각 지방 모든 성읍에 모여 그들의 멸망을 꾀하던 자들을 공격했다. 누구도 그들을 당해 낼 수 없었다. 두려워서 모두들 겁쟁이가 되었다. 더욱이 정부 관리와 대신과 총독을 비롯하여 왕 밑에서 일하는 모든 사람이 모르드개를 의식하고 유대인들을 도왔다. 그들은 모르드개를 두려워

했다. 이제 그는 왕궁의 실세가 되었다. 모르드개의 권력이 커질수록 그의 명성도 더해 갔다.

5-9 유대인들은 칼로 원수들을 해치우고 닥치는 대로 살육하며, 자기들을 미워하는 자들에게 마음껏 복수했다. 수사 궁전에서 유대인들은 오백 명이나 되는 사람을 죽였다. 그들은 또 유대인의 대적이요 함므다다의 아들인 하만의 열 아들도 죽였다.

바산다다	달본
아스바다	보라다
아달리야	아리다다
바마스다	아리새
아리대	왜사다

10-12 그러나 그들은 재산은 약탈하지 않았다. 그날 모든 일이 끝난 뒤에, 궁전에서 죽임당한 자들의 수가 왕에게 보고되었다. 왕이 왕비 에스더에게 말했다. "이곳 수사 궁전에서만 유대인들이 오백 명을 죽였고, 하만의 열 아들도 죽였소. 그러니 나머지 지방에서야 어떠했겠소! 그 밖에 그대가 더 원하는 것이 무엇이오? 말만 하시오. 그러면 그대 뜻대로 될 것이오. 그대의 소원이 곧 나의 명령이오."

13 왕비 에스더가 대답했다. "왕께서 괜찮으시다면, 수사의 유대인들에게 이 명령의 기한을 하루만 더 연장해 주셔서, 하만의 열 아들의 시체를 교수대에 매달아 모두가 보게 해주십시오."

14 왕은 그렇게 하라고 명령을 내렸다. 명령은 연장되었고, 하만의 열 아들의 시체는 공개적으로 매달렸다.

15 수사의 유대인들이 다시 모여들었다. 아달월 십사일에 그들은 수사에서 삼백 명을 더 죽였다. 그러나 이번에도 재산은 약탈하지 않았다.

16-19 한편, 왕이 다스리는 나머지 지방에서는 유대인들이 단결하여 스스로를 지키고 압제에서 벗어났다. 아달월 십삼일에 그들은 유대인을 미워하는 자

칠만오천 명을 죽였으나 재산은 약탈하지 않았다. 그들은 이튿날 십사일에 쉬면서, 풍성한 음식으로 잔치를 벌이며 즐거워했다. 그러나 수사에서는 유대인들이 십삼일과 십사일 이틀에 걸쳐 일을 벌였으므로, 십오일을 경축일로 삼아 잔치를 벌이면서 즐거워했다. (그래서 지방의 시골 마을에 사는 유대인들은 아달월 십사일을 기념하여 잔치를 벌이고 선물을 주고받는다.)

❧

20-22 모르드개는 이 모든 일을 기록하고 그 사본을 지역과 관계없이 아하수에로 왕이 다스리는 모든 지방의 유대인들에게 보내어, 해마다 아달월 십사일과 십오일을, 유대인들이 원수들에게서 해방된 기념일로 지키도록 명령했다. 그달에 그들의 슬픔이 기쁨으로 변했고, 애통이 축제와 웃음의 경축일로 바뀌어, 서로 선물을 주고받고 가난한 이들을 보살폈다.
23 그들은 명령대로 그날을 지켰다. 그때부터 시작된 것이 전통이 되어, 모르드개가 지시한 대로 계속 시행되었다.

❧

24-26 모든 유대인의 대적인 아각 사람 함므다다의 아들 하만은, 모든 유대인을 멸할 음모를 꾸몄다. 그는 부르(제비)를 뽑아 그들을 공포에 떨게 하고 멸망시키려 했다. 그러나 왕비 에스더가 나서서 탄원하자 왕이 문서로 명령을 내렸고, 하만이 꾸민 악한 계략은 결국 하만 자신에게로 돌아갔다. 하만과 그 아들들은 교수대에 매달렸다. 그래서 이 두 날을 '제비'를 뜻하는 '부르'라는 단어를 따서 '부림'이라 부른다.
26-28 유대인들은 모르드개가 보낸 편지에 적힌 모든 말을 명심하고 자신들이 겪은 모든 일을 기념하여, 이날을 계속 지키기로 뜻을 모았다. 해마다 그 편지에 기록된 두 날을 기념하는 일은, 그들과 그 후손과 장래의 모든 개종자들에게 전통이 되었다. 이 두 날은 모든 지방과 성읍에서 모든 세대가 기억하고 지켜야 할 명절이 되었다. 이 부림의 날들은 유대인들이 절대로 소홀히 해서는 안되는 날이자, 그 후손에게도 절대 잊어서는 안되는 날이 되었다.

²⁹⁻³² 아비하일의 딸 왕비 에스더는 왕비의 전권으로 유대인 모르드개를 지원하여, 그가 기록한 내용을 지지하고 승인하는 두 번째 편지를 썼다. 모르드개는 아하수에로가 다스리는 나라 127개 지방 전역의 모든 유대인에게 위로와 격려의 편지를 보내어, 이 부림의 날들이 유대인 모르드개가 정한 날로 달력에 자리 잡게 했다. 이날은 그들 자신들뿐 아니라 후손도 금식하고 울며 부르짖는 날로 정해졌다. 에스더의 명령은 부림의 전통을 견고하게 해주었고, 그 내용은 책에 기록되었다.

❧

10

¹⁻² 아하수에로 왕은 자신의 제국 이쪽 끝에서 저쪽 끝까지 세금을 부과했다. 아하수에로 왕의 광대한 업적은, 왕이 모르드개를 높여 영광스럽게 한 일에 대한 상세한 기록과 함께 '메대와 페르시아 왕 연대기'에 모두 기록되어 있다.

³ 유대인 모르드개는 아하수에로 왕 다음으로 영향력 있는 위치에 올랐다. 그는 유대인들 사이에서 평판이 좋았고 크게 존경을 받았다. 그는 특히 자기 백성의 유익을 위해 열심히 일했고, 자기 민족의 평화와 번영에 마음을 다했다.

성경 이야기의 다섯 막

성경의 요체는 이야기다. 특정 백성에 대한 이야기, 하나님께서 어떻게 그들을 부르셨고 그들을 모든 인류를 위한 복의 통로로 삼고자 하시는지에 대한 이야기다. 사실, 이야기는 우리 삶을 가장 잘 묘사해 주는 단어이기도 하다. 우리는 법을 잘 준수하는 사람일 수도, 사실을 깊이 연구하는 사람일 수도, 지혜를 추구하는 사람일 수도 있지만, 이런 행위들이 우리에게 우리 삶의 의미를 밝혀 주는 것은 아니다. 우리 삶에 맥락을 제공하고 의미를 부여해 주는 것은 다름 아닌 이야기다.

성경은 모든 부분들이 모여 결국 하나의 이야기를 이룬다. 그렇기에

성경을 이해하자면, 우리는 그 등장인물을 파악하고 배경을 이해하고 줄거리를 따라가야 한다.

성경의 클라이맥스와 대미를 이해하자면, 우리는 거기까지 전개되어 온 이야기를 알고 있어야 한다. 고조되는 긴장과 깊어지는 갈등을 함께 느낄 줄 알아야 한다. 좋은 소설을 읽을 때처럼 우리는 이야기 속에 푹 빠져들어야 한다.

다음은 성경을 다섯 막으로 이루어진 드라마로 보고 그 이야기를 축약해 본 것이다.

제1막 | 창조

성경 드라마는 막이 오를 때 이미 하나님이 무대 위에 올라와 계신다. 세상을 창조하고 계신다. 하나님은 사람 곧 아담을 만드시고는, 그를 에덴 동산에 두어 그곳을 돌보고 가꾸는 일을 하게 하신다. 하나님의 뜻은 인간이 당신과 친밀한 관계 가운데 살며 주변의 모든 창조물과 조화를 이루며 사는 것이다. 성경의 처음 장들은 하나님을 처음 인간들인 아담과 하와와 더불어 에덴 동산에 거주하시는 분으로 그린다. 창세기 첫째 장은 스스로 하신 일에 대해 자평하시는 하나님의 말씀으로 마친다.

하나님께서 손수 만드신 모든 것을 보시니
참으로 좋고 좋았다!(창 1:31)

이렇게 성경 이야기의 1막은 하나님께서 사람에게 바라시는 것이 무엇인지를 계시해 주며, 이후 일어날 일들의 배경이 된다.

제2막 | 타락

이야기에 긴장이 도입된다. 아담과 하와가 하나님의 길을 저버리고 자기 꾀를 내어 살기로 선택한 것이다. 그들은 하나님의 원수인 사탄의 혹하는 소리에 귀를 기울이고 하나님의 미쁘심을 의심한다. 그들은 하나님께 반역한다. 그 결과,

하나님은 그들을 에덴 동산에서 내쫓으시고, 그들이 흙으로 지어졌으므로 흙을 일구게 하셨다. 하나님께서 그들을 쫓아내신 다음, 동산 동쪽에 그룹 천사들과 회전하는 불칼을 두셔서, 생명나무에 이르는 길을 지키게 하셨다(창 3:23-24).

1막이 세상을 창조하신 하나님의 뜻이 무엇인지를 계시해 주었다면, 여기 2막은 창조물 가운데 일부가 하나님의 계획을 따르기를 거부했음을 보여준다. 하나님은 과연 인간과의 관계를 회복하고 창조세계에서 저주를 제거하실 수 있을 것인가? 아니면, 하나님의 원수에 의해 결국 그분의 계획이 무산되고 이야기가 역전되고 말 것인가?

　　1막과 2막은 페이지 수로 따지면 성경에서 얼마 안되지만, 뒤따라 전개되는 이야기 전체를 지배하는 중심 갈등이 도입되는 부분이다.

제3막 | 이스라엘

　하나님께서 아브람에게 말씀하셨다. "네 고향과 네 가족과 네 아버지 집을 떠나, 내가 네게 보여줄 땅으로 가거라.

　　　내가 너를 큰 민족이 되게 하고
　　　네게 복을 주겠다.
　　　내가 네 이름을 떨치게 할 것이니
　　　너는 복의 근원이 될 것이다.
　　　너를 축복하는 사람에게는 내가 복을 내리고
　　　너를 저주하는 사람에게는 내가 저주를 내리겠다.
　　　세상 모든 민족이
　　　너로 인하여 복을 받을 것이다"(창 12:1-3).

하나님은 아브람(후에 하나님은 그에게 아브라함이라는 새 이름을 지어 주신다)을 부르셔서는 그를 큰 민족의 조상으로 삼아 주시겠다는 약속을 하신다. 그러고는 하나님은 초점을 좁혀 한동안은 한 무리의 사람들에게 집중하신다. 하지만 하나님의 궁극적 목적은 동일하다. 지상의 모든 민족들에게 복을 내리고, 창조세계에서 저주를 없애며, 에덴 동산에 존재했던 그 본래적 관계를 회복시키는 것 말이다.

이후 아브라함의 자손들이 이집트에서 노예로 살아가는 상황이 벌어지자, 성경 이야기의 중심 패턴 하나가 모습을 드러낸다. 즉 하나님께서 당신의 백성을 다시 찾아오시고, 그들을 해방시켜 주시며, 그들에게 약속의 땅을 되찾아 주신다. 하나님은 이 새 민족 이스라엘과 시내 산에서 언약을 맺으신다. 이집트로부터 탈출하여 출애굽(Exodus)하는 그들을 위해 모세를 지도자로 세워 주신다. 언약을 맺으실 때 하나님은, 만일 당신의 백성이 당신께 충실하고 신실히 당신의 길을 따른다면 그 새 땅에서 그들에게 복을 내리고 그곳을 에덴 동산 같은 곳으로 만들어 주겠노라고 분명히 약속해 주신다.

그러나 하나님은 또 경고하시기를, 만일 이스라엘이 언약을 충실히 이행하지 않는다면, 당신께서는 그들을 아담과 하와에게 하셨던 것처럼 그 땅에서 쫓아내실 것이라고 하신다. 비극적이게도, 또 하나님의 거듭된 경고와 호소에도 불구하고, 이스라엘은 결국 하나님의 길을 저버리고 만다. 그들은 하나님과의 언약을 깨뜨리고, 주변 민족들이 섬기는 거짓 신들을 따르며, 그렇게 하나님의 심판을 자초한다.

이렇게 아브라함의 자손들은 아담의 실패를 만회하라고 선택된 이들이었음에도 결국 실패하고 만다. 그러나 이런 와중에서도 하나님은 다른 씨들을 심고 계셨다. 이스라엘의 왕들 가운데 하나였던 다윗은 "**하나님의 마음에 합한 사람**"이었다. 하나님은 이스라엘에게 장차 다윗 같은 왕을 보내 주시겠다고 약속하셨다. 다윗의 후손인 그 왕은 이스라엘을 지혜롭게 인도할 것이며, 백성의 마음을 다시 하나님께로 돌이킬 것이며, 세계의 모든 민족들에게 복을 가져올 것이라고 하셨다.

이렇게 3막은 하나님의 부재와 더불어, 그러나 또한 한 약속, 희망과 더불어 막을 내린다.

제4막 | 예수

시간이 흘러 사백 년 후, 이스라엘 백성은 로마의 압제 아래서 신음하며 하나님이 다시 찾아와 주시기를 대망하고 있다. 이때 하나님의 천사가 마리아라는 한 젊은 여인을 찾아와서는 소식을 전한다.

"네가 임신하여 아들을 낳을 것이니, 그 이름을 예수라고 하여라.

> 그는 크게 되어
> '지극히 높으신 분의 아들'이라 불릴 것이다.
> 주 하나님께서 그에게
> 그의 조상 다윗의 왕위를 주실 것이다.
> 그는 영원히 야곱의 집을 다스리고
> 그의 나라는 영원무궁할 것이다"(눅 1:31-33).

예수께서 오시는 것은 하나님의 약속의 성취였다.

예수께서는 미션에 돌입하신다. 백성 가운데 아프고 병든 이들을 고쳐 주신다. 영적 세계에 도사리고 있는 하나님의 원수들 곧 마귀들과 대결하시고, 그들더러 사람을 괴롭히지 말고 떠나라고 명령하신다. 가난한 심령으로 나아오는 이들에게 죄 용서를 선언하신다. 예수께서는 복음, 곧 희소식을 선포하신다.

"때가 다 되었다! 하나님 나라가 여기 있다. 너희 삶을 고치고 **메시지를 믿어라**"(막 1:15).

예수께서 전한 메시지의 핵심은 바로 이 희소식, 하나님께서 통치하시는 나라가 다가오고 있다는 소식이다. 마침내 하나님께서 당신의 백성에게 돌아오실 것이고 다시 그들 가운데 거하실 것이다. 예수께서 임마누엘, 곧 "하나님이 우리와 함께하신다"고 불리시는 까닭이 여기에 있다.

그러나 예수의 메시지는 상반된 반응을 불러일으킨다. 믿고 받아들이는 이들도 있으나, 대부분은 그저 어리둥절해하며 그분을 신기해할 뿐이다. 제도권 종교 지도자들은 곧 그분을 적대한다. 갈등은 고조되다가 마침내 파국에 이르고, 마침내 종교 지도자들은 공모해 예수를 체포해서는 십자가에 못 박아 죽인다.

그러나 일견 하나님의 패배로 보이는 이 일은 실상 하나님의 최고 승리 사건이다. 예수의 죽음은 대역전의 사건, 하나님께서 당신의 원수를 거꾸러뜨리고 세상을 뒤엎으신 사건이다. 스스로 자기 목숨을 제물로 바침으로써 예수께서는 우리의 죄에 대한 하나님의 심판을 친히 담당해 주신다. 이스라엘의 참 제사장으로서 그분은 자기 목숨을 당신의 백성을 위해 제물로 바치신다. 그분께서는 당신 백성을 새로이 출애굽시키신다. 죽음에서 생명으로 옮기신다. 이 모든 일이 보여주는 바, 예수께서는 인류를 하나님과 화해시켜 주려 오시기로 약속된 바로 그 아브라함의 자손이다. 이스라엘은 예수를 통해 비로소 자신의 역할을 완수하게 된다. 하나님께서 아브라함을 부르신 목적을 마침내 이루게 된다.

이와 같은 예수 이야기가 바로 성경 전체 이야기의 핵심 포인트다. 하나님의 원수와의 대결. 세상의 근원적 뒤틀림을 바로잡으려는 씨름의 진면목이 펼쳐지는 장이 바로 예수의 삶이다. 예수께서 바로 성경 이야기의 주인공이시다.

제5막 | 하나님의 새 백성

결정적 승리는 이미 확보되었다. 그런데 왜 5막이 필요할까? 하나님께서는 예수의 승리가 세상 모든 민족들에게 퍼져 나가기를 바라시기 때문이다. 예수를 따르는 이들은 지금 함께 하나님의 새 성전으로 지어져 가는 중이다. 하나님의 영이 거하시는 곳으로 말이다. 하나님은 세계 방방곡곡에서 이런 이들을 불러 모아 당신의 교회를 이루게 하신다. 이 일이 완성되는 날, 예수께서 돌아오실 것이고, 하나님의 통치가 하나님의 창조세계 전체에 걸쳐 실재가 될 것이다(고전 15:24-25). 2막 때 들어왔던 저주가 마침내 제거될 것이다(계 22:3).

세계 모든 민족들에게 복을 가져오는 백성이 되라는 임무가 다시금 아브라함의 자손들에게 주어졌다. 신약성경에 따르면, 그리스도께 속한 이들이 야말로 진정한 아브라함의 자손들이다(갈 3:29). 5막은 그리스도를 따르는 제자들에게 부여된 미션을 강조한다. 그리스도의 나라에 대한 희소식, 그 해 방의 메시지를 선포하며 살아 내는 삶 말이다.

지금 우리 모두는 이 5막의 시대, 그 드라마를 살고 있다. 그리스도에 대한, 그분 나라에 대한 복음 메시지가 우리에게까지 이르렀다. 우리도 중대한 결단 앞에 서게 된 것이다. 어떤 결단을 내릴 것인가? 이 이야기 속에서 우리는 어떤 역할을 자임할 것인가?

성경 이야기는 인류 역사를 관통하는 갈등과 씨름에 대한 참된 서술이다. 우리는 새 창조의 일을 하시는, 세상을 회복시키시며 세상과 우리를 새롭게 하시는 하나님의 선교에 동참할 것인가?

무엇을 할 것인가?

지금 당장 할 수 있는 가장 중요한 일은 먼저 이 성경을 주의 깊게 읽는 것이다. 그러면 하나님의 영께서 성경의 말씀을 힘 있게 들어 사용하셔서 당신의 목적을 성취하신다. 여러분을 변화시키며, 여러분을 통해 세상을 변화시키신다.

성경을 읽기 쉬운 책이라 말하기는 어렵다. 이해하기 어려운 구절들도 분명 있다. 그러나 그럼에도 불구하고 여러분이 성경 읽기를 고수한다면, 하나님에 대해, 또 그분께서 성경을 통해 주시는 이야기에 대해 더 깊이 알고자 매진한다면, 여러분은 인도받을 것이고, 변화될 것이며, 하나님과 친밀한 사이가 될 것이다.

성경 드라마 | 연대표

제1막 창조

창조

아담과 하와 ◉ 노아

대홍수가 지면을 덮다 하나님께서 아브라함을 택하시다
주전 2100년경

제2막 타락

최초 인간 타락

사람들이 흩어지다

제3막 이스라엘

◉ 아브라함 ◉ 모세

왕정의 시작
주전 1000년경
사울 / 다윗 / 솔로몬

왕국의 멸망과 포로기
이스라엘 주전 722년
유다 주전 586년

모세가 이스라엘을
이끌고 출애굽하다

왕국의 분열

구약의 마지막 책이
저술되다

제4막 예수

◉ 예수

예수의 탄생

그리스도의 생애
마태, 마가, 누가, 요한이 각기
다른 관점에서 예수의 삶을 기록하다

예수께서 사역을 시작하시다

예수께서 죽으시고
3일 만에 부활하시다
주후 30년경

제5막 하나님의 새 백성

교회의 시작

오늘의 교회

◎ 세계사 주요 사건

피라미드 건설 주전 2500년대
힌두교가 인도에서 흥왕하다. 주전 1100년대
불교가 창시되다. 주전 500년대
알렉산더 대제의 통치 시대 개막. 주전 336년
중국이 만리장성 건축을 시작하다. 주전 214년
로마제국의 발흥. 주전 28년